한스 켈젠의
정의란 무엇인가

한스 켈젠 저
이남원 역

UUP

■

- 2018년 02월 24일 **초판 인쇄**
- 2018년 02월 26일 **초판 발행**
- **지은이 이남원**
- **펴낸이** 오연천
- **펴낸곳 UUP**(울산대학교출판부) 44610 울산광역시 남구 대학로 93(무거동) 울산대학교 출판부
- 전화 (052)259-2488 팩스 (052)277-3011 ▪ **홈페이지** http://uup.ulsan.ac.kr
- **출판등록** 제370-1996-000001호(1996.3.13)
- ₩ 25,000

이도서의 국립중앙도서관 출판도서목록(CIP)은 e-CIP 홈페이지(http://www.nl.go.kr/ecip)에서 이용하실 수 있습니다.(CIP제어번호: CIP2018006506)

ISBN 978.89.7868.417.0 (93160)

옮긴이 후기

이 책은 한스 켈젠(Hans Kelsen)의 『정의란 무엇인가』(*What is Justice? — Justice, Law and Politics in the Mirror of Science, Collected Essays by Hans Kelsen*, University of California Press, 1957)에 수록된 논문 15편 전체를 번역한 것이다.

이 책을 번역하게 된 계기는 단순하다. 몇 년 전 대학원에서 '정의론 연습' 강좌를 맡게 되었다. 강의 준비를 위해 여러 편의 논문과 책을 참고하면서 이 책을 접하게 되었다. 처음에는 관심 있는 일부만 읽으려 하였으나, 정의, 철학, 법, 정치에 대한 켈젠의 탁월한 안목과 분석에 매료되어 15편의 논문 전체를 읽게 되었으며, 학생들에게 좀 더 유익한 강의를 제공하기 위해 번역을 하게 되었다. 이 책에 수록된 논문들의 제목을 보면 알 수 있듯이, 법철학자인 켈젠은 단지 법의 문제에 국한해서 자신의 견해를 피력한 것은 아니었다. 그는 철학, 정치, 사회과학, 법학, 자연과학 등 다양한 분야에 걸쳐 깊이 있는 전문가였다.

켈젠은 15편의 논문에서 일관된 주장을 펴고 있다. 그는 민주주의의 신봉자로서 상대주의적 견해를 피력한다. 절대주의의 견해를 신봉하는 민주주의는 불가능하다는 것이 그의 견해이다. 그래서 그는 실정법이 유일하게 가능한 법이요, 자연법은 인간이 만든 허구라고 주장한다. 왜냐하면 자연법은 늘 보편주의와 절대주의를 지향하고 있기 때문이다. 그리하여 켈젠은 법실정주의의 강력한 대변자가 되기를 자처한다. 자연법이 절대주의를 지향하는 한, 자연법은 전체주의에 어울리는 법이고, 따라서 민주주의를 신봉하고 있는 켈젠으로서는 받아들일 수 없는 법이다. 켈젠은 자연법론에 대해 강력한 선전포고를 하고, 공격적인 글을 평생에 걸쳐 썼던 학자였다. 여기서 그는 소개된 논문을 제외하고도, 다양한 측면에서, 즉 철학, 정치, 법학, 과학의 관점에서 자연법을 비판하는 글을 썼던 인물이었다.

켈젠은 자연법이 민주주의와 대척점에 있을 뿐 아니라, 자연법 신봉자들이 '존재'와 '당위'를 구별하지 못하는 어리석음을 범하고 있다는 점을 지적한다. 자연 또는 신과 인간의 이성에서 그 원천을 찾는 자연법은 '사실'과 연관되어 있지, '당위'와 연관되어 있지 않다. 따라서 자연법 신봉자들은 영국 철학자 무어(G. E. Moore)의 이른바 '자연주의적 오류'(naturalistic fallacy)를 범하고 있다는 것이 켈젠의 생각이었다. 더 나아가서 켈젠에 의하면 자연법을 주장하는 사람들은, 아무런 알맹이 없는 공허한 내용의 법을 이야기하고 있으며, 알맹이가 있다면 그것은 결국 자연법을 주장하는 사람들이 살던 당시의 실정법 외에 다른 것이 아니다. 그래서 실정법을 벗어나서 자연법을 이야기하는 것은 불가능하다는 것이 그의 견해가 가지고 있는 요지이다.

그는 순수법학이라고 하는 법이론의 체계를 제창한 독창적인 법사상가였다. 순수법학은 법학에 정치적 가치판단을 혼입시키지 않고, 자연법이 아니라 실정법만을 다루는 것을 지향하고 있다. 순수법학은 사실을 다루는 사회학적 · 심리학적 방법을 지양하며, 실정법을 규범, 즉 가치체계로서 구성하는 데 그 목적이 있다.

한스 켈젠은 1881년 체코의 수도 프라하에서 유다인의 가정에서 태어났다. 오스트리아 비엔나 대학의 법학부를 졸업했으며, 1919년 비엔나 대학교의 정교수가 되었다. 같은 해에 오스트리아 공화국 헌법을 기초하였고, 헌법재판소를 도입하여 그 곳 판사를 겸임하기도 하였다. 그 후 1930년 독일의 쾰른 대학으로 자리를 옮겼으며, 그 후 스위스와 체코를 거쳐 1940년 미국으로 망명하였다. 1942년 미국 캘리포니아 대학교 버클리에서 정교수가 되었으며, 그는 또한 2차 세계대전 후 국제연합체제에 대해서도 많은 연구를 하였고, 국제법의 논의에도 상당한 기여를 하였다. 1973년 92세의 나이로 죽을 때까지 학적 탐구를 계속하였다.

끝으로 이 책이 출판되기까지 도움을 주신 울산대학교 출판사 관계자 여러분들에게 감사드린다. 특히 이 책이 울산대학교 출판사에서 나올 수 있게 도움을 주신 울산대학교 철학과 김진 교수에게 깊이 감사드린다.

2017년 12월

부산대학교 미리내골 인근 연구실에서

이남원

서 문

이 책에 수록된 논문들은 정의의 문제 및 이 문제가 법, 철학, 과학과 맺는 관계를 다루고 있다. 일부의 논문은 이 책에서 처음으로 빛을 본 것이고, 일부의 논문은 전에 출판된 적이 있지만 개정된 내용을 담고 있다. 켈젠은 다음 논문들의 재발행을 허락한 간행물 편집자들에게 감사의 뜻을 전하고 싶어 한다. *The American Political Science Review* (「철학과 정치에서 절대주의와 상대주의」(Absolutismand Relativism in Philosophy and Politics), 「과학과 정치」(Science and Politics)), *The University of Chicago Law Review* (「특수한 사회적 기술(技術)로서의 법」(The Law as a Specific Social Technique)), *Ethics* (「플라톤의 정의론」(Platonic Justice), 「인과와 귀책(歸責)」(Causality and Imputation)), *The Journal of Science, Philosophy, and Jurisprudence* (「법 과학에서의 가치판단」(Value Judgements in the Science of Law)), *Philosophy of Science* (「인과와 응보」(Causality and Retribution)), *The Yale Law Journal* (「순수법학에서 법, 국가, 정의」(Law, State, and Justice in the Pure Theory of Law)), *Harvard Law Review* (「순수법학과 분석법학」(The Pure Theory of Law and Analytical Jurisprudence)), *Rivista Juridica de la Universidad de Puerto Rico* (「성경의 정의관」(The Idea of Justice in the Holy Scriptures)), *Louiszana Law Review* (「"역동적" 자연법

론」(A 'Dynamic' Theory of Law)), *The Western Political Quarterly* (「과학의 법정에 선 자연법론」(The Natural-Law Doctrine Before the Tribunal of Science))·

H.K

Berkeley, 1957년 1월

목 차

1. 정의란 무엇인가?

■ ■ ■

"What is Justice." 이 논문은 저자가 캘리포니아 대학교의 버클리 분교의 정규 구성원으로서 행한 마지막 강연(1952년 5월 27일)에 기초해 있다.

나자렛 예수는 로마 총독 빌라도 앞으로 끌려가서 그의 심문을 받자 자신이 왕(王)이라는 것을 인정했다. 그러고 나서 다음처럼 이야기했다. "나는 진리를 증언하려고 태어났으며, 진리를 증언하려고 세상에 왔다." 이에 대해 빌라도는 "진리란 무엇인가" 하고 물었다. 이 회의적인 로마 인은 이 물음에 대해 대답을 기대하지 않았고, 예수도 이에 대해 어떤 대답도 하지 않았다. 왜냐하면 진리를 증언하는 것은 구세주의 신성한 사명의 본질이 아니었기 때문이었다. 예수는 정의(正義), 즉 신의 나라에서 실현될 정의를 증언하기 위해 태어났다. 그리고 이 정의를 위해서 십자가에 못 박혀 죽었다. 그리하여 빌라도의 물음, 즉 "진리란 무엇인가" 라는 물음의 배후에 그리스도의 피로부터 그것보다 훨씬 중요한 물음, 즉 인류의 영원한 물음인 "정의란 무엇인가" 라는 물음이 생겨난다.

다른 어떤 물음도 이 물음만큼 격렬하게 논의된 적이 없었고, 다른 어떤 물음도 이 물음만큼 고귀한 피와 쓰라린 눈물을 많이 흘리게 한 물음은 없었다. 다른 어떤 물음도 이 물음만큼 플라톤에서 칸트에 이르기까지 가장 뛰어난 사상가들이 그렇게 치열하게 사고한 대상이 된 것은 없었다. 그러나 이 물음은 과거에도 그랬던 것처럼 오늘날에도 여전히 대답되지 않은 채로 남아있다. 그것은 사람들이 결코 명확한 대답을 찾을 수 없고, 오히려 보다 나은 대답만을 구할 수밖에 없는, 즉 체념하는 편이 오히려 현명한 물음 중 하나이다.

I

일차적으로 정의는 인간의 상호관계를 지배하는 사회적 질서의, 필연적이지는 않지만 가능하기는 한 특성이다. 단지 이차적으로만 정의는 인간의 덕(德)이 된다. 왜냐하면 정의롭다고 여겨진 사회적 질서의 규범에 어떤 사람의 행동이 일치할 때, 그는 정의롭게 되기 때문이다. 그러나 사회적 질서가 정의롭다고 말하는 것은 실제로 무엇을 의미할까? 그것은 이 질서가 모든 사람을 만족하게 하는 방식으로 사람들의 행동을 규제한다는, 따라서 모든 사람들이 그 질서 안에서 자신들의 행복을 발견하도록 규제한다는 것을 의미한다. 정의를 갈망한다는 것은 사람들이 행복을 영원히 갈망한다는 것을 의미한다. 사회와 절연되어 있는 개인은 행복을 발견할 수 없고, 따라서 사람들은 사회 안에서 행복을 찾게 된다. 정의는 사회적 행복이다. 정의는 사회적 질서가 보장하는 행복이다. 이런 의미에서 플라톤은 정의와 행복을 동일시하고 있으며, 정의로운 사람만이 행복하고 정의롭지 못한 사람은 불행하다고 주장한다. 정의가 행복이라는 진술은 분명히 말해서 종국의 대답은 아니며, 단지 문제를 옮겨놓을 뿐이다. 왜냐하면 이제 우리는 "행복이란 무엇인가?" 라는 물음에 대답하지 않으면 안 되기 때문이다.

사람들이 행복의 개념을 개인의 행복이라는 그것의 원래의 좁은 의미로 정의하는 한, 즉 행복이 개인의 행복, 다시 말하면 그 자신이 행복이라고 생각하는 것을 의미하는 한, 정의로운 질서 즉 모든 사람을 행복하게 하는 질서는 있을 수 없다는 것은 명백하다. 왜냐하면 이 경우 어떤 사람의 행복이 어떤 때에는 다른 사람의 행복과 바로 충돌하는 일이 불가피하기 때문이다. 예를 들면 사랑은 행복의 가장 중요한 원천 중 하나이기도 하지만, 거꾸로 불행의 가장 중요한 원천이기도 하다. 두 남자가 한 여자를 사랑하고 있다고 가정하자. 또한 각자는 그것이 옳은 것이든 그른 것이든 그 여자를 자신의 아내로 삼지 않고서는 행복할 수 없다는 믿음을 갖고 있다고 가정하자. 그러나 법률에 따라서 그리고 아마도 또한 그녀 자신의 감정에 따라서 그녀는 두 남자 중 한 사람의 아내가 될 수밖에 없다. 그리하여 한 사람의 행복은 불가피하게 다른 사람의 불행이 된다. 어떤 사회적 질서도 만족스러운 방식으로 즉 정의로운 방식으로, 다시 말하면 두 사람 모두의 행복을 보장하는 방식으로 이 문제를 해결할 수 없다. 그것은 지혜로운 솔로몬 왕의 저 유명한 판결에서도 마찬가지이다. 기억하겠지만 솔로몬 왕은 두 여인 모두가 자신의 아이라고 주장했던 한 아이를 둘로 갈라서 나누어주기로 결정했지만, 사실은 아이의 죽음을 피하기 위하여 자신의 주장을 철회하는 여인에게 그 아이를 돌려주고 싶었을 뿐이다. 왕은 그 여인이야말로 그 아이를 진정 사랑한다고 생각했기 때문이다. 솔로몬의 판결은 한 여인만이 그 아이를 사랑한다는 조건 아래에서만 정의롭다. 두 여인 모두가 그 아이를 사랑하는 일은 두 여인 모두가 아이를 가지고 싶어 했으므로 가능한 일이기도 하고, 심지어는 있음직한 일이기도 하다. 만약 두 여인 모두 자신의 주장을 철회했다면, 논란은 여전히 미해결인 채로 남아 있을 것이다. 또한 두 여인 모두가 자신의 주장을 포기했다는 사실에도 불구하고 그 아이가 한 여인에게 간다면, 솔로몬의 판결이 정의롭지 않다는 것은 명백하다. 왜냐하면 그 판결은 한쪽을 불행하게 할 것이기 때문이다. 대단히 자주 우리의 행복은 욕구의 충족에 달려 있지만, 어떤 사회적 질서도 그런 욕구를 충족시킬 수 없다.

다른 예를 들어보자. 어떤 군대의 지휘관을 임명한다고 하자. 두 사람이 경쟁하고 있지만 단지 한 사람만 임명될 수 있다. 그 직무에 보다 적합한 사람을 임명하는 것이 정의로운 일이라는 것은 명백한 것처럼 보인다. 그러나 두 사람이 꼭 같이 적합하다면 어떻게 해야 할까? 그렇게 되면 정의로운 해결은 가능하지 않다. 한 사람은 키가 크고 잘 생겼으며 깊은 인상을 주는 성격을 소유한 반면에, 다른 한 사람은 비록 직업적인 관점에서 완전히 꼭 같은 능력을 소유하였음에도 불구하고 키는 작고 평이하게 생겼으며 깊은 인상을 주지 못하기 때문에, 앞의 사람이 더 적임자로 고려되고 있다고 가정해 보자. 그래서 앞의 사람이 임명된다면, 뒤의 사람은 그 결정이 정의롭다고 느끼지 않을 것이다. 그는 다음처럼 말할 것이다. "무엇 때문에 나는 그 사람처럼 키도 크지 않고 잘 생기지 못했을까, 무슨 이유로 자연은 나에게 그보다 못한 신체적 매력을 주었을까?" 그리고 사실상 정의의 관점에서 자연을 판단한다면, 우리는 자연이 정의롭지 못하다는 것을 인정하지 않으면 안 된다. 자연은 어떤 사람은 건강하게 만들고 어떤 사람은 약골로 만들며, 어떤 사람은 영리하게 만들고 어떤 사람은 우둔하게 만든다. 어떤 사회적 질서도 자연의 정의롭지 못함을 완벽하게 고칠 수는 없는 노릇이다.

정의가 행복이라면, 정의가 개인의 행복을 의미하는 한 정의로운 사회적 질서는 불가능하다. 그러나 한 사회가 각자의 개인 행복이 아니라 최대 다수의 최대 행복을 산출하려고 노력한다고 가정하더라도, 그 사회적 질서가 정의롭게 되는 것은 불가능하다. 이것은 영국의 철학자이자 법학자인 벤담(Jeremy Bentham)이 정식화한 정의의 유명한 기준이다. 그러나 행복이 주관적 가치를 의미한다면, 결과적으로 각각의 개인들이 자신의 행복을 이루는 것에 대해 상이한 생각을 가지고 있다면, 벤담의 정식은 적용 불가능하게 된다. 사회적 질서가 보장할 수 있는 행복은 주관적이고 개인적인 의미에서의 행복일 수 없으며, 객관적이고 공동체의 의미에서의 행복이어야 한다. 다시 말하면 행복이란 사회의 권위, 즉 입법자가 의 · 식 · 주 등처럼 충족할 만한 가치가 있다고 인정한 욕구라고 이해된다. 사회적으로 인정된 욕구의 충족이 행복의 관념이 함의하고 있는 원래의 의미와 대단히 다르다는 것은 의심의 여지가 있을 수 없다. 그 관념은 본성상 대단히 주관적인 성격을 가지고 있다. 정의에 대한 욕구는 사람들이 자신의 주관적 행복에 대해 파괴할 수 없는 욕구를 가지고 있다는 사실의 명백한 증거이기 때문에, 너무나 기본적이고 사람의 마음속에 너무나 깊이 뿌리박고 있다.

행복의 관념이 사회적 범주, 즉 정의의 행복이 되기 위해서는 그 의미가 근본적으로 달라지지 않으면 안 된다. 정의의 의미가 개인의 행복에서 사회가 인정한 욕구의 충족으로 바뀌어야 하는 것과 마찬가지로, 자유의 관념도 사회적 원리가 되기 위해서 그 의미가 바뀌어야 한다. 자유의 관념은 때로는 정의의 관념과 동일시된다. 그래서 사회적 질서는 개인의 자유를 보장할 때 정의롭다고 여겨진다. 본래적 의미에서의 자유, 즉 모든 사회적 권위나 통치로부터의 자유는 어떤 종류의 사회적 조직과도 양립할 수 없기 때문에, 자유의 관념은 통치의 결여를 의미해서는 안 된다. 그런 자유는 특수한 형태의 통치라는 의미를 가지지 않을 수 없다. 즉 그런 자유는 다수가 행사하는 통치, 필요하다면 통치를 받고 있는 소수의 개인들의 의사에 반해서 행사하는 통치를 의미할 수도 있다. 무정부주의의 자유는 민주주의의 자치로 전환된다. 동일한 방식으로 그리고 동일한 이유에서 정의의 관념은 모든 주체의 개인적 행복을 보장해주는 원리로부터 다수가 보호할 만한 가치가 있다고 사회적으로 인정한 어떤 이익을 보호하는 사회적 질서로 전환된다.

그러나 어떤 이익이 보호할 만한 가치를 가지는가? 특히 타당한 가치 순위는 무엇인가? 그것은 충돌하는 이익들이 있을 때 생겨나는 문제이다. 그리고 사회적 질서 내에서 정의는 있을 수 있는 이익들의 충돌과 관련해서 요구된다. 이익이 충돌하지 않으면, 정의를 요구하는 일은 없어진다. 하나의 이익이 다른 이익을 희생시킬 때 이익의 충돌이 생겨난다. 또는 같은 말이지만 두 가치 사이에 충돌이 생겨날 때, 그리고 동시에 그 둘을 실현시키는 일이 가능하지 않을 때 이익의 충돌이 생겨난다. 즉 하나가 실현되고 다른 하나가 무시될 때 발생한다. 즉 하나의 가치보다도 다른 하나의 가치의 실현을 선호할 때 발생한다. 즉 어떤 것이 더 중요한가, 혹은 같은 말이지만 어떤 것이 더 높은 가치인가를 결정할 때 발생한다. 종국적으로 어떤 것이 최고 가치인가를 결정할 때 발생한다. 가치의 문제는 무엇보다도 가치충돌의 문제이다. 그리고 이 문제는 합리적 인식에 의해서 해결될 수 없다. 이들 문제에 대한 대답은 가치판단이고, 이것은 정서적 요인에 의해 결정되며, 따라서 성격상 주관적이다. 따라서 판단하는 주관에서만 타당하며, 이런 의미에서 상대적인 것에 지나지 않는다. 지금까지의 진술은 다음의 몇몇 예들이 밝혀줄 것이다.

II

어떤 윤리적 신념에 따르면, 인간의 생명, 즉 모든 개개인의 생명은 최고 가치이다. 따라서 이런 윤리적 신념에 따르면, 사람을 죽이는 것은 심지어 전쟁의 경우든 사형 집행의 경우든 절대로 허용되지 않는다. 예컨대 이것은 병역을 거부하거나 원칙상 그리고 어떤 경우든 사형제도를 거부하는 소위 양심적 반대자의 견해이다. 그러나 다른 윤리적 신념을 가진 사람들도 있다. 이들의 신념에 따르면 최고 가치는 국가의 이익이나 명예이다. 결과적으로 모든 사람은 이 신념에 따를 경우 국가의 이익이나 명예가 요구하게 되면, 전쟁 발발의 경우 자신의 생명을 희생하고 적군을 죽이는 것은 도덕적 의무이다. 또한 죄 많은 사람을 사형에 처하는 것은 정당하다. 합리적이고 과학적 방법으로 이들 두 충돌하는 가치판단 중 하나를 결정하는 일은 불가능하다. 이 충돌을 결정하는 일은 결국에 가서는 우리의 감정이나 우리의 의지이지, 우리의 이성은 아니다. 즉 그것은 우리의 의식 속에 있는 감정적 요소이지, 합리적 요소가 아니다.

어떤 사람이 노예가 되었거나 나치 수용소의 수인(囚人)이 되었고, 탈출하는 것이 불가능하다고 가정해보자. 그런 상황에서 자살이 정당화될 수 있는지 어떤지의 문제가 생겨난다. 소크라테스가 독배를 마셨기 때문에 이것은 거듭해서 논의되어왔던 문제이다. 결정은 어느 쪽이 더 가치 있는가의 문제이다. 생명이냐 자유이냐? 생명이 더 높은 가치라면 자살은 정당화될 수 없고, 자유가 더 높은 가치라면 즉 자유 없는 생명이 가치 없는 것이라면, 자살은 도덕적으로 정당화된다. 그것은 가치들 즉 생명과 자유의 순위 또는 서열의 문제이다. 이 문제에 대해서 오직 주관적인 대답만이 가능하며, 그 대답은 판단하는 주관에서만 타당하다. 그것은 예컨대 금속은 열을 가하면 팽창한다는 진술과는 달리, 객관적인 진술도 아니며 모든 사람에게 타당한 진술도 아니다.

국민의 경제적 상황이 모든 사람에 대해 한결 같은 정도로 경제적 안정을 보장하는 소위 계획경제에 의해 근본적으로 개선될 수 있지만, 그러한 조직은 모든 개인의 자유가 몰수될 때만 가능하다고 가정해보자. 계획경제가 자유 경제보다 선호될 것인가의 문제에 대한 대답은 개인의 자유라는 가치와 경제적 안정이라는 가치 사이에 대한 우리의 결정에 달려 있다. 자기 확신이 강한 사람은 개인의 자유를 선호할 수도 있겠지만, 경제적인 열등감에 시달리는 사람은 경제적 안정을 더 선호할 수도 있다. 그러므로 개인의 자유가 경제적 안정보다 더 높은 가치인지 아니면 그 반대인지의 문제에 대해서는 주관적 답변만이 가능하며, 객관적인 판단, 예컨대 쇠는 물보다 무겁고, 물은 나무보다 무겁다는 판단은 결코 아니다. 후자는 실험이 검증해줄 수 있는 실재에 관한 판단이지, 그런 식의 검증을 무시하는 가치판단은 아니다.

한 의사가 환자를 면밀히 진찰한 후 그 환자는 얼마 지나지 않아 아마 사망하리라 짐작되는 불치병에 걸려 있다고 진단한다. 그 의사는 진실을 말하지 않으면 안 되는가, 아니면 환자를 속여서 그의 병이 치료될 수 있고 어떤 심각한 위험은 없다고 말하는 것이 허용되거나 심지어는 그렇게 거짓을 말해야 할 의무가 있는가? 문제는 진실의 가치와 공포로부터의 자유라는 가치 간의 관계에서 우리가 어떻게 가치 서열을 인지하는가에 달려 있다. 진실을 이야기하는 것은 환자의 죽음에 대한 공포를 야기한다는 것을 의미한다. 거짓을 이야기한다는 것은 그를 공포로부터 자유롭게 한다는 것을 의미한다. 진실이라는 이상이 공포로부터의 자유라는 이상보다 높게 위치한다면, 의사는 진실을 이야기해야 한다. 만약 공포로부터의 자유라는 이상이 진실의 이상보다도 높게 위치한다면, 의사는 거짓말을 해야 한다. 그러나 진실이 보다 높은 가치를 가지고 있는가 아니면 공포로부터의 자유가 보다 높은 가치를 가지고 있는가의 문제에 관련해서 합리적이고 과학적인 고찰에 기초해서는 어떤 답도 가능하지 않다.

플라톤은 정의로운 사람, 이 문맥과 관련해서는 법을 따르는 사람이 행복하고, 오직 그런 사람만 행복할 뿐이며, 정의롭지 못한 사람 즉 법을 위반하는 사람은 불행하다고 주장했다. 플라톤은 "가장 정의로운 사람이 가장 즐거운 사람"[1])이라고 이야기한다. 그러나 플라톤은 아마도 경우에 따라서 정의로운 사람이 불행할 수도 있으며 정의롭지 못한 사람이 행복할 수도 있음을 인정한다. 그러나 플라톤이 그렇게 주장하는 것처럼, 정의로운 사람만이 행복하다는 진술이 참이 아닌 데도 법질서에 속해 있는 개인들이 그 진술을 참이라고 믿는 것은 절대로 필요한 일이다. 왜냐하면 만약 그렇지 않으면 어느 누구도 법을 따르지 않을 것이기 때문이다. 따라서 플라톤에 따르면 정부는 선전 방법을 동원하여 정의로운 사람이 행복하고 정의롭지 못한 사람은 불행하다는 설을, 비록 그 설이 거짓이라 하더라도, 사람들 사이에 널리 퍼지게 할 권리를 가진다. 플라톤에 의하면 만약 이것이 거짓말일 경우 그것은 대단히 유용한 거짓말이다. 왜냐하면 그것은 법에 대한 복종을 보장하기 때문이다. "유능한 입법자는 모든 사람들이 자발적으로 그리고 강제 없이 모든 것에서 정의롭게 행동하도록 설득하는 데 있어 이것만큼 더 유용한 거짓말을 혹은 이것만큼 효과적인 거짓말을 발견할 수가 있을까? … 만약 내가 입법자라면 시인들에게 그리고 모든 시민들에게 이런 의미로 [가장 정의로운 삶이 가장 행복한 삶이다] 말하도록 강요하고자 시도할 것이다." 그렇다면 정부는 유용한 거짓말을 하더라도

1) Plato, *Laws*, 662b.

완벽하게 정당성을 가지게 된다. 플라톤은 정의를 진실보다 더 높은 곳에 두었다. 여기서 정의라는 것은 정부가 정의라고 생각하는 것, 즉 합법성을 의미한다. 그러나 진실을 합법성보다 높은 곳에 위치시키지 않을 충분한 이유는 없다. 비록 거짓에 근거한 정부의 선전이 좋은 목적에 기여한다 하더라도, 그 선전을 부도덕한 것으로 거부할 충분한 이유는 없다.

자유 · 평등 · 안정 · 진실 · 합법성 등과 같은 상이한 가치들의 서열 문제에 대한 대답은 사람에 따라서 달라진다. 즉 신앙심 깊은 그리스도인은 구원 즉 사후의 운명을 현세의 재물보다 더 중요하게 생각하며, 유물론자들은 내세를 믿지 않는다. 어떤 결정이 내려지느냐에 따라 정의가 달라진다. 개인의 자유를 최고의 선으로 생각하는 사람 즉 자유주의자에 의해 결정이 내려지느냐, 경제적 안정과 모든 사람에 대한 평등한 대우가 자유보다 높은 곳에 위치해 있다고 믿는 사람 즉 사회주의자에 의해 결정이 내려지느냐에 따라서 달라진다. 항상 대답은 주관적인 가치판단의 성격, 따라서 상대적인 가치판단만을 가진다.

Ⅲ

가치판단은 주관적이며, 매우 상이한 가치판단들이 있을 수 있다는 사실은 모든 개인이 자신의 가치체계를 가지고 있다는 것을 의미하지는 않는다. 사실상 대단히 많은 개인들은 자신들의 가치판단에서 동일한 견해를 가지고 있다. 적극적인 가치체계는 절연된 개인의 자의적인 창조물이 아니라, 항상 일정한 집단, 예컨대 가족 · 종족 · 일가(一家) · 계층 · 직업 내에서 그리고 어떤 정치적 · 경제적 환경 아래서 개인들이 서로에 대해 미치는 상호 영향의 귀결이다. 모든 가치체계는, 특히 도덕의 체계와 이 체계의 핵심인 정의 관념은 사회 현상이고, 사회의 산물이며, 따라서 이것을 낳은 사회의 성격에 따라서 상이하게 나타난다. 어떤 가치들이 어떤 사회에서 일반적으로 승인되고 있다는 사실은 이들 가치판단이 주관적이고 상대적인 성격을 가지고 있다는 사실과 결코 모순되지 않는다. 다수의 개인들이 그들의 가치판단에서 동일한 견해를 가지고 있다는 것이 이들 판단이 옳다는 것, 즉 객관적인 의미에서 타당하다는 것을 증명하지는 않는다. 이는 대다수의 사람들이 태양이 지구의 주위를 회전하고 있다고 믿거나 믿는 데 익숙해져 있다는 사실이 이런 생각의 진리성을 증명하는 것도 혹은 증명했던 것도 아닌 것과 같다. 정의의 기준은 진리의 기준과 마찬가지로 사실에 대한 판단이나 가치판단의 빈도가 높다는 사실에 달려 있는 것은 아니다. 인류 문명의 역사에서 매우 일반적으로 받아들여진 가치판단을 대신해서 동일한 수준에서 일반적으로 받아들여진 아주 다른 가치판단이 등장하는 것은 가끔 있는 일이다. 옛날 옛적에는 집단책임에 기초하고 있는 혈족에 의한 복수(blood revenge)가 일반적으로 정의로운 관습으로서 간주되었다. 현대에 들어오게 되면 오직 개인책임이 정의롭다는, 그 반대의 생각이 통용된다. 그럼에도 불구하고 어떤 영역에서 예컨대 국제관계에서 집단책임의 원리가 확립되어 있다는 사실이 대부분 사람들의 정의 감정과 일치하지 않는 것은 아니다. 종교의 영역에서 원죄의 관념이 여전히 통용되고 있으며, 이 역시 집단책임을 함축하고 있다. 미래에 사회주의가 승리하게 된다면, 일종의 집단책임이 일반적으로 적절한 것으로 간주될는지 알 수 없는 일이다.

개인이나 국가 중에서, 유물론이나 정신론 중에서, 자유나 안정

중에서, 진리나 정의 중에서 어떤 것이 최고 가치를 나타내느냐의 문제에 대해 합리적인 답변이 가능하지는 않겠지만, 이 문제에 대해 실제로 답변을 주고 있는 판단, 즉 주관적이며 상대적인 판단은 통상 객관적이며 절대적인 가치의 주장으로서 즉 일반적으로 타당한 규범으로서 나타난다. 자신의 행동을 정당화하고자 하는 깊은 욕구를 가지고 있고, 양심을 가지고 있다는 것이 인간이 가지고 있는 독특한 점이다. 정당화 또는 합리화의 욕구는 아마도 인간과 동물간의 차이 중 하나일 것이다. 인간의 외적 행동은 동물의 그것과는 매우 다르다. 큰 고기가 작은 고기를 잡아먹는 일은 인간의 왕국에서나 동물의 왕국에서 꼭 같이 일어나는 현상이다. 그러나 인간이라는 고기가 본능이라는 충동에 따라서 이런 식으로 행동을 하더라도, 그는 사회 앞에서 그리고 마찬가지로 자신의 앞에서 자신의 행동을 정당화하고자 하며, 동료와의 관계에서 자신의 행동이 옳다는 생각으로써 자신의 양심을 달래고자 한다.

인간이 얼마간 합리적인 존재라면, 그는 자신의 두려움과 욕구의 감정이 동기가 되어 발생한 자신의 행동을 이성적인 방식으로 즉 자신이 가지고 있는 지성의 기능을 통하여 정당화하고자 한다. 그러나 지성을 통한 정당화는 일정한 정도만큼만 가능하다. 즉 사람의 두려움과 욕망이 어떠한 목적의 달성에 필요한 수단과 관계하는 만큼만 가능하다. 왜냐하면 수단과 목적의 관계는 원인과 결과의 관계이고, 이것은 경험을 기초로 해서 규정될 수 있으며, 이것은 과학적이고 합리적인 방식으로 규정될 수 있음을 의미한다. 분명한 사실이지만, 목적을 달성하기 위한 수단이 특수한 사회적인 조처라면, 이것조차 불가능하게 되는 일이 자주 발생한다. 왜냐하면 사회적 현상의 인과관계에 대한 적절한 통찰을 우리는 결코 가지고 있지 못하며, 어떤 사회적 목표들에 어떻게 해야 가장 잘 도달할 수 있는가를 규정하는 충분한 경험을 가지고 있지 못하다는 것이 사회과학이 처한 현실적 위상이기 때문이다. 예를 들어 입법자가 어떤 범죄의 발생을 예방하기 위해 사형 제도를 두어야 할까 아니면 단지 구속형만을 두어야 할까에 대한 문제를 결정해야 한다고 가정해보자. 이 문제는 사형이 "정당한" 처벌인지 아니면 구속형이 "정당한" 처벌인지의 문제로서 정식화될 수 있다. 이 문제를 결정하기 위해서 입법자는 자신이 예방하고자 하는 범죄를 저지르려는 성향을 가지고 있는 사람의 마음에 이들 다른 처벌의 압박이 미치는 결과가 어떠한지를 알지 않으면 안 된다. 그러나 불행하게도 우리는 이 결과에 대한 정확한 인식을 가지고 있지 못하며, 그러한 인식을 획득할 위치에 있지도 않다. 왜냐하면 이러한 일은 실험에 의해서만 가능한데, 사회생활 영역에서의 실험은 매우 한정된 범위에서만 가능하기 때문이다. 따라서 정의의 문제는 전제된 목적에 대한 적절한 수단의 문제에 한정하더라도 결코 합리적으로 대답될 수 없다. 대답이 가능하더라도 그것은 우리의 행동에 대한 완벽한 정당화, 즉 우리의 양심이 요구하는 정당화를 줄 수는 없다. 가장 적절한 수단을 가지고서 가장 적절하지 않은 목적이 달성될 수도 있다. 원자폭탄을 생각해보자. 목적이 진실하면 수단을 정당화하지만, 수단은 목적을 정당화하지 못한다. 우리 행동에 대한 최종적인 정당화는 목적의 정당화, 즉 더 이상 수단이 되지 않는 목적, 즉 궁극적인 목적을 통해서 이루어진다.

종종 있는 일이지만 특히 어떤 형태의 인간행동이 어떤 목적의 수단으로서 정당화된다면, 이 목적이 정당화될 수 있는지의 문제가 불가피하게 일어난다. 이 관념의 연쇄는 최종적으로는 궁극목적에 대한 가정으로 귀착됨에 틀림없으며, 이 궁극목적은 일반적으로는 도덕의 문제이고 특수하게는 정의의 문제이다. 어떤 인간행동이 전제된 목적의 적절한 수단으로서만 정당화된다면, 이 행동은 단지 조건, 즉 전제된 목적이 정당화될 수 있다는 조건 하에서만 정당화된다. 그런 조건적인, 이런 의미에서 상대적인 정당화는 그 반대의 가능성을 배제하지 않는다. 왜냐하면 궁극적인 목적이 정당화될 수 없다면 이 목적에 대한 수단들도 정당화될 수 없기 때문이다. 민주주의는 개인의 자유를 유지하게 해주는 정부형태라는 단 한 가지 이유 때문에 정의로운 정부형태가 되는 것이다. 그것은 다음을 의미한다. 즉 민주주의는 개인의 자유가 궁극목적으로서 전제된다는 조건 하에서 정의로운 정부형태가 된다는 것을 의미한다. 개인의 자유 대신에 사회의 안정이 궁극목적으로서 전제된다면, 그리고 사회 안정이 민주주의적 정부형태 아래서는 달성될 수 없다는 사실이 증명될 수 있다면, 민주주의가 아니라 다른 정부형태가 정의로운 정부형태라고 간주될 수 있다. 왜냐하면 다른 목적은 다른 수단을 요구하기 때문이다. 그러므로 민주주의는 절대적으로가 아니라 상대적으로만 정의로운 정부형태로서 정당화될 수 있을 뿐이다.

우리의 양심은 그러한 조건적인, 즉 상대적인 정당화에 만족할 수 없다. 그것은 무조건적, 즉 절대적인 정당화를 요구한다. 즉 우리의 양심은 우리의 행동이 그 정당화가 의심스러운 목적에 대한 적절한 수단으로서 뿐만 아니라, 궁극목적으로서, 같은 뜻이지만 절대적 가치로서 정당화될 때에만 편안해진다. 그러나 그러한 정당화는 합리적인 방식으로는 가능하지 않다. 왜냐하면 합리적 정당화는 적절한 수단으로의 정당화이기 때문이다. 궁극목적은 정의(定義)에 의해서 그 이상의 목적의 수단이 될 수 없다. 우리의 양심이 우리의 행동에 대한 절대적 정당화, 즉 절대적 가치의 타당성을 요구한다면, 인간의 이성은 이러한 요구를 충족시킬 수 없다. 일반적으로는 절대적인 것, 특수하게는 절대적 가치는 인간의 이성 너머에 있다.

인간 이성에서는 정의 문제에 대한 단지 조건적인 그리고 이런 의미에서 상대적인 해결만이 인간행동의 정당화의 문제로서 가능하게 된다.

그러나 절대적 정당화의 욕구는 어떤 합리적인 고려보다도 더 강한 것처럼 보인다. 따라서 사람들은 종교나 형이상학을 통해서 이런 욕구를 충족시키고자 한다. 이것은 절대적 정의가 현세에서 초월적 세계로 옮겨가고 있음을 의미한다. 절대적 정의는 초인간적 존재 즉 신의 성질이 되고, 그런 정의의 실현은 신의 본질적 기능이 된다. 그러나 신의 성질이나 기능은 정의(定義)에 의해 인간 인식의 접근 가능한 대상이 아니다. 인간은 신의 존재, 즉 절대적 정의의 존재를 믿지 않으면 안 되지만, 그런 존재를 이해할 수는 없다. 정의 문제에 대한 이 형이상학적 해결은 받아들이지 않고, 합리적이고 과학적인 방식으로 절대적 가치들을 규정할 수 있다는 희망에서 그 가치들에 대한 관념을 고집하는 사람들은 환상, 즉 절대적 가치의 연역을 가능하게 하는 어떤 기본적인 원리를 인간의 이성 안에서 발견하는 일이 가능하다고 하는 환상으로써 자신을 속이고 있는 것이다. 그러나 이들 가치는 진실로 궁극적으로 분석해보면 이들 마음의 정서적 요인들에 의해 규정된다. 이들 절대적 가치의 규정은, 특히 이런 방식으로 도달된 정의 관념의 기준은 단지 공허한 정식일 뿐이다. 이 정식에 따르면 어떤 사회적 질서라 하더라도 모두 정의로운 것으로서 정당화될 수도 있다.

따라서 지나간 과거부터 오늘에 이르기까지 상론되었던 다수의 정의론은 두 가지 기본 유형으로 쉽게 압축될 수 있다. 하나는 형이상학적·종교적 유형이며, 다른 하나는 합리적, 좀 더 정확하게 표현하면 의사합리적(擬似合理的, pseudorationalistic) 유형이다.

Ⅳ

형이상학적 유형의 전형적인 주창자는 플라톤이다.[2] 그의 전 철학의 중심 문제는 정의이고, 이 문제의 해결을 위해서 그의 유명한 이데아론을 전개했다. 이데아는 초월적 실재이며, 이데아계에 존재한다. 이데아는 이 현실 세계에서 실현되어야 하지만 결코 실현될 수 없는, 그러나 이데아계에서 완전히 실현되는 절대적 가치이다. 주요한 이데아, 즉 모든 다른 이데아들이 거기에 종속해 있고 모든 다른 이데아들이 그로부터 자신들의 가치를 얻게 되는 이데아는 절대선(絶對善)의 이데아이다. 이 이데아는 플라톤의 철학에서 특정 종교에 대한 신학에서의 신의 관념과 정확하게 동일한 역할을 한다. 절대선의 이데아는 정의를 함축하고 있다. 거의 모든 플라톤의 대화편은 이 정의의 인식을 목표로 하고 있다. 무엇이 정의인가의 문제는 무엇이 선인가의 문제와 일치한다. 플라톤은 합리적 방식으로 이 문제에 접근하고자 여러 번 시도한다. 그러나 그런 시도 중 어떤 것도 최종적인 결론에 이르지 못한다. 어떤 정의(定義)에 도달하는 것처럼 보임에도 불구하고, 플라톤은 곧바로 그것은 정의로서 고려될 수 없으며 계속된 탐구가 필요하다고 선언한다. 플라톤은 추상적 사유의 특수한 방법, 즉 소위 변증법에 대해서 자주 이야기한다. 플라톤에 따르면 이 변증법에 통달한 사람은 이것을 통해서 이데아를 파악할 수 있고, 아니 오히려 이데아를 볼 수 있다. 그러나 그 자신은 이 방법을 자신의 대화편에서 사용하지 않거나 아니면 적어도 이 변증법적 인식의 귀결들을 알려주지 않는다. 절대선의 이데아에 대해서 그는 심지어 그것은 일체의 합리적 인식을 너머서 있다고 명백하게 이야기하고 있다. 플라톤의 주장에 의하면

---

2) 이 책 제3장 「플라톤의 정의론」 82 쪽 이하를 참조할 것.

그의 『서간』 중 하나에서, 즉 그가 자신의 철학의 내적 동기에 관한 설명을 하고 『제7서간』에서 절대선을 보는 일은 신의 은총에 의해 그것에 도달하는 극히 소수 사람의 특별하게 신비한 경험을 통해서만 가능하다. 그러나 그들의 신비한 직관의 대상을 즉 절대선을 인간의 언어로 서술하는 것은 불가능하다. 그러므로 무엇이 정의인지의 문제는 대답될 수 없다. 왜냐하면 정의는 극소수의 선택된 사람에게만 신이 드러내는 비밀이기 때문이다. 그리고 이 선택된 극소수의 사람은 그것을 다른 사람들에게 전달할 수 없다.

플라톤의 정의 철학이, 주 관심사가 또한 정의였던 그리스도의 가르침과 얼마나 가까이 있는가를 주목하는 것도 흥미 있는 일이다. 정의는 응보라는 즉 눈은 눈으로 이는 이로라는 정의의 원리를 이야기하고 있는 『구약성경』의 합리적 대답을 거부한 후에 예수는 사랑의 원리를 새로운 정의로서 선포했다. 그것은 악을 악으로써 갚지 말고, 해를 끼치더라도 저항하지 말며, 다른 사람들에 대해 어떤 판단도 내리지 말고, 악인을, 심지어는 원수까지도 사랑하라는 원리이다.[3] 이 정의는 현실적으로 확립된 사회적 질서를 너머선 것이다. 이 정의의 본질인 사랑은 우리가 통상 사랑이라고 부르는 인간의 감정이 아니라는 점은 명백하다. 왜냐하면 원수를 사랑하는 것은 인간의 본성에 어긋나기 때문이며, 이뿐만이 아니라, 예수가 남자와 여자, 부모와 아이들을 결합시키는 인간적 사랑을 단호하게 거부했기 때문이다. 하느님 나라에 들어가고자 하는 사람은 집과 아내와 형제자매와 부모와 자녀들을 포기하지 않으면 안 된다.[4] 심지어 예수는 다음과 같이 이야기한다. "누구든지 나에게 오면서 자기 아버지와 어머니, 아내와 자녀, 형제와 자매, 심지어 자기 목숨

---

3) 마태오 복음서 5:38, 44.
4) 루카 복음서 18:29, 30.

까지 미워하지 않으면 내 제자가 될 수 없다."[5] 예수가 가르친 사랑은 인간의 사랑이 아니다. 그 사랑은 사람들로 하여금 선인에게나 악인에게나 똑 같이 태양을 뜨게 하고 옳은 자에게나 그릇된 자에게 똑 같이 비를 내려주시는 하느님처럼 완전한 자가 되게 하는 사랑이다.[6] 그것은 최후의 심판에서 죄인에게 내려질 참혹하고 심지어는 영원한 형벌과 양립할 수 있으며, 따라서 가장 깊은 두려움 즉 하느님에 대한 두려움과 양립할 수 있다고 여겨진다. 예수는 이런 모순을 설명하지 않았고, 설명할 수 없었다. 왜냐하면 그것은 한계를 가진 인간 이성에게는 모순이지만, 인간이 이해할 수 없는 신의 절대 이성에게는 모순이 아니기 때문이다. 그러므로 그리스도교의 최초의 신학자인 바오로는 이 세계의 지혜는 신 앞에서는 어리석은 것이요,[7] 논리적이고 합리적인 인식인 철학은 신의 신비로운 지혜 속에 감추어진 신의 정의로 가는 길이 아니요,[8] 정의는 신앙에 의해서 신으로부터 오는 것이요,[9] 이러한 신앙은 사랑을 통해서 활동하는 것이라고[10] 가르쳤다. 바오로는 새로운 정의에 대한 예수의 가르침 즉 신의 사랑에 관한 가르침을 유지하고 있다. 그러나 그는 예수가 가르친 사랑은 우리의 지각을 훨씬 넘어서는 것이다.[11] 그것은 신비이며, 신앙의 여러 신비 중 하나이다.[12]

5) 루카 복음서 14:26.
6) 마태오 복음서 5:45, 48.
7) 코린토 신자들에게 보낸 첫째 서간 3:19.
8) 코린토 신자들에게 보낸 첫째 서간 2:1 이하.
9) 필리피 신자들에게 보낸 서간 3:9.
10) 갈라티아 신자들에게 보낸 서간 5:6.
11) 에페소 신자들에게 보낸 서산 3:19.
12) 이 책 제2장「성서의 정의관」117 쪽 이하를 참조할 것.

V

정의의 개념을 인간의 이성에 의해서 정의함으로써 문제에 대한 답을 시도하는 합리적 유형은 많은 나라의 민중의 지혜에서 나타나기도 하며, 몇몇 유명한 철학 체계에서 나타나기도 한다. 고대 그리스 일곱 현인 중 한 사람이 잘 알려진 말을 남겼다고 한다. "정의란 각자에게 그의 것을 주는 것이다." 이런 식으로 내려진 정의는 많은 뛰어난 사상가들, 특히 법 철학자들에 의해 수용되어 왔다. 이것이 공허한 정식이라는 것은 쉽게 간파된다. 왜냐하면 그의 것이 무엇인가 라는 결정적인 물음에 대한 대답이 없기 때문이다. 따라서 이 정식은 이 물음이 관습에 의해서 확립된 것이든 아니면 입법에 의해서 확립된 것이든, 즉 실정도덕(positive morality)에 의해서 확립된 것이든 실정법(positive law)에 의해 확립된 것이든, 이미 법적인 혹은 도덕적인 사회적 질서에 의해 결정되어 있다는 조건 하에서만 적용될 수 있다. 그러므로 이 정식을 사용하면 어떤 사회적 질서도 정당화할 수 있다. 그것이 자본주의적 질서이든 사회주의적 질서이든, 또한 민주주의적 질서이든 전제주의적 질서이든 문제가 되지 않는다. 이들 모든 질서는 아마도 각각 일반적으로는 승인될 수 있겠지만, 정의를 절대적 가치로서 규정하게 되면 쓸모가 없다는 것을 보여준다. 여기서 절대적 가치는 실정법이나 실정도덕에 의해서 보장되는 단순히 상대적인 가치와는 다르다.

정의의 본질을 아마 가장 자주 드러내는 원리에 대해서도 동일한 내용이 적용될 수 있겠다. 그것은 같은 것은 같은 것으로, 선은 선으로, 악은 악으로의 원리, 즉 응보원리이다. 이 원리는 선이 무엇인지 악이 무엇인지에 대한 대답이 자명한 것으로 전제되지 않는다면 의미 없는 것이 된다. 그러나 이 물음에 대한 대답은 전혀 자명하지 않다. 왜냐하면 선과 악의 개념은 민족과 시대에 따라서 대단히 달라지기 때문이다. 응보원리는 단지 실정법의 특수한 기술(技術)만을 표현하고 있을 뿐이다. 여기서 실정법의 특수한 기술은 불법의 악에 대해서는 법의 강제적 집행이라는 악으로 대응하게 된다. 그러나 정의의 문제는 불법이라는 악에 대해서는 강제력의 집행이라는 악을 집행하는 실정적인 법질서가 정의로운지 어떤지의 문제이고, 입법자가 사회에 대해 악이라고 생각하고 있는 것이 사회가 그것에 반대하여 정의롭게 대응하는 행동인지 어떤지의 문제이며, 사회의 현실적 대응인 강제적 집행이 적절한 것인지 어떤지의 문제이다. 바로 법적 정의의 문제인 바로 이 문제에 대해 응보원리는 그 어떤 대답도 해주지 못하고 있다.

응보가 같은 것은 같은 것으로의 의미인 한에서, 그것은 여러 가지 평등의 원리 중 하나가 된다. 여기서 평등은 또한 정의의 본질이라고 표현된다. 평등과 동일시되는 정의의 개념은 인간이 본성상 평등하다는 전제로부터 출발해서 모든 인간은 평등하게 대우받게 될 것이라는 가정으로 귀결하게 된다. 그러나 그 전제는 명백히 말해서 잘못이기 때문에, 즉 사람들은 사실상 매우 다르고, 어떤 두 사람도 실제로 평등하지 않기 때문에, 이 가정이 가지는 유일하게 가능한 의미는 사회적 질서가 사람들에게 권리와 의무를 부여할 때 어떤 차별을, 단지 어떤 차별만을 무시해야 한다는 뜻이며, 모든 차별을 무시해야 한다는 뜻은 아니다. 아이를 어른과 동일한 방식으로, 건전하지 않은 사람을 정신적으로 정상적인 사람과 동일한 방식으로 대우하는 것은 어리석은 일이다. 그러면 어떤 차별은 고려되어야 하고, 어떤 차별은 고려되어서는 안 되는가? 이것이 결정적인 물음이다. 이 물음에 대해서 평등의 원리는 아무런 답도 해주지 못한다. 이 문제를 결정함에 있어 기존의 법질서들은 본질적으로 달라진다. 사실상 이런 질서들은 어떤 차별들을 무시한다는 데에서는 일치한다. 그러나 그 질서들이 무시하지 않는 차별, 즉 사람들에게 권리와 의무를 부과할 때 고려하게 되는 차별들에 관련해서는 완전히 조화를 이루는 두 법질서는 거의 존재하지 않는다. 어떤 법에 따르면 남자들만이 정치적 권리를 갖고, 여자들은 갖지 못한다. 다른 법에 따르면 남자들만이 병역 의무를 갖는다. 반면에 어떤 법 아래서는 이와 관련하여 남녀 간의 법적 차별이 없다. 이들 법질서 중 어떤 것이 정의로운가? 어떤 사람이 종교에 관해 관심이 없다면, 그는 종교 간의 차이를 대단하지 않은 것으로 생각하는 경향이 있다. 그러나 그가 뿌리 깊은 종교적 확신을 가지고 있다면, 그는 확실히 그의 신앙, 그에게는 유일하게 참된 신앙을 함께 하는 사람들과 그 이외의 사람들 ― 이들이 다른 종교를 믿든 아니면 무신론자이든 간에 ― 간의 차이를 다른 어떤 차이보다도 더 중요한 것으로 여긴다. 그는 평등의 원리를 평등한 자만이 평등하게 대우받아야하는 것을 의미하는 것으로 해석할 것이다. 그렇다면 결정적인 물음은 "무엇이 평등인가?"이며, 이 문제는 평등의 원리로는 결정되지 않는다. 그러므로 실정법의 질서는 사람들 간의 차별을 평등의 원리와 충돌하지 않는 한에서 그 주체에 대한 차별적 대우의 기초로 삼을 수도 있다. 그러나 평등의 원리는 너무나 공허해서 실천적인 귀결을 결코 가지지 못한다.

여기서 두 가지 평등의 원리를 구별해야 한다. 첫 번째 평등의 원리는 법에서의 평등을 의미하는 이른바 법을 만드는 기관에 해당하는 원리이다. 두 번째 평등의 원리는 법 앞에서의 평등을 의미하는 이른바 법을 구체적인 소송에 적용하는 기관에 해당하는 원리이다. 이것이 의미하는 바는 소송의 결정에서 법을 적용하는 기관은 적용되는 법에서 정하고 있는 것 이외의 차별을 해서는 안 된다는 것이다. 즉 법을 적용하는 기관은 법 자신의 의미에 입각해서 그 법이 적용되어야 하는 방식대로 그 법을 적용할 것이다. 그것은 합법성의 원리이며, 모든 법질서 안에 내재해 있다. 그것은 때로는 법 아래서의 정의로 표현된다. 그러나 사실상 그것은 정의와는 아무런 관계가 없다. 다만 법은 그 취지대로 적용되어야 한다는 것만을 의미하고 있을 뿐이다.

평등의 원리를 노동과 생산품 사이의 관계에 적용해보면, 그 원리는 다음의 준칙으로 귀결한다. "노동의 동일한 양에 대해서는 생산품의 동일한 양이 분배되어야 한다." 이것은 마르크스에 따르면 자본주의적 사회질서에 기초한 정의의 개념이다. 즉 자본주의적 질서에 기초한 경제체제의 "평등법"이다. 사실상 그것은 평등을 훼손하고 있고 따라서 정의롭지 못한 법이다. 왜냐하면 실제로는 평등하지 않은 사람들이 평등하게 다루어지기 때문이다. 만약 강한 사람과 약한 사람이 모두 노동의 동일한 양에 대해서 생산품의 동일한 양을 얻게 된다면, 생산품의 동일한 양이 노동의 사실상의 동일하지 않은 양에 대해 주어지게 된다. 참된 평등은 따라서 단순히 표면상의 정의가 아니며, 참된 정의는 다음의 원리가 지배하는 공산주의적 경제체제 안에서만 실현될 수 있다. "각자는 자신의 능력에 따라서 일하고, 필요에 따라 그에게 분배된다."[13) 생산 과정이 어떤 중앙기관에 의해 통제되는 계획경제체제 안에서 이 원리가 적용되려면, 다음의 문제가 발생한다. "각자의 능력이란 무엇이고, 그는 어떤 종류의 노동에 적합하며, 어느 정도의 노동 양이 그로부터 기대될 수 있는가?" 이 물음은 주관적 판단에 따라서 각 개인이

---

13) "Zur Kritik des sozialdemonkratischen Parteiprogramms," aus dem Nachlass von Karl Marx, *Neue Zeit* IX-1 (1890-1891), 567 쪽. 또한 나의 다음 저서를 참조할 것. *The Communist Theory of Law* (New York: Frederick Praeger, 1955), 34 쪽 이하.

대답할 수 있는 성질의 것이 아니며, 사회 기관이 채택한 일반규칙에 따라서 공동체의 권위 있는 기관이 결정해야 할 성질의 것이라는 사실은 너무나 당연하다. 그런 다음 새로운 문제가 발생한다. "어떤 것이 충족될 필요가 있는가?" 중앙 기관에 의해 계획되고 지시된 생산과정이 그들의 충족을 위해서 작동하고 있는 것만이 충족될 필요가 있다는 것은 분명하다. 마르크스가 주장하고 있는 것처럼 미래의 공산주의 사회에서 생산력이 증가하고 사회적 부가 샘물처럼 넘쳐흐르더라도, 무엇이 충족될 필요가 있는가의 선택과 얼마나 충족될 필요가 있는가의 정도는 개인의 주관적 요구에 전적으로 맡겨질 수는 없을 것이다. 이 문제 또한 사회기관이 일반적인 규준에 따라서 결정하지 않으면 안 된다. 그리하여 공산주의 정의 원리도 "각자에게 그의 것을"이라는 정식과 마찬가지로, 그것을 적용하는 데 필요한 결정적인 문제의 해답이 미리 확립된 사회적 질서에 의해 주어져 있어야 한다는 점을 전제하고 있다. 분명히 말해서 공산주의 정의 원리는 "각자에게 그의 것을"이라는 정식과 마찬가지로 어떤 사회적 질서에 의해서도 확립될 수 없고, 아무도 관련된 문제에 대한 대답을 예견할 수 없는 사회적 질서에 의해서 확립될 수 있다. 이런 사실을 고려해볼 때 공산주의 정의 원리를 주장하게 되면 다음의 규칙이 등장하게 된다. "각자는 공산주의 사회질서가 인정한 그의 능력에 따라서 일하고 마찬가지로 공산주의 사회질서가 인정한 그의 필요에 따라 분배받는다." 공산주의 사회 질서가 각자의 능력을 각자의 주관적 판단과 완전하게 일치하도록 인정하고, 각 개인의 모든 필요를 그의 주관적 욕구의 만족에 따라서 보장하며, 그래서 집단이익과 개인이익이 완벽하게 조화를 이루며, 결국 이 질서에 의해서 구성된 사회 안에서 무제한의 개인적 자유가 보장된다는 것은 유토피아적 환상에 불과하다. 마르크스가 예언하고 있듯이 그것은 황금시대의 전형적인 유토피아이며 낙원이다. 그 낙원에서는 "부르주아적 법의 좁아빠진 시야" 뿐만 아니라, 어떤 이익의 충돌도 없게 됨으로써 정의의 훨씬 넓은 시야도 완전히 극복될 것이다.

황금률, 즉 남이 나에게 해주기를 바라는 것은 남에게 하고, 남이 나에게 해주기를 바라지 않는 것은 남에게 해서는 안 된다는 원리도 평등의 원리 및 응보원리와 크게 다르지 않다. 다른 사람이 자신에게 해주기를 바라는 것은 그에게 즐거움을 주고, 다른 사람이 자신에게 해주지 않기를 바라는 것은 그에게 고통을 준다. 따라서 황금률은 다음과 같은 규준이 된다. "다른 사람에게 즐거움을 주고 고통을 주지 마라." 그러나 남에게 고통을 주는 것이 누군가의 즐거움인 경우가 자주 발생한다. 이러한 행위가 황금률의 위반이라면 다음의 물음이 생겨난다. "가능한 한 그런 위반이 일어나지 않도록 하려면 위반자에게 무엇이 행해지면 좋을까?" 이것은 정의의 문제이다. 만약 누구도 다른 사람을 고통스럽게 하지 않는다면, 정의의 문제는 결코 존재하지 않을 것이다. 황금률을 위반하는 경우에 황금률을 적용해보면, 황금률은 불합리한 결과에 봉착하게 되리라는 것은 명약관화하다. 왜냐하면 비록 범죄를 저질렀다 하더라도 처벌받기를 원하는 사람은 없기 때문이다. 따라서 황금률에 따르면 어느 누구도 범죄자를 처벌할 수 없다. 어떤 사람은 다른 사람들이 자신에게 거짓말하는 것을 전혀 신경 쓰지 않는다. 왜냐하면 그는 옳든 그르든 자신이 진실을 발견하고 그리하여 거짓말쟁이로부터 자신을 보호할 만큼 충분히 영리하다고 생각하기 때문이다. 그렇게 되면 황금률에 따라서 그에게 거짓말하는 것은 허용된다. 황금률은 글자 그대로의 의미로 취해진다면 법과 도덕의 파괴로 귀결된다. 그러나 황금률의 의도는 분명히 말해서 사회질서를 파괴하는 것이 아니라 유지하는 것이다. 황금률의 원래의 의도에 따라 해석된다면, 황금률은, 그 글자상의 의미가 주는 것처럼, 옳은 행위의 단순히 주관적일 뿐인 기준을 확립할 수 없게 된다. 여기서 개인의 옳은 행위란 다른 사람들이 자신에게 해주기를 바라는 행위이다. 그러한 기준은 어떤 사회질서와도 양립할 수 없게 된다. 황금률은 객관적인 기준을 확립하는 것이지 않으면 안 된다. 그것의 참된 의미는 다음과 같다. "다른 사람이 당신에 대해서 행해야 할 것처럼 다른 사람에 대해서 행하라." 그러나 그들은 어떻게 행해야 할까? 이것은 정의의 문제이다. 이 문제에 대한 대답은 주어지지 않으며, 오히려 그 답은 황금률에 의해 전제되어 있다. 대답은 이미 확립된 사회질서에 의해 주어진다. 그런 질서가 정의롭든지 정의롭지 않든지 하는 것은 문제되지 않는다.

VI

황금률이라는 말의 의미 속에 이미 함축되어 있는, 옳은 행위의 주관적 기준이 객관적인 기준에 의해 대체된다면, 즉 황금률의 의미가 각자는 다른 사람들이 자신에게 행해야 할 것처럼 다른 사람에게 행하라는 것이라면, 이 규칙은 다음의 원리로 귀결된다. "사회질서의 규준에 일치되게 행하라." 이런 식으로 해석된 황금률에 고무되어 독일 철학자 칸트는[14] 정언명령(定言命令, categorical imperative)의 정식을 제시했다. 정언명령은 그의 도덕철학의 본질적인 귀결이자 정의 문제에 대한 그의 해결책이다. 그것은 다음과 같다. "너의 의지의 준칙(maxim)이 동시에 보편적 법칙이 될 수 있도록 행위 하

14) Immanuel Kant, *Grundlegung zur Metaphysik der Sitten*, I. Abschnitt.

라." 그것이 의미하는 바는 다음과 같다. 개인의 행위는 그가 모든 사람들에 대해 구속력이 갖기를 원하는 원리에 의해서만 규정되어야 한다. 그러나 그 원리가 모든 사람에게 구속력을 갖기를 우리가 원하는 그 원리란 어떤 것인가? 이것은 분명히 정의의 문제이다. 이 문제에 대해서 정언명령은 그것의 모델인 황금률과 꼭 마찬가지로 어떤 해답도 아니다.

칸트가 정언명령을 적용하려고 시도하면서 들고 있는 구체적 예시들은 전통적 도덕과 그의 시대의 실정법의 가르침이다. 그 예시들은, 정언명령의 이론도 그렇게 이야기하고 있지만, 이 정언명령으로부터 연역된 것이 아니다. 왜냐하면 어떤 것도 이 공허한 형식으로부터 연역될 수 없기 때문이다. 그 예시들은 정언명령과 양립할 수 있다는 것만을 증명할 뿐이다. 이미 확립된 어떤 사회질서도 개인은 일반규범과 일치하도록 행하라는 것 말고는 다른 어떤 것도 말하지 않는 원리와 양립할 수 있다. 그리하여 정언명령은 "각자에게 그의 것을"의 규칙이나 황금률과 꼭 마찬가지로 그 어떤 사회적 질서에 대해서도 정당성을 갖는 역할을 하게 된다. 그래서 이들 정식은 공허함에도 불구하고, 아니 공허하기 때문에 여전히 정의 문제에 대한 만족스러운 대답으로서 승인되고 있고, 아마 항상 승인될 것이다.

Ⅶ

이성에 기초해서 과학적 혹은 의사과학적(擬似科學的)인 방법으로 정의를 밝히려는 무익한 시도의 또 하나의 독특한 특성을 갖는 예가 아리스토텔레스의 윤리학이다.[15] 그는 덕들을 체계화하는 것을 목표로 하고 있다. 정의는 이들 덕 중 "주요 덕", 즉 "완전 덕"이다. 아리스토텔레스는 자신이 덕, 즉 도덕적으로 선한 것을 정의하는 수학적 · 기하학적 방법 즉 과학적 방법을 발견했다고 단언하고 있다. 아리스토텔레스에 따르면 마치 기하학자가 하나의 선분의 두 끝에서 꼭 같은 거리에 있는 점을 발견할 수 있는 것처럼, 도덕가는 자신이 찾고 있는 덕을 발견할 수 있다. 그러므로 덕은 두 극단, 즉 악덕(과도의 악덕과 과소의 악덕) 사이에 있는 중간 상태이다.[16] 그리하여 예컨대 용기의 덕은 너무나 과소한 비겁의 악덕과 너무나 과도한 무모 사이의 중간이다. 이것이 그의 유명한 중용(*mesótes*) 이론이다. 기하학자는 선분의 두 끝의 점이 주어지는 한에서만 하나의 선분을 두 동일한 부분으로 나눌 수 있고, 그리고 이들 두 점이 주어진다면, 선분의 중간점은 이들 두 점에 의해서 미리 결정되어 있다. 그런 식으로 아리스토텔레스는 그의 기하학적 방법에 의해서 두 악덕이 주어질 때에만 자신이 찾고 있는 덕을 발견할 수 있다. 그러나 우리가 무엇이 악덕인지 안다면, 또한 우리는 덕이 무엇인지도 알 수 알게 된다. 왜냐하면 덕은 악덕의 반대이기 때문이다. 거짓이 악덕이라면 진실은 덕이다. 실로 아리스토텔레스는 악덕의 존재를 당연한 것으로 간주한다. 그는 그의 시대의 전통 도덕이 그 자체로 낙인찍은 것이 악덕이라는 것을 자명한 것으로 전제한다. 이것은 중용이론의 윤리가 그것의 문제, 즉 악 혹은 악덕은 무엇인가, 따라서 또한 선 혹은 덕은 무엇인가를 규정하는 일을 해결할 수 있다고 주장할 뿐이라는 것을 의미한다. 왜냐하면 덕이 무엇인가의 문제는 악덕이 무엇인가의 문제 안에 함축되어 있기 때문이다. 그의 윤리학은 이 문제에 대한 해결을 다른 권위에, 즉 이미

---

15) Aristotle, *The Nicomachean Ethics*, 1129b.
16) 같은 책, 1107a, 1106a, 1105b.

확립된 사회질서인 당시의 도덕이나 실정법의 권위에 맡겨버린다. 그의 이미 주어진 사회질서를 중용의 정식 안에서 전제함으로써 아리스토텔레스의 『윤리학』은 당시의 도덕이나 실정법을 정당화한다. 사실의 문제로서 "너무 과도한" 것이 무엇인가를 규정하고, "과소한" 것이 무엇인가를 규정하며, 악이나 나쁨의 극단이 무엇인지를 규정하고, 그렇게 해서 중간, 즉 선과 옳음이 무엇인지를 규정한 것은 아리스토텔레스의 철학이 아니라 당시의 도덕이나 실정법이다. 이미 주어진 사회질서의 이러한 정당화에는 공허한 동어반복에 불과한 참된, 즉 고도로 보수적인 기능이 숨어 있다. 중용의 정식에 대한 비판적 분석은 이 점을 드러내고 있다.

정의 문제에 이것을 적용해보면 중용 정식의 동어반복적 성격은 한결 더 분명해진다. 아리스토텔레스는 "정의로운 행동은 정의롭지 않은 것을 행하는 것과 당하는 것 사이의 중간이다. 왜냐하면 전자는 너무 과도한 것을 가지고 있고 후자는 너무 과소한 것을 가지고 있기 때문이다."[17] 여기서 악덕 사이의 중간이 곧 덕이라는 정식은 단순한 비유로서도 쓸모없는 것이다. 왜냐하면 행해진 부정의와 당하는 부정의는 두 가지 상이한 악이 아니기 때문이다. 그것들은 하나의 동일한 악이다. 정의가 단지 이 동일한 악의 반대일 뿐이다. 결정적인 물음인 "부정의란 무엇인가"에 대해서 이 정식은 아무런 대답도 하고 있지 않다. 대신에 대답은 전제되어 있고, 아리스토텔레스는 당시의 기존 도덕질서와 법질서 아래서 정의롭지 않을 것을 부정의로서 전제하고 있다. 중용이론의 참된 기능은, 그렇게 하는 것이라고 주장하고 있긴 하지만, 정의 개념을 규정하는 것이 아니라, 이미 확립된 사회질서의 타당성[유효성]을 확증하는 것이다. 이 정치적으로 매우 중요한 성취는 그것을 과학적으로 가

17) 같은 책, 1133b.

치 없는 것이라는 점을 증명하는 비판적 분석으로부터 아리스토텔레스 윤리학을 방어하고 있다.[18]

Ⅷ

법철학의 형이상학적 유형과 합리적 유형은 17세기와 18세기에 지배적이었고, 19세기에는 다소 쇠퇴했음에도 우리 시대에 와서 다시 영향력을 얻었던 사상의 학파에서 나타난다. 그것은 다름 아니라 자연법론이다.[19] 이 이론은 자연, 즉 자연 일반이나 이성이 부여된 인간의 자연[본성]에서 유래하는, 인간관계의 완전하고도 정의로운 규제가 존재한다고 주장한다. 자연은 입법자로 간주된다. 자연을 분석하면 정의로운 인간행동을 명령하는 내재적 규범을 발견할 수 있다. 자연이 신에 의해 창조된 것이라고 가정된다면, 자연에 내재하고 있는 규범 즉 자연법은 신의 의지의 표현이다. 그렇다면 자연법론 형이상학적 성격을 띠게 된다. 그러나 이성이 부여된 인간의 본성에서 자연법이 연역된다면, 즉 정의의 원리가 인간 이성(이 안에 이 원리가 내재해 있다) 의 분석을 통해서 발견될 수 있다고 가정된다면, 자연법론은 합리주의적 성격을 가정하는 셈이다. 과학의 관점에서 보면 이런 두 견해는 유지될 수 없다.

인과법칙에 따라서 서로 결합해 있는 사실들의 체계로서의 자연은 의지를 가지고 있지 않으며, 따라서 인간의 특정한 행동을 명령할 수 없다. 사실로부터 즉 존재하는 것 혹은 실제로 행해지는 것으로부터 존재해야 하는 것이나 행해져야 하는 것으로 나아가는 어떤

18) 이 책 제4장「아리스토텔레스의 정의론」171 쪽 이하를 참조할 것.
19) 이 책 제5장「과학의 법정에 선 자연법론」215 쪽 이하를 참조할 것.

추론도 가능하지 않다. 자연법론이 자연으로부터 인간행동의 규범들을 연역하려는 시도를 하는 한, 그것은 논리적 오류에 근거하고 있다.

동일한 것이 인간 이성에 관해서도 타당하다. 인간의 행동을 명령하는 규범들은 인간 이성으로부터가 아니라 인간의 의지로부터 나올 수 있다. 따라서 사람들이 어떤 방식으로 행동해야 한다는 진술은, 인간의 의지가 이런 행동을 명령하는 어떤 규범을 확립했다는 조건 아래에서만 인간 이성에 의해 도달될 수 있다. 인간의 이성은 그러한 행동을 이해할 수 있고 기술할 수 있지만, 그런 행동을 명령할 수 없다. 인간의 이성으로 인간행동의 규범을 발견하는 것은 그들을 자연으로부터 연역하는 것과 같은 환상에 빠지는 것이다.

그러므로 자연법론의 여러 추종자들이 자연으로부터 서로 가장 모순된 정의의 원리를 연역했거나 인간 이성 안에서 발견했던 사실은 놀라운 일이 아니다. 이 이론의 대표자 중 한 사람인 필머(Robert Filmer)에 따르면 절대군주제의 독재체제가 유일하게 자연적이고 정의로운 정부형태이다. 마찬가지로 뛰어난 철학자인 로크(John Locke)는 동일한 방법에 의해서 절대 군주제는 전혀 정부의 형태가 아니고, 민주주의만이 정부형태로 간주될 수 있다는 점을 증명했다. 왜냐하면 민주주의만이 자연의 의도에 일치하기 때문이다. 따라서 공산주의는 자연이나 이성에 반(反)하는 범죄이다. 그러나 사적 소유의 폐지를 위한 선전이나 공산주의 사회를 유일하게 정의로운 사회조직으로 확립하기 위한 선전이 18세기와 19세기 초에는 동일한 자연법론에 기초하고 있다.

IX

인간 사고의 역사가 무언가를 증명하고 있다면, 그것은 합리적인 방식의 사유를 통해서 절대적으로 정당한 인간행동의 규범을 확립하려는 시도가 즉 반대의 행동도 또한 정의롭다고 생각할 가능성을 완전히 배제하고서 유일하게 정의로운 행동 표준을 확립하려는 시도가 무익하다는 것이다. 우리가 지나간 시대의 지적 경험으로부터 무언가를 배울 수 있다면, 그것은 상대적인 가치만이 인간 이성에 의해 파악될 수 있다는 사실이다. 즉 어떤 것이 정의롭다고 하는 판단은 그 반대의 가치판단의 가능성을 배제하는 주장을 할 수 없다는 사실이다. 합리적 인식의 관점에서 보면 인간에게는 이익만이 있을 뿐이요, 따라서 이익의 충돌만이 있을 뿐이다. 이들 충돌은 한 사람의 이익을 충족시키고 다른 사람의 이익을 희생시키거나 아니면 충돌하는 이익들 간의 타협을 통해서 해소될 수 있다. 이것만이 정의롭다거나 저것만이 정의롭다는 것을 증명하는 일은 가능하지 않다. 어떤 조건에서는 이것이 정의로울 수도 있지만, 다른 조건에서는 저것이 정의로울 수도 있는 것이다. 사회적 평화가 궁극목적이라고 가정된다면, 타협적 해결이 정의로울 수 있다. 그러나 평화라는 정의는 단지 상대적인 정의일 뿐이요, 결코 절대적 정의는 아니다.

X

그렇다면 이 상대주의적인 정의 철학의 도덕은 무엇인가? 그것은 무언가 도덕을 가지고 있기나 한가? 상대주의는 때때로 그렇게 주장되는 것처럼 도덕과 무관한 것은 아닌가, 아니면 부도덕한 것은 아닌가? 아니 그 반대이다! 도덕원리들이 단지 상대적인 가치만을 형성하고 있다는 견해는 그 원리들이 전혀 가치를 형성하고 있지 못하다는 견해를 의미하는 것은 아니다. 그것은 단 하나의 도덕체계가 존재하는 것이 아니라, 여러 다른 도덕체계가 존재하며, 결국 그들 간의 선택이 필수적이라는 것을 의미한다. 그리하여 상대주의는 개인에게 어떤 것이 옳고 어떤 것이 그른가를 스스로 결정하도록 하는 어려운 과제를 부과한다. 물론 이것은 대단히 심각한 책임, 즉 사람들이 생각할 수 있는 것 중 가장 심각한 도덕적 책임을 수반하고 있다. 사람들이 이 책임을 감당하기에 너무 취약하다면, 그들은 이 책임을 자신들보다 더 높이 있는 권위, 예컨대 정부나, 궁극적으로는 신에게 맡기게 된다. 그렇게 되면 그들은 더 이상 선택을 하지 않아도 된다. 도덕 문제에서 자기 자신이 주인이 되기보다 자신보다 우월한 자에게서 나오는 명령에 복종하는 편이 훨씬 쉽다. 개인적 책임에 대한 두려움은 상대주의에 대한 줄기찬 저항의 가장 강력한 동기 중 하나이다. 상대주의는 거부되고, 더 좋지 않은 경우에는 잘못 해석된다.[20] 그것은 상대주의가 도덕적으로 너

20) 그래서 정의를 상대주의적 관점에서 보는 견해는 절대적 정의의 존재를 인정하지 않는 법실증주의와 본질적으로 결합되어 있으며, 자주 전체주의 국가의 책임에 대해 문제를 제기하고 있다. 프로테스탄트 신학자인 브루너(Emil Brunner)는 그의 저서 *Justice and the Social Order* (London and Redhill: Lutterrworth Press, 1945) 에서 전체주의 국가는 "신앙이 결여되고, 형이상학 및 종교와 사이가 좋지 않은 실증주의"의 "불가피한 귀결"(16 쪽)이다. 이 진술은 플라톤의 이상국가, 즉 전체주의 국가의 원형(原型)은 절대적 가치를 목표로 함으로써 절대적 정의를 함축하는 절대적 선을 가정하면서 정점에 이르게 되는, 이데아에 관한 반상대주의적 이론이라는 사실과 분명히 모순된다. 제3장 「플라톤의 정의론」과 포퍼(K. R. Popper)의 *The Open Society and Its Enemies* (London: G Routledge, 1945) 제 1권의 여러 곳 및 89 쪽 이하 참조. 만약 가치 철학과 정치학 간에 어떤 연관성이 있다면, 전체주의 국가의 독재, 즉 정치적

절대주의는 절대적 가치에 대한 믿음과 결합해 있으며, 반면에 민주주의 및 그것의 본질적 요구로서의 관용의 원리는 상대주의적 견해를 요구한다. 이 책 제7장 「철학과 정치학에서 절대주의와 상대주의」를 참조할 것.

그러나 브루너는 다음을 인정하지 않을 수 없기에 일관성을 잃게 된다(57 쪽). "오늘날 전체주의 국가들에 의해 가해지는 고통스러운 억압에 대해서 정당하게 저항하고 있는 교회는 자유로운 의지 활동으로부터만 나올 수 있는 것을 국가 권력의 보호라는 안전한 팔을 활용함으로써, 종교적 무관용의 나쁜 예를 최초로 보여주는 자가 누구인지를 잘 기억하지 않으면 안 될 것이다. 교회는 거의 모든 점에서 전체주의 국가의 최초의 교사였다는 점을 늘 부끄럽게 생각해야 한다." 이것은 확실히 참이다. 그러나 그렇게 된 까닭은 교회가 "신앙이 결여되고, 형이상학 및 종교와 사이가 좋지 않은 실증주의"를 가르쳤기 때문이 아니라, 오히려 그 반대로 절대적 정의에 대한 믿음을 가르쳤기 때문이다.

브루너의 저서는 상대주의를 반박하고 있는 것이 아니라 상대주의를 정당화하고 있다. "그리스도교 신앙"(8 쪽)에 기초하고 있는 그의 절대주의 정의론은 다음의 논제로부터 출발하고 있다. "우리에 **의해서**가 아니라 우리**에게** 제시된 요구, 즉 우리 모두의 위에 있는 타당한 기준 즉 정의, 다시 말하면 모든 국가와 모든 법체계에 대해 구속력을 갖는 규범적 규칙이 존재하는가, 아니면 정의는 존재하지 않고 이런 저런 방식으로 조직되어 자신을 법으로 승격시킨 권력만 존재하는가"(16 쪽). 브루너는 자신이 합리주의적 학파나 푸펜도르프(Pufendorf)나 토마지우스(Thomasius) 등의 자연법과 대비되는 "그리스도교 자연법"이라 칭해지는, 신의 창조적 질서 내에 있는 절대적 정의의 법을 발견할 수 있다고 생각한다(80 쪽 이하). 그러나 절대적 신적 정의에 대한 신앙이, 즉 그리스도교의 자연법의 승인이, 다시 말해 실정법과 다르고 실정법과 아마도 반대를 이루는 질서가 불가피하며, 그렇게 해야 상대주의적 실증주의에 의한 정의 관념의 붕괴를 막을 수 있다고 주장하면서, – 이것이 그의 절대적 정의 이론, 즉 그리스도교적 자연법의 귀결인데 – 모든 실정법은 "상대적으로 정의로울"(17 쪽) 뿐이라는 점을 인정한다. 이것은 그가 절대적 정의와 함께 상대적인 정의를 인정한다는 것을 의미한다. 그러나 이것은 의미상 모순이다. 규범적 질서가 절대적 정의와 일치하지 않으면 그것은 정의롭지 못한 것이며, 따라서 상대적으로 정의로운 것이 아니라 정의로울 수 없다. 상대적 정의가 절대적 정의와 나란히 있을 수 없으며, 마찬가지로 절대적 정의가 상대적 정의와 나란히 있을 수 없다. 이것은 브루너에 의해 확증되고 있으며, 브루너도 "국가의 법이 자연법과 충돌을 일으킨다면 국가의 법을 지켜서는 안 되고, 국가의 법은 부정의가 된다"고 가정하는 것을 잘못이라는 점을 인정하고 있다.

만약 그렇지 않다면 자연법은 "실정법의 체계에 대해 무관용적 위협"을 의미하게 된다. "어떤 국가도 이차적인 법적 체계가 제안하는 이런 종류의 도전에 대해 관용하지 않을 것이다. 국가의 법은 실제로 통용되는 국가의 법이 구속력 있는 법적 강제를 독점하지 않으면 안 된다. 자연법은 국가의 법적 안전성이 흔들리지 않은 채로 남아 있는 한 혼자 힘으로 법적 구속력을 요구해서는 안 된다"(87 쪽). 구속력을 가지지 않는 자연법은 "모든 국가와 모든 법적 체계에 대해 구속력을 갖는 정의의 규범적 규칙"일 수 없다. 그런데 브루너의 16 쪽 진술에 따르면 이 규칙은 법실증주의에 의해 주창된 상대적 정의의 반대편에 서 있는 절대적 정의의 핵심이다. 어떤 구속력도 갖지 않는 자연법은 결코 규범적 질서가 될 수 없다. 왜냐하면 그러한 질서는 구속력이 있는 경우에만 존재할 수 있기 때문이다. 브루너는 "국가와 실정법의 권위를 깊이 존경하며" "분명하게 실정법의 측면에 서서 자연법은 창조의 기능에서만 타당하다"(88-88 쪽)고 하는 종교 개혁가들의 정의관을 따름으로써 상대주의적 실증주의에로 놀라운 전환을 정당화하고 있다.

절대적으로 정의로운 자연법이 아니라 상대적으로 정의로운 실정법만이 법적 구속력을 지닌다는 것이 진정 상대주의적 법실증주의 이론이다. 이 이론은, 그것은 참인데, 자연법을 기준으로서도 인정하지 않는다. 왜냐하면 그것을 인정하는 일은 실정법의 정당화 가능성을 함의하게 되는데, 법 과학으로서의 법실증주의는 실정법의 정당화를 거부하고 있기 때문이다.

브루너는 자신의 정의론에서 이 가능성을 충분히 이용하고 있다. 그가 절대적으로 정의로운 자연법의 내용으로서 보여주고 있는 것, 즉 국가 · 가족 · 개인의 자유 · 사적 재산은 우리 시대의 비공산주의적 실정법적 법질서에 의해 확립된 본질적 제도이다. 따라서 이러한 법질서는 적어도 원리상 그리스도교적 자연법과 일치하고 있는 것으로 증명된다. 이 이론에 따르면 공산주의만이 절대적이며 신적인 정의와 모순된다. 그러나 전체주의 국가로서 "부정의의 괴물"(17 쪽), "부정의의 절정"(137 쪽)이라고 표현된 공산주의 국가는, 그것도 결국 국가이기 때문에, 궁극적으로는 "신의 법령, 신적 제도"(69 쪽)로서 인정된다. 왜냐하면 "정의롭지 못한 국가도 여전히 국가이며"(174 쪽) 그것의 법질서는 "비록 잔혹하기는 하지만 평화의 질서"(174 쪽 이하)로서 어느 정도의 정의를 가지고 있기 때문이다. 그것은 다음을 의미한다. 브루너의 절대적 정의론은 어쩔 수 없이 공산주의 국가의 법에 대해서도 상대적인 정의를 인정하고 있다. 그러므로 이 이론에 따르면 정의의 관점에서 볼 때 이 법과 자본주의 국가의 법 사이에는 본질적인 차이가 없게 된다. 왜냐하면 그들의 법은 모두 실정법으로서 상대적으로만 정의롭기 때문이다.

상대주의적 실증주의에 대한 반박을 지향하고 있는 절대적 정의론은 무 적은 것을 요구하기 때문이 아니라 너무나 많은 것을 요구하기 때문이다.

상대주의적 정의 철학에 포함된 특수한 도덕원리는 관용의 원리이고, 바로 그것은 다른 쪽의 종교적 · 정치적 신앙에 대해 그것들을 수용하지는 않겠지만 호의적으로 이해한다는 것을 의미하며, 자유로운 표현을 방해하지 않는다는 것을 의미한다. 절대적 관용은 상대주의적 가치 철학에 의해 결코 허용될 수 없다는 것이 중요한 대목이다. 허용될 수 있는 유일한 것은 질서에 복종하는 사람들[피치자(被治者)]에 대해 힘의 사용을 금지하고 막기는 하지만, 사상의 평화적 표현을 금지하거나 막지는 않음으로써 평화를 보장하는, 이미 확립된 법질서 내에 있는 관용뿐이다. 관용은 사상의 자유를 의미한다. 최고의 도덕적 이상은 그 이상을 위해서 분투했던 사람들의 무관용 때문에 손상되어 왔었다. 스페인의 종교 재판이 그리스도교의 방어를 위해서 점화된 장작더미 위에서 이교도만이 불태워진 것이 아니라, "다른 사람을 심판해서는 안 된다. 그래야 너도 심판을 받지 않게 된다."라고 하는 그리스도의 가장 고귀한 가르침도 희생되었다. 17세기의 종교 전쟁 동안 박해받는 교회도 박해하는 교회도 상대방을 말살하려는 욕망을 가지고 있었다는 점에서는 일치했다. 인간 정신의 위대한 해방자 중 한 명인 베일(Pierre Bayle)은 다른 신앙을 가진 사람을 박해해서 기존의 종교적 정치적 질서를 방어하는 것이 최선이라는 생각을 가진 사람에 대해 다음처럼 말하였다. "무질서를 일으키는 것은 관용이 아니라 무관용이다." 민주주의가 정의로운 정부형태라면, 그것이 자유를 의미하기 때문

마구 엉클어져서 명백한 모순적 견해에 봉착하게 되며, 그 이론은 자신의 목적이 "일차적으로 이론적인 것이 아니라 모든 신학적 작업이 그래야 하는 것처럼 실천적"(8 쪽)이라고 선언하고 있지는 않겠지만, 어쨌든 과학적 관점에서 보면 심각하게 고려할 만한 자격을 갖추지는 못했다.

일 것이며, 또한 자유는 관용을 의미할 것이기 때문이다. 민주주의가 관용적이기를 멈춘다면 민주주의를 멈추는 게 될 것이다. 그러나 민주주의가 반 민주주의적 성향으로부터 자신을 방어하면서도 여전히 관용적일 수 있을까? 민주주의는 반 민주주의적 생각을 평화적으로 표현하는 것을 억압하지 않아야 한다는 그 한도 내에서만 관용적일 수 있다. 민주주의가 독재주의와 구별되는 것은 바로 그 관용에 의해서이다. 우리가 이러한 차이를 유지하는 한에서만 독재주의를 거부할 권리를 가지게 되며, 우리의 민주주의적 정부형태에 대해 자부심을 가질 권리를 가진다. 민주주의는 자기 자신을 포기하는 방식으로 자기 자신을 방어할 수는 없다. 그러나 힘에 의해서 정부를 전복하려는 어떤 시도도 억압하고 막는 것은 모든 정부의 권리이기도 하고 일반적으로는 민주주의의 원리, 특수하게는 관용의 원리와 아무런 관계도 없다. 생각의 단순한 표현과 힘을 사용할 준비 사이에 명확한 경계선을 긋는 일이 어려울 때도 있다. 그러나 민주주의 유지의 가능성은 그런 경계선 발견의 가능성에 달려 있다. 그런 경계선 긋는 일이 어떤 위험을 내포할 수도 있다. 그러나 그런 위험을 감수하는 것이 민주주의의 본질이며 영예이다. 만약 민주주의가 그런 위험에 맞설 수 없으면, 민주주의는 방어할 만한 가치를 지니지 못하게 될 것이다.

민주주의는 그 본성상 자유를 의미하기 때문에, 그리고 자유는 관용을 뜻하기 때문에, 학문에 그렇게 호의적인 다른 정부형태는 존재하지 않는다. 왜냐하면 학문은 자유로울 때만 번성할 수 있기 때문이다. 외적 자유, 즉 정치적 영향으로부터의 독립이 있을 뿐만 아니라, 학문 내에서의 자유, 즉 주장과 반대 주장을 펼 자유로운 활동도 있다면, 그것은 자유이다. 학문이란 이름에서 억압될 수 있는 것은 아무 것도 없다. 왜냐하면 학문의 영혼은 관용이기 때문이다.

나는 이 논문을 정의란 무엇인가의 물음과 함께 시작했다. 그런데 이 이 논문을 마무리할 시점에서 나 자신 그것에 대한 대답을 주지 못했다는 것을 충분히 알게 되었다. 나의 유일한 변명은 이런 문제와 연관해서 나는 최상의 동료로서 남아 있겠다는 것이다. 대부분의 뛰어난 사상가들이 실패했던 것을 나는 성공할 수 있다고 독자들로 하여금 믿도록 만드는 것은 뻔뻔함을 넘어서는 처사일 것이다. 나는 정의가 무엇인지, 인류가 그렇게 알고 싶어 하는 절대적 정의가 무엇인지 알지도 못하고 말할 수도 없다. 나는 상대적 정의를 묵묵히 따를 수밖에 없으며, 정의가 나에게 있어서 무엇인가를 말할 수 있을 뿐이다. 학문은 나의 천직이고, 따라서 나의 삶에서 가장 중요한 것이기 때문에, 보호막이 되어 나의 탐구가 성공할 수 있도록 하는 사회질서가 나에게 정의이다. 이때 "나의" 정의는 자유의 정의이고, 평화의 정의이며, 민주주의의 정의 즉 관용의 정의이다.

2. 성경의 정의관

■ ■ ■

출처. "The Idea of Justice in the Holy Scriptures," *Rivista Juridica de la Universidad de Puerto Rico*, Sept., 1952-April, 1953.

Ⅰ. 신의 정의의 초월적 성격

그리스도교의 가장 중요한 요소 중 하나는 정의가 곧 신의 본질적 성질이라는 사상이다. 신은 절대적이기 때문에, 신의 정의는 절대적 정의, 즉 영원하고 불변적인 정의이지 않으면 안 된다. 신은 정의롭다고 가정하는 종교만이 사회생활에서 어떤 역할을 할 수 있다. 종교를 인간관계에 적용할 수 있게 하기 위해서 정의를 신에게 귀속시키는 것은 그 본성상 비합리적인 것, 즉 초월적인 존재, 종교적 권위, 그것의 절대적 성질들을 합리화하는 어떤 성향을 가지고 있다.

합리적 인식의 관점에서 보면 신의 절대적 정의는 다른 절대적 성질, 전자와 마찬가지로 본질적인 성질, 즉 신의 전능과 필연적으로 충돌한다. 신이 전능하다면 현실적으로 발생하는 어떤 것도 신의 의지에 거슬러서 혹은 신의 의지 없이 발생할 수 없다. 부정의가 현실적으로 존재하기 때문에, 부정의가 존재하지 않는다면 정의의 관념은 의미가 없을 것이기 때문에, 신의 전능과 신의 정의가 어떻게 양립할 수 있을까? 이것은 변신론(theodicy)의 문제이며, 합리적으로 해결할 수 없는 문제이다. 그러나 전능하면서 동시에 절대적으로 정의로운 신에 대한 종교적 믿음을 뒤엎을 수 있는 타당한 논증이란 있을 수 없다. 왜냐하면 신앙의 사실은 합리적 인식의 바깥에 놓여 있는 문제이기 때문이다. 일반적으로는 신의 초월적 본성, 특수하게는 신의 절대적 정의는 인간의 인식으로는 접근할 수 없다. 왜냐하면 인간의 인식은 이성에 의해 통제되고, 그래서 논리학의 원리들에 종속해 있는 감각적 경험에 기초하고 있기 때문이다. 합리적 인식과 모순을 이루는 것이라고 해서 종교적 신앙과 모순된다고 할 수는 없다.

신의 절대적 정의라는 관념이 사람들의 사회적 삶에 적용될 수 있다면, 다시 말해서 신의 정의가 사람들이 자신들의 상호관계를 규제하기 위해서 찾고 있는 정의의 기준으로서의 역할을 한다면, 신학은 출발점인 절대적 정의의 이해 불가능성으로부터 좀 완화된 입장으로, 즉 신의 의지는 본성상 이해 불가능함에도 불구하고 이런 저런 방식으로 인간에 의해 파악될 수도 있다는 가정으로 나아가려고 시도하지 않으면 안 된다. 그러나 이 사상의 전회는 입장의 모순성 때문에 결국에 가서는 원점회귀하지 않을 수 없다. 신이 존재하기 때문에 절대적 정의가 존재한다. 인간이 신의 본성을 이해할 수 없음에도 불구하고 신의 존재를 믿지 않으면 안 되기 때문에, 절대적 존재가 실제로 무엇을 의미하는지 알 수 없더라도 절대적 정의의 존재를 믿지 않으면 안 된다. 정의는 신앙의 신비이다. 많은 신비 중 하나이다.

Ⅱ. 계시의 정의와 현대 그리스도교 도덕

이해 불가능한 것을 이해 가능한 것처럼 보이도록 시도하면서 사용하는 신학의 특수한 수단이 계시론이다. 신은 자신을 두 가지 방식으로 드러낸다. 하나는 신의 행위이고 다른 하나는 신의 말씀이다. 신이 우주를 창조했다면, 전 창조가 신의 의지의 현현(顯現)이다. 그렇다면 자연과 역사에서 무엇이 정의롭고 무엇이 정의롭지 않은가의 문제에 대한 답을 발견하는 일이 가능하다. 자연법론은 자연에 기초해 있고, 헤겔의 역사 철학은 역사에 기초해 있다.[1] 그러나 두 가지 신의 현현은 신의 규범과 일치하는 것으로 해석되면 반드시 모순적 진술로 귀착한다는 사실을 인간의 정신에 보여준다. 자연에서나 역사에서 우리는 강자가 약자를 파괴하는 냉혹한 전투를 본다. 동시에 상호 도움도 본다. 자연과 역사를 아무리 정밀하게 분석하여도 선과 악을 판별하는 기준을 발견할 수 없다. 존재하는 것에서부터 존재해야 하는 것을 추론하는 것은 가능하지 않다고 이성은 우리에게 이야기한다. 자연적 실재와 역사적 실재는 신의 정의의 현현이라기보다는 전능의 현현인 것처럼 보인다. 그리고 그들의 상호관계는 해결되지 않은 문제로 남아있다. 창조에서 신의 의지의 계시는 분명히 말해서 정의의 문제를 해결하기에 충분치 않다.

다른 계시, 즉 성경에 나와 있는 신의 말씀은 신의 정의의 보다 분명한 현현인 것처럼 보인다. 그러나 성격에서 직접적으로 승인되어 나타난 많은 제도나 신에 의해서 혹은 신에 의해 고무된 인간에

---

1) 이 책 제5장 「과학의 법정에 선 자연법론」 215 쪽 이하를 참조할 것. 그리고 나의 저서 *The Political Theory of Bolshevism* (Berkeley: University of California Press, 1949), 14-19 쪽을 참조할 것.

의해서 적어도 승인된 제도, 예컨대 일부다처제 · 노예제 · 혈족에 의한 복수는 현대의 그리스도인의 정의 감정에는 해결되지 않는 문제이다. 라멕은 두 아내와 결혼했고(창세기 4:19), 아브라함 · 이삭 · 야곱은 각자 한 명 이상의 아내와 살았다. 신명기 21:15는 한 남자가 두 여자를 데리고 사는 것은 합법적으로 인정된 관계라고 언급하고 있다. 이것을 전거로 삼아 루터(Luther)와 멜란히톤(Melanchthon)은 신법(新法)에 의해서 헤세 주(州)의 방백이었던 필리프(Philip)의 중혼을 다음처럼 정당화한 사건은 유명하다. "모세에서의 혼인에 관한 법은 이것을 허용하고 있고, 복음도 이것을 금하고 있지 않다."[2)]

노예제도는, 비록 소유자의 권리를 제한하는 것을 목표로 하고 노예의 처지를 개선하고자 하는 규정들도 있지만, 구약성경에서도 신약성경에서도 합법적이며 정당한 제도로 인정되고 있다. 레위기 25:6에서 노예제도는 야훼의 명령으로서 나타나고, 또는 적어도 시나이 산에서 모세를 통해 야훼가 주었던 법과 일치하지 않는 것은 아니다. 탈출기 21:2 이하는 이스라엘 사람조차 노예로 삼는 것이 불법적인 것이 아니며 자신의 딸을 노예로 파는 것이 허용되었다는 것을 보여준다. 도망쳤지만 아파슬에 의해 그의 주인에게 되돌려졌던 노예 오네시모스에 관해서 바오로가 필레몬에게 썼던 사도서간에서 그 제도의 정의를 부인하지 않았다. 에페소 신자들에게 보낸 서간에서(6:5-9) 심지어 바오로는 주인에 대한 노예의 의무는 신성한 것이며, 그것의 수행은 또한 신에 대한 의무라고까지 이야기했다.

야훼의 법이 혈족에 의한 복수를 제한하는 성향을 보여주고 있음

---

2) *Dr. Martin Luther Werke, Kritische Gesamtausgabe, Briefwechsel* (Weimar: Hermann Bŏhlaus Nacgfolge, 1938), VIII, 643.

에도 불구하고, 이 관습은 유다인 사이에서 확고하게 확립되었으며 신에 의해 인정된 것으로서 나타난다. 아벨을 죽인 후 카인은 "만나는 자마다 저를 죽이려 할 것입니다" 라고 말한다. 이에 대해 야훼는 "카인을 죽이는 자는 누구나 일곱 곱절로 앙갚음을 받을 것이다"(창세기 4:14 이하)[3] 라고 명령한다. 야훼는 피의 복수를 금하지 않는다. 신은 자기 백성들에게 주기로 한 땅에 성읍(城邑) 셋을 따로 떼어내야 한다고 하면서 다음처럼만 주문한다. "그 이웃을 죽게 한 자는 그 성읍들 가운데 한 군데로 피신하면 살 수 있다. 살인자가 전에 그 이웃을 미워한 일이 없으므로 사형 판결을 받지 않아도 되는데, 피의 보복자가 흥분한 나머지 그 살인자를 뒤쫓아 가서, 그 성읍에 이르는 길이 먼 탓에 그를 따라잡아 때려죽이는 일이 있어서는 안 된다"(신명기 19:1 이하).

간통 혐의가 있는 여자는 그것을 범했는지 여부를 확인하는 절차를 야훼는 직접 지시했다. 이 의식(儀式)에서 결정적인 역할을 하는 것은 "저주를 부르는 쓴 물"이다. 의식을 수행하는 사제는 "성막 바닥에 있는 흙먼지를 긁어" 그 물에 탄다. "사제는 그 여자에게 맹세를 하게 만든다. '다른 남자가 그대와 동침한 적이 없고, 그대가 남편 밑에 있으면서 빗나가 몸을 더럽힌 적이 없으면, 저주를 부르는 이 쓴 물이 그대에게 해를 끼치지 않을 것이다. 그러나 그대가 남편 밑에 있으면서 빗나가 몸을 더럽혔거나, 남편 아닌 다른 남자가 그대와 동침한 적이 있으면, … 주님께서 그대의 허벅지를 떨어져 나가게 하시고 그대의 배를 부풀어 오르게 하시어, 그대의 백성 가운데에서 그대를 저주와 맹세의 본보기로 만드실 것이다.

3) 성경을 인용할 때 나는 다음을 사용했다. (1) *The Complete Bible, An American Translation*; the Old Testment by Edgar J. Goodspeed (University of Chicagp Press, 1939); 그리고 (2) *The Holy Bible*. Revised Standard Version (London and New York, Ghomas Nelson & Sons, 1953).

이제 저주를 부르는 이 물이 그대의 창자 속에 들어가, 배를 부풀어 오르게 하고 허벅지를 떨어져 나가게 할 것이다.' 그러면 그 여자는 '아멘, 아멘!' 하고 대답해야 한다." 그런 다음 "사제는 이 저주를 글로 써서[즉 양피지 위에] 그 쓴 물에 씻는다[저주를 글로 썼던 잉크]. 저주를 부르는 쓴 물을 그 여자에게 마시게 하면, 저주를 부르는 그 물이 몸 안에 들어가 쓰라리게 하는 것이다." 만약 그 여자가 결백하다면 물은 그녀에게 아무런 해를 끼치지 않고, 만약 그녀가 죄를 저질렀으면, 물은 저주스러운 결과를 보여준다. "이것이 질투에 관한 법이니, 여자가 남편 밑에 있으면서 빗나가 몸을 더럽혔거나, 남편이 질투심에 사로잡혀 자기 아내를 의심하게 되면, 그 여자를 주님 앞에 세우고, 사제는 이 법을 모두 그 여자에게 적용해야 한다"(민수기 5:11 이하). 야훼가 법으로서 명령한 이 절차는 독물 탐죄(毒物探罪)로 알려져 있고 원시부족에서 실행되었던 것이다.[4] "쓰라림을 주는 물"에 독이 들었는지 어떤지는 알 수 없다. 그러나 이것은 의식의 마술적 성격에는 전혀 중요하지 않다. 저주의 글을 물로 씻어야 한다는 사실에서부터 이 마술적 성격이 분명히 드러난다. 이것이 전제하고 있는 것은 강력한 실체로서 상상된 저주가 원하는 결과를 얻는다는 신앙이다. 현대의 그리스도인들을 지배하고 있는 종교적 감정과 합당한 법 절차의 관념에 의해 크게 배격되고 있는 것이 바로 의식의 마술적 요소이다. 복음이 보고하고 있는 바, 악마나 "더러운 영"이 사람들의 몸에 들어가 정신 질환을 일으킨다는 것에 관해서도 동일한 것이 말해질 수 있다[현대의 그리스도인들은 이것을 배격하고 있다]. 복음에 따르면 게라사의 더러운 영에 관한 이상한 이야기에서처럼 예수 자신은 이들 악마의

4) J. G. Frazer, *Folk-Lore in the Old Testament* (London: Macmillan, 1919), III, 304 쪽 이하.

존재를 믿었으며, 이것들을 쫓아내는 데 자신의 신적인 힘을 사용하였다(마르코복음 5:1 이하).

Ⅲ. 성경의 계시가 지니는 모순점

성경의 계시는 어떤 점에서는 현대 그리스도교의 도덕과 정면으로 배치될 뿐 아니라 창조의 계시 못지않게 모순적이다.

아브라함의 아내 사라는 이복누이동생이었다. 즉 그의 어머니의 딸은 아니고 아버지의 딸이었다(창세기 20:12). 그러나 레위기(18:9, 20:17)와 신명기(27:22)에서는 한 남자가 자신의 이복누이와 관계를 맺는 것은 절대적으로 금지되고 있고 그것은 큰 죄이다. 야곱은 라반의 두 딸인, 자매인 라헬과 레아와 결혼하였다(창세기 29:1 이하). 그러나 레위기(18:18)에는 다음처럼 기록되어 있다. "아내가 살아 있는 동안 그의 자매를 첩으로 데려다 치부를 드러내서는 안 된다."[5)]

이혼에 대하여 신법의 법령으로서 제시되는 신명기의 조문은 다음의 규칙을 포함한다. 어떤 남자가 여자를 맞아들여 혼인하였는데, 그 여자에게서 추한 것이 드러나 눈에 들지 않을 경우, 이혼증서를 써서 손에 쥐어 주고 자기 집에서 내보낼 수 있다. 그녀가 그의 집을 떠났을 때 그녀는 다른 남자와 결혼할 수 있다(신명기 24:1 이하). 그러나 바리새인들이 남자가 아내와 이혼하는 것이 합법적인지 어떤지를 예수에게 물었다. 예수가 대답하기를 남편과 아내는 "둘이 한 몸이 될 것이다. 따라서 그들은 이제 둘이 아니라 한 몸이다. 하느님께서 맺어 주신 것을 사람이 갈라놓아서는 안 된

---

5) 에제키엘서 23:4에서 야훼는 두 자매인 오홀라와 오홀리바를 부인으로 삼았다. 오홀라는 사마리아를 오홀리바는 예루살렘을 가리킨다.

다.” “누구든지 아내를 버리고 다른 여자와 혼인하면, 그 아내를 두고 간음하는 것이다”(마르코복음 10:2). 예수의 대답은 한 명의 남자는 한 명의 아내만 가져야한다는 원리를 함의하고 있다. 서로 일치하지 않는 완전히 다른 두 사상이 모세에 의해서 계시된 일부다처와 이혼을 허용하는 신법과 예수에 의해 계시된 일부일처를 허용하고 이혼을 금지하는 신법에 그 근거를 두고 있다.

개인책임이 정의로운가 아니면 집단책임이 정의로운가에 관해서, 특히 책임의 상속에 관해서 또 하나의 다른 모순이 구약성경 자체에서 나타나고 있다. 탈출기 20:5 이하에서 야훼는 십계명을 선포하였다. “주 너의 하느님인 나는 질투하는 하느님이다. 나를 미워하는 자들에게는 조상들의 죄악을 삼 대 사 대 자손들에게까지 갚는다. 그러나 나를 사랑하고 내 계명을 지키는 이들에게는 천대에 이르기까지 자애를 베푼다.” 그러나 신명기 24:16에서는 다음처럼 기록되어 있다. “자식 때문에 아버지가 사형을 당해서도 안 되고, 아버지 때문에 자식이 사형을 당해서도 안 된다. 사람은 저마다 자기 죄로만 사형을 당해야 한다.”

이 모든 모순은 역사적 관점에서 볼 때 법적 발전의 상이한 단계로서 쉽게 설명될 수 있다. 그러나 역사적 해석은 성경이 신의 절대적이고, 따라서 불변적인 정의의 계시로서 간주된다면 결코 사용될 수 없다. 게다가 집단책임과 개인책임 간의 모순은 동일한 기록 안에서 발견된다. 에제키엘서에서 개인책임의 원리가 선포되지만(14:12-20), 또한 야훼가 죄를 범한 이스라엘에 다음처럼 이야기하고 있다. “나 이제 너를 대적하겠다. 칼집에서 칼을 뽑아 너에게서 의인이건 악인이건 다 잘라 내겠다”(21:1 이하).

Ⅳ. 응보와 사랑 – 법과 정의

그러나 성경 안에는 구체적인 제도의 정의에 대한 모순만 있는 것은 아니다. 두 가지 기본적으로 다른 정의의 원리 간의 적대(敵對)도 존재한다. 이러한 적대는 모세의 가르침과 예수의 가르침 사이의 적대와 같이 구약성경과 신약성경 사이에서만 존재하는 것이 아니라, 예수의 가르침과 바오로의 가르침에서처럼 신약성경 안에서도 존재하고, 특히 예수의 가르침 그 자체 안에서 나타난다. 응보원리와 사랑의 원리 사이의 적대이다. 즉 악은 악으로, 선은 선으로 갚으라고 하는 규칙과 원수도 사랑하고 악은 선으로 갚으라고 하는 규칙 간의 적대이다. 이런 적대와 밀접한 관련을 가지고서, 정의와 실정법 간에 존재하는 완전히 상이한 두 견해가 나타난다.

왕과 입법자로서의 야훼 – 구약성경을 지배하는 사상, 유다민족의 실정법이 신의 정의와 동일하다는 사상은 그 민족의 정치적 이데올로기의 이론적 특성의 결과물이다. 야훼는 그 국가의 장으로 간주된다. 모세가 이스라엘 백성을 이집트 땅에서 탈출시킨 후에, 그는 감사의 기도에서 다음처럼 말하고 있다. “주님께서는 영원무궁토록 다스리신다”(탈출기 15:18). 신은 “이스라엘의 왕”(민수기 23:21, 신명기 33:5, 이사야서 44:6)으로 기록된다. 예언자인 에제키엘은 다음처럼 말한다(20:33). “주 하느님의 말이다. 내가 살아 있는 한, 나는 강한 손과 뻗은 팔로, 퍼붓는 분노로 너희를 다스리겠다.” 예언자 스바니야는 “이스라엘 임금 주님께서 네 한가운데에 계신다”(3:15)고 했다. 소위 솔로몬의 시편에서는(17:1 이하) 다음처럼 적혀 있다. “주, 당신은 영원히 우리의 왕이십니다.” “이스라엘의 왕으로서의 야훼”는 비유로서 이해해서는 안 된다. 그것은 유다민족의 신앙 속에서는 의심의 여지없이 현실인 것이다. 신명기(17:14)

에 따르면 모세가 모든 이스라엘 백성에게 이야기했다. "너희는 주 너희 하느님께서 너희에게 주시는 땅으로 들어가서 그 땅을 차지하고 그곳에 자리 잡은 다음, '우리도 우리 주위에 있는 모든 민족들처럼 임금을 세워야지.' 하는 생각이 들거든, 반드시 주 너희 하느님께서 선택하시는 사람을 임금으로 세워야 한다." 또 이스라엘 백성이 기드온에게 "당신께서 우리를 미디안의 손에서 구원해 주셨으니, 당신과 당신의 자자손손이 우리를 다스려 주십시오"라고 말했을 때, 기드온은 그들에게 다음처럼 대답하였다. "내가 여러분을 다스릴 것도 아니고 내 아들이 여러분을 다스릴 것도 아닙니다. 여러분을 다스리실 분은 주님이십니다"(판관기 18:22 이하).

이스라엘의 왕으로서 야훼는 최고의 입법자, 최고의 재판관, 최고의 사령관이다. "정녕 주님은 우리의 통치자 주님은 우리의 지도자 주님은 우리의 임금님 그분께서 우리를 구원하시리라"(이사야서 33:22). "주님은 임금이시다. … 임금의 권능은 공정을 사랑함이니 당신께서 공의를 굳히셨습니다"(시편 99:1, 4). 법이 자신의 기원을 신적 존재에서 찾는 것은 많은 국가에서 나타나는 지배적인 사고방식이다. 그러나 다른 국가들과 달리 유다민족은 자신의 법을 신의 의지의 직접적인 발산으로 간주한 유일한 국가였다. 탈출기 24:12와 31:18에 따르면 "율법과 계명을 돌판 위에" 쓴 분은 야훼 자신이었고, 그것은 "당신 손가락으로 쓰신" 것이었다. 신명기 5:22에 따르면, 모세는 이스라엘 백성에게 십계명에 대해 이야기하였다. "주님께서는 구름이 덮이고 어두운 산 위 불 속에서, 큰 소리로 너희 온 회중에게 이 말씀을 하시고, 아무것도 보태지 않으셨다. 그리고 두 돌 판에 이 말씀을 쓰시어 나에게 주셨다." 그러나 모세는 십계명뿐만 아니라 유다민족의 법 전체가 실제적 입법자로서 등장하는 신에게서 직접 전달받은 것이라고 했다. "예루살렘아, 주님을 기려라. 시온아, 네 하느님을 찬양하여라. … 당신의 말씀을 야곱에게 알리시고 당신의 규칙과 계명을 이스라엘에게 알리신다. 어떤 민족에게도 이같이 아니 하셨다"(시편 147:12, 19 이하). 법은 야훼의 "입"으로부터 나온다(시편 119:72). 따라서 실정법은 절대적으로 정의롭고, 그 자체로서 완전하고 신성하며 영원하다. 시편 119는 유다민족이 자신들의 법을 가졌다는 생각을 시적 형식으로 표현한다. "주님, 당신께서는 의로우시고 당신의 법규는 바릅니다. 당신 법을 정의로, 크나큰 성실로 내려 주셨습니다"(137 이하). "당신 법은 영원히 의로우니"(144). "당신 말씀은 한마디로 진실이며 당신의 의로운 법규는 영원합니다"(160). 선택한 백성들에게 야훼가 주는 이 신법은 지상에서 지금까지 확립된 것 중에서 최상의 법이다. 모세가 이스라엘 백성에서 다음처럼 이야기한다. "이스라엘아, 이제 내가 너희에게 실천하라고 가르쳐 주는 규정과 법규들을 잘 들어라. 그래야 너희가 살 수 있고, 주 너희 조상들의 하느님께서 너희에게 주시는 땅에 들어가 그곳을 차지할 것이다. … 너희는 그것들을 잘 지키고 실천하여라. 그리하면 민족들이 너희의 지혜와 슬기를 보게 될 것이다. 그들은 이 모든 규정을 듣고, '이 위대한 민족은 정말 지혜롭고 슬기로운 백성이구나.' 하고 말할 것이다. 우리가 부를 때마다 가까이 계셔 주시는, 주 우리 하느님 같은 신을 모신 위대한 민족이 또 어디에 있느냐? 또한 내가 오늘 너희 앞에 내놓는 이 모든 율법처럼 올바른 규정과 법규들을 가진 위대한 민족이 또 어디에 있느냐?"(신명기 4:1 이하)

재판관으로서의 야훼 − 야훼의 입법적 기능보다 훨씬 특징적인 것은 그의 사법권이다. 모세가 "지혜롭고 슬기로우며 지혜를 갖춘 사람들"을 뽑아서 각 지파의 우두머리로 세우면서 그들에게 임무를 부과하였다. "너희는 재판할 때에 한쪽을 편들어서는 안 된다.

낮은 자의 말이나 높은 자의 말이나 똑같이 들어 주어라. 재판은 하느님께 속한 것이니 사람을 두려워하지 마라"(신명기 I:15 이하). 인간이라는 도구를 통해서 재판하는 분은 신이다. 탈출기 22:8에 다음처럼 기록되어 있다. "소나 나귀나 양이나 겉옷이나 그 밖의 어떤 분실물이든, 한쪽이 '저것은 내 것이다.' 하고 주장하는 사건이 생기면, 양쪽이 관련된 이 일은 하느님께 가져가야 한다. 하느님께서 유죄 판결을 내리신 자는 상대방에게 갑절로 배상해야 한다." 민수기 15:32 이하에서 안식일에 나무를 주었던 남자의 이야기가 기록되어 있다. 그는 모세와 아론에게 불려왔다. "그때에 주님께서 모세에게 말씀하셨다. '그 사람은 사형을 받아야 한다. 온 공동체가 진영 밖에서 그에게 돌을 던져야한다.' 그래서 온 공동체는 주님께서 모세에게 명령하신 대로, 그를 진영 밖으로 끌어내다가 돌을 던져 죽였다." 야훼가 판결을 내린 사례로서 아들을 남기지 못하고 죽었던 츨롭핫의 딸들의 사건이 있다. "모세가 그들의 소송건을 주님 앞으로 가져가니, 주님께서 모세에게 말씀하셨다. '츨롭핫의 딸들이 하는 말이 옳다. 너는 그들 아버지의 형제들과 더불어 그들에게도 반드시 상속 재산으로 소유지를 주어라. 그들 아버지의 상속 재산이 그들에게 넘어가게 하여라' "(민수기 27:3 이하). 그러므로 야훼가 "재판관"이라고 부를 때 그것은 단순한 비유가 아니다. 창세기 18:25에서 이미 아브라함은 소돔에서 착한 사람을 악한 사람과 함께 처벌하지 말아달라고 신에게 간청하면서 "온 세상의 심판자께서는 공정을 실천하셔야 하지 않겠습니까?"라고 말했다. 한나는 찬양의 노래를 부르면서 이렇게 외쳤다. "주님께서는 땅 끝까지 심판하신다"(사무엘 상권 2:10). 시편 75 전체는 재판관으로서의 신을 찬송한 것이며, 시편 50:6에서 다음을 발견하게 된다. "하늘이 그분의 의로움을 알리네, 하느님, 그분께서 심판자이심을." 여기서

몇 구절이 추가된다. "주님께서는 영원히 좌정하여 계시고 심판하시려 어좌를 든든히 하셨네. 그분께서 누리를 의롭게 심판하시고 겨레들을 올바로 다스리시네"(시편 9:7 이하). "겨레들에게 말하여라. 주님은 임금이시다. 정녕 누리는 굳게 세워져 흔들리지 않고 그분께서는 민족들을 올바르게 심판하신다"(시편 96:10).

야훼는 이상적인 재판관이다. 왜냐하면 야훼는 전능하고 인간의 가장 비밀스러운 생각과 느낌을 알고 있기 때문이다. 예언자 예레미야는 "내가 바로 마음을 살피고 속을 떠보는 주님이다. 나는 사람마다 제 길에 따라, 제 행실의 결과에 따라 갚는다"(예레미야서 17:10). "주님께서 백성들을 심판하신다! 주님, 저의 의로움에 따라, 저의 결백함에 따라 저의 권리를 되찾아 주소서. 이제 악인들의 죄악은 다하고 의인은 당신께서 굳세게 하소서. 마음과 속을 꿰뚫어 보시는 분 하느님께서는 의로우시다"(시편 7:8 이하). 야훼를 가끔 복수의 신이라고 부르는 것은 그가 재판하는 신이라는 것을 가장 먼저 의미한다. "보복하시는 하느님, 주님 보복하시는 하느님, 나타나소서. 세상의 심판자시여, 일어나소서"(시편 94:1 이하). 이사야는 정의에 관해서 격정적인 울부짖음으로 한 설교에서 다음처럼 이야기한다. "공정이 없음을 주님께서 보시고 언짢아하셨다. 그분께서는 한 사람도 없음을 보시고, 나서는 자가 하나도 없음을 보시고 놀라워하셨다. 그리하여 그분의 팔이 그분을 돕고 그분의 정의가 그분을 거들었다. 그분께서는 정의를 갑옷처럼 입으시고 구원의 투구를 머리에 쓰셨다. 응보의 옷을 입으시고 열정을 겉옷처럼 두르셨다. 그분께서는 저마다 그 소행대로 갚으시니 당신의 적들에게 분노하시고 당신의 원수들에게 보복하시리라"(이사야서 59:15 이하). 신의 "복수"는 신의 정의로운 판결의 응보적 기능을 의미한다.

"증인"과 계약 당사자로서의 신 — 신의 정의가 법정적(法廷的) 특성을 가진다는 것은 야훼를 가끔 "증인"으로서 표현하고 있다는 사실에서 드러난다. 이 기능은 범인에 대한 소송 절차에서 결정적으로 중요하기 때문에, 재판의 기능과 동일시되기도 한다. 스바니야(3:8)는 야훼가 "증인으로 나설" 그 날을 재판의 날이라고 이야기하고, 말라키(3:5)는 야훼에게 다음과 같이 이야기하게 한다. "나는 심판하러 너희에게 다가가리라. 나는 주술사와 간음하는 자 거짓 맹세하는 자 품팔이꾼의 품삯을 떼어먹고 과부와 고아를 억압하는 자 이방인을 밀쳐 내는 자 나를 경외하지 않는 자들을 거슬러 곧바로 증인이 되리라." 미카(6:2)는 야훼와 이스라엘 백성 간의 논쟁에 대해 이야기하고, 이사야(54:5 이하)는 결혼 관계와 비교하면서, 야훼를 이스라엘의 "남편"으로 이스라엘을 "야훼의 젊은 시절의 아내"라 부른다. 에제키엘(16:32, 38)의 입을 통해서 야훼는 이스라엘에게 다음처럼 말한다. "오히려 남편 아닌 낯선 자들을 받아들여 간통하는 여자와 같다. … 나는 간음하고 살인한 여자들을 재판하듯 너를 재판한다."

이런 비유에서 유다 신학의 가장 기본적인 생각들 중 하나가 다음처럼 표현된다. 신과 인간의 관계는 계약에 의해 이루어진다. 야훼가 여러 시기의 초에 아담 · 노아 · 아브라함 · 모세 · 다윗으로 하여금 그의 백성과 계약을 맺게 한다. 그리고 이 계약은 미래에 신의 나라가 영원히 수립될 때 마지막으로 다시 갱신될 것이다.

신이 인간과 계약을 맺었다는 사상은 그리고 신도 다른 계약 당사자와 꼭 같이 계약에 의해 구속을 받는다는 사상은 그 본성상 비합리적인 것, 즉 신과 인간의 관계를 합리화하려는 성향의 본질적 특성이다.

이 계약에 의해서 야훼는 그의 백성을 보호해야 할 의무를 지니게 되고, 이스라엘은 야훼에 대해서 충실해야 하며 야훼의 법을 준수해야 한다. 이 계약의 결론은 탈출기 26과 34에서 서술된다. 계약은 야훼가 모세를 통해 이스라엘의 백성에게 제안하는 절차를 거치고, 이스라엘 백성은 그 제안을 받아들인다. 그 결과 계약의 내용이 계약의 책에 쓰였다. 야훼 그 자신과 마찬가지로 이스라엘 백성도 이 계약에 의해 구속을 받은 것으로 가정되었다. 신명기 7:7 이하에 따르면 모세는 백성들에게 다음처럼 이야기했다. "주님께서 너희에게 마음을 주시고 너희를 선택하신 것은, 너희가 어느 민족보다 수가 많아서가 아니다. 사실 너희는 모든 민족들 가운데에서 수가 가장 적다. 그런데도 주님께서는 너희를 사랑하시어, 너희 조상들에게 하신 맹세를 지키시려고, … 그러므로 너희는 주 너희 하느님께서 참하느님이시며, 당신을 사랑하고 당신의 계명을 지키는 이들에게는, 천대에 이르기까지 계약과 자애를 지키시는 진실하신 하느님이심을 알아야 한다. … 그러므로 내가 오늘 너희에게 실천하라고 명령하는 계명과 규정들과 법규들을 너희는 지켜야 한다." 야훼는 이야기한다. "나는 나의 계약을 기억한다"(레위기 26:42). "당신의 계약을 영원히, 명령하신 말씀을 천대에 이르도록 기억하시니"(시편 105:8). "주님께서 다윗에게 맹세하셨으니 돌이키지 않으실 진실이라네"(시편 132:11).

야훼는 "질투하는" 신이라 불리는데 (예컨대 탈출기 20:5) 이것은 다른 계약 당사에게 계약의 조문들을 준수할 것을 정당하게 요구하고 있음을 의미한다. 그것을 준수하면 야훼는 계약 하에 있는 자신의 의무를 준수해서 되갚아준다. 그러나 그의 백성이 계약을 위반하면 야훼는 계약 위반자를 벌할 자격을 갖게 된다. 이것이 야훼의 정의이다. 정의는 그의 가장 본질적인 성질이고, 이 정의의 원리는 응보이다.

정의의 신으로서의 야훼 – 이사야가 말하기를(30:18) “야훼는 정의의 신이다”. 이것은 예언자들에 의해, 그리고 시편 속에서 다양하게 표현되는 의미를 갖는다. “주님, 당신의 정의는 드높은 산줄기 같습니다”(시편 36:6). “그의 의로움은 길이 존속하리라”(시편 112:3). “빛처럼 네 정의를 떠오르게 하시며 대낮처럼 네 공정을 밝히시리라”(시편 37:6). 따라서 지상의 왕은 야훼의 정의를 실천해야 한다. “하느님, 당신의 공정을 임금에게, 당신의 정의를 왕자에게 베푸소서”(시편 72:1). 정의는 신에게 너무나 본질적인 것이어서, 때로는 정의라는 성질과 신이 동일시된다. 스바니야서 23:6에 따르면, “야훼를 찾는” 것은 “정의를 찾는” 것과 같은 것이다. 미래의 신의 나라에서는 왕의 이름은 “주님은 우리의 정의”가 될 것이다(예레미야서 23:6). 정의를 행한다는 것은 야훼를 안다는 것을 의미한다. 예레미야를 통해서 야훼는 유다의 왕에게 다음처럼 이야기한다. “네 아버지는 공정과 정의를 실천하지 않았느냐? … 이야말로 나를 알아 모시는 일이 아니냐?”(예레미야서 22:15 이하). 마음속에 법을 가지고 있는 자는 야훼를 아는 자이다. “보라, 그날이 온다. 주님의 말씀이다. 그때에 나는 이스라엘 집안과 유다 집안과 새 계약을 맺겠다. … 나는 그들의 가슴에 내 법을 넣어 주고, 그들의 마음에 그 법을 새겨 주겠다. 그리하여 나는 그들의 하느님이 되고 그들은 나의 백성이 될 것이다. 그때에는 더 이상 아무도 자기 이웃에게, 아무도 자기 형제에게 ‘주님을 알아라.’ 하고 가르치지 않을 것이다. 그들이 낮은 사람부터 높은 사람까지 모두 나를 알게 될 것이기 때문이다”(예레먀서 31:31 이하). 야훼를 아는 것뿐만 아니라 야훼를 섬기는 것도 정의로운 것 말고는 아무 것도 요구하지 않는다. 이것이 야훼는 제물이나 기도보다는 정의를 더 좋아한다는 충고의 의미이다. “정의와 공정을 실천함이 주님께는 제물보다 낫다"(잠언 21:3). "더 이상 헛된 제물을 가져오지 마라. 분향 연기도 나에게는 역겹다. 초하룻날과 안식일과 축제의 마감날에 모여서 하는 헛된 짓을 나는 견딜 수가 없다. … 너희가 팔을 벌려 기도할지라도 나는 너희 앞에서 내 눈을 가려 버리리라. 너희가 기도를 아무리 많이 한다 할지라도 나는 들어 주지 않으리라. 너희의 손은 피로 가득하다. 너희 자신을 씻어 깨끗이 하여라. 내 눈앞에서 너희의 악한 행실들을 치워 버려라. 악행을 멈추고 선행을 배워라. 공정을 추구하고 억압받는 이를 보살펴라"(이사야서 1:13 이하). "나는 너희의 축제들을 싫어한다. 배척한다. 너희의 그 거룩한 집회를 반길 수 없다. 너희가 나에게 번제물과 곡식 제물을 바친다 하여도 받지 않고 살진 짐승들을 바치는 너희의 그 친교 제물도 거들떠보지 않으리라. 너희의 시끄러운 노래를 내 앞에서 집어치워라. 너희의 수금 소리도 나는 듣지 못하겠다. 다만 공정을 물처럼 흐르게 하고 정의를 강물처럼 흐르게 하여라"(아모스서 5:21 이하).

신은 정의를 인격화하고 있기 때문에 신에 대한 갈망은 정의에 대한 갈망이다. 이것은 시편이나 예언서의 기조이다. 시편의 작가는 기도한다. "저의 권리를 위하여 깨어 일어나소서. 저의 하느님, 저의 주님, 제 송사를 위하여 일어나소서. 당신의 의로움에 따라 제 권리를 되찾아 주소서"(시편 35:23 이하). 그리고 예언자도 큰 소리로 외친다. "하늘아, 위에서 이슬을 내려라. 구름아, 의로움을 뿌려라. 땅은 열려 구원이 피어나게, 의로움도 함께 싹트게 하여라. 나 주님이 이것을 창조하였다"(이사야서 45:8). 바빌로니아 유수(幽囚) 이후 문헌의 중심을 이루는 것은 메시아와 신의 나라의 도래에 대한 희망이다. 그것의 주요 기능은, 유일한 기능은 아니겠지만, 지상에 신의 정의를 실현하는 것이다.

V. 야훼의 정의 : 응보

예수의 가르침에 앞서서 정의가 응보를 의미한다는 것은 유다민족에게는 자명한 것이었다. 모든 원시 민족과 마찬가지로 히브리인들은 초기 단계에서는 자연을 사회의 일부로 생각했고, 그리하여 자연의 현상을 사회생활에 의해서 설명했다. 그것은 일차적으로는 응보원리에 따라서 설명한다는 것을 의미한다, 두려움을 주는 어떤 사건도 원시민족의 일원은 초인간적 권위에 의한 벌로서 해석한다. 그가 바라는 어떤 사건도 초인간적 권위에 의한 상으로 해석한다. 자연에 대한 이 인격적이고 사회적인 해석은 애니미즘, 즉 모든 것들은 생명을 가지고 있고 영혼이 그 안에 거주한다는 믿음에 근거해 있다. 그러나 그것은 또한 참된 일신교의 귀결이며, 이것에 따르면 자연은 전능한 신의 창조이며, 그러므로 그의 지극히 정의로운 의지의 현현이다. 창세기에 서술되고 있는 신의 창조 행위는 신의 명령이고, 존재하게 된 자연은 신의 명령에 복종하게 된다. "하느님께서 말씀하시기를 '빛이 생겨라.' 하시자 빛이 생겼다. … 하느님께서 말씀하셨다. '물 한가운데에 궁창이 생겨라' … "(창세기 1:1 이하). 사람들이 왕의 명령에 복종하듯이 자연은 신의 명령에 복종하기 때문에, 사람들에게 영향을 주는 자연 사건은 모두 신이 준 것으로 해석되어야 한다. 신은 정의롭기 때문에, 자연 사건은 모두 존재할 만한 가치가 있는 것으로 해석되어야 한다. 만약 그 사건이 악이라면 인간의 악한 행위에 대한 처벌로서, 만약 그 사건이 선이라면 인간의 선한 행위에 대한 보상으로서 해석되어야 한다.

응보원리에 따른 자연해석 ― 유다민족도 다른 많은 민족과 마찬가지로 모든 악 중 가장 큰 것을, 즉 죽음을 죄에 대한 벌로 설명한다. 그러나 그들은 또한 노동의 필연성과 해산으로 겪는 고통도 악으로 생각한다. 그러므로 이들 악은 또한 인간의 타락과 연관된다. 신이 아담에게 이야기했다. "네가 아내의 말을 듣고, 내가 너에게 따 먹지 말라고 명령한 나무에서 열매를 따 먹었으니, 땅은 너 때문에 저주를 받으리라. 너는 사는 동안 줄곧 고통 속에서 땅을 부쳐 먹으리라. … 너는 흙에서 나왔으니 흙으로 돌아갈 때까지 얼굴에 땀을 흘려야 양식을 먹을 수 있으리라. 너는 먼지이니 먼지로 돌아가리라." 그리고 신은 하와에게 이야기했다. "나는 네가 임신하여 커다란 고통을 겪게 하리라. 너는 괴로움 속에서 자식들을 낳으리라. 너는 네 남편을 갈망하고 그는 너의 주인이 되리라"(창세기 3:16 이하).

많은 민족의 신화에서처럼 창세기에서도 홍수가 벌로서 설명된다. "주님께서는 사람들의 악이 세상에 많아지고, 그들 마음의 모든 생각과 뜻이 언제나 악하기만 한 것을 보시고, 세상에 사람을 만드신 것을 후회하시며 마음 아파하셨다. 그래서 주님께서 말씀하셨다. '내가 창조한 사람들을 이 땅 위에서 쓸어버리겠다'"(창세기 6:5 이하).

바벨탑 이야기에서(창세기 11:1-9) 인류가 하나의 언어로 말을 하지 못하고 '서로의 이야기를 이해하지 못하'게 많은 민족들을 갈라놓은 것도 인간의 오만에 대한 벌로서 정당화된다. 모두가 인간에게 해로운 자연현상인 이집트의 재앙, 예를 들어 나일 강의 물을 마실 수 없게 된 것, 개구리 · 모기 · 가축 · 종기 · 우박 · 메뚜기 · 암흑 · 갓난아이의 죽음 등의 모든 재앙은 야훼의 명령에 복종하지 않은 것에 대한 벌로서 설명된다(탈출기 7:14 이하). 질병, 특히 사람들의 두려움의 대상이었던 나병은 인간 행위에 대한 신의 불만의 전형적인 징후이다. 모세의 누이동생인 미르얌도(민수기 12:10) 우찌야 임금도(역대기하 26:21) 이 병에 걸리는 벌을 받았다. 독사에 물리는 것도 벌로서 설명된다(민수기 21:4 이하). 그의 백성들이 자신의 법을 파괴한 경우에 야훼가 그들에게 위협을 가하는 악들 중에는 폐병 · 열병 · 폐렴 · 일사병 · 궤양 · 괴혈병 · 가려움증 · 정신착란 · 실명 · 경악 · 무릎종기 · 다리종기 · 발의 종기 · 머리종기 등과 같은 질병도 있지만, 흉작 · 메뚜기 재앙 · 가축의 역병도 있으며, 하늘은 놋이 되고 땅은 쇠가 되며 비 대신에 모래와 티끌이 흐르는 등의 대 재앙도 있다(신명기 28:19 이하). 신이 악한 행위를 한 사람에게 벌을 주는 것은 자연을 통해서이다. 자연의 선한 질서를 나쁜 질서로 바꾸는 것은 인간의 악한 행위이다. 예언자 예레미야는 다음처럼 이야기한다. "주 우리 하느님을 경외하자. 그분은 제때에 비를, 이른 비와 늦은 비를 내려 주시고 우리를 위해 수확 주간을 지켜 주시는 분이시다. 너희의 죄악이 이런 질서를 어지럽혔고 너희의 범죄가 들어오는 복을 차버린 것이다"(예레미야 5:24 이하).

구약성경에서 벌과 상 — 모세오경에 야훼가 악한 사람에게 벌을 주는 사건들에 대한 기록이 나온다. 카인은 동생을 죽였기 때문에 저주를 받았다(창세기 4:9 이하). 소돔과 고모라는 주민들의 죄 때문에 유황과 불의 비로 멸망하게 되었다(창세기 19:23 이하). 아론의 아들 나답과 아비후는 속된 불을 야훼에게 받쳤기 때문에 불로 인해 죽었다(레위기 10:1 이하). 모세와 아론 자신들도 잠시나마 야훼를 신뢰하지 않았기 때문에 벌을 받았다. "그러므로 너희는 내가 이 공동체에게 주는 땅으로 그들을 데리고 가지 못할 것이다"(민수기 20:12). 이 응보원리는 동물에게도 적용된다. "소가 남자나 여자를 뿔로 받아서 그가 죽었을 경우, 그 소는 돌에 맞아 죽어야 한다. 그 고기를 먹어서는 안 된다"(탈출기 21:28).

선행 때문에 상을 받는 경우도 있다. 아브라함이 그의 아들 이삭을 제물로 바치라는 야훼의 명령에 복종하려는 모습을 보일 때, 야훼는 그에게 이렇게 이야기한다. "네가 이 일을 하였으니, 곧 너의 아들, 너의 외아들까지 아끼지 않았으니, 나는 너에게 한껏 복을 내리고, 네 후손이 하늘의 별처럼, 바닷가의 모래처럼 한껏 번성하게 해 주겠다. 너의 후손은 원수들의 성문을 차지할 것이다. 네가 나에게 순종하였으니, 세상의 모든 민족들이 너의 후손을 통하여 복을 받을 것이다"(창세기 22:16 이하). 어떤 이스라엘 후손 중 한 사람이 율법을 어기고 미디안 여자를 그의 가족에게 데려왔을 때, 아론 사제의 손자이며 엘아자르의 아들인 피느하스가 그 둘을 죽였다. 그때 야훼는 모세에게 다음처럼 이야기했다. "나는 그와 평화의 계약을 맺는다. 그것은 그와 그의 뒤를 잇는 후손들에게 영원한 사제직의 계약이 될 것이다. 그가 자기 하느님을 위하여 열성을 다하고, 이스라엘 자손들을 위하여 속죄 예식을 거행하였기 때문이다"(민수기 25:6).

야훼는 이스라엘 백성이 율법을 지키면 그들에게 축복을 내려준다고 거듭 약속한다. 모세는 다음처럼 말한다. "너희 가운데에는 가난한 이가 없을 것이다. 너희가 주 너희 하느님의 말씀을 잘 들어, 내가 오늘 너희에게 명령하는 이 모든 계명을 명심하여 실천하기만 하면 그렇게 될 것이다. 주 너희 하느님께서 너희에게 말씀하신 대로 너희에게 복을 베푸실 것이므로, 너희가 많은 민족들에게 꾸어주기는 하여도 꾸지는 않을 것이고, 너희가 많은 민족들을 다스리기는 하여도 그들이 너희를 다스리지는 못할 것이다"(신명기 15:4 이하). "내가 오늘 너희에게 명령하는 계명을 잘 들어, 주 너희 하느님을 사랑하고 마음을 다하고 목숨을 다하여 그분을 섬기면, 주님께서 너희 땅에 제때에 비를, 이른 비와 늦은 비를 내려 주시어, 너희가 곡식과 포도주와 기름을 거두게 해 주실 것이다. 또 너희들에서는 가축에게 풀을 주시어, 너희가 배불리 먹게 해 주실 것이다"(신명기 11:13 이하).

복수의 신 야훼 – 이스라엘 백성이 율법을 어기면 그들에게 벌을 내릴 것이라는 야훼의 위협은 훨씬 자주, 보다 강한 어조로 주어졌다. 형벌은 사람들의 상상력이 만들어낼 수 있는 가장 끔찍스러운 것이었다. 예를 들면 레위기 26:14 이하에서 다음처럼 기록되어 있다. "그러나 너희가 나의 말을 듣지 않고 이 모든 계명을 실천하지 않거나, 나의 규칙들을 업신여기고 나의 법규들을 혐오하여, 나의 모든 계명을 실천하지 않고 나의 계약을 깨뜨리면, 나는 너희에게 이렇게 하겠다. 나는 너희에게 갑작스러운 재난을, 곧 폐병과 열병을 보내어, 눈이 어두워지고 목숨이 사그라지게 하겠다. 너희가 씨앗을 뿌려도 헛될 것이니, 너희 원수가 그것을 먹어 버릴 것이기 때문이다. 내가 너희에게 내 얼굴을 돌리면, 너희는 원수들 앞에서 패망하여 적의 지배를 받을 것이다. 너희는 뒤쫓는 자가 없어도 도망치게 될 것이다. 이렇게까지 하여도 너희가 내 말을 듣지 않는다면, 나는 계속해서 너희 죄를 일곱 배로 벌하겠다. 그리하여 나는 너희가 자랑하는 그 힘을 꺾어 버리겠다. 나는 너희 하늘을 쇠처럼, 너희 땅을 구리처럼 만들겠다. 그러면 너희가 힘을 다하여도 헛될 것이니, 땅은 소출을 내지 않고 땅의 나무는 열매를 내지 않을 것이기 때문이다. 그래도 너희가 나에게 맞서며 내 말을 듣지 않으려 한다면, 나는 계속해서 너희 죄에 마땅한 재앙을 일곱 배로 내리겠다. 나는 너희에게 들짐승들을 보내어 너희 자식들을 물어 가게 하고 너희 가축들을 멸종케 하겠다. 그러면 너희 수가 줄어들어, 너희가 다니는 길들이 한산하게 될 것이다. 이렇게 해도 너희가 내 징계를 받아들이지 않고 나에게 맞선다면, 나도 너희에게 맞설 수밖에 없다. 나 역시 너희 죄를 일곱 배로 하여 너희를 치겠다. 나는 너희에게 칼을 보내어 계약을 어긴 것을 복수하게 할 것이다. 너희가 너희 성읍들 안으로 피해 모여들면, 나는 너희 가운데에 흑사병을 보내겠다. 그리하여 너희는 원수의 손에 넘어가고 말 것이다. 내가 너희 양식을 끊어 버리면, 여자 열 명이 너희가 먹을 빵을 가마 하나에서 구워 낼 것이다. 그들이 그 빵을 저울에 달아 너희에게 나누어 주면, 그것을 먹어 보아야 너희가 배부르지 않을 것이다. 이렇게 해도 너희가 내 말을 듣지 않고 나에게 맞선다면, 나 역시 화를 내며 너희에게 맞서고, 너희 죄를 일곱 배로 벌하겠다. 그러면 너희는 너희 아들들의 살을 먹고 너희 딸들의 살을 먹어야 할 것이다. 나는 너희의 산당들을 헐어 버리고 너희의 분향 제단들을 부수어 버리겠다. 그리고 너희 주검들이 너희 우상들의 주검 위로 쌓이게 하겠다. 이렇게 나는 너희를 혐오할 것이다. 나는 너희 성읍들을 폐허로 만들고 너희 성소들을 황폐하게 하겠다. 너희가 바치는 향기도 맡지 않겠다. 나는 그 땅을 황폐하게 만들어 버리리니, 너희 원수들이 그곳에 살러 왔다가 그 모습에 질겁할 것이다. 나는 너희를 민족들 사이로 흩어 버리며 너희 뒤로 칼을 빼어 휘두르겠다. 그리하여 너희 땅은 황폐해지고 너희 성읍들은 폐허가 될 것이다. 이렇게 땅이 황폐해지고 너희가 원수들의 땅에 있는 동안, 땅은 비로소 제 안식년들을 줄곧 누리게 될 것이다. 그때에야 비로소 땅은 쉬면서 제 안식년들을 누릴 것이다. 너희 땅은, 너희가 그곳에 살 때 안식년에 쉬지 못한 대신, 이제 황폐해 있는 동안 줄곧 쉬게 될 것이다. 너희 가운데 살아남은 자들이 원수들의 땅에 사는 동안, 내가 그들 마음에 겁을 집어넣으리니, 그들은 떨어지는 나뭇잎 소리에도 쫓길 것이다. 칼을 피하듯 도망치다 뒤쫓는 자가 없는데도 쓰러질 것이다. 뒤쫓는 자가 없는데도 칼을 피해 도망칠 때처럼 서로 걸려 비틀거릴 것이다. 너희는 원수에게 맞설 힘이 없을 것이다. 너희는 민족들 틈에서 멸망해 가고, 너희 원수들의 땅이 너희를 삼켜 버릴 것이다.

너희 가운데 살아남은 자들은 너희 원수들의 땅에서 자기들의 죄악 때문에 스러져 갈 것이다. 조상들의 죄악 때문에도 그들은 스러져 갈 것이다.' " 야훼는 진정한 의미에서 복수의 신이며, 벌을 내리는 신이다. 그의 백성과의 관계에서도 그렇고, 이스라엘의 적인 민족들과의 관계에서는 더욱 그렇다. 후자에 대해서는 "복수와 보복의 날"은 바로 온다. "왜냐하면 당신 백성의 권리를 옹호하실 것이기 때문이다"(신명기 32:35 이하). "내가 번뜩이는 칼을 갈아 내 손으로 재판을 주관할 때 나의 적대자들에게 복수하고 나를 미워하는 자들에게 되갚으리라. 내 화살들이 피를 취하도록 마시고 내 칼이 살코기를 먹게 하리라. 살해당한 자들과 포로들의 피를 마시고 적장들의 머리를 먹게 하리라"(신명기 32:41 이하).

탈리오 법(Jus talionis) − 야훼의 정의의 핵심인 응보원리는 모세에 의해 간결하게 정식화된다. "보아라, 내가 오늘 너희 앞에 축복과 저주를 내놓는다. 내가 오늘 너희에게 명령하는 주 너희 하느님의 계명들을 너희가 듣고 따르면 복이 내릴 것이다. 그러나 너희가 주 너희 하느님의 계명들을 듣지 않고, 내가 오늘 너희에게 명령하는 길에서 벗어나, 너희가 알지도 못하는 다른 신들을 따라가면 저주가 내릴 것이다"(신명기 11:26 이하). 거의 모든 종교에서처럼 벌과 상이 균등한 중요성을 갖는 것은 아니다. 벌은 이 정의 체계의 전경에 있으며, 상은 후경에 있다. 그것이 신에 의해 초월적 방식으로 직접 적용되지 않고, 사회적으로 조직된 제재(制裁)의 방식으로 인간에 의해 적용될 때, 특히 그러하다. 응보로서의 정의가 우선 벌을 의미하는 것은 바람직한 행동에 대해 상을 약속하는 것이 아니라 바람직하지 않은 행동에 대해 벌로써 위협하는 것이 실정법의 특수한 기술이라는 사실로부터 추론되며, 정의의 관념은 항상 실정법에서 나타나는 바의 사회적 현실을 반영하고 있다는 사실로부터 추론된다. 그리하여 응보원리는 또한 탈리오 법으로서 나타난다.[6] "너희는 그가 자기 동족에게 하려고 작정하였던 것과 똑같이 그에게 해야 한다. 그래서 너희는 너희 가운데에서 악을 치워 버려야 한다. 그러면 남은 사람들이 그것을 듣고 두려워하여, 너희 가운데에서 다시는 그런 악한 짓을 하지 않을 것이다. 너희는 그를 동정해서는 안 된다. 목숨은 목숨으로, 눈은 눈으로, 이는 이로, 손은 손으로, 발은 발로 갚아야 한다"(신명기 19:19 이하). 동일한 원리가 탈출기 21:23-25, 레위기 26:19-21에서도 선포된다.

판관기 1:4 이하에서 이스라엘 사람들이 가나한 사람들을 정복하여 그들의 왕인 아도니 베젝을 체포하였다. 그런 다음 "그의 엄지손가락과 엄지발가락을 잘라 버렸다. 그러자 아도니 베젝이 말하였다. '엄지손가락과 엄지발가락이 잘린 임금 일흔 명이 내 식탁 밑에서 부스러기를 줍곤 하였는데, 이제 하느님께서 내가 한 대로 갚으시는구나.'" 시편 137은 너무나 시적인 표현과 함께 시작한다.

> 바빌론 강기슭 거기에 앉아
> 시온을 생각하며 우네.

그러나 복수의 부르짖음으로 끝난다.

> 바빌론아, 너 파괴자야!
> 행복하여라,
> 네가 우리에게 행한 대로 너에게 되갚는 이!
> 행복하여라,
> 네 어린것들을 붙잡아 바위에다 메어치는 이!

---

6) George F. Moore, *Judaism in the First Centuries of Christian Era* (Cambridge: Harvard University Press, 1927), II, 251 쪽 이하.

신의 정의에 대한 유다인의 신앙 중 가장 특징적인 기록 중 하나인 욥기에서 무가치한 고통 때문에 생겨났던, 전능한 신의 정의에 대한 의심들은 신 자신에 의해 제거된다. 신은 완전하고 옳고 경건한 인물인 욥을 구하고, 욥은 자신의 의심에 대해 후회한다. 그리하여 응보원리는 결국 유지된다.

VI. 복수를 하라, 그러나 이웃을 사랑하라

응보원리는 레위기 19:18, 33 이하에서 제시된 규칙과 완전히 일치하지 않는 것처럼 보인다. "네 이웃을 너 자신처럼 사랑해야 한다." "너희 땅에서 이방인이 너희와 함께 머무를 경우, 그를 억압해서는 안 된다. 너희와 함께 머무르는 이방인을 너희 본토인 가운데 한 사람처럼 여겨야 한다. 그를 너 자신처럼 사랑해야 한다." 그러나 유다 공동체 구성원만 "이웃"으로 이해되기 때문에, 첫째 문장의 참된 의미는 다음과 같다. "동포를 집안 식구처럼 사랑하라." 이것은 국가단결의 명령이고, 응보원리와 완전히 일치한다. 둘째 문장의 올바른 번역은 다음과 같다. "이교로부터 개종한 사람이 너희 땅에서 살면, 그를 학대해서는 안 된다. 너희와 같은 곳에서 사는 개종자는 이웃처럼 대하라. 그를 너희 가족처럼 사랑하라." 뒤의 문장은 거의 다음을 의미한다. "개종자는 토박이처럼 대하라." 첫째 문장(레위기 19:18) 앞에는 "너희는 동포에게 앙갚음하거나 앙심을 품어서는 안 된다." 복수에 대한 일반적인 금지는 성경의 다른 부분들에서 인정한 혈족에 의한 복수 제도와 모순된다. 그러나 탈리오 법이 피해자 자신에 의해 행사되는 것이 아니라 재판정에 의해 행사되는 것이라면, 복수에 대한 일반적인 금지가 탈리오 법과 완전 일치한다. 유다 인이 동포를 가족처럼 사랑하리라는 것, 개종자를 본토박이 신자처럼 대하리라는 것은 정치적 원칙이고, 이것은 결코 "같은 것은 같은 것으로, 악은 악으로, 선은 선으로" 라는 정의의 규칙과 아무 관계가 없다. 그러나 잠언이나 집회서에는 보다 고차원의 원칙을 가르치는 몇몇 구절이 있다. "네 원수가 쓰러졌다고 기뻐하지 말고 그가 넘어졌다고 마음속으로 즐거워하지 마라." "주님께서 그것을 보시고 좋지 않게 여기시어 그에게 내리신 노여움을 돌이키신다." " '그가 나에게 한 것처럼 나도 그에게 하여 그 사람이 한 행실대로 갚겠다' 하지 마라"(잠언 24:17, 18, 29). "복수하는 자는 주님의 복수를 만나게 되리라. 그분께서는 그의 죄악을 엄격히 헤아리시리라. 네 이웃의 불의를 용서하여라. 그러면 네가 간청할 때 네 죄도 없어지리라"(집회서 28:1 이하). 그러나 용서의 도덕은 산발적으로 나타나고 있기 때문에 "같은 것은 같은 것으로"의 정의가 지배적인 구약성경의 주류로 볼 수는 없다.

Ⅶ. 예수는 응보원리를 거부하고 사랑의 정의라는 새로운 원리를 제시한다

사랑의 원리와 실정법의 대립 — 예수가 엄숙하게 거부하고 있는 것은 정확하게 말해서 이 규칙이다. 산상수훈에서 예수는 다음처럼 말한다. " '눈은 눈으로, 이는 이로.' 하고 이르신 말씀을 너희는 들었다. 그러나 나는 너희에게 말한다. 악인에게 맞서지 마라. 오히려 누가 네 오른뺨을 치거든 다른 뺨마저 돌려 대어라. 또 너를 재판에 걸어 네 속옷을 가지려는 자에게는 겉옷까지 내주어라. 누가 너에게 천 걸음을 가자고 강요하거든, 그와 함께 이천 걸음을 가 주어라"(마태오 복음서 5:38 이하). 해악을 저지하는 것, 불법행위의 해악을 제재의 해악으로 갚는 것이 실정법의 본질이다. "악은 악으로"의 원리에 따르면 제재는 불법행위와 동일한 성질을 가지고 있다. 필요하다면 힘을 사용해서라도 악한 행동을 한 사람에게 벌의 악을 행사하는 것이 법의 특수한 기술이다. 피해자의 자력 구조를 대신해서 재판의 판결을 행사함으로써 이 힘을 조직화한 것이 국가이다. 그러나 예수는 다음처럼 가르친다. "남을 심판하지 마라. 그래야 너희도 심판받지 않는다. 너희가 심판하는 그대로 너희도 심판받고, 너희가 되질하는 바로 그 되로 너희도 받을 것이다. 너는 어찌하여 형제의 눈 속에 있는 티는 보면서, 네 눈 속에 있는 들보는 깨닫지 못하느냐? 네 눈 속에는 들보가 있는데, 어떻게 형제에게 '가만, 네 눈에서 티를 빼내 주겠다' 하고 말할 수 있느냐?"(마태오 복음서 7:1 이하) "남을 심판하지 마라. 그러면 너희도 심판받지 않을 것이다. 남을 단죄하지 마라. 그러면 너희도 단죄 받지 않을 것이다. 용서하여라. 그러면 너희도 용서받을 것이다"(루카 복음서 6:37). 악을 악으로 갚는 원리를 거부하고, 인간이 인간을 심판하는 권리를 부정하면서 예수는 실정법과 기존의 국가를 인정하지 않는다. 이것은 그의 정의관의 소극적 측면이다. 적극적 측면은 다음과 같은 그의 말에서 나타난다. " '네 이웃을 사랑해야 한다. 그리고 네 원수는 미워해야 한다.'고 이르신 말씀을 너희는 들었다. 그러나 나는 너희에게 말한다. 너희는 원수를 사랑하여라. 그리고 너희를 박해하는 자들을 위하여 기도하여라. 그래야 너희가 하늘에 계신 너희 아버지의 자녀가 될 수 있다. 그분께서는 악인에게나 선인에게나 당신의 해가 떠오르게 하시고, 의로운 이에게나 불의한 이에게나 비를 내려 주신다"(마태오 복음서 5:43 이하). 응보 대신에 사랑은 나쁜 자와 준법자 간의 차이를 두지 않는다. 이 사랑은 당신을 사랑하는 사람에 대해 되돌려주는 것이 아니다. “너희가 자기에게 잘해 주는 이들에게만 잘해 준다면 무슨 인정을 받겠느냐?”(루카 복음서 6:32) 또한 원수도 사랑해야 한다. 그것은 또한 나쁜 자를 의미하기도 한다. 너는 악을 악으로, 선을 선으로 되갚아서는 안 된다. 따라서 악한 자에 대해 법이 제공하고 재판관이 적용하는 벌은 신의 정의, 즉 새로운 정의, 즉 신의 사랑과 일치할 수 없다.[7]

실로 이것은 혁명적인 가르침이다. 왜냐하면 이것은 기존의 법과 일치하지 않을 뿐만 아니라, 적에 대한 사랑의 요구는 인간의 본성을 넘어선 것이기 때문이며, 신에 대한 사랑은 초월적 의미에서만 정의이며, 어떤 합리적 이상도 넘어서 있는 것이기 때문이다. 인간의 이성적 관점에서 본다면 예수의 가르침은 정의의 문제, 즉 인간관계의 통제를 위한 사회적 기술의 문제를 해결한 것이 아니라, 이 문제를 해소해 버리고 있다. 왜냐하면 이것은 인간이 이해하고 있는 정의에 대한 욕구를 포기하기를 요구하고 있기 때문이다. 예수는 정의에 대한 자신의 가르침이 전통적인 견해와 완전히 다르다는 것을 잘 알고 있다. 마태오 복음서에 따르면(5:20) 예수는 다음처럼

---

7) 구약성경의 정의관(즉 응보원리)과 예수가 가르친 정의(즉 사랑의 원리) 간에 존재하는 극복할 수 없는 상극이 있다는 것은 일찍이 2세기 초엽에 마르키온(Marcion)이 통찰했었다. 상극의 결과로서 마르키온은 세계를 창조했고 응보의 정의에 따른 최고의 입법자이자 재판관으로서 이 세계를 통치했던 유다의 신인 야훼와, 예수의 아버지인 신, 이 악한 세계의 창조자도 아니고 입법자도 아니며 유다인에게 알려지지 않았던 신은 동일하지 않다고 생각했다. 악한 세계의 창조자도 아니고 입법자도 아니며 유다인에게 알려지지 않았던 것은 사랑의 본질과 일치할 수 없다. 마르키온은 구약성경을 강한 어조로 부정했으며, 신약성경으로부터 유다적 요소를 제거함으로써 순수한 그리스도교적 복음을 부활하고자 시도하였다. See Adolf von Harnack, Marcion, *Das Evangelium vom fremden Gott* (Leibzig: J. C. Hinrichs, 1921), 27 쪽 이하. 또한 다음을 참조. Hans Jonas, *Gnosis und spätantiker Geist* (Göttingen: Vandenhoeck & Ruprecht, 1934), 173 쪽 이하.

이야기하고 있다. "너희의 의로움[정의:δικαιοδύνη]이 율법 학자들과 바리사이들의 의로움을 능가하지 않으면, 결코 하늘 나라에 들어가지 못할 것이다." 그러나 복음서들이 기존의 유다 법과 예수의 가르침 간의 갈등을 감추고자 했다는 사실을 이해할 수 있다. 그리하여 마태오는 예수에게 다음처럼 말하도록 한다. "내가 율법이나 예언서들을 폐지하러 온 줄로 생각하지 마라. 폐지하러 온 것이 아니라 오히려 완성하러 왔다"(마태오 복음서 5:17). 그러나 마르코와 루카는 예수의 말을 다음처럼 기록하고 있다. "또한 아무도 새 포도주를 헌 가죽 부대에 담지 않는다. 그렇게 하면 새 포도주가 부대를 터뜨려, 포도주는 쏟아지고 부대도 버리게 된다"(마르코 복음서 2:22, 루카 복음서 5:37). 이 비유는 왜 그와 그의 제자들이 단식을 지키지 않았는지의 의문에 대한 대답이다. 이 비유에 이어서 밀밭 길을 가는 제자들의 이야기가 나온다. 제자들은 안식일에 밀이삭을 뜯어 손으로 비벼 먹었다. 그것은 명백한 율법 위반이다(마르코 복음서 2:18, 23, 루카 복음서 5:33, 6:1 이하). 이 비유는 예수에 의해 드러나는 새로운 정의가 모세의 율법과 더 이상 양립될 수 없다는 사실을 용인하는 것 이외 어떤 다른 것도 의미하지 않는다. 루카 복음서 16:16에 의하면, 예수는 바리사이에게 다음처럼 말했다. "율법과 예언자들의 시대는 요한까지다. 그 뒤로는 하느님 나라의 복음이 전해지고 있는데, 모두 이 나라에 들어가려고 힘을 쓴다." 이 말도 새로운 정의가 낡은 정의를 대치하고 있다는 생각을 표현하고 있다. 사실상 다음 문장에서 루카는 예수에게 다음처럼 말하게 한다. "율법에서 한 획이 빠지는 것보다 하늘과 땅이 사라지는 것이 더 쉽다"(16:17). 그러나 다음의 문장(루카 복음서 16:18)에서 예수는 이혼에 관해서 율법과 정면으로 배치되는 기르침을 주고 있다.

가족에 대한 예수의 가르침 — 이런 대립은 아주 공공연하게 드러난다. 예수는 음식(마르코 복음서 7:20 이하), 식사 전 손 씻는 일(마태오 복음서 15:3 이하, 20), 단식(마르코 복음서 2:18), 안식일(마태오 복음서 12:10, 마르코 복음서 2:23 이하, 루카 복음서 6:5 이하, 16:1 이하, 요한 복음서 5:10 이하, 9:14 이하) 등 의례에 관한 율법을 존경하지 않았을 뿐 아니라, 기존의 법에 의해서 확립된 기본적인 제도도 무시했다. 즉 율법에서 허락하고 있음에도 불구하고 이혼을 간음과 같은 범죄로 이야기할 뿐만 아니라(마태오 복음서 5:31 이하, 마르코 복음서 10:2 이하), 결혼을 하지 않는 것이 더 낫다고 가르치고 있다. 예수가 바리사이의 "무엇이든지 이유만 있으면 남편이 아내를 버려도 됩니까?" 물음에 대해 대답한 후에 "불륜을 저지른 경우 외에 아내를 버리고 다른 여자와 혼인하는 자는 간음하는 것이다"라는 유명한 말로써 대답한 후에, 그의 제자들은 그에게 다음처럼 이야기했다. "아내에 대한 남편의 처지가 그러하다면 혼인하지 않는 것이 좋겠습니다." 예수는 그것을 부정하지 않았으며, 다음처럼 이야기했다. "모든 사람이 이 말을 받아들일 수 있는 것은 아니다. 허락된 이들만 받아들일 수 있다. 사실 모태에서부터 고자로 태어난 이들도 있고, 사람들 손에 고자가 된 이들도 있으며, 하늘 나라 때문에 스스로 고자가 된 이들도 있다. 받아들일 수 있는 사람은 받아들여라"(마태오 복음서 19:3 이하). 이 진술에서 예수는 자기 거세(去勢)를 인정하고 있다. 결혼하지 않는 것이 더 낫다는 사실은 분명히 그 자신의 의견이었다. 왜냐하면 그 자신이 결혼하지 않았기 때문이다. 독신 생활이 "남자는 18세에 결혼해야 하며, 만약 그가 아내 없이 20살이 지나가면 신의 명령을 어기는 것이며 신의 불쾌를 초래하는 것이라고 가르쳤던 랍비에 의해서 승인되지 않았"[8]음에도 불구하고, 결혼에 대한 예수의 태도는 신

8) Moore, 앞의 책, 119 쪽.

의 나라에서의 인간관계에 대한 생각과 완전히 일치한다. 그의 가르침에 따르면 신의 나라에서는 "장가드는 일도 시집가는 일도 없다"(마태오 복음서 22:30). 예수의 이러한 견해는 신의 나라에서는 죽음도 없다는 그의 믿음과 밀접하게 결합해 있다. 루카 복음서 20:34 이하에 의하면 "이 세상 사람들은 장가도 들고 시집도 간다. 그러나 저 세상에 참여하고 또 죽은 이들의 부활에 참여할 자격이 있다고 판단받는 이들은 더 이상 장가드는 일도 시집가는 일도 없을 것이다. 천사들과 같아져서 더 이상 죽는 일도 없다." 그러므로 자손 증식도 필요하지 않다. 그의 믿음에 따르면 신의 나라는 이미 존재하기 시작했거나 현저하게 가까이 있다. 이 왕국은 이 세상에 세워질 것이기 때문에, 불혼의 규칙은 곧 효력이 있는 것으로 이해되어야 한다. 또한 그것은 예수의 다른 말과 일치한다. 그것은 직접적으로든 간접적으로든 가족 유대의 불인정을 뜻한다. 베드로가 그에게 "보시다시피 저희는 가진 것을 버리고 스승님을 따랐습니다"라고 하자 예수는 다음처럼 말하였다. "내가 진실로 너희에게 말한다. 누구든지 하느님의 나라 때문에 집이나 아내, 형제나 부모나 자녀를 버린 사람은, 현세에서 여러 곱절로 되받을 것이고 내세에서는 영원한 생명을 받을 것이다"(루카 복음서 18:28 이하). 심지어 이렇게도 이야기한다. "누구든지 나에게 오면서 자기 아버지와 어머니, 아내와 자녀, 형제와 자매, 심지어 자기 목숨까지 미워하지 않으면, 내 제자가 될 수 없다"(루카 복음서 14:26). 남편과 아내의 법적 관계뿐 아니라 부모와 자식 관계, 형제와 자매 관계도 그리스도를 따르는 것과 양립할 수 없다. 그러므로 예수는 죽은 아버지의 장례라고 하는, 아들의 가장 신성한 의무 중 하나도 인정하지 않았다. "예수님께서는 다른 사람에게 '나를 따라라' 하고 이르셨다. 그러나 그는 '주님, 먼저 집에 가서 아버지의 장사를 지내게 허락해 주십시오'하고 말하였다. 예수님께서는 그에게, '죽은 이들의 장사는 죽은 이들이 지내도록 내버려 두고, 너는 가서 하느님의 나라를 알려라' 하고 말씀하셨다"(루카 9:59 이하). 그를 따르는 사람들은 심지어 그들의 조상에 대해 아버지라고 부르는 것도 허용되지 않는다. "또 이 세상 누구도 아버지라고 부르지 마라. 너희의 아버지는 오직 한 분, 하늘에 계신 그분뿐이시다"(마태오 복음서 23:9).

예수는 제자들에게 그들의 선교 활동이 가족의 해체라는 결과를 낳을 수도 있다는 것을 알아차리라고 이야기했다. "사실 말하는 이는 너희가 아니라 너희 안에서 말씀하시는 아버지의 영이시다. 형제가 형제를 넘겨 죽게 하고 아버지가 자식을 그렇게 하며, 자식들도 부모를 거슬러 일어나 죽게 할 것이다"(마태오 복음서 10:20 이하). 예수는 자신의 가르침으로 인해 생겨나는 결과에 대해 후회하지 않았다. 그는 그것이 바로 의도하는 바라고 말한다. "내가 세상에 평화를 주러 왔다고 생각하지 마라. 평화가 아니라 칼을 주러 왔다. 나는 아들이 아버지와 딸이 어머니와 며느리가 시어머니와 갈라서게 하려고 왔다. 집안 식구가 바로 원수가 된다. 아버지나 어머니를 나보다 더 사랑하는 사람은 나에게 합당하지 않다. 아들이나 딸을 나보다 더 사랑하는 사람도 나에게 합당하지 않다"(마태오 복음서 10:34 이하). "나는 세상에 불을 지르러 왔다. 그 불이 이미 타올랐으면 얼마나 좋으랴? 내가 받아야 하는 세례가 있다. 이 일이 다 이루어질 때까지 내가 얼마나 짓눌릴 것인가? 내가 세상에 평화를 주러 왔다고 생각하느냐? 아니다. 내가 너희에게 말한다. 오히려 분열을 일으키러 왔다. 이제부터는 한 집안의 다섯 식구가 서로 갈라져, 세 사람이 두 사람에게 맞서고 두 사람이 세 사람에게 맞설 것이다. 아버지가 아들에게 아들이 아버지에게 어머니가 딸에게 딸이 어머니에게 시어머니가 며느리에게 며느리가 시어머니에게 맞서 갈라지게 될 것이다"(루카 복음서 12:49 이하). 그가 가르치는 신의 사랑이란 가족 구성원들을 결속시키는 본능적 사랑이 아니다. 또한 예수가 자신의 가족에 대한 자신의 태도를 보여주는 하나의 사례가 있다. 마태오 · 마르코 · 루카, 이 세 사람 모두 각각 예수가 자신의 어머니와 형제들과의 어떤 관계도 무시했다는 것을 보고하고 있다. "그때에 예수님의 어머니와 형제들이 왔다. 그들은 밖에서서 사람을 보내어 예수님을 불렀다. 그분 둘레에는 군중이 앉아 있었는데, 사람들이 예수님께 '보십시오, 스승님의 어머님과 형제들과 누이들이 밖에서 스승님을 찾고 계십니다' 하고 말하였다. 그러자 예수님께서 그들에게, '누가 내 어머니고 내 형제들이냐?' 하고 반문하셨다. 그리고 당신 주위에 앉은 사람들을 둘러보시며 이르셨다. '이들이 내 어머니고 내 형제들이다. 하느님의 뜻을 실행하는 사람이 바로 내 형제요 누이요 어머니다' "(마르코 복음서 3:31 이하, 마태오 복음서 12: 48 이하, 루카 복음서 8:19 이하). "군중 속에서 어떤 여자가 목소리를 높여, '선생님을 배었던 모태와 선생님께 젖을 먹인 가슴은 행복합니다'고 외쳤을" 때, 예수는 부모를 공경하라는 율법의 가르침을 공공연하게 무시하면서, 자신의 어머니를 공경하는 일을 거부했다. 그리고 다음처럼 이야기했다. "하느님의 말씀을 듣고 지키는 이들이 오히려 행복하다"(루카 복음서 11:27 이하).

세금에 대한 예수의 가르침 — 예수의 가르침이 적어도 기존의 법에 대해 호의적이지 않았다는 사실은 "황제에게 세금을 내는 것이 합당"한지 어떤지를 물었던 바리사이들에 대한 대답에서 나타난다. " '너희는 어찌하여 나를 시험하느냐? 데나리온 한 닢을 가져다 보여 다오' 그들이 그것을 가져오자 예수님께서, '이 초상과 글자가 누구의 것이냐?' 하고 물으셨다. 그들이 '황제의 것입니다' 하고 대답하였다. 이에 예수님께서 그들에게 이르셨다. '황제의 것은 황제에게 돌려주고, 하느님의 것은 하느님께 돌려 드려라' "(마르코 복음서 12:14 이하). 예수는 황제에게 세금을 바치는 것이 옳다고 이야기하지 않았다. 그는 바리사이들의 물음에 대한 대답도 하지 않았다. 로마 제국 내에서 통용되는 견해에 따르면, 황제의 초상과 이름이 각인된 화폐는 황제의 소유물이었다. 그것은 황제에 "속하는 것"이었다. 화폐가 황제에 속한다는 진술은 세금을 내야 할 의무와 아무런 상관이 없다. 예수가 세금을 내는 것이 옳다는 의견을 가지고 있었더라면, 대답을 회피할 아무런 이유도 없다.[9] 루카 복음서 23:1 이하에 따르면, 장로들, 제사장, 율법학자들로 구성된 의회가 예수를 빌라도에게 끌고 간 고소 이유는 다음과 같다. "우리는 이자가 우리 민족을 선동한다는 사실을 알아냈습니다. 황제에게 세금을 내지 못하게 막고 자신을 메시아 곧 임금이라고 말합니다." 의회는 예수가 황제에게 세금 내는 것을 못하게 하고 있는 사실이 발각되었다고 주장한다. 고소는 근거가 있다고도 할 수 있다. 왜냐하면 예수는 자신을 이스라엘의 메시아적 왕이라고 생각했으며, 따라서 신의 나라는 이미 도래했다고 믿었기 때문이다. 또한 기존의 정치 조직인 로마 제국이 사탄의 왕국이며, 신의 나라가 완전히 세

---

9) 아이슬러는 "황제의 것은 황제에게 돌려주고, 하느님의 것은 하느님께 돌려 드려라"라고 하는 예수의 대답은 다음을 의미한다고 해석한다. "카이사르의 것, 즉 사탄의 화폐를 되돌리고, 그런 다음 자유롭게 너 자신을 하느님께 완전히 봉헌하라." 아이슬러가 예수의 이 진술을 다음과 같은 그의 다른 진술과 연관시키는 것은 정당하다. "너희는 하느님과 재물을 함께 섬길 수 없다"(마태오 복음서 6:24). 아이슬러는 "재물은 화폐와 신용의 전체 체계이고, 이교(異敎)의 신, 악들의 근거이며, 한시적인 '지상의 주(主)'에 불과하다. … 더 이상 화폐를 소유하지도 않고, 그것을 사용하지도 않으며, 사용하고 싶은 욕심이 없는 사람은 더 이상 카이사르에게 세금을 낼 필요도 없다"고 이야기한다. Robert Eisler, *The Messiah Jesus and John the Baptist* (London: Methuen, 1931), 334-335 쪽.

워진 이후에는 필연적으로 사라지게 될 것이라고 믿었다. 그는 로마라는 나라의 권위를 인정하지 않았다. 그 나라는 메시아에 의해 이 지상에 세워진 다윗의 왕국과 같이 있을 수 없다.[10] 그런 그가 어떻게 황제에게 세금을 내는 것이 옳다고 믿을 수 있겠는가?

사실상 황제에게 세금을 낼 의무는 유다의 법이 정한 것이 아니다. 그러므로 이 물음에 대한 예수의 대답은 그의 가르침과 유다법의 관계에 대해 결정적인 것이 아니라고 생각될 수도 있다. 그러나 성전에 대한 세금은 유다의 법에 정해져 있었다(탈출기 25:1 이하, 느헤미야기 10:32). 이러한 세금을 내야 하는지에 대한 문제가 예수와 그의 제자들에 의해 제기되었을 때, 예수는 시몬에게 다음처럼 말하였다. " '시몬아, 너는 어떻게 생각하느냐? 세상 임금들이 누구에게서 관세나 세금을 거두느냐? 자기 자녀들에게서냐, 아니면 남들에게서냐?' 하고 물으셨다. 베드로가 '남들에게서입니다' 하고 대답하자 예수님께서 이르셨다. '그렇다면 자녀들은 면제받는 것이다. 그러나 우리가 그들의 비위를 건드릴 것은 없으니, 호수에 가서 낚시를 던져 먼저 올라오는 고기를 잡아 입을 열어 보아라. 스타테르 한 닢을 발견할 것이다. 그것을 가져다가 나와 네 몫으로 그들에게 주어라' "(마태오 복음서 17:24 이하). 예수는 분명히 세금납부의 의무를 인정하지 않고 있다. 다만 권력에 대한 자극을 피하기 위해서만 시몬에게 세금 납부를 지시했을 뿐이다. 그러나 사실상 재산을 세금으로 납부한 사람은 시몬과 예수가 아니었다. 돈은 기적이 마련해 준 것이었다.

재산에 대한 예수의 가르침 — 이것은 매우 의미심장하다. 예수

---

10) 요한 복음서 19:11에 따르면 예수가 빌라도에게 다음과 같이 말했다는 것은 사실이다. "네가 위로부터 받지 않았으면 나에 대해 아무런 권한도 없었을 것이다." 그러나 공관 복음서의 어디에도 이와 유사한 구절은 발견되지 않는다.

의 가르침을 따르는 사람들은 세금을 납부할 수 없다. 왜냐하면 그들에게는 재산이 전혀 없으며, 특히 돈은 전혀 없다. 또한 노동을 하면서 돈을 벌수도 없다. 왜냐하면 그들은 전혀 일을 해서는 안 되기 때문이다. 그들은 걸식을 하면서 살아간다고 가정된다. 가족과 마찬가지로 재산은 그리스도의 가르침과 양립할 수 없다. 예수가 "하늘 나라가 가까이 왔다"는 것을 전도하기 위해서 12 사도를 파견했을 때, 분명히 돈을 가지고 떠나는 것을 금지했다. 예수는 사도들에게 말했다. "앓는 이들을 고쳐 주고 죽은 이들을 일으켜 주어라. 나병 환자들을 깨끗하게 해 주고 마귀들을 쫓아내어라. 너희가 거저 받았으니 거저 주어라. 전대에 금도 은도 구리 돈도 지니지 마라. 여행 보따리도 여벌 옷도 신발도 지팡이도 지니지 마라. 일꾼이 자기 먹을 것을 받는 것은 당연하다"(마태오 복음서 10:5 이하). 그들은 경제적 의미에서의 "일꾼"은 아니었다. 왜냐하면 예수를 따르기 위해서 그들은 그들의 직업적 일을 포기해야만 했기 때문이다. "예수님께서는 갈릴래아 호숫가를 지나가시다가 두 형제, 곧 베드로라는 시몬과 그의 동생 안드레아가 호수에 어망을 던지는 것을 보셨다. 그들은 어부였다. 예수님께서 그들에게 이르셨다. '나를 따라오너라. 내가 너희를 사람 낚는 어부로 만들겠다' 그러자 그들은 곧바로 그물을 버리고 예수님을 따랐다. 거기에서 더 가시다가 예수님께서 다른 두 형제, 곧 제베대오의 아들 야고보와 그의 동생 요한이 배에서 아버지 제베대오와 함께 그물을 손질하는 것을 보시고 그들을 부르셨다. 그들은 곧바로 배와 아버지를 버려두고 그분을 따랐다"(마태오 복음서 4:18 이하). 베드로는 예수에게 말했다. "보시다시피 저희는 모든 것을 버리고 스승님을 따랐습니다." 그러자 예수는 거듭 자신의 가족과 자신의 "토지"를 포기하지 않는 자는 누구도 자신을 따를 수 없다고 강조한다(마르코 복음서 10:28

이하). 젊은 사람이 예수에게 말했다. " '그런 것들은 제가 다 지켜 왔습니다. 아직도 무엇이 부족합니까?' 하고 다시 묻자, 예수님께서 그에게 이르셨다. '네가 완전한 사람이 되려거든, 가서 너의 재산을 팔아 가난한 이들에게 주어라. 그러면 네가 하늘에서 보물을 차지하게 될 것이다. 그리고 와서 나를 따라라' "(마태오 복음서 19:20 이하).

이러한 교설에서는 재산도 어떤 경제적 고려도 들어갈 틈이 없다. 포도밭에서 하루 종일 일한 사람과 단지 한 시간만 일한 사람에게 똑 같은 품삯을 준 밭주인의 비유가 갖는 의미가 바로 이것이다(마태오 복음서 20:1 이하). 또한 마르타 혼자서 온 집안일을 했고, 마리아는 "주님의 발치에 앉아 그분의 말씀을 듣고 있었"지만 예수가 언니인 마르타보다 마리아를 더 좋아한 이유가 바로 이것이다. 그의 반(反) 경제적 태도는 그가 한 산상수훈에 드러난다. 예수는 다음처럼 가르쳤다. "너희는 자신을 위하여 보물을 땅에 쌓아 두지 마라. 땅에서는 좀과 녹이 망가뜨리고 도둑들이 뚫고 들어와 훔쳐 간다. 그러므로 하늘에 보물을 쌓아라. 거기에서는 좀도 녹도 망가뜨리지 못하고, 도둑들이 뚫고 들어오지도 못하며 훔쳐 가지도 못한다. 사실 너의 보물이 있는 곳에 너의 마음도 있다. 눈은 몸의 등불이다. 그러므로 네 눈이 맑으면 온몸도 환하고, 네 눈이 성하지 못하면 온몸도 어두울 것이다. 그러니 네 안에 있는 빛이 어둠이면 그 어둠이 얼마나 짙겠느냐? 아무도 두 주인을 섬길 수 없다. 한쪽은 미워하고 다른 쪽은 사랑하며, 한쪽은 떠받들고 다른 쪽은 업신여기게 된다. 너희는 하느님과 재물을 함께 섬길 수 없다"(마태오 복음서 6:19 이하). 돈은 신의 적이고, 부의 신 마몬은 악마이다. 그러므로 예수는 부자보다 가난한 사람을 더 좋아했다. 산상수훈에서 예수는 다음처럼 말했다. "행복하여라, 가난한 사람들! 하느님의 나라가 너희 것이다. 행복하여라, 지금 굶주리는 사람들! 너희는 배부르게 될 것이다"(루카 복음서 6:20 이하). 그리고 마르코 복음서 10:23 이하에 따르면 예수는 제자들에게 다음처럼 이야기했다. " '재물을 많이 가진 자들이 하느님 나라에 들어가기는 참으로 어렵다!' 제자들은 그분의 말씀에 놀랐다. 그러나 예수님께서는 그들에게 거듭 말씀하셨다. '얘들아, 하느님 나라에 들어가기는 참으로 어렵다! 부자가 하느님 나라에 들어가는 것보다 낙타가 바늘귀로 빠져나가는 것이 더 쉽다.' " 부자와 가난한 라자로의 비유는 분명히 이 점을 드러낸다(루카 복음서 16:19 이하). 부자가 죽어서 흙에 묻힌 후 지옥에서 고통을 받았고, 가난한 자 라자로는 죽은 후 "천사들의 인도를 받아 아브라함 가까이 갔다". 그런데 부자에게 어떤 나쁜 짓을 했다는 증언도 없고, 가난한 사람이 어떤 선행을 했다는 말도 없다. 부자의 악은 부자인 데 있고, 가난한 자의 덕은 가난한 것에 있다. 그러므로 예수의 가르침의 정신에서 아주 분명한 것은 야고보의 서간에서 보듯이(5:1 이하) 부유한 것은 부정의와 동일시되며, 가난한 것은 정의와 동일시된다.

예수의 화폐 배척은 그가 물물교환의 원시 경제에 대한 지지 때문인 것은 아니다. 그는 어떤 종류의 경제에 대해서도 반대한다. 인간 욕구를 충족시키는 상품의 생산에 대해서도 반대한다. "그러므로 내가 너희에게 말한다. 목숨을 부지하려고 무엇을 먹을까, 무엇을 마실까, 또 몸을 보호하려고 무엇을 입을까 걱정하지 마라. 목숨이 음식보다 소중하고 몸이 옷보다 소중하지 않으냐? 하늘의 새들을 눈여겨보아라. 그것들은 씨를 뿌리지도 않고 거두지도 않을 뿐만 아니라 곳간에 모아들이지도 않는다. 그러나 하늘의 너희 아버지께서는 그것들을 먹여 주신다. 너희는 그것들보다 더 귀하지 않으냐? 너희 가운데 누가 걱정한다고 해서 자기 수명을 조금이라도 늘릴 수 있느냐? 그리고 너희는 왜 옷 걱정을 하느냐? 들에 핀

나리꽃들이 어떻게 자라는지 지켜보아라. 그것들은 애쓰지도 않고 길쌈도 하지 않는다. 그러나 내가 너희에게 말한다. 솔로몬도 그 온갖 영화 속에서 이 꽃 하나만큼 차려입지 못하였다. 오늘 서 있다가도 내일이면 아궁이에 던져질 들풀까지 하느님께서 이처럼 입히시거든, 너희야 훨씬 더 잘 입히시지 않겠느냐? 이 믿음이 약한 자들아! 그러므로 너희는 '무엇을 먹을까?', '무엇을 마실까?', '무엇을 차려입을까?' 하며 걱정하지 마라. 이런 것들은 모두 다른 민족들이 애써 찾는 것이다. 하늘의 너희 아버지께서는 이 모든 것이 너희에게 필요함을 아신다. 너희는 먼저 하느님의 나라와 그분의 의로움을 찾아라. 그러면 이 모든 것도 곁들여 받게 될 것이다"(마태오 복음서 6:25 이하). 예수의 이러한 반 경제적 태도는 그의 견해에 따를 경우 신의 나라가 임박했다는, 아니 지금 오고 있다는 그의 사상의 귀결이다. 왜냐하면 신의 나라에서는 신이 자신의 백성에게 먹여주고 입혀주며 집을 줄 것이므로 어떤 노동도 필요하지 않기 때문이다. 마르코 복음서에 따르면 처음에는 다섯 개의 빵과 두 마리의 물고기로, 두 번째는 일곱 개의 빵으로 군중들을 먹인 기적이 일어난다(마태오 복음서 6:41 이하, 8:1 이하). 이 일화는 예수와 그의 제자들이 신의 나라에서 이들 문제의 해결을 어떻게 생각하고 있는지를 보여준다.

인간이 인간을 심판할 권리에 대한 예수의 가르침 — 예수의 가르침과 유다의 법 간의 가장 명백한 충돌은 다른 사람을 심판하지 말라는 예수의 명령에서 나타난다(마태오 복음서 7:1 이하, 루카 복음서 6:36 이하). 예수 자신이 이 원리를 실천했다는 것이 루카 복음서 12:13 이하에서 기록된다. "군중 가운데에서 어떤 사람이 예수님께, '스승님, 제 형더러 저에게 유산을 나누어 주라고 일러 주십시오' 하고 말하였다. 그러자 예수님께서 그에게 말씀하셨다. '사람아, 누가 나를 너희의 재판관이나 중재인으로 세웠단 말이냐?' " 또한 요한 복음서 8:1 이하에서 간음한 여자의 아름다운 이야기를 읽게 된다. "그때에 율법 학자들과 바리사이들이 간음하다 붙잡힌 여자를 끌고 와서 가운데에 세워 놓고, 예수님께 말하였다. '스승님, 이 여자가 간음하다 현장에서 붙잡혔습니다. 모세는 율법에서 이런 여자에게 돌을 던져 죽이라고 우리에게 명령하였습니다. 스승님 생각은 어떠하십니까?' 그들은 예수님을 시험하여 고소할 구실을 만들려고 그렇게 말한 것이다. 그러나 예수님께서는 몸을 굽히시어 손가락으로 땅에 무엇인가 쓰기 시작하셨다. 그들이 줄곧 물어 대자 예수님께서 몸을 일으키시어 그들에게 이르셨다. '너희 가운데 죄 없는 자가 먼저 저 여자에게 돌을 던져라.' " 이 구절은 뒤에 삽입된 것일 수도 있다. 그러나 바리사이의 물음에 대한 예수의 대답은, 기록된 대로라면, 산상수훈에서 예수가 선언한 새로운 정의의 원리와 완전히 일치한다. 그 원리는 응보가 아니라 사랑이다. 신의 사랑과 심판이 일치할 수 없다는 것은 요한 복음서 3:16 이하에서 분명히 표현된다. "하느님께서는 세상을 너무나 사랑하신 나머지 외아들을 내 주시어, 그를 믿는 사람은 누구나 멸망하지 않고 영원한 생명을 얻게 하셨다. 하느님께서 아들을 세상에 보내신 것은, 세상을 심판하시려는 것이 아니라 세상이 아들을 통하여 구원을 받게 하시려는 것이다." 그러나 다음 문장에서 신의 사랑과 심판 간의 대립이 다소 약해진다. 왜냐하면 사랑은 메시아로서의 예수의 사명 및 최후의 심판에서 죄인을 벌하고 의인에게 상을 주는 심판관으로서의 사명과 양립할 수 없기 때문이다.

Ⅷ. 메시아사상

사랑이라는 새로운 정의의 전도자인 예수가 메시아이자 세계의 심판관이라는 사실은 복음서에 나타나고 있는 정의론에서 극복할 수 없는 모순을 범하고 있다. 예수의 추종자들이 그를 이스라엘의 왕인 메시아로 믿고 있다는 사실은 의심의 여지기 있을 수 없다. 메시아가 온다는 것은 예언서에 의해 예언되었으며, 예수도 이런 믿음을 부정하지 않았다.

신의나라는 현세에서 정의의 나라이다. — 신의 나라라는 메시아사상은 예수의 가르침의 핵심이다. 예수의 시대에 유다인들을 지배했던 신의 나라에 대한 믿음은 완전한 정의와 행복의 나라가 도래한다는 데 대한 믿음이었으며, 제2의 낙원에 대한 희망이었다. 이 악한 시대에 인간의 타락에 의해서 상실된 낙원은 그 시대의 종말에는 회복될 것이고, 이것은 영원히 지속할 것이다.[11] 제1의 낙원과 마찬가지로 메시아의 낙원인 제2의 낙원도 이 세상에서 세워질 것이다.[12] 성지(聖地)인 팔레스타인은 신의 나라의 중심지이지만, 종국에 가서는 전 세계가 성지가 된다. 평화와 번영이 지배할 것이고, 토양은 기름질 것이며, 사람들은 고통을 겪으면서 생활에 필요한 것들을 얻을 필요가 없을 것이고, 죽음은 더 이상 인간을 위협하지 않을 것이다. 사람들은 영원히 살거나 적어도 아브라함 · 이삭 · 야곱처럼 장수할 것이다. 인간의 타락 후 신이 선고한 저주는 없어질 것이다.

앞으로 오게 될 황금시대의 행복이 그 시대의 완전한 행복과 본

---

11) Hugo Gressmann, *Der Ursprung der isaelitisch-jüdischen Eschatologie* (Göttingen: Vandenhoeck & Ruprecht, 1905), 193 쪽.

12) B, Duhm, *Das kommende Reich Gottes* (Tübingen: I. C. B. Mohr, 1910), 33, 34 쪽.

질적으로 결합해 있다는 것은 매우 의미심장하다.[13] 이사야는 미래의 낙원인 이러한 정의 국가를 다음처럼 묘사하고 있다. 에녹서에서 낙원은 "정의의 정원"으로 불린다(에녹서 상권 32:3, 77:3).[14] "그날에는 귀먹은 이들도 책에 적힌 말을 듣고 눈먼 이들의 눈도 어둠과 암흑을 벗어나 보게 되리라. 겸손한 이들은 주님 안에서 기쁨에 기쁨을 더하고 사람들 가운데 가장 가난한 이들은 이스라엘의 거룩하신 분 안에서 즐거워하리니 포악한 자가 없어지고 빈정대는 자가 사라지며 죄지을 기회를 엿보는 자들이 모두 잘려 나가겠기 때문이다. 이들은 소송 때 남을 지게 만들고 성문에서 재판하는 사람에게 올가미를 씌우며 무죄한 이의 권리를 까닭 없이 왜곡하는 자들이다"(29:18 이하). "그러나 마침내 하늘에서 영이 우리 위에 쏟아져 내려 광야는 과수원이 되고 과수원은 숲으로 여겨지리라. 그리고 광야에 공정이 자리 잡고 과수원에 정의가 머무르리라. 정의의 결과는 평화가 되고 정의의 성과는 영원히 평온과 신뢰가 되리라"(32:15 이하). "이사이의 그루터기에서 햇순이 돋아나고 그 뿌리에서 새싹이 움트리라. 그 위에 주님의 영이 머무르리니 지혜와 슬기의 영 경륜과 용맹의 영 지식의 영과 주님을 경외함이다. 그는 주님을 경외함으로 흐뭇해하리라. 그는 자기 눈에 보이는 대로 판결하지 않고 자기 귀에 들리는 대로 심판하지 않으리라. 힘없는 이들을 정의로 재판하고 이 땅의 가련한 이들을 정당하게 심판하리라. 그는 자기 입에서 나오는 막대로 무뢰배를 내리치고 자기 입술에서 나오는 바람으로 악인을 죽이리라. 정의가 그의 허리를 두르는 띠가 되고 신의가 그의 몸을 두르는 띠가 되리라. 늑대가 새끼

13) August Freiherr von Gall, ΒΑΣΙΛΕΙΑ ΤΟΥ ΘΕΟΥ (Heidelberg: C. Winter, 1928), 324 쪽.

14) *The Apocrypha and Pseudepigrapha of the Old Testament in English*, ed. by R. H. Charles (Oxford: Clarendon Press, 1913)에 따른 인용.

양과 함께 살고 표범이 새끼 염소와 함께 지내리라. 송아지가 새끼 사자와 더불어 살쪄 가고 어린아이가 그들을 몰고 다니리라. 암소와 곰이 나란히 풀을 뜯고 그 새끼들이 함께 지내리라. 사자가 소처럼 여물을 먹고 젖먹이가 독사 굴 위에서 장난하며 젖 떨어진 아이가 살무사 굴에 손을 디밀리라. 나의 거룩한 산 어디에서도 사람들은 악하게도 패덕하게도 행동하지 않으리니 바다를 덮는 물처럼 땅이 주님을 앎으로 가득할 것이기 때문이다"(11:1 이하). 정의의 황금시대를 가능하도록 만들기 위해서는 인간본성의 근본적인 변화가 일어나지 않으면 안 된다.[15] 에제키엘은 야훼의 말로서 다음을 고지하고 있다. "너희에게 새 마음을 주고 너희 안에 새 영을 넣어 주겠다. 너희 몸에서 돌로 된 마음을 치우고, 살로 된 마음을 넣어 주겠다. 나는 또 너희 안에 내 영을 넣어 주어, 너희가 나의 규정들을 따르고 나의 법규들을 준수하여 지키게 하겠다"(36:26 이하).

신의 나라는 적어도 원래는 이 지상에 세워진 공동체라고 간주되었다. 이 나라는 유다 민족의 정치조직으로 간주되었다. 그리고 이 정치조직은 야훼나 그 대리인인 메시아 혹은 다윗의 후손이 직접적인 지도하에 있게 된다. 그러나 뒤에 와서 엄청난 힘이 부여된 메시아가 통치하게 될 것이라는 사상이 유행하게 되었다. 기원 1세기 중반에 쓰였던 솔로몬의 시편(17:23 이하)에 다음처럼 기록되어 있다. "주여, 그들에게 다윗의 아들을 왕으로 세우소서. 그로 하여금 당신의 종 이스라엘의 왕으로 다스리게 하소서. 그에게 힘을 주어 의롭지 않은 지배자들을 치게 하소서. 예루살렘을 짓밟고 파괴한 나라로부터 예루살렘을 빼앗아 깨끗이 하소서. … 그리고 그는 이교의 나라들 목에 멍에를 씌어 그들을 사역할 것입니다. 지상의 모든 곳에서 볼 수 있는 장소에서 주를 영광스럽게 할 것입니다. 그는

15) Gall, 앞의 책, 288 쪽.

예루살렘을 옛날처럼 거룩하게 만들어 깨끗이 할 것입니다. 뭇 나라가 땅 끝에서 오고 약해빠진 예루살렘의 아들들을 선물로서 데리고 와서 주님께 영광을 바칠 것입니다. 그들은 하느님이 예루살렘에 내리신 영광을 보게 될 것입니다. 다윗은 의로운 왕이 되어 하느님의 가르침을 받아 그들을 지배하게 될 것입니다. 그날 그들 가운데에는 조금도 의롭지 않은 것은 없을 것입니다. 모두가 거룩하게 될 것이고, 그들의 왕은 하느님으로부터 기름부음을 받게 될 것입니다." 일반적으로 메시아는 인간으로서 생각되었다. 그러나 또한 천지창조 이전에 신에 의해 선택되어 하늘로부터 내려오는 초인간적 존재로서의 메시아 개념도 있었다. 에녹서에는 메시아에 대해 다음처럼 말해진다. "사람의 아들은 의롭고, 의로움은 그와 함께 산다"(에녹서 상권 46:3). "그는 의로움의 모든 비밀을 지배하며, 의롭지 않음은 그림자처럼 사라지며 흔적도 없을 것이다." "그리고 그는 비밀스러운 것을 심판하고, 그 앞에 있는 거짓말들은 없어질 것이다"(에녹서 상권 49:2, 4).

영혼불멸을 믿지 않음 — 메시아의 사명은 이 세상에서 정의를 실현하는 것이다.[16] 이러한 정의는 죽은 후에 인간의 비물질적이고 불멸의 영혼에 대해 내세에서 행사되는 응보로서 이해되지 않았다. 그러한 사상은 적어도 원래적으로는 팔레스타인의 유다인들 사이에서는 불가능했다. 왜냐하면 그들은 육체와 영혼이 불가분리적으로 결합해 있다는 사상을 가지고 있었으며, 따라서 육체 없이 살아있는 인간 영혼에 대한 사상은 그들에게는 낯선 것이었기 때문이다.[17] 육체가 소멸된 후에도 영혼의 존재가 지속한다는 믿음은 구약성경 어디에서도 나오지 않는다. 그러한 믿음은 분명히 거부되고

16) Gressmann, 앞의 책, 288 쪽.
17) Charles Guignebert, *The Jewish World in the Time of Jesus* (New York: E. P. Dutton, 1939), 109, 116, 117 쪽.

있다(욥기 14:10 이하, 시편 27:13, 49:12, 20, 88:10 이하). 또한 그러한 믿음은 전도서 3:21에서 회의적 시각과 함께 나타난다. 시편의 예언자들이 인간의 영혼이나 정신을 이야기할 때, 그것이 의미하는 것은 생명이나 살아있는 인간이다. 고대 히브리인이 다른 원시부족과 마찬가지로 죽은 사람은 힘이 있고, 위험스럽기도 하다는 사실을 믿고 있었다고 가정할 충분한 이유가 있다. 죽은 사람에 대한 제사, 특히 조상 숭배는 야훼의 종교보다 시기적으로 앞선다. 이러한 야훼의 믿음 이전 종교의 유적은 모세 5경에서 발견된다. 예컨대 신명기 26:14에서 생산한 것에 대해 십일조를 내는 이스라엘 사람들은 다음처럼 고백해야 한다. "저희는 애도할 때에 십일조에서 아무것도 먹지 않았고, … 그것을 죽은 자에게 바친 적이 없습니다."[18] 야훼의 종교는 죽은 자에 대한 숭배를 강하게 반대하였고, 죽은 자의 지위를 낮추어버렸다. 이것은 마치 올림포스 신들의 종교에서처럼 호메로스 이전의 종교에서 죽은 자의 영혼이 하데스(冥府)에 사는 힘없는 그림자와 같은 존재로 격하된 것과 유사하다. 구약성경에는 죽은 자는 소울(冥府)서 존재한다는 사상이 지배적이었다(민수기 16:33). 소울은 어둡고 먼지로 가득 찬 장소이고, 죽은 자는 거기서 "잠을 자고 있으며", 실제 생활도, 일도, 먹고 마시는 것도, 인식도 없다(애가 3:6, 욥기 10:22, 14:12, 전도서 9:10). 소울은 무덤의 일반화에 불과하다. 야훼의 관할권이 지상의 세계에 한정되어 있고, 소울에까지 확장되지 않았다는 사실은 중요하다.[19] 소울은 야훼의 피조물이 아니었다.[20] 사람은 죽을 때 "야훼의 손길이 끊어진다"(시편 88:5). 신과 죽은 자의 땅 사이에는 아무런 관계도

---

18) E. C. Dewick, *Primitive Christian Eschatology* (Cambridge: University Press, 1912), 11 쪽.
19) R. H. Charles, *Immortality* (Oxford: Clarendom Press, 1912), 7 쪽 이하.
20) Guignebert, 앞의 책, 114-115 쪽.

없다(이사야서 38:11, 18, 시편 6:5, 30:9, 115:17). 따라서 소울과 정의는 아무런 관계가 없다. 이 "망각의 땅"에서는 정의로운 자와 정의롭지 못한 자 사이에 아무런 차이가 없으며, 누구나 동일한 운명이다. 신의 정의는 소울에서는 인식되지 않는다(시편 88:12). 야훼와 그의 정의가 본래 소울에서 배제되어 있다는 사실은 야훼 이전의 종교의 유물로서 설명될 수도 있다.[21] 그 종교에서는 죽은 자는 신들(gods)이었으며, 그 자체 살아있는 사람에게 응보를 하는 자였다.

죽은 자의 부활에 대한 믿음 – 소울에 대한 정의 사상은 없었지만, 그럼에도 불구하고 죽은 후에 신의 정의가 실현된다는 믿음은 있었다. 이 믿음의 수단은 영혼불멸 사상이 아니라 육체의 부활 사상이었다. 불멸하는 영혼의 존재에 대한 믿음이 없었기 때문에, 추구되는 정의는 다른 초월적 세계에서 실현되는 것으로 간주될 수 없었다. 이 정의는 지상에 세워진 메시아의 왕국이 시작되는 최후의 심판에 의해서 이 세계에서 실현되는 것으로 이해되었다. 육체의 부활에 대한 믿음은 이 개념의 본질적 요소이다.[22] 원래는 보상으로서 정의로운 자만이 부활하는 것이 기대되었고, 정의롭지 못한 자는 죽은 데서 벗어나지 못하고 소울에 그대로 머물러 있게 된다. 그러나 뒤에 와서 최후의 심판에서 심판을 받기 위해서 모든 죽은 자들은 살아나서 심판이 이루어지는 장소로 오게 된다는 사상이 지배하게 되었다. 다니엘서 12:2 이하에서 다음과 같이 예언된다. "또 땅 먼지 속에 잠든 사람들 가운데에서 많은 이가 깨어나 어떤 이들은 영원한 생명을 얻고 어떤 이들은 수치를, 영원한 치욕을 받으리라. 그러나 현명한 이들은, 창공의 광채처럼 많은 사람을 정의

---

21) 같은 책, 114 쪽. Adolphe Lods, *La Croyance à la vie future et le culte des morts dans l'antiquité israélite* (Paris: Fischbacher, 1906), I. 225.

22) Gall, 앞의 책, 426 쪽. Johannes Weiss, *Die Predigt Jesu vom Reich Gottes* (Göttingen: Vandenhieck & Ruprecht, 1900), I, 111.

로 이끈 이들은 별처럼 영원 무궁히 빛나리라." 에녹서에서 우리는 다음을 보게 된다. "그 날이 오면 땅은 그것을 받은 자들을 돌려보내고, 명부는 그것을 받은 자들을 돌려보내고, 지옥은 그것을 빌린 자들을 돌려보낸다. 그 날이 오면 택함을 받은 자가 일어나 그들 중 의롭고 거룩한 자를 가려낼 것이다. 구원을 받을 날이 가까이 왔다"(에녹서 상권 51: 1 이하). 에제키엘 37:1 이하는 육체의 부활이 무엇을 의미하는지 보여준다. "야훼께서 손으로 나를 잡으시자 야훼의 기운이 나를 밖으로 이끌어내셨다. 그래서 들 한가운데 이끌려 나가보니 거기에 뼈들이 가득히 널려 있는 것이었다. 그분이 나를 그리로 두루 돌아다니게 하셨다. 그 들바닥에는 뼈들이 굉장히 많았는데 그것들은 모두 말라 있었다. 그분이 나에게 말씀하셨다. '너 사람아, 이 뼈들이 살아날 것 같으냐?' 내가 '주 야훼여, 당신께서 아시옵니다' 하고 아뢰니, 그분이 또 나에게 말씀하셨다. '이 뼈들에게 내 말을 전하여라. 마른 뼈들아, 이 야훼의 말을 들어라. 뼈들에게 주 야훼가 말한다. 내가 너희 속에 숨을 불어넣어 너희를 살리리라. 너희에게 힘줄을 이어놓고 살을 붙이고 가죽을 씌우고 숨을 불어넣어 너희를 살리면, 그제야 너희는 내가 야훼임을 알게 되리라.' 나는 분부하신 대로 말씀을 전하였다. 내가 말씀을 전하는 동안 뼈들이 움직이며 서로 붙는 소리가 났다. 내가 바라보고 있는 가운데 뼈들에게 힘줄이 이어졌고 살이 붙었으며 가죽이 씌워졌다. 그러나 아직 숨쉬는 기척은 없었다. 야훼께서 나에게 또 말씀하셨다. '숨을 향해 내 말을 전하여라. 너 사람아, 숨을 향해 내 말을 전하여라. 주 야훼가 말한다. 숨아, 사방에서 불어와서 이 죽은 자들을 스쳐 살아나게 하여라.' 나는 분부하신 대로 말씀을 전하였다. 숨이 불어왔다. 그러자 모두들 살아나 제 발로 일어서서 굉장히 큰 무리를 이루었다."

민족 해방에 대한 희망이 메시아의 도래에 대한 믿음에서 결정적인 역할을 하기 때문에, 신의 나라는 다윗의 왕국, 즉 이 지상에서의 왕국의 부활이라고 이해되었다. 육체의 부활만이 이 도식에 적합할 수 있었다. 부활과 신의 나라에 대한 믿음의 정신화(精神化)는 그 후 변환된 것이다.

최후의 심판 — 시편의 작자들이나 예언가들은 신의 나라가 가까운 미래에 오고 거대한 심판이 시작될 것임을 확신하였다. 원래의 사상은 이스라엘의 적들과 싸워 야훼가 승리하리라는 것이었다. 뒤에 싸움의 사상이 심판의 사상으로 대치되었다. 이스라엘의 적과 압제자들인 이교도들에 대해 심판이 내려질 뿐만 아니라, 유다 민족이든 다른 국가의 민족이든 간에 관계없이 모든 살아있는 자, 부활한 죽은 자 한 사람 한 사람에 대해 심판이 내려진다고 이해되었다. 죽은 자가 모두 부활한다는 것은 최후의 심판에 대한 믿음의 본질적 요소였다. 왜냐하면 최후의 심판은 전 인류에 대한 보편적 심판으로 이해되었기 때문이다.[23] 그것은 사법적 절차 그대로의 성격을 가지고 있다. 모든 사람은 살아있는 동안 그가 한 행위에 따라서 정확하게 심판받을 것이며, 이는 이들 행위를 기록한 하늘의 장부에 근거해서 이루어진다. "너희는 하늘의 가장 높으신 분 앞 하늘에서 모든 죄가 매일 기록된다는 것을 알지도 못하고 보지도 못한다고 혼속에서 생각하거나 마음속에서 중얼거리지 마라. 너희가 저지른 모든 학대가 너희 심판의 날까지 매일 기록되어 있다는 것을 지금부터 알게 된다"(에녹서 상권 98:7 이하). "나를 공경하던 자들이 이런 말을 주고받게 되었다. 이 야훼는 그것을 똑똑히 들었다. 이런 가운데서도 나를 공경하고 내 이름을 소중히 여기는 사람들을 나는 책에 적어두고 잊지 않으리라. 내가 나서는 그 날에 가서야,

---

23) Gall, 앞의 책, 312 쪽.

만군의 야훼가 말한다, 그런 사람들을 귀엽게 여겨 내 백성으로 삼고, 효도하는 자식처럼 아껴 주리라. 그제야 너희는 착한 사람과 나쁜 사람이 어찌 되는지, 하느님을 섬기는 사람과 섬기지 않는 사람이 어찌 되는지를 다시금 깨닫게 될 것이다"(말라기 3:16 이하).

어떤 해석에 따르면 야훼 자신이 심판을 내리기도 하고, 메시아를 통해서 이 일을 하기도 한다. 정의로운 사람은 신의 나라의 낙원에서 영원하고 행복한 삶을 보상받게 되고, 정의롭지 못한 사람은 명부에서 영원한 고통을 겪는다. 고대 시리아 어로 쓰인 바룩의 묵시록 44:12 이하에서 다음처럼 예언된다. "새 세상이 온다. 축복으로 향하는 자는 축복을 잃지 않게 할 것이며, 고통으로 향하는 자는 어떤 자비도 없을 것이다. 거기 사는 자는 멸망에 이르지 않는다. 이들은 예언된 때를 상속받고, 약속된 때를 상속받는다. 그들은 지혜의 보물을 얻게 되고, 풍부한 깨달음을 얻게 된다. 그들은 자비를 받아 율법의 진리를 보존한다. 다가올 세상이 그들의 것이다. 그러나 나머지 많은 자들은 불에 던져진다." 제4에즈라 7:32 이하에서도 다음처럼 기록되어 있다. "땅은 그 속에 자고 있는 자를 돌려보내고, 먼지는 그 속에서 쉬고 있는 자를 돌려보내고, 무덤은 그것을 맡았던 자를 돌려보낸다. 지고하신 분은 심판의 옥좌에 모습을 드러내어 마지막 때가 오자, 자비도 사라지고 연민도 없어지며 오랜 고통도 끝난다. 심판만이 남아 진리는 서고 신앙은 승리한다. 보상이 뒤따르고 상도 밝혀진다. 의로운 행위는 눈을 뜨고 악한 행위도 잠자지 않는다. 고통의 구덩이가 파지고 휴식의 자리도 마련된다. 게헨나의 아궁이가 열리고 낙원의 기쁨도 나타난다."

Ⅸ. 메시아사상과 종말론의 분리

원래는 최후의 심판으로 시작하는 부활과 메시아 왕국에 대한 믿음은 내세에 대한 믿음과 마찬가지로 종말론적 믿음과 일치한다. 그러나 뒤에 두 사상은 결국 완전히 분리되어 나타난다. 정의에 대한 욕구로 인해 필연적으로 죽은 직후에 응보가 이루어진다는 믿음이 나타난다. 죽음과 부활 사이의 기간에도 정의로운 사람의 운명과 정의롭지 못한 사람의 운명은 동일한 것으로 가정되지 않았다. 전자에게는 행복이 후자에게는 고통의 상태가 있게 된다. 죽음 직후에 응보가 이루어진다는 이 믿음에는 두 가지 유형이 있다.[24] 첫째 유형에서는, 소울(冥府)은 칸막이가 나누어져, 정의롭지 못한 사람에게는 고통의 방이, 정의로운 사람에게는 안락의 방이 주어진다고 믿어진다. 둘째 유형에서는 정의로운 사람은 곧바로 천국에 간다고 믿어진다. 소울이 정의로운 자와 정의롭지 못한 자로 분리되어 있다는 사상은 에녹서에서 발견된다. 소울에는 움푹 파진 장소들이 있으며, 이것은 "죽은 자들의 영혼을 소집하여 심판의 날이 올 때까지, … 큰 심판이 내려질 때까지 그들을 수용할"(에녹서 상권 22:3, 4) 목적으로 만들어졌다. 움푹 파인 장소들이 왜 둘로 나뉘었는지를 에녹이 묻자 라파엘 대천사는 다음처럼 대답한다. "의로운 자의 영혼을 위해 만들어졌다. 거기에서는 맑은 샘물이 솟아난다. 또한 죄인을 위하여 만들어졌다. 이들은 죽어서 땅에 묻혔지만, 살아생전에 심판을 받지 않았다. 이들의 영혼은 이곳에 분리되어 큰 고통을 받게 되며, 결국에는 큰 심판의 날이 오게 되고, 영원한 저주와 응보를 받아 벌과 고통을 받게 된다. 거기에서 죄인은 벌과 고통에 영원히 매이게 될 것이다. 또한 그것은 죄인들의 시절에 살

24) Dewick, 앞의 책, 69-70 쪽, 83 쪽.

해되었을 때 자신의 파멸을 폭로하려는 사람들의 영혼에 소송의 기회를 주기 위해 만들어졌다. 또한 의롭지 않고 죄인이었던 사람들의 영혼을 위해서 만들어졌다. 그들은 완전히 범죄를 저질렀으며, 범죄자와 친구일 것이다. 그러나 그들의 영혼은 심판의 날에 죽지 않을 것이지만 이곳으로부터 벗어날 수도 없다." 그래서 에녹은 "주님의 영광을 찬양하며, 다음처럼 이야기했다. '영원히 지배하시는 나의 주님, 의로운 주님 찬양합니다' "(에녹서 상권 22:9-14). 소울이 분리되어 있다는 그런 사상이 부자와 라자로의 비유에서 전제되어 있다(루카 복음서 16:19 이하). "어떤 부자가 있었는데, 그는 자주색 옷과 고운 아마포 옷을 입고 날마다 즐겁고 호화롭게 살았다. 그의 집 대문 앞에는 라자로라는 가난한 이가 종기투성이 몸으로 누워 있었다. 그는 부자의 식탁에서 떨어지는 것으로 배를 채우기를 간절히 바랐다. 그러나 개들까지 와서 그의 종기를 핥곤 하였다. 그러다 그 가난한 이가 죽자 천사들이 그를 아브라함 곁으로 데려갔다. 부자도 죽어 묻혔다. 부자가 저승에서 고통을 받으며 눈을 드니, 멀리 아브라함과 그의 곁에 있는 라자로가 보였다. 그래서 그가 소리를 질러 말하였다. '아브라함 할아버지, 저에게 자비를 베풀어 주십시오. 라자로를 보내시어 그 손가락 끝에 물을 찍어 제 혀를 식히게 해 주십시오. 제가 이 불길 속에서 고초를 겪고 있습니다.' 그러자 아브라함이 말하였다. '얘야, 너는 살아 있는 동안에 좋은 것들을 받았고 라자로는 나쁜 것들을 받았음을 기억하여라. 그래서 그는 이제 여기에서 위로를 받고 너는 고초를 겪는 것이다. 게다가 우리와 너희 사이에는 큰 구렁이 가로놓여 있어, 여기에서 너희 쪽으로 건너가려 해도 갈 수 없고 거기에서 우리 쪽으로 건너오려 해도 올 수 없다.' " 부자나 라지로나 하데스(冥府)라 불리는 같은 방에 있음에 틀림없다. 부자는 아브라함과 그의 곁에 있는 라

자로를 “볼” 수 있다. 그런데 사실상 그들은 “멀리 떨어져” 있지만, 말은 건넬 수 있다. 부자가 있는 고통의 장소와 라자로가 있는 안락의 장소 간에는 “큰 구렁”이 존재한다. “그래서 건너가기를 원하는 사람들도” 서로 간에 “건널 수 없는” 것이다. 소울을 두 곳으로 나누는 구렁이 너무 크기 때문임에 틀림없다. 정의로운 자가 천국에 가고 정의롭지 못한 자는 소울에 남는다는 사상은 에녹서 상권 39:4 이하에서 나타난다.

최후의 심판과 부활에 대한 믿음이 있는 한, 죽음 후 곧바로 가해지는 응보는 잠정적인 성격을 띨 수밖에 없다. 그러나 다른 한편 오게 될 세상이라는 사상이 점점 더 정신화하는 경향이 나타난다. 이러한 경향은 결국에는 메시아 왕국 사상의 변형을 초래한다. 그것은 궁극적인 단계로 이해되지 않는다. 이 나라는 지상에서 세워지며, 최종적 행복을 가져오는 것으로 생각되지 않았다. 이 나라가 끝이 난 후 여전히 더 높은, 천국의 행복이 초월적 국가에서 실현될 것을 기대한다. 그리하여 메시아 시대는 시간 안에 한정된 것으로 이해되었고, 최후의 심판과 부활은 메시아 시대 처음이 아니라 끝으로 이동하게 된다. 메시아 시대 이후 기대되는 축복된 초월적 국가는 메시아적 낙원에서의 물질적 삶에 관계할 수 없다. 그것은 영혼의 불멸에 대한 믿음을 전제한다. 이런 믿음은 실로 그리스 철학의 영향 아래서 유다 신학에 침투하였다. 영혼불멸에 대한 믿음은 필연적으로 메시아적 왕국과 밀접하게 결합해 있는, 육체의 부활에 대한 믿음을 폐기해버린다. 사실상 이 정신적 운동은 헬레니즘 영향을 받은 유다인들 사이에서 일어났다.[25)]

---

25) Emil Schürer, *Geschichte des jüdischen Volkes im Zeitalter Jesu Christi*, 4th ed. (Leibzig: J. C. Hinrichs, 1997), II, 579 쪽 이하, 641-642 쪽. 또한 다음 저서와 비교 할 것. : Joseph Klausner, *The Messianic Idea in Israel* (New York: Macmillan, 1955), 414 쪽.

그러나 예수의 설교 대상인 유다인들은 죽은 자의 부활과 메시아적 낙원이 최종 단계라는 믿음을 여전히 가지고 있었다. 예수 자신이 주장했던 신의 나라라는 사상에 대해서 말하자면, 그것은 아마 그의 제자들의 사상과 큰 차이가 없을 것이다.

X. 신의 나라에 대한 예수의 사상

예수의 가르침에서 메시아론과 종말론을 분리하는 것은 거의 가능하지 않은 일이다.[26] 미래의 정의로운 세계는 메시아적 왕국과 일치한다. 예수는 현 세계를 비관적으로 평가한다는 점에서 예언자들의 견해와 같다. 예수는 "이 악한 세대"(마태오 복음서 12:45, 루카 11:29), "절개 없고 죄 많은 이 세대"(마르코 복음서 8:38)에 대해 이야기했다. 그러나 이 세대는 종말에 가깝고(마태오 복음서 13:39), 정의로운 세대, 즉 신의 나라의 시작에 가깝다. 이 현재의 시대는 그 본성상 정의롭지 못하기 때문에, 새 시대의 정의는 현 사회적 관계의 완전한 역전(逆轉)에 의해 세워질 것이다.

역전의 원리 ― 이것이 의미하는 바는 다음과 같은 예수의 진술이다. "그런데 첫째가 꼴찌 되고 꼴찌가 첫째 되는 이들이 많을 것이다"(마르코 복음서 10:31). 이 역전의 원리는 루카 복음서 6:20

---

26) Cecil John Cadoux, *The Historic Mission of Jesus* (New York and London: Harper, 1941), 219 쪽. "예수는 때때로 죽음 이후의 삶에 관해서 이야기하고 있으며, … 또한 분명히 왕국이 도래하게 될 때, 전 인류의 완전히 새로운 조건의 체제라는 대격동의 변화가 오게 되는 것에 대해 더 자주 이야기한다. 죽음 이후의 삶과 지상의 대격동을 이야기하면서, … 예수는 두 영역에 대해 대단히 동일한 기술적 용어와 관념들을 사용하고 있다. … 우리는 어떤 대안도 가지지 못하고, 분명히 본질적으로 다른 두 논제의 이상한 혼합을 받아들일 수밖에 없다."

이하에서 가장 분명하게 표현된다. "행복하여라, 가난한 사람들! 하느님의 나라가 너희 것이다. 행복하여라, 지금 굶주리는 사람들! 너희는 배부르게 될 것이다." "그러나 불행하여라, 너희 부유한 사람들! 너희는 이미 위로를 받았다. 불행하여라, 너희 지금 배부른 사람들! 너희는 굶주리게 될 것이다." "지금 우는 사람들! 너희는 웃게 될 것이다." "불행하여라, 지금 웃는 사람들! 너희는 슬퍼하며 울게 될 것이다." 그리고 요한 복음서 9:39에 다음 구절이 나온다. "나는 이 세상을 심판하러 왔다. 보지 못하는 이들은 보고, 보는 이들은 눈먼 자가 되게 하려는 것이다." 이 역전의 원리는 "너희는 원수를 사랑하고 너희를 학대한 사람을 위해 기도해라"는 명령과 정면으로 배치된다. 그것은 응보의 원리의 적용이다. 그것은 이 악한 세대에서 행복한 사람은 행복할 만한 가치가 없는 사람이라는 점을 전제한다. 왜냐하면 그들은 정의롭지 못하고, 따라서 불행하게 됨으로써 벌을 받게 될 것이기 때문이다. 불행한 사람들은 행복할 만한 가치가 있는 사람이다. 왜냐하면 그들은 정의롭고, 따라서 행복하게 됨으로써 보상을 받게 될 것이기 때문이다. 이것은 지상의 재물에서 배제된, 그것을 향유한 사람들에 대해 반대하는 사람들에 의해 이해된 정의관이다. 그것은 원한의 정의이며, 신의 사랑의 정의는 아니다.

예수의 가르침에서의 응보사상 – 복음서에는 악에 맞서지 말며 원수를 사랑하라는 예수의 명령과 완전히 일치하지 않는 예수의 행적과 말이 있다. 마태오와 루카에 따르면, 예수는 성전에서 환전상과 비둘기 장수를 쫓아냈다(마태오 복음서 21:12 이하, 루카 복음서 19:45 이하). 마태오에 따르면, 예수는 바리사이들을 "위선자", "눈먼 자", "독사"라고 불렀다. "너희 뱀들아, 독사의 자식들아! 너희가 지옥형 판결을 어떻게 피하려느냐? … 땅에 쏟아진 무죄한 피의 값이 모두 너희에게 돌아갈 것이다"(마태오 복음서 23:14 이하). 마태오 복음서 16:27에는 다음처럼 쓰여 있다. "사람의 아들이 … 각자에게 그 행실대로 갚을 것이다."

예수가 낡은 응보의 정의에 반대해서 새로운 사랑의 정의를 가르칠 때조차도, 응보의 정의로부터 항상 해방되어 있는 것은 아니다. 신의 사랑은 보수를 기대해서는 안 된다고 말한다(루카 복음서 6:32). 그러나 예수는 또한 다음처럼 말한다. "사실 너희가 자기를 사랑하는 이들만 사랑한다면 무슨 상을 받겠느냐?"(마태오 복음서 5:46). "너희가 다른 사람들의 허물을 용서하면, 하늘의 너희 아버지께서도 너희를 용서하실 것이다"(마태오 복음서 6:14). 그는 심지어 "너희가 저마다 자기 형제를 마음으로부터 용서하지 않으면"(마태오 복음서 18:35), 천국에 계신 아버지가 너를 벌할 것이다. 그는 계속 이야기한다. "이 작은 이들 가운데 한 사람에게 그가 제자라서 시원한 물 한 잔이라도 마시게 하는 이는 자기가 받을 상을 결코 잃지 않을 것이다." (마태오 복음서 10:42). "너희는 기도할 때에 위선자들처럼 해서는 안 된다. 그들은 사람들에게 드러내 보이려고 회당과 한길 모퉁이에 서서 기도하기를 좋아한다. 내가 진실로 너희에게 말한다. 그들은 자기들이 받을 상을 이미 받았다"(마태오 복음서 6:5). 루카 복음서 6:22 이하에 따르면, 그는 다음처럼 이야기했다. "사람들이 너희를 미워하면, 그리고 사람의 아들 때문에 너희를 쫓아내고 모욕하고 중상하면, 너희는 행복하다! 그날에 기뻐하고 뛰놀아라. 보라, 너희가 하늘에서 받을 상이 크다. 사실 그들의 조상들도 예언자들을 그렇게 대하였다." 예수를 체포하러 온 사람들을 향해 검으로 맞서려는 사람들 중 하나를 말리면서 예수는 다음처럼 이야기했다. "칼을 칼집에 도로 꽂아라. 칼을 잡는 자는 모두 칼로 망한다"(마태오 복음서 26:52). "그러므로 누구든지 사람들 앞에서 나를 안다고 증언하면, 나도 하늘에 계신 내 아버지 앞에서 그를 안다고 증언할 것이다. 그러나 누구든지 사람들 앞에서 나를 모른다고 하면, 나도 하늘에 계신 내 아버지 앞에서 그를 모른다고 할 것이다"(마태오 복음서 10:32)고 말한 것은 바로 응보원리를 적용한 것 이외 다름 아니다. 마태오 복음서 7:12에 따르면, 예수는 다음처럼 가르쳤다. "그러므로 남이 너희에게 해 주기를 바라는 그대로 너희도 남에게 해 주어라." 이것은 랍비 힐렐(Hillel)의 것으로 전해진 다음과 같은 원리의 적극적인 정식이다. "네가 싫어하는 것은 다른 사람에게 떠맡기지 마라." 적극적인 정식과 마찬가지로 소극적인 정식도 응보원리를 전제한다. 즉 '같은 것은 같은 것으로'를 전제한다.

최후의 심판에 대한 예수의 가르침 – 세례자 요한이나 예수 자신에 의해서 응보의 날, 무자비하고 끔찍한 벌로서 선포된 것은 정의롭지 못한 시대의 끝, 정의로운 시대의 시작에서의 심판이다. 마태오 복음서 3:7 이하에 따르면 요한은 바리사이와 사두가이에게 다음처럼 이야기했다. "독사의 자식들아, 다가오는 진노를 피하라고 누가 너희에게 일러 주더냐? 회개에 합당한 열매를 맺어라. 그리고 '우리는 아브라함을 조상으로 모시고 있다.'고 말할 생각일랑 하지 마라. 내가 너희에게 말하는데, 하느님께서는 이 돌들로도 아브라함의 자녀들을 만드실 수 있다. 도끼가 이미 나무뿌리에 닿아 있다. 좋은 열매를 맺지 않는 나무는 모두 찍혀서 불 속에 던져진다. 나는 너희를 회개시키려고 물로 세례를 준다. 그러나 내 뒤에 오시는 분은 나보다 더 큰 능력을 지니신 분이시다. 나는 그분의 신발을 들고 다닐 자격조차 없다. 그분께서는 너희에게 성령과 불로 세례를 주실 것이다. 또 손에 키를 드시고 당신의 타작마당을 깨끗이 하시어, 알곡은 곳간에 모아들이시고 쭉정이는 꺼지지 않는 불에 태워 버리실 것이다." 루카 복음서 3:16에 따르면 "나는 너희에게 물로 세례를 준다. 그러나 나보다 더 큰 능력을 지니신 분이 오신다. 나는 그분의 신발 끈을 풀어 드릴 자격조차 없다. 그분께서는 너희에게 성령과 불로 세례를 주실 것이다. 또 손에 키를 드시고 당신의 타작마당을 깨끗이 치우시어, 알곡은 당신의 곳간에 모아들이시고 쭉정이는 꺼지지 않는 불에 태워 버리실 것이다". 예수는 12 사도를 보내면서 다음처럼 이야기했다. "어떤 고을이나 마을에 들어가거든, 그곳에서 마땅한 사람을 찾아내어 떠날 때까지 거기에 머물러라. 집에 들어가면 그 집에 평화를 빈다고 인사하여라. 그 집이 평화를 누리기에 마땅하면 너희의 평화가 그 집에 내리고, 마땅하지 않으면 그 평화가 너희에게 돌아올 것이다. 누구든지 너희를 받아들이지 않고 너희 말도 듣지 않거든, 그 집이나 그 고을을 떠날 때에 너희 발의 먼지를 털어 버려라. 내가 진실로 너희에게 말한다. 심판 날에는 소돔과 고모라 땅이 그 고을보다 견디기 쉬울 것이다" (마태오 복음서 10:11 이하). "그때에 예수님께서 당신이 기적을 가장 많이 일으키신 고을들을 꾸짖기 시작하셨다. 그들이 회개하지 않았기 때문이다." 그는 이야기하였다. "불행하여라, 너 코라진아! 불행하여라, 너 벳사이다야! 너희에게 일어난 기적들이 티로와 시돈에서 일어났더라면, 그들은 벌써 자루옷을 입고 재를 뒤집어쓰고 회개하였을 것이다. 그러니 내가 너희에게 말한다. 심판 날에는 티로와 시돈이 너희보다 견디기 쉬울 것이다"(마태오 복음서 11:20 이하). 예수가 마귀 들린 자로부터 마귀를 쫓아낸 일을 바리사이들이 비난하면서 "마귀 우두머리 베엘제불의 도움을 받고서"마귀를 쫓아냈다고 했을 때, 예수는 신의 성령의 도움으로 마귀를 쫓아냈다고 이야기했다. 그러자 예수가 말하였다. "그러나 내가 하느님의 영으로 마귀들을 쫓아내는 것이면, 하느님의 나라가 이미 너희에게와 있는 것이다. 먼저 힘센 자를 묶어 놓지 않고서, 어떻게 그 힘센 자의 집에 들어가 재물을 빼앗을 수 있겠느냐? 묶어 놓은 뒤에야 그 집을 털 수 있다. 나와 함께하지 않는 자는 나를 반대하는 자고, 나와 함께 모아들이지 않는 자는 흩어 버리는 자다. 그러므로 내가 너희에게 말한다. 사람들이 어떠한 죄를 짓든, 신성을 모독하는 어떠한 말을 하든 다 용서받을 것이다. 그러나 성령을 모독하는 말은 용서받지 못할 것이다. 사람의 아들을 거슬러 말하는 자는 용서받을 것이다. 그러나 성령을 거슬러 말하는 자는 현세에서도 내세에서도 용서받지 못할 것이다"(마태오 복음서 12:24 이하).

"신의 나라는 너희 가운데 있다" — "신의 나라가 가까이 왔다"는 예수의 진술은 그의 의견에 따르면 신의 나라는 이미 왔으며, 그 징후를 이미 볼 수 있다는 사실을 함축한다. 마르코 복음서 1:15에 따르면, 예수는 다음처럼 말하였다. "때가 차서 하느님의 나라가 가까이 왔다. 회개하고 복음을 믿어라." 마태오 복음서 17:12에 따르면 "엘리야[메시아의 선구자]가 와서 모든 것을 바로잡을 것이다. 내가 너희에게 말한다. 엘리야는 이미 왔다". 예수는 제자들에게 거듭 가르치고 있다. "깨어 지켜라", "깨어 있어라", "준비하고 있어라"(마르코 복음서 13:33 이하, 마태오 복음서 25:13, 루카 복음서 12:35 이하). 그는 심지어 제자들에게 다음처럼 이야기한다. "내가 진실로 너희에게 말한다. 이 세대가 지나기 전에 모든 일이 일어날 것이다[하느님의 나라가 올 것이다]." "내가 진실로 너희에게 말한다. 여기에 서 있는 사람들 가운데에는 죽기 전에 하느님의 나라가 권능을 떨치며 오는 것을 볼 사람들이 더러 있다"(마르코 복음서 9:1). 바리사이가 예수에게 "하느님의 나라가 언제 옵니까?"하고 물었을 때, 예수는 다음처럼 대답하였다. "하느님의 나라는 너희 가운데에 있다"(루카 복음서 17:21).[27] 이것은 앞서 인용한 다음의 말과

거의 같은 의미이다. "하느님의 나라는 거의 너희에게 왔다." 신의 나라가 임박했다는, 아니, 왔다는 견해는 자신이 메시아라는 믿음의 귀결이며, 메시아의 사명은 이 지상에 정의의 나라를 세우는 것이라는 믿음의 귀결이다.

지상에서 정의를 실현하는 신의 나라 – 공관 복음서에 서술되어 있는 신의 나라는 육체적으로 살아있는 인간의 초기 공동체처럼 유다인 전통과 일치하여 상상되었다는 사실은 거의 의심의 여지가 없다.[28] 예수는 거듭해서 신의 나라의 먹을 것과 마실 것을 이야기

27) 이것이 *ἐντὸς ὑμῶν*이란 낱말의 올바른 번역이다. 굳스피드(Goodspeed)가 번역한 것처럼 "네 안에"가 아니다. 후자의 번역은 예수가 가르친 신의 나라를 순수하게 정신적인 성격으로 보는 논증으로 사용되어 왔다. 그러나 *ἐντὸς ὑμῶν*가 "네 안에"를 의미한다 하더라도 즉 너의 마음 안에를 의미한다 하더라도, 예수가 염두에 두고 있는 신의 나라는 경험적 세계 바깥에 있는 초월적 영역으로 해석될 수 없다. 정의로운 자만이 그 나라에 들어갈 수 있을 뿐이다. 즉 올바른 내적 태도를 가진 사람만이 들어갈 수 있을 뿐이다. 아이슬러는 신의 나라가 *ἐντὸς ὑμῶν*에 있다고 하는 예수의 말은 "신명기 30:14의 반향"이라는 사실을 증명하고자 한다. 신명기 30:14는 다음과 같이 쓰여 있다. "사실 그 말씀은 너희에게 아주 가까이 있다. 너희의 입과 너희의 마음에 있기 때문에, 너희가 그 말씀을 실천할 수 있는 것이다." 그리고 그것은 "여기 지상의 정치적, 도덕적, 종교적 국가"로서의 신의 나라라는 그의 사상과 아주 잘 일치한다(Robert Eisler in *The Messiah Jesus and John the Baptist*, 344 쪽 이하).

28) Joseph Klausner, *Jesus of Nazareth* (New York: Mamillan, 1929), 398 쪽 이하. 또한 다음 저서를 참조할 것. Hermann Gunkel and Leopold Zscharnak, eds., *Die Religion in Geschichte und Gegenwart*, 2d ed. (Tübingen: J. C. B. Mohr [Paul Siebeck], IV, 1819-1820 쪽. 클라우스너에 따르면 예수가 살았던 시대에 유다인들의 믿음 안에는 "메시아의 시대", "물질적, 정신적 모든 면에서 행복과 번영의 날들", "먹는 것도 마시는 것도 없고, 생산도 출산도 없으며, 거래도 질투도 다툼도 없고, '의로운 분이 머리에 왕관을 쓰고 앉아 있으며 세키나[Shekina, 신의 앞]의 밝음을 즐기는' " "장차 올 세상"의 구별이 존재했다. "메시아 시대"는 "장차 올 세상"에 앞선다. "예수의 주변에 모인 가난한 자, 박해 받는 자, 고달픈 자, 버림받은 자, 길 잃은 사, 무지한 자, 사회로부터 버림받은 자"는 단지 정신적 약속에만 매력을 느낄 수는 없었고, 또한 만족을 느낄 수는 없었기 때문에,

하고 있다. 그는 제자들에게 다음처럼 말했다. "내 아버지께서 나에게 나라를 주신 것처럼 나도 너희에게 나라를 준다. 그리하여 너희는 내 나라에서 내 식탁에 앉아 먹고 마실 것이다"(루카 복음서 22:29 이하). 실로 신의 나라에는 결혼도 없을 것이고 남녀 간의 육체적 관계도 없을 것이다. 부활을 믿지 않은 사두가이가 생전에 남편이 차례로 죽어 일곱 형제와 차례로 결혼한 여인이 부활 후 누구와 결혼하게 될지를 예수에게 물었을 때, 예수는 다음처럼 대답하였다. "너희가 성경도 모르고 하느님의 능력도 모르니까 그렇게 잘못 생각하는 것이다. 부활 때에는 장가드는 일도 시집가는 일도 없이 하늘에 있는 천사들과 같아진다"(마태오 복음서 22:23 이하). 이것은 전통적 관념과 완전히 일치하지 않는다. 전통적 관념에 따르면 신의 나라에서는 여자도 땅도 비옥할 것이며, 여자는 고통 없이 아이를 낳을 것이다(에녹서 상권 10:17, 바룩 하권 73:7). 남녀 간의 육체적 결합을 신의 나라에서 제거한 것은 정신화의 경향으로서 해석될 수도 있다. 그러나 신의 나라의 초월적 영역에로의 완전한 이행은 공관 복음서에는 아직 나타나지 않고 있다. 신의 나라의 정신화는 정치적 필요성과 철학적 사변의 영향 아래에서 예수의 죽음 이후에 가서야 수립된 지적 과정의 귀결이다. 다윗 왕국의 메시아의 부활은 로마 제국과 양립할 수 없었다.[29] 따라서 이러한 정신화 경향은, 이 이데올로기를 이미 확립된 권위에 정치적으로 받아들일 수 있도록 하기 위해, 이데올로기를 재해석하는 것으로 이해될 수 있다. 예수나 적어도 그의 추종자들이 염두에 두고 있었던 신의 나라가 지상의 정치조직이었다는 사실은 그들이 예수를 이스라엘의

"예수는 지상의 이상 또한 이야기하지 않을 수 없었다. 특히 예수 또한 그의 민족과 시대의 신앙이나 사상에 몰두해 있었기 때문이다." 또한 다음 저서와 비교할 것. Klausner, *The Messianic Idea in Israel*, 408 쪽 이하.

29) Weiss, 앞의 책. 15, 123 쪽.

왕으로 믿었다는 사실, 부활한 다윗 왕국의 통치자라고 믿었다는 사실로부터 귀결한다. 합법적인 왕은 다윗의 후예이지 않으면 안 되기 때문에, 복음서는, 비록 예수 자신이 메시아는 다윗의 자손일 필요는 없다는 이야기를 했다는 사실에도 불구하고, 예수가 다윗의 후손임을 증명하려고 한다(마태오 복음서 22:45). 복음서는, 비록 어머니 마리아가 성령으로 인하여 예수를 잉태하였다고 주장하였지만, 이 사실을 마리아의 남편인 그의 아버지 요셉의 족보를 통해 증명한다(마태오 복음서 1:20). 또한 높으신 분의 힘이 그를 덮어 잉태하였다고 주장한다(루카 복음서 1:35). 예수는 자신이 메시아였다는, 이스라엘의 왕이었다는 제자들의 믿음을 부인하지 않았다(마태오 복음서 11:2 이하, 16:13 이하, 24:3 이하, 마르코 복음서 8:29 이하, 루카 복음서 19:20 이하, 요한 복음서 1: 49, 6:69, 10:24 이하). 대제사장이 "내가 살아있는 신의 이름으로 엄명하니 그대가 그리스도 즉 신의 아들인지 이야기하라"고 요청했을 때, 예수의 대답은 "그대가 그렇게 말했다"(마태오 복음서 26:64)였다. 그는 "보라, 너의 임금님이 너에게 오신다. 그분은 의로우시며 승리하시는 분이시다. 그분은 겸손하시어 나귀를, 어린 나귀를 타고 오신다. "(즈카르야서 9:9)의 예언을 완수하기 위해 나귀를 타고 예루살렘으로 들어왔다. 예수는 왕에게 드리는 인사인 "호산나"의 환성으로 환호를 받았다(마태오 복음서 21:9). 심지어 예수는 그의 제자들에게 그들이 신의 나라에서 이스라엘의 열두 지파의 통치자가 될 것이라고 약속했다. "내가 진실로 너희에게 말한다. 사람의 아들이 영광스러운 자기 옥좌에 앉게 되는 새 세상이 오면, 나를 따른 너희도 열두 옥좌에 앉아 이스라엘의 열두 지파를 심판할 것이다"(마태오 복음서 19:28). "이스라엘의 열두 지파를 심판한다"는 것은 열두 지파를 통치한다는 것을 의미한다. 사도행전 1:6에 따르면, 제자들이 예수에게 물었다. “주님, 지금이 주님께서 이스라엘에 다시 나라를 일으키실 때입니까?” 그들은 이 나라를 신의 나라로 이해했다. 예수의 대답에서 그는 그들의 희망을 결코 부정하지 않았다. 결국 그는 빌라도와 대제사장에게 메시아이자 이스라엘의 왕이라는 것을 인정했다(마태오 복음서 26:63, 27:11, 마르코 복음서 15:2, 26, 루카 복음서 23:2 이하). 왕이라는 걸 인정했기 때문에 그는 사형 선고를 받았다.30)

반면에 복음서의 저자인 요한은 예수가 빌라도 앞에서 다음처럼 말했다고 기록한다. “내 나라는 이 세상에 속하지 않는다. 내 나라가 이 세상에 속한다면, 내 신하들이 싸워 내가 유다 인들에게 넘어가지 않게 하였을 것이다. 그러나 내 나라는 여기에 속하지 않는다”(요한 복음서 18:36). 그러나 이 진술은 그의 왕국이 이 세상 너머에 있으며, 이 현실 세계의 통치와 아무런 관계도 없다는 것을 의미하지 않는다. 물론 이것을 의미한다고 해석하는 경우도 간혹 있지만. 그것은 그의 왕국이 하늘에 기원하고 있으며, 신의 직접적이고 기적적인 개입에 의해서 이 세상에 세워지게 된다는 것만을 의미할 뿐이다.31)

예수가 가르치고 있는 신의 나라를 단순히 정신적인 왕국으로 해석하려는 어떤 시도도 이 가르침의 본질적 요소가 부활에 대한 믿음이라는 사실과 일치하지 않는다. 죽은 자의 부활이 적어도 예수의 추종자들에 의해서 육체의 부활로 생각되었다는 것은 세 개의 공관 복음서 모두에서 나타나는 예수 자신의 부활의 이야기를 고려

30) Max Radin, *The Trial of Jesus of Nazareth* (Chicago: The University of Chicago, 1931), 46 쪽 이하.

31) Theodor Zahn, *Kommentar zum Neuen Testament* (Leipzig: A. Deichert'sche Verlagsbuchhandlung, Nachf., 1908), “Das Evangelium des Johannes,” IV, 626.

했을 때 분명해진다. 특히 루카 복음서 24:36 이하에서 예수가 죽은 후 다시 나타나는 장면이 서술되고 있다. "그들이 이러한 이야기를 하고 있을 때 예수님께서 그들 가운데에 서시어, '평화가 너희와 함께!' 하고 그들에게 말씀하셨다. 그들은 너무나 무섭고 두려워 유령을 보는 줄로 생각하였다. 그러자 예수님께서 그들에게 이르셨다. '왜 놀라느냐? 어찌하여 너희 마음에 여러 가지 의혹이 이느냐? 내 손과 내 발을 보아라. 바로 나다. 나를 만져 보아라. 유령은 살과 뼈가 없지만, 나는 너희도 보다시피 살과 뼈가 있다.' 이렇게 말씀하시고 나서 그들에게 손과 발을 보여 주셨다. 그들은 너무 기쁜 나머지 아직도 믿지 못하고 놀라워하는데, 예수님께서 그들에게 '여기에 먹을 것이 좀 있느냐?' 하고 물으셨다. 그들이 구운 물고기 한 토막을 드리자, 예수님께서는 그것을 받아 그들 앞에서 잡수셨다."

육체의 부활은 신의 나라에 대한 예수의 가르침의 본질적 요소이다. 왜냐하면 이 나라가 이 세상에 살아있는 인간의 공동체이기 때문이지만, 여기에 그치지 않고 이 나라가 시작하는 최후의 심판이 "산 이와 죽은 이에 대한"(사도행전 10:42) 심판이기 때문이다. 이 악한 세대에서 그들이 받아야만 할 벌이나 상을 받지 않고서 많은 사람들이 죽었기 때문에, 그들은 최후의 심판의 날에 정의를 실현하기 위하여 죽음에서 부활하지 않으면 안 된다. 마태오 복음서에 따르면 "사람의 아들이 아버지의 영광에 싸여 천사들과 함께 올 터인데, 그때에 각자에게 그 행실대로 갚을 것이다"(16:27). 동일한 생각이 마태오 복음서 25:31 이하에서도 나온다. 그것이 예수의 추종자들의 생각을 지배하고 있었다는 사실은 사도행전의 진술에서도 나타나고, 심지어는 바오로의 서간에서도 나타난다. 베드로는 다음처럼 이야기한다. "그분께서는 하느님께서 당신을 산 이들과 죽은 이들의 심판관으로 임명하셨다는 것을 백성에게 선포하고 증언하라고 우리에게 분부하셨습니다"(사도행전 10:42 이하). 바오로의 티모테오에게 보낸 둘째 서간에서 다음을 보게 된다. "나는 하느님 앞에서, 또 산 이와 죽은 이를 심판하실 그리스도 예수님 앞에서, 그리고 그분의 나타나심과 다스리심을 걸고 그대에게 엄숙히 지시합니다"(티모테오에게 보낸 둘째 서간 4:1).

심판을 위해서 사람의 아들인 메시아는 하늘의 구름을 타고 하늘에서 지상으로 내려올 것이다. "그때 하늘에 사람의 아들의 표징이 나타날 것이다. 그러면 세상 모든 민족들이 가슴을 치면서, '사람의 아들이' 큰 권능과 영광을 떨치며 '하늘의 구름을 타고 오는 것을' 볼 것이다"(마태오 복음서 24:30). 사람들이 죽은 후에 하늘나라에 오게 되는 것이 중요한 것이 아니라, 신의 나라가 하늘에서 지상으로 온다는 것이 중요하다. 이것이 다음의 기도에서 표현되는 사상이다. "아버지의 나라가 오게 하시며 아버지의 뜻이 하늘에서와 같이 땅에서도 이루어지게 하소서"(마태오 복음서 6:10). 그 나라는 신랑이 신부를 찾는 것처럼 온다(마태오 복음서 25:1 이하). 그것은 마치 그 나라가 하늘에서 땅으로 내려오는 것과 같다.[32] 또한 지금 세상을 지배하고 있는 사탄의 나라가 지하로 내려가는 것과 같다. 지상에 하늘[천국]이 있을 것이기 때문에, 불완전한 세계와 완전한 세계 간의 적대는 사라지게 된다. 최후의 심판 이후 세워진 신의 나라는 완전하다. 이것은 우선 이 지상에 있는, 절대적으로 정의로운, 이런 관점에서 초인간적인 세계를 의미한다.

경험적인 인간 영역과 초월적인 신의 영역간의 이원론이 사라진다는 것이 신의 나라의 특징이다. 그 나라에 사는 사람들은 신을 보게 된다.[33] 즉 절대적 정의를 경험하게 된다.

---

32) Weiss, 앞의 책, 105 쪽.
33) 같은 책, 119 쪽.

최후의 심판의 정의: 응보 — 그러나 최후의 심판에 의해 실현되는 정의는 응보 이외에 다름 아니다. 이것은 악인에 대해서는 무자비한 벌을, 선인에 대해서는 관대한 상을 주는 것을 의미한다. 벌에 대해서는 이미 예시되어 있다. 예수는 최후의 심판을 "징벌의 날"(루카 복음서 21:22)이라고 말한다. 심지어는 소돔의 날보다 더 나쁘다. "그러한 환난은 세상 시초부터 지금까지 없었고 앞으로도 결코 없을 것이다"(마태오 복음서 24:21). 이 시대가 끝날 날이 가까이 올 때 사람의 아들인 메시아는 "자기 천사들을 보낼 터인데, 그들은 그의 나라에서 남을 죄짓게 하는 모든 자들과 불의를 저지르는 자들을 거두어, 불구덩이에 던져 버릴 것이다. 그러면 그들은 거기에서 울며 이를 갈 것이다. 그때에 의인들은 아버지의 나라에서 해처럼 빛날 것이다"(마태오 복음서 13: 41 이하). "세상 종말에도 그렇게 될 것이다. 천사들이 나가 의인들 가운데에서 악한 자들을 가려내어, 불구덩이에 던져 버릴 것이다. 그러면 그들은 거기에서 울며 이를 갈 것이다"(마태오 복음서 13:49 이하). 누구도 벌을 피하지 못한다(마태오 복음서 23:33). 최후의 심판의 응보적 기능은 예수의 시각으로 생생하게 묘사된다. "사람의 아들이 영광에 싸여 모든 천사와 함께 오면, 자기의 영광스러운 옥좌에 앉을 것이다. 그리고 모든 민족들이 사람의 아들 앞으로 모일 터인데, 그는 목자가 양과 염소를 가르듯이 그들을 가를 것이다. 그렇게 하여 양들은 자기 오른쪽에, 염소들은 왼쪽에 세울 것이다. 그때에 임금이 자기 오른쪽에 있는 이들에게 이렇게 말할 것이다. '내 아버지께 복을 받은 이들아, 와서, 세상 창조 때부터 너희를 위하여 준비된 나라를 차지하여라. 너희는 내가 굶주렸을 때에 먹을 것을 주었고, 내가 목말랐을 때에 마실 것을 주었으며, 내가 나그네였을 때에 따뜻이 맞아들였다. 또 내가 헐벗었을 때에 입을 것을 주었고, 내가 병들었을 때에

돌보아 주었으며, 내가 감옥에 있을 때에 찾아 주었다.' 그러면 그 의인들이 이렇게 말할 것이다. '주님, 저희가 언제 주님께서 굶주리신 것을 보고 먹을 것을 드렸고, 목마르신 것을 보고 마실 것을 드렸습니까? 언제 주님께서 나그네 되신 것을 보고 따뜻이 맞아들였고, 헐벗으신 것을 보고 입을 것을 드렸습니까? 언제 주님께서 병드시거나 감옥에 계신 것을 보고 찾아가 뵈었습니까?' 그러면 임금이 대답할 것이다. '내가 진실로 너희에게 말한다. 너희가 내 형제들인 이 가장 작은 이들 가운데 한 사람에게 해 준 것이 바로 나에게 해 준 것이다.' 그때에 임금은 왼쪽에 있는 자들에게도 이렇게 말할 것이다. '저주받은 자들아, 나에게서 떠나 악마와 그 부하들을 위하여 준비된 영원한 불 속으로 들어가라. 너희는 내가 굶주렸을 때에 먹을 것을 주지 않았고, 내가 목말랐을 때에 마실 것을 주지 않았으며, 내가 나그네였을 때에 따뜻이 맞아들이지 않았다. 또 내가 헐벗었을 때에 입을 것을 주지 않았고, 내가 병들었을 때와 감옥에 있을 때에 돌보아 주지 않았다.' 그러면 그들도 이렇게 말할 것이다. '주님, 저희가 언제 주님께서 굶주리시거나 목마르시거나 나그네 되신 것을 보고, 또 헐벗으시거나 병드시거나 감옥에 계신 것을 보고 시중들지 않았다는 말씀입니까?' 그때에 임금이 대답할 것이다. '내가 진실로 너희에게 말한다. 너희가 이 가장 작은 이들 가운데 한 사람에게 해 주지 않은 것이 바로 나에게 해 주지 않은 것이다.' 이렇게 하여 그들은 영원한 벌을 받는 곳으로 가고 의인들은 영원한 생명을 누리는 곳으로 갈 것이다" (마태오 복음서 25:31 이하).
마태오 복음서의 이 구절에서 최후의 심판의 재판관으로 나오는 "사람의 아들"이 예수 자신, 즉 메시아라는 사실은 의심의 여지가 있을 수 없다. 예수가 자신을 세계의 심판자로 생각했다는 것은 요한 복음서 5:22에서 확증된다. 거기서 그는 다음처럼 이야기한다.

"아버지께서는 아무도 심판하지 않으시고, 심판하는 일을 모두 아들에게 넘기셨다." 심판은 응보의 정의를 집행하는 것이다. 이 신의 응보의 "영원한 벌"은 구약성경에 나오는 복수의 신과 완전히 일치한다. 그러나 산상수훈에 나오는 새로운 정의, 신의 사랑과는 일치하지 않는다.

응보원리는 심지어는 그리스도의 대리 죽음이라는 신비적 관념 근저에도 있다. 그리스도는 이야기한다. "사람의 아들은 … 많은 이들의 몸값으로 자기 목숨을 바치러 왔다"(마태오 복음서 20:20). 그리고 그의 피는 "죄를 용서해 주려고 많은 사람을 위하여 흘린 것"(마태오 복음서 26:28)이다. 그의 죽음은 다른 사람들의 죄의 벌로서 해석된다. 가장 정의롭지 못하게 일어난 것처럼 보이는 것, 즉 절대적으로 무고한 자를 죽음의 고통으로 몰아넣는 것을 정의로운 것으로 정당화하기 위해서, 어떤 다른 원리가 사용되고 있지 않으며, 나쁜 행위의 악은 벌의 악에 의해 갚아지지 않으면 안 된다는 규칙이 사용되고 있다.

예수의 가르침 안에 있는 모순을 다소간 인위적인 해석을 통해 제거하려는 많은 시도가 있어 왔다. 가장 성공적인 방법은 원전 자료에 대한 역사적 · 비판적 분석에 근거해서 예수의 말을 근거 있는 것과 근거가 없는 것으로 구별하는 것이다. 예를 들어 마태오 복음서 25:31의 결정적 구절에서 예수는 악한 자에게 영원한 불의 판결을 최후의 심판에서 재판관으로서 등장하게 되는데, 이것은 "마태오적 해석"34)이라고들 한다. 그러나 그러한 역사적 · 비판적 방법은 신의 계시로서의 신약성경의 개념과 거의 일치하지 않는다. 이런 방법에 의해서 사람들은 예수의 가르침 속에서 다소간 일관된 도덕

34) R. Francis Glasson, *The Second Advent* (London: The Epworth Press [Edgar C. Barton], 1945), 127 쪽 이하, 130 쪽.

적 체계를 재구성할 수 있지만, 그러나 신약성경이 모순된 정의관을 포함하고 있다는 사실을 제거할 수는 없다. 공관 복음서와 바오로의 서간 사이에 존재하는 관계에 관해서도 이런 점이 적용된다.

XI. 예수의 가르침과 바오로의 가르침

유다의 율법에 대한 바오로의 부정 – 예수의 가르침과 바오로의 가르침 간에 차이가 있다는 점이 자주 강조되어 왔다. 이 차이는 정의관 및 그것과 실정법간의 관계에 관련해서 분명히 나타난다. 유다의 율법에 대해서 예수는 마치 자신이 적어도 원리상으로는 반대를 하지 않은 것과 같은 모습을 유지하려고 했지만, 바오로는 그 이상 나아갔다. 바오로는 공개적으로 다음처럼 선언하였다. "우리가 이제는, 우리를 사로잡고 있던 율법과 관련해서는 죽음으로써 그것에서 벗어났습니다"(로마 신자들에게 보낸 서간 7:6). "그러나 사람은 율법에 따른 행위가 아니라 예수 그리스도에 대한 믿음으로 의롭게 된다는 사실을 우리는 알고 있습니다. … 어떠한 인간도 율법에 따른 행위로 의롭게 되지 않기 때문입니다"(갈라티아 신자들에게 보낸 서간 2:16 이하). "율법에 따른 행위에 의지하는 자들은 다 저주 아래 있습니다. … 그러니 하느님 앞에서는 아무도 율법으로 의롭게 되지 못한다는 것이 분명합니다. '의로운 이는 믿음으로 살 것이다.' 하였기 때문입니다. 율법은 믿음과는 관련이 없습니다"(갈라티아 신자들에게 보낸 서간 3:10 이하). 따라서 "그러나 여러분이 성령의 인도[육체적 갈망의 인도가 아니라]를 받으면 율법 아래 있는 것이 아닙니다"(갈라티아 신자들에게 보낸 서간 5:18).

그러나 바오로가 "율법"이라고 공격하면서 목소리를 높였던 것은 오히려 유다의 계율 중 의례(儀禮)적인 규정이었다. 왜냐하면 그는 그의 시대의 실정법의 주요 법적 제도들을 신의 의지와 일치하는 것으로 인정했으며 확인하였기 때문이다. 예컨대 혼인을 기초로 하는 가족, 노동을 기초로 하는 재산, 국가에서 강력하게 확립된 정부 등이 바로 그것이다.

결혼과 재산에 관한 바오로의 가르침 – 결혼을 바오로는 두 악 중 보다 약한 악으로서만 허용한 것처럼 보인다. 왜냐하면 그는 다음처럼 말했기 때문이다. " '남자는 여자와 관계를 맺지 않는 것이 좋다.' 하지만, 불륜의 위험이 있으니 모든 남자는 아내를 두고 모든 여자는 남편을 두십시오. 남편은 아내에게 의무를 이행하고, 마찬가지로 아내는 남편에게 의무를 이행해야 합니다. 아내의 몸은 아내가 아니라 남편의 것이고, 마찬가지로 남편의 몸은 남편이 아니라 아내의 것입니다"(코린토 신자들에게 보낸 첫째 서간 7:1 이하). 그러나 테살로니카 신자들에게 보낸 첫째 서간에서 "하느님의 뜻은 … 저마다 자기 아내를 거룩하게 또 존중하는 마음으로 대할 줄 아는 것입니다"(테살로니카 신자들에게 보낸 첫째 서간 4:3 이하). 에페소 신자들에게 보낸 서간에서 그는 결혼을 신성한 제도로서 이야기하고 그리스도와 교회간의 관계와 그것을 비교한다. "아내는 주님께 순종하듯이 남편에게 순종해야 합니다. 남편은 아내의 머리입니다. 이는 그리스도께서 교회의 머리이시고 그 몸의 구원자이신 것과 같습니다. 교회가 그리스도께 순종하듯이, 아내도 모든 일에서 남편에게 순종해야 합니다. 남편 여러분, 그리스도께서 교회를 사랑하시고 교회를 위하여 당신 자신을 바치신 것처럼, 아내를 사랑하십시오"(에페소 신자들에게 보낸 서간 5:22 이하). 부모와 자신의 관계에 관하여 그는 다음처럼 가르친다. "자녀 여러분, 주님 안에서 부모에게 순종하십시오. 그것이 옳은 일입니다. '아버지와 어머니를 공경하여라.' 이는 약속이 딸린 첫 계명입니다. '네가 잘 되고 땅에서 오래 살 것이다.' 하신 약속입니다. 그리고 아버지 여러분, 자녀들을 성나게 하지 말고 주님의 훈련과 훈계로 기르십시오"(에페소 신자들에게 보낸 서간 6:1 이하).

예수는 직업을 포기하라고, 육체적 욕구의 만족을 위해 노동을 하지마라고 가르쳤다. 왜냐하면 신이 보살펴주기 때문이다. 예수의 죽음 이후에 새 그리스도교인들은 신의 나라가 가까이 왔다고 믿었고, 신앙인들은 노동을 무용한 것으로 여기는 위험이 생겨났으며, 이러한 일은 심각한 정치적 어려움을 낳을 수도 있었다. 결국 바오로는 다음처럼 가르쳤다. "일하기 싫어하는 자는 먹지도 말라"(테살로니카 신자들에게 보낸 둘째 서간 3:10). 그는 이야기하였다. "우리가 여러분에게 지시한 대로, 조용히 살도록 힘쓰며 자기 일에 전념하고 자기 손으로 제 일을 하십시오. 그러면 바깥 사람들에게 품위 있게 처신할 수 있고 아무에게도 신세를 지는 일이 없을 것입니다"(테살로니카 신자들에게 보낸 첫째 서간 4:11 이하). "그런데 듣자 하니, 여러분 가운데에 무질서하게 살아가면서 일은 하지 않고 남의 일에 참견만 하는 자들이 있다고 합니다. 그러한 사람들에게 우리는 주 예수 그리스도의 이름으로 지시하고 권고합니다. 묵묵히 일하여 자기 양식을 벌어먹도록 하십시오"(테살로니카 신자들에게 보낸 둘째 서간 3:11 이하). 예수는 선교를 시작했을 때 목수로서의 자신의 직업을 버린 것처럼 보이지만, 바오로는 그 자신 천막을 만들면서 생계를 유지했다. 예수는 제자들에게 돈은 받지도 말고 소지하지도 말라고 지시했다. 그러나 바오로는 "신의 백성"을 위해, 즉 예루살렘의 첫 그리스도인들의 공동체를 위해 모금 조직을 만들었다(코린토 신자들에게 보낸 첫째 서간 16:1 이하, 코린토 신자들에게 보낸 둘째 서간 8:1 이하, 9:1 이하, 갈라티아 신자들에게 보낸 서간 2:10, 로마 신자들에게 보낸 서간 15:25 이하, 필리피 신자들에게 보낸 서간 4:10 이하). 예수는 부자는 신의 나라에 들어갈 수 없다고 가르쳤지만, 바오로는 다음만을 요구했다. "이 세상의 부자"는 "좋은 일을 하고 선행으로 부유해지고, 아낌없이 베풀고 기꺼이 나누어 주는 사람이 되라고 하십시오. 이렇게 자기 미래를 위하여 훌륭한 기초가 되는 보물을 쌓아, 참 생명을 차지하는 것입니다"(티모테오에게 보낸 첫째 서간, 6:17 이하). 바오로는 노예제도마저 새로운 사랑의 정의와 모순되지 않는 법 제도로서 인정하였다. 그리하여 그는 다음처럼 말한다. "종 여러분, 그리스도께 순종하듯이, 두려워하고 떨면서 순수한 마음으로 현세의 주인에게 순종하십시오. 사람들의 비위를 맞추기 좋아하는 자들처럼 눈가림으로 하지 말고, 그리스도의 종으로서 하느님의 뜻을 진심으로 실행하십시오. 사람이 아니라 주님을 섬기는 것처럼 기쁘게 섬기십시오. 종이든 자유인이든 저마다 좋은 일을 하면 주님께 상을 받는다는 것을 알아 두십시오. 그리고 주인 여러분, 여러분도 종들을 이와 같이 대해 주십시오. 겁주는 일은 그만두십시오. 그들의 주님이시며 여러분의 주님이신 분께서 하늘에 계시고 또 그분께서는 사람을 차별하지 않으신다는 것을 알아 두십시오"(에페소 신자들에게 보낸 서간 6:5-9). 또한 티모테오에게 보낸 첫째 서간, 6:1에서 바오로는 다음처럼 이야기한다. "종살이의 멍에를 메고 있는 이들은 누구나 자기 주인을 크게 존경해야 할 사람으로 여겨야 합니다. 그래야 하느님의 이름과 우리의 가르침이 모욕을 당하지 않을 것입니다. 신자를 주인으로 둔 종들은 그 주인이 형제라고 해서 소홀히 대해서는 안 됩니다. 오히려 주인을 더욱 잘 섬겨야 합니다. 자기들의 선행으로 덕을 보는 사람들이 사랑받는 신자들이기 때문입니다. 그대는 이러한 것들을 가르치고 권고하십시오."

기존 권위에 대한 바오로의 가르침 — 예수는 세금을 내라고 가르치지 않았고, 지상의 어떤 권위도 인정하지 않았다. 그러나 바오로는 분명히 그리스도인들에게 "세금을 받을 자격이 있는 사람에게 세금을 내라"고 명령한다. 그는 기존의 모든 권위에 대한 엄숙한 승인과 함께 이런 명령을 내렸다. "사람은 누구나 위에서 다스리는 권위에 복종해야 합니다. 하느님에게서 나오지 않는 권위란 있을 수 없고, 현재의 권위들도 하느님께서 세우신 것입니다. 그러므로 권위에 맞서는 자는 하느님의 질서를 거스르는 것이고, 그렇게 거스르는 자들은 스스로 심판을 불러오게 됩니다"(로마 신자들에게 보낸 서간 8:1 이하). 예수는 로마 제국의 기존 권위를 사탄의 왕국으로 보았으나, 바오로는 신의 대리자로 보았다. 바오로는 결국 다음처럼 말했다. "사실 지배자들이란 악행을 할 때에나 두렵지 선행을 할 때에는 두렵지 않습니다. 그대는 권위를 두려워하지 않기를 바랍니까? 선을 행하십시오. 그러면 권위로부터 인정을 받을 것입니다. 지배자는 그대의 이익을 위하여 일하는 하느님의 일꾼입니다. 그러나 그대가 악을 행할 경우에는 두려워하십시오. 그들은 공연히 칼을 차고 있는 것이 아닙니다. 그들은 악을 저지르는 자에게 하느님의 진노를 집행하는 그분의 일꾼입니다. 그러므로 하느님의 진노 때문만이 아니라 양심 때문에도 복종해야 합니다. 여러분이 조세를 바치는 것도 이 때문입니다. 그들은 바로 이러한 일에 정성을 다하는 하느님의 심부름꾼입니다. 여러분은 모든 이에게 자기가 해야 할 의무를 다하십시오. 조세를 내야 할 사람에게는 조세를 내고 관세를 내야 할 사람에게는 관세를 내며, 두려워해야 할 사람은 두려워하고 존경해야 할 사람은 존경하십시오"(로마 신자들에게 보낸 서간 8:3 이하). 마지막 문장은 "각자는 자신의 것을 실정법에 따라서"의 원리를 적용한 것이다. 바오로의 가르침은 로마 제국의 실정법과 이 국가의 기존 권위를 조건 없이 인정한다는 것을 함축한 것에 그친 것이 아니다. 그것은 모든 실정법과 기존 국가의 권위를 최고로 가능한 방식으로 정당화한 것이며, 따라서 응보원리를 신의 의지의 현현으로서 정당화한 것이다.

XII. 바오로의 신비적 정의관

사랑의 정의에 대한 바오로의 해석 — 국가의 법에 대한 무조건적 복종을 주장하고, 응보를 정의의 원리로 인정한 후에 바오로는 다음처럼 진술한다. "아무에게도 빚을 지지 마십시오. 그러나 서로 사랑하는 것은 예외입니다. 남을 사랑하는 사람은 율법을 완성한 것입니다. '간음해서는 안 된다. 살인해서는 안 된다. 도둑질해서는 안 된다. 탐내서는 안 된다.'는 계명과 그 밖의 다른 계명이 있을지라도, 그것들은 모두 이 한마디 곧 '네 이웃을 너 자신처럼 사랑해야 한다.'는 말로 요약됩니다. 사랑은 이웃에게 악을 저지르지 않습니다. 그러므로 사랑은 율법의 완성입니다"(로마 신자들에게 보낸 서간 13:8 이하). 그러나 이러한 사랑은 응보원리에 기초해 있는 율법과 사실상 양립할 수 있는가? 즉 그 사랑은 예수가 눈은 눈으로, 이는 이로의 규칙과 대립시켰던 그런 사랑인가? 히브리인들에게 보낸 서간에서(7:6) 바오로는 "주님께서는 사랑하시는 이를 꾸짖으신다"는 잠언(3:11)의 구절을 언급하고 있다. 그러나 그는 신의 사상이 벌과 양립할 수 있는지 어떤지의 문제를 잘 알고 있었다. 그는 묻는다. "하느님께서는 진노를 내리시므로 불의하시다고 해야 합니까?" 그는 대답한다. "결코 그렇지 않습니다. 그래서야 하느님께서 어떻게 세상을 심판하실 수 있겠습니까?"(로마 신자들에게 보낸 서간 3:5 이하) 바오로는 사실상 예수의 새로운 사랑의 정의, 즉 신의 사랑을 유지한다. 심지어는 이런 생각을 유명한 사랑의 송가에서 가장 아름다운 시적 형식으로 표현했다(코린토 신자들에게 보낸 첫째 서간 13:1 이하). 그는 모세가 가르친 "율법에 기초한 정의"와 "신으로부터 왔으며" 예수가 "율법의 끝"이라고 가르친, "신앙에 기초한" 정의를 나눌 필요가 있다고 생각한다(로마 신자들에게 보낸 서간 10:1-5).

바오로의 서간에는 신의 복수, 노여움, 진노가 신의 사랑 못지않게 언급 된다(로마 신자들에게 보낸 서간 1:18, 2:5, 5:9, 테살로니카 신자들에게 보낸 첫째 서간 2:16, 4:6). "우리 모두 그리스도의 심판대 앞에 나서야 합니다. 그래서 저마다 좋은 것이든 나쁜 것이든, 이 몸으로 한 일에 따라 갚음을 받게 됩니다"(코린토 신자들에게 보낸 둘째 서간 5:10). "하느님께서는 정녕 의로우시어, 여러분에게 환난을 겪게 하는 자들에게는 환난으로 갚으시고, 환난을 겪는 여러분에게는 우리와 같이 안식으로 갚아 주실 것입니다. 이 일은 주 예수님께서 능력을 지닌 당신의 천사들과 함께 하늘로부터 나타나실 때에 이루어질 터인데, 그때에 그분께서는 타오르는 불에 휩싸여 오시어, 하느님을 모르는 자들과 우리 주 예수님의 복음에 순종하지 않는 자들에게 벌을 주실 것입니다"(테살로니카 신자들에게 보낸 둘째 서간 1:6 이하). "불의를 저지르는 자는 자기가 저지른 불의의 대가를 받을 것입니다. 여기에는 사람을 차별하는 일이 없습니다"(콜로새 신자들에게 보낸 서간 3:25). 바오로는 티모테오에게 보낸 둘째 서간에서(4:14) "구리 세공장인 알렉산드로스가 나에게 해를 많이 입혔습니다"라고 언급한다. 그러나 바오로는 자신이 그를 위해 기도한다고 말하지 않는다. 그는 "주님께서 그의 행실대로 그에게 갚으실 것"이라는 희망 속에서 위안을 찾는다. 바오로는

"사랑은 거짓이 없어야 합니다"라고 말하지만, "여러분은 악을 혐오"해야 한다는 말을 추가한다(로마 신자들에게 보낸 서간 12:9). 그는 코린토 신자들에게 다음과 같이 쓰고 있다. 나는 "모든 불순종을 처벌할 준비도 갖추고 있습니다"(코린토 신자들에게 보낸 둘째 서간 10:6). 갈라티아 신자들에게는 다음과 같이 쓰고 있다. 우리가 전한 것과 다른 복음을 전하는 사람은 "저주를 받아 마땅합니다." "여러분을 선동하는 자들은 차라리 스스로 거세라도 하면 좋겠습니다"(갈라티아 신자들에게 보낸 서간 1:9, 5:12). 바오로는 예수의 명령을 반복한다. "아무에게도 악을 악으로 갚지 말고" "스스로 복수할 생각을 하지 말" 것을 당부한다. 그러나 그는 "하느님의 진노에 맡기십시오. 성경에서도 '복수는 내가 할 일, 내가 보복하리라.' 하고 주님께서 말씀하십니다"(로마 신자들에게 보낸 서간 12: 17 이하). 사랑의 정의를 선언하고 나서 곧바로 자신의 다음과 같은 교설을 제시한다. 국가의 이미 확립된 권위는 신에 의해 부여되며, 결국 나쁜 행동을 한 사람은 이들 권위에 의해서 처벌받는 것이 신의 뜻이다.

바오로의 가르침에서 신의 나라의 정신화 — 예수가 "우리 민족을 선동하여 황제에게 세금을 내지 못하게 막고 자신을 메시아 곧 임금이라고 말"한 죄로 고소되어 로마 총독 앞에 섰을 때, 그리고 로마의 총독이 "당신이 유다인들의 임금인가?"라고 물었을 때, 예수의 대답은 간단하게 "그렇다"였다(루카 복음서 23:1 이하). 바오로가 로마의 백인대장에게 체포되어 채찍질의 심문을 받았을 때, 자신이 로마 시민임을 내세워 항변하였다. "로마 시민을 재판도 하지 않은 채 채찍질해도 되는 것이오?"(사도행전 22:23 이하) 그가 유다인들의 평화를 문란하게 했다는 죄목으로 로마 총독 앞에 섰을 때, 자신은 절대 죄를 짓지 않았다고 항변한다. "나는 유다인들의 율법이나 성전이나 황제에게 아무 죄도 짓지 않았습니다." 그리고 로마 시민으로서의 권리를 행사하면서 다음과 같이 말하였다. "나는 황제에게 상소합니다"(사도행전 25:1 이하).

황제의 법적 권위를 인정하고 있는 로마 시민이기 때문에 바오로는 신의 나라가 이 지상에 수립될 유다 국가의 부활이라고 하는 신앙을 유지할 수 없었다. 로마의 정책에 해롭지 않은 것으로 보이기 위해서, 신의 나라는 순수하게 종교적이며 완전히 비정치적인 이데올로기로 변형되었으며, 이러한 일은 이 세상에서 저 세상, 즉 초월적 세계로의 변형을 통해서 이루어졌다. 신의 나라의 이러한 정신화는 특히 그것의 가장 본질적인 요소인 죽음으로부터의 부활의 정신화는 그리스도교 신앙에 대해 바오로가 한 가장 중요한 기여이다.[35] "그러나 '죽은 이들이 어떻게 되살아나는가? 그들이 어떤 몸으로 되돌아오는가?' 하고 묻는 이가 있을 수 있습니다. 어리석은 사람이여! 그대가 뿌리는 씨는 죽지 않고서는 살아나지 못합니다. 그리고 그대가 뿌리는 것은 장차 생겨날 몸체가 아니라 밀이든 다른 종류든 씨앗일 따름입니다. 그러나 하느님께서는 당신이 원하시는 대로 그 씨앗에 몸체를 주십니다. 씨앗 하나하나에 고유한 몸체를 주시는 것입니다. 육체라고 다 같은 육체가 아닙니다. 사람의 육체가 다르고 집짐승의 육체가 다르고 날짐승의 육체가 다르고 물고기의 육체가 다릅니다. 하늘에 속한 몸체들도 있고 땅에 속한 몸체들도 있습니다. 그러나 하늘에 속한 몸체들의 광채가 다르고 땅에 속한 몸체들의 광채가 다릅니다. 해의 광채가 다르고 달의 광채가 다르고 별들의 광채가 다릅니다. 별들은 또 그 광채로 서로 구별됩니다. 죽은 이들의 부활도 이와 같습니다. 썩어 없어질

---

35) Josehph Klausner, *From Jesus to Paul* (New York: Macmillan, 1943), 562쪽 이하.

것으로 묻히지만 썩지 않는 것으로 되살아납니다. 비천한 것으로 묻히지만 영광스러운 것으로 되살아납니다. 약한 것으로 묻히지만 강한 것으로 되살아납니다. 물질적인 몸으로 묻히지만 영적인 몸으로 되살아납니다. 물질적인 몸이 있으면 영적인 몸도 있습니다. 성경에도 이렇게 기록되어 있습니다. '첫 인간 아담이 생명체가 되었다.' 마지막 아담은 생명을 주는 영이 되셨습니다. 그러나 먼저 있었던 것은 영적인 것이 아니라 물질적인 것이었습니다. 영적인 것은 그다음입니다. 첫 인간은 땅에서 나와 흙으로 된 사람입니다. 둘째 인간은 하늘에서 왔습니다. 흙으로 된 그 사람이 그러하면 흙으로 된 다른 사람들도 마찬가지입니다. 하늘에 속한 그분께서 그러하시면 하늘에 속한 다른 사람들도 마찬가지입니다. 우리가 흙으로 된 그 사람의 모습을 지녔듯이, 하늘에 속한 그분의 모습도 지니게 될 것입니다. 형제 여러분, 내가 말하려는 것은 이렇습니다. 살과 피는 하느님의 나라를 물려받지 못하고, 썩는 것은 썩지 않는 것을 물려받지 못합니다. 자, 내가 여러분에게 신비 하나를 말해 주겠습니다. 우리 모두 죽지 않고 다 변화할 것입니다. 순식간에, 눈 깜박할 사이에, 마지막 나팔 소리에 그리될 것입니다. 나팔이 울리면 죽은 이들이 썩지 않는 몸으로 되살아나고 우리는 변화할 것입니다. 이 썩는 몸은 썩지 않는 것을 입고 이 죽는 몸은 죽지 않는 것을 입어야 합니다. 이 썩는 몸이 썩지 않는 것을 입고 이 죽는 몸이 죽지 않는 것을 입으면, 그때에 성경에 기록된 말씀이 이루어질 것입니다. '승리가 죽음을 삼켜 버렸다. 죽음아, 너의 승리가 어디 있느냐? 죽음아, 너의 독침이 어디 있느냐?' "(코린토 신자들에게 보낸 첫째 서간 15:35 이하). 피와 살이 신의 나라를 함께 할 수 없다면, 죽음으로부터 부활하는 것이 육체적인 몸이 아니라 정신적인 몸이라면, 죽음의 파괴는 영혼의 불멸성을 의미하며, 이때 "하느님의 나라는 먹고 마시는 일이 아니라, 성령 안에서 누리는 의로움과 평화와 기쁨입니다"(로마 신자들에게 보낸 서간 14:17).

정의: 신앙의 신비 ― 영혼의 불멸성에 대한 믿음은, 정의가 내세 즉 초월적 세계에서 실현된다는 것을 의미하며, 보수적 성격을 갖는다. 그것은 이 세상에서 정의롭지 못함에 의해 고통을 받고 있는 사람에게 가해자들은 죽은 뒤에 벌을 받게 된다는 희망을 주게 된다. 따라서 이 세상에서 가해자들에 대해서 어떤 것도 할 필요가 없게 된다. 그러나 이 세상에서 실현되는 신의 나라의 본질적 요소인 육체적 부활에 대한 믿음은, 이 나라의 실현이 기존의 국가와는 양립할 수 없고 인간의 기획이 아니라 신의 활동이라고 믿어짐에도 불구하고, 오히려 혁명적 성향을 갖게 된다.

신의 나라를 정신화하고자 한 바오로의 시도는 로마의 권위와의 직접적인 충돌을 피하기 위한 의도로써 이루어진 것만은 아니다. 그것은 바오로의 종교적 감정, 즉 비합리주의와 신비주의에 호의적인 감정의 일반적 성향과 밀접하게 연결되어 있다. 앞에서 지적된 바와 같이 그는 응보원리와 사랑의 원리 사이의 모순에 대해 잘 알고 있었다. 그러나 그러한 모순은 인간 지성의 관점으로 바라볼 때만 존재할 뿐이다. 그것은 이 세상의 지혜안에서만 적용되지, 신의 신비적 지혜안에서는 적용되지 않는다. "이 세상의 지혜가 하느님께는 어리석음이기 때문입니다"(코린토 신자들에게 보낸 첫째 서간 3:19). 이사야의 말(29:14)을 언급하면서, 바오로는 다음처럼 말한다. " '나는 지혜롭다는 자들의 지혜를 부수어 버리고 슬기롭다는 자들의 슬기를 치워 버리리라.' 지혜로운 자가 어디에 있습니까? 율법 학자가 어디에 있습니까? 이 세상의 논객이 어디에 있습니까? 하느님께서 세상의 지혜를 어리석은 것으로 만들어 버리지 않으셨습니까? 사실 세상은 하느님의 지혜를 보면서도 자기의 지혜로는 하느님을 알아보지 못하였습니다. 그래서 그분께서는 복음 선포의 어리석음을 통하여 믿는 이들을 구원하기로 작정하셨습니다. … 그런데 하느님께서는 지혜로운 자들을 부끄럽게 하시려고 이 세상의 어리석은 것을 선택하셨습니다. 그리고 하느님께서는 강한 것을 부끄럽게 하시려고 이 세상의 약한 것을 선택하셨습니다"(코린토 신자들에게 보낸 첫째 서간 1:19-27). "성숙한 이들 가운데에서는 우리도 지혜를 말합니다. 그러나 그 지혜는 이 세상의 것도 아니고 파멸하게 되어 있는 이 세상 우두머리들의 것도 아닙니다. 우리는 하느님의 신비롭고 또 감추어져 있던 지혜를 말합니다. 그것은 세상이 시작되기 전, 하느님께서 우리의 영광을 위하여 미리 정하신 지혜입니다. 이 세상 우두머리들은 아무도 그 지혜를 깨닫지 못하였습니다. 그들이 깨달았더라면 영광의 주님을 십자가에 못 박지 않았을 것입니다. … 그 사람 속에 있는 영이 아니고서야, 어떤 사람이 그 사람의 생각을 알 수 있겠습니까? 마찬가지로, 하느님의 영이 아니고서는 아무도 하느님의 생각을 깨닫지 못합니다. 우리는 세상의 영이 아니라, 하느님에게서 오시는 영을 받았습니다. 그래서 하느님께서 우리에게 주신 선물을 알아보게 되었습니다. 우리는 이 선물에 관하여, 인간의 지혜가 가르쳐 준 것이 아니라 성령께서 가르쳐 주신 말로 이야기합니다. 영적인 것을 영적인 표현으로 설명하는 것입니다. 그러나 현세적 인간은 하느님의 영에게서 오는 것을 받아들이지 않습니다. 그러한 사람에게는 그것이 어리석음이기 때문입니다. 그것은 영적으로만 판단할 수 있기에 그러한 사람은 그것을 깨닫지 못합니다. 영적인 사람은 모든 것을 판단할 수 있지만, 그 자신은 아무에게도 판단 받지 않습니다. '누가 주님의 마음을 알아 그분을 가르칠 수 있겠습니까?' 그러나 우리는 그리스도의 마음을 지니고 있습니다"(코린토 신자들에게 보낸 첫째 서간 2:1 이하).

신의 지혜는 신의 정의를 함축하고 있는데, 신비한 것이다. 신앙만이 우리로 하여금 이러한 정의를 가질 수 있게 만든다. 다른 어떤 것도 그렇게 하지 못한다. 바오로는 "신의 정의의 길은 신앙을 통해 그리고 신앙을 위해 드러나"(로마 신자들에게 보낸 서간 1:17, 3:22)고, "사람은 신앙에 의해 정의롭게 되"(로마 신자들에게 보낸 서간 3:28)며, "정의는 신앙을 통해서 신으로부터 온다"(필리피 신자들에게 보낸 서간 3:9)는 것을 거듭 강조한다. 갈라티아 신자들에게 보낸 서간에서 바오로는 다음처럼 쓰고 있다. "그러나 우리는 성령을 통하여 믿음으로 의로워지기를 간절히 희망합니다. 사실 그리스도 예수님 안에서는 할례를 받았느냐 받지 않았느냐가 중요하지 않습니다. 사랑으로 행동하는 믿음만이 중요할 따름입니다"(갈라티아 신자들에게 보낸 서간 5:5 이하). 그러나 이러한 사상은 "인간의 지성을 넘어서" 있다. 에페소 신자들에게 보낸 서간에서 바오로는 그리스도인들에게 다음처럼 권고한다. "여러분의 믿음을 통하여 그리스도께서 여러분의 마음 안에 사시게 하시며, 여러분이 사랑에 뿌리를 내리고 그것을 기초로 삼게 하시기를 빕니다. 그리하여 여러분이 모든 성도와 함께 너비와 길이와 높이와 깊이가 어떠한지 깨닫는 능력을 지니고, 인간의 지각을 뛰어넘는 그리스도의 사랑을 알게 해 주시기를 빕니다. 이렇게 하여 여러분이 하느님의 온갖 충만하심으로 충만하게 되기를 빕니다"(에페소 신자들에게 보낸 서간 3:17 이하). 인간의 지성으로는 사랑의 정의는 신비로 남아있다. 동일한 사상이 에녹서에서 나타난다. 거기서 자주 "정의의 신비"가 언급된다. 최후의 심판에서 "하늘의 거룩한 자[즉 의로운 자]는 신앙을 상속 받아 정의의 비밀을 찾을 수 있는 명령을 받는다"(에녹서 상권 58:5).

정의의 그리스도교적 이데올로기의 기초가 되는 바오로의 가르침의 마지막 귀결은 다음처럼 정식화될 수 있을 것이다. 실정법과 동일시되는 상대적이고 인간적인 정의가 있다. 또한 신앙의 신비인 절대적이고 신적인 정의가 있다. 그러므로 이 이데올로기에서는 정의란 무엇인지의 물음, 즉 실정법과 결코 동일시되지 않지만 이 세상에서 실현될 수 있는 이상이란 무엇인지 하는 인간 이성의 물음에 관련해서는 어떤 대답도 없다.

3. 플라톤의 정의론

■ ■ ■

출처, "Platonic Justice," *Ethics*, April 1938. 네글리(Glenn Negly)가 "platonische Gerechtigkeit," (*Kantstudien*, 1933)를 영어로 번역했다. (저자인 켈젠이 1957년에 이 번역을 교정하였다.)

I

플라톤 철학의 특징은 극단적인 이원론이다. 플라톤의 세계는 통일의 세계가 아니다. 이러한 갈래로부터 여러 방식으로 나오는 심연(深淵)은 수많은 형식으로 나타난다. 그것은 플라톤의 시각에서는 하나의 세계가 아니라 두 세계이다. 그는 자신의 영혼의 눈을 가지고 이데아의 초월적이고, 시 · 공간을 넘어선 영역, 물자체, 불변적 존재의 참되고 절대적인 실재를 떠올리고 있으며, 이 영역을 감각적 지각의 시 · 공간적 영역, 변화 가운데 있는 영역을 이 초월적 영역과 대비시킨다. 플라톤은 시 · 공간적 영역이 환영(幻影)과 비슷한 영역이라고 생각한다. 그 영역은 실재 안에서는 비존재(非存在, not-being)이다. 이러한 이원론은 참된 인식(*epistéme*)과 단순한 억견(臆見, *dóxa*)의 대립, 한정(*péras*)과 비한정(*ápeiron*), 불멸과 죽음, 신과 인간의 대립에서 드러난다.

이러한 여러 가지 모습을 가진 프로테우스[바다의 신. 갖가지 모습으로 둔갑하며 예언력이 있었다고 함]적 이원론은 궁극적 분석과 원초적 의미에서 선과 악의 대립이다. 이 윤리적 내포는 단지 하나만 가능한 의미는 아니겠지만, 플라톤 이원론의 일차적인 의미이다. 또한 그것은 플라톤 사상의 가장 심층(深層)을 이루고 있다. 이 심층 속에서 모든 다른 것들이 이것을 토양으로 삼아 뿌리를 내리게 된다. 선과 악의 윤리적 이원론은 말하자면 이 이원론 자신으로부터 성장하고 이 이원론 자신을 넘어서 있는 존재론적·인식론적 이원론에 의해 둘러싸여 있는 내부 고리이다.

플라톤의 사상에 흐르고 있는 모든 대립의 핵심은 즉 플라톤 이원론의 진정한 의미는 선과 악에 대한 기본적 취급에서 발견된다. 그러나 이것의 이유는, 플라톤의 사상에서 두 세계간의 이러한 대립이 나타날 때마다, 그 대립이 높은 세계와 낮은 세계, 가치의 영역과 무가치의 영역간의 대립과 같은 가치의 대립으로서 나타나기 때문인 것만은 아니다. 무엇보다도 이러한 정황은 윤리적인 것이 플라톤의 철학에서 현저하게 일차적 중요성을 가지고 있는 위치를 점하고 있다는 사실에서 명백해진다. 모든 감각적 경험으로부터 자유로운 순수 사고가 가능한 곳도 윤리 영역에서뿐이다. 왜냐하면 이 순수 사고는 그 바로 본성상 윤리적 이상을 지향하고 있기 때문이다. 우리가 플라톤의 대화편에서 만나게 되는 방대한 주제와 연관되어 있는 모든 다양한 숙고 곳곳에 주 논점으로부터 많은 이탈이 생기고 있음에도 불구하고, 도덕관념은 마치 북극성이 붙박이인 것처럼 확고해서 흔들리지 않는다. 이 도덕관념은 빈번하게 연결된 사고 행렬을 거쳐 마지막 목표에로 길을 인도한다. 이러한 전 플라톤 철학의 목표, 즉 플라톤이 첫 저작에서부터 마지막 저작까지 온갖 다양한 관점에서 그리고 온갖 에너지를 쏟아 부으면서 천착한 목표, 이 목표가 바로 궁극적 선이다. 그러나 그 선은 악과 동떨어져서는 이해될 수 없다. 선이 인식의 대상이라면, 그 인식은 또한 악을 인정하지 않으면 안 된다. 이것은 플라톤 철학에서 참이다. 왜냐하면 플라톤의 철학은 통상 이해되는 선의 이론이 아니라, 선·악에 관한 숙고이기 때문이다.

사실상 플라톤이 묘사하고 있는 선 관념은 악의 개념보다 훨씬 분명하게 나타난다. 선에 관한 반성들은 악을 대상으로 삼는 반성보다 힘차게, 보다 명석하게 전개된다. 왜냐하면 그것은 도덕가로서의 플라톤의 사상이었기 때문이기도 하지만, 무엇보다도 플라톤 자신이 선을 목표로 삼고자 하는 의지를 가지고 있었기 때문이다. 악을 선의 반정립으로서 이해할 필요가 없다면, 악은 전혀 사고될 수 없다. 그러나 악은 종속적인 것이다. 영광스럽게 신격화된 선에서 단순히 묵인될 뿐이다. 악은 선의 빛에서 단순히 그림자에 불과하기 때문에, 악은 선에 대한 모든 묘사에서 그림자로 남아있을 뿐이다. 플라톤의 만년 저작에서만 악은 보다 단단한 형태를 갖추게 되며, 선과 마찬가지로 특수한 실체의 형태로 세워지게 된다. 그 이전에 플라톤은 악을 **생성**(生成, becoming)에 귀속시켰으며, 존재론적 이원론에서 악을 근원적으로는 비존재로 묘사하면서 또한 일종의 **존재**(being)로 묘사했는데, 시간이 지남에 따라 악은 실재로 이해되었다. 이것은 왜 본래의 플라톤 이원론의 개념이 선의 세계인 이데아의 세계만이 실재하는 존재에 참여하고, 반면에 사물의 세계, 즉 생성의 세계는 비존재로서 간주되어야 한다고 주장했던가의 이유이다. 왜냐하면 이러한 생성의 세계는, 즉 감각적이며 지각 가능한 실재의 경험적 세계는, 즉 사실적 사건들의 시간적 세계는, 그것이 선의 세계와 대립해 있는 한, 악의 세계이다. 플라톤이 명시적으로 그렇게 지칭하지 않았다 하더라도 그것은 악의 세계일 수밖에 없다. 정의(定義)상 선만이 존재해야 하며, 악은 존재하지 않는다. 윤리적 사고에서는 **당위**(ought)는 **존재**(is)를 함축한다. 왜냐하면 도덕가는 악은 존재하지 않는 것이라 주장하며, 그것은 그에 있어서 비존재이기 때문이다. 이런 방식으로 그는 인식에 의해서 의지를 만족시킨다. 이런 식으로 인식보다 의지를 우선시하는 것은 도덕적 성격에 결정적인 것이며, **당위**가 **존재**보다 우선하는 것으로, 즉 실재보다 가치가 우선하는 것으로 나타난다.

선의 순수 체계에서는 악이 들어설 여지가 없다. 이것은 선 · 악에 대한 플라톤의 숙고에서 악에 대해 존재의 성질을 거부하거나 그것의 존재론적 표상을 거부함으로써 제시된다. 이것은 플라톤과 마찬가지로 선과 악을 대비시키는 다른 사상가들에서도 나타나는 현상이다. 존재**해야** 하는 것은 **존재**한다. 즉 존재해야 하는 것은 "실재적" 존재를 갖는다. 따라서 존재하지 않아야 할 것은 존재할 수 없다. 그것은 우리에게 존재하는 것처럼 나타날 수 있을 뿐이다. 이런 이유 때문에 참된 또는 실재적인 존재와 겉보기의 존재 사이의 구별이 필연적으로 나타난다. 일상적인 관점에서 보면 존재를 갖는 것은 다만 외형만 존재를 갖는 위상으로 축소될 수밖에 없다. 참된 존재를 지향하는 사고는 이런 외형만의 존재에 대한 감각적 지각 위에 위치하지 않으면 안 된다. 존재해야 하는 것이, 즉 선이 실재적으로 존재하는 것으로 주장될 수 있기 위해서는 윤리학은 자연과학보다 우위에 있지 않으면 안 된다. 반면에 일상적인 지각에서 존재하는 것처럼 나타나는 것은 존재해야 하는 것이 아니다. 왜냐하면 그것은 선이 아니기 때문이다. 그것은 악이며, 악이기 때문에 비존재이다. 이와 유사하게, 세계를 윤리적인 용어로 설명하려는 모든 시도는, 즉 선과 악에 관한 모든 숙고는 다소간에 자연주의적 개념을 곡해하고 있다. 감각적 경험의 실재를 지향하는 즉 세계에 대한 설명을 지향하는 과학적 인식에 의해 확립된 견해는 세계의 가치와 정당화를 지향하는 윤리적 관점에 의해 근본적으로 뒤집혀진다.

악은 선의 완전한 부정이기 때문에, 윤리적 이원론은 근본적 의미에서 절대적이다. 이해 가능한 대립을 절대화하려는 경향은 오히려 실재보다는 가치를, 경험적인 **존재**(is)보다는 초월적 **당위**(ought)를 지향하려는 의도를 가진 규범 윤리학의 분명한 징후이다. 규범 윤리학과 대조적으로 경험적 탐구는 가능한 한 대립이 제시되는 것을 피하려 애쓸 것이다. 즉 정도의 차이, 한쪽에서 다른 쪽으로의 점진적인 이동, 일련의 풍부한 현상의 양적 차이에 따른 배열을 가정하려고 애쓸 것이다. 그렇게 해야 각자는 다른 쪽으로 건너갈 수 있게 된다. 그러므로 경험적 탐구는 무엇보다도 발전의 개념에 관심을 갖는다. 그리스 사상사조차 세계에 대한 그러한 사변적 견해가 기초해 있는 대립을 상대화함으로써 종교 및 윤리적 사변으로부터 자신을 자유롭게 하려는 노력을 어떻게 하고 있는지를 우리에게 보여준다. 일반적으로 종교적 · 윤리적 사변의 모든 대립은 선과 악의 근본적인 대립에서 나온다. 그리하여 선 · 악의 이러한 근본적 대립을 상대화하는 과정은 인간의 사유가 윤리학에서 자연과학으로 이행하는 다리들 중 하나이다. 이 과정에서 결정적인 점은 다음과 같다. 선뿐만 아니라 악도 존재하는 것으로, 즉 실재하는 것으로 이해된다. 따라서 경험적 실재는 악으로서만이 아니라 선으로서도 지각된다. 즉 선과 악의 혼합으로서 이해된다. 선과 악의 대립을 상대화하는 과정은 선 · 악 사변에 의해 세계를 오로지 규범적으로만 해석하는 것을 포기하기 위한 첫걸음이다. 그러한 사변은 경험적 실재에 대한 객관적 인식에 의해 격퇴된다.

세계 구조에 대한 플라톤의 원래의 개념에는 선과 악의 이 근본적인 이원론을 절대화하려는 경향이 분명이 들어 있다. 전 우주를 가르고 있는 두 세계 사이에, 즉 **억견**(*dóxa*)의 영역과 **참된 인식**(*epistéme*)의 영역 사이에 플라톤은 완화될 수 없는 대립을 가정하고 있다. 단순한 현상의 세계에서부터 참된 존재에 대한 인식에로 이행하는 길을 따라가려면, 감각적 경험의 세계로부터의 완전한 해방, 즉 근본적인 "전향"이 필연적으로 요구된다. 그러나 감각의 세계로부터 지성의 세계에로의 완전한 전향은, 악을 완전히 버리고 선을 지향하는 것을 동시에 의미하는 것이 아니라면, 이해될 수 없을 것이다. 플라톤의 유명한 "동굴의 비유"에 의해 의미했던 바는 다음과 같다. "각자의 영혼 속에 지니고 있는 기능이며 각자가 그걸로 배워 알 수 있는 기관은 예를 들면 눈은 어둠으로부터 빛 쪽으로 돌리기 위해서는 자신뿐만 아니라 몸 전체를 돌리지 않으면 안 되는 기관이다. 이러한 사실은 인식 기관에도 똑 같이 적용된다. 생성의 영역에서 존재의 영역에로 마음을 돌리기 위해서는 영혼 전체가 그 쪽으로 향해야 한다. 이렇게 해야 영혼은 존재자 중 가장 밝은 것을 관조하는 데까지 견뎌낼 수 있는 것이다. 이 가장 밝은 것이 선이다. 그렇지 않은가?" 그러나 이와 관련하여 영혼은 훌륭한 인식 능력을 가졌음에도 불구하고 이러한 "회심(回心)"에 완전히 도달할 수 없는 영혼에 대해 플라톤은 다음처럼 이야기한다. "그 영혼에는 생성과 친척이 되는 것이 납덩어리처럼 달려 있어서 영혼의 인식 능력 밑으로 잡아당긴다. 이렇게 해서 악과 연결된 영혼은 예리하게 인식하면 할수록 악을 저지르게 된다."[1] 감각적 지각과 사고의 결합은 부정되는데, 이는 감각적 지각의 영역이 악을 의미하고 사고의 영역이 선을 의미할 때만 이해될 수 있다. 감각적 지각과

1) *The Republic*, 518-519.

사고의 결합을 완전히 부정하는 것은 인식론적 통찰이 아니다. 이것은 윤리적인 통찰일 뿐이다. 즉 죄인이 성인으로 변할 때의 근원적인 회심에 대한 윤리적 경험만이 그러한 압도적 전환의 전형적인 체험에 대한 의식에 다가갈 수 있다. 플라톤의 선과 악의 관점은 감각적 지각과 사유의 대립을 특수한 사물과 이데아의 대립과 대등한 관계로 보고 있다. 그리하여 이 대립은 정확하게 절대화 된다.

다른 한편 플라톤의 이론에서도 이들 대립을 상대화하려는 경향의 증거가 있다. 그의 사고는 그의 사고를 반영하는 세계가 분열되어 있듯 분열되어 있다. 그리하여 사람들은 그의 작품 속에서 엄격한 이원론을 보게 된다. 이 이원론은 인식을 현세에서 내세로 나아가는 일을 가능하게 하는 어떤 다리도 허용하지 않는다. 또한 사람들은 플라톤의 작품에서 깊은 현실 부정론을 보게 된다. 이 현세 부정론은 존재와 인식에서 피안의 세계를 긍정하기 위하여 이 세계 및 이 세계에 대한 인식 가능성을 부정한다. 플라톤의 표현에 따르면 이 현세 부정론은 자연과 자연과학을 멸시하는 천재만이 시도해 볼 수 있을 만큼 극단적이다. 플라톤이 경험 과학의 가능성을 거부하고, 참된 인식의 유일한 대상은 경험을 넘어서 있다고 선언하고 있다는 점에서 또한 극단적이다. 동시에 그는 두 세계 사이의 깊은 틈을 매개자를 가져옴으로써 어떤 방식으로 메우려고 노력하고 있다. 이원론적 사고가 가져다준 산물들의 화해 불가능한 대립 사이에 있는 매개자가 곧 그것이다. 이 매개자(metaxý) 이론은 여러 형식으로 나타난다. 그러나 이 매개자는 현세 부정적 이원론을 떠나서 경험적 세계의 실재도 인정하려는 태도를 보여주고 있다.

II

위대한 도덕가의 이 지적 활동은 다른 사상가들도 그렇지만 그보다 훨씬 크게 그의 개인적 삶에 그 뿌리를 두고 있다. 왜냐하면 선과 악의 모든 사변은 깊은 도덕적 경험으로부터 오기 때문이다. 그래서 플라톤의 작품 속에 나타나는 강렬한 파토스, 그의 비극적 이원론, 그것을 극복하려는 영웅적 노력은 플라톤 개인의 특수한 성격, 주위의 상황, 그리고 이런 요인들에 의해 생겨난, 삶에 대한 그의 태도의 조건 등에 근거하고 있다.

플라톤 생애의 과정을 결정한 것은 본질적으로 사랑의 정념, 즉 플라톤의 에로스(Eros)이다. 그가 남긴 문서들에서 그려낼 수 있는 플라톤 삶에 대한 이미지는 세계를 단지 인식의 대상으로서만 보는 데 만족하는 학자의 냉정한 사변가의 성격을 보여주지 않는다. 여기서 플라톤은 복잡한 경험을 해명하려는 목적만을 가지고서 인간의 현상과 자연의 현상을 관찰하고 천착하는 데 오직 힘을 쏟는 그런 철학자는 아니다. 오히려 여기서 그의 영혼은 가장 강렬한 정념, 그의 에로스와 긴밀하고 불가피하게 연결되면서 살아가는 인간적 모습, 인간을 지배하려는 불굴의 권력의지에 의해 흔들리는 모습으로 나타난다. 사람들을 사랑한다는 것, 동시에 사람들을 교육시킨다는 것, 교육 그 자체에서 사람들을 사랑한다는 것, 그들의 공동체를 사랑의 공동체로 만든다는 것, 이것이야말로 플라톤이 지향하는 삶의 열망이다. 그의 목표는 사람을 만드는 것이며, 그들의 공동체를 개조하는 것이다. 그래서 그의 관심의 대상은 오직 교육과 국가이며, 그 결과로서 그에게 있어 가장 큰 문제는 선과 정의의 문제이며, 그것은 그 자체 인간의 인간에 대한 지배의 유일한 정당화, 교육과 정치의 유일한 합법적 측면을 이룬다. 그러나 플라톤의 교육적 · 정치적 정열은 그의 에로스에 기원한다. 이 에로스가 플라톤 철학의 역동적 원천이라는 사실을 일단 인정한다면, 이 에로스의 독특한 본성에 대한 고려를 무시할 수 없다. 왜냐하면 일반적으로는 사회에 대한 플라톤 개인의 관계, 특수하게는 아테네 민주사회에 대한 플라톤 개인의 관계를 규정하는 것은 바로 에로스가 가지는 특성이기 때문이다. 이 에로스에 의해서 플라톤 자신이 이 세계를 도피하고자 하면서도, 자신의 욕구에 따라서 세계를 좀 더 나은 모델로 만들 목적으로 세계를 지배하고자 하였다는 사실이 설명된다.

이 에로스는 젊은이에 대한 사랑이며, 플라톤은 이 점에서 사회 및 세계 일반과 대립했다. 왜냐하면 이 사랑은 아테네의 귀족 사회에서 통상적이었던 젊은이와의 정상적인 성 생활(귀족 사회에서만 있었고 낮은 사회 신분에서는 없었다)의 확장과 확대에서 나타난 것은 아니었기 때문이다. 플라톤의 성격은 정상적인 성 생활을 배제한다. 하나의 규칙으로서 아름다운 청년을 사랑한 사람들은 집에 아내와 아이들도 있다. 소크라테스도 역시 그러하였다. 그러나 어떤 여인도 플라톤의 삶에서 어떤 역할도 하지 못했다. 그리스의 종교에 의해서 신성한 것으로 간주되었던 결혼도, 그리스 국가의 기본적인 요소를 이루었던 가족도 플라톤에게는 이질적인 것이었으며, 플라톤은 남자들에 둘러싸인 채 자신의 삶을 보냈다. 그 자신은 가장 중요한 애국적 의무를 완수할 수 없었다고 느꼈다. 그것은 다름 아니라 합법적인 후손을 낳음으로써 국가에 새로운 시민을 제공하는 것이었다. 이것은 그에게는 더욱 더 큰 고통이었음에 틀림없었을 것이다. 왜냐하면 그의 전 생애에 걸친 지적 태도는 그 시대의 도덕적 쇠락에 저항하고 조상들의 도덕의 재건을 지향하는 것이었기 때문이다. 이 완벽한 특이함 때문에 사회 현실과의 깊은 갈등,

즉 철학자의 천성과는 매우 다른 법률과의 깊은 갈등의 위험이 나타난다. 도리아 문화, 특히 아테네에서의 도리아 문화 영역 바깥에서는 남색(男色)은 경멸의 대상이 되었다. 아리스토텔레스는 그것을『니코마코스 윤리학』에서 비자연스러운 악이라고 낙인을 찍었다. 그것에 대한 어떤 흔적도 호메로스에게서 발견되지 않는다. 위대한 비극 작가 아이스킬로스와 소포클레스는, 그들의 개인적인 성향에도 불구하고, 그것을 좋아한다고 감히 공공연하게 선언하지 못했다. 에우리피데스는 그것을 직접적으로 비난하였다. 희극, 특히 아리스토파네스의 희극은 날카로운 비난과 풍자로 그것을 난도질했다. 소피스트들은 그것을 격렬하게 공격했으며, 심지어는 아테네의 형법도 남색에 대한 분명한 반대의 성향을 보이고 있다.[2)]

에로스에 대한 아테네 사회의 엄격한 태도의 비난은, 비록 간접적이긴 하지만, 플라톤의 대화편,『향연』,『파이드로스』에서 나타난다. 거기에서 플라톤은 당시 사회의 일반적인 견해와는 달리 이 소년 사랑 에로스를 변호하였고, 정신화된 형태이긴 하지만, 이 에로스에로의 귀의를 표명한다. 그러나 이 에로스는 만년의 플라톤에 의해서 그의 마지막 저작에서 국가에 위험한 것으로서, "개인에게나 국가 전체에 대해 측정할 수 없는 악"[3)]의 원천으로서 묘사되었다. 이것은 의심의 여지없이 플라톤이 노년에 이르러 이 에로스의 폭정으로부터 자유롭게 되었던 때에 쓰인 것이었다. 청장년 시기에 그는 이 에로스를 정신화하는 데 불굴의 에너지를 쏟아 붓고, 큰 도덕적 강도를 부여하였다. 그는 이런 노력에 의해서만 어렵사리 공공연한 충돌을 피했던 것이다. 자신의 에로스를 자신의 철학에

---

2) 다음의 나의 논문과 비교할 것. "The Platonic Love," *The American Imago*, III (1942), 1-110.

3) *Laws*, 836.

가져온 플라톤은 사랑 받는 소년의 시각을 선의 인식에 이르는 길의 첫 단계로서 설명한다. 이런 일을 하면서 그는 에로스의 바로 그 본성인 감성을 자신의 에로스로부터 벗겨버리고, 완전히 그 에로스를 사회적 견해와 그 자신의 도덕적 확신의 압력 아래 두어 승화시켜 버린다. 그렇게 함으로써 그는 스스로 에로스에 대해 추구했던 정당화에 도달하게 된다. 플라토닉 러브의 최상의 찬가인 『향연』에서 그 철학자는 자신의 에로스를 정당화하고 (그로부터 그는 그 대화편이 보여주고 있는 것 이상의 것을 느꼈을 수도 있다), 그렇게 함으로써 자신을 정당화하고 동시에 세계 그 자체를 정당화한다. 에로스의 실재적 본성에 관한 소크라테스의 물음에 대하여 플라톤은 무녀(巫女) 디오티마에게 다음처럼 답하게 한다. "그는 위대한 신령[다이몬(daimon)]이다. 모든 다른 신령처럼 그는 신과 인간 사이를 매개한다. … 그 둘을 갈라놓은 간격을 메우는 매개자이며, 그러므로 그 속에서 모든 것은 함께 결합되어 있다."[4] 플라톤의 세계를 근원적으로 갈라놓았던 것은 그 세계를 다시 한 번 결합시킨다. 에로스는 분열을 낳았다. 에로스는 재결합에 책임이 있다.

이와 함께 플라톤의 이원론은 낙관론으로 방향 전환을 한다. 선과 악의 대립을 상대적으로 만드는 성향과 함께 플라톤의 철학은 이 세계에 주의를 돌리고, 자연을 포괄하는 통일된 세계관을 지향한다. 그것이 포괄하는 자연은 윤리적 관점에서만, 즉 **당위**인 것으로서만 고려되지 않을 것이고, **존재**하는 것으로서 이해될 것이다. 왜냐하면 그것은 더 이상 절대적 악으로서 이해되지 않고, 따라서 존재하지 않는 것으로서 이해되지 않으며, 상이한 정도로 실재 존재에 참여하게 된다. 그의 사상의 이 새로운 방향으로 인해 그는

---

4) *Symposium*, 202.

사회와 국가로 되돌아가게 된다. 이와 연관해서 플라톤이 이오티마의 연설에서, 연회의 모든 등장인물의 연설에서처럼, 그의 에로스의 사회적 본성을 강조하면서, 사회에 적대적이고 국가에 위험하다는 통상적인 비난에 대해 에로스를 옹호한다. 플라톤은 반복적으로 소년 사랑의 에로스는, 만약 그것이 정신화된다면 (그것은 정신화될 수 있는 유일한 사랑이다) 생산적인 힘이 된다고 주장한다. 무녀를 통해서 그는 이 정신적 에로스에 의해서 번식된 가장 아름다운 아이들은 시와 조각 작품을 포함할 뿐 아니라, 사회적 질서와 헌법의 기술, 정의의 법률을 포함한다는 사실을 인식시키고 있다. 죽을 수밖에 없는 자식보다 가치 있는 이들 "불멸의 아이들"의 예로서, 솔론의 법률 및 "리쿠르고스(Lycurgus)가 리케다이몬(Lacedaemon)의 구원자가 되게 했을 뿐만 아니라 헬라스의 구원자가 되도록 자신의 뒤에 남겨 두었던" 아이들을 들고 있다.[5] 이것이 플라톤의 가장 인간적인 고백이다. 왜냐하면 그의 에로스가 갈망했던 아이들이 있기 때문이다. 그것은 다름 아니라 최선의 법률, 국가의 정의로운 질서, 젊은이에 대한 올바른 교육이다. 여기서 플라톤의 에로스와 사람들을 지배하고자 하는 그의 의지간에, 그의 에로스적 정념과 그의 교육적 · 정치적 정념간에 존재했던 내적 결합이 가장 분명하게 드러난다.

III

최근의 플라톤 연구는 플라톤이 엄격한 과학의 확립을 목표로 했던 이론 철학자라는 견해를 뒤흔들어 놓았다. 최근에 플라톤은

5) 같은 책, 209.

기질상 이론가라기보다는 정치가였다는 사실이 알려졌다. 최근에 사람들은 그를 전제적 기질의 군주적 인간(Herrenmenschen)이라 생각한다. 또한 그 안에서 일차적으로 교육자와 창건자를 본다. 플라톤이 실제로 그런 인물이었는지 어떤지, 실제로 권력에의 의지를 가지고 있는 성격인지 어떤지, 천재적인 행동가의 능력을 지녔는지 어떤지에 대해서는 의심의 여지가 있을 수 있을 것이다. 그의 개인적인 이상이 그쪽 방향을 지향했다는 것, 외적 · 내적 이유들 때문에 현실화되지 못했지만 그가 그것을 바라고 있었다는 것만은 확실하다. 그의 전 지적 입장은 **존재**보다는 **당위**를 더 중시하는 것이었으며, 당위는 인식보다는 의지를 지향하기 마련이다. 그의 윤리적 · 정치적 의지는 철저하게 형이상학에 근거하고 있으며, 결과적으로 거침없는 종교적 이데올로기로 표현되기 때문에, 그의 작품들은 도덕학의 학문적 체계라는 인상을 준다기보다는 이상국가의 예언자라는 인상을 준다. 플라톤은 사회의 현실에 관심을 갖는 심리학자나 사회학자라기보다는 정의의 전도자로서 그 모습을 드러낸다.

이것의 증거는 우선 플라톤의 자서전인 소위 『제7서간』에서 발견된다. 이 서간에서 즉 그의 가장 진지한 순간들 중 하나에서 이제 노인이 된 플라톤은 세상을 향해 자신의 생애를 이야기하고 있다. 여기서 플라톤은 자신이 젊을 때부터 쭉 자신이 진정 바란 것은 정치가가 되는 것이었으며, 행동하기에 적절한 순간을 평생 기다렸다고 고백한다. 그러나 우리가 플라톤의 이런 고백을 접하지 않았다고 하더라도, 그의 대화편들을 살펴보면 그에게서 이론적 인식보다 정치적 의지가 더 컸다는 것은 분명하다. 그의 철학의 주요 문제가 정의에 관한 것이고, 다른 모든 문제가 이 문제에 종속해 있다는 사실은 무엇보다 그가 관심을 갖고 있었던 것이 행동의 도덕적 기초를 발견하는 것이라는 사실을 드러낸다. 플라톤의 저술에 풍부하게 포함되어 있는 상세한 서술을 들여다보면, 이 위대한 삶의 기조를 이루는 것은 정치적 열정이며, 국가의 지배야말로 그의 가장 불타는 욕망이었다는 사실을 알 수 있다. 이런 그의 욕망이 직 · 간접으로 표현되어 있지만, 그것이 표명되어 있지 않았다 하더라도, 플라톤 철학의 주요한 주제에 의해서 드러나는 것은 통치하는 것이야말로 철학자의 과업이어야 한다는 사실이다. 그는 국가 내의 모든 권력이 철학에 있다는 요구를 집요하게 하고 있다. 권력은 하나의 참된 철학 안에 거주해 있으며, 임의의 어떤 철학이 아니라 참된 철학만이 정의의 인식에 이르고 되고, 지배의 요구를 합법화한다. 플라톤의 철학이 바로 그러한 철학이다.

더욱이 정치적 열정의 징후는 그의 저술에서뿐 아니라 그의 삶 그 자체에서도 발견된다. 그의 삶은 그가 나이 마흔 때 그의 첫 번째 시실리 여행의 시점에서 보여준 그의 정치적 시도, 즉 그가 죽을 때까지 그의 관심을 끌었고, 그의 만년의 삶을 불행하게 만들었던 시도의 그림자 속에 있다. 이것은 시라쿠사의 참주였던 디오니시우스(Dionysius) 2세를 자신의 생각 안으로 끌고 들어오고자 했던 플라톤의 노력이었다. 플라톤을 이 치명적인 단계로 끌고 왔던 것은 그의 악마적 에로스, 즉 그 참주의 젊은 친척이었던 디온(Dion)에 대한 열정적인 사랑이었다. 디온은 플라톤의 정치적 이상을 실현하고자 한 최선의 의도에 의해 활동한 사람이었다고 짐작은 되지만, 어쨌든 시라쿠사를 자신의 손아귀에 넣으려고 시도하였다. 그러나 이러한 노력은 단지 플라톤의 아카데미 혹은 적어도 아카데미의 탁월한 구성원 중 몇 명을 피비린내 나는 내전에 연루시키는 데 성공했을 뿐이다. 그 와중에 원래 디오니시우스 1세에 의해 건설되었던 위대한 시실리 제국, 헬레니즘에 의해 도달한 가장 강력한 국가조직 중 하나이며, 아마도 고대 세계에서 최후의 요새인 제국이 파괴되었다. 플라톤의 아카데미라는 이름은 이러한 파국에서 결코 명예로움을 얻지 못했다.

플라톤의 아카데미는 플라톤의 묵인 아래서 디온의 의문스러운 기도(企圖)에서 어떤 역할을 하였지만, 이런 역할 때문에 오랫동안 그렇게 생각된 것처럼 아카데미가 단순히 세계에 대한 관심에 의해 이끌려지고 순수과학에 몰두했던 평화로운 학문의 도장인 것만은 아니지 않은가라는 의심이 제기될 수 있다. 아카데미의 역할은 이에 그치지 않는다. 플라톤이 그의 시실리로의 첫 번째 여행으로부터의 귀환 직후에 설립했고, 특히 귀족층으로부터 격려를 받았던 아카데미는, 피타고라스학파의 결사체를 본보기로 한 비밀집회, 즉 플라톤의 종교와 플라톤의 에로스에 기초한 공동체였다. 사람들이 아카데미의 일차적인 목적으로 인정한 것은 특히 아카데미의 정치적 기능, 직업 정치인 양성의 성격을 가지고 있다는 것이었다. 아카데미의 결정적인 반민주주의적, 귀족주의적 성향은 아카데미를 반동적 사상의 요새로 만들었다. 그러나 아카데미는 보수 정치가들의 교육의 중심지였을 뿐만 아니라, 또한 마찬가지로 시라쿠사에서의 모험이 보여주는 것처럼 정치 활동의 중심지였다. 아카데미의 태도는 플라톤의 기본적인 지적 입장과 일치하였다. 플라톤에 있어서 교육은 정치학의 보상물이었으며, 학교는 이상국가의 모형이었다. 아카데미가 한 일은 엄밀 과학을 지향한 것이라기보다는 윤리적 사변과 신비적 사변을 지향한 것이었다. 그리하여 학교는 "형이상학적 종파"라 불리는 것이 옳다. 그것은 플라톤이 가진 태도의 최종적인 결론을 보여준다. 이것은 플라톤 생애의 마지막 몇 년에서 예시된다. 이 입장은 소크라테스의 합리주의로부터 완전히 이탈하여 계속해서 모든 윤리적 인식대상의 초월적 본성에 대한 통찰의 증가를 거쳐 가게 된다. 이와 함께 그것의 귀결을 합리적으로 표현하는 것은 불가능하다는 확신에 이르게 된다. 비합리적인 것은 자신을 합리적인 표현으로 나타내지 못하기 때문에, 플라톤은 자신이 본질적인 것이라 생각하는 것을 설명하고자 할 때 점점 더 신비에 의존하게 된다. 어떤 과학자도 그렇게 하지 않는다. 플라톤은 엄밀한 이론보다는 더 높고 더 중요한 무언가가 자신의 심장 가까이에 있음을 발견한다. 이에 대한 표현을 시도하면서, 그는 현세의 과학자로서보다는 피안의 세계를 본 사람처럼 어두운 예언자의 언어로 이야기한다.

플라톤은 자신의 출간된 책들이 자신의 참된 사상으로 간주되어서는 안 된다고 선언함으로써, 사실상 그것들은 심지어 자신의 저작으로 보아서는 안 된다고 선언함으로써 독자들을 혼란케 만든다. 『제2서간』을 진본으로 간주할 수 있다면, 플라톤은 자신이 자신의 철학의 실제 주제에 대해서도 그것에 대한 궁극적인 혹은 최상의 문제에 대해서도 결코 쓰지 않았다고 말했다. 이 편지에서 다음과 같은 진술이 나온다. "플라톤의 저작은 현재에도 미래에도 없을 것이다. 플라톤이란 이름을 갖고 있는 저작들은 아름답고도 젊은 소크라테스의 것이다."[6] 이것은 과학적 인식에 대한 사상을 가진 학자의 태도는 아니다. 그것은 여러 해에 걸쳐 출간한 저작들을 자신의 것이 아니라고 하여 책임을 지려고 하지 않고, 스스로의 변호에 나서지 않는 것은 자신의 이론을 변호하는 과학자의 행동이 아니다. 그것은 오히려 정치가의 길이다. 정치가에게는 이론은 그 자체가 목적이 아니고 완전히 다른 목적의 수단이다. 즉 사람들의 지식에 대한 갈증을 풀어주는 것이 아니라, 오히려 자신의 의지를 결정하고 자신의 성격을 형성하며, 자신을 교육시키고 통제하고자 하는 목적에 대한 수단이다. 그렇다면 우리는 특유의 플라톤 이론은 어

---

6) *Epistle II*, 314.

디에도 없다는 것, 플라톤이라는 이름과 불가피하게 연결되어 있으며, 적어도 그것에 대해 알 수 있는 이론은 없다는 것을 인정하지 않으면 안 된다. 이것이 플라톤이 바라던 바이다.

플라톤은 결코 그의 이름으로 나온 저작물에서 전개된 의견의 주창자로 나오지 않고, 처음에는 소크라테스라는 인물을 통해서 나중에는 다른 사람, 즉 아테네에 온 이방인을 통해서 이들 견해를 표현한다. 이런 독특한 사실 속에는 깊은 의미가 들어 있다. 왜 그가 대화의 형식을 선택하였는지의 실제 의미는 바로 이것이다. 의심의 여지없이 이런 글 형식은 그의 분열된 본성, 비극적 갈등과 함께 갈기갈기 찢긴 분열된 본성에 호소하는 것이었다. 그것은 단지 하나의 견해만이 나타나고, 그리하여 주어진 문제의 한 측면만을 나타낼 수 있는 과학논문의 독백적 형식보다는 그에게 더 많은 호소력을 지닌다. 자신뿐 아니라 반대자에게도 말할 기회를 주는 것이 필요하다는 것을 누가 플라톤보다 날카롭게 느낄 수 있었겠는가? 플라톤은 이 반대자를 자신의 가슴 속에 두었고, 그 반대자에게 발언 기회를 줌으로써만 자신의 내적 갈등을 만들 수 있었을 것이다.

그러나 플라톤은 대화 형식에서 카타르시스의 가치와는 다른, 그보다 더 큰 가치를 발견하였다. 플라톤은 이런 유형의 표현에서, 어떤 이론이 아무리 좋은 토대를 가지고 있다 하더라도, 그 이론과 자신을 적극적으로 동일시하지 않으면 안 된다는 사실에서부터 탈피할 수 있는 기회를 발견하였다. 대화는 극적이고, 연극에서는 연기하는 등장인물에 의해 표현되는 어떤 의견도 극작가의 의견으로서 적극적으로 간주될 수는 없는 것이다. 극작가가 배우에게 설득적인 수사의 힘을 가지고서 어떤 의견을 제시하도록 함에도 불구하고, 혹은 배역에 의해 그것을 입증하도록 함에도 불구하고, 이것은 참이다. 동일한 방식으로 플라톤에게는 소크라테스를 통해서 자신이 표현한 이론을 결국 자신의 것으로 받아들이려는 마음이 없었다. 그의 철학이 가지는 형이상학적 · 종교적 성격은 언어적 표현을 거부하고 있기 때문에, 심지어 그는 소크라테스가 말했던 것이 자신의 사상의 실체라는 것에도 동의하지 않을 것이다. 반복적으로 언급되었던 것은 플라톤은 철학자일 뿐만 아니라, 실로 심지어는 그 이상으로 시인이라는 것이다. 또한 그의 모든 작품들은 과학적 탐구의 귀결이라기보다는, 아름다운 드라마를 보여준다는 것이다. 실로 플라톤은 그의 배역이 이야기하고 있는 것에 거의 관심을 두지 않는다는 의미에서 시인이다. 그들의 이야기가 좀 더 참이든 아니면 좀 덜 참이든 간에 그에게는 작은 결과의 문제이다. 플라톤이 가장 중요성을 부여하는 것은 이들 대화가 낳은 효과이며, 놀랄만한 클라이맥스에 도달하고 긴장을 해소하는 대화 운동이다. 이 기법은 과학적 결론의 산물이 아니다. 플라톤은 실로 그가 열망한 효과가 미학적 본성을 지닌 것이 아니라, 종교적 · 도덕적 본성을 지닌 것이라는 점을 제외하고는 극작가이다. 그러므로 플라톤의 지식은 그 자체가 목적이 아니다. 피타고라스학파의 경우와 마찬가지로 그에게서 과학은 단지 목적의 수단일 뿐이다. 사람들은 올바로 행동하기 위해서 지식을 필요로 한다. 오직 이런 이유로 해서 유일한 실재적 지식은 선의 지식이고, 신의 지식이다.

이 플라톤의 개념은 근대과학의 개념과 다른 세계관을 가진다. 근대과학은 지식이 그 자신을 위해서 추구된다는 기본적인 전제 위에 의거해 있고, 자신 바깥에 목적을 두지 않으며, 그것의 결론은 의지와 행동, 즉 통치하는 것과 통치 받는 것, 다시 말하면 정치에 의해서 결정되지 않는다. 그러므로 과학은 일차적으로는 자연과학이지만, 마찬가지로 인간의 의지와 행동의 과학, 사회 내 사람들의 관계에 관한 과학, 심지어는 국가 · 법률 · 사회과학조차도 정치 및 종교와의 완전한 독립이라는 냉혹한 요청에 근거해 있다는 것은 참이다. 자연으로서든 사회로서든 세계를 안다는 것은 의지에 의해서 결정하고, 세계를 형성하거나 개조하며, 세계를 교육시키거나 지배한다는 것과는 완전히 다르다. 모든 순수 지식이 자신을 위해서 수행된다는 것은 그 지식의 지극히 중요한 법칙이다. 이 법칙은 특히 사회과학에 적용된다. 왜냐하면 이들 과학이 정치에 봉사하는 위치에 있게 될 때, 이들은 더 이상 객관적 진리의 이상에 봉사할 수 있는 것이 아니라, 권력의 이데올로기가 되지 않으면 안 되기 때문이다. 플라톤의 철학이 이 권력의 이데올로기적 방향으로 가는 성향이 얼마나 컸던가 하는 것은 플라톤의 진리개념에 의해서 드러난다, 플라톤의 진리란 너무나 독특해서 플라톤의 사랑과 함께 플라톤 사상의 본질적인 요소로 간주될 수 있다.

IV

『국가』에서 전개되는 플라톤의 진리개념은 거짓말을 최선의 통치로서 정당화하는, 심지어는 그런 것이 필요하다고 하는 이론이다. 이것은 나쁜 거짓말과 "참된" 거짓말이라는 더 나아간 구별을 함축하고 있다. "참된" 거짓말은 건전하며, 국가적인 진리이고, 국가이성(raison d'état)이다. 플라톤의 진술에 의하면 이상국가에서는 (그것은 플라톤 철학이 지배하는 국가이다) 정부는 "통치되는 자들의 복지"를 위해서 약간의 거짓과 속임을 사용하지 않으면 안 된다.

정부 측에서 거짓말이 필요한 것은 단지 하나의 예를 인용하자면 산아제한에 대한 국가적 통제에서 나타난다. 번식의 목적을 위해서 국가의 인도 하에 선택된 남녀는 그들이 자신들을 단지 정부의 수

중에 있는 도구로서만 생각하지 않기 위해서 기만당하지 않으면 안 된다. 그들은 운명이 (제비뽑기를 통해서) 정해졌다고 믿지 않으면 안 된다. 플라톤의 고안에 따르면 그들의 열등성 때문에 아이들을 양육하지 못하는 부모는 비난을 정부에 돌리기보다 우연에 돌리는 성향을 가질 것이다.[7] 플라톤은 다만 모방할 뿐인 화가와 시인을 그의 이상국가에서 추방한다. 왜냐하면 이들의 기술은 "기만"이며 엄격하게 말해서 참이 아니기 때문이다.[8] 그러나 그는 인간 삶의 가장 내밀한 영역에 대한 이러한 기괴한 위반에 대해서는 조금의 도덕관념도 가지지 않는다. 중요한 국가 이익은 이러한 개인의 내밀한 영역에 존립한다. 국가 이익은 이상국가에서는 정의와 일치하며, 그것은 무엇보다도 중요하다. 심지어는 진리 그 자체보다 중요하다. "목적은 수단을 정당화한다"는 원칙은 플라톤의 정치 이론의 원리로서 아주 분명히 두드러지게 나타난다. 이 원칙은 지식에 대한 의지의 우위, 진리에 대한 정의의 우위의 직접적인 귀결이다. 모든 다른 것들보다 중요한 정치적 관점에서 보면, 시민들이 믿는 것이 참인지 어떤지를 아는 것보다 그들이 믿고 있는 것이 국가에 유용한지, 즉 사회의 정의로운 질서를 유지하는 데 이익이 되는지가 더 본질적이다. 그러므로 플라톤은 정부에게는 적절한 것으로 보이는 어떤 수단에 의해서 시민들의 의견을 결정할 권리가 있다고 주장한다. 대화편 『법률』에서 플라톤은 이와 연관해서 다수의 놀라운 제안을 한다.[9] 일례를 든다면, 시민들에게 적절한 태도를 일으키기 위해서 플라톤은 시민들을 소년 · 청년 · 노년으로 나누어 세 합창단을 조직할 것을 제안한다. 정부는 이 합창단들에게 정부가 제

7) *Republic*, 459.
8) 같은 책, 602.
9) *Laws*, 662-666.

정한 노래를 부를 것을 요구한다. 이 노래는 국가에 유익한 가르침을 구체적으로 표현하고 있다. 무엇보다도 이들 노래는 정의는 행복으로 이어지고 불의는 불행으로 이어진다는 가르침을 표현해야 한다. 그리하여 이 가르침이 진리라고 하는 믿음이 널리 퍼지게 된다.

이와 관련하여 플라톤은 다음처럼 이야기한다. "이제 우리의 논증이 증명했던 것과 사실이 다르다 하더라도, 제 몸값을 하는 입법자는 이것보다 더 유용한 허구를 발견할 수 있겠는가? … 혹은 이만큼 더 효과적인 방법을 발견할 수 있겠는가? 모든 사람들은 이 방법에 설득되어 모든 것들에서 자발적으로 강제 없이 정의롭게 행동하게 된다." 노인들이 이 계획에 반대하리라 예상할 수 있다. 왜냐하면 나이가 점점 더 늘어감에 따라 공공장소에서 노래하고 춤추는 것을 점점 더 부끄러워할 수 있기 때문이다. 그리하여 제3의 합창단 혹은 디오니시우스 합창단은 정부기관의 지시에 따라 술에 취할 필요가 있을 것이다. 술 취한 상태가 되면 노인들도 쉽게 아이들처럼 말을 잘 듣게 된다. 이런 진술은 상당히 주목할 만하다. 왜냐하면 플라톤은 알콜 중독의 위험을 분명하게 알고 있고, 나머지 시민들의 술 소비는 엄격하게 제한되기를 바라고 있기 때문이다. 여기서 그는 인간을 꼭두각시 연극의 조종자인 신의 손에 놀아나는 꼭두각시라는 유명한 비유를 든다.[10] 비슷한 방식으로 신의 대리자인 정부도 가능한 한 보이지 않는 방식으로 철사를 조종할 수 있다. 이러한 조처의 유일한 정당화는 이런 방식으로만 정의가 실현될 수 있고, 그것은 다름 아니라 사람들에게 가장 이익이 된다는 것이다. 플라톤은 다른 제안들을 하는데, 이 제안들은 모두 이데올로기 생산의 기능을 하는 과학 · 시 · 종교를 국가의 봉직에 강제적으로 귀속시키는 것을 목표로 한다. 실로 그는 모든 사상의 자유를 억압

10) 같은 책, 644.

하기 위해 이데올로기에 대한 독점권을 주자고 제안하며, 그리하여 사람들의 의지나 행동뿐만 아니라 그들의 의견이나 믿음까지도 종속시키는 독재체제를 세울 것을 제안한다.

플라톤이 정치가 혹은 정치 이론가로서 실용주의의 입장과 유사한 입장을 취하고 있다는 사실은, 그리고 국가에 유용한 것이 그러므로 정의를 구성하는 것이 마찬가지로 진리를 구성한다고 진술하고 있다는 사실은 별로 놀라울 것도 없다. 그러나 인식론자이자 심리학자의 능력을 가진 플라톤이, 비록 그가 직접 그렇게 말한 적이 없다 하더라도, 진리의 이중성의 가능성을 은폐하고 있다는 인상을 떨칠 수 없다. 그 밖에 달리 다음의 사실을 어떻게 설명할 수 있겠는가? 그가 한 편으로는 명백한 일신교적 성향을 지니고 있는 자신의 이데아론을 전개하고 있지만, 동시에 이 일신론과는 결코 양립할 수 없는, 의인관의 성격을 띤 다신교적인 공식적인 민족종교를 주장하고 있다는 사실을 어떻게 설명할 수 있겠는가? 다시 말하면 이데아론에서는 보편자만이 영원한 존재를 가지며, 이 영원성은 일반적으로 특수자에게는 부인되고 있다. 그러나 플라톤의 영혼불멸성 개념은 영원한 존재를 가장 특수한 형태를 가진 인간의 개별적 인격성에 귀속시키고 있다. 더욱이 본성상 극히 내면적 작품인『향연』에서 개별적 영혼 실체의 존속이라는 의미에서의 영혼불멸성에 대한 어떤 언급도 없고, 이름과 영광의 존속이라는 비유적인 의미에서의 영혼불멸성에 대한 언급만 있는데, 이것은 무슨 까닭일까?

사람들은 플라톤처럼 강력한 지적인 인물의 사유에서 발견된 단순한 모순일 뿐이라는 제안을 하는 것에 대해 주저한다. 오히려 플라톤은 자신의 이론에서 이들 차이를 잘 알고 있었다는 것, 이러한 차이들은 그에게서 에로스의 상이한 등급과 마찬가지로 진리의 상이한 등급을 나타낸다는 것, 특수하게는 플라톤에서 교육적 · 정치적 · 종교적 진리가 과학적 · 합리적 진리에 추가해서 나타난다는 것을 인정하는 경향이 있다. 플라톤은 정치적 · 종교적 진리가 합리적 진리와의 관계에서 보다 중요하다고 생각했으며, 그래서 이 진리가 우위의 위치를 차지하게 된다. 플라톤은 대화편 『파이돈』에서 영혼이 죽은 이후에 내세에 어떻게 도달하는가를 서술하면서 다음처럼 이야기한다.

> 내가 영혼 및 영혼의 저택에 대해 제시했던 서술이 정확하게 참이라는 것을 이성을 가진 사람이라면 그대로 믿으려 하지 않을 걸세. 나도 그다지 확신을 갖고 있지 않네. 그러나 영혼이 불멸이라는 것이 밝혀진 한에서 우리는 영혼이 겪어야 할 것과, 가 있을 곳도 대체로 내가 말한 것과 비슷하리라는 것만은 믿어 주게. 그것을 믿는다는 것은 일종의 모험처럼 생각되겠지만, 그 모험이야말로 다시 없이 아름다운 것이라네. 그러므로 그와 같은 모험을 하는 사람이라면, 앞에서 말한 것처럼 스스로 자신을 달래야 할 줄 아네. 나는 이 때문에 긴 이야기를 한 걸세.[11]

플라톤이 『메논』에서 지식은 자신이 태어나기 전 영혼이 내세에서 보았던 것을 상기하는 것에 의존한다고 가르쳤을 때, 그는 다음처럼 덧붙이고 있다. "내가 말했던 어떤 것들에 대해 나도 전혀 확신이 있는 건 아니니다."[12] 어떤 지식의 불가능성에 대한 소피스트의 가르침에 반대해서 그가 제시한 결정적 논증은 소피스트들의 이론은 "우리를 나태하게 만들고 게으름뱅이에게만 달콤하지만, 나의 가르침은 우리를 활력 있게 만들고 탐구심 있게 만들기"[13] 때문에

11) *Phaedo*, 114.
12) *Meno*, 86.

플라톤의 이론이 더 선호되어야 한다는 것이다. 플라톤은 자신의 이론의 진리성을 그것이 가지는 결정적인 유용성에 의해서 확립한다. 이것이야말로 그가 과학적 설명에 의해서가 아니라 고대의 종교적 가르침에 대한 언급에 의해서 독특하게 그가 지지하는 교육적·정치적 진리인 것이다.

이것들이 그의 정의론을 완전히 이해할 수 있기 전에 우리가 이해하지 않으면 안 되는 전제들이다.

V

플라톤이 젊을 때 쓴 대화편은 아직 소크라테스의 영향 아래 있었기 때문에 직·간접으로 정의의 문제를 다루고 있지만, 불모(不毛)의 개념 분석과 공허한 동어반복에 머무르고 있으며, 성과도 별로 없다. 플라톤의 독창성을 보여주는 초기의 현저하게 합리주의적인 시기를 특징짓는 것은 『트라시마코스』로서 플라톤이 시라쿠사로의 첫 여행 전에 시작했던 저서이다. 그것은 완성되지 못했다. 어쨌든 그 저서는 단독으로 출간되지 못했다. 그러나 그것은 나중에 『국가』의 제1권의 일부가 되었다. 소크라테스가 정의(正義)에 대한 정의에 도달하기 위한 모든 이용 가능한 수단들에 의해서 시도했던 꽤나 긴 논의 이후에, 『국가』의 이 제1권은 최종적으로 소크라테스의 선언으로 종결된다. 즉 그것은 자신에 있어서 전 논의의 결과는 단지 자신이 아무 것도 알지 못한다는 정보일 뿐이며, 그런 까닭은 정의의 본질에 관한 실질적이고 결정적인 문제는 아직 논의되지 않았기 때문이다. 사람들이 정의로운 것이 무엇인지를 알

13) 같은 책, 81.

지 못하는 한, 그것이 덕인지 아닌지, 정의로운 사람이 행복한지 어떤지에 대한 결정에 거의 도달할 수 없다. 플라톤이 『국가』의 제1권을 쓰기 시작한 시기에 관한 가정이 옳다면, 그 제1권의 마지막 말들은 변이를 보여주고 있으며, 이 변이에 의해서 플라톤은 초기 시대의 많은 사상을 그의 성년의 성숙한 시기의 저서에 끼워 넣었다. 이 마지막 말들은 우리에게 왜 『트라시마코스』가 미완성인 채로 남아 있었는가의 이유를 보여준다. 소크라테스는 개념들에 대한 모든 그의 합리주의적 사변과 함께 플라톤을 정의의 본성에 대한 지식에로 인도할 수 없었다. 플라톤은 그의 『트라시마코스』를 미완성인 채로 남겨두었을 때, 남 이탈리아로 여행하기 직전 그의 삶의 전환점에 서 있었고, 그곳에서 그는 피타고라스학파의 정치적 · 종교적 형이상학을 알게 되었다. 이 피타고라스주의는 그의 새로운 안내자가 되었다. 이 안내자에 대해 그는 나머지 생애 전체에 걸쳐 충실하게 되었다. 그는 피타고라스주의에서 자신이 가장 강렬한 문제, 즉 정의의 신비에 대한 대답을 발견하였다고 믿었다.

피타고라스 이론의 본질은, 이 점에서는 오르페우스 신비의 지혜와 일치하는데, 사후에 인간의 영혼이 생전에 행한 악에 대해서는 벌을, 선에 대해서는 보상을 받게 될 것이라는 믿음이다. 이 벌과 보상은 내세에서 혹은 현세에서의 환생에 의해서 달성될 수 있다. 이 윤리적 · 종교적 개념이 의미하는 바는, 피타고라스주의 뿐 아니라 어디에서든 똑 같이, 주어진 세계의 정당화이며, 특히 사회적 현상의 정당화이다. 이것은 선이 궁극적으로 악에 승리할 것이라는 확신으로부터 나온다. 정치적 관점에서 보면 미래 세계의 영혼들에 대한 이 형이상학은 혹은 영혼 재생의 형이상학은 그 본질이 응보인 정의론을 보여준다. 이 응보가 선한 삶과 나쁜 삶으로 되어 있는 이 세계에서 실현되지 않는 한, 응보는 내세로 또는 현세에서의 제2

의 삶으로 연기될 것이다. 이것이 대화편『고르기아스』에서 플라톤이 제시한 이론이다. 이 책은 첫 번째 여행 동안에 혹은 그 바로 뒤에 쓰인 것이다. 이 저서의 주요한 도덕적 주제는 불의를 행하기보다 불의를 당하는 것이 낫고, 합법적 벌을 회피하기보다 그것을 받는 것이 더 낫다는 것이다. 이들 주제의 최종 증명은 이 대화에서 또한 중요한 인물인 소크라테스의 어느 정도 의심스러운 논증에 의존하지 않고, 오히려 플라톤이 결론에서 연결시킨 멋진 신화에 의존한다. 여기에서 그는 선이 내세에서 어떻게 보상 받고, 악이 어떻게 벌을 받는가를 서술한다.『고르기아스』에서 처음 전개된 이 예언적 믿음, 즉 정의는 내세에서의 응보라는 믿음이 이 지점에서부터 그가 죽을 때까지 플라톤의 전 저서를 지배하고 있다. 그것은 플라톤의 명저이며, 그의 독창성의 중심을 이루는『국가』, 즉 정의 문제에 받쳐진 대화편 중 두 번째 대작의 핵심을 이룬다.

이 저서는 내세에서의 응보의 신화와 함께 시작하고[14] 그것과 함께 끝을 맺는다. 이 개념은『국가』에서 정의에 관해 언급된 모든 것에 대한 관계의 골격이 되는 역할을 하고 있다. 정확하게 이 대화편에서 플라톤은 정의의 문제를 응보의 문제와 분리하려는 징후를 보여주는 것처럼 보일 수도 있다. 왜냐하면 등장인물 중 한 사람인 아데이만투스는 선이 보상을 받고 악이 벌을 받는다는 이야기만 계속하게 되면, 정의는 적절하게 찬미되고 있지 못하다는 견해를 지지하고 있기 때문이다. 누군가가 정의를 충분히 찬미하려면, 응보에 대한 언급을 하지 않고서 그것을 표현하지 않으면 안 된다. 소크라테스는 그 때 이 주장을 반박하지 않는다. 그러나 대화의 말미에서 그는 분명히 초기의 침묵하면서 인정했던 것을 부인하고 있다. 플라톤은 죽음에서 소생한 신비스러운 인물이 내세에서 보았

14) *Republic*, 330-331. 이 구절은 일반적으로 간과되고 있다.

던 것을 보고하는 이야기로 『국가』의 끝을 맺는다. 약간의 차이는 있지만 그것은 그의 『고르기아스』의 마지막 신화 속에 포함되어 있는 것과 같은 시각을 가지고 있으며, 이는 신의 정의의 실현은 내세에서의 응보라는 것이다. 플라톤은 그의 마지막 대화편인 『법률』에서도 이 개념에 충실하였다.

내세에서의 응보를 승인하는 일은 필연적으로 영혼에 대한 믿음을 함축한다. 내세에서 정의를 찾아다닌 플라톤은 현세에서 영혼을 발견하였고, 실로 인간 안에서 그것을 발견하였다. 영혼이 응보의 대상이 되기 위해서는 영혼은 죽은 후에도 초월적 세계에서 삶을 지속해야 한다. 플라톤의 영혼론과 정의 간의 내면적 연관은 분명하다. 왜냐하면 그는 항상 특히 영혼론의 주요 저서인 『파이돈』에서 하나를 다른 하나와 연결 지어서 제시하고 있을 뿐만 아니라, 마찬가지로 영혼론의 변화 과정에서 이러한 일이 일어나기 때문이다. 이것은 영혼의 통일성에서부터 영혼의 삼분설(三分說)에로의 변이에 의해서 나타난다. 영혼론에서의 이러한 변이는 정의론에서의 상응하는 변화와 닮아 있다. 정의의 문제가 불가피하게 영혼론으로 귀결하는 것과 마찬가지로, 영혼론은 이데아론으로 귀결한다. 정의가 내세에서 실현된다는 믿음은 미래의 영혼 존재라는 개념으로 향하지 않을 수 없다. 정의의 본성에 대한 인식의 필요성은 영혼의 선(先) 존재 개념, 즉 영혼이 이 세계에 태어나기 전에 보았던 것에 대한 영혼의 상기(想起)로서의 인식론에 귀결하게 된다. 이 이론은 처음으로 『메논』에서 전개되었으며, 이데아론의 맹아가 여기에 놓여 있다. 영혼이 자신의 선 존재에서 보았던 것은 이데아이며, 무엇보다도 정의의 이데아이다.

플라톤은 정의를 응보와 동일시하면서, 오르페우스-피타고라스 교의를 계승했을 뿐 아니라 고대부터 내려왔던 그리스 민족의 관점을 받아들인다. 플라톤이 『고르기아스』를 썼을 때 응보의 정식으로써 정의의 본성에 관한 문제에 대한 해답을 준 것으로 생각될 수 있으며, 플라톤에게는 그런 것처럼 보였을 것이다. 그러나 이러한 해답은 단지 피상적인 것일 뿐이다. 그것은 정의의 본성에 관한 실질적인 어떤 정보도 제시하지 않는다. 기본적으로 그것은 단지 실정법의 현실적 기능만을 서술하고 있을 뿐이다. 실정법이란 불법의 악을 그것의 결과로서 제재의 악과 결합시킬 뿐이다. 그것은 강제적인 질서인 기존의 사회적 질서의 외적 구조를 반영할 뿐이다. 이 질서를 정당화하는 것은 죄와 벌의 메카니즘을 신의 의지로서의 응보의 법칙인 일반 원리의 특수한 경우로서 나타내는 것이다. 단독으로만 고려한다면 응보의 개념은 통상 정의의 특징이라고 간주되는 평등의 개념과 마찬가지로 공허한 것이다. 실로 응보는 그 자체 평등의 정식이다. 왜냐하면 그것은 선은 선으로, 악은 악으로, 같은 것은 같은 것으로 이상의 것을 말하고 있지 않기 때문이다. 이것은 그 일차적인 의미에서 "각자에게 그의 것을"이라고 말하는 것과 같다. 그러나 선은 무엇이고, 정확하게 말해서 악이 선의 부정이 되는 그 선의 본성은 무엇인가? 이 결정적인 문제에 대한 대답은 주어지지 않는다. 그리하여 정의의 본성에 관한 물음은 선의 본성에 관한 물음으로 해소된다.

정확하게 말해서 이데아론의 정의 문제는 선의 문제로 전환이 된다. 왜냐하면 핵심적인 이데아, 즉 모든 다른 이데아들이 그로부터 자신들의 빛을 받게 되는 이데아는, 그리고 순수 존재 영역으로서 다른 모든 이데아들의 영역을 넘어서 있는 이데아는 선의 이데아이기 때문이다. 그리하여 그것은 정의에 관한 그의 위대한 대화편, 즉 『국가』에서 플라톤에 의해 주어진 이데아론의 묘사 속에 나타난다. 여기서 선한 것과 정의로운 것의 관계는 전자의 사용에 의해서만 후자가 유용하게 되고 이득이 된다는 진술에 의해서 규정된다. 즉 정의의 이데아는 자신의 유일한 가치를 선의 이데아로부터 가져온다.[15] 그리하여 선은 정의의 실체이며, 바로 이런 이유 때문에 플라톤은 자주 이 둘을 동일시한다. 이들이 구별된다면, 정의는 응보로서 선의 실현을 위한 기술(技術)일 뿐이다. 그렇다면 정의는 지상의 문제에 관한 한 국가이며, 이 국가는 응보의 강제적인 장치로서 기능한다. 현세에서 악에 대해 선의 승리를 보장해야 하는 것은 국가이다. 선은 엄격하게 말해서 사회적 범주이기 때문에, 인간이 선에 따라서 행동할 수 있는 것은 국가 안에서 뿐이라는 결론이 나온다. 실로 선의 기원으로서의 인간이 선을 인식할 수 있는 것도 국가 안에서 뿐이다. 그러므로 『국가』라 부르는 저서는 정의의 실체에 관한 문제에 대한 해답을 제공하기 위해 기획된 것으로 보인다. 그러므로 『국가』의 핵심적인 문제는 선의 문제에 대한 해명 속에 있다. 이런 이유 때문에 국가에 관한 이 저서의 절정은 이데아론이고, 그것의 최상위가 선의 이데아로 나타난다.

그러나 실제로 선이 무엇인가를 우리는 이 대화편으로부터 배우지 못한다. 이 대화편은 선이 존재한다는 주장만 하고 있을 뿐이다. 지상의 세계를 넘어서 우뚝 서 있는 이데아들의 웅장한 천국의 전체는 이러한 주장의 철학적·시적 표현에 지나지 않는다. 그리하여 플라톤이 『국가』에서 그리고 있는 이상국가의 구성은 정의의 본성에 관한 실질적 문제의 해결이 아니다. 참된 국가에 대한 플라톤의 설명이 국가질서의 완결된 계획을 제공한다고 가정하는 것은 오해다. 또한 이것은 플라톤이 의도했던 것, 적어도 우선적으로 의도했던 것도 아니다. 이상국가에 대한 서술은 『국가』의 주요문제가 아니다. 실로 이 책에서 이 주제에 헌신하고 있는 작은 부분일 뿐이다.

---

15) 같은 책, 505.

플라톤이 하나의 국가를 “우리의 눈 앞 마음속에서 일어나는” 것으로 묘사하는 것은, 그가 국가와 인간의 유사성이 있다고 생각했기 때문이고, 자신이 인간 속에서 찾고 있는 것을, 즉 영혼의 개별적 부분들 간의 좋은 구성, 적절한 관계를 국가의 좀 더 큰 비율로 보다 쉽게 발견할 수 있다고 믿었기 때문이다. 이것은 뒤에 나타나듯이 그 자체 정의가 아니라 사람이 정의롭게 행동하기 위한 전제이다. 플라톤은 실질적인 인간관계를 규제하는 완전한 질서를 묘사하고 있는 것이 아니라, 주로 국가의 구성, 국가의 조직을 묘사하고 있다. 사회의 삶 속에서 그는 조직의 조건, 그 아래서 삶이 정의의 목적에 따라 아마 형태를 갖추게 될 그런 조건만을 보여주고 있다. 그러나 그는 이 정의롭게 규제된 삶 그 자체를 설명하고 있지 않으며, 인간관계를 규제하고, 그 자체 정의의 본질을 이루는 다양한 규범을 이야기하지 않는다. 더욱이 법적 관점에서 볼 때, 이상국가의 구성도 의심이 되는 모든 결정적인 문제들을 내버려두고 있는 조각들에 지나지 않는다. 특히 사회적 · 정치적 문제의 경우에는 해결의 흔적조차 보이지 않는다. 재산, 부인과 어린아이의 공유에 관한 기준은 비교적 작은 사회계층인 군인과 철학자 계층에만 적용될 수 있을 뿐이며, 사회계층을 조직화하는 요인으로서만 의미를 가질 뿐이다. 이런 기준은 지도자의 교육과 선발을 목적으로 하며, 경제적 또는 정치적 공산주의와는 아무런 관계도 없다. 두 지배 계급에 속하는 사람들의 삶의 규제에 대한 어떤 일반적 규준도 발견되지 않는다. 여기서 모든 것은 그들에 대한 교육 때문에 선을 알고, 따라서 선을 지향하는 철학자들로 구성되어 있는 정부의 개별적 결정에 맡겨져 있다. 그러나 정부에서 실현되어야 할 이 선은 어디에서 존립하는가? 통치행위의 실체는 무엇인가? 이들 문제에 대한 대답을 통해서만 우리는 정의의 본성을 배울 수 있게 된다.

플라톤 자신이 인정하고 있듯이, 참된 국가의 체제로서 사회적 조직을 셋으로 나눈다는 설명은 결코 정의의 본성에 대한 물음의 대답으로서 간주되지 않을 것이다. 여기서 그의 방법의 독특성, 즉 문제 해결이 계속적으로 지연된다는 사실이 드러난다. 대화의 시작 단계에서 플라톤이 문제 해결자로 묘사한 소크라테스의 다음과 같은 진술은 애초에 모든 궁극적이고도 확실한 것을 배제하고 있다. "우선 누군가가 알지도 못하고 심지어는 안다고 표방하지도 못한다면, 둘째로 문제되는 개념을 가지고 있다 하더라도 비중 있는 인사가 자신에게 대답할 수 있는 사람으로 스스로 간주해서는 안 된다고 이야기한다면, 나의 친애하는 동료여, 그 사람은 어떤 대답을 해야 할까?"[16] 이것은 단순히 겸손한 진술은 아니다. 침묵의 의무에 대한 이 불가사의한 암시가 의미하는 것은 플라톤이 정의에 관해 무엇을 말하더라도, 거짓된 의견에 대한 논박을 별도로 친다면, 그것은 궁극적 진리일 수 없으며, 그의 해명은 실재를 관통할 수 없다는 것이다. 이것이 그 의미라는 것은 대화의 내용에 의해서 확증된다.

이상국가 체제 및 그것의 세 계급이 전개된 이후에도 이것이 우리가 추구했던 정의라는 어떤 진술도 없다. 이 체제로부터 귀결하는 일반적 원리가, 즉 각자는 자기 자신의 일만을 할 것이라는 노동 분업의 원리가 (그것은 여기서 상이한 기관에 따라서 권한을 분배하는 모든 체제에서 적절한 것이라는 것을 의미하는데, 이것은 어떤 체제에서도 적절한 것이다) 정의인 것으로 무조건적으로 인정되는 것도 아니다. 오히려 이 원리가 국가와 개인의 영혼 간의 비교에 적용될 수 있는지 검토할 필요가 있다. 그렇게 이야기되고 있지만, "만약 아니라고 한다면, 다른 무언가를 찾게 될 것이다."[17] 플라톤

---

16) 같은 책, 337.

이 시작 단계부터 국가와 개인 사이의 유추에 의해서 정의의 본성에 도달하려는 시도는 성공하지 못하며, 적어도 완전히는 성공하지 못하리라는 것을 알고 있었다는 것은 명백하다. 이것은 사실 그대로이다. 양자 간의 평행성이 확립되고, 국가의 세 계급에 상응하는 영혼의 세 부분이 발견된 이후에, 특별하게 의미 있는 대답은 아니라 하더라도, 정의에 대한 물음에 대한 대답은 명료하게 된다고 믿을 수도 있다. 이 대답은 영혼의 세 부분, 즉 이성 · 기개 · 욕망은 제각각 자신의 고유한 기능을 구사할 것이고, 다른 어떤 것도 구사하지 않을 것이다. 이와 관련해서 소크라테스는 다음처럼 말한다. "나의 의견으로는 우리가 논의에서 지금 사용하고 있는 방법으로는 이 문제에 대해 결코 이해하지 못할 것이다. 왜냐하면 그것에 이르기 위해서는 보다 멀고도 험한 다른 길이 있기 때문이다."[18] 사실상 그는 이 보다 멀고도 험한 다른 길을 가지 못하며, 현재로서는 자신의 부정확한 방법에 만족할 뿐이다. 이로 인해 다음과 같은 결론에 이르게 된다. 정의로운 행위가 참된 국가에서 나타나는 것은 철학자들이 군인의 도움을 받아 노동자 계급을 지배할 때이다. 이것은 개인이 기개(氣槪)의 요소의 도움을 받아 영혼의 이성적 부분으로써 정념을 지배하는 방식과 같다. 그리하여 정의로운 행위는 이성에 의해 지시된 활동으로부터 나온다. 정의의 내용에 관한 문제는 이성의 내용에 관한 문제가 된다. 이어서 정의는 영혼의 건강과 비교되는데, 영혼의 건강이란 영혼의 올바른 구성 이외에 다름 아님을 의미하며, 그러므로 영혼과 국가체제 간의 유추는 더 이상 나아가지 못한다. 정의의 고유한 주제로부터 다소간 긴 이탈 후에 소크라테스는 정의의 본성을 이해하기 위해서는 실제로 보다 길고

17) 같은 책, 434.
18) 같은 책, 435.

보다 상세한 방법이 필요하다는 자신의 고찰로 되돌아온다. 그리하여 다소 진전된 대화 단계에서 (우리는 이미 제6권에 와 있다) 정의의 본성에 관해 지금까지 도달된 인식은 다시 부인된다.

플라톤이 정의의 문제를 다루면서 사용한 방법의 독특성은 여기서 분명한 듯이 보인다. 문제에 대한 대답에 도달하게 되면, 곧 도달된 입장은 버려진다. 획득한 귀결은 부정확한 혹은 오류가 있는 것으로 철회되고, 종결은 다시 연기된다. 논의의 이 점에서 플라톤은 자신의 독특한 기법을 사용하여 정의의 개념을 선의 개념으로 대체했는데, 이전에는 이 개념을 이성의 개념으로 대체했었다. 정의의 본성에 관한 문제는 선의 본성에 관한 문제로 되어버린다. 그러나 소크라테스가 선이 무엇인가에 관한 물음에 대한 대답이 필요하다는 사실을 발견할 때, 논의의 시점에서, 즉 정의의 본성에 관한 문제에 대해 처음 질문을 받을 때에 시작된 놀이를 반복한다. 그는 다시 아무 것도 알지 못한다고 선언하고, 문제를 회피하며, 그래서 그의 논의의 상대인 글라우콘은 다음처럼 외친다. "제발, 소크라테스, 말하자면 그 목표에서 되돌아가지 않기를 바랍니다. 정의 · 절제의 본성 및 다른 덕들에 대해 개진한 정도로만 설명해 주신다면 우리는 만족할 것입니다." 다시 기대된 결과는 최종적이지 않은 것으로서 불신되고, 소크라테스는 자주 사용한 방법, 즉 선은 단지 부정확하게밖에 정의될 수 없다는 것을 용인해달라고 한다. 왜냐하면 그는 다음처럼 이야기하고 있기 때문이다. "선(Good) 자체의 본성에 관해서는 얼마 동안 논의하지 말기로 합시다. 왜냐하면 그것에 대한 나의 현재의 추측에 도달하는 것은 오늘 나를 날아가게 하는 추진력을 넘어선 곳까지 나아가는 것처럼 보입니다."[19] 플라톤은 "선 자체의 본성"을 현재뿐만 아니라 영원히, 『국가』에서뿐만

---

19) 같은 책, 506.

아니라 다른 모든 대화편에서도 불만족스러운 상태로 남겨둔다. 그는 그 문제에 대해 결코 대답하지 않는다.

선을 말하는 대신에 소크라테스는 선의 후손, 즉 "그 유사성에서 가장 닮게 만들어진" 아들에 대해서 이야기할 뿐이다. 그래서 아들은 아버지의 위치를 차지한다. 그것은 이성이 정의의 위치를 차지했던 것과, 그 자신 선에 의해서 대치되었던 것과 같다. 이러한 대체 방법은 논의의 대상, 즉 정의를 신의 등급에까지 고양시키는 것을 자신의 목적으로 삼는다. 그렇게 함으로써 정의의 본질적 본성에 관한 문제가 고양될 수 있다. 실로 이 구절에서 선은 플라톤에 있어서 최고의 보일 수 없는 신인 것처럼 보인다. 진실로 우리가 찾고 있는 것은 신이다. 그러므로 그것의 본질적 본성에 관한 물음은 공허하고 불경하다. 그리하여 논의는 갑자기 끝이 나고, 문제는 경건하게 회피된다. 기껏해야 우리는 보일 수 있는 아들에 대해서만 이야기할 수 있고, 결국 아마도 아버지의 본성의 모습을 알게 된다. 이 선의 아들은 태양이며, 그 자체 신이다. 플라톤은 선의 이데아가 이해할 수 있는 것의 영역에서 나타내고 있는 것을 자신이 가시적인 영역에서 나타내고 있다는 것 말고는 아무 것도 말할 수 없다. 다시 말해서 선의 본성이나 내용에 대해서는 아무 것도 말해지지 않고, 최상의 권위로서의 그것의 위치에 관한 것만 말해질 뿐이다. 선은 **존재**하며, 모든 것 중 최상이다. 그것이 무엇이고, 그것이 무엇으로 구성되어 있는지, 그것의 기준은 무엇인지, 그것이 인간의 활동이나 사회적 질서에서 어떻게 인식될 수 있는지, 그리하여 사회적 질서와 실천의 결정적인 본성은 무엇인지, 이들 물음은 대답되지 않은 채로 남아있다. 이상국가를 통치하는 철학자는 선을 인식할 것이다. 다른 사람들은 경배하고 복종하는 데 만족하지 않으면 안 된다.

확실히 플라톤은 통치하기 위해 지명된 철학자의 교육을 위한 교과를 편성했다. 제안된 교과 중 가장 중요한 위치를 차지한 것은 변증법이다. 플라톤은 변증법을 일체의 감각적 경험을 사상(捨象)하고 개념들을 분리하고 결합하는 기술이라고 한다. 변증법은 철학자를 인식 가능한 것의 바로 그 경계까지, 그 경계까지만 인도할 것이다. 변증법은 철학자를 철학자의 특수한 목표, 즉 선의 이데아까지는 인도하지 못할 것이다. 선의 이데아는 모든 존재 너머에 있고, 따라서 모든 이성적 혹은 과학적 인식을 넘어서 있다. 선의 실현은 영혼의 다른 힘을 위해 유보된다. 플라톤이 『향연』, 『파이드로스』, 『제7서간』에서 말했던 것을 고려해보면, 최상에 있는 선의 이데아의 관조는 몰아(沒我, ecstasy)의 순간에 나타나고 갑작스럽게 빛나는 직관적 활동이다. 플라톤은 그 체험을 다음처럼 서술한다. "그 주제를 지속적으로 적용하고 그것에 대한 성찰의 결과로서 그것은 마치 튀어 오르는 섬광에 의해 타오르게 되는 빛처럼 갑자기 영혼 속에서 탄생하게 되고, 그 후 계속해서 자신을 살려나간다."[20] 플라톤이 여기서 서술하고 있는 것은 종교적 체험이다. 개념에 관한 이성적 사변은 이 체험에 대한 직접적인 접근을 주지 않는다. 변증법은 오히려 기도의 그것과 유사한 정신적 활동으로 이해된다. 선의 인식은 변증법적 과정의 논리적 결론으로서 뒤따라 나오는 것이 아니라, 명상을 통해 모든 감성에서부터 자신을 순화한 영혼에 대한 은총의 시여이다.

플라톤은 신적 선의 최상의 이데아에 대한 포착을 제시함으로써 외적 감관을 통해서 획득된 일체의 경험을 부정하기 때문에, 그는 감관의 그것과는 다른 어떤 체험을 통해 이 포착에 이르지 않으면 안 된다. 그러나 경험이 도무지 없다면 내적 인식을 가지는 것조차

20) *Epistle VII*, 341.

불가능하다. 그러므로 이 특수한 종교적 체험을 가능하도록 하는 내적 감관(inner sense)이 있음에 틀림없다. 이 내적 체험은 특히 외적 경험과 구별된다. 왜냐하면 내적 체험은 누구나 할 수 있는 것은 아니지만, 외적 경험은 누구나 할 수 있는 것이기 때문이다. 내적 인식은 극히 소수의 엘리트에게만, 아마도 신에 의해 선택된 단 한 사람에게만 가능할 것이다. 이 사람은 그의 특수한 체험이 그를 신에게 더 가까이 다가가도록 하기 때문에, 다른 사람들보다 높은 위치에 있게 된다. 희귀한 내적 감관으로부터 오는 이 종교적 체험은 외적 감관의 경험이 그런 것과는 달리 개념들 속에서 합리적으로 표현될 수 없다. 또한 그런 체험은 다른 사람에게 전달될 수도 없다. 여기서 플라톤이 자신의 종교적 체험의 대상인 절대 선에 관한 물음에 대해 어떤 대답도 할 수 없다는 것은 자명하게 된다. 그의 신의 본질은 표현될 수 없는 채로 남아있다. 그리하여 우리는 『제7서간』에서 "그것은 다른 연구들과는 달리 전혀 언어적 표현을 허용하지 않기 때문에" 이들 물음에 대한 자신의 저서는 지금까지 없었으며, 앞으로도 결코 없을 것이라는 플라톤의 역설적인(paradoxical) 진술을 이해할 수 있게 된다.

철학자 플라톤이 절대적 선에 대한 자신의 인식을 표현할 수 없는 것으로 감춘 것은 혹은 그것을 비의적(秘義的, esoteric) 철학의 틀 안에 가둔 것은 놀라운 일이 아니다. 그러나 철학자가 국가를 통치하고 입법자가 되기로 한 경우라면 이러한 일이 허용될 수 있는가? 그러나 플라톤은 그것이 포함하는 결론으로부터 한 발짝도 물러서지 않는다. 가장 중요한 궁극적인 문제에 관해 글을 쓰는 것은 가능하지도 허용될 수도 없기 때문에, 참된 입법자는 자신에게 가장 중요한 모든 것을 법으로 만들지 않고, 이것을 자신의 가슴 속 가장 성스러운 함에 간직할 것이라고 한다. 정의의 비밀은 드러날 수 없으며, 심지어는 최선의 입법자의 법률 속에서도 그러하다. 플라톤의 지혜의 최종적인 결론은, 대화편 전체에 걸쳐서 계속되고 있는 물음, 즉 정의의 본성에 대한 물음에 대해 주어진 대답은 다음과 같다. 그것은 신의 신비(divine mystery)이다.

대답이 없기 때문에 물음 그 자체는 최종적으로 허용될 수 없는 것으로 거부되지 않으면 안 된다. 위작(僞作)으로 의심 받는 『제2서간』을 자료로서 의존할 수 있다면, 플라톤은 선 혹은 신의 본성에 대한 문제와 관련해서 다음처럼 말한다. 최고선에 관한 물음은 그것의 성질에 관한 물음이지만, 신은 어떤 성질도 가지고 있지 않다. 플라톤이 이야기하고 있는 것처럼 바로 이 물음은 그것이 영혼에 주는 고통 때문에 모든 불행의 원천이 된다. 사람들이 진정 진리에 참여하기를 희망한다면, 이 물음으로부터 해방되어야 한다.[21] 이것이 선의 초월주의로부터 귀결하고, 선을 신에게까지 고양시킨 것으로부터 귀결하는 최종적인 결론이다. 심지어 선의 본성에 대한 물음은 무의미하게 된다.

소피스트들은 절대적 정의의 존재를 회의적 태도를 가지고서 거부하였다. 소크라테스는 열정적으로 그리고 독단적으로 그것의 존재를 주장하였지만, 궁극에 가서는 자신은 그것이 실제로 무엇인지 알지 못한다고 고백하지 않을 수 없었다. 플라톤은 사람들이 이 인식을 철학을 통해서 도달할 수 있다고 주장한다. 그러나 또한 그 귀결은 표현될 수 없는 것이고, 물음은 대답되지 않은 채로 남아 있을 것이며, 실로 그 물음은 허용될 수조차 없다고 말한다. 그리하여 합리주의적 상대주의로부터 시작하여 형이상학적 절대주의로 나아가던 길은 종교적 신비주의에서 끝을 맺는다.

플라톤이 신비주의자였는가에 대한 논란이 있어 왔다. 그리고 그

---

21) *Epistle II*, 313.

것은 사실상 의심될 만하다. 그의 철학은 명백한 사회적 성격을 갖는다. 정의의 이데아에서 절정을 이루는 그의 이데아론은 분명히 정치적 지향점을 갖는다. 다른 한편 진정한 신비주의는 비사회적(非社會的)이다. 신비적 체험은 개인을 모든 다른 사람으로부터 절연(絶緣)시킨다. 신과 세계가 절연된 개인의 주관적 체험 속으로 빨려 들어가는 한에서, 모든 사회의 전제, 말하자면 **나**와 **너**의 대립은 상실된다. 신비적 체험 안에는 모든 것을 포함하는, 신의 위치에까지 고양된 **자아**(ego)만이 남게 된다. 거기에는 신비에 의해 추구되는 개인의 구원이 남게 된다. 그는 세계, 특히 사회적 세계를 개혁하려는 욕구도 없고, 자신을 그 세계로부터 해방시키고자 노력한다. 그는 모든 의지, 특히 권력의지를 절멸시키지 않으면 안 된다. 그래야만 그는 자신 안에 신을 받아들일 수 있게 된다. 그가 찾는 체험, 즉 **자아**와 신의 결합이 그의 최종적인 목표이다. 그것은 사회적 목표의 수단이 아니다.

사실상 플라톤의 가르침은 그것의 가장 결정적인 점에서는 순수한 신비주의이다. 왜냐하면 최상의 존재의 관조는 설명될 수 없는 것이며, 그것은 소통할 수도 없으며, 합리적 사유의 산물도 아닌 체험이기 때문이다. 선을 보았던 사람, 택함을 받은 사람, 은총의 대상은 관조를 가질 수도 볼 수도 없는 다수로부터 절연되어 있다. 플라톤의 철학에서 사람들이 기대한 바로 그 지점에서 개인의 구원의 신앙 형식이 나타날 뿐이다.

신비적 사변의 틀을 넘어서까지 수행되는 플라톤의 사유 양상은 단순한 개인의 구원의 한계를 넘어서는 데까지 올라가서, 신비적 체험을 목표로 한다. 플라톤은 선과 악에 관한 진리를 추구한다. 정의는 신비를 관통하는 관조의 대상이다. 관조를 하는 자가 참된 철학자가 됨으로써, 이 관조는 철학자만이 통치권을 가진다는 점을 정당화한다. 『제7서간』에서 플라톤은 그렇게 열정적으로 자신의 학설의 비의적인 성격과 그것이 가지는 비밀의 신비적 본성을 강조함으로써 그 학설은 그 어떤 사회적 기능도 거부하는 것처럼 보인다. 그러나 여기서 다시 그는 자신의 이전의 요구, 즉 철학자는, 단지 철학자만이 통치자로 지목되어야 한다는 요구를 계속한다. 그것은 완전한 모순인 것처럼 보인다. 개인의 구원에 대한 갈망과 자신을 통치자로 인식하라는 요구가 어떻게 동일 체계에서 한 장소를 발견할 수 있을까? 그런데 이 양자는 분명히 플라톤의 동일한 가슴 속에서 한 장소를 차지하고 있으며, 그들의 대립 사이의 결과로 나타난 일종의 어떤 타협 속에서 서로 지속함을 보여주고 있다.

택함을 받은 사람, 은총의 베풂을 받은 사람의 구원은 선의 관조에 의해서 성취될 것이다. 그러나 이것은, 즉 통치자의 비밀은 모든 다른 사람, 즉 통치되는 사람들의 구원 또한 성취할 것이다. 이 사람들은 구원의 길을 따라서 선의 관조에 이르는 통치자를 따라할 수 없으며, 바로 이런 이유 때문에 그들은 통치 행위로부터 배제된다. 그들은 유일하게 선을 알고 그리하여 그것을 지향할 통치자의 권위에 완전히 복종함으로써만 구원을 받을 수 있다. 통치하는 철학자는 신적 선에 대한 인식을 가지고 있고, 이 비밀의 소유에서 유일무이한 존재이기 때문에, 그는 다른 사람들과는 완전히 다르다. 어떤 정치적 권리도 가지고 있지 않은 대중은 어떤 선택도 하지 않으며, 통치자의 지혜와 은총에 대해 믿어야 한다. 이 믿음은 시민들의 무조건적 복종의 근거이며, 플라톤에서 국가의 권위는 이에 의존하고 있다. 플라톤의 신비주의, 즉 비합리적인 것의 가장 완벽한 표현은 바로 그의 반민주적 정치론을 정당화하고 있다. 그것은 모든 독재의 이데올로기이다.

4. 아리스토텔레스의 정의론

■ ■ ■

"Aristotle's Doctrine of Justice."

I

아리스토텔레스는 『윤리학』에서 자신의 도덕철학을 개진하고자 시도한다. 이러한 시도는 그의 철학체계가 진정한 형이상학을 담고 있고, 이 형이상학이 결국 강한 도덕적 함의를 담고 있다는 사실에도 불구하고, 철저하게 합리주의적 기초 위에서 전개되고 있다. 그의 형이상학은 존재론으로서 즉 존재의 학으로서, 실재의 인식으로서, 그리고 존재 그 자체의 본성 · 속성 · 관계에 관한 인식으로서 나타난다. 그의 형이상학은 **존재하는** 것에 관심을 가지고 있지, 일차적으로는 존재**해야** 하는 것 혹은 행해**져야** 하는 것에 관심을 가지고 있지 않다. 그의 주장에 따르면 그의 형이상학은 제1원인과 제1원리를 다루는 학이라는 특징을 지닌다.[1] 그에 의하면 "가장 잘

1) Aristotle, *The Metaphysics*, 981b, Translations used: Hugh Tredennick, Loeb Classical Library (London: 1936) and *The Works of Aristotle*, ed. by W. D. Ross, 2d edtion (Oxford: 1928), VII.

인식될 수 있는 것들은 제1원리와 제1원인이다. 왜냐하면 다른 것들에 대한 인식은 이들을 통해서 그리고 이들로부터 이루어지기 때문이다." 그러나 그는 제1원리와 제1원인에 대한 학은 최고의 학이라는 말을 덧붙인다. 왜냐하면 그 학은 "각각의 행동이 어떤 목적에서 행해지게 되는가, 즉 각 특수한 경우 선(Good)은 어떤 목적에서 행해지고, 일반적인 경우 자연의 전체에서의 최고선은 어떤 목적에서 행해지게 되는가"를 인식하고 있기 때문이다. **존재하는** 것의 원리와 원인들에 대한 인식은 **존재해야 하는 것** 또는 **행해져야 하는 것**에 대한 인식 즉 선에 대한 인식과 일치한다. "왜냐하면 선, 즉 목적은 원인들 중 하나이기 때문이다."[2] 그리하여 그 어떤 진정한 형이상학에서도 마찬가지이지만, 아리스토텔레스의 형이상학에서도 **존재**와 **당위**, 실재와 가치의 이분법은 포기된다. 왜냐하면 그 어떤 진정한 형이상학에서도 마찬가지이지만, 아리스토텔레스의 형이상학은 그것의 궁극적인 단계에서 신의 개념을 목표로 한다. 신은 동시에 **제1원인**이고 궁극적인 목적, 즉 **절대선**이다.

아리스토텔레스의 신 관념에 이르게 되는 사변의 출발점은 운동의 개념 또는 좀 더 정확하게 이야기한다면 동자(動者)와 부동자(不動者)의 대립이다. 동자는 자연의 영역이고 따라서 자연과학의 대상이다. 부동자는, 그것이 따로 존재하는 한 다른 학문, 즉 형이상학, 즉 "제1철학"의 대상이다. 이 학은 아리스토텔레스에 의하면 다른 문맥에서 특히 "신학"[3], 즉 신에 대한 인식이라는 특징을 갖는다. 이 학은 "가장 고귀한" 최고의 학문이고, 그래서 다른 학문들보다 우위에 있다. "가장 고귀한" (최고의) 학은 "가장 고귀한" (최고의) 부류의 주제를 다루지 않으면 안 된다. 그러므로 동자와 부동자

2) 같은 책, 982b.
3) 같은 책, 1026a.

의 대립은 가치들의 질서를 포함하게 된다. 형이상학 또는 신학은 다른 학문들 위에 위치한다. 왜냐하면 이 학문의 대상은 후자의 대상들보다 더 높은 가치를 지니기 때문이다. 제1철학 혹은 신학의 과제는 아리스토텔레스의 진술에 따르면 존재로서의 존재의 고찰 즉 존재로서 그것이 무엇이며, 존재로서 그것이 어떠한 속성들을 가지는가를 고찰하는 것이라 서술된다.[4] 그리하여 "존재자"라는 추상 개념은 독립된 실재로서 실체화되고 동시에 최상의 실재로서 그리고 가치로서 정립된다. 존재론은 윤리적 신학으로 변형되는 경향을 가진다.

운동 혹은 변화가 있다면, 운동하는 혹은 변화하는 어떤 것이 그리고 운동 또는 변화의 원인이 되는 어떤 것이 존재하지 않으면 안 된다. "변화하는 모든 것은 그 무엇이고, 그것은 무언가 의해 변화하고 무언가로 변화한다."[5] "운동하고 있는 사물들을 항상 움직이게 하는 어떤 것이 존재한다. 운동하게 하는 최초의 것은 운동하지 않은 자이다."[6] "그렇다면 멈추지 않는 운동과 함께 항상 운동하는 그 어떤 것이 존재하며, 이 멈추지 않는 운동은 원형 운동이다. 이것은 이론으로는 명백하지 않지만, 사실로서는 명백하다. 그러므로 최초의 신은 영원하지 않으면 안 된다. 그러므로 또한 그것을 운동하게 하는 그 어떤 것이 존재한다. 운동하게 하는 것과 운동하게 되는 것은 중간적인 것이기 때문에, 운동하지 않고서 운동하게 하는 자, 즉 영원한 자, 실체, 현실성이 존재하게 된다."[7] 제1의 운동하게 하는 자는 운동의 궁극적 목적이고, 그 자신은 운동하지 않는다. 그러나 그것은 동시에 절대적 선이기도 하다. "왜냐하면

---

4) 같은 책, 1003a.
5) 같은 책, 1069b.
6) 같은 책, 1012b.
7) 같은 책, 1072a.

궁극적인 원인은 (a) 그것의 선 때문에 행위가 이루어지는 어떤 존재이며, (b) 그 행위가 목표로 삼는 그 무엇이기 때문이다. … 그렇다면 궁극적인 원인은 그것이 사랑 받기 때문에 운동을 일어나게 하지만[이성적 사랑의 대상은 선이다], 그러나 모든 다른 것들은 무언가에 의해 운동이 일어나게 됨으로써 운동한다. … 그렇다면 제1의 운동하게 하는 자는 필연적으로 존재한다. 그것이 필연적으로 존재하는 한 그것의 존재 양식은 선이며, 이런 의미에서 제1원리이다. 왜냐하면 필연적인 것은 이 모든 의미를 가지고 있다. 그것은 자연적 충동에 반대되기 때문에 필연적 강제이다. 그것 없이는 선은 불가능하다. 그런 식으로밖에 있을 수 없는 것은 절대적으로 필연적이다."[8] 그것은 운동하지는 않지만 운동하게 하는 자(unmoved mover)가 절대적 선이라는 것을 함의한다.

아리스토텔레스의 형이상학은 그 제1원리를 인격화하는 분명한 경향을 보여준다. 그것은 운동하지는 않지만 운동하게 하는 자나 절대선으로 나타난다. 이 제1원리는 삶을 가지고 있고, 행복을 느끼며, 활동하는 자이다. 그것의 활동은 사유한다는 특징을 지니고 있다. "그것은 우리가[인간이] 즐기지만 잠시 동안만 즐길 수 있는 최고의 것과 같은 삶[제1원리로서 운동하지는 않지만 운동하게 하는 삶]이다. 왜냐하면 그것은 진정 이러한 상태 (우리는 결코 그런 상태에 있을 수 없다) 에 있기 때문이다. 그렇게 되는 까닭은 그것의 현실성은 또한 쾌락이기 때문이다." 아리스토텔레스가 운동하지는 않지만 운동하게 하는 자의 행복한 삶을 서술하면서 그는 분명히 그것을 신인 것처럼 말하고 있다는 사실은 매우 의미심장하다. "그렇다면 우리 인간의 경우 가끔밖에 있을 수 없는 그런 좋은 상태에 신이 항상 있다면, 이것은 우리의 경이를 자아낸다. 더 좋은 상태에

---

8) 같은 책, 1072b.

있었더라면, 그것은 우리의 경이를 더 자아내게 된다. 신은 더 좋은 상태에 **있다**. 그리고 또한 삶은 신에 속한다. 왜냐하면 사유의 현실성은 삶이고, 신은 그런 현실성이기 때문이다. 신의 자기 의존적 현실성은 가장 선하고 영원한 삶이기 때문이다. 그러므로 신은 영원하고 가장 선한 살아 있는 존재이고, 따라서 계속적이고 영원한 삶과 지속이 신에 속한다고 말할 수 있다. 왜냐하면 이것이 바로 신**이기** 때문이다."[9)]

신의 현실성은 사유하고 있는 것이기 때문에, 다음의 문제가 발생한다. 신이 사유하고 있는 내용은 무엇인가? 신은 절대적 선이기 때문에, 이 물음은 다음의 물음과 같다. 즉 절대적인 선의 내용이 무엇인가? 아리스토텔레스에 따르면 분명한 것은 신은 "가장 신적이고 가장 가치가 있는 것을 생각하고 있다."[10)] "가장 신적이고 가장 고귀한" 것은 오직 신 자신 이외 다른 것이 아니기 때문에 신은 오직 자신만을 혹은 같은 말이지만 자기 자신의 사유만을 사유할 수 있다. 아리스토텔레스에 따르면, "그러므로 신적 사유가 사유하고 있는 것은 자기 자신임에 틀림없으며 (왜냐하면 그것이야 말로 사물들 중 가장 탁월한 것이기 때문이다), 그것이 사유하고 있는 것은 사유하고 있는 것에 대해 사유하고 있는 것이다."[11)] "신의 사유는 그 사유의 대상과 일치한다."[12)] 이것이 의미하는 바는 신적 사유의 대상, 즉 아리스토텔레스의 형이상학에서 절대적인 선에 관한 물음은 대답되지 않고 소멸된다. 대답은 공허한 동어반복에 이르게 된다. 사유의 내용은 사유이고, 선은 선이다.

『형이상학』의 제12권의 말미, 이 저서 중에서 가장 유익한 부분

---

9) 같은 곳.
10) 같은 책, 1074b.
11) 같은 곳.
12) 같은 책, 1075a.

에서 아리스토텔레스는 다음의 물음을 제기한다. "우주의 본성에서 선과 최고선은 분리 · 독립적인가 아니면, 부분들의 질서인가?" 그것이 의미하는 바는 다음과 같다. 선은 경험적 실재를 초월하는 가치인가, 아니면 경험적 실재 안에 내재해 있는 가치인가? 그의 대답은 다음과 같다. "아마도 두 방식 모두이다."[13] 그는 이 진술을 예시하기 위하여 우주와 군대를 비교하면서, 다음처럼 진술한다. "군대의 선은 그것의 편성 속에서도 발견되고, 그것의 지휘관 속에서도 발견된다. 그리고 훨씬 더 후자 속에서 발견된다."[14]

최고선은 군대 자체에서보다 지휘관 안에서 훨씬 더 많이 발견되는데, 군대의 지휘관이 운동하지는 않지만 운동하게 하는 자라는 사실은 의심의 여지가 없다. 그리고 아리스토텔레스는 다음처럼 결론 내린다. "세계는 서투르게 지배되지 않으리라는 것은 틀림없다. '다수에 의한 통치는 선이 아니다. 한 사람으로 하여금 통치자이게끔 하라.' "[15] 우주에서 운동하지는 않지만 운동하게 하는 자, 즉 아리스토텔레스의 형이상학에서의 신은 세계에 대한 인격적 통치자이다. 이 존재론은 일신론적 신학을 함의하고 있으며, 그 자체로서 형이상학적 윤리학을 함의하고 있다.

그러나 이러한 형이상학은 각별히 도덕의 문제, 특히 정의의 문제에 몰두한 아리스토텔레스의 체계의 한 부분에, 즉 그의 도덕학의 취급 즉 『윤리학』에 본질적인 영향을 미치지 못한다. 그의 윤리학 저서는 세 가지이다. 소위 『니코마코스 윤리학』(*Nicomachean Ethics*), 『에우데모스 윤리학』(*Eudemian Ethics*), 『대윤리학』(*Great Ethics*)이 그것이다. 니코마코스는 어렸을 때 전사했던 아리스토텔

---

13) 같은 곳.
14) 같은 곳.
15) 같은 책, 1075b.

레스 아들의 이름이다. 에우데모스는 아리스토텔레스의 제자였다. 『니코마코스 윤리학』[16]은 아리스토텔레스 도덕철학의 신뢰할 만한 진술이라고 생각된다.

사실상 아리스토텔레스는 자신의 『윤리학』을 "선은 모든 것들이 목표로 하는 것이다."[17]라는 진술과 함께 시작한다. 그것은 "각각의 행동의 목적은 선이며, 각각의 특수한 경우에는 선이고, 자연의 전체에는 일반적으로 최고선"[18]이라는 그의 『형이상학』의 기본 명제와 거의 동일하다. 그는 『윤리학』이 언급하고 있는 선을 "궁극적 선" 즉 "최상의 선"으로 특징짓고 있으며, 이 학의 과업을 정확하게 "이 최상의 선이 무엇인가를 개요적으로 이해하는 것"[19]으로 정의하고 있다. 이것은 그의 『형이상학』의 대상이다. 그러나 그는 그것은 "인간에게 선한 것"[20]이고 운동하지는 않지만 운동하게 하는 자의 초월적 선이 아니라는 점을 강조함으로써 그의 『윤리학』을 그의 『형이상학』과 분리한다. 즉 그의 『윤리학』은 인간의 선을 규정하고자 한다. 플라톤에 반대하면서 아리스토텔레스는 그의 『윤리학』의 목적을 위해 다른 세계에 독립해서 존재하는 절대적 선의 이데아를 거부한다. 그는 "선은 하나의 이데아에 상응하는 일반적인 개념이 아니다."[21] 그는 상이한 것들은 단순히 우연에 의해서 선이라 부르는 것이 아니라는 점을 인정한다. 그것들은 "하나의 선으로부터 도출됨으로써 혹은 그들 모두가 하나의 선에 기여하기

---

16) Aristotle, *The Nicomachean Ethics*, trans. by H. Rackham, Loeb Classical Library (London: 1926) and *The Works of Aristotle*, ed. by W. D. Ross (Oxford: 1925), IX.
17) *The Nicomachean Ethics*, 1094a.
18) *The Metaphysics*, 982b.
19) *Ethics*, 1094a.
20) 같은 책, 1094b.
21) 같은 책, 1096b.

때문에" 선이라 부른다. 그러나 그는 이런 물음을 다른 학문, 즉 제1철학 다시 말하면 그의 『형이상학』에 속하는 것이라 하여 더 이상 다루지 않는다.[22] 플라톤의 선의 이데아에 대해서 그는 다음처럼 진술한다. "여러 사물들에 대해 공통적으로 술어로 사용되는 선함이란 실제로는 독립적으로 존재하는 그리고 절대적인 그 무언가의 단일체이다." 그리고 그러한 정의는 또한 자신의 『형이상학』에서 확립된 신의 개념에도 적용된다. "그것은 분명히 인간에 의해서 실천되거나 도달될 수 있는 것은 아닐 것이다." 덧붙여 말하기를 "그러나 우리가 지금 추구하고 있는 선(the Good)은 인간이 미치는 범위 안에 있는 선(good)이다."[23] 그리고 다른 문맥에서 그는 다음처럼 말한다. "우리는 직감적으로 선(the Good)은 인간에 선행하는 그 무엇이지 않으면 안 되며, 인간으로부터는 쉽게 포착되지 않는다는 점을 느끼게 된다."[24]

그의 『윤리학』이 규정해야 하는 선(good)은 궁극적 목적이기 때문에, 즉 "다른 모든 것이 그것을 위해서 행해지는"[25] 그 무엇이기 때문에, 그것은 행복이지 않으면 안 된다. 왜냐하면 "행복은 다른 모든 것보다 이런 의미에서 절대적으로 궁극적인 것처럼 보이기 때문이며, 그런 이유는 우리 모두는 행복 그 자체 때문에 행복을 선택하며, 다른 그 무엇을 위한 수단으로서 행복을 선택하는 것이 아니기 때문이다."[26] "그러나 최고선(Supreme Good)이 행복이라고 말하는 것은 아마도 당연한 말인 것처럼 보인다. 우리는 여전히 행복을 구성하는 것이 무엇인가에 대해 보다 명시적인 설명을 요구하

---

22) 같은 곳.
23) 같은 책, 1096b-1097a.
24) 같은 책, 1095b.
25) 같은 책, 1097a.
26) 같은 책, 1097b.

게 된다."[27] 이런 탐구의 결과는 행복이 덕과 동일시된다는 것이다.

이처럼 행복과 덕을 동일시하는 것은 어떤 유형의 도덕철학이 가지는 독특한 특징이다. 그것의 출발점은 인간의 일정한 마음의 상태로서의 행복에 대한 욕구이다. 그러나 원하는 모든 것을 완전히 만족시키는 것은 불가능하고, 따라서 우리는 이러한 상태에 도달할 수 없다. 도덕규범을 따라야만 하는 사람들에게 그들의 행동을 이들 규범과 일치하도록 (즉 덕스럽게 되도록) 유도하기 위해서는, 이 도덕철학은 그들이 규범과 일치하는 행동을 하면 응보원리에 따라서 저 욕구된 행복을 획득할 것이라고 주장한다. 이러한 행복은 덕에 대한 보상인 것처럼 보인다. 만약 당신이 덕스럽다면, 즉 당신이 마땅히 행동해야 하는 방식대로 행동한다면, 당신은 행복해질 것이다. 이것이 이 도덕철학의 가르침이다. 그러나 덕스러운 사람이 불행하게 되는 것은 실제로 아주 흔한 일이기 때문에, 그리고 사악한 사람이 행복하게 되는 것도 아주 흔한 일이기 때문에, 그리고 도덕철학은 실제에서의 행복을 변경시킬 수 없기 때문에, 이 도덕철학은 행복의 개념을 변경시키지 않으면 안 된다. 이런 목적을 위해서 인간이 실제로 추구하는 행복은 현혹적인 거짓된 행복으로서 사람들이 목표로 삼아야 하는 실제적이고 진정한 참된 행복과 구별된다. 이 철학은 사람들에게 전자를 추천할 수 없고 추천하려고 하지 않을 것이기 때문에, 사람들에게 후자를 약속한다. 그리고 이 철학은 아무런 손해의 염려 없이도 그렇게 할 수 있다. 왜냐하면 이 철학은 자신이 요구하는 것만을 약속하기 때문이다. 왜냐하면 참된 행복은 덕 그 자체 이외 다름 아니기 때문이다. 그리하여 덕과 행복이 동일시되는 허구에 의해서 덕 그 자체가 보수(報酬)로 되어버린다. 당신이 덕스럽게 되면, 즉 당신이 마땅히 행동하

27) 같은 곳.

는 바대로 행동하게 되면, 당신은 행복하게 될 것이라고 하는 기본 원리가 여전히 유지되고 있다. 그러나 "행복하게 된다는 것"은 지금으로는 덕스럽게 된다는 것, 즉 마땅히 행동해야 하는 바대로 행동하는 것을 의미하고 있기 때문에, 이 원리는 다음과 같은 동의반복에 이르게 된다. 만약 당신이 덕스럽다면, 당신은 덕스럽다. 그러나 이 이데올로기가 가지고 있는 독특한 점은 이 원리가 기초하고 있는 허구가 사실로 전화될 수 있다는 것이다. 만약 누군가가 덕, 그리고 덕만이 사람을 행복하게 한다는 이 도덕철학의 주장을 믿는다면, 도덕적으로 행동했다는 의식, 자신의 도덕적 의무를 다했다는 의식은 그의 마음 안에다 그런 행복이 구성하고 있는 것과 꼭 같은 만족의 느낌을 줄 수도 있다. 여기서 이 도덕철학은, 사람들에게 덕에 대한 보상으로서 행복을 줄 수 없기 때문에, 행복을 덕 그 자체로 대치하고자 한다.

행복은 최상의 선, 즉 그 자체 때문에 항상 선택되는 선이기 때문에, 아리스토텔레스는 행복을 그의 윤리학의 출발점으로 삼는다. 이때 아리스토텔레스는 우선 이 개념을 그것의 일상적 의미에서 마음의 실제 상태로 즉 사람들이 실제로 욕구하는 만족의 조건으로 받아들인다. 행복과 덕을 동일시하는 것과는 거리가 멀다. 분명히 그는 덕이 인생의 목적이라는 이론을 거부하고 있다. "왜냐하면 잠자거나 일생 동안 아무 일도 안하고 지낼 수도 있고, 때로는 아주 심한 고통과 불행을 당하는 수도 있기 때문이다. 자기의 주장을 고집하는 사람이면 몰라도, 이러한 생활을 하는 사람을 행복하다고 하는 이는 없을 것이다."[28] 그가 행복을 그 자신을 위해 욕구되는 그 무엇이라고 서술하였을 때, 그는 덕과 행복을 대립시키고 있다. 그에 따르면 "행복은 우리가 항상 그 자체 때문에 선택하는 것이지

28) 같은 책, 1095b. 1096a.

다른 그 무엇 때문에 선택하는 것이 아니다. 그러나 명예나 쾌락이나 이성이나 또 이 밖의 모든 덕은 그것들 자체 때문에 우리가 선택하는 경우가 있다고는 해도 (이런 것들로부터 아무 결과가 생기지 않을 때에도 이것들을 선택하는 경우가 있기 때문이다), 또한 우리는 이런 것들을 통해서 행복하게 되리라고 생각하여, 행복 때문에 이것들을 선택하는 경우도 있기 때문이다."[29] 여기서 행복은 분명히 덕의 결과 혹은 보상으로 이해되고 있으며, 결코 덕과 동일시되고 있지 않다.

행복을 덕으로 전화시키는 것은 행복이 진정 무엇인가의 물음 가운데서 생겨난다. 아리스토텔레스는 "인간의 기능이 무엇인가를 알아냄으로써"[30] 이 문제에 답하고자 한다. 이 말로써 그가 의미하는 바는 인간일반의 종(種)적 기능이다. 이 종적 기능과 대립해 있는 것이 목수·구두장이 등과 같은 개인의 능력에서의 기능이다. 아리스토텔레스에 따르면 인간의 이러한 종적 기능은 "인간의 이성적 부분의 실천적 삶"이며, 그의 합리적 능력의 기능 즉 이성의 활동이다. 행복은 이성적 원리와 일치하는 활동이다. 그것은 "이성적 원리를 따르는 혹은 그런 원리를 함의하는 활동"이다. 그리고 "선한 인간의 기능은 이러한 활동을 잘 그리고 올바르게 수행하는 것이다." "선한 인간"은 덕스러운 인간이고, 어떤 활동을 "잘 그리고 올바르게" 수행하는 것은 덕에 따라서 그것을 수행하는 것이기 때문에, 방금 인용했던 말은 결국 다음과 같은 군더더기의 말에 이르게 된다. 덕스러운 사람은 덕에 따라서 행동하는 사람이다. 이런 근거 아니, 의문스러운 근거 위에서 그는 최상의 인간 선으로서의 행복에 대해 다음과 같은 정의에 이르게 된다. 행복은 "덕에 따른

29) 같은 책, 1097b.
30) 같은 곳.

영혼의 활동이다. 하나의 덕 이상이 있다면 최고의 그리고 가장 완벽한 덕에 따른 영혼의 활동이다."[31] 선은 행복이고 행복은 덕이다. "우리의 정의는 행복한 사람을 '잘 살고' 또는 '잘 행동하는' 사람이라고 서술하는 것과 일치한다." 아리스토텔레스가 분명히 인정하는 바와 같이, 그의 정의는 "행복을 덕이라고 혹은 어떤 특수한 덕이라고 선언하는 사람과"[32] 일치한다. 그는 실제로 다음과 같이 단언하기도 한다. "최상으로 행복한 사람은 결코 처참하게 될 수 없다. 왜냐하면 그는 결코 밉거나 비열한 행동을 하지 않을 것이기 때문이다. 그렇게 되는 까닭은 참으로 선한 사람과 지혜로운 사람은 모든 종류의 행운을 지니고 있을 것이고, 항상 상황이 허용하는 가장 고상한 방식으로 행동할 것이라고 우리는 보기 때문이다."[33] 그러나 그는 외적인 선이 행복에서 중요하다는 사실을 완전히 무시하는 데까지는 가지 않는다. 행복에 대해 개정된 정의는 다음과 같다. "덕을 행동에서 완전히 실현하고, 적절하게 외적 선들이 어떤 우연한 시기에 주어지는 것이 아니라 일생을 통해 주어지는"[34] 그런 사람은 행복하다. 그러나 뒤에 아리스토텔레스는 다시 돌아와 처음과 같이 행복을 "완전한 덕과 일치하는 영혼의 어떤 활동"이라고 정의하면서, 덕의 본성에 대한 자신의 탐구의 첫 출발점으로 삼는다. 그리고는 다시 다음과 같이 주장한다. "우리가 고려해야 하는 덕은 분명히 인간의 덕이다. 왜냐하면 여기서 우리가 추구하는 선이니 행복이니 하는 것은 인간의 선과 인간의 행복이기 때문이다."[35]

---

31) 같은 책, 1098a.
32) 같은 책, 1098b.
33) 같은 책, 1001a.
34) 같은 곳.
35) 같은 책, 1002a. 뒤에 아리스토텔레스는 덕을 "성향(disposition)"(1106a)이라고 한다. 덕은 "어떤 종류의 특수한 성향"인가의 물음에 답변하면서 그는 "인간에 있어 탁월성 또는 덕은 그를 좋은 사람으로 되도록

II

그리하여 선, 도덕적 가치는 인간의 것으로 된다. 그것은 인간의 덕으로서 나타난다. 결과적으로 아리스토텔레스의 『윤리학』은 인간 덕들의 체계를 목표로 하며, 그 중에서 정의는 "주요 덕" 즉 "완전덕"[36]이 된다. 도덕적 가치 혹은 아리스토텔레스의 언어로 말하면 도덕적 덕들은 어떻게 규정되는가? 그의 『윤리학』의 서두에 아리스토텔레스는 "동일한 정확함이 철학의 모든 분야에서 똑 같이 기대되어서는 안 된다. 이것은 기예나 솜씨의 모든 분야에서도 마찬가지이다." 윤리학의 분야에서 "우리는 [선과 정의의 개념처럼] 그렇게 불확실한 주제를 다루고 불확실한 전제들과 함께 출발하면서 우리가 진실의 대체적인 개요를 제시하는 데 성공했다면 우리는 만족해야 한다. … " "여러 가지 사물을 다룰 때 그 주제의 본바탕에서 벗어나지 않는 만큼의 정밀성을 추구하는 것이 교양 있는 사람에게 합당한 일이다."[37] 그럼에도 불구하고 아리스토텔레스는

하는, 또한 사람으로 하여금 자신의 기능을 잘 수행하도록 하는 성향일" 것이라고 말한다. 이 정의 또한 동어반복적이다. "인간에 있어 덕"은 인간의 성질로서의 선함과 동일하기 때문에, 이 정의는 인간의 선함은 인간으로 하여금 선한 사람이 되도록 하고 그의 일을 좋은 일이 되도록 하는 성향이라는 진술에 이르게 된다. 다음의 진술이 동일한 유형이다. "도덕적 덕이 선택에 관한 마음의 성향이고, 선택이 숙고의 욕구인 한에 있어서, 다음의 결론이 도출된다. 선택이 선하려면, 원리는 참이어야 하고 욕구는 올바른 것이어야 한다는 사실, 그리고 욕구는 원리가 주장하는 것과 같은 것들을 추구하여야 한다는 결론이 도출된다. … 참의 달성은" "실천적 지성"에 관한 한 "올바른 욕구에 상응한다"(1139a). 이는 다음을 의미한다. 선택(즉 숙고의 욕구)은 그것이 옳은 것이라면 선하다. 이것은 다음을 의미한다. 선택은 그것이 선이라면 선하다. 동일한 종류의 다른 진술을 살펴보면 다음과 같다. "옳은 것을 좋아하고 싫어하는 것은 덕스러운 특성의 형성에서 가장 중요한 요소라고 생각된다"(1172a).

36) 같은 책, 1129b.

37) 같은 책, 1094b. 아리스토텔레스는 자신의 윤리학을 정치학의 한 분야라고 말하고 있고(1094b), 정치학을 "최고선에 대한 인식"을 목적으로 삼고, "가장 권위적인 학문" 즉 "사람들이 하게 될 것과 해서는 안 될 것에 관한 법칙을 제시하는 학문이라고 그 특징을 말함에도 불구하고(1094b)", 『윤리학』의 제2권에서 그는 다음처럼 이야기한다. "우리의 현재의 연구는 철학의 다른 분야와는 달리 실천적 목적(왜냐하면 우리는 덕이 무엇인가를 알 목적으로 덕의 본성을 탐구하는 것이 아니라, 우리가 선하게 되기 위해서, 그러한 결과가 없이는 우리의 탐구는 아무 쓸모가 없는, 그런 것을 위해서 탐구하는 것이기 때문이다)"(1103b)을 가지며, 그리하여 도덕의 학으로서의 윤리학과 그것의 대상 즉 규범적 질서로서의 도덕의 혼동이 야기된다. 그는 일반적인 규칙에 의해서 이런 대상을 서술할 가능성을 부인하는 것처럼 보인다. 왜냐하면 그는 다음처럼 말하고 있기 때문이다. "우리가 요구하는 설명은 주제에 순응하는 것이어야 한다고 우리가 맨 처음에 말한 바와 같이, 행위의 문제에 관한 논의는 모두 윤곽적인 것이고, 정밀한 것일 수 없다고 하는 것이다. 행위에 관한 문제나 우리를 위해서 선한 것이 무엇인가 하는 문제는 건강에 관한 문제와 마찬가지로 고정된 데가 없다. 일반적인 논의가 이런 성질을 가지고 있는 터이므로, 개별적인 여러 경우에 관한 논의는 더군다나 정밀함을 찾기가 어렵다. 왜냐하면 개별적인 경우에 있어서는 어떠한 기술이나 방책도 꼭 들어맞는 것이 아니요, 행위자 자신이 각 경우의 상황에 적합한 것이 어떤 것인가를 생각해야 되기 때문이다. 의료와 항해의 기술에서 일어나는 일도 이와 꼭 같은 것이다"(1104a). 아리스토텔레스가 주장하고 있는 것처럼, 만약에 "과학적 인식이 보편적인 것들과 필연적인 것들을 다루는 개념 양식이라면"(1140b), 그리고 도덕적 이론의 대상인 "행위"는 "특수한 것들을 다루기"(1141b) 때문에, 만약 윤리학이 일반적인 규칙에 의해서 자신의 대상을 서술할 수 없다면, 윤리학은 어떤 학문도 될 수 없을 뿐만 아니라, 윤리학은 완전히 불가능하다. 왜냐하면 도덕에 관한 "이론"이 어떤 조건 하에서 어떤 인간행동이 발생해야 한다는 사실을 보여주는 일반규칙을 제시하는 일 외에 무엇을 할 수 있단 말인가? 만약 어떤 한 사람의 행위자가 어떤 일정한 조건 하에서 어떤 일정한 행동을 하라고 명령하는 일반규칙을 알지 못한다면, 어떤 구체적인 경우에 도덕적으로 행위 하는 것이 그의 행위가 이루어지는 조건과 어떻게 일치하는지를 그 개인이 알 수 있는 방법이 있겠는가? 개인 행위자가 단독으로 결정해야 하는 것은 일반규범에 의해서 규정된 조건들이 그의 경우에 존재하는가 여부에 대한 물음일 뿐이다. 그는 권리의 문제(*questio juris*)가 아니라 사실의 문제(*questio facti*)를 결정해야 한다(전자는 그의 행위가 도덕적으로 선인 것으로 간주되려면, 즉 도덕의 일반 규칙과 일치하는 것으로 간주되려면, 어떻게 행위 해야

수학적 · 기하학적 유추를 윤리학의 중심문제를 해결하는 데, 즉 덕이란 무엇인가의 문제에 대해 답하는 데 적용한다. 그것이 바로 그의 유명한 중용(*mesótes*) 이론이다. 덕은 두 극단 사이의 중간 상태이며, 두 극단 중 하나는 과도(過度)의 악덕이요, 다른 하나는 과소(過小)의 악덕이다. "덕은 그것이 중간을 공략한다는 점에서 중간의 상태이다. … 과도와 과소는 악덕의 특징이고, 중간을 준수하는 것은 덕의 특징이다."[38]

이러한 정식은 아리스토텔레스 자신이 인정하다시피 다음과 같은 상투어로 표현된다. "예술의 완전한 작업에 관한 공통된 언급은 다음과 같다. 당신은 그것으로부터 뺄 수도 그것에 덧붙일 수도 없다." 이것은 아리스토텔레스에 따르면 과도와 과소는 완전을 파괴하는 반면, 중간의 유지는 그것을 보존한다."[39] 아리스토텔레스는 이러한 상투어를 그의 탐구의 출발점으로 삼는다. 왜냐하면 그 안에 가치의 성질이 양으로서 나타나기 때문이다. 수학적 · 기하학적 방법을 윤리학에 적용하는 일은 도덕적 가치가 질에서 양으로 바뀌는 한에서만 가능하다. 미술작품에서의 선의 기준이 사람들이 거기

하느냐에 대한 물음이다). 구체적인 행위가 도덕적으로 선한지 도덕적으로 나쁜지에 관한 가치판단은 다른 어떤 것에서가 아니라, 판단하는 주체가 타당한 것으로 전제하는 일반규범과 그 행위가 일치한다거나 혹은 일치하지 않는다는 판단 속에 존립한다. 사실상 아리스토텔레스는 『윤리학』에서 도덕의 많은 일반규칙을 제시한다. 즉 그는 "가난 혹은 사랑의 번뇌 혹은 고통이나 슬픔을 피하기 위해서 죽음을 찾는 일은 용감한 사람의 행동이 아니라, 오히려 비겁한 사람의 행동이다"(1116a). 또는 "거짓은 그 자체 비열하고 비난할 만하고, 진실은 고상하고 칭찬할 만하다"(1127a). 아리스토텔레스가 『윤리학』 제9권의 1에서 보여주고 있는 것처럼, 어떤 일반규칙이 예외적으로만 타당하다는 사실은 두 일반규칙 사이의 충돌이 있다는 것을 의미하고, 그러므로 하나의 일반규칙이 다른 일반규칙에 의해서 제한된다는 것을 의미한다.

38) 같은 책, 1106b.

39) 같은 책, 1106a.

에서 더 이상 뺄 수도 더 이상 보탤 수도 없는 것이라면, 선은 하나의 선분이 동일한 부분들로 나뉘는 것과 같은 방식의 특성을 가진다. 도덕학자는 기하학자가 선의 두 끝으로부터 등거리의 점을 발견할 수 있는 것과 꼭 같이 그가 찾고자 하는 덕을 발견할 수 있다. 수학적 · 기하학적 혹은 의사(擬似)수학적 · 의사기하학적 방법을 제시하기 위해 도덕적 가치를 양화하려는 경향은 다음의 진술에서 아주 분명히 드러난다. "연속적이고 가분적인 모든 것에 있어서는 보다 많은 양, 보다 적은 양, 혹은 동등한 양을 취할 수 있고, 또 이것은 그 사물 자체에 있어서 취하거나 그렇지 않으면 우리와의 관계에 있어서 취할 수도 있는 것이다. 동등이라고 하는 것은 과도와 과소의 중간이라 하겠다. 대상 자체에 있어서의 중간이란 것은 양쪽 끝에서 똑같은 거리에 있는 것으로서 만인에 대해서 오직 하나 있는 동일한 것이다. 우리와의 관계에 있어서의 중간이라 하는 것은 과도하지도 않고 과소하지도 않은 것이다. 이것은 하나만 있는 것도 아니요, 만인에 대해서 동일한 것도 아니다."[40] 다른 문맥에서 아리스토텔레스는 두 악덕과 그 중간에 있는 것으로서의 덕에 대해서 이야기한다. "가장 큰 반대는 중간에 대한 두 극단의 그것이 아니라 오히려 두 극단 상호간의 그것이다. 왜냐하면 두 극단 피차간의 거리가 중간점으로부터의 거리보다 더 멀기 때문이다."[41] 아리스토텔레스가 도덕적 선 혹은 덕을 의사수학적 · 의사기하학적 작용으로서 규정하는 방법을 제시할 의향이 있다는 사실은 선이나 덕이 무엇인가를 발견하는 일이 가능함에도 불구하고 그것은 쉽지 않다는 그의 진술에서 볼 수 있다. "선한 사람이 된다고 하는 것은 쉬운 일이 아니다. 왜냐하면 어떤 일에 있어서나 그 중간을 찾기란

40) 같은 책, 1105b. [실세로는 같은 책, 1106a.]
41) 같은 책, 1108b.

쉬운 일이 아니기 때문이다. 예컨대 어떤 원의 중심을 찾아내는 일은 누구나 할 수 있는 일이 아니요, 다만 그것을 아는 사람만이 할 수 있는 것이다."[42] 선을 규정하는 것은 직선의 중간점이나 원의 중간을 규정하는 것과 원리상 같은 문제이다.

도덕적 가치를 정량화하여, "과도" "중간" "과소"의 세 도식을 사용하는 일은, 즉 수학적 · 기하학적 방법을 사용하여 선을 규정하고자 하는 것은 오류이다. 도덕가치의 영역에서는 자연과학의 대상과 같은 실재의 영역에서처럼 결코 측정가능한 양들이 존재하지 않는다. 윤리학은 성질만을, 즉 선과 악의 성질, 옳음과 그름의 성질, 정의로움이나 정의롭지 못함의 성질, 덕스러움이나 사악함의 성질만을 다룬다. 일정한 인간행동이 선하다거나 악하다거나, 옳다거나 그르다거나, 정의롭다거나 그렇지 못하다거나, 덕스럽다거나 사악하다거나 하는 진술은 어떤 것이 행해져야한다는 가정을 전제하고 있다. 어떤 것이 존재해야 한다거나 행해져야한다거나 하는 진술은 규범이다. 그것은 어떤 것이 목적이지 목적에 대한 수단이 아니라는 관념을 표현하는 방식이다. 그것은 가치판단이다. 인간의 행위가 선하거나 악하다고, 옳거나 나쁘다고, 정의롭거나 정의롭지 못하다고, 덕스럽거나 사악하다고 하는 진술은 이러한 행동이 전제된 규범과 일치한다거나 일치하지 않는다는 즉 전제된 규범과 모순된다는 사실을 의미한다. 유효하다고 전제된 규범과 어떤 사람의 행동이 일치한다면, 그는 규범을 준수한다고 이야기하고, 그의 행동이 규범과 일치하지 않는다면, 그것은 규범과 모순되기 때문에, 그가 규범을 어기고 있다고 이야기한다.

덕이, 과도와 과소 사이에 있는 것처럼, 과소의 악덕과 과도의 악덕 사이의 중간이라는 진술은, 덕과 악덕의 관계는 정도(degrees)

---

42) 같은 책, 1109a.

의 관계라는 생각을 함축하고 있다. 그러나 덕은 도덕규범과의 일치 속에, 악덕은 그것과의 불일치 속에 존재하는 것이기 때문에, 덕과 악덕 사이의 관계는 정도의 문제일 수 없다. 왜냐하면 일치나 불일치에 관하여 말하자면 거기에는 상이한 정도가 있는 것이 아니라 양자택일만 있기 때문이다. 어떤 행동이 "과도하게" 혹은 "과소하게" 일치할 수는 없는 것이며, 그것은 단지 (도덕적 혹은 법적) 규범과 일치할 수 있느냐 혹은 일치할 수 없느냐 하는 것일 뿐이다. 그것은 규범과 단지 모순되느냐 혹은 모순되지 않느냐 하는 것일 뿐이다. 만약 우리가 그 규범을 전제한다면, 사람들은 거짓말을 하지 않을 것이다. 혹은 긍정적으로 표현하면 진실을 이야기할 것이다. 어떤 사람에 의해 행해진 일정한 진술은 참이거나 참이 아니며, 거짓이거나 거짓이 아니다. 그것이 참이라면 그 사람의 행동은 규범과 일치하고 있으며, 그것이 거짓이라면 그 사람의 행동은 규범과 모순된다. 그러나 그 행동은 규범과의 일치에서 상이한 정도 속에 있을 수 없으며 또한 규범과 모순에서 상이한 정도 속에 있을 수 없다. 그것은 더나 덜일 수 없으며, 따라서 규범과의 일치나 모순 속에서 과도하거나 과소할 수 없다. 아리스토텔레스의 세 등급 혹은 "양"의 차별화, 즉 과도 · 중간 · 과소는 사실상 도덕가치, 선하거나 악하다는 성질, 덕과 악덕과는 아무런 관계가 없으며, 다만 심리적인 것과 관계가 있다. 그는 다음처럼 말한다. 도덕적 덕은 "감정과 행위에 관계하며, 그 감정과 행위에서 우리는 과도 혹은 과소 혹은 합당한 중간을 가질 수 있다. 예컨대 우리는 두려워하거나 대담할 수 있으며, 욕구나 화나 동정을 느낄 수 있다. 그리고 쾌락과 고통일반의 경험은 둘 다 과도하거나 과소하고, 두 경우 모두 잘못된 것이다. 반면에 이러한 감정들을 올바른 때에, 올바른 기회에, 올바른 사람을 향해, 올바른 목적을 위해 올바른 방식으로 느끼는 것은 그들의 대해 최상의 양을 느끼는 것이요, 그것은 중용의 양이다."[43] 절제나 용기에 적용해 보면, 중용이론은 다음과 같다. "두려움과 자신감의 중간의 분별은 용기이다. 두려움에서 과도한 사람은 어떤 특별한 명칭도 없다(많은 덕과 악덕의 경우도 그렇다). 자신감에서 과도한 사람은 무모하다. 그는 두려움에서 과도하고 자신감에서 과소한 사람은 겁쟁이이다. 쾌락과 고통에 관련해서는, 그들 모두에 관해서가 아니라 고통에 관해서 조금 더 적은 정도로, 중간을 유지하는 것은 절제이고 과도는 방종이다. 쾌락의 향유에서 과소는 거의 일어나지 않기 때문에, 이것의 적절한 이름은 없다. 그러나 우리는 그것을 둔감(insensible)이라고 하자."[44] 비겁은 "과소함의 악덕"이다. 왜냐하면 그것은 과소한 자신감의 특징을 지니기 때문이다. 무모는 "과도의 악덕이다" 왜냐하면 그것은 과도한 자신감의 특징을 지니기 때문이다. 방종은 과도의 악덕이다. 왜냐하면 그것은 쾌락에 과도하게 빠진다는 특징을 지니기 때문이다. 둔감은 과소의 악덕이다. 왜냐하면 그것은 과소한 쾌락을 즐긴다는 특징을 지니기 때문이다. 어떤 행동을 수반하는 혹은 그것의 원인이 되는 감정은 정도의 문제이며, 양화하는 것도 가능하지만, 덕이나 악덕, 옳음이라는 성질이나 나쁨이라는 성질을 구성하는 도덕규범과 이 행동의 일치 혹은 불일치는 정도의 문제가 아니며, 양화될 수 없다. 따라서 이들의 정도나 양의 어떤 것도 그 자체 "과도하"거나 "과소하"지 않으며, 과도나 과소를 나타내지 않는다. "과도하"거나 "과소한" 것은 사람들이 어떤 정도 혹은 "양"이 "옳은" 것이라는 사실을 전제하는 한에서만 가능한 가치판단이다. 어떤 정도의 감정이나 어떤 양의 감정은, 이런 감정이 원인이 되어 일어나는 혹은

43) 같은 책, 1106b.
44) 같은 책, 1107b.

이런 감정을 수반하는 행동이 옳기 때문에, 즉 도덕규범과 일치하기 때문에, "옳은" 것이다. 무엇이 옳고 그른 것이냐 하는 것은 도덕규범과 관계를 맺고 있는 행동이다. 이런 관계는 정도(程度)일 수 없다. 이것이 왜 아리스토텔레스가 덕은 중간이고, 그 자체로서 극단과 대립된다는 자신의 진술을 일관되게 주장할 수 없었고, 덕 그 자체가 극단이라는 점을 인정해야 했던 이유이다. 그는 중용에 관한 자신의 이론을 덕은 "그것의 본질에 관해서만 그리고 그것의 본래적 의미를 진술하는 정의(定義)에 관해서만 중용"45)이라고 말함으로써 변경시키지 않으면 안 되었다. 탁월함과 옳음의 바로 그 점(point)이 사실상 고려되는 유일한 점이다. 왜냐하면 덕이란 그것의 본성상 "탁월함과 옳음"이기 때문이다. "과도"와 "과소"라는 관념은 선과는 거리가 먼, 양적인 것을 지칭하는 것으로, 비유적 표현

45) 같은 책, 1107a. 다른 문맥에서 우리는 다음을 보게 된다. "감정의 경우이든 행위의 경우이든 특성의 중간 상태는 과소한 상태와 비교해보면 과도하며, 과도한 상태와 비교하면 과소하다. 예를 들어 용감한 사람은 비겁한 사람에 비하면 무모하게 보이고, 무모한 사람에 비하면 비겁한 것 같이 보인다. 마찬가지로 절제 있는 사람도 둔감한 사람에 비하면 방종해 보이고, 방종한 사람에 비하면 둔감하게 보인다"(1108b). 따라서 덕은 중간일 뿐만 아니라 과도이나 과소일 수도 있다. 그러나 아리스토텔레스의 진술에 따르면 중용이론이 전혀 적용되지 않는 덕과 악덕이 있다. "그러나 모든 행위나 모든 감정에 중용이 있는 것은 아니다. 어떤 것은 이미 그것이 좋지 않은 것임을 드러내는 이름을 가지고 있다. 예컨대 악의 · 파렴치 · 질투, 그리고 행동의 경우에는 간음 · 절도 · 살인과 같은 것이 그런 것이다. 즉, 이 모든 것 및 이와 유사한 것들은 그 이름이 이미 그것이 그 자체 나쁜 것임을 드러내고 있으며, 그것의 과도나 과소가 나쁜 것임을 나타내는 것이 아니다. 그러므로 이런 것들에 있어서는 옳다고 할 수 있는 일이 아예 있을 수 없다. 이런 것들은 언제나 그릇된 것이다"(1107a). 중용이 적용될 수 없는 덕들 중 절제와 정의가 언급된다. "절제와 정의에는 과도나 과소가 있을 수 없다. 왜냐하면 이 경우 중간이란 어떤 의미에서 과도이기 때문이다. 이와 마찬가지로 이에 상응하는 사악한 행위에는 중용도 과도도 과소도 있을 수 없다." 그럼에도 불구하고 그 뒤에 중용이론은 정의뿐만 아니라 절제에도 적용된다.

에 불과하며, 인간행동과 도덕(혹은 법)과 규범의 관계를 나타내는 특별한 비유이다. 아리스토텔레스는 전제된 규범과 어떤 행위가 일치한다는 사실을 어떤 선분의 중간점에 비유하고 있으며, 전제된 규범과 어떤 행위가 일치하지 않는다는 사실을 그 선분의 양 끝에 비유하고 있다. 그 현상을 비유를 사용하지 않고 서술할 때, 중용정식의 3분 도식은 곧바로 2분 도식으로 대체될 수 있다. 즉 선과 악, 옳음과 그름, 일치와 불일치의 대립으로 대체될 수 있다. "과도"와 "과소"는, 중용이론이 보여주고 있는 것처럼, 동일한 도덕적 토대의 두 상이한 양들이 아니라, 동일한 성질을 지칭하는 두 상이한 표현에 불과하다. 즉 과도와 과소는 모두 불일치, 즉 어떤 행위가 어떤 규범과 모순된다는 사실을 표현한 것에 불과하다. 덕은 도덕규범과 일치하는 것이며, 악덕은 도덕규범을 훼손하는 것이다.

중용이론에서 두 다른 "극단"으로서의 두 다른 악덕을 구분하기 위해서는, 인간행동을 규제하는 두 다른 규범들이 있어야 한다. 이것은 적어도 몇몇의 경우에는 중용의 정식이 적용되는 상황인 것처럼 보인다. 전형적인 예는 "과소"로서의 비겁의 악덕과 "과도"로서의 무모(자신감)의 악덕 사이의 중용으로서의 용기의 덕이다. 용기의 덕과 비교되는 것으로서의 비겁의 악덕을 "과소한" 것으로 봄으로써, 우리는 문제가 되는 행동이 어떤 규범과 모순된다는 생각을 비유적으로 표현한 것이다. 여기서 그것을 수행하는 것이 덕을 이루는 것이고, 그것을 훼손하는 것이 비겁이며, 그리고 이 규범은 용기를 의미한다. 용기의 덕과 비교되는 것으로서 무모의 악덕을 "과도한" 것으로 봄으로써 우리는 그 행동이 어떤 규범-그것을 수행하는 것이 관련된 덕을 이루는 것과는 다른 규범과 모순된다는 생각을 표현한 것이다. "과소한" 비겁이 아니라, 단지 "과도한" 무모만이 용기를 지시하는 규범을 훼손한다. 무모한 사람은 용기가 있지만, 비겁한 사람은 그렇지 않다. 전자는 용기가 있지만, 그는 또한 과도한 자신감을 가진다. 이런 의미에서 그는 "과도한" 용기가 있다. 그것이 의미하는 바는 다음과 같다. 그는 용기 있음으로 해서 다른 규범을 훼손한다. 즉 신중을 기하라고 지시하는 규범, 성공의 가능성을 고려해야 한다는 의무, 우리가 파괴하려고 감행하는 가치는 우리의 행위에 의해서 우리가 실현하려는 가치와 어떤 비례관계에 있다는 원리를 훼손한다. "과도하게" 정의로운 사람은, 광범위한 의견에 따르면, 어떤 국제적인 도덕규칙을 어떤 경우에 심지어는 자신의 조국에 손해가 가는 경우에까지 적용하는 사람이며, 그는 이 규칙을 적용하면서 익히 알려진 규범, 즉 "옳으냐 그르냐는 나의 조국과 연관되어 있다"는 규범을 훼손하고 있다. 중용정식의 "두 과도한 것" 중 하나에서 하나의 규범과의 불일치는 또 다른 규범과의 다른 불일치로 표현된다. 덕이 두 극단으로서의 두 악덕 간의 중간이라는 공간적 비유에서 하나의 일치는 두 가지 불일치와 관계하게 된다. 이때 두 상이한 규범이 있으며, "악덕"의 특징을 지닌 두 행동 패턴은 이들 두 규범을 하나씩 훼손하고 있다는 사실이 언급되지 않는다. 즉 과도의 행동이 훼손하는 규범과 과소의 행동이 훼손하는 규범은 다른 것이다. 중용이론은 동일한 규범이 정한 선을 한쪽은 미치지 못하고 다른 한쪽은 넘어서는 것처럼 이야기함으로써, 문제를 은폐하고는 문제를 해결하고 있는 것처럼 마술을 부린다. 주어진 도덕체계의 규범들은 대단히 자주 서로 충돌하기 때문에, 도덕적으로 행동하기 위해서는 상이한 규범들의 유효성의 영역을 적절한 방식으로 제한하는 일이 필요하다. "덕"이 두 악덕 사이의 "중간"이라는 진술이 의미하는 바는, 충돌하는 규범들 중 하나에는 복종하고 다른 하나는 훼손하지 않는 행동이 올바른 행동이라는 것이다. 참된 문제는 이것이 어떻게 가능한가를 보여주는 것이다. 즉 예를 들면 한 사람의 행동이 어떻게 해서 용기의 규범과 일치하면서 동시에 신중의 규범과도 일치할 수 있는 일이 가능한가 하는 것을 보여주는 것이다. 이런 물음에 대해서 중용이론은 어떤 대답도 하지 않고 있다. 또한 도덕가치의 규정을 목표로 하는 어떤 물음에 대해서도 대답을 하지 않고 있다.

중용이론은 다음을 대답이라고 주장하고 있다. 즉 윤리학자는 마치 기하학자가 어떤 선분의 두 극단 점 사이의 중간점을 발견하는 방법을 제공하는 것처럼 선(善)을 발견할 수 있는 방법을 제공한다는 것이 그 대답이다. 만약 중용의 정식이 도대체 선(善)의 규정이라면, 하나의 선분이 그것의 두 끝점으로부터 동일한 거리에 떨어져 있는 점으로 나뉜다는 것과 같은 의미의 중간이 덕인 한에서만, 그렇게 될 수 있다. 왜냐하면 덕이 그 중간에 놓여 있는 두 악덕은 어떤 선분의 두 끝이 그들 끝으로부터 동일한 거리에 떨어진 하나의 점에서 나뉘는 것과 같은 의미에서의 극단은 아니기 때문이다. 이 점은 아리스토텔레스 자신이 제시하고 있는 예로써 알 수 있다. 그는 다음처럼 말한다. “만일 열 근의 음식물이 어떤 사람에게 너무 많고, 두 근은 너무 적을 경우, 체육지도자가 여섯 근의 음식물을 주기만 하면 되는 것이 아니다. 왜냐하면 여섯 근도 어떤 사람에게는 과도하고 어떤 사람에게는 과소하기 때문이다. 밀론에게는 과소하고, 체육의 초보자에게는 과도하다.”46) “극단들”, 즉 열과 둘이 “과도”와 “과소”만의 특징을 지닐 수 있다면, 열보다 더 큰 어떤 양, 즉 “과도한 것”의 특징을 가지고 있는 것도 또한 너무 많고, 둘보다 적은 어떤 양, 즉 “과소한” 것의 특징을 가지고 있는 것도 또한 너무 적으며, 또한 올바른 양은 열과 둘 사이의 무한히 다수인 크기 중 어떤 것일 수도 있다. 이것이 바로 아리스토텔레스가 객관적인

46) 같은 책, 1106a, b.

의미에서의 중간과 주관적인 의미에서의 중간을 구분하는 이유이고, 진정한 중간인 것, "모든 사람에게 동일한" 중간인 것과 "모든 사람에게 동일한 것이 아닌, 우리에 대해서 중간"인 것을 구분하는 이유이다. 이것은 다음을 나타낸다. 즉 "우리에 대해서 중간"은 나뉜 선분의 두 끝으로부터 동일한 거리에 떨어진 점으로서 규정되지 않으며, 규정될 수 없다. 덕은 "우리에 대해서 중간"이라는 의미에서의 두 악덕 사이의 중간이다. 덕이 "우리에 대해서 중간"으로서 그 사이에 놓여 있는 두 "악덕들"은 우리가 두 극단 점으로부터 동일한 거리에 떨어져 있는 점을 규정할 수 있기 위해서 한 선분의 두 극단이 규정되어야 하는 것으로 규정되지 않기 때문에, 즉 두 악덕은 "과도"와 "과소" 만의 특징을 지니기 때문에, 우리가 찾고 있는 덕에 대해 말할 수 있는 것은 기껏 해봐야 덕이 그들 사이 어딘가에 있다는 것뿐이다. 덕이 정확하게 중간에 있다고 가정할, 두 악덕 중 하나의 악덕에 더 가까이 있지 않다고 가정할 하등의 이유가 없다. 아리스토텔레스도 이를 다음처럼 인정하고 있다. "어떤 경우에는 과소가 다른 경우에는 과도가 중용에 더 대립한다. 예를 들면 용기에 보다 더 대립하는 것은 하나의 과도인 무모가 아니라, 하나의 과소인 비겁이다. 또 절제에 대해서 더욱 더 대립하는 것은 하나의 과소인 둔감 혹은 감정의 과소가 아니라 하나의 과도 혹은 과도한 감정인 방종이다."[47] 뒤에 그는 다음처럼 이야기한다. "이러니 이제 이만큼 명백하게 되었다. 즉 만사에 있어서 중간적인 상태는 찬양할 일이로되, 우리는 어떤 때는 과도의 쪽으로, 또 어떤 때는 과소의 쪽으로 나아갈 필요가 있다. 이렇게 해야 가장 쉽게 중용과 옳은 것으로 나아갈 수 있기에 말이다."[48] 만약 우리가 때로

47) 같은 채, 1109a.
48) 같은 책, 1109b.

는 과도 쪽으로 기대거나 때로는 과소 쪽으로 기댄다면, 우리는 중간을 가는 것은 아니지만, 옳은 길을 가는 것이다. 그러므로 덕은 "중간"이 아니라 "옳은 길"이다. 덕에 대한 정의 중 하나는 다음과 같다. "이때 덕은 행위나 감정의 선택에 관해서 마음의 일정한 성향이다. 이것은 본질적으로 우리와 관계하는 중용에 존립한다. 이것은 이성적 원리에 의해 규정된다. 즉 실천적 지혜를 가진 사람이 그것을 규정한다."49) 중용이론의 원래의 정식에 따르면, 중간은 두 극단에 의해 규정된다. 그러나 "우리와 관계하는 중간"은 이런 방식으로 결정되는 것이 아니고, 따라서 그것은 결코 "중간"이 아니다. 그것은 "실천적 지혜"에 의해 규정되는 것이고, "실천적 지혜가 명령하는 것이다. 왜냐하면 그것의 목적은 행해지는 것이 아니라 행해져야 하는 것이기 때문이다."50) 그것은 아리스토텔레스의 윤리학에서 도덕적 질서와 부합한다. 따라서 덕은 도덕적 질서와 일치하는 인간의 성향인 것이다. 이것이 덕은 우리에 관계하는 중용이라는 진술의 참된 의미이다.

덕이 두 악덕 사이의 어디 쯤 있다는 진술은 비유의 성격을 띤다. 비유를 사용하지 않으면 그것의 의미는 다음과 같다. 만약 우리가 덕과 두 악덕 간을 비교한다면, 덕은 이런 악덕도 저런 악덕도 아니다. 중용의 정식은 다음과 같은 동어반복이다. 어떤 것이 옳다면, 그것은 과도한 것도 과소한 것도 아니다. 다른 말로 하면 덕은 악덕이 아니고, 선은 악이 아니며, 옳음은 그름이 아니다.

그러나 두 도덕적 극단이, 한 선분의 두 극단 점이 완전히 두 끝에서부터 동일한 거리에 떨어져 있는 점으로 나뉘는 식으로 완전히 규정된다 하더라도, 도덕적 중간이 "우리에 대해서 중간"이 아니라

---

49) 같은 책, 1107a.
50) 같은 책, 1143a.

"사물에 대해서 중간"이라 하더라도, 따라서 나뉜 선분의 두 끝으로부터 동일한 거리에 떨어져 있는 점으로서 규정되고 규정될 수 있는 것이라 하더라도, 중용이론은 도덕적 선의 규정이 결코 되지 못한다. 아리스토텔레스에 의해 제시된 선의 규정은, 덕은 대립하는 두 악덕 사이의 중간이라는 진술 속에 존립한다. 이들 악덕의 존재를 아리스토텔레스는 당연한 것으로 받아들인다. 그는 두 극단, 예를 들면 무모나 비겁을 악이거나 악덕들이라고 하는 점을 증명하지 않고 있다. 그의 윤리학은 그것을 자명한 것으로 전제하고 있다. 마치 기하학자가 원이나 한 선분의 두 극단 점을, 선분을 두 동일한 부분으로 나누는 점이나 중심점을 규정하기 위해서 전제하고 있는 것처럼 전제하고 있다. 원이나 두 극단 점은 주어져 있기 때문에, 즉 미리 규정되어 있는 것이기 때문에, 중심점이나 나누는 점은 자동적으로 거기에 함의되어 있는 것이다. 중심점은 주어진 원에 의해 규정되어 있고, 한 선분의 중간점은 두 주어진 극단 점에 의해 규정되어 있다.

윤리이론이 모든 가능한 악덕을 전제한다면, 그것은 이들 악덕과 함께 또한 모든 가능한 덕을 전제하게 된다. 우리가 악이 무엇인가를 알면, 바로 그것에 의해서 우리는 선이 무엇인가를 알며, 그러고 나면 새롭게 규명해야 할 어떤 것도 남아 있지 않게 된다. 덕이 중용 정식에 따라서 두 "주어진" 악덕 사이의 중용으로서 규정된다 하더라도, "사물에 대해 중간"이고 따라서 "모든 사람에 대해 동일하다"고 하더라도, 그 정식은 이미 알고 있는 것을 다시 한번 확인하는 것에 불과하다. 왜냐하면 중용이론에서 그것이 의미하는 바는, 선은 악과 대립하는 것이라는 것에 다름 아니기 때문이다. 악은 규정된 것이 아니라 이 정식에 의해 전제되어 있다.

중용이론의 윤리학이 권위를 가지고서 도덕적 가치를 확립하고 있다고 주장하고 있지만,[51] 이 이론은 바로 그 문제 해결을 다른 권위에 위임한다. 즉 그 문제란 사악 혹은 악덕이란 무엇인가의 규정, 따라서 선 또는 덕이란 무엇인가의 규정의 문제다. 그것은 실정도덕의 권위요 실정법의 권위, 즉 이미 확립된 사회적 질서의 권위이다. 중용 정식 안에 이미 확립된 사회적 질서를 전제함으로써 아리스토텔레스의 윤리학은 실정도덕과 실정법을 정당화하고 있다. 사실상 실정도덕과 실정법은 "과도한" 그리고 "과소한"이 무엇인지 규정하고 있고, 사악 혹은 그름의 극단이 무엇인지를 규정하고 있으며, 그런 식의 규정에 의해서 중간, 즉 선이나 옳음이 무엇인지를 규정하고 있다. 중용 정식의 분석이 드러내고 있는 동어반복의 참된 기능은 이미 확립된 사회적 질서를 이런 식으로 정당화하는 데에 놓여 있는 것이다.[52]

---

51) 본 장 각주 37) 및 인용각주 50)과 비교할 것.

52) 아리스토텔레스의 윤리학이 도덕적 가치 즉 덕을 규정하면서 이미 확립된 질서를 전제하고 있다는 사실은, 또한 도덕적 덕은 교육의 산물이 아니라 습관의 산물이라는 그의 주장으로부터도 귀결한다. "우리는 정의로운 행동을 함으로써 정의롭게 되고, 절제 있는 행동을 함으로써 절제 있게 되며, 용감한 행동을 함으로써 용감하게 되는 것이다. 이 진리는 여러 국가에서의 경험에 의해 입증된다. 입법자들은 시민들로 하여금 좋은 습관을 가지게끔 함으로써 좋은 시민을 만든다"(1103b). 만약 우리가 이전에 윤리적인 이론에 대한 교육을 받지 않고서도 도덕적으로 행동할 수 있고, 도덕적으로 행동함으로써 덕스럽게 될 수 있다면, 도덕적 행동은 도덕적 행동이라고 통상 생각되는 그러한 행동일 수 있을 뿐이다. 사람을 덕스럽게 만드는 습관은 그의 사회에서 실제로 지배적인 도덕적 질서, 즉 그가 실제로 그 아래에서 살고 있는 실정도덕의 질서를 유지하도록 하는 그런 습관일 수 있을 뿐이다. 실정법에 대한 언급은 매우 독특하다. 왜냐하면 여기서는 실정법과 도덕의 일치가 자명한 것으로 전제되어 있기 때문이기도 하지만, 또한 법은 교육을 통해서가 아니라 그 반대의 행동에 대해 특별한 제재를 부과함으로써 법과 일치하도록 욕구하는 사람의 성향을 낳기 때문이다. "옳은 행위의 습관"은 이 행위를 하라고 지시하는 실정법이 확립된 이후에만 가능하게 된다. 이와 유사하게 도덕적 행위의 습관은 실정도덕의 질서가 확립되는 한에

III

아리스토텔레스의 『윤리학』의 제5권은 정의의 문제를 다루는데, 다음과 같은 물음으로부터 시작하고 있다. "정의(*kaiosýne*)와 부정의(*adíkia*)가 어떤 행위에 관계하는지, 또 정의란 어떤 종류의 중용이며, 옳은 행위란 어떤 두 극단 사이의 중간인지를 고찰하기로 하자. 이제 앞서 논의해 왔던 방법과 동일한 방법에 따라 탐구해보자."[53] 그것은 중용이론의 절차이다. 아리스토텔레스는 우선 정의 일반과 특수한 의미에서의 정의를 구분한다. 그의 주장에 따르면 두 가지 정의 개념이 있다. 합법성과 평등성이 그것이다. " '부정의'라는 용어는 법을 어기는 사람과 그리고 자신의 보수 이상의 것을 취하는 불공평한 사람 둘 다에 적용된다고 주장된다. 따라서 법을 지키는 사람과 공평한 사람은 둘 다 정의로울 것이라는 점은 분명하다. 그러므로 '정의'는 합법적인 것과 평등 또는 공평한 것을 의미하며, '부정의'는 불법적인 것과 불평등 또는 불공평한 것을 의미한다."[54] 합법성과 평등 간의 관계에 관하여 아리스토텔레스는 두 개념은 같은 개념은 아니고, 합법성은 좀 더 넓으며, 평등은 좀 더 좁은 개념이라고 이야기한다. 불공평한 모든 것이 불법적인 것임에도 불구하고 불법적인 것이 모두 다 불평등한 것은 아니다. 양자는 "전체와 부분의"[55] 관계에 놓여있다. 따라서 합법성의 의미에서 정

서만 가능하다. 옳은 행위가 실정법에 의해 지시되는 하나의 행위인 것과 꼭 마찬가지로, 아리스토텔레스의 윤리학이 목표로 하는 도덕적 행위나 덕스러운 행위는 실정도덕의 질서에 의해서 지시되는 행위이고, 실정도덕의 질서는 어떤 시점에서나 어떤 장소에서 유효한 것으로 전제되어 있다.

53) 같은 책, 1129a.

54) 같은 곳.

55) 같은 책, 1130b.

의는 "덕의 부분이 아니라 덕의 전체"[56]이다. 그것은 "타자에 대한 관계에서만 나타난다는 제한을 가지지만"[57] 완전한 덕이다. 그것은 정의가 합법성의 의미에서 사회적 덕이라는 것을 의미한다. 합법성에 의해서 아리스토텔레스는 의심의 여지없이 실정법과의 일치를 뜻한다. 그는 다음처럼 말한다. "우리는 범법자가 부정의하고 법을 지키는 사람이 정의롭다는 것을 보았다. 그러므로 합법적인 것들은 그 말의 한 가지 의미에서 정의롭다. 왜냐하면 무엇이 합법적인가 하는 것은 입법자에 의해 결정되고, 입법의 여러 결정들을 우리는 정의의 규칙들이라 부른다." 합법적인 것(*nómimon*)은 정당한 것(*díkaion*)과 동의어이며(이 용어의 한 가지 의미에서이긴 하지만), 법(*nómos*)은 정의와 동의어이다. 그러나 여기에서 법은 실정법과, 그 어떤 실정법과도, 동일한 의미를 가지는 것으로 해석되어야 마땅한가? 이 물음에 대해 아리스토텔레스는 긍정적으로 대답한다. 그는 다음처럼 이야기한다. "그런데 법의 모든 여러 가지 선포는 모두의 공통된 이익을 목표로 하거나, 탁월성이나 다른 유사한 방식으로 규정되는 통치계급의 이익을 목표로 한다. 그래서 그 의미 중 하나에서 정의는 정치적 공동체의 행복 혹은 행복의 구성 부분들을 생산하고 보존하는 것에 적용된다."[58] 그러나 "행복"은 "모두의" 행복일 수도 혹은 오직 "통치계급"의 행복일 수도 있다. 아리스토텔레스가 "완전한 덕"과 "주요한 덕"으로 특징짓는 것은 합법성의 일반적인 의미에서의 정의이다. 그것은 저녁의 별도 새벽의 별도 그 정의만큼 숭고하지 않다는 의미이다.[59] 그것은 실정법의 무조건적인 영광에 이르게 된다. 그러나 아리스토텔레스는 실증

56) 같은 책, 1130a.
57) 같은 책, 1129b.
58) 같은 곳.
59) 같은 곳.

주의자가 아니다. 그는 자신의 탐구를 실정법의 분석에 제한한다. 그는 정의와 법, 즉 *díkaion*과 *nómimon*의 두 개념의 구별을 계속 유지한다. 그는 이원론을 주장한다. 그러나 그는 실정법과 정의를 동일시하고, *nómimon*을 *díkaion*으로서 정당화할 뿐이다.

평등 속에서 존립하는 특수한 정의에도 두 종류가 있다. 분배적(distribute) 정의와 교정적(corrective) 정의가 그것이다. 분배적 정의는 "공동체의 명예나 부와 같은 나눌 수 있는 자산의 분배 속에서 행사된다. 이러한 자산은" 입법자에 의해서 "공동체의 구성원들에게 평등하거나 불평등하게 분배될 수 있다." 교정적 정의는 "사적 거래에서 교정적 원리를 제공한다. … 사적 거래에는 자발적인 것과 비자발적인 것이 있다."[60] 교정적 정의는 분쟁해결이나 범죄처벌을 맡은 판사에 의해서 집행된다. 분배적 정의의 원리는 비례적 평등이다. "이 정의는 적어도 네 가지를 포함한다. 즉 그것은 누구를 위하여 정의로워야 하는데, 그 당사자는 적어도 둘이어야 하고, 배분되는 사물 역시 둘이어야 한다. 그리고 평등이 사람들 사이와 사물들 사이에서 존재한다고 전제해야 한다. 사물들 사이에서와 같이 사람들 사이에서도 평등이 있어야 한다. 평등하지 않은 사람들은 평등한 것을 가져서는 안 된다."[61] 그리하여 분배적 정의의 원리는 수학의 정식으로 표현된다. 재화 *a*가 개인 A에게 분배되고 재화 *b*가 개인 B에게 분배된다면, 가치 *a*의 가치 *b*에 대한 비율이 가치 *A*의 가치 *B*에 대한 비율과 같을 경우 분배적 정의가 충족된다. 개인 A와 B가 평등할 경우, 그들에게 분배되어야 할 재화는 또한 평등하다. 그러나 자연 속에는 실제로 평등한 두 개인은 없다. 왜냐하면 나이 · 성별 · 인종 · 건강 · 부 등에 관해 차이가 있기 때문이다. 사회

60) 같은 책, 1131a.
61) 같은 책, 1131a.

안에도 평등이란 존재하지 않는다. 사회적 범주로서의 평등은, 즉 사회적으로 볼 때 두 개인이 평등하다는 진술은, 이들 두 개인 간에 차이가 없다는 것을 의미하는 것이 아니라, 실제로는 존재하는 어떤 차이들이 예컨대 나이 · 성별 · 인종 · 건강 · 부 등의 차이들이 무관한 것으로 고려되어야 한다는 것을 의미한다. 사회적 평등에 관한 결정적 물음은 어떤 차이가 무관한가 하는 것이다. 이 물음에 대해서 아리스토텔레스의 분배적 정의에 대한 수학적 정식은 아무런 대답도 해 주지 않는다. 이 정의는 정의를 위해서 입법자가 어떤 권리들을 개인들에게 분배해야 할 것인가 하는 다른 본질적인 물음에 대해서도 대답을 하지 않는다. 사유재산권을 시민들에게 부여하는 것이 정의로운가 아니면 공산주의를 확립하는 것이 정의로운가? 정치적 권리들을 시민들에게 주는 것이 정의로운가 아니면 시민들에게 정치적 권리를 전혀 주지 않고 독재권을 수립하는 것이 정의로운가? 분배적 정의에 대한 아리스토텔레스의 정식은 단지 다음만을 이야기한다. 즉 권리들이 분배되**면**, 그리고 두 개인이 평등하**면**, 동등한 권리가 그들에게 허용될 것이다. 이러한 정식에 따르면 자본주의 법질서나 공산주의 법질서나 모두 정의로운 것이며, 어떤 수입을 가진 사람들 혹은 어떤 인종에 속한 사람들, 혹은 고귀한 혈통을 가진 사람들에게만 정치적 권리를 주는 법질서는, 다른 차이는 무시하고 어떤 연령에 도달한 모든 사람들에게 동일한 권리를 주는 법질서와 마찬가지로 정의롭다. 이 정식에 의해서는 어떤 특권도 감추어진다. 법질서가 단 한 사람(통치자)에게 모든 가능한 권리를 주면서 모든 다른 사람(피치자)에게는 단지 의무만을 할당할 때, 그러한 법질서도 정의롭다. 왜냐하면 통치자와 피치자 사이의 차이는 확고한 것으로 간주되고, 그래서 피치자는 통치자와 평등한 것으로 간주될 수 없기 때문이다.

분배적 정의의 정식을 예시하기 위해서 아리스토텔레스는 “가치(desert)에 따른 할당 원리”를 언급한다. 아리스토텔레스는 다음처럼 말한다. “모든 사람들은 분배에서의 정의가 어떤 종류의 가치에 기초해야 한다는 데 동의한다. 비록 그들 모두가 동일한 종류의 가치를 의미하지는 않는다 하더라도. 민주주의는 자유로운 출생을 기준으로 삼는다. 과두정치에 공감하는 자는 부나, 다른 경우에는 혈통을 기준으로 삼는다. 귀족정치의 지지자는 덕을 기준으로 삼는다.” 그러나 그의 도덕철학은 이들 기준 중 어떤 것이 정의로운 기준인가의 물음에 대답할 수 없고, 그런 물음에 대답할 자격을 스스로 가지고 있지 않다고 생각한다.

아리스토텔레스의 『윤리학』은 이 물음에 대한 대답을 실정법의 권위에 맡겨둔다. 어떤 권리들이 시민들에게 분배될 것인가에 대한 물음을 실정법이 결정한다는 사실이 가정되는 한에서만, 즉 시민들 사이의 어떤 차이가 관련이 있는지에 대한 물음을 실정법이 결정한다는 사실이 가정되는 한에서만, 분배적 정의에 대한 아리스토텔레스의 수학적 정식은 적용될 수 있다. 그것은 실정법이 그 자신의 의미에 따라서 적용될 것이라는 사실 이외에는 아무 것도 의미하지 않는다. 그것은 일종의 요청에 불과하다. 이 정의의 평등성은 법 앞에서의 평등이다. 그것은 단지 적법성, 합법성만을 의미한다. 분배적 정의에 대한 아리스토텔레스의 정의는 단지 이미 잘 알려진 원리 즉 각자에게는 각자의 것을 혹은 각자에게는 각자에 적합한 것[마땅한 권리]라는 수학적 정식이외에 다름 아니다. 그러나 이러한 동어반복은 실정법을 합법화하는 중요한 기능을 가진다. 실정법은 사실의 문제로서 법철학이 수행할 수 없는 과업, 즉 무엇이 모든 사람의 권리인가를 규정하는 과업을 수행한다.

“교정적” 정의는 “자발적 내지는 비자발적 사건”의 소송을 판결하는 데 있어 재판관에 의해서 행사된다. “재판관에게 가는 것은 정의를 위해 가는 것이다. 왜냐하면 이상적인 재판관은 소위 인격화된 정의이다.”[62] 아리스토텔레스의 “자발적”, “비자발적” 사건 간의 구별은 대체로 오늘날 민사법 · 형사법의 구별과 일치한다. 그는 다음처럼 말한다. “자발적 사건의 예로는 판매 · 구매 · 임금 · 전당 · 대여 · 위탁 · 대가 같은 것이 있고 (이것들을 자발적이라고 하는 까닭은, 이것들은 자발적으로 체결되는 것이기 때문이다), 비자발적인 것의 예로는 절도 · 간음 · 독살 · 유괴 · 노예유괴 · 암살 · 위증처럼 은밀한 가운데 행해지는 것과 구타 · 감금 · 살인 · 강탈 · 치상 · 학대 · 모욕처럼 폭력적인 것이 있다.”[63] 이 모든 행위들은 실정법 하에서 벌을 받게 될 범죄이다. 교정적 정의 또한 평등이다. 그것은 기하학적 비율에 따른 평등이 아니라 산술적 비율에 따른 평등이다.[64] 그것은 두 비율의 평등이 아니라, 두 사물의 평등, 특히 두 손실과 두 이득의 평등이다. 전형적인 예는 교환이다. 그것은 자발적 교섭을 뜻할 수도 있다. 교정적 정의는 교환에서 급부와 반대급부가 같아야 함을 요구한다. A라는 사람이 B라는 사람에게 a를 제공하고, B가 A에게 b를 제공하는 경우, a와 b가 등가라고 한다면, a를 잃은 A는 b를 잃은 B와 손실에서 같고, b를 얻은 A와 a를 얻은 B는 이익에서 같다. 이것이 바로 교정적 정의이다. 범죄와 형벌의 관계에서도 동일한 것이 나타난다. 적절한 무언가를 그로부터 받지 않고서 다른 사람에게 무언가를 제공하는 것은 적절한 형벌을 받지 않고서 범죄를 저지른 것과 마찬가지로 정의롭지 못한 것이다. 이런 종류의 정의 문제는 적절하고 공정하고 정의로운 대가가

62) 같은 책, 1132a.
63) 같은 책, 1131a.
64) 같은 책, 1131b.

무엇이고, 적절하고 공정하며 정의로운 형벌이 무엇인가 하는 것이다. 아리스토텔레스는 이 문제에 대해서도 수학적 · 기하학적 정식에 의해서 답하고자 시도한다. 그는 한 사람이 다른 사람에게 대가를 받음이 없이 무언가를 제공했을 때의 상황이나, 한 사람이 다른 사람에게 손상을 입히는 범죄를 저질렀지만 벌을 받지 않았을 때의 상황을, 같지 않는 부분들로 나뉜 선분과 비교한다. "부정의는 여기서는 불균등인 까닭에, 재판관은 [불균등을] 균등화하려고 노력한다. … 재판관은 그것들을 [한 선분의 두 부분을] 처벌하거나 손실을 입힘으로써 이득을 빼앗아 균등을 이루게 한다."[65] "그런데 재판관은 균등을 회복한다. 이것은 마치, 한 선분이 불균등한 두 부분으로 나뉘었을 때, 큰 쪽에서 절반 이상 되는 것을 떼어내어 작은 쪽에 붙이는 것과 같다. 그리하여 전체가 균등하게 나뉘어졌을 때, 저들은 '자기의 것을 얻게 되었다'고 말하는 것이다. … 균등은 보다 큰 것과 보다 작은 것 사이의 산술적 비례에 의한 중간이다. 왜냐하면 균등한 선분 A와 B에서, A로부터 길이 a를 취해서 B에 붙인다면, B는 A보다 2a만큼 길게 되기 때문이다. 또한 A로부터 길이 a를 취해서 B에 붙이지 않았다면, B는 A보다 1a만큼 길게 되기 때문이다. 그러므로 B는 중점을 1a 초과할 것이요, 중점은 1a 취해졌던 A보다 1a 초과할 것이다."[66] 양분된 선분의 두 균등한 부분들과 전체의 두 반은 분명히 급부와 반대급부, 범죄와 형벌 사이에 확립되어야 할 균등 관계의 비유일 뿐이다. 그러나 비유에 의해서는 정당한 반대급부가 무엇이고, 정당한 형벌이 무엇인가의 문제가 해결될 수 있는 것은 아니다. 그것은 그 문제를 표현하는 다른 방식일 뿐이다. 그러나 아리스토텔레스에 따르면 재판관은 마치 기하학자

65) 같은 책, 1132a.
66) 같은 곳.

가 주어진 선분을 두 개의 균등한 부분으로 나누는 것과 꼭 같은 방식으로 중간을 발견할 경우 교정적 정의가 해결된다. 그는 방금 인용한 구절에 대해 계속해서 다음과 같이 언급하고 있다. "이때 이 과정을 통해서 우리는 과도한 쪽에서 떼어내어 과소한 쪽에 덧붙여야 하는 것이 무엇인지를 확인하게 된다."67) 이것은 다음을 의미한다. 이 과정에 의해서 우리는 정당한 반대급부와 정당한 형벌을 결정하게 한다. "우리는 과도한 양을 가진 사람으로부터 중간점을 넘어서는 부분을 떼어내어, 과소한 양을 가진 사람에게 그것을 주어야 한다." 이 모든 것은 급부와 반대급부가, 범죄와 형벌이 꼭 같아야 한다는 것을 의미하는 것 이외 다름 아니다. 이러한 균등은 확실히 산술적 · 양적 균등은 아니다. 두 사람 사이의 교환은 둘 다 다른 것들을 필요로 하는 경우에 일어난다. 아리스토텔레스는 다음처럼 말한다. "사실 교환을 위한 상호관계는 두 의사가 아니고 한 의사와 한 농부 사이에서 일어나며, 혹은 일반으로 서로 다르고 균등하지 않는 사람들 사이에서 일어난다. 그러나 이들 균등화되지 않은 것은 균등화되지 않으면 안 되는 것이다."68) 이것은 다음을 의미한다. 급부와 반대급부는 균등화되어야 한다. 왜냐하면 급부와 반대급부, 범죄와 형벌의 균등성은 분할된 두 선분과 같은 의미에서의 균등성도 아니고 그런 균등성일 수 없기 때문이다.

이것이 왜 아리스토텔레스가 수학적 정신을 결국 포기하지 않을 수 없었던가 하는 것의 이유이다. 이런 정식에 따르면 "균등성"은 교정적 정의에 의해서 확립된다. 정의는 상호성(*antipeponthós*) 이라는 피타고라스의 이론을 논하면서, 그는 상호성이란 때때로 교정적 정의와 일치하지 않는다고 말한다. 그러나 그는 다음을 인정한다.

67) 같은 책, 1132b.
68) 같은 책, 1133a.

"급부의 교환에서 상호성이라는 형식의 정의는 결합을 유지시키는 결속체이다. 즉 상호성의 기초는 평등에 있는 것이 아니라 비례성에 있다. 국가의 존립은 비례적 상호성에 의거하고 있다. 왜냐하면 사람들은 악은 악으로 갚기를 요구하기 때문이다. 그럴 수 없는 사람들은 자신이 노예의 위치에 있다고 느낀다. 또한 선은 선으로 갚기를 요구하기 때문이다. 그렇게 되지 않으면, 사람들을 결합시키는 교환은 존재할 수 없을 것이다."[69] 응보원리, 혹은 좀 더 일반적으로 정식화하면 상호성은 악은 악으로 되돌려주는 규칙이고, 선은 선으로 되돌려주는 규칙이며, 같은 것은 같은 것으로 되돌려주는 규칙인 것이다. 처벌은 범죄와 같은 것이다. 보상은 선행과 같은 것이다. 그러나 결정적인 물음, 즉 악이란 무엇이고 선이란 무엇인가는, 이러한 정식에 의해서는 대답되지 않는다. "같음" 혹은 균등이란 무엇인가의 물음도 마찬가지이다. 실정법은 바로 본성상 강제적 질서이다. 그것은 강제적인 행위, 즉 생명 · 자유 · 재산의 강제적인 박탈을 제공한다. 이것은 마치 제재가 불법을 저지르는, 즉 사회에 해가 된다고 입법자들이 생각하는 식으로 행동하는 개인에게 행사되는 것과 같다. 상이한 법질서들은 불법과 제재에 대한 그들의 규정에서 매우 다르다. 그러나 모든 법적 제재는 응보원리에 상응한다. 그 원리는 우리가 법을 요구하는 사회적 절차의 기초가 된다. 응보가 정의의 원리로서 생각된다는 점은 그 원리가 인간의 가장 원초적인 본능 즉 복수에 대한 욕구에서 기원한다는 사실에 의해 설명될 수 있다. "같은 것은 같은 것으로"라는 규칙을 정의의 원리로 삼는 것에 대해 아리스토텔레스가 반대하는 까닭은 선행과 보상, 범죄와 형벌의 관계가 균등성이 아니라 비례성이라고 그가 생각하기 때문이다. 보상은 선행과 균등하지 않을 것이요, 형벌은

---

69) 같은 책, 1132b-1133a.

범죄와 균등하지 않을 것이다. 이런 일은 불가능하다. 오히려 이것들은 "비례적"이다. 그것은 하나가 다른 하나와 적절한 비례 관계에 있어야 함을 의미한다. 그러나 이것은 다시 말한다면 단지 이 문제에 대한 해결이 아니라 문제의 제안일 뿐이다. 교정적 정의란 무엇인가 하는 결정적인 물음은 여전히 대답되지 않은 채로 남아있다. 대답된 것 같은 것은 단지 속임수 대답일 뿐이다. 다시 말한다면 "각자에게 각자의 것을"70)이라는 정식의 동어반복일 따름이다.

정의 문제에 대한 논의는 어떤 의미에서 정의가 중용인가의 물음과 함께 시작하지만, 중용이론은 아리스토텔레스의 법철학에서 단지 종속적인 역할밖에 하지 못한다. 중용 정식을 정의 문제에 적용하는 것은 피상적이고, 대단히 일관성이 결여되어 있다. 정의는 중간이라는 진술의 의미가 항상 같은 것은 아니다. 주요 진술은 다음과 같다. "정의로운 행위는 행하는 부정의와 당하는 부정의의 중간이다. 왜냐하면 전자는 과도한 것을 가지는 것이요 후자는 과소한 것을 가지는 것이기 때문이다."71) 두 극단 (부정의를 행하는 것과 부정의를 당하는 것) 중 하나는, 즉 부정의를 당하는 것은 악덕이 아니다. 여기서의 중용의 정식화는 그 이론이 다른 덕들을 다루는 데서 가지는 것과 다른 의미를 가진다. 이것은 아리스토텔레스 자신이 인정하고 있는 것이다. 그는 다음처럼 말한다. "정의는 다른 덕들과 꼭 같지는 않지만, 중용을 준수하는 양식이다."72) 차이는 여기에서 흥미를 끌지 않는다. 왜냐하면 정의 문제의 적용에서 중용 정식은 다른 도덕적 가치에서처럼 동어반복의 성격에 지나지 않기 때문이다. 이러한 성격은 여기서조차 훨씬 모호하다. 부정의

70) 인용각주 66)과 비교할 것.
71) 같은 책, 1133b.
72) 같은 곳.

를 행하는 것과 부정의를 당하는 것은 동일한 것의 정도의 차이가 아니다. 이것들은 심지어는 그들 사이에 제3의 사실이 놓이게 될 두 사실조차 아니다. 한 사람이 부정의를 행한다는 것은 다른 사람이 부정의를 당한다는 것을 함축하고 있다. 이 둘은 불가분리적이다. 정의가 부정의를 행함과 부정의를 당함 사이의 중간이라고 말하는 것은 정의는 부정의, 행해진 부정의도, 당하는 부정의도 아니라고 하는 판단의 비유적인 표현이다. 그러나 이 두 부정의는 모두 같은 부정의이다.

아리스토텔레스는 자신의 정의론의 귀결에 대해 전부 다 만족한 것 같지는 않다. 왜냐하면 우애(友愛)의 덕을 다루고 있는 그의 『윤리학』 제8권에서 평화라는 보다 실질적인 관념에 의해서 다소 공허한 정의 관념을 완성하려는 듯이 보이기 때문이다. 여기서 우리는 놀라운 구절을 읽게 된다. "우애는 한 나라를 통합하게 하는 것처럼 보인다. 입법자들은 정의보다도 이것을 중요시한다. 왜냐하면 입법자들은 단합을 우애와 비슷한 것으로 보고 이것을 증진시키려 하고, 반면에 당파적 대립을 그들의 가장 나쁜 적으로서 없애려고 노력하기 때문이다. 그리고 사람들이 서로 우애를 가진다면, 그들 사이에는 더 이상 정의가 필요 없기 때문이다. 반면에 단지 정의로운 것만으로는 충분하지 않다. 정의의 가장 참된 형태는 우애의 성질을 띤 것으로 여겨진다."73) "화합"은 평화를 의미한다. 정의보다는 평화를 확립하는 것이, 이 진술에 따르면, 국가의 본질인 것처럼 보인다. 아리스토텔레스는 입법자들이 주로 평화를 목표로 하는 것에 대해 반대하지 않는다. 평화가 지배하는 곳에서는 정의는 필요 없다. 정의는 충분하지 않다! 아리스토텔레스가 이 덕의 본성에 대한 그의 탐구의 모두(冒頭)에서 그렇게도 열렬하게 언급한 바로 그

73) 같은 책, 1155a.

정의가 "덕의 정점에 있는 것", "저녁별이나 새벽별보다 숭고한 것"으로 선언되더니 여기서는 불필요한 것으로 선언되다니? 평화를 확립하는 것은 확실히 법의 기능이기 때문에, 그는 정의를 법과 동일시하는 자신의 생각에 상응하는 평화의 관념에다 방점을 찍는 것이다. 아리스토텔레스가 『정치학』에서 말하는 것처럼 "정의는 국가의 기능이다. 왜냐하면 법은 정치적 공동체의 질서이기 때문이며, 법은 정의로운 것이 무엇인가를 규정하기 때문이다."[74] 정의로운 것이 무엇인가를 규정하는 것이 법이라면, 정의는 합법성이다. 정의가 평등이라면, 그것은 단지 법 앞에서의 평등일 뿐이다.[75]

---

74) *Poltics*, 1253a.

75) 본 논문은 아리스토텔레스의 철학이 자연법 이론을 포함하는지, 포함한다면 어느 정도까지 포함하는지의 문제를 다루지 않는다. 왜냐하면 아리스토텔레스는 자연법을 정의와 동일시하지 않기 때문이다. 『니코마코스 윤리학』에서(1134a) "자연적 정의"(*physikón díkaion*)와 "법적 정의"(*nomikín díkaion*)를, 즉 두 종류의 "정치적 정의"를 구별한다. 정치적 정의는 "자급자족에 관해서 자신의 삶을 함께 하는 사람들 속에서 발견된다." 즉 국가 안에서 발견된다. "왜냐하면 정의는 상호관계가 법에 의해서 지배되는 사람들 사이에서만 존재하기 때문이다"(1134a). 자연적 정의의 규칙이란 말을 아리스토텔레스는 "모든 곳에서 동일한 타당성을 가지는 그리고 우리가 승인하든 승인하지 않든 관계없이 존재하는" 규범으로 이해한다. 법적 정의라는 말을 그는 "본래는 이렇게도 저렇게도 될 수 있었던 것이지만 일단 정해진 다음에는 그럴 수 없는"(1134b) 규범으로 이해한다. 그러나 그러한 규범도 또한 "정의"를 나타낸다. 아리스토텔레스는 실정법의 규범은 그것이 자연법에 일치하지 않는다면, 유효한 것으로 간주되어서는 안 된다고 이야기하고 있지 않다. 또한 그는 하나의 규범이 자연적 정의와 일치하기 위해서 충족되어야 하는 조건들을 이야기하고 있지 않다. 그가 자연적 정의의 존재를 주장하고 있음에도 불구하고, 이 개념은 그의 『윤리학』에서 본질적인 역할을 하지 않는다. 이 책에서 그는 단지 두 세 줄만 이 문제에 대해 언급하고 있을 뿐이다. 게다가 "자연적 정의"에 대한 주장은 도덕적 덕이 습관의 산물이라는 이론과 연관해서 언급된 진술과 거의 양립하지 않는다. "도덕적 덕 중 어느 것도 자연에 의해서 우리 안에 생겨나지 않는다. 왜냐하면 어떤 자연적 속성도 습관을 형성할 수 없기 때문이다"(1103a).

이처럼 정의를 법 앞에서의 평등이라고 정의하는 것은 정의의 도덕적 가치를 진리의 논리적 가치로 대치한다는 것을 함축하고 있다.

합리주의적 도덕철학은 정의로운 질서의 내용을 규정할 수 없고, 선이 무엇인지 악이 무엇인지, 개인 간의 어떤 차이가 관련이 있고 관련이 없는지, 누가 평등하고 무엇이 평등한지에 대해 대답할 수 없기 때문에, 합리주의적 도덕철학은 이들 규정을 전제하지 않으면 안 된다. 이것은 다음을 의미한다. 법질서를 누가 확립할 것인지, 재판관이 적용하게 될 일반규범 체계를 누가 확립할 것인지는 국가(즉 실정법의 입법자) 에게 맡겨라. 입법자가 하나의 질서를 확립했다면, 예컨대 24세 이상의 모든 남성 시민들은 치안 판사 선거에 참여할 수 있다고 규정했다면, 혹은 절도를 행한 14세 이상의 모든 사람은 처벌받게 된다 등을 규정했다면, 도덕철학은 A와 B 둘 다 평등한 한, 즉 둘 다 24세의 남자 시민인 한, 둘 다 투표권을 행사는 것을 허용하는 일은 정의롭다는 것을 확인할 위치에 있게 된다. 또한 C와 D가 둘 다 평등한 한, 즉 둘 다 14세 이상이고 둘 다 절도 행각을 벌인 한, 재판관이 그들에게 벌을 주는 것은 정의롭다는 것을 확인할 위치에 있게 된다. 이것이 합법성의 의미에서 혹은 평등의 의미에서 정의의 원리인 것이다. 이것은 법 앞에서의 평등이다. 이런 종류의 평등은 어떤 일반규범에 의해서도 확립된다. 법 앞에서의 평등은 일반규범이 그것 자신의 의미에 따라서 적용될 때 유지된다. 이것이 바로 이러한 종류의 평등이 합법성과 동일시되는 이유이다. 절도를 범한 14세 넘은 모든 사람은 처벌된다는 판단이 타당하다면, 그리고 C와 D가 모두 절도를 범한 14세 이상의 사람이라는 판단이 타당하다면, C뿐만 아니라 D도 처벌받게 될 것이리는 판단은 참이다. 이 판단이 참인 까닭은 이것이 일반판단에서 특수한 판단으로 나아가는 과정에서 귀결된 결론이기 때문이다. 이것은 일반규범에 대한 판단을 특수한 경우에 적용하는 과정 속에 함축되어 있다. 법의 일반적인 규칙을 적용하는 듯이 보이지만, 재판관이 C는 처벌받게 되고, D는 그렇지 않게 될 것이라고 판결을 내린다면, 그는 첫 번째 경우에는 일반판단을 전제하고 있다. 즉 절도를 범한 14세 이상의 모든 사람은 벌을 받게 될 것이라는 판단을 전제하고 있다. 두 번째 경우에는 절도를 범한 14세 이상의 모든 사람이 벌을 받는 것은 아니라는 일반판단을 전제하고 있다. 이들 두 일반판단은 논리적 모순을 범한다. C는 벌을 받게 되고, D는 벌을 받게 되지 않는 식으로 결정하는 것은 정의롭지 못하다. 그것이 의미하는 바는 단지 그것이 모순적이라는 것이다. 법 앞에서의 평등 혹은 합법성의 의미에서의 정의의 원리는 실정법의 일반규범을 특수한 경우에 적용하는 것과 관련된 논리적인 모순의 법칙 이외 다름 아니다. 이것은 모든 합리주의 철학이 그렇듯이 아리스토텔레스의 도덕철학이 정의할 수 있는 유일한 정의 개념이다.

이제 다음과 같은 점이 명백해진다. 사유의 법칙으로서의 정의의 개념은 우리가 정의라는 말로써 이해했던 본래의 행위 이상(理想)과는 완전히 다르다. 이 이상은 논리적으로 만족스러운 규범체계를 목표로 삼는 것이 아니라, 도덕적으로 만족스러운 규범체계를 목표로 삼는다. 전혀 모순을 포함하지 않는 일반규칙 체계의 질서는, 본래의 이상적인 의미에서의 정의라는 관점에서 볼 때, 전혀 정의롭지 못한 것일 수도 있다. 정의를 법 앞에서의 평등이라고 정의(定義)하는 데서부터, 정의의 도덕적 가치를 무모순성이라는 논리적 가치로 대체하는 일이 불가피하게 생겨난다. 이렇게 대체하는 일은 또한 정의의 관념을 객관적 가치의 관념으로서 합리화하고자 시도하려는 노력의 결과이다. 이런 식의 대체가 해결책이 아니며, 단지 정의의 문제를 제거해버리는 것임에도 불구하고, 그러한 시도는 아마도 그것이 가지고 있는 중요한 정치적 함의 때문에 결코 버려지지 않을 것처럼 보인다. 이러한 유형의 합리주의 철학은, 정의란 무엇인가 하는 물음에 대답하는 듯이 보이고, 따라서 당국에 대해 어쨌든 합법화된 권력을 시행하라는 요구를 하면서, 궁극적으로는 정의를 법 앞에서의 평등으로 정의하고, 그렇게 하여 실정법이 정의롭다고 선언하면서 이미 확립된 권력을 합법화한다.

합리주의 도덕철학이 확립했던 정의 개념은 명확한 내용을 가지지 않는다. 그렇기 때문에 필연적으로는 아니지만, 주어진 사회질서를 합법화하고 실정법의 유효성을 정당화하는 보수적인 경향에서 반드시 이용된다. 더욱이 기존의 사회질서의 유효성을 정의에 반하는 것으로 부정하는 혁신적인, 더 나아가서 혁명적인 경향에서 그 정의 개념을 이용하는 경우가, 인류의 지성사가 단지 예외적인 경우로서 보여주긴 하지만, 있기도 하다. 아주 흥미로운 예는 아우렐리우스 아우구스티누스의 법철학이다. 그는 로마 제국에서 아직 확고하게는 그리스도교가 확립되지 않았던 시기에 로마 제국의 아프리카 속주의 그리스도교 주교였다. 그는 법과 정의를 동일시했다. 이는 마치 아리스토텔레스가 *nómimon*(합법성)과 *díkaion*(정당성)을 동일시했던 것과 같다. 그러나 그는 아리스토텔레스와는 달리 후자의 권위에 의해서 전자의 권위를 강화하기 위해서 그렇게 했다. 그는 사회질서는 그것이 정의로운 한에서만 합법적이라는 명제를 제시하면서 로마법의 권위를 파괴하고자 하였다. 그에 의하면 "참된 정의가 없는 곳에서는 법은 있을 수 없다. 왜냐하면 법에 의해서 행해지는 것은 정의롭게 행해지고, 정의롭지 못하게 행해지는 것은 법에 의해서 행해질 수 없기 때문이다. 왜냐하면 사람들의 정의롭지 못한 창조물은 법이라고 생각되지도, 법이라고 말해지지도 않기 때문이다. 왜냐하면 그들조차도 법은 정의의 샘에서 흘러나오는 것이라고 말하며, 문제를 잘못 이해한 사람들에 의해 통상 주어진 정의, 즉 옳음은 강한 당파에게 유용한 것이라는 정의를 부정할 것이기 때문이다. 그리하여 참된 정의가 존재하지 않는 곳에서는 공통의 법을 승인하는 어떤 인간 집단도 존재할 수 없다."[76] 즉 "만약 정의가 존재하지 않는 곳에서는 법이 존재하지 않는다면, 이로부터 정의가 없는 곳에는 국가도 없다는 확실한 귀결이 뒤따른다." "정의 없는 국가는 큰 강도 집단이 아닐까?"[77]

그러나 정의는 무엇인가? 이 물음에 대해 아우구스티누스는 아리스토텔레스가 정확하게 반대의 목적에 대해 사용했던 것과 동일한 정식으로 대답하고 있다. "정의는 각자에게 합당한 것(due)을 주는 덕이다." 그러나 그 합당한 것이란 무엇인가? 그리스 철학자들은 실정법의 권위와 그의 사회의 다수에 의해 인정된 법질서에 그 대답을 넘긴다. 그리스도교 주교는 그가 속해 있었던 당시 소수의 종교적 질서에 그 대답을 넘긴다. 아우구스티누스에 따르면 정의는 그리스도교이며, 부정의는 이교도이다. "참된 신을 버리고 불순한 악마에 자신을 맡기는 사람에게 정의가 어디에 있겠는가? 이것이 각자에게 합당한 것을 주는 것이겠는가? 결코 그렇지 않을 것이다. 토지매입자를 속여서 어떤 권리도 갖지 않은 사람에게 그것을 주는 사람도 정의롭지 못한데, 도대체 그를 창조했던 신을 속이고, 사악한 정신에 봉사한 사람이 정의롭겠는가? … 그렇다면 신에게 봉사하지 않는 사람에게 무슨 정의가 있을 수 있겠는가? … 그러한 사람에게 정의가 없다면, 그런 사람들로 구성되어 있는 공동체에서는 정의가 있을 수 없다는 것은 확실하다." 그래서 성 아우구스티누스

76) *The City of God* (*Civitas Dei*), Bk. XIX, chap. 21.
77) 같은 책, Bk. IV. chap. 4.

는 조금도 망설이지 않고 이 결과를 승인하다. 그렇게 되면 결국 로마제국은 결코 존재하지 않았다. 이것이 의미하는 바는 다음과 같다. 로마의 법은 결코 존재하지 않았다.

이것은 "각자에게 합당한 것을"이라는 정식의 공허한 동어반복에 근거해 있는 정의론의 매우 흥미로운 귀결이다. 이 정식은 하나의 제국을, 즉 수백 년에 걸쳐 인류의 최고의 위대한 문명을 육성하였던 제국을 부정하는 결과를 낳았고, 법률을, 말하자면 모든 현대법의 어머니가 되었던 법률을 부정하는 결과를 낳았다는 의미에서 흥미롭지만, 그것 이상으로 흥미로운 것은 이 정식이 그 어떤 목적을 위해서도 무제한적으로 사용될 수 있다는 사실이다.

5. 과학의 법정에 선 자연법론

■ ■ ■

출처. "The Natural Law Doctrine before the Tribunal of Science," *The Western Political Quarterly*, Dec., 1949.

I

자연법론은 정의라는 영원한 문제에 대한 일정한 해결책을 제시하고, 인간 상호관계에서 옳고 그른 것이 무엇인지의 문제에 대한 대답을 주려고 시도한다. 대답은 자연적인 인간행동, 즉 자연이 요구하기 때문에 자연에 일치하는 인간행동과 비자연적인, 따라서 자연에 어긋나고 자연에 의해 금지된 인간행동을 구별하는 것이 가능하다는 가정 위에 의거한다. 이러한 가정은 자연으로부터, 즉 인간의 자연[본성]으로부터, 사회의 자연으로부터, 심지어는 사물들의 자연으로부터 인간행동의 매우 적절한 규범을 제공하는 어떤 규칙을 연역하는 일이 가능하다는 것을 함의하며, 또한 자연의 사실을 조심스럽게 검토하면 우리의 사회적 문제들에 대한 정의로운 해결을 발견할 수 있다는 것을 함의한다. 자연은 입법자로서, 그것도 최고의 입법자로서 이해된다.

이런 견해는 자연의 현상들이 어떤 목적을 향하고 있거나, 어떤 목적에 의해서 그것의 모습이 형성된다는 것을 전제하고, 자연의 과정이나 전체로서 이해된 자연은 궁극 원인에 의해 결정된다는 것을 전제한다. 그것은 철저하게 목적론적인 견해이며, 따라서 자연은 의지와 지성을 가지고 있다는 생각과 다르지 않다. 이것은 자연이 일종의 초인간적 인격적 존재라는 것을, 즉 인간이 마땅히 복종해야 하는 권위라는 것을 함의한다. 자연에 대한 이러한 해석은 인간 문명의 가장 낮은 단계에서 스스로를 소위 애니미즘에서 드러낸다. 원시인들은 자연적인 것들, 즉 동물 · 식물 · 강 · 하늘의 별 등은 생명을 가지고 있다고 믿고 있고, 정령이나 영혼이 이들 현상 배후에 깃들어있으며, 결국 이것들은 사람들의 관계를 규정하는 것과 같은 원리에 따라서 마치 인격적 존재처럼 다른 사람에 반응한다고 믿고 있다. 이것은 자연의 사회적 해석이다. 왜냐하면 원시인들은 자연을 자신의 사회의 일부라고 생각하기 때문이다. 이들은 자연현상을 움직이는 정령이나 영혼은 대단히 힘이 세다고 믿고 있고, 사람들을 보호할 수도 해를 끼칠 수도 있다고 믿고 있기 때문에, 당연히 숭배의 대상이 된다. 따라서 애니미즘은 자연에 대한 종교적 해석이다. 종교적 발전의 보다 높은 단계에서, 일신교가 애니미즘을 대신하게 될 때, 자연은 신에 의해서 창조된 것으로 이해되며, 따라서 신의 전능하고 정의로운 의지의 현현으로서 간주된다. 자연법론이 일관성을 가지게 되면, 그것은 종교적 성격을 띠지 않을 수 없다. 자연법론은 자연으로부터 인간행동의 정의로운 규칙을 연역한다. 그 유일한 이유는 자연이 신의 계시로 이해되기 때문이요, 그리하여 자연을 고찰하는 것은 신의 의지를 탐구하는 것이기 때문이다. 사실상 중요한 자연법론이 다소간 종교적 성격을 가지지 않는 경우란 없다. 예를 들면 그로티우스는 자연법을 “자연의 권위, 즉 신”이 어떤 행동을 금지하거나 요구하는 자연의 명령이라고 정의한다.[1] 그의 진술에 따르면 “인간 안에 심어져 있는 본질적인 특성”에 연유하는 자연법은 “올바로 이야기하면 신에 귀속될 수 있다. 왜냐하면 그러한 특성이 우리 안에 존재하기를 신이 바랐기 때문이다.”[2] 홉스의 진술에 따르면, 자연법은 이성의 명령이지만, 이성의 명령은 “인간 자신의 존속과 방어에 도움이 되는 것의 결론이거나 정리(定理)인 반면에, 법은 적절하게 이야기한다면 다른 사람들에게 정당한 권리로 명령을 내린 자의 말이다. 그러나 우리가 동일한 정리를 모든 것에 대해 정당한 권리를 가지고서 명령을 내리는 신의 말 속에서 전해진 것으로 간주하면, 그것 역시 법이라 부르는 것이 정당할 것이다.”[3] 홉스에 이어서, 푸펜도르프는 이성의 명령, 즉 자연법의 원리가 법의 힘을 가지기 위해서는 그것은 “자연법의 의무가 신에게 유래한다는 것이 모든 상황 아래서 유지되지 않으면 안 된다”[4]고 진술한다. 그리해야만 자연으로부터 연역된 법은 영구적이고 불변적이라 가정될 수 있으며, 이런 법은 인간에 의해 제정되어 단지 일시적이고 가변적인 질서에 불과한 실정법에 대립한다. 자연법에 의해 확립된 권리는 인간 천부의 신성한 권리이다. 왜냐하면 이 법은 신의 자연[본성]에 의해 인간 안에 심어졌기 때문이다. 반면에 실정법은 이들 권리를 확립할 수도 폐기할 수도 없으며, 단지 그것들을 보호할 수 있을 뿐이다. 이것이 자연법론의 핵심이다.

과학의 관점에서 보았을 때 생겨나는 첫 번째 반대는, 이 학설은

1) Hugo Grotius, *De Jure Belli ac Pacis*, Bk. I. chap. I, sec. 10.
2) 같은 책, *Prolegomena*, sec. 12.
3) Thomas Hobbes, *Leviathan*, Part I, chap. xv.
4) Samuel Pufendorf, *De Jure Naturae et Gentium*, Bk. II, chap. iii, sec. 20.

자연과학이 자신의 대상을 기술할 때 사용하는 규칙인 과학의 자연법칙과, 윤리학과 법학이 자신의 대상, 즉 도덕과 법을 기술할 때 사용하는 규칙 사이에 본질적인 차이가 있다는 것을 망각하고 있다는 것이다. 과학의 자연법칙은 두 현상을 원인과 결과와 같은 인과원리에 따라서 서로 결합시키는 규칙이다. 그러한 규칙은 예를 들면 금속은 열을 받으면 팽창한다는 진술이다. 원인과 결과의 관계는, 그것이 필연성의 관계로서 간주되든 단순한 개연성의 관계로서 간주되든, 인간 또는 초인간적인 의지의 행동에 귀속되지 않는다. 다른 한편 우리가 도덕 또는 법에 대해 이야기할 때, 우리가 언급하고 있는 것은 인간행동을 명하는 규범, 즉 인간 혹은 초인간적 존재의 행동이라는 특수한 의미를 가진 규범이다. 그런 규범은 예를 들면 사람들은 어려움에 처한 동료를 기꺼이 도우라는 그리스도의 도덕규범이거나 살인자에 대해서 처벌을 명하는 입법자의 법규범이다. 윤리학은 도덕규범 하에 존재하는 상황을 다음의 진술로써, 즉 사람이 곤경에 처하면 그의 동료는 그를 도와주어야 한다는 진술로써 기술한다. 법학은 법규범 아래에 있는 상황을 다음처럼, 즉 만약 어떤 사람이 살인을 저지르면 그는 처벌받아야 한다고 기술한다. 명백한 일이지만, 도덕규칙이나 법규칙은 인과원리에 따라서가 아니라 완전히 다른 원리에 따라서 조건과 그것의 귀결을 결합시킨다. 자연법칙은 A가 존재한다면, B가 **존재한다**는 취지의 진술인 데 반해, 도덕규칙이나 법규칙은 A가 존재한다면, B가 존재**하여야** 한다는 취지의 진술을 한다. 그것은 존재와 당위간의 차이이며, 인과와 규범(혹은 귀책(歸責))간의 차이이다.[5]

어떤 유형의 인간행동을 명하는 일반규범을 전제한다면, 이 전제된 규범과 일치하는 구체적인 행동을 선한, 옳은, 정당한 행동으로

5) 이 책 제14장「인과와 귀책(歸責)」495 쪽 이하를 참조할 것.

볼 수 있고, 전제된 규범과 일치하지 않는 행동을, 그릇된, 나쁜, 정당하지 않은 행동으로 볼 수 있다. 이들 진술은 가치판단이라 하고, 이것은 객관적인 의미에서 사용된 용어이다.[6] 용어의 이 의미에서 가치는 전제된 규범과 일치한다. 그것은 긍정적 가치이며, 전제된 규범과 일치하지 않는 부정적 가치에 대립해 있다. 특정 개인의 구체적 행동이 선하다거나 악하다는 진술은, 또는 긍정적 가치를 지닌다거나 부정적 가치를 지닌다는 진술은, 그의 행동이 전제된 일반규범과 그의 행동이 일치하거나 일치하지 않는다는 것을 의미하기 때문에, 그는 그가 실제로 행동하는 것처럼 행동을 해야 한다거나 행동을 해서는 안 된다거나 하는 진술에 의해서 이 가치판단을 표현할 수 있겠다. 어떤 것을 지시하는 혹은 금지하는 일반규범을 전제하지 않고서는 객관적인 의미에서의 가치판단을 내릴 수 없다. 대상에 귀속된 가치는 전제된 규범과 관련되지 않고서는 그 대상의 특성들로 주어지지 않는다. 가치는 가치 있는 것으로 판단된 대상에 고유한 것이 아니고, 이 대상과 전제된 규범간의 관계인 것이다. 우리는 실재하는 대상의 가치를 또는 현실적 행동의 가치를 이들 대상의 분석을 통해서는 발견할 수 없다. 가치는 자연의 실재 안에 내재해 있지 않다. 따라서 가치는 실재로부터 연역될 수 없다. 어떤 것이 존재한다는 사실로부터, 어떤 것이 존재해야 한다거나 행해져야한다는, 또는 어떤 것이 존재해서는 안 되거나 행해져서는 안 된다는 것이 도출되지 않는다. 실제로 큰 물고기가 작은 물고기를 삼킨다는 사실은 물고기의 행동이 선하다거나 나쁘다는 사실을 함의하고 있지 않다. "존재"에서 "당위"를 자연적 실재에서 도덕적 혹은 법적 가치를 도출하는 논리적 추론은 존재하지 않는다.

윤리학과 법학이 자신의 대상을 기술할 때 사용하는 규칙, 즉 도

---

6) 이 책 제8장 「법 과학에서의 가치판단」 331 쪽 이하를 참조할 것.

덕적 혹은 법적 규범에 관한 규칙과 자연과학이 자신의 대상을 기술할 때 사용하는 규칙, 즉 인과규칙을 비교한다면, 도덕의 규칙과 법의 규칙이 언급하는 규범들은 이전에 서술된 것처럼 도덕적 권위 혹은 법적 권위의 행동의 의미라는 사실을 고려하지 않으면 안 된다. 권위가 인간인 한, 이들 규범은 성격상 주관적이다. 즉 이들 규범은 그것들을 만든 사람들의 의도를 표현한다. 인간의 권위가 지시하거나 금하는 것은 그가 지향하고 있는 목적에 달려 있다. 누군가가 목적으로서 지향하고 있는 것도 또한 가치이지만, 그것은 주관적인 의미에서의 가치이다. 그리고 그것이 어떤 목적의 수단이 아니라 궁극목적이라면, 그것은 최고의 가치라 한다. 이런 주관적 의미에서의 궁극목적 또는 최고의 가치에 관한 대단히 다양한 의견이 있다. 하나의 최고 가치가 다른 최고 가치와 자주 충돌한다. 예를 들면 개인의 자유와 경제적 안정이 충돌하고, 한 개인의 복리와 국가 전체의 복리가 충돌한다. 이들 상황에서는 하나는 다른 하나를 희생시킴으로써만 실현될 수 있다. 그렇다면, 어떤 목적이 우선하는가, 혹은 어떤 가치가 상위에 있고 어떤 가치가 하위에 있는가, 진실로 최고 가치는 어떤 것인가의 문제가 발생한다. 이런 물음은 쇠가 물보다 무거운지 어떤지, 물이 나무보다 무거운지 어떤지와 같은 물음과 동일한 방식으로 대답될 수 없다. 이 후자의 물음은 합리적이고 과학적인 방식으로 경험에 의해서 해결될 수 있지만, 주관적인 의미에서의 최고 가치에 관한 물음은 단지 정서적으로만, 즉 결정하는 주관의 감정이나 바람(願)에 의해서만 결정될 수 있다. 한 사람의 주관은 그의 정서에 의해서 개인의 자유를 선호하도록 이끌릴 수 있고, 다른 한 사람은 그의 정서에 의해서 경제적 안정을 선호하도록 이끌릴 수 있다. 한 사람은 개인의 복리, 다른 사람은 국가 전체의 복리로 이끌릴 수 있다. 이 사람이 옳은지 저 사람이 옳은지는 합리적 고려에 의해서 증명될 수 없다. 따라서 사실상 도덕과 법의 대단히 다른 체계들이 있지만, 이에 반해 자연에는 하나의 체계밖에 없다. 도덕의 한 체계에 따라서 선한 것이 다른 체계에서는 악한 것이 될 수도 있다. 하나의 법질서에서 죄악인 것이 다른 법질서 하에서는 완전히 옳은 것일 수 있다. 이것은 기존의 도덕적 질서나 법질서에 일치하는지 어떤지에서 존립하는 가치는 상대적 가치라는 것을 의미한다. 규범을 결정하는 권위가 절대적이며 초월적인 존재인 신이라고 가정되는 한에서, 오직 하나의 도덕적 · 법적 체계가 있으며, 그 때 이들 규범에 응하는 가치는 절대적 가치라 가정된다.

자연법론이 가치는 실재 안에 내재해 있으며, 이 가치는 절대적이라는 것, 동일한 의미지만 신의 의지는 자연에 고유하다는 것을 전제한다. 이런 전제 하에서만 법은 자연으로부터 연역될 수 있고, 이 법은 절대적 정의라는 학설을 주장하는 것이 가능하게 된다. 자연적 실재 안에 가치가 내재해 있다는 형이상학적 가정은 과학의 관점에서는 승인될 수 없기 때문에, 자연법론은 "존재"로부터 "당위"를 추론하는 이른 바 논리적 오류에 기초하고 있다. 자연으로부터 연역된 언필칭 규범은 진실로 암묵적으로 전제되어 있는 것이며, 주관적 가치에 근거해 있다. 이러한 가치는 입법자로서의 자연의 의향이라고 제시된 것이다. 이들 자연법칙과 법의 규칙을 동일시하고, 자연의 질서가 정의로운 사회적 질서이거나 그런 질서를 포함하고 있다고 주장함으로써, 자연법론은 원시적인 애니미즘처럼 자연을 사회의 일부로 이해한다. 그러나 현대의 과학은 자연의 해석을 사회적 범주로부터 해방시키는 경향을 특징으로 갖는 과정의 결과라는 것이 쉽게 증명될 수 있다.[7] 과학의 법정에서 자연법

---

7) 이 책 제13장 「인과와 응보」 463 쪽 이하를 참조할 것.

론은 승산이 없다. 그러나 자연법론은 자신의 종교적 성격을 언급함으로써 이 법정의 재판권을 거부할는지 모른다.

II

자연법론은 실정법과 자연법이라는 근본적으로 이원론의 특성을 갖는다. 인간에 의해 제정된 불완전한 실정법 위에, 절대적으로 정의롭기에 완전한 자연법, 신이 확립한 자연법이 존재한다. 따라서 실정법은 그것이 자연법에 일치하는 한 정당하고, 유효하게 된다.[8] 그러나 실정법이 자연법에 일치하는 한에서만 유효하다면, 즉 자연법론이 주장하는 것처럼 자연의 분석에 의해서 자연법의 규칙을 발견하는 것이 가능하다면, 다시 말해 어떤 논자들이 주장하는 것처럼 자연법이 심지어는 자명하다면,[9] 실정법은 아주 불필요한

---

8) 나의 다음 논문을 참조할 것. "Naturrecht und positives Recht: Eine Untersuchung ihres gegentigen Verhältnis," *Revue Internatonale de la Théorie du Droit*, II (1927-1928), 71 쪽 이하. 또한 나의 다음 저서를 참조할 것. *General Theory of Law and State* (Cambridge: Harvard University Press, 1945), 389 쪽 이하.

9) 예를 들면 그로티우스. 앞의 책, Plolegomena, sec. 39. "이 법[자연법]의 원리는, 단지 당신이 엄밀하게 주의를 기울이기만 하면, 그 자체 명료하며, 분명하게 된다. 이것은 외적 감관에 의해 우리가 지각하는 그런 사물들이 명백한 것과 같다. 지각의 기관이 완전하게 형성되어 있고, 지각에 필수적인 다른 조건이 갖춰져 있으면, 이들 감관은 오류에 빠지지 않는다." 자연법의 원리가 자명하다는 견해는, 자연법론의 추종자들 사이에 이들 원리에 관한 합의가 없고, 결코 없었다는 사실과 정면으로 배치된다. 푸펜도르프는, 앞의 책, Bk. II, chap. i, sec. 7에서 "사람들 간에는 그 머릿수만큼 많은 생각이 있으며, 각자에게는 자신의 방식이 최선인 것처럼 보인다." 그럼에도 불구하고 그는 Bk. I, chap. iii, sec. 3에서 다음처럼 주장한다. "이해력과 판단력에서 자연스런 정확함이 고유해 있어서, 이 정확함 때문에 도덕문제에 대해 적절한 주의를 기울이면 이들 문제에서

것이 된다. 자연을 통해서 이해될 수 있는 사회의 정의로운 질서의 존재가 눈앞에 있다면, 실정법 제정자의 행위는 한낮의 햇빛 속에서 일부러 등불을 켜는 어리석은 노력이 되어버린다. 이것은 자연법론의 다른 귀결이다. 그러나 이 이론의 추종자들 중 어떤 사람도 일관성이 있는 논리를 전개할 만큼 용기를 가지지 못했다. 그들 중 누구도 자연법의 존재가 실정법의 확정을 불필요하게 한다고 이야기하지 않았다.[10] 오히려 그들 모두는 실정법의 필요성을 주장하고

오류에 빠지게 되는 일은 없다." 그러나 "적절한" 주의를 기울이지 않는다면? 이것은 실제로 가능하다. 그의 진실한 견해가 다음의 진술에서 나타난다 (같은 곳). "… 우리가 행위에서 모든 도덕성을 파괴하고 싶지 않다면, 우리는 반드시 다음을 주장하지 않으면 안 된다. 즉 인간의 지성은 본성상 건전하고, 충분한 탐구에서 그 지성에 나타나는 문제들을 명료하게 이해하며, 그들 문제가 실제로 나타나는 바대로 이해한다. 더 나아가서 적어도 자연법의 일반적 법칙에 관한 실천판단은, 그 실천판단으로부터 나오는 악한 행위에 대해서는 책임을 질 수 없을 만큼 타락할 수는 없다는 점이 주장되지 않으면 안 된다. 왜냐하면 악한 행위는 실수나 무지로부터 생겨나기 때문이다." 그것은 자연법의 원리에 관한 실수나 무지가, 비록 불가능하지는 않겠지만, 책임을 면할 수 있는 것은 아니라는 사실을 의미한다. 실정법의 무지는 변명이 되지 않는다는 잘 알려진 규칙은 간단하게 자연법에 적용된다.

10) 실정법은 사회에 불필요하고, 심지어는 해롭다고 주장하는 학설이 이론적 무정부주의의 창시자인 윌리엄 고드윈(William Godwin)에 의해 그의 유명한 저서 *Enquiry Concerning Political Justice* (London: 1793)에서 주장되었다. 고드윈은 자연법론의 추종자가 아니었다. "법은 가장 유해한 성향을 가진 제도이다"(같은 책, I, 149)라고 이야기할 때, 그는 자연법과 실정법 모두를 언급하고 있다. 분명히 그는 다음과 같은 자연법론의 두 기본 원리를 거부하고 있다. 즉 인간은 본성상 권리를 가지고 있다는 견해에 대해서 인간의 관념과 권리의 개념은 서로 "양립할 수 없다"(같은 책, II, 771)라고 말하고, 사회계약의 관념에 대해서는 "원초적 계약으로부터 권위를 도출하는 것은 어떤 정부에서도 불가능하다"(같은 책, I, 149)라고 이야기한다. 그는 다음을 진술할 때 자연법론의 기초를 공격하고 있다. "우리는 우주의 체계에 관해서 거의 알지 못한다. 그것을 너무나 쉽게 존중하는 실수를 범하고 있다. 전체의 너무 작은 일부만을 보고 있어서, 우리는 자연의 과정이라고 이해하는 것을 흉내 내어 우리의 도덕원리를 만들어낼 자격을 갖고 있지 못하다. 자연의 과정을 구성

있다.[11] 사실상 모든 자연법론의 가장 본질적인 기능 중 하나는 실정법의 확립을 정당화하는 것, 또는 실정법 확립의 권한이 있는 국가의 존재를 정당화하는 것이다. 이 기능을 수행하면서 대부분의 학설은 매우 독특한 모순에 빠져버린다. 한편으로 그들은 인간의 본성이 자연법의 원천이라고 주장하는데, 이것은 인간의 본성이 근본적으로 선해야 한다는 것을 함의한다. 다른 한편으로 그들은 강제기구를 갖춘 실정법의 필요성을 인간의 악에 의해서 정당화할 수 있다. 이 모순을 회피한 유일한 철학자가 홉스이다. 그는 인간은 본성상 나쁘다는 가정으로부터 출발한다. 따라서 그가 이런 본성으로부터 연역하는 자연법은 실제적으로 다음의 원리, 즉 실정법의 확립할 무한한 권력을 부여받은 국가가 필요하며, 자연법에 의해서 사람들은 국가가 제정한 실정법을 무조건 따라야 할 의무가 있다는 원리 외에 다름 아니다. 이 논증의 노선은 자연법에 의해서 자연법을 부정하게 되는 결과에 이르게 된다. 그러나 자연법이 모든 실정법의 형식적 권위화가 아니라, 내용을 갖는 실질적 규칙체계로 간주된다면, 이 자연법 연역의 근거가 되는 인간본성과 실정법을 만드는 인간본성 간의 모순이 불가피하게 생겨난다. 그리하여 푸펜도

하는 마음에 의해서 임의로 조정하는 그 무엇이라고 가정하는 것은 극도로 잘못이다(같은 책, II, 692).

11) 그리하여 예를 들면 필립 멜란히톤(Philip Melanchthon)은 그의 저서 *Ethicae Doctrinae Elementorum Libri Duo*(1560)에서 성문법이 필요한가에 대한 문제에 대해 다음처럼 대답했다. "많은 무지한 사람들이 성문법은 필요 없으며, 사안들은 지도자의 자연적 판단에 따라서(ex naturali judicio eorum qui praesunt. 이 문구는 자유롭게 다음처럼 번역될 수 있다. '정부에 있는 자가 자연의 원리를 적용함으로써') 결정되어야 한다고 우둔하게 떠들고 있다. 그러나 우리는 이 야만적인 의견이 거부되어야 하고, 사람들은 성문법이 선호될 수 있음을 배워야 하며, 애정과 존경을 가지고서 그것을 염두에 두어야 한다는 것을 알아야 한다." *Opus Reformatorum*, Philip Melanchthon Opera (Halle I. S.: Schwetschke, 1850), XVI, 234-235.

르프는 "인간 자신의 본성, 인간의 조건, 인간의 욕망을 조심스럽게 고찰하는 것보다 더 적절하고 직접적인 방법은 없다"[12]는 점을 강조하고 있는 것이다. 인간의 본성으로부터 연역될 수 있는 이성의 명령으로서의 자연법이 존재한다면, 인간은 "사회적이며, 즉 기꺼이 자신과 같은 다른 사람들과 자신을 연결하며, 다른 사람이 자신에게 해를 끼치는 어떤 원인을 가지기는커녕 자신의 행복을 유지하고 증가시킬 이유가 있다는 것을 느낄 수 있는 방식으로 다른 사람들에게 행동하는 일이"[13] 필요하다. 그러나 푸펜도르프는 이것이 인간의 실제적 본성이 아님을 알고 있다. 그는 인간이 "항상 심술궂고, 화를 잘 내며, 쉽게 흥분을 잘 하고, 재빠르고 강력하게 해를 끼친다는" 것을 인정한다. 그는 "다수의 사람들이 자신들의 삶을 이성에 의해서가 아니라 충동 위에서 영위한다"[14]는 것을 인정한다. 푸펜도르프는 인간본성에 대한 비관적 평가에서 홉스만큼 많이 나가지는 않지만, 그래도 다음과 같이 진술한다.

> 많은 사람들에게 자신들이 법의 준수보다 훼손으로써 보다 더 큰 이익을 얻게 된다고 생각할 때마다, 법을 쉽사리 어기는 그런 좋지 못한 성질이 있다.[15]

따라서 그는 "어떤 방식의 해악도 금하는 자연법을 단순히 존중하는 것만으로는 전 인류를 자연적 자유에 안주할 수 있게 한다"고 믿는 것은 가능하지 않다고 진술한다.

---

12) Pufendorf, 앞의 책, Bk. II, chap. iii, sec.14.
13) 같은 장, sec. 15.
14) 같은 책, Bk, VII. chap. i, sec. 11.
15) 같은 장, sec. 8.

> 인간 성격의 사악함과 남을 해하려는 그의 성향을 어떤 방법으로 효과적으로 제어할 수 있기 위해서는, 다른 사람을 공격할 때 즉시 그를 기다리고 있는 악을 그의 면전에서 내밀고, 무사하기를 바라는 모든 희망을 제거해버려야 한다.16)

따라서 인간의 본성은 필연적으로 국가의 확립에 이르게 된다. 이것은 의미하는 바는 실정법이다.

> 그러나 대부분의 사람들은 그처럼 어리석고 그들의 정념은 그처럼 맹렬하기 때문에, 소수의 사람만이 이 모든 문제를 마땅한 방법으로 고려할 수 있다. 그러므로 국가가 제공하는 것 말고는 인간의 사악함을 억제할 효과적인 교정수단은 남아 있지 않다.17)

다수의 사람들이 자신들의 본성에 따라서 자신들의 삶을 이성에 의해 영위하지 않는다면, 대부분의 사람들이 자신의 바로 그 본성으로 인해 어리석고 사악하다면, 이성의 명령인 자연법이 어떻게 해서 사회생활의 절대적으로 정의로운 질서일 수 있으며, 인간의 본성으로부터 연역될 수 있는가? 푸펜도르프뿐만 아니라 모든 논자들도 그들이 자연법이라고 부르는 것을 실제로 존재하는 바의 인간본성으로부터 연역하고 있지 않다. 그것은 있어야 하는 바의 인간본성, 즉 자연법에 일치한다면 있게 될 그런 인간의 본성으로부터 나온다. 그것은 자연으로부터 연역되는 자연법이 아니라, 이런 저런 방식으로 전제된 자연법으로부터 연역된 인간의 본성, 즉 인간의 이상적 본성이다.18)

---

16) 같은 책, Bk. VII, chap. ii, sec. 1.
17) 같은 책, Bk. VII, chap. i, sec. 11.

III

모든 자연법론의 추종자들이 주장하는 것처럼 실정법이 자연법에 일치하는 한에서만 유효하다면, 관습에 의해 제정된 어떤 규범도, 또는 자연법에 반대되는 인간 입법자에 의해 설정된 어떤 규범도 무효인 것으로 간주되지 않으면 안 된다. 이것은 실정법의 가능성을 자연법보다 하위에 있는 규범체계로 인정하는 이론의 불가피한 귀결이다. 이러한 귀결을 지키는 범위에 따라서 논자의 성실성이 시험된다. 이 시험을 통과한 사람은 거의 없다. 어떤 철학자들은 실정법과 자연법의 충돌이 불가능하다는 것을 증명함으로써 시험을 회피한다. 그리하여 홉스는 실정법이 결코 이성에 반대될 수 없다고 주장한다. 이것은 자연법에 반대될 수 없다는 것을 의미한다. 그는 다음처럼 말한다. "그 어떤 시민[즉 실정]법도 신의 비난을 받지 않으려는 성향을 가지고 있으며, … 이 법이 자연법과 대립해 있다는 것"[19]은 불가능하다.

> 자연법과 시민법은 서로를 포함하고 있으며, 그 범위가 같

---

18) 인간의 현실적인 본성과 이상적인 본성이 앞에서 그 일부를 인용했던 진술에서 뒤섞여 있다. 그것은 다음과 같다. "앞의 진술을 따라가면 자연법의 기초를 발견하는 일은 쉽다. 인간은 자신의 보존을 극도로 열망하고, 그 자신만으로는 욕망에 노출되어 있으며, 자신의 동료의 도움 없이는 존재할 수 없고, 현저하게 공동선에 기여하는 동물이라는 것은 아주 분명하지만, 항상 심술궂고, 화를 잘 내며, 쉽게 흥분을 잘 하고, 재빠르고 강력하게 해를 끼치는 동물이기도 하다. 이러한 동물들이 생존하여 현세에서 자신의 조건에 맞는 좋은 것들을 즐기기 위해서는, 그가 사회적이며, 즉 기꺼이 자신과 같은 다른 사람들과 자신을 연결하며, 다른 사람이 자신에게 해를 끼치는 어떤 원인을 가지기는커녕 자신의 행복을 유지하고 증가시킬 이유가 있다는 것을 느낄 수 있는 방식으로 다른 사람들에게 행동하는 일이 필요하다." (Bk. II, chap. iii, sec. 15).

19) Hobbes, *De Cive*, chap. xiv, sec. 10.

다. … 자연법은 … 세계의 어느 나라에서도 시민법의 일부이다. 거꾸로 또한 시민법은 자연의 명령의 일부이다. … 어떤 나라에서는 모든 시민이 시민법에 복종하도록 서약했다. … 그러므로 시민법에 복종하는 것은 또한 자연법의 일부이기도 하다.[20)]

홉스는 법이 결코 이성에 대립할 수 없다는 것을 법률가는 동의한다고 주장한다. 그러나 그는 "누구의 이성이 법으로 받아들여지는가" 라고 묻는다. 그의 대답은 다음과 같다.

그것은 어떤 개인의 이성을 의미하는 게 아니다. 왜냐하면 그렇다면 학파의 경우와 꼭 마찬가지로 법에도 많은 모순이 있을 것이 때문이다.

홉스에 따르면 법의 내용을 규정하는 것은 국가의 이성, 공동체의 이성이며, 이 법은 동시에 실정법과 자연법이다.

우리 이 인조인간, 즉 국가의 이성과 국가의 명령이 법을 만든다. 그리고 국가는 그들의 대표이지만, 하나의 인격이기 때문에, 법에서의 어떤 모순도 쉽게 일어날 수 없다. 모순이 생겨나더라도 동일한 이성이 해석이나 개정을 거쳐 그 모순을 없앤다.[21)]

여기서 명백한 것은 자연법론이 실정법을, 즉 효력을 행사하는 정부에 의해 확립된 모든 실정법을 정당화하는 것 말고 다른 기능을

20) Hobbes, *Leviathan*, Part II, chap. xxvi.
21) 같은 곳.

가지지 않는다는 사실이다. 홉스의 철학에서만큼 항상 명료한 것은 아니지만, 이것은 다른 학자들의 압도적 다수의 의식적 · 무의식적 성향이다. 그들은 실정법과 자연법의 충돌이 원리상 가능하다는 것을 부인하지 않는다. 그러나 그들은 그러한 충돌은 단지 예외적으로만 일어날 수 있으며, 그것이 발생하더라도, 실정법의 유효성은 거의 의심될 수 없다는 것을 증명하고자 한다. 이 문제에 대한 푸펜도르프의 태도는 전형적이다. 그는 "시민법이 자연법에 대립할 수 있을 가능성을 부인하고 있는"[22] 사람들의 견해를 거부한다. 그는 다음처럼 강조한다. "물론 자연법에 반대되는 시민법이 있을 수도 있다." 그러나 그는 덧붙인다. "그러나 미친 인간 외에는 누구도, 즉 마음속에 국가의 파괴를 염두에 두고 있는 사람을 제외하고는 누구도 이런 종류의 입법이 통과되기를 원하지 않는다."[23] 따라서 실정법과 자연법의 충돌은 이론적으로 가능하지만 실제로는 배제된다. 결과적으로 푸펜도르프는 사실상 모든 실정법은 적어도 원리상 자연법과 일치한다고 주장한다.

> 실로 모든 나라에서 자연법의 대부분의 특징은, 그것이 없다면 사회 자체에서 평화가 유지될 수 없는 그런 것들로 이루어져 있으며, 시민법의 효력을 가지고 있거나 시민법의 체계 안에 포함되어 왔었다.[24]

> 실로 시민법은 적어도 자연법의 일반원리를 전제하거나 포용하고 있으며, 그렇게 함으로서 인류의 안전이 유지된다.

---

22) Pufendorf, *Elementorum Jurisprundentiae Universalis Libri Duo*, Definition XIII, sec. 6.
23) Pufendorf, *De Jure Naturae et Gentium*, Bk. VIII, chap. i, sec. 2.
24) Pufendorf, *Elementorum Jurisprundentiae Universalis Libri Duo*, Definition XIII, sec. 18.

> 자연법이 시민법을 폐지하는 일은 결코 일어나지 않는다. 시민법은 단순히 각 국가의 분명한 이익이 요구했던 것만큼 이런 일반원리들에 추가될 뿐이다.[25)]

푸펜도르프는 홉스가 실정법과 자연법을 동일시한 데 대해 곧바로 반대했음에 불구하고, 불가피하게 이러한 결론에 이르는 홉스의 논증들 중 하나를 받아들인다. 홉스는 선과 악에 관한 우리 판단의 주관적 성격에 관한 어떤 환상도 가지고 있지 않다.

> "선"과 "악"은 우리의 욕구와 혐오를 의미하는 이름이며, 이것은 사람들의 기질 · 습관 · 주의가 달라지면 달라지고, 사람들은 미각 · 후각 · 청각 · 촉각 · 시각에서 무엇이 쾌락이고 무엇이 불쾌인지에 관한 감관에 대한 판단에서뿐 아니라 일상적인 삶의 행위에서 무엇이 이성에 일치하고 무엇이 이성에 일치하지 않는지에 대한 판단에서도 서로 다르다. 아니 동일한 사람도 다른 때에 달라진다. 한 때는 선이라 하여 찬양하던 것을 다른 때에는 비난하며 악이라 부른다. 거기에서 논쟁과 다툼이 생겨나고, 종국에 가서는 전쟁이 발생한다.[26)]

따라서 그는 "자연법이라 부르는 것이 무엇인지는 지금까지 그것에 대해 글을 썼던 사람들의 의견이 일치하지 않는다"[27)]는 것을 인정한다. 가치판단의 차이로부터 다툼이 생겨나고 평화가 깨지기 때문에, 옳고 그름이라 부르는 것의 공통 척도가 필요하다.

---

25) Pufendorf, *De Jure Naturae et Gentium*, Bk. II, chap. iii, sec. 11.
26) Hobbes, *Leviathan*, Part I, chap. xv.
27) Hobbes, *The Elements of Law*, ed. by F. Toennies (Cambridge: University Press, 1928), 57 쪽.

> 어떤 사람들은 이 공통 척도가 올바른 이성이라고 말한다. 만약 자연의 사물에서(in rerum natura) 그러한 것이 발견되거나 인식된다면 나는 그들의 의견에 동의한다. 그러나 통상적으로 어떤 논쟁에 대해 판정을 내리기 위해 올바른 이성을 요청하는데, 그것은 자기 자신의 이성을 의미할 뿐이다. 올바른 이성이 존재하지 않는다는 것을 알게 되면, 확실한 것은 어떤 사람 또는 어떤 사람들의 이성이 그 자리를 대신하지 않으면 안 된다는 것이다. 그 사람 또는 사람들은 주권의 권력을 가진 그 또는 그들이다. … 결국 시민법이 모든 시민들에 대해 그들 행위의 척도이며, 그것에 의해서 그들이 옳은지 그른지, 유리한지 불리한지, 덕인지 악덕인지가 결정된다.[28)]

자연법이 무엇을 요구하는지를 결정하는 것은 개인이 아니라 국가이며, 정부가 국가를 대표한다. 홉스의 진술은 다음과 같다.

> 한 국가에서 자연법의 해석은 도덕철학의 책에 달려있는 것이 아니다. 국가의 권위가 없다면 저자들의 권위는 자신들의 의견을 법으로 만들지 못한다. 그들의 의견이 그런 식으로 진리가 될 수는 없다. 내가 이 책에서 도덕적인 덕에 관해 썼던 것은, 그리고 평화의 획득과 유지를 위해 도덕적 덕이 필요하다는 것에 관해 썼던 것은, 그것이 분명히 진리임에도 불구하고, 그것이 곧 법이 되는 것은 아니다. 그러나 세계의 모든 국가에서 그것이 시민법의 일부이기 때문에 법이 되는 것이다. 왜냐하면 그것이 비록 자연스럽게 이성적이라 하더라도, 그것이 법이 되는 것은 주권의 권력에 의해서이다. 그렇지 않으면 불문법을 자연법이라 부르는 것은 커다란 잘못

28) 같은 책, 150 쪽.

이다. 이에 대해 대단히 많은 책들이 발간되었지만, 그 책들에서 서로 모순되고, 자신과도 모순된다는 점을 우리는 알고 있다.[29]

이 점에 관해 홉스를 따르면서 푸펜도르프는 다음처럼 주장한다.

"선 · 악의 지식"이 즉 어떤 것이 국가에 좋은 것이고 나쁜 것인지, 어떤 것이 이익이 되는지 불이익이 되는지에 관한 지식이 "개인에 속한다"고 하는 것은 확실히 선동적인 견해이다. 즉 군주가 공공의 선을 확보하기 위하여 착수가 이루어지도록 명한 수단의 적합성에 관해 권한을 부여받은 개인이 판단을 내리는 것이며, 결국 각자의 복종 의무는 이 판단에 달려있는 것이다.[30]

그는 다음처럼 진술한다.

판단과 욕구의 엄청난 다양성이 사람들 사이에 관찰되기 때문에, 그런 이유로 해서 무수한 논쟁이 발생하기 때문에, 각자가 자신의 것으로 생각하는 것이 무엇이고, 다른 사람들의 것으로 생각하는 것이 무엇인지, 국가에서 합법적인 것과 불법적인 것이 무엇인지, 명예로운 것과 불명예스러운 것이 무엇인지 하는 것을 공적으로 규정하는 것이 평화에 대한 관심을 위해서 필요하다. 그래서 또한 사람들은 자신의 자연적 자유 중 무엇을 여전히 보유하고 있는가, 다시 말하면, 모든 사람들은 국가의 평화를 위해서 자신의 권리 사용을 어떻게 자제해야 하는가, 그리고 최종적으로 모든 시민은 자신의 권

29) Hobbes, *Leviathan*, Part II, chap. xxvi.
30) Pufendorf, *De Jure Naturae et Gentium*, Bk. VIII, chap. i, sec. 5.

리로써 다른 사람에 대해 무엇을 어떤 방식으로 요구할 수 있는가를 공적으로 규정하는 일이 필요하다.31)

이것은, 만약 개인이 실정법의 규칙이 자연법에 어긋난다고 생각하더라도, 지배적인 것은 사적 개인의 견해가 아니라, 국가의 권한을 부여받은 권위의 의견이라는 것을 의미한다. 국민이 전제군주에 대해 명령을 내릴 수 있는지에 관한 문제를 논하면서, 푸펜도르프는 매우 독특한 견해를 표명한다. "정의의 추정은 항상 군주 편에 있다."32) 이것이 의미하는 바는 실정법이 자연법이라는 추정이 항상 존재한다는 것이다.

실정법을 자연법과 동일하게 생각하는 다른 방식은 자연법론의 대부분의 추종자들이 승인하는 정의에 대한 규정으로부터 출발한다. 그것은 각자에게 각자의 것을 외에 다름 아니다. 홉스는 이 정식 안에 자신의 것이 무엇인가를 규정하는 실정법의 질서가 전제되어 있다는 사실을 분명히 통찰하고 있다. 그는 실정법이 없다면 이 정식의 의미 안에서 정의란 있을 수 없다고 결론 내린다. "국가가 없으면 아무 것도 부정의가 아니다."33) 푸펜도르프는 로마 법학에 따라서 자연법상의 정의를 "각자에게 그에게 합당한 것을 주려는 부단한 의지"34)로 규정한다. 그러나 그는, 어떤 사람이 가해자에 대하여 어떤 행위를 인간의 법정에 가져올 가능성을 가지는 한에서만, 완전한 권리를 기초로 해서 어떤 것이 그에게 합당한 것이라고 하는 말을 덧붙인다.35) 그것은 자연법의 의미 내에서 규정되는 정

---

31) 같은 책, Bk. VII, chap. sec. 2.

32) Pufendorf, *Elementorum Jurisprundentiae Universalis Libri Duo*, Observation V, sec. 21.

33) Hobbes, *Leviathan*, Part I, chap. xv.

34) Pufendorf, *Elementorum Jurisprundentiae Universalis Libri Duo*, Definition XVII, sec. 1.

의는 실정법 아래에서만 가능하다는 것을 의미한다. 따라서 푸펜도르프는 위에서 인용된 진술을 하면서, 무수한 논쟁을 피하기 위해서 자연법은 "각자가 자신의 것이라고 생각해야 하는 것이 무엇이고 다른 사람의 것이라고 생각해야 하는 것이 무엇인가"를 실정법이 결정하기를 요구한다고 주장한다. 홉스를 비판함에도 불구하고, 푸펜도르프의 자연법론은 자연법과 실정법의 관계에 관한 본질적 물음에서 그 영국 철학자의 목표와 동일한 것을 지향한다. 그것은 다름 아니라 자연법에 의한 실정법의 정당화이다.

최종적으로, 자연법론의 모든 지도적인 대표자에 의해 주장된 원리가 있다. 이 원리는 자연법과 실정법의 충돌이 생긴다면, 얼마든지 그것이 가능하지만, 기존의 법적 권위를 위협하는 효력을 빼앗아버린다. 그것은 자연법 하에서는 저항권은 존재하지 않거나 단지 제한적으로만 존재한다는 독단적 주장이다. 홉스에 따르면, "국가 안에 있는 누구도 그들이 강제적인 이[그들의] 권력을 혹은 사람들이 통상 그렇게 표현하는 바 정의의 칼을 부여한[자연법에 의해 그렇게 할 의무가 있었던] 사람 또는 사람들에게 저항할 권리를 가지지 않는다는 것"36)은 당연한 이치이다. 그러나 또한 그로티우스는 "국가기관이 자연법 혹은 신의 명령에 반대되는 어떤 질서를 정한다면, 이 질서는 수행되지 못할 것"이라는 사실을 인정하면서, "만약 부당한 취급이 우리에게 가해졌다면 [주권자의 권력을 가진 사람에 의해서] 우리는 힘에 의한 저항보다는 인내를 해야한다"37)고 가르친다. 그는 소포클레스의 『안티고네』(*Antigone*)의 구절은 인용한다. "당신은 국가가 권력의 자리에 앉힌 사람에게 큰일이든 작은

---

35) 같은 책, Definition XVIII, sec. 2.
36) Hobbes, *The Elements of Law*, p. 86.
37) Grotius, 앞의 책, Bk. I, chap. iv, sec. 1.

일이든 정의롭든지 정의롭지 않든지 복종하지 않으면 안 된다."[38] 그러면서 "주권의 권력을 가지고 있는 사람들에 대해서는 저항이 정당하게 이루어질 수 없다"[39]고 결론 내린다. 푸펜도르프가 국가는 시민에게 어떤 나쁜 일도 할 수 없다고 한 홉스의 주장을 거부하고 있는 것도 사실이지만,[40] 그러나 그는 "군주에 의한 경미한 침해는 그 지위의 숭고함과 그들의 다른 은혜를 고려하고, 우리의 동료 시민과 국가 전체를 위해서 간과되어야 한다"[41]고 진술한다. 보다 심각한 침해에 대해서는 그는 다음처럼 말한다.

> 적의를 품은 군주가 가장 소름끼치는 위해를 가한다고 위협하더라도, 그 국가를 떠나거나 도망쳐서 스스로를 보호하거나 다른 나라의 비호를 받는 것이 (폭력적인 군주, 그러나 자신의 조국의 군주를 향해 무기를 들기보다는) 더 낫다. 그러나 군주가 적의를 품고 무고한 시민을 살해하려고 하는데도, 게다가 그에게는 도망갈 곳이 전혀 없다면, 어찌해야 할까?[42]

이 물음에 대해 그는 직접적인 대답은 하지 않는다. 그러나 다음처럼 진술한다.

> 그러나 단지 터무니없는 일을 공개 선언하면서 무고한 시민을 죽이려는 군주의 예는 거의 발견될 수 없기 때문에, 보다 어려운 문제는, 예컨대 그의 시민이 부당한 명령에 복종하지

---

38) 같은 책, sec. 2.
39) 같은 책, sec. 7.
40) Pufendorf, *De Jure Naturae et Gentium*, Bk. VII, chap. viii, sec. 4.
41) 같은 책, sec. 5.
42) 같은 곳.

> 않는다는 이유에서 군주가 권리를 구실 삼아 분노를 폭발했을 때, 무엇이 허용될 수 있는가 하는 데서 발생한다. 이 점에 관해서 우리가 확실하다고 생각하는 점은 … 시민은 … 의심의 여지없고 공개된 신의 명령에 반항하는 주권자의 명령에 구속되지 않아도 된다는 것이다. … 그러나 그러한 경우에는 가능한 한 도망칠 곳에 의지해야 하고, 군주에 대해 아무 의무도 없는 제3자의 보호를 찾아다녀야 한다. 아니 도망이 불가능하다면, 죽이기보다 죽음을 당해야 할 것이고, 군주 개인 때문이 아니라 나라 전체를 위해서 그렇게 해야 하며, 그렇게 하지 않으면, 통상 그러한 상황에서는 큰 소용돌이가 생겨날 것이다.

마지막으로 그는 "때때로 윗사람의 가장 공공연한 침해에 대해서는 힘에 의해서 자신의 안정을 방어하는 것은 나쁘지 않다"는 것은 인정한다. 그러나 그는 곧바로 "그러나 나머지 시민들이 자신들의 복종을 거부하고 그 무고한 사람을 힘에 의해서 보호하는 것은 용서되지 않을 것이다"43)라고 덧붙인다.

이 문제에 관해서 로크는 비교적 더 멀리까지 가고 있다. 그는 다음처럼 이야기한다.

> 그렇다면 군주의 명령에 반대할 수도 있는가? 어느 누구든 자신의 권리가 침해된다고 생각하지만, 군주가 그렇게 할 권리가 없다고 생각할 때마다, 군주에게 저항할 수도 있는가? 이렇게 되면 모든 정치체(政治體)는 혼란되고 전복되어, 통치와 질서 대신에 무정부상태와 혼란만이 남게 될 것이다. – 나는 이에 대해 정의롭지 못하고 불법적인 힘을 제외하고

43) 같은 곳.

> 는 힘으로 맞서서는 안 된다고 대답한다. 다른 경우에 힘으로 맞서는 사람은 누구나 신과 다른 사람으로부터의 정당한 비난을 자초하게 된다. 그리하여 흔히들 이야기하는 위험이나 혼란은 생겨나지 않을 것이다.44)

통치에 의한 힘의 사용이 정의롭지 못할 뿐 아니라 "불법적"일 때, 즉 자연법뿐 아니라 실정법에 위배될 때, 저항은 정당화될 수 있다. 그러나 이 문제를 결정할 권한을 누가 가지고 있는가? 사적인 개인은 아니다. 왜냐하면 국가 설립의 취지는 다음과 같기 때문이다.

> 모든 특정 구성원의 모든 사적 판단은 배제되고, 확고하게 서 있는 규칙에 의해서 공동체는 모든 당사자와 무관하게 그리고 그들에 대해 꼭 같이 심판자가 되며, 또한 이들 규칙의 집행을 위해 공동체로부터 권위를 위임받은 사람들에 의해서 권리문제에 관한 사회 내 구성원들 간에 일어날 수 있는 모든 불화를 판정하고, 어떤 구성원이든 사회에 대해 범한 죄에 대해서는 법이 정했던 처벌을 내린다.45)

> 그러므로 어떤 구성원이든 하나의 사회로 통합되어, 각자가 자연법에 대한 자신의 집행권을 포기하고, 그 권한을 공공에 맡기게 되면, 거기에서 유일하게 남아있게 되는 것은 정치사회 또는 시민사회이다. … 그리고 이렇게 되면 일체의 분쟁거리에 대해 판정을 내리고, 국가 구성원 누구에게나 일어날 수 있는 침해를 시정할 권위를 가진 지상의 재판관을 설정함으로써, 자연의 상태는 국가의 상태로 이행하게 된다. 그 재판관은 입법부이거나 입법부가 지명한 판사이다.46)

---

44) John Locke, *Second Treatise of Civil Government*, chap. xviii, secs. 203-204.
45) 같은 책, chap. vii, sec. 87.

이것은 통치에 의한 힘의 정의롭지 못하고 불법적인 사용이 존재하는지 어떤지에 관한 문제가 실정법에 의해 확립된 권위에 의해서 결정되어야 한다는 것을 의미한다. 그러나 로크는 다른 것과 연관해서는 다른 식으로 주장한다.

> 군주나 입법자가 그들의 신탁(信託)에 반대되는 행동을 하는지 여부는 누가 판정할 것인가? 아마도 군주가 단지 자신의 정당한 권한을 사용할 뿐일 때에도, 불만을 가진 파당적인 사람들이 인민들 사이에 이것을 퍼뜨릴 수도 있다. 이에 대해 나는 다음처럼 대답할 것이다. 인민들이 판정자라고. 왜냐하면 수탁자(受託者) 또는 대리인이 자신에 위임된 신탁에 맞게, 그리고 그것에 따라서 행동하는지 여부를, 그가 그의 신탁에 실패할 때 그를 버릴 권한을 가지고 있는 판정자 말고 누가 있겠는가? 이것이 사적 인간의 특정한 경우에서 합리적이라고 한다면, 수백만의 복지에 관련되어 있으며, 방지되지 않을 경우 그 해악은 점점 커지고, 그것에 대한 보상은 대단히 어려워서 위험에 처하게 되는 극히 큰 문제에서 어떻게 이것과 다른 방도가 있을 수 있겠는가?[47]

그러나 자연법에 관련하여 로크만큼 멀리까지 간 사람은 거의 없다. 예컨대 자연법론을 전형적으로 적용한 법 철학자인 칸트는 "최고의 입법적 권력에 대한 인민 편에서의 저항은 결코 합법적이지 않다"는 것을 강조하고 있고, "최고의 입법적 권리가 한 명의 군주에게서 구현되는 경우에" 그 저항은 특히 비난받을 만하다는 점을 강조한다.[48]

---

46) 같은 장, sec. 89

47) 같은 책, chap. xix, sec. 240.

48) Immanuel Kant, "Die Metaphysik der Sitten," in *Gesammelte Schriften,*

자연법을 해석하는 일이 실정법에 의해 확립된 권위의 특권이고, 이들 권위에 저항할 권리는 없거나 있다 하더라도 매주 제한적이어서 실제로는 영향을 미치지 못할 것이라는 견해는 자연법론의 완전한 변질로 귀결된다. 그 이론의 고전 저술들에 대한 비판적 분석을 살펴보면, 그것의 기능은, 실정법 위에 자연법이 있다는 생각이 함의하고 있는 것처럼, 실정법의 권위를 약화시키는 것이 아니라, 오히려 그것을 강화시키고 있다. 자연법론은 전체로 보았을 때 엄격한 보수적 성격을 지닌다. 국제법의 분야에서 어느 정도의 중요성을 가지는 자연법론의 개혁적인 성향은 국내법에 관한 한 오히려 과대평가되고 있다. 그러한 개혁적인 성향이 나타나는 곳에서, 자연법으로 제시된 것에 실정법을 순응시키는 것은 자연법의 자동적인 결과라고 가정되지 않고, 입법적 권위가 행한 귀결로 기대된다는 것이 매우 특징적이다. 더욱이, 입법적 개혁에 단적으로 반대하는 자연법론의 추종자들도 있었다. 그리하여 예컨대 프로테스탄트 자연법론의 매우 영향력 있는 대표자인 베네딕투스 윈클러(Benedictus Winkler)는 그의 저서 『법 원리 5권』(*Principiorum Juris Libri Quinque*, 1615)에서 개혁가(novatores) 즉 법의 분야에서 혁신을 도입하는 사람들을 공격하고 있다. 그의 진술에 의하면, "그들은 감히 정의의 바로 그 기초를 뒤흔든다." 법의 갑작스러운 변화는 항상 위험하다.[49] 다음은 그의 견해의 귀결일 뿐이며, 또한 거의 모든 다른 저자들의 주장이기도 하다. 즉 자연법뿐만 아니라 실정법도 선을 공급한다(jubet bona).

---

herausgegeben von der Rgl. preussischen Akademie der Wissenschaften (Berlin: Georg Reimer, 1907), VI, 320.

49) 본 장의 각주 8)에 나온 나의 논문 "Naturrecht und positives Recht," 참조.

IV

특정 인간의 행동이나 사회제도가 "자연적" 수단에 불과하다는 판단은 단지 그 행동이나 사회적 제도의 전제된 규범, 즉 자연법론을 제시하는 특정 학자의 주관적 가치판단에 기초하는 규범과 일치한다는 것만을 실제로 의미하기 때문에, 한 가지 자연법론이 존재하는 것이 아니라 서로 상당히 모순되는 원리들을 주장하는 다양한 자연법론이 존재한다. 홉스에 따르면 이성은 자연법에 일치하여 수립된 통치 권력이 그 본성상 절대적이며, 무제한하다는 점을 가르치고 있다.

> 주권자의 이들 권리의 총체, 즉 평시와 전시에서의 무력의 절대적 사용, 법의 제정과 폐기, 재판이나 심의에서의 모든 논쟁에서의 최고의 사법권과 판결권, 모든 법관이나 장관을 임명하는 권리의 총체가, 주권자가 가지는 그 밖의 권리와 함께, 국가 안에서 주권자의 힘을 절대적인 것으로 만드는데, 이는 마치 국가의 설립 이전에 각자가 자신이 선하다고 생각하는 것을 자신 안에서 절대적으로 행사하는 것에 다름 아니다. … 그러므로 어떤 사람들은 그들이 적절하다고 생각하는 대로 주권이 제한되고 완화될 수 있는 방식으로 국가가 구성될 수도 있다고 생각한다. … 그것은 그들의 잘못된 생각이다.[50)]

> 주권은 나누어질 수 없으며, 여러 종류의 통치권의 혼합체로 보이는 것은, 실은 그것이 자체의 혼합체가 아니라 우리의 지성에서의 혼동이며, 이런 혼동 때문에 우리 자신을 누구에

---

50) Hobbes, *The Elements of Law*, 87 쪽 이하.

게 종속시켜야 하는지를 쉽게 파악할 수 없다.[51]

그러나 로크는 자연으로부터 다음을 연역한다.

> 어떤 나라의 최고의 권력도 … 인민들의 생명과 재산에 대해서 절대적일 만큼 자의적이지 않고, 아마 그럴 수도 없다. 왜냐하면 그것은 모든 사회의 각 구성원이 입법자인 인간 또는 집회에 위탁된 연합 권력에 지나지 않으며, 또한 그것은 개인이 사회에 들어가기 전인 자연의 상태에서 가지고 있었던 권력 이상의 것일 수 없기 때문이다. 왜냐하면 어느 누구도 자신 안에 가지고 있는 권력 이상을 남에게 양도할 수 없으며, 어느 누구도 자신을 지배할 또는 어떤 다른 사람을 지배할 절대적 · 자의적 권력, 즉 자신의 생명을 파괴하거나 다른 사람의 생명이나 재산을 빼앗을 수 있는 권력을 가지고 있지 않기 때문이다.[52]

> 그들(즉 자연법에 따라서 국가를 수립한 사람들)이 자신들을 지배할 절대적이며 자연적인 권력을 어떤 한 사람 혹은 그 이상의 사람에게 넘기고 그 관리자의 손에 맡겨서, 그의 무제한의 의지를 자신들에 대해 자의적으로 행사하도록 의도했다는 것은, 비록 그들에게 그런 권한이 있다 하더라도, 생각될 수 없는 일이다. 그렇게 되면 그들은 자연 상태보다 나쁜 조건에 놓이게 된다. 자연 상태에서 그들은 다른 사람의 침해에 대해 자신의 권리를 방어할 자유가 있었고, 그 침범이 한 사람에 의한 것이든 무리를 이룬 다수에 의한 것이건 간에 동일한 정도의 힘을 유지할 자유가 있었다.[53]

51) 같은 책, 89 쪽 이하.
52) Locke, 앞의 책, chap. xi, sec. 135.
53) 같은 장, sec. 137.

루소는 로크에 이어서 다음처럼 진술한다.

> 자유를 포기한다는 것은 인간임을 포기한다는 것이다. 인간의 권리와 심지어는 인간의 의무마저도 양도하는 것이다. 모든 것을 포기하는 자에게는 보상도 가능하지 않다. 그러한 포기는 인간의 자연[본성]과 양립할 수 없으며, 그의 의지로부터 모든 자유를 빼앗는 것은 그의 행동으로부터 모든 도덕을 빼앗는 것이다. 결국, 한편으로 절대적 권위를 설정하고, 다른 한편으로 무제한적 복종을 설정하는 것은 공허하고 모순된 협정이다. 우리가 어떤 사람에 대해 모든 것을 요구할 권리를 가지고 있으면, 우리가 그 사람에 대해 아무런 의무가 없게 된다는 것은 자명하지 않을까? 등가도 없고 교환도 없는 이런 규약만으로는 그 행동은 무효화되지 않을까?54)

이런 해석의 자연법론에 따르면, 국가의 권력은 필연적으로 제한이 있고, 절대군주는 자연에 반하는 것이다. 로크는 다음처럼 진술하고 있다.

> 어떤 사람은 절대군주제를 이 세상에서 유일한 정부 형태로 간주하지만, 이 절대군주제가 실로 시민사회와 결코 맞지 않으며, 따라서 전혀 시민정부의 형태일 수 없다는 것은 분명하다.55)

자연법과 일치하는 유일한 정부 형태는 민주주의이다. 즉 그 권력이 국민으로부터 나오는 정부이다.

---

54) J.J. Rousseau, *Contract Social*, Bk. I, chap. iv.
55) Locke, 앞의 책, cha. vii, sec. 90.

사람들은 이미 언급되었듯이 본성상 모두 자유롭고, 평등하며, 독립적이기 때문에, 누구도 스스로 동의하지 않고서 이 재산을 뺏길 수도 다른 사람의 정치권력에 종속할 수도 없다.[56]

그러므로 자연의 상태로부터 공동체로 통합되는 누구든, 다수보다 더 큰 숫자에 대해 명시적인 합의가 없었다 하더라도, 그들이 사회에 통합하기로 한 목적에 필요한 모든 권력을 다수에게 넘긴다는 것을 이해하지 않으면 안 된다. 이것은 하나의 정치사회에로 결합한다는 것에 단순히 동의하는 것만으로 행해지며, 이것이 국가에 가입한 개인들 혹은 국가를 형성한 개인들 간에 존재하는 혹은 존재할 필요가 있는 조약의 전체이다. 그리하여 어떤 정치사회를 시작하는 그리고 실제로 구성하는 것은 다수를 이루는 사람들의 자유가 그런 사회로 결합하기로 혹은 합해지기로 동의한 것 외에 다름 아니다. 그리고 이것이 이 세계에서의 모든 합법적 정부의 시작이 되었고, 시작이 될 수 있었던 것, 그럴 수 있었던 유일한 것이다.[57]

그러나 정확하게 동일한 방법에 의해서, 필머는 민주주의가 자연법에 반한다는 것을 증명한다. 그의 주요한 명제는 인민이 지배하거나 지배자를 선택하는 것은 반자연적이다.[58] 그는 최고의 권력을 전체 인민에 두는 사람에 대해 반대를 한다.

전체 왕국의 총 집회가 군주를 선출한다는 것이 일찍이 알려

56) 같은 책, chap. viii, sec. 95.
57) 같은 장, sec. 99.
58) Sir Robert Filmer, *Patriarcha*, chap. ii.

진 적이 있는가? 세계 전체에서 그러한 예가 발견된 일이 있는가? 그런 것을 생각하는 일은 불가능한 것을 상상하는 것과 다름없으며, 따라서 그 결과 정부형태나 왕이 이 상상적인 자연법에 따라서 결정된 일은 한 번도 없었다.[59]

다수결의 원리에 대해 그는 다음처럼 말한다.

다수이든 어떤 다른 것이든 많은 숫자의 나머지 사람들을 지배하는 권력을 가진다는 것이 자연법에 의해 증명될 수 없다. 전체가 아닌 다수자의 행위는 모든 사람에 대해 구속력을 갖지 않으며, 그들에 동의하는 자에 대해서만 구속력을 갖는다.[60]

그의 가장 강력한 주장은 다음과 같다. "신은 항상 그 자신의 인민을 군주를 통해서만 통치한다."[61]

우리 시대의 가장 중요한 문제는 사적 소유의 원리와 이 원리에 근거해 있는 법적 · 경제적 체제의 정의(justice)이다. 최근의 법학이나 정치이론에서 자연법론의 매우 주목할 만한 재(再) 부활이 관찰될 수 있다는 사실은 상당 부분 법률가나 정치인 사이에 널리 퍼져 있는 생각, 즉 자본주의 체계가 공산주의와의 투쟁에서 단지 그 이론에 의해서만 효과적으로 방어될 수 있다는 생각에 의해서 설명될 수 있다. 실로 그로티우스에서 칸트에 이르기까지 자연법의 가장 탁월한 이론가들은 사적 소유가 신적 자연이 인간에 부여한 신성한 권리라는 것을 증명하려고 최선을 다하였다.

59) 같은 장, sec. 5.
60) 같은 장, sec. 6.
61) 같은 장, sec. 10.

신이 모든 것을 모든 사람에게 주었다는 것을 계시하는 것으로 교회가 성경을 해석할 때, 자연법론의 이러한 귀결은 매우 놀랄만한 일이다. 따라서 사적 소유, 즉 다른 모든 사람을 제치고 한 사람이 사물에 대한 지배권을 가진다는 것이 신에 의해 창조된 자연과 일치하는 것이라는 사실을 증명하기는 오히려 어려웠다. 그러나 신의 형상으로 창조되었고, 근원적으로 선했음에도 불구하고, 인간은 신의 섭리와 일치하여 죄에 떨어지고, 그리하여 나쁘게 되었던 것과 꼭 마찬가지로, 사물들은 인간이 타락하고 난 다음, 두 번째의 타락 이후의 본성[자연]에 따라서 인간의 사적 소유가 되었다. 그리하여 예를 들어 그로티우스는 신은 원래는 소유의 공동체를 설립했다는 것을 인정한다. 그러나 그는 사물의 이러한 상태는 아담을 전형으로 하는 "첫 번째 인간들의 순수한 상태"에 일치할 뿐이라고 진술한다. 그들은 "악덕을 몰랐으며, 타락하지 않았다." 그러나 사람들은 "이러한 순수하고 죄 없는 삶을 계속하지 못했으며," "타락하고 교활해졌으며," 이 타락의 과정에서 "원시시대의 공동 소유권 중 처음에는 동산(動産)이, 그 다음에는 부동산이 폐기되었다." 키케로의 권위를 언급하는 그로티우스는 이러한 변화에서 "자연과의 충돌은 전혀 없다"고 주장한다.62)

사적 소유의 권리를 자연에서부터 연역한 가장 최초의 시도 중 하나는 피터보로(Peterborough)의 주교인 리처드 컴벌랜드가 제시한 것이다. 그는 자연법에 관해 잘 알려진 저서63)의 저자이다. 그는 다음처럼 쓰고 있다.

---

62) Grotius, 앞의 책, Bk. II, chap. ii.

63) Richard Cumberland, *De legibus naturae* (London: 1672). 영어 번역은 *A Treatise of the Laws of Nature* (London: 1727).

우리는 사물들의 본성이 우리에게 … 선과 악에 대한 지식, 심지어는 많은 사물들에 공통적인 지식, 말하자면 생성과 타락의 원인을 알도록 하는 지식을 어떻게 심었는지를 살펴보았다. 이제 나는 인간 육체의 힘도 가시적 세계의 모든 다른 부분들의 힘도 물질과 운동에서 성립하는데, 이 물질과 운동은 유한한 양과 어떤 한계를 가지는데, 이것을 넘어서까지 자신을 확대할 수 없다는 것을 고려하고자 한다. 여기서 모든 자연적 물체에 관한 이들 가장 명백한 공리가 나온다. 동일한 물체가 동시에 한 장소 이상의 장소에 있을 수 없다는 것, 여러 사람들의 대립되는 의지에 복종시키기 위해 동일한 물체가 동시에 여러 장소를 향해 움직일 수 없다는 것 (특히 반대 방향이면 움직일 수 없다는 것), 그 사람들은 너무나 한계를 가지고 있기 때문에, 여러 명이 공모하여 하나이며 동일한 결과나 효과를 고려하지 않는다고 한다면, 한 사람의 의지에 따를 수밖에 없다는 것 등이다.64)

공통 선을 증진시키는 것을 의무로 하는 사람들은, 특정한 사람들이 공공의 선을 증진시키기 위해 사물이나 인간의 노동을 필요로 하는 한, 그들이 사물이나 인간의 노동을 사용하는 것을 인정하며, 앞서 말한 필요가 계속되는 동안 그것이 불법으로 간주될 수 없다는 것에, 즉 그 사물들은 적어도 그 동안에는 그들의 소유가 되며, 그들 자신의 것으로 불린다는 것에 동의하는 의무까지도 진다는 사실이 도출된다. … 그러므로 분명한 것은 다른 모든 이익의 근거가 되는 각 특정한 사람의 행복 · 생명 · 건강이 필요하다는 것을 사물의 본성이 드러낸다는 것이며, 사물의 사용은 적어도 얼마동안은 다른 사람을 배제하고 어떤 특정한 사람에게 한정되어야 한다는 것이다.65)

---

64) 같은 책, chap. I, sec. 21.

자연법은 개인의 소유권을 확립할 뿐만 아니라, 또한 이런 권리가 침해될 수 없다는 것도 명령한다.

> 사물과 인간에 대한 개별적인 지배의 확립을 명령하는 자연의 이치와 법은, 이 사물과 인간이 계획된 목적에 답하기 위하여 경험에 의해 확립되고 증명된 지금, 그것들을 침해할 수 없는 것으로 보존할 것을 또한 보다 분명하게 명령한다. 왜냐하면 우리의 조상들에 의해 형성되고 모든 국민과 국가의 동의나 허락에 의해서 확립된 지배의 구분이 현존하는 모든 것의 생산과 보존에 충분하였다는 것이, 그리고 지금 인류가 소유하였다고 우리가 보고 있는 행복의 모두를 획득하기 충분하였다는 것이 명백하기 때문이며, 또한 그 이외에 그것이 사람들의 교류와 상호협조의 기회를 제공하며, 모두를 현세에서나 내세에서 보다 큰 행복에 도달하게 한다는 것도 명백하기 때문이다.[66]

소유에 관한 실정법이 자연법에 따라서 확립한 재화의 분배는 정의롭다. 그런 분배는 가능한 가장 큰 행복을 보장한다. 따라서 그것을 변경하고 그것을 다른 경제 체제에 의해서 대체하고자 하는 어떤 시도도 자연법에 어긋나며, 따라서 정의롭지 않다.

> 분명한 일이지만, 그 이외에 우리가 현재의 구분에서 기대할 가장 큰 이유를 가지고 있고, 우리가 현재 즐기고 있는 행복은, 신과 인간이 정한 모든 권리를 침해하고 전복하여 어느 누군가의 판단이나 감정에 따라서 모든 소유의 새로운 구분을 도입하려고 노력함으로써 사려 깊은 인간이 얻기를 희망

---

65) 같은 책, chap. vii, sec. 2.
66) 같은 장, sec. 9.

할 수 있는 행복보다 더 크다. 왜냐하면 이것은 어떤 한 인간의 지성도 혹은 사람들의 집단도 그것에 미치지 못하는 시도라는 것이 명백하기 때문이다. 그렇게 많은 사람들의 의견이 이 항목에 대하여 그렇게 폭넓게 갈라진다는 것, 모든 사람들이 순식간에 전쟁과 비참의 상태에 빠지게 된다는 것을 예상하기는 쉽다. 그러므로 소유에 관한 사안에서 개혁을 하려는 욕구는 정의롭지 못하다. 왜냐하면 그것은 공동선과 분리될 수 없는 이 법과 일관되지 못하기 때문이다. 그러므로 나는 투키디데스(Thucydides)의 다음 문장을 (그로티우스와 함께) 진정으로 찬성한다. "누구든 지금까지 자신에게 전해진 국가의 정부형태를 보존하는 것이 정의롭다." 그러나 나는 그가 하나의 국가에 대해서만 긍정했던 것은 모든 이성적 존재자의 거대한 사회(내가 신국이라 부르는 것)으로 확장되어야 하고, 주요한 정부기관의 구분을 포함하는 정부 형태에 단순히 한정되어서는 안 되고 보편적으로 사물의 구분에까지 확장되어야 한다는 의견을 가지고 있다. 이런 정도에서 나는 상이한 국가 간에나 특정한 국가 내에서도 사물과 사람들에 대한 고대의 지배구분을 침해하지 않고 보존하는 것이 정의롭다고 주장한다. 왜냐하면 그것이 최선의 목적에 전달된다는 것을 경험이 보여주었으며, 이 목적과 일치하면서 첫 번째 만들어진 그런 구분을 금지할 수 있는, 그러므로 어느 누구에게도 해로울 수 없는 어떤 자연법도 생각될 수 없기 때문이다. 그러나 이런 구분을 처음으로 사람들에게 만들도록 의무화한 (올바로 판단하는 사람들은 당연히 동의하였음에 틀림없기 때문이다) 바로 그 동일한 이유가 그들의 후손들에게도 동일한 구분을 승인하고 확정하도록 의무화할 것이다.[67)]

---

67) 같은 곳.

자연법론의 많은 추종자들은 국가의 본질적인 목적 중 하나는, 즉 실정법의 주요 목적 중 하나는 자연법에 의해서 확립된 소유권을 방어하는 것이라고 주장한다. 그리고 그것은 국가의 권력을 넘어선다고 주장한다. 왜냐하면 실정법에 독립해서 존재하는 이 권리를 폐기하는 것은 자연에 반하는 것이기 때문이다. 국가 권력이 자연법에 의해 제한된다는 로크의 명제는 우선 소유에 관계한다. 로크는 다음처럼 쓰고 있다.

> 최고의 권력은 어떤 사람의 소유의 일부를 그의 동의 없이 그로부터 뺏을 수 없다. 왜냐하면 소유의 보존이 정부의 목적이고, 그것을 위해서 사람들은 사회에 참여하게 되며, 인민이 소유를 해야 하는 것은 필연적으로 가정되고 요구되며, 그런 소유가 없이는 사회에 참여함으로써 그들이 사회에 참여했던 목적이 되는 바의 것을 잃어버린다고 그들은 생각함에 틀림없으며, 이것은 소유자에게는 너무나 심한 불합리가 되기 때문이다. 그러므로 사람들은 사회에서 소유를 하게 됨으로써, 공동체의 법에 의해서 그들의 것이 되는 재화에 대한 권리를 가지게 되며, 그들 자신의 동의 없이는 누구에게도 그들의 물질이나 그것의 일부를 그들로부터 뺏을 어떤 권리가 없다. 이것이 없으면 그들은 전혀 소유를 할 수 없는 것이다. 왜냐하면 다른 사람이 자신의 권리에 의해 자신이 원할 때 나의 동의에 반해서 나로부터 소유를 뺏을 수 있다고 하면, 나는 진실로 전혀 소유권을 갖고 있지 못하기 때문이다. 그러므로 어떤 국가의 최고의 권력 혹은 입법적 권력이 자신이 원하는 것을 할 수 있고, 신민의 재물을 자의로 처분하거나 그것의 일부를 마음 내키는 대로 뺏을 수 있다고 생각하는 것은 오류이다. … 그리고 절대 권력이 필요한 경우조차도 그 권력은 절대적으로 자의적이지 않고, 여전히 이

> 성에 의해 제한을 받으며, 어떤 경우에 절대적이기 위해서 그것을 요구했던 목적에 한정된다는 것을 고려해보자. 우리는 군사 규율의 일반적인 관행을 살펴보는 것 이상을 할 필요가 없다. 군대를 보존하고 그 안에서 전체 국가를 보존하기 위해서 모든 상관의 명령에 대한 절대적인 복종이 필요하다. 극히 위험하거나 불합리한 명령에 대해서도 그것에 복종하지 않거나 항거를 하면 사형에 처하는데, 그것은 정당하다. 그러나 사병에게 포화 속을 뚫고 들어가라거나, 죽음의 위험을 무릅쓰고 공격에 나서라고 명령하는 상관이 자신에게 돈한 닢을 달라고 하는 명령을 내릴 수 없으며, 자리를 이탈하거나 가장 무모한 명령에 복종하지 않는다는 이유로 사병에 대해 사형의 선고를 내릴 수 있는 장군도, 일체의 절대적인 생사여탈권을 가지고서 그에게 어떤 명령도 내릴 수 있고 최소한의 불복종에 대해서도 목을 달 수 있지만, 그 사병의 재물의 일부도 임의로 처분할 수 없으며 재화의 일부도 빼앗을 수 없다. 왜냐하면 그러한 맹목적 복종은 지휘관이 권력을 가진 목적, 즉 다른 사람들의 보존에 반드시 필요하지만, 그의 재물의 처분은 그것과는 아무 관계도 없기 때문이다.68)

절대적인 생명권은 존재하지 않는다. 그러나 절대적인 소유권은 존재한다. 자연에 함의되어 있는 올바른 이성은 소유가 생명보다도 가치 있는 것이라는 사실을 가르친다.

일반적으로 인정되고 있는 대가들의 그런 진술을 살펴볼 때, 자연법론이 공산주의에 대한 방어에서 강한 요새로 간주되고 있다는 것은 이해될 만하다. 그러나 우리는 거의 그것을 신뢰할 수 없다. 왜냐하면 자연법론과 그것의 특수한 방법에 기초할 경우 사적 소유

---

68) Locke, 앞의 책, chap. xi, secs. 138, 139.

가 자연에 반하고, 모든 사회적 악들의 원천이라는 것 또한 증명되었기 때문이다. 이들 악을 뿌리째 뽑기 위해서는 다른 것이 아니라 사적 소유를 폐지하고, 자연에 의해 명해진 유일한 경제 체제인 공산주의를 확립하는 것이 필요하다. 이것이 『자연의 법전 또는 그 법의 참된 정신』이라는 제목 하에서 1755년 파리에서 익명으로 간행된 책의 주 명제이다.[69] 이 책의 저자는 잘 알려져 있지 않은 사람으로서 모렐리(Morelly)라는 이름의 소유자이다. 원래는 유명한 백과전서파인 디드로(Diderot)의 것으로 여겨졌다는 것은 매우 의미심장한 일이다. 그 책은 "18세기 사회주의의 위대한 저서"[70]가 되었다. 프랑스 혁명 기간에 공산주의 운동의 지도자인 바브에프(Baboeuf)는 자주 이 책에 대해 언급했으며, 이것은 푸리에(Fourier)와 다른 공산주의자들이 뒤에 발전시킨 많은 관념들을 예고하고 있었다.[71] 그 제목이 지시하듯이 『자연의 법전』은 자연법론의 저작이다. 이 저서는 자연은 일정한 의도를 가지고 있으며, 이들 의도는 이해될 수 있고, 인류의 행복을 지향하고 있으며, 정의는 우리의 사회적 제도를 자연의 의향과 일치시킴으로써만 확립될 수 있다는 가정으로부터 진행하고 있다. 모렐리는 "자연은 하나이고, 항구적이며, 불변한다"는 것을, 자연법은 "자연이 자신의 피조물에 생명을 불어넣는 온화한 경향" 속에 함의되어 있다는 것을, 이러한 친근한 감정에서 벗어나 있는 어떤 것도 자연스럽지 않다는 것을 "논의의 여지가 없는 원리"로서 주장하고 있다.[72] 따라서 모렐리는 자연

69) *Code de la Natur ou Le véritable Esprist de ses Loix*. 다음의 제목으로 재출간되었음. *Collection des Economistes et des Réformateurs Sociaux de la France*, by E. Dolléans (Paris, 1910).

70) A. Lichtenberger, *Le Socialisme au XVIIIe siècle* (Paris: F. Alean, 1895), 114 쪽.

71) Dolléans, 앞의 책, v 쪽 이하, 그리고 Kingsley Martin, *French Liberal Thought in the Eighteenth Century* (London: E. Benn, 1929), 243 쪽.

법에 관한 많은 작가들과 마찬가지로 인간의 본성은 기본적으로 선하다는 것을 믿고 있다, 그는 "이성을 부여받은 피조물의 자연적 정직함"[73]을 가정하고 있으며, "사회성"의 법칙을 "첫 번째 자연법"으로서 공포하고 있다.[74] 실정법의 입법자는 "이 자연법을 단지 인식하고 시행하면 된다."[75] 사회성의 법은 다음을 의미하는 것으로 해석된다. "자연은 사람들 간의 인간 능력들을 여러 가지 비율로 분배하였지만, 생산수단에서의 소유권(자연의 하사품을 산출하는 토지의 소유권)을 모두에게 분할하지 않았고, 자연의 하사품을 사용하도록 각자에게 남겨두었다. 세계는 모든 손님들에게 충분히 제공되는 식탁이며, 모든 접시는 그들의 것이다. 손님들은 배가 고프기 때문에, 접시는 모든 손님들의 것이다. 다른 사람들의 배가 가득 찼을 때만 이 접시는 일부의 손님의 것이 된다. 따라서 어느 누구도 단독 소유자(주인)가 되지 않으며, 어떤 사람도 그런 식으로 주장할 권리를 가지고 있지 않다."[76] 결국 개인의 소유는 자연에 어긋나는 것이다. 개인의 소유를 확립했던 실정법의 입법자들은 "자연의 산물을 분할하는 엄청난 죄를" 저지른 것이다. "그들은 자연에 따라서 전체가 되어야 할 것을 분할하고, 우연히 나누어졌다면 전체로 원상회복되어야 할 것을 분할한다. 그리하여 그들은 모든 사회성을 파괴한다."[77] 그리함으로써 그들은 "자연의 이성에 어긋나는"[78] 일을 벌인다. 개인의 소유를 확립함으로써 입법자들은 사람들의 개인적 이익을 승인하며, 그리하여 모든 악덕 중 가장 큰 악덕인 탐욕

---

72) 같은 책, 23 쪽.
73) 같은 책, 17 쪽.
74) 같은 책, 36 쪽.
75) 같은 곳.
76) 같은 책, 13 쪽.
77) 같은 책, 37 쪽.
78) 같은 책, 39 쪽.

이 지배하지 않으면 안 되는 사회 상황을 만들어낸다. "이 보편적 역병(疫病), 이 만성의[질질 끄는] 열병(熱病), 사회 전체의 질병이 영양분도 효소도 없다면 생겨날 수 있겠는가? 따라서 소유가 없는 곳에서는 그 비참한 결과는 결코 존재할 수 없다는 것은 명백하다."[79] 만약 우리가 "자연의 현명한 의도"를 실현하고, "사람들이 이 세상에서 할 수 있는 만큼의 행복하게 되는 상황"[80]을 낳을 수 있다면, "소유의 정신이라는 괴물을 땅바닥에 내동댕이치지"[81] 않으면 안 된다. 그리고 개인의 필수품, 개인의 쾌락을 충족시키기 위한 직접적인 사용을 위해 이들이 필요로 하는 것, 혹은 개인이 매일 해야 하는 일을 위해 이들이 필요로 하는 사물들을 제외하고는, 사회 안에 사적 소유로서 개인에게 속하는 것이 아무 것도 없는 사회 질서를 확립하지 않으면 안 된다. 거기서는 각 시민은 사회가 부양하고 사용하는 공복(公僕)이며, 자신의 힘 · 재능 · 나이에 따라서 공공의 복지에 기여하는 의무를 가지게 된다.[82] 이것이 공산주의의 본질이다.[83] 말할 필요도 없이 모렐리가 자신의 공산주의적 이상의 기초로 삼은 자연법은 철저하게 종교적 성격을 띠고 있다. 그는 "우주의 보편적 질서에서는 창조주의 눈으로 볼 때는 모든 것이 무한히 현명하고 가능한 만큼 선하다는 것을 어느 누구도 시비 걸지 않을 것이다. 결과적으로 창조주 앞에서는 물리적 악이란 존재하지 않는다."[84] 그의 이상국가의 헌법에서는 어린아이들에 대한 종교교육은 의무이다. 아이들은 최고의 존재, 우주의 창조자, 선한 모든

---

79) 같은 책, 16 쪽.
80) 같은 책, 84 쪽.
81) 같은 곳.
82) 같은 책, 85 쪽 이하.
83) 모렐리의 『자연의 법전』의 러시아 번역과 주석은 1940년에 출간되었다.
84) Dolléans, 앞의 책, 57 쪽.

것의 자비로운 원인(Cause)이 존재한다는 것을 배워야 한다.[85)]

V

자연법이 분명한 오류에도 불구하고 왜 사회사상에 큰 영향을 미쳤는가에 대한 이유는 그것이 인간마음에 깊이 뿌리박혀 있는 욕구, 즉 정당화의 욕구를 충족시키고 있다는 점이다. 자신의 의식의 정서적 요소로부터 나오는 주관적 가치판단을 정당화하기 위하여, 사람들은 주관적 가치판단들에 대해 진리의 존엄을 부여함으로써 이 판단들을 객관적 원리로 제시하려고 시도하고 있으며, 주관적인 가치판단을 실재에 관한 진술과 같은 질서를 갖는 명제들로 만들고자 하는 시도를 하고 있다. 따라서 사람들은 언필칭 주관적인 가치판단들을 실재로부터 연역한다고 주장하고 있으며, 이것은 가치가 실재 안에 내재해 있다는 것을 함축하게 된다. 그러나 실재는 자연으로 이해될 수 있을 뿐만 아니라, 자연법칙과 유사한 법칙에 의해 규정된 사회나 역사로서 이해될 수 있다. 그렇다면 이들 법칙으로부터 인간관계의 정당한 질서를 연역하려는 시도가 있을 수 있겠다. 이것이 바로 19세기에 전개된 사회학과 역사철학의 본질적 성향이다. 이들 두 학과는 자연법론과 직접적인 대치관계에 있음에도 불구하고, 자연법론과 동일한 방법을 적용하여, 그들이 대체하고자 의도했던 자연법론과 동일한 오류에 빠지고 있다. 그것은 다름 아니라 "존재"로부터 "당위"를 도출하는 추론이다.

19세기 사회학의 가장 탁월한 대표자는 오귀스트 콩트와 허버트 스펜서였다. 둘 다 인간의 사회생활은 자연이 그런 것처럼 인과적

85) 같은 책, 103 쪽.

법칙에 의해 규정된다는 가정으로부터 출발한다. 라마르크(Lamarck)와 그 뒤 다윈(Darwin)에 의해 처음 생물학 분야에서 전개된 생물진화론의 영향 하에서, 그들은 사회적 진화론의 가설에 도달하였다. 이 두 학자의 주요 저서인, 콩트의 유명한 『실증철학강의』(*Cours de philosophie positive*)[86]와 스펜서의 『사회학원리』(*Principles of Sociology*)[87]는 사회생활의 기술 · 설명과 규범적 요청의 선언을 혼동하고 있고, 사회적 실재에 관한 진술과 정치적 가치판단을 혼동하는 특징을 가지고 있다. 두 학자 모두 과거와 현재를 설명할 수 있을 뿐 아니라 앞선 진화의 필연적 귀결로서 미래도 설명할 수 있는 기본적인 진화법칙을 발견하였다고 주장한다. 두 학자 모두 사회적 진화의 기본법칙은 낮은 단계에서 높은 단계에로, 최종적으로는 가장 높은 단계로 인류가 영구적으로 발전한다는 사실을 지시하고 있다고 주장한다. 두 학자의 이론 모두에서 이 가장 높은 단계는 그들의 정치적 이상과 일치하며, 이 이상을 그들은 발전적 진화라는 기본법칙으로부터 이런 식으로 연역한다. 이는 마치 자연법론이 자연으로부터 옳은 법을 연역하는 것과 같다. 사회적 진화가 발전적이라는 가정, 즉 문명의 낮은 단계에서 높은 단계로 나아간다는 가정은 사회적 가치가 사회적 실재 안에 내재해 있다는 사실을 함의한다. 이것은 자연법론의 독특한 전제이다. 스펜서와 마찬가지로 콩트도 이 전제를 자명한 것으로서 보고 논의를 펴나간다. 그러나 가치는 실재가 아니고 실재 안에 내재해 있을 수 없으며, 따라서 실재처럼 객관적으로 확인할 수 없기 때문에, 거꾸로 매우 주관적이기 때문에, 콩트에 따른 기본적인 진화법칙이 스펜서에 따라서 진화의 필연적 결과라는 것과 상당히 다른 귀결에 이른다는 것은

86) 1830년 초판 출간.
87) 1855년 초판 출간.

전혀 이상하지 않다.

콩트가 정식화한 진화의 기본법칙에 따르면, 인류는 세 가지 연속적 단계를 거쳐 간다. 신학적 단계, 형이상학적 단계, 실증적 단계가 그것이다. 앞의 두 단계의 특성은 현재의 문제와 별 관계가 없다. 중요한 것은 단지 세 번째 단계일 뿐이다. 이것은 사회적 진화의 가장 높은 단계이고, 사회적 진화의 필연적 귀결이면서 동시에 이상적 사회 상태이다. 이것은 많은 점에서 플라톤의 『국가』와 유사하다.[88] 플라톤과 마찬가지로, 콩트도 사변적 생활과 실천적 생활이라는 기본적인 이원론에서 출발한다.[89] 사변적 생활은 철학적 혹은 과학적, 그리고 미학적 혹은 시적인 활동에서 나타나고, 실천적 생활은 생산적 활동에서 나타난다.[90] 콩트는 일반적이고 단순한 것이 특수하고 복합적인 것에 더 우선한다는 것을 기본적인 법칙으로 가정한다.[91] 결과적으로 미래 사회에서는 사변적 생활이 활동적 생활보다 우세하다고 예측한다. 이런 우세야말로 인간진보의 특징이다.[92] 플라톤의 이상국가에서 철학자 계급이 노동자 계급을 통치하는 것과 꼭 마찬가지로, 콩트의 예언에 따르면 미래의 사회에서는 철학자 계급, 즉 과학자와 예술가들로 이루어진 계급이 지배 계급이 된다. 그는 다음처럼 진술한다.

---

88) 콩트의 인류의 실증적 단계와 플라톤의 이상국가의 유사성은 아돌프 멘젤(Adolf Menzel)이 그의 탁월한 저서인 *Naturrecht und Soziologie* (Vienna: C. Fromm, 1912), 38 쪽에서 처음으로 보여주었다. 멘젤은 19세기의 사회학은 자연법론과 대척점에 있음에도 불구하고 자연법과 정확하게 동일한 성격을 가진다는 점을 보여준다. 그것은 정치적 요청을 진화의 법칙에 의해 제시한 것이다.

89) Auguste Comte, *Cours de philosophie positive*, 2d ed. by E. Littré (Paris: 1864), VI, 50. (영어 번역본으로는 다음을 사용하였다. *The Positive Philosophy of Auguste Comte*, trans. by Harriet Martineau (London: 1853).)

90) 같은 책, VI, 50 쪽 이하.

91) 같은 책, 48 쪽.

92) 같은 책, 440 쪽.

> 미래의 정신적 권력은 전적으로 새로운 계급 안에 존재하게 되는데, 이 계급은 지금 있는 계급과 전혀 유사하지 않으며, 기존의 사회의 모든 질서로부터 그들의 능력에 따라서 나오는 성원들로 새롭게 구성된다. … 이 계급의 사회적 권력은 가톨릭주의의 그것과 마찬가지로 자신의 정치적 조직에 선행한다. 이 계급은 정치조직의 정식 구성 훨씬 이전에 그것의 형성을 보장하게 될 철학적 노동을 성취함으로써 대세를 움직이는 것이다.93)

새로운 통치 계급에 의해 행사되는 정신적 권력은 "세속적 권력"에 독립해 있을 것이다. 이 세속적 권력은 아마도 콩트가 정치적 통치를 의미하는 것으로 여겨진다. 정치적 권력의 임무는 세론(世論)과 도덕을 지배하는 데 반해, 세속적 권력의 기능은 정신적 권위에 의해 다듬어진 일반 관념들에 따라서 행위, 즉 활동적 생활을 지배하게 될 것이다. 정신적 권위의 기능을 그는 다음처럼 진술한다.

> 그것은 교육을 감독하는 기능이다. 행동에 관계하는 모든 일에서는 자문역에 그칠 것이다. 행동에 관해서는 각 경우에 적절한 행동규칙을 상기시켜주는 것 외에는 달리 관심을 가지지 않을 것이다. 다른 한편 세속적 권위는 행위에 관해서는 최고이며, 교육에 관해서는 단지 자문역에 그칠 것이다. 그리하여 새로운 정신적 권력의 큰 특징을 이루는 임무와 특권은 지적일 뿐만 더욱 더 도덕적인 실증주의 교육의 보편적 체계를 조직하고 운영하는 일일 것이다.94)

---

93) 같은 책, 439-440 쪽.
94) 같은 책, 457 쪽.

세속적 권력을 행사하는 정부는 단지 산업과정, 즉 경제생활을 감독하는 기능만을 가질 것이다. 콩트는 다음처럼 말한다.

> 산업 활동은 제품의 생산과 유통으로 분류된다. 노동의 추상성과 관계의 일반성에 관해서는 후자가 전자보다 분명히 우위에 있다. … 그리하여 우리는 산업의 계층이 형성되어, 은행가가 첫 번째로, 다음에 상인, 다음에 제조자, 마지막으로 농업 종사자가 있음을 발견한다. 마지막 직업의 노동은 보다 구체적이며, 그들의 관계는 다른 세 계급의 그것에 비해 더욱 특수하다. … 가장 구체적인 생산자, 즉 노동자의 고용주와의 충돌이 우리의 산업 국가에서의 가장 위험한 모습인데, 노동자들은 그때가 오면 자본가의 지위가 힘이나 부의 남용에 있는 것이 아니라 그의 기능의 추상적이고 일반적인 성격에 있다는 것을 납득하게 될 것이다. 직공의 행위와 책임은 고용주의 그것보다 범위가 좁고, 그러므로 한쪽이 다른 쪽에 종속되는 것은 다른 모든 사회적 단계와 마찬가지로 거의 자의적인 것도 가변적인 것도 아니다.95)

미래 사회는 자연법론의 추종자들이 주장하는 것처럼 권리의 관념에 기초해 있는 것이 아니라, 의무의 원리에 근거해 있다.

> 정치적 환상과 돌팔이의 부단한 힘은 개혁될 것이다. 그리고 권리에 대한 애매하고 난폭한 논의는 의무에 관한 조용하고 정확한 규정에 의해 대체될 것이다. 부정적인 전진이 완료될 때까지는 전자가, 즉 비판적이고 형이상학적인 개념이 반드시 지배적이었지만, 후자, 즉 본질적으로 유기적이며 실증적인 관념이 최종적인 갱생을 지배하지 않으면 안 된다. 왜냐

95) 같은 책, 494 쪽 이하, 497 쪽.

하면 전자는 순수하게 개인적인 데 반해서, 후자는 직접적으로 사회적이기 때문이다. 각 개인의 의무를 보편적 권리에 대한 존경 속에 정치적으로 성립시키는 대신에, 각 개인의 권리는 그에 대한 다른 사람들의 의무로부터 귀결하는 것으로 간주될 것이다.[96]

따라서 사적 기능과 공적 기능의 구별이 없어지게 될 것이다. 미래 사회의 각 성원들은 공무원 즉 그 국가의 관리가 된다.[97] 그것은 결국 인간생활의 완전한 사회화나 국가화가 되는 것이다. 경제체제에 관련하서는 콩트의 예언은 오히려 불분명하다. 전체적으로 보아 그것은 일종의 온건한 사회주의의 특징을 지닌다. 개인의 소유는 적어도 원리상으로는 유지될 것이다. 그러나 본질상 그 성격은 변하게 된다. 개인의 소유는 권리라기보다는 의무가 될 것이다. 개인의 소유를 행사하는 일은 결코 단순히 개인적인 성격을 가지지 않을 것이다. 개인주의 철학에 따라 해석되는 경제제도를 거부한 점에서는 공산주의자들은 옳다. 이 새로운 실증주의 철학에 따르면, 소유는 "자본의 형성과 관리를 위해 필요한 사회적 기능이며, 그것을 통해서 각 세대는 다른 세대의 일을 준비한다."[98]

자본가들은 자신들을 사회적 부의 예금자로 간주하며, 그것의 사용은 어떤 정치적 책임을 포함하지 않을 것이지만 (극단의 경우는 제외하고), 도덕적 감시 하에 놓이게 될 것이다. 그리고 이 감시는 도덕적 원리가 논의의 여지가 없기 때문에 모든 사람에 필연적으로 개방되어 있으며, 정신적 권위가 그것의 본래의 기관이 된다.[99]

96) 같은 책, 454 쪽.
97) 같은 책, 482 쪽.
98) Auguste Comte, *Système de politique positive* (Paris: L. Mathias, 1851), I, 156.

플라톤의 국가에서 철학자가 왕의 권위를 갖는 판정자로서 구체적 논쟁을 해결하지만, 콩트의 미래 사회에서는 사변적 권위가 자신의 높은 가치와 그 성격의 불편부당성에 의해서 자연스럽게 여러 가지 실제적 충돌의 주요한 조정자가 된다.[100] 또한 세계 평화와 유럽 혹은 서방 국가의 수립[101]이 기대된다. 이 모든 것은 실증주의 철학의 저자가 발견하고 정립한 법칙에 의해 규정된 사회적 진화의 필연적 귀결이다. 이 법칙, 즉 진화의 기본적인 법칙에 대해서 콩트는 다음처럼 진술한다.

> 나로서는 인간 역사의 전체 과정이 나의 진화론에 대해 결정적인 검증을 제공하고 있으며, 자연철학의 어떤 본질적 법칙도 이렇게 충분히 증명된 경우가 없다는 것이 분명한 것처럼 보인다. 가장 초기의 문명의 시작 단계에서부터 가장 선진 국가의 현 상태에 이르기까지 이 이론은 인간의 모든 위대한 국면의 성격을 일관되고 침착하게 설명했다. 각 국면의 영속적인 공통 발전에의 참여, 그들의 정확한 계통은 그렇지 않았더라면 완전히 산만하고 혼란스러웠을 이 광대한 광경에 완벽한 통일과 엄격한 연속성을 가져다준다. 그러한 조건을 수행하는 법칙은 철학적 소일거리로 간주되어서는 안 되고, 일반적인 실재의 추상적 표현으로서 간주되지 않으면 안 된다. 그렇다면 사회적 계기의 특징을 이루는 항상적인 다양성에도 불구하고, 과거와 미래를 결합하는 일이 이 법칙의 논리적 안정성과 함께 사용될 수 있을 것이다. … 인류는 이제 완전한 실증적 생활의 문지방에 와 있으며, 인류가 지금까지 경험했던 것보다 더 균일하며 더 안정된 새로운 사회체제를

---

99) Comte, *Cours de philosophie positive*, VI, 511.
100) 같은 책, 516 쪽.
101) 같은 책, V, 446. VI, 169.

형성하기 위한 그들의 협조를 기다리고 있을 뿐이다.[102]

발전적 진화의 법칙은 또한 허버트 스펜서 사회학의 주요 도구이다.

사회는 우선 단순한 계급에서, 복합적인 계급으로, 이중 복합적 계급으로, 삼중 복합적 계급으로 들어가고, 가장 낮은 단계에서 가장 높은 단계에로의 이행은 이들 단계를 통해서 이루어진다. 비록 이만큼 명확하진 않지만 다른 방식으로, 즉 사회를 군사적 사회와 산업적 사회로 분류할 수 있다. 그 중 하나가 그것의 발전된 형태에서 강제적 협동의 원리에 따라서 조직되는 데 반해서, 다른 하나는 그것의 발전된 형태에서 자발적 협동의 원리에 따라서 조직된다. 전자는 전제적 중앙 권력의 특징을 가질 뿐만 아니라, 개인 행위에 대한 무제한의 정치적 통제라는 특징을 갖는다. 이에 반해 후자는 민주적 또는 대의적 중앙 권력의 특징을 가질 뿐만 아니라, 개인의 행동에 대한 정치적 통제의 제한이라는 특징을 갖는다.[103]

이 구조[군사적 사회 구조]는 … 그 구성원들이 전체의 이익을 위해서 존재하지, 전체가 개인 구성원들의 이익을 위해서 존재하는 것이 아니라는 믿음과 연결되어 있다. 권위에 대한 절대적 복종이 최고의 덕이며, 권위에 대한 저항은 범죄이다.[104]

---

102) 같은 책, pp. 434, 436.
103) Herbert Spencer, *The Principles of Sociology*, sec. 270.
104) 같은 책, sec. 259.

그러나 산업적 유형의 사회 내에서는 반대 이데올로기가 지배한다.

> 통치기관에 복종할 의무는 제한이 없다는 학설의 장소에, 시민의 의지가 최고이며 통치기관은 개인의 의지를 수행하기 위해서만 존재한다는 학설이 생겨난다. 그리하여 통치하는 권력은 지위에서 종속적이며, 또한 그 범위에서도 제한적이다. 모든 종류의 행위에 미치는 권위를 가지는 대신에, 많은 부류의 행위에서 배제된다. 통치기관이 음식 · 의복 · 오락에 관한 생활양식을 통제하는 것은 받아들여지지 않는다. 생산양식을 지시하는 것도, 거래를 규제하는 것도 허용되지 않는다. 이것이 다가 아니다. 책임을 지지 못하는 정부에 항거하고, 책임지는 정부의 월권에 항거하는 것이 의무가 된다. 입법부가 어떤 방식으로 간섭을 하게 되면, 심지어는 다수가 받아들인 입법부에 대해서도 소수자의 명령 불복종 경향이 일어나기도 한다. 또한 그들이 불공평하다고 비난한 법률에 대한 반대가 때로는 그 법률의 폐지의 원인이 되기도 한다.[105]

산업적 사회 구조는 보다 높은 유형을, 군사적 사회 구조는 보다 낮은 유형을 나타낸다. 군사적 유형에서 산업적 유형에로의 이행은 속박에서 자유에로의, 전제주의에서 민주주의에로, 국가주의에서 정치적 · 경제적 자유주의에로의 이행이다.

> 그러므로 앞에서의 같은 함의가 담겨 있다. 국가의 기능이 모든 것을 포괄하는 것은 낮은 사회적 유형의 특징을 이루고, 보다 높은 사회적 유형에로의 전진은 그런 기능들의 포기라는 특징을 지닌다.[106]

---

105) 같은 책, sec. 260

106) Herbert Spencer, *The Principles of Ethics*, sec. 369.

국가주의에서 자유주의에로의 이행은 사회조직의 군사 유형에서 산업 유형에로의 이행을 함의하며, 동시에 낮은 단계의 도덕에서 높은 단계의 도덕에로의 진화이기도 하다. 스펜서의 진화론적 윤리학에 의하면, "군사적 활동은 점점 줄어들게 되고[줄고], 산업적 활동은 점점 늘어가게[늘게] 됨에 따라, 거기에 비례해서 행동은 윤리적 제재를 받게 된다. … "[107] "순수하게 산업적인 사회 형태는 순수하게 산업적이지 않은 사회보다도 행위규범에서 도덕적 관념에 더 가까이 다가간다."[108]

스펜서는 인간의 삶이 궁극목적이며, 그런 의미에서 최고의 가치라고 가정하는 듯하다. 왜냐하면 그의 해석에 따르면, 인간의 행위가 선하다는 판단은 그 행동이 삶의 보존을 목적으로서 성취하는데 적절하다는 것을 의미하기 때문이다. 그가 주장하는 바에 의하면, "자기 보존을 향해 끊임없이 나아가는 진화는 개인이 길이와 폭에서 최대에 달했을 때 그 한계에 도달한다." 이 진화는 세 단계를 거쳐 일어난다. 그것은 다름 아니라 자기보존, 자손보존, 동료보존이다.

> 행동이 동시에 자신 · 자손 · 동료에서의 삶의 최대의 총계를 성취하게 될 때, 진화는 최고로 가능한 것[가치]에 이르게 된다. 그래서 여기서 우리는 선이라 부르는 행동이, 그것이 동시에 이 세 가지 부류의 목적 모두를 완수할 때, 최선이라고 이해되는 행동에까지 올라가게 된다는 사실을 알게 된다.[109]

107) 같은 책, sec. 7.
108) 같은 책, sec. 54.
109) 같은 책, sec. 8.

이와 연관하여 스펜서는 다음처럼 진술한다.

> 그러므로 궁극의 문제는 다음과 같다. 진화는 틀렸는가? 특히 조직 단계의 상승이라는 목적을 이루기 위해서 행위 조정을 개선하는 진화는 틀렸는가?[110]

물론 스펜서의 대답은 진화가 잘못이 아니라는 것이다. 자연은 항상 옳다. 진화가 틀렸는지 어떤지의 물음만큼 진화 사회학적 윤리학의 특징을 드러내는 것은 없다. 이 물음은 이 진화의 참된 본성을 드러내며, 이 진화의 최고 단계는 스펜서에 따르면 사회의 산업조직 안에서만 가능하다. 그러한 사회는 아직 완전히 실현되지는 않았다. 그러나 이런 종류의 조직에로의 "타고난" 성향이 존재한다.[111]

인간의 삶은 스펜서의 도덕철학에 전제된 유일한 최고의 가치가 아니다. 또한 궁극목적의 등급을 요구하는 다른 가치가 있다. 그것은 개인의 자유이다. 그것 자체가 삶은 아니지만, 그것은 보존될 가치가 있는 옳은 삶이다. 스펜서의 주장에 따르면, 모든 종족에게는 "옳은 삶의 법칙"[112]이라는 것이 있다. "옳은 삶"이란 자유의 삶인 것처럼 보인다. 왜냐하면 "연합 국가에서 수행되는 삶의 법칙들"[113]이 존재하고, 이들 삶의 법칙들 중 하나는 "평등한 자유의 법칙"이며, 스펜서는 이 자유를 "정의의 정식"에서 다음처럼 표현하고 있기 때문이다. "모든 사람은, 만약 그가 다른 사람에 대해 평등한 자유를 침해하지 않는다면, 자신이 의지하는 바를 할 자유

---

110) 같은 책, sec. 9.
111) Spencer, *The Principles of Sociology*, sec. 260.
112) Spencer, *The Principles of Ethics*, sec. 48.
113) 같은 책, sec. 343.

를 가진다."[114] 인과의 법칙에 의해 결정되는 자연의 일부로서의 인간은 자유롭지 않기 때문에, 스펜서의 평등한 자유의 법칙은 단지 도덕적 · 정치적 자유만을, 즉 사회적 권위, 특히 국가 측에서의 간섭으로부터 자유로워야 한다는 규범만을 가리킬 수 있을 뿐이다. 그리하여 자연법론과 마찬가지로 스펜서는 자연적 · 사회적 실재로부터, 즉 자연법칙으로부터 도덕적 · 정치적 규범을 연역하고 있다. 그는 다음처럼 이야기한다.

> 사회적 조건 하에서 수행되는 삶의 법칙으로부터의 추론에 의해서, 그리고 사회적 삶의 계속된 규율에 의해 형성된 도덕의식의 준칙으로부터의 추론에 의해서, 우리는 평등한 자유의 법칙을 최고의 도덕법칙으로 직접적으로 인식하게 된다. 그리고 진보적 입법의 기록이 보여주듯이 인류의 경험을 일반화함으로써 그런 인식에 간접적으로 이르게 된다. 왜냐하면 인류의 경험에 의해서 우리는 문명화 과정에서 개인의 권리에 대한 정부의 보호가 점차적으로 증가되었다는 사실, 그런 권리에 대한 정부의 침해가 점차적으로 감소했다는 사실을 보았기 때문이다. 그렇다면 이러한 일치는 이론적으로 평등한 것이 경제적으로 상책이라는 증명에 의해서 강화된다.[115]

평등한 자유의 권리로부터 스펜서는 신체보존의 권리, 자유이동의 권리, 특히 개인 소유의 권리와 같은 구체적인 권리를 연역하고 있다. 스펜서가 강조하면서 주장하고 있는 것처럼 개인 소유의 권리는 공산주의가 "정의의 침해"[116]라는 사실을 함의 한다. 그는 다음처럼 강조하여 말한다.

114) 같은 책, secs. 272, 283.
115) 같은 책, sec. 331.
116) 같은 책, sec. 301.

> 이들 권리는 인간의 일반적 자유의 매우 많은 각각의 부분에 불과하다. … [그것들은] 연합 국가에서 수행되는 삶의 법칙에서 연유한다. 사회적 협정은 이들 권리를 완전히 승인할 수도 있고, 다소간 무시할 수도 있다. 사회적 협정은 그것들을 창조할 수 없으며, 단지 그것들을 따르거나 따르지 않을 수 있을 뿐이다. 우리가 정부라 부르는 것을 구성하는 사회적 협정의 그런 부분들은 다소간의 정도로 이들 권리를 보호하는 도구의 역할을 한다. 그 정도가 무엇이든 간에 그것은 단지 도구에 불과하며, 협정 속에 권리라 부르는 것을 이들 협정이 가지고 있다고 하더라도 그것은 권리 보호에서 효력이 있기 때문에 그렇게 부르는 것이다.117)

국가의 기능과 실정법의 기능은 단지 자연에 의해 확립된 권리를 유지하는 것일 뿐이다.

여기서 이런 유형의 사회의 자연법적 성격은 명료해진다. 자연의 법칙은 사회적 규범이거나 사회적 규범을 함축한다. 이런 사회학은 콩트로 하여금 매우 집단적인 정치 강령을 정당화하게 하고, 스펜서로 하여금 극단적으로 개인주의적인 정치 강령을 정당화하게 한다.

VI

19세기에 전개된 역사철학의 가장 탁월한 두 대표자는 헤겔과 마르크스이다. 헤겔 역사철학의 기본관념은 "이성"이 세계를 지배하며, 따라서 세계역사를 지배한다는 것이다.118) 이성은 도덕을 함

117) 같은 책, sec. 343.

118) G. W. F. Hegel. *The Philosophy of History*, transl. by J. Sibree (New York:

축하고, 그것의 법칙은 "본질적으로 이성적 (Rational) 이다."[119] 동일한 생각이 세계역사는 "세계정신(World-Spirit)의 이성적 · 필연적 과정"[120]이라는 진술에 의해서 표현된다. 세계정신은 이성의 인격화에 다름 아니다. 이 인격화는 본질적이다. 왜냐하면 세계역사는 또한 세계정신의 의지의 실현이기 때문이다. 역사를 구성하는 개인과 국가의 행동은 "자신의 목적을 달성하기 위한 세계정신의 도구이자 수단"[121]이다. 모든 역사적 인간은 자기 자신의 특수한 목적을 추구하지만, 세계정신의 의지가 무엇인지 알지도 못하면서 단지 "세계정신의 의지"[122]를 수행하고 있을 뿐이다. 세계정신의 의지와 신의 의지를 구별하는 것은 거의 가능하지 않다. 헤겔에게는 이성이 세계의 방향을 지시하다는 관념은 세계는 우연에 맡겨져 있지 않고 "신적 섭리", 즉 "신의 섭리"에 의해 통제되고 있다는 "종교적 진리"의 응용이다. 이 섭리는 "그 목적 즉 세계의 절대적 이성적 계획을 실현하는 무한한 힘을 갖춘 지혜(Wisdom)"[123]이다. 역사에서의 세계정신의 과정을 탐구하면서 헤겔의 철학은 "신을 안다"고 하는 심원한 시도를 하고 있으며, 그것 자체를 명백히 제시하고 있다.[124] 그의 저서의 다음과 같은 모토는 매우 의미심장하다. "세계의 역사는 세계의 통치를 제외한다면 이해될 수 없다." 헤겔의 소위 역사철학은 세계정신의 신화이다. 그것은 역사철학이 아니라 역사신학이다.

신은 세계를 초월해있을 뿐만 아니라 그의 의지의 현현인 세계에

The Colonial Press, 1899), 9 쪽.

119) 같은 책, 39 쪽.
120) 같은 책, 10 쪽.
121) 같은 책, 25 쪽.
122) 같은 책, 30 쪽.
123) 같은 책, 13 쪽.
124) 같은 책, 14-15 쪽.

내재해 있다고 가정하는 것은 현상에 대한 신학적 해석의 본질적 요소이다. 신의 의지는 선하기 때문에, 그리고 절대적 가치이기 때문에, 실재는 완전한 것으로 간주되어야 하며, 가치는 실재 안에 내재해 있어야 한다. 이런 견해가 헤겔 철학의 핵심이다. 그의 철학에 따르면 세계역사는 논리와 윤리의 절대적 가치를 나타내는 이성의 실현이다. 이런 가정이 참이라고 하면, 모든 역사사건은 세계정신의 역사(役事)이고, 그렇기 때문에 이성적이며 선한 것이다. 실로 헤겔은 다음을 귀결로서 언명함으로써 자신의 저술을 끝낸다. "발생했던 것, 매일 발생하고 있는 것은 신과 더불어 있을 뿐만 아니라 본질적으로 신의 역사(役事)이다."[125] 이것은 다음의 가장 자주 인용되는 명제의 다른, 보다 진지한 정식에 다름 아니다. 현실적인 것은 이성적인 것이요, 이성적인 것은 현실적인 것이다.

신이 세계 안에 내재해 있다면, 절대적 가치가 실재 안에 고유해 있다면, 역사에서 하나의 사건이나 하나의 국면을 다른 것보다 더 낫다거나 더 나쁘다고 판단할 가능성은 전혀 없게 된다. 모든 것이 그 본성상 필연적으로 선하다면, 가치판단은 그 의미를 잃어버린다. 그러나 선과 악을 구별하는 것은 윤리학을 수용하고 있는 신학의 주요 과제이다. 가치판단에 의해서 하나의 역사적 사건이나 역사의 국면을 다른 것과 차별화하는 것은 역사철학 특유의 기능이다. 그러한 차별화 없이는 역사철학은 의미가 없다. 신학은 일관성을 희생시키면서까지 세계에 대한 윤리적 해석 안으로 신에 대립해 있는 자로서의 악마를 끌어들임으로써 선과 악의 구별이라는 자신의 욕구를 만족시킨다. 헤겔의 역사철학은, 세계역사에서 현현하는 실재가 완전에의 도상에 있기는 하지만 완전하지 않다고 가정함으로써 동일한 결과에 도달하게 된다. 세계역사는 이성의 점진적 실

125) 같은 책, 457 쪽.

현이다. 세계정신의 과정이기도 한 이 과정은 필연적인 것이다. 왜냐하면 세계의 "주권자"로서의 이성은 "무한한 힘"을 구비하고 있기 때문이다.[126]

헤겔은 신을 이성으로 제시하고, 모든 사람은 이성에 의해서 자신이 선이나 바람직한 것으로 생각하는 것이 무엇인지를 이해할 수 있기 때문에, 그의 역사신학은 공식적인 그리스도교 신학보다도 한층 유연하다. 헤겔 역사신학의 철저하게 낙관론적인 성격, 즉 인류의 이상적인 상태의 점진적인 실현이 역사적 과정의 필연적 결과라고 하는 명제는, 모든 정치적 이데올로기가 바라는 사상으로서 환영을 받게 됨에 틀림없다.

한편으로는 신이 세계 안에 내재해 있다는 입장, 가치가 실재 안에 내재해 있다는 입장과 다른 한편으로 선과 악을 실재 안에서 구별해야 할 필요 사이에 생기는 충돌은 신학에서 변신론의 문제로서 나타난다. 전능하고 절대적으로 선한 세계 창조자인 신이 어떻게 해서 자연과 사회 안에 악을 낳았는지 혹은 허용했는지의 문제가 그것이다. 그것은 신학의 핵심적인 문제이다. 헤겔의 철학은 이 문제에 대한 해결을 제시한다고 생각함으로써 진정한 역사철학임을 증명한다. 그는 다음처럼 진술한다. "주제[세계역사]를 다루는 우리의 방식은 이 국면에 이르게 되면 변신론, 즉 신의 길의 정당화가 된다."[127] 그의 저작의 말미에 헤겔은 모든 사건은 신의 의지라는 위에서 인용된 진술로써 자신의 철학의 귀결을 마무리하면서, 세계의 역사는 세계정신의 실현이라는 자신의 주요 명제를 진술한다. "이것은 참된 변신론, 역사에서 신의 정당화이다."[128]

---

126) 같은 책, 9, 13 쪽.
127) 같은 책, 15 쪽.
128) 같은 책, 457 쪽.

신학문제의 본질은 신학에 꼭 같이 중요한 두 명제 사이의 논리적 모순이다. 하나는 신의 의지는 절대적으로 선하다는 것이다. 다른 하나는 신의 의지는 전능하며, 신의 의지가 없으면 아무 것도 발생할 수 없으며, 따라서 세계에서 악이 존재한다면, 그것은 반드시 신에 의지에 의해 그렇게 존재해야 한다는 것이다. 합리주의적 과학의 기초인 모순 배제의 논리적 법칙이 타당한 것으로 간주되는 한, 두 명제 중 하나는 참이 될 수 없다.

그의 종교적 형이상학, 특히 그의 역사신학을 합리주의적 과학과 일치시키기 위해서 헤겔은 새로운 논리를 창안해야 했다. 여기서 헤겔은 합리주의적 과학의 존재 권리를 부인하지 않으며, 다만 그의 철학적 체계에서 신학의 그것과 비교하여 종속적인 위치만을 부여한다. 낡은 분석 논리와 대비되는 종합적인 변증법 논리가 그것이다. 새로운 변증법 논리의 가장 특징적인 요소는 모순관계에 있는 두 명제가 동시에 참일 수 없다는 모순율의 제거이다. 헤겔은 모순을 배제함으로써 낡은 논리학은 기본적인 잘못을 범하고 있다는 점을 납득시키려고 한다. 왜냐하면 모순은 사고의 결함일 뿐만 아니라, "사변적 사고는 사고가 모순을 고수하고 모순 자체에서 유지된다는 데서 성립하기"[129] 때문이다.

> 사물 속에서 모순이 나타날 수 있다 하더라도, 본래 그것은 말하자면 사물 속에 있는 결핍, 결함, 잘못은 아니다. 오히려 모든 규정, 모든 구체적인 것, 모든 개념은 모순적 계기들을 … 지나가는 계기들의 … 결합이다. 유한한 것들은 원래 모순적이다.[130]

---

129) *Science of Logic*, transl. by W. H. Johnston and L. G. Struthers (London Allen and Unwin, 1929), II, 68.

130) 같은 책, 70 쪽.

"모순"을 반대 방향으로 작동하는 두 힘의 관계로 해석하면서, 헤겔은 모순을 사고에서 존재에로 확장한다. 자연과 사회에서 반대 방향의 운동들을 규정하는 두 힘이 동시에 존재하면서, 새로운 방향의 제3의 운동으로 귀착되는 것과 꼭 마찬가지로, 사고에서 두 모순된 명제는 각자를 배제하는 것이 아니라, 정립과 반정립으로서 한 단계 높은 수준에서 종합, 통일을 낳는데, 거기에서 모순은 해소된다. 즉 모순은 극복되고 보존됨으로써 해소된다. 사고뿐만 아니라 사물을 운동하게 하는 것은 모순이다. "운동은 본래 현존하는 모순이다."[131] 모순은 자기운동의 원리이다. 그것은 사고의 법칙이면서 동시에 사건의 법칙이다.

사고의 법칙이 동시에 사건의 법칙이라는 가정은 결국 논리적 가치뿐 아니라 윤리적 가치도 실재 안에 내재해 있고, 정신이 역사적 사건 속에서 작동한다는 전제에 기초해 있다. 즉 현실적인 것이 이성적인 것이라는 전제에 기초해 있다. 가치가 실재 안에 내재해 있다는 이 견해는, 즉 자연법론에서 "존재"에서 "당위"에로의 거짓 결론에 이르게 되는 이 견해는 또한 헤겔 변증법의 기본적 오류의 근거가 된다. 여기서의 오류란 외부 실재에서의 대립되는 힘들의 관계와 사고에서의 모순 명제들의 관계를 동일시하는 데서 나온다. 자연과 사회 속에서 일정한 운동으로 귀결하는 두 대립되는 힘의 관계는 논리적 모순과는 아무런 관계도 없다. 관련된 현상은 낡은 논리학의 원리와 완전히 일치하는 무모순의 진술에 의해서 기술될 수 있고, 기술되지 않으면 안 된다. 그러나 그의 변증법적 논리학의 도움으로 헤겔은 그의 역사철학의 가장 중요한 귀결, 즉 국가의 신격화, 역사적 진화의 필연적 귀결로서 게르만의 세계 제국에 도달하게 된다.

---

131) 같은 책, 67 쪽.

헤겔의 철학에 따르면,[132] 존재하는 모든 것은 이성적("현실적인 것은 이성적인 것이다")이지만, 국가는 "절대적으로 이성적인 것"이다. 국가는 "현실화된 윤리적 이상이거나 윤리적 정신"이다. 국가의 바로 그 본성에서부터, "국가는 개인에 대해 최고의 권리를 가지며, 개인의 최고의 의무는 그 국가의 성원이 된다는 사실"이 귀결한다. 국가의 성원이 된다는 것은 확립된 국가 권위에 대한 무조건적 복종을 함의한다. 헤겔의 진술에 따르면 개인은 국가를 통해서만 존재한다. "개인은 국가의 성원인 한에서만 참된 그의 진리, 즉 진정한 존재와 윤리적 지위를 가지게 된다." 세계에 대한 종교적 견해에 따르면 자연은 신의 현현이다. 자연은 단지 무의식적일 뿐이며, 따라서 불완전한 현현이다.

> 국가는 세계에 거주하는 정신이며, 거기서 자신을 의식적으로 실현한다. 자연에서의 정신은 자기 자신의 타자 혹은 잠자고 있는 정신으로서만 실현된다. 그것[신적 정신]이 의식 속에서 나타나서 자신을 존재하는 대상으로서 인식할 때만, 그것은 국가가 된다.[133]

합리주의적 관점에서 볼 때, 국가는 단지 우리가 국가라 부르는 사회적 질서에 자신들의 행위를 순응시키는 개인들의 마음속에서만 존재하며, 따라서 국가는 물리적인 사물과 같은 실재적 실체가 아니다. 그러나 헤겔에 의하면, 국가는 심지어 물리적 자연보다 더 객관적인 실재성을 가진다. 왜냐하면 국가는 의식의 영역에서의 절대정신의 실현이기 때문이다. 헤겔은 다음처럼 말하고 있다. "국가는 세

132) G. W. F. *Hegel, Philosophy of Right*, transl. by S. W. Dyde (London: G. Bell, 1896), sec. 257-258.

133) 같은 책, sec. 258.

계에서의 신의 행진이다. 그것의 근거 혹은 원인은 자기 자신을 의지로서 실현하는 이성의 힘이다." 모든 국가는, 그것이 어떤 국가이든 간에, "이 현실적인 신"이라는 이념의 신적 본질에 참여한다. "국가는 인위의 가공물이 아니다." 신적인 이성만이 그것을 만들 수 있다. "국가로서의 민족이란 실질적으로 실현되고 바로 그것이 실재적인 (신적) 정신이다. 따라서 그것은 지상의 절대 권력이다."[134]

헤겔 역사철학의 또 하나의 귀결은, 세계정신의 자기의식의 전개 혹은 이성의 점진적 실현으로서의 세계역사가 네 개의 계기적 단계 또는 시대를 보여준다는 사실이다. 각 단계 혹은 시대는 한정된 민족이 우세하고, 그것은 아직 세계를 지배할 절대 권리를 가지지 못한다.

> 세계정신의 전개에서 그때그때의 단계의 담당자가 될 이 민족의 절대적 권리와는 대조적으로 다른 기존 여러 민족들의 정신에는 권리가 결여되어 있고, 이런 정신들은 가버린 과거의 정신이 그랬던 것처럼 세계역사 속에 편입될 수 없다.[135]

세계역사의 네 시대는 네 개의 역사적 세계 제국에 의해 나타난다. 첫 번째가 동양, 두 번째가 그리스, 세 번째가 로마이며, 네 번째는 게르만 세계제국이 될 것이다.[136] 세계역사의 네 번째이자 마지막 시대가 가져오는 것은,

> 신적인 것과 인간적인 것의 통일이다. 그 통일에 의해서 객관적인 진리는 자유와 일치하게 되며, 그것도 자기의식과 주

134) 같은 책, secs. 258, 331.
135) 같은 책, sec. 347.
136) 같은 책, sec. 354.

관성의 내부에서 그렇게 된다. 무한하면서도 여전히 실재적인 이 새로운 기반을 완성하는 것은 게르만 민족의 북방원리에 맡겨졌다.[137)]

게르만 민족에게 돌려진 "북방원리"(Northern principle)는 "모든 모순의 화해와 진화"가 될 것이다.[138)]

마르크스의 사적 유물론은 역사에 대한 그의 경제적 해석인데, 헤겔 역사철학의 틀림없는 자손이다. 왜냐하면 그것의 결정적인 도구는 헤겔의 변증법적 논리이기 때문이다. 진정 마르크스는 다음처럼 선언하고 있다.

나의 변증법적인 방법은 헤겔의 것과 다를 뿐만 아니라 그것과 직접적 대립관계에 있기도 하다. 헤겔에게는 인간 두뇌의 생명 과정, 즉 사고 과정, 다시 말하면 "이념"이란 이름 하에서 헤겔이 독립적인 주체마저 변형시킨 사고 과정은 현실 세계의 조물주이며, 현실 세계는 단지 "이념"의 외적, 현상적 형식일 뿐이다. 거꾸로 나에게는 이념은 인간의 마음이 반영하고 있는, 사고의 형식으로 표현된 물질세계 외에 다름 아니다. 그[헤겔]와 함께 그것[변증법]은 전도되어 버린다. 신비의 껍질 안에서 합리적인 이성의 핵심을 발견하고자 한다면, 그것을 다시 원상태로 돌려야 한다.[139)]

헤겔은 관념론자이고, 마르크스는 유물론자이다. 그러나 마르크스는 헤겔과 꼭 마찬가지로 변증법을 모순에 의한 발전으로 이해하였고, 역시 헤겔과 마찬가지로 마르크스는 모순이 사회적 실재 안에

137) 같은 책, sec. 358.
138) 같은 책, sec. 359.
139) Karl Marx, *Capital* (London: Swan Sonnenschein & Co., 1901), xxx 쪽.

내재해 있다고 주장한다. 발전, 특히 자본주의 사회의 발전의 "모순적 성격"에 대한 가정이 마르크스가 발견한 사적 유물론 혹은 변증법적 유물론의 본질적 요소이다.[140] 헤겔과 마찬가지로 마르크스는 삶의 투쟁에서의 충돌, 즉 이해 대립 집단 간의 적대관계, 특히 생산력과 생산양식의 부조화를 논리적 모순으로 해석한다. 마르크스는 헤겔과 같이 가치가 실재에 내재해 있다고 생각하지만, 헤겔에 대립해서, 헤겔보다는 덜 일관되게, 사고와 존재를 동일시하지 않는다. 마르크스에 따르면, 사고방법으로서의 변증법은 실재 안에 있는 변증법의 과정을 "반영할" 뿐이다. 변증법의 방법은 사회의 변증법을 파악하기 위해 사용되지 않으면 안 된다. 그러나 사고와 존재를 동일시한 헤겔의 입장을 거부함으로써, 마르크스는 자연과 사회 안에서 대립하는 힘들의 관계를 논리적 모순과 동일시하는 오류를 정당화하는 유일한 가능성－이것이 가능한 한에서－을 스스로 박탈해버린다.

변증법이 헤겔로 하여금 국가를 신으로서 찬양하게 하고, 마르크스로 하여금 국가를 악마로 저주하게 한다는 사실만큼 변증법적 방법의 무익함을 극명하게 보여줄 수 있는 것은 아무 것도 없다. 마르크스와 그의 친구인 프리드리히 엥겔의 학설에 의하면, 국가는 본성상 강제장치이며, 그것의 기능은 한 집단, 즉 생산수단을 소유한 개인들의 집단인 자본가 계급이, 다른 집단, 즉 자본이라 부르는 재물의 소유와는 관계가 없는 사람들로 구성된 이른바 착취당하는 프롤레타리아 계급을 지배하기 위해 유지된다. 국가는 한 계급의 다른 계급에 대한 억압을 유지하기 위한 목적의 강제 조직이다. 사회주의 혁명의 성취에 의해 즉 생산수단의 사적 소유의 폐지에 의

140) Friedrich Engels, *Hern Euger Dllhring's Revolution in Science* (London: M. Lawrence, 1935), 각처 모두 동일.

해 그리고 그런 수단의 사회화에 의해, 자본주의 체제와 그것과 함께 사회제도로서의 국가는 사라질 것이다.141) 미래의 공산주의 사회는 국가 없는 사회일 것이고, 강제의 사용 없이 질서가 유지되는 사회일 것이다. 이것이 가능한 것은 사회적 질서가 자연스럽게 모든 사람의 이익이 되고, 그래서 누구도 질서를 파괴하려고 하지 않을 것이기 때문이다. 인류의 이 이상적 조건은, 혁명이 없이는 그런 조건이 발생하는 일은 없겠지만, 그럼에도 불구하고 불가피할 것이다. 왜냐하면 그것은 역사발전의 법칙, 즉 역사의 변증법적 과정의 필연적 귀결이기 때문이다.

지금까지의 설명은, 자연법론이 법학의 용어로 자연법으로부터 연역된 것으로서 자신의 귀결을 제시한 것이든, 사회학이나 역사의 용어로 진화의 법칙으로부터 연역된 것으로서 자신의 귀결을 제시한 것이든 관계없이, 자연법론은 논리적으로 오류가 있는 방법과 함께 움직이고 있고, 이 방법에 의해서 가장 모순적인 가치판단이 정당화될 수 있고, 또한 실제로 정당화되어 왔다는 사실을 증명한다. 과학의 관점에서 보면, 즉 진리탐구의 관점에서 보면, 그런 방법은 완전히 쓸모가 없다. 그러나 정치의 관점에서 보면 이익실현을 위한 투쟁에서 사용되는 지적 도구로서의 자연법론은 유용한 것으로 간주될 수도 있겠다. 플라톤은 대화편 『법률』에서 허용할 수 있는 거짓말과 허용할 수 없는 거짓말을 구별한다. 통치에 유용하다면 그 거짓말은 허용될 수 있다. 그리하여 비록 이것이 거짓말이라 하더라도 정의로운 사람만이 행복할 수 있다고 사람들로 하여금 믿게 만드는 것이 통치에서는 허용된다. 왜냐하면 그것이 거짓말이

141) Friedrich Engels, *The Origin of the Family, Private Property and the State* (New York: International Publishers, 1943), 158 쪽. 이와 관련하여 나의 다음 저서 참조. *The Political Theory of Bolshevism* (Berkeley: University of California Press, 1948), 10 쪽 이하.

라 하더라도, 그것은 대단히 유용한 거짓말이기 때문이다. 그것은 법에 대한 복종을 보장해준다. "제 몸값을 하는 입법자가 모든 사람을 정의롭게 행동하도록 설득하는 데 있어 유용한 거짓말의 사용하는 것만큼 효과적인 방법을 발견할 수 있겠는가?"[142] 자연법론은 정의로운 것이 무엇인가를 객관적인 방식으로 규정할 수 있다고 주장하지만, 그것은 거짓말이다. 그것을 유용하다고 생각하는 사람들은 자연법론을 유용한 거짓말로서 사용할 수도 있다.

142) Plato, *The Laws*, II, 663.

6. "역동적" 자연법론

■ ■ ■

출처. "A 'Dynamic' Theory of Natural Law," *Louisiana Law Review*, June., 1956.

두 차례에 걸친 세계 대전의 전율적 경험의 결과로 나타난 우리 시대의 지적 상황은 사회철학 분야에서의 자연법론의 부활이라는 성격을 띤다. 이 자연법론은 19세기의 제2기와 20세기의 첫 10년간을 지배했던 상대주의적 실증주의와 반대의 길을 걷는다. 이 이론, 즉 정의의 원리를 일반적으로는 자연으로부터 그리고 특수하게는 인간의 본성으로부터 도출한다고 주장하는 이 이론의 본질적 요소[1]는 이 이론이 실재와 가치(사실과 규범, 즉 "존재"와 "당위")의 관계에 대해 일원적 견해를 가지고 있다는 것이다. 이 이론이 주장하는 바에 의하면 실재와 가치는 이원론적 실증주의가 가정하는 것처럼 두 개의 분리된 영역이 아니라, 가치가 실재 안에 내재되어 있으며, 따라서 **존재하는** 것으로부터 존재**해야** 혹은 행해**져야** 하는 것을 추론하는 것은 실증주의가 주장하는 것처럼 논리적 오류가

1) 이 책 제5장「과학의 법정에 선 자연법론」251 쪽 이하를 참조할 것.

아니라 합법적 과정이다. 가치는 실재 안에 내재해 있기 때문에, 가치판단, 즉 이들 내재적 가치에 대해 언급하는 판단은 실재에 관한 판단만큼 객관적이다. 즉 경험에 의해 검증 가능하다. 이와는 달리 실증주의는 가치판단이 주관적이며, 따라서 상대적일 뿐이라고 가정한다. 왜냐하면 가치판단은 사실에 관한 기술(記述)이 아니라 결국 욕구와 두려움의 표현이기 때문이다.

자연법론은 가치가 실재에 내재해 있다는 가정과 운명을 같이 한다. 실재에 대한 객관적 분석이 즉 일정한 가치나 규범을 미리 전제하지 않는 분석이 필연적으로 이러한 가치나 규범의 주장에 이르게 된다는 것을 증명할 수 없다면, 자연법론은 어떤 근거도 가지지 못한다.

이러한 기초를 확고하게 하고 상대주의적 실증주의로부터 이 자연법론을 방어하는 것이 존 와일드(John Wild)의 최근 출판된 연구, 즉 『현대에서의 플라톤의 적들과 자연법론』 (*Plato's Modern Enemies and the Theory of Natural Law*)[2]의 주요목적이다. "자연법"을 와일드는 전통이론과 마찬가지로 "인간본성 그 자체가 자신의 완성을 위하여 요구하는 보편적 행위 패턴"(64 쪽)으로 이해한다. 와일드에 따르면 자연법론은 "실재론적 철학 전통이며, 그것의 방법론에서는 철저하게 경험적이다." 이 이론은 "자신의 기본적 개념 모두를 경험된 사실들의 관찰로부터 도출한다고 주장한다"(73 쪽). 경험된 사실들은 실재 안에 혹은 와일드가 이야기하는 것처럼 "경험" 안에 내재하는 "성향들"이다. "유한한 존재는 항상 미완성의 것이다. 이런 존재는 본질적으로 그 자체 완수와 완성을 향한 성향이라

2) University of Chicago Press, 1953. 와일드는 플라톤이 자연법론의 기초자라고 생각하고 있기 때문에(73 쪽), 플라톤에 대한 그의 방어는 주로 이 이론의 방어이다.

는 특징을 갖는다”(67 쪽). 존재는 자신의 “완성”을 위해서 무언가를 “요구한다”. 그것은 “성향적” 특성을 지닌다. 와일드가 제시하고 있는 바의 자연법론에 따르면, “자연의 세계는 아직 완전히는 소유되지 않은 것을 향한 움직임 속에 있다.” 이 이론은 “자연적 실재들은 미완성 또는 잠세적인 것의 상태 속에 있으며, 이것들은 지금은 자신들이 결여하고 있는 무언가를 향해 계속 나아가는 성향”이라고 주장한다. 그것은 “존재에 관한 역동적(力動的, dynamic) 관점”에 근거해 있으며, 존재를 “완전히 규정적이며 현실적인 단위들로만 구성된 것으로” 간주하는 “논리적 원자론”(65 쪽)과 대립해 있다.

실재 혹은 존재가 “흐름 속에” 있다는 견해는 부인될 수 없으며, 실제로 실증주의 철학에 의해서도 부인되지 않는다. 그러나 객관적인 자연과학의 관점에서 보면 실재가 흐름 속에 있다는 진술은 실재가 영구적인 변화의 상태 속에 있다는 것 이외 다른 것을 의미하지 않는다. 실재가 하나의 상태로부터 다른 상태로 변화한다는 점을 “성향”의 실현으로 해석하는 것은 매우 의심스러운 일이다. 왜냐하면 “성향”은 애매한(ambiguous) 용어이기 때문이다. 그것은 “의도” 혹은 “목적”과 같은 것을 의미할 수 있고, 즉 그것은 목적론적 관점을 함의할 수도 있고, 혹은 규범적인 관점을 함의할 수도 있다. 이러한 관점은 사실들에 대한 객관적인 서술과 설명을 자신의 기능으로 삼는 과학과 결코 양립할 수 없다. 이러한 과학에서는 “성향”은 단지 관찰된 현상들 안에 있는 미래 변화의 개연적 원인만을 의미할 뿐이다. 와일드는 다음처럼 이야기한다. “측정 가능한 결과의 측면에서 어떤 종류의 행위를 관찰한다는 사실로부터 물리학자는 실재의 구조에 관한 무언가를 추론할 수 있고, 이러한 구조에 대한 자신의 인식에서부터 하나의 성향을 예측할 수 있다”(217 쪽). 물리학자가 사실에 대한 객관적 관찰을 근거로 하여 열은 금속의 물체를 팽창시키는 결과를 낳을 것이라고 진술한다면, 그는 구체적인 경우에 뜨거운 금속 물체는 팽창할 것이라는 사실을 어느 정도의 개연성을 가지고 예측할 수 있을 것이다. 뜨거운 금속 물체의 팽창은 통상적인 것이며, 즉 기대될 수 있는 규칙적 변화이다. 어떤 나무의 꽃이 먹을 수 있는 과일로 규칙적으로 성장하는 것과 같은 상황이다. 혹은 여성의 자궁 속에 있는 태아가 인간으로 성장하는 것과 같다. 뜨거운 금속의 개연적 팽창 혹은 꽃의 과일에로의 성장 혹은 태아의 인간에로의 발전이 금속체의 팽창, 꽃의 과일에로의 성장, 태아의 인간에로의 성장의 "성향"이라 불린다면, "성향"은 개연적 결과나 개연적 변화 이외에 다른 것을 의미하지 않으며, 그렇다면 "성향"이라는 애매한 용어를 사용하지 않고서도 실재에 대한 설명이 가능하다. 그러나 역동적 자연법론은 자신의 토대가 되는 "성향"이란 용어를 버릴 수가 없으며, 그 자체가 정상적인, 따라서 예측 가능한 변화 이상의 것을 의미하게 된다. "성향"은, 이 자연법론이 이미 추정된 관찰로부터 자신의 기본적인 개념들을 도출하고 있기 때문에, 그 무언가를 "요구한다". "어떤 성향도 그것이 요구하는 것에 대한 어떤 이해 없이는 이해될 수 없다"(219 쪽). 그것은 자신의 실현－이 실현은 "완성"을 의미한다－을 요구하고, 그리고 존재의 완성은 "선"이다(65 쪽). "존재가 자신의 완성을 위해 요구하는 것을 박탈당한다면, 악이 생겨난다"(65 쪽). 그러나 관찰된 현상들의 예측 가능한 변화 이외에 아무 것도 아닌 성향은 어떤 것도 "요구"하지 않는다. 뜨거운 물체는 뜨거운 금속체에 대한 예측 가능한 팽창을 요구하지 않는다. 마찬가지로 꽃은 과일로의 성장을 요구하지 않는다. 또한 태아는 인간으로의 성장을 요구하지 않는다. 이 모든 현상들은 규칙적이며 따라서 예측 가능한 변화 이외 다름 아니다. 성향이, 즉 객관적인 자연과학의 관점에서 볼 때,

관찰된 현상들에 대한 예측 가능한 변화가 자신의 실현 혹은 완성을 "요구한다"는 견해는 원인이 자신의 결과를 요구한다는 견해와 같은 것이다. 이것이 바로, 비록 와일드는 그 반대를 주장하고 있음에도 불구하고, 자연에 대한 전형적인 목적론적 혹은 규범론적 해석이다. 자신의 실현을 "요구하는" 하나의 성향을 "존재적" 성향이라 부른다고 해서 그러한 성향이 자연 속에 "존재한다"거나 "자연과 일치하여" 인식되어야 한다는 사실이 충분히 증명된 것은 아니다(218 쪽). 어떤 사물의 본성은 이러한 사물로부터 무언가를 요구하지도 않고, 과학적 관찰자도 초자연(supernature)도 자연으로부터 무언가를 요구하지 않는다.

자연 안에 자신의 실현을 요구하는 성향이 내재해 있다는 견해가 용인된다면, 변화의 결과인 각각의 상태는 이러한 상태를 요구하는 "성향"의 실현으로 간주되지 않으면 안 된다. 왜냐하면 하나의 성향이 존재한다고 가정하는 유일한 이유는 어떤 변화가 실제로 일어났었다는 사실이기 때문이다. 관찰자가 기대했던 변화가 일어나지 않는다면, 즉 관련된 실재가 기대했던 것과는 다른 상태에 의존하는 것이라면, 이 상태는 또한 어떤 성향의 "실현"으로 간주되지 않으면 안 된다. 객관적인 자연과학의 관점에서 보면, 즉 **존재하는** 것 (존재**해야** 하는 것을 명령하는 어떤 규범을 전제하지 않고서)을 기술하고 설명하는 과학의 관점에서 보면, 하나의 실현을 선으로서 평가할 이유도 다른 실현을 악으로서 평가할 이유도 없다. 사과나무의 꽃이 정원사가 기대하는 것처럼 성장하지 않고 어떤 먹을 수 없는 생산물로 바뀐다 하더라도, 후자의 경우는 식물학자에게는 달콤한 사과와 마찬가지로 어떤 원인의 필연적 결과인 셈이고, 따라서 먹을 수 있는 과일로 실현되는 것과 꼭 같이 "자연적" 혹은 "존재적"인 성향의 실현인 셈이다. 기대된 변화가 정상적인 변화과정이라는 사실은 그것이 규칙적이라는 것만을, 즉 기존 실재의 현실적인 행태를 서술하는 규칙에 따른 것이라는 것만을 의미한다. 정상적인 변화의 과정과 선을 동일시하는 것은 "정상적"이라는 용어의 완전히 상이한 두 의미를 혼동하는 오류 때문에 저질러진다. 하나는 실재의 현실적 행태(behavior)를 **기술**하는(describing) 규칙과의 일치를 의미하고, 다른 하나는 실재의 일정한 행태를 (행동을) **명령**하는(prescribing) 규칙과의 일치를 의미한다. 그것은 모든 자연법론에 특징적인 혼동, 즉 자연의 법칙과 도덕의 법칙 간의 혼동이다. 정상적인 변화는 선이고 비정상적인 변화는 악이라는 하는 것은 실재를 기술하고 설명하는 과학에서는 도달될 수 없는 가치판단이다. 이들 가치판단은 하나의 사물과 이 사물 속에 내재해 있지 않은 요구들, 그러나 사람들이 제기하는 요구들과의 관계를 표현하며, 그리고 만약 그것들이 사람들의 상태나 행동과 관계를 맺게 될 경우 규범으로서 나타나는 요구들과의 관계를 표현한다.

II

선과 악의 차별화는, 이것은 실재에 대한 기술과 설명에서는 불가능한데, 인간행동을 규제하는 규범들을 목표로 하는 자연법론에서는 본질적이다. 그런 이론이 사실들에 대해서 이들 규범을 발견하고자 한다면, 그리고 역동적 자연법론으로서 실재 안에 내재하는 "성향들"에 대해서 이들 규범을 발견하고자 한다면, 이 이론은 선한 성향과 악한 성향 사이를 차별화하지 않으면 안 되며, 또한 어떤 성향이 실현되는 것을 선으로서, 그런 성향이 실현되지 않는 것을 악으로 간주하지 않으면 안 된다. 이 이론은 자신이 전제하는 가치를 실재 안에다 투사하지 않으면 안 된다. 이것이 바로 역동적 자연법론이 하고 있는 바로 그것이다. 이 이론 속에 포함되어 있는 "가장 기본적인 명제"는 가치와 경험이 밀접하게 "착종되어"(64 쪽) 있다는 것이다. "모든 물질적 존재의 구조 안에 간직되어 있는 자연적 규범들이 존재한다"(68 쪽). 그리하여 전통적인 자연법론의 근본적인 전제가 용인된다. 와일드에 따르면 "이 이론을 책임지고 방어했던 사람들은 결코 가치와 존재가 동일하다고 주장하지 않았다. 그들이 주장했던 점은 가치와 존재가 구별되지만 분리될 수 없다는 사실이다". 왜냐하면 "가치가 사실과 완전히 분리되어 있다는 것은 결코 분명하지 않기 때문이다"(99 쪽). 존재 혹은 사실이 가치와 분리될 수 없다면, 가치는 사실 혹은 존재와 어떻게 연결되어 있는가? 와일드는 다음처럼 말한다. "만약 가치가 어떤 방식으로 존재하지 않는다면, 윤리적 반성은 아무 것도 아닌 것에 관해서 야단 법석 떨고 있는 것이다." 따라서 가치는 어떤 방식으로 "존재"한다. 사실들의 존재 이외에 다른 "존재"가 없다면, 어떤 것이 "존재한다"는 것은 역동적 자연법론에 따른다면, 그 존재가 "사실"이라는 것과 같은 것을 의미한다. 이렇게 되면 가치는 사실과 같은 방식으로 존재하지 않으면 안 된다. 와일드에 의하면, "가치와 부정적 가치가 **어떤 종류**(some kind)의 사실이라는 것은 명백하다." 가치판단이 "참이라면, 그것은 **어떤 종류**의 존재적 사실에 관계하고 있음에 틀림없다"(66 쪽). 어떤 종류(what kind)의 존재 혹은 사실인가? 이 물음에는 대답이 없다. 두 종류의 "존재" 혹은 존재하는 사실이 있다 하더라도, 가치는 그들 중 하나이다. 따라서 가치는, 결국 사실이고, 심지어는 "존재하는 사실"이다. 그러므로 자연법론이 가치와 사실을 혼동하고 있다고 하는 반론은 와일드가 믿고 있는 것처럼 정당하지 않은 것이 아니다. 가치는 존재하는 사실 혹은 어떤 종류의 존재하는 사실이라는 견해는 분명히 말해서 그 반대의 견해가 그런 것처럼 결코 분명하지 않다.

와일드가 가치는 사실이라는 자신의 명제에 대해 개진하고 있는 주요 논증 중 첫 번째는 다음과 같다. 우리는 사실들의 "실현"을 위해서 애쓴다는 것이다(67 쪽). 가치는 실현될 수 있다. "이들이 실현되지 않은 채 그대로이면 도대체 어떤 참된 선이 가장 숭고한 가치인가? 이것은 우리를 실제로 움직이는 가치가 존재와 분리되지 않는다는 점을 보여준다"(67 쪽). 이원론은 가치가 "실현될" 수 있다는 사실을 거부하지 않는다. 그러나 가치가 "실현된다"는 진술은 관찰자의 견해에 따라서 자신이 유효하다고 전제한 가치나 규범과 일치하는 사실이 발생했다는 것을 의미할 뿐이다. 그것은 그 사실이 가치나 규범이라는 것을 의미하지 않는다. 또는 가치나 규범이 어떤 종류의 사실이라는 것을 의미하지 않는다. 두 번째 논증은 위에서 서술했던 진술이다. 즉 가치가 어떤 식으로 "존재"하지 않는다면, 윤리적 반성은 아무 것도 아닌 것에 관해서 야단 법석 떨고 있는 것이거나 혹은 다른 문맥에서 정식화된 것처럼 존재와 가치의 상대주의적 이원론은 "윤리학"이나 "도덕적 정당화"를 불가능하도록 만든다(71 쪽). 그러한 이원론은 결국 "도덕적 니힐리즘"으로 귀결한다(81 쪽). 그것은 다음을 의미한다. 만약 가치가 사실이 아니라면 일반적으로는 어떤 가치도 존재하지 않으며, 특수하게는 어떤 도덕적 가치도 존재하지 않는다. 따라서 어떤 도덕적 질서도 가능하지 않다. 이 논증은 또한 가치가 사실이 아닐 경우 비록 도덕적 가치 또는 도덕적 질서가 있을 수 없다는 것이 사실이라 하더라도 유지될 수 없다. 도덕적 질서가 없다는 것은 대단히 바람직하지 않은 것일 수도 있지만 그러나 사실들의 어떤 상태가 바람직하지 않다는 사실로부터 바람직한 사실의 상태의 조건이 존재한다는 점이 귀결하는 것은 아니다. 그러나 상대주의적 그리고 이원론적 실증주의는 어떤 가치도 존재하지 않는다거나 어떤 도덕적 질서도 존재하지 않는다고 주장하고 있지 않고, 사람들이 실제로 믿고 있는 가치는 절대적인 것이 아니라 상대적인 것이며, 하나가 아니라 다수의 상이한 도덕적 질서가 있고, 이들 질서의 효과적인 유효성 하에서 사람들은 실제로 살고 있고 항상 살았었다고 주장한다. 그렇게 된 유일한 이유는 그 유효성이 비록 대단히 영향력을 가진다 하더라도 단지 상대적인 것으로만 간주될 수 있는 매우 다수의 매우 상이한 도덕적 질서가 존재하기 때문이다. 가치와 절대적 가치를 동일시하는 일은 허용될 수 없다. 그러나 오직 그런 식의 동일시 입장에서만 바라본다면 실증주의 가치이론은 도덕적 니힐리즘이라 비난 받을 수 있겠다.

"가치"의 개념과 "규범"의 개념 간에는 본질적인 연결 관계가 있다. 규범은 가치를 구성한다. 역동적 자연법론에 따르면 가치는 실재 안에 내재해 있고, 실재는 인간이 만들 수 없는 것이기 때문에, "인간이 만들지 않은 규범은 실제로 어떤 의미에서 존재하지 않으면 안 된다. 규범은 사물들의 존재론적 구조 안에서 있지 않으면 안 된다"(105 쪽). 이원론은 규범들이 "존재한다"는 것, 마찬가지로 가치들이 존재한다는 것을 부인하지 않는다. 그러나 규범이 "존재한다"는 진술로부터 그것이 사실과 같은 식으로 존재하며, 따라서 실재 속에 깃들어 있지 않으면 안 된다는 귀결이 도출되는 것은 아니다. 그 진술은 규범이 가치이며, 그것은 인간행위에 의해서 창조되었다는 점만을 의미하며, 그 진술은 또한 규범이 인간행위의 특수한 의미를 담고 있다는 것을 의미한다. 이러한 행위는 사실로서 존재하고, "존재" 진술에 의해 기술될 수 있다. 그러나 어떤 것이 존재해야 한다는 그것의 의미는 사실이 아니다. 그것은 "당위" 진술에 의해서만 기술될 수 있을 뿐이다. 규범이 사실과 마찬가지로 실재 안에 깃들어 있다는 견해는 행위와 그것의 의미 간의 혼동 때문에 생긴 것이다. 이러한 혼동 때문에 규범은 인간이 만들지 않았다는 가정이 생겨나게 된다. 규범을 인간이 만들지 않았다면, 그것들은 이성과 의지를 가진 다른 존재에 의해 만들어졌음에 틀림없다. 그러한 존재만이 유일하게 인간은 어떤 방식으로 행동해야 한다는 취지의 규범들을 공포할 수 있다. 그가 인간이 아니라면 초인간적 존재임에 틀림없고, 실재를 만들었던 그 존재인 신(神)임에 틀림없다. 가치가 실재 안에 내재한다는 견해는 혹은 인간이 만들지 않은 규범이 존재 속에 깃들어 있다는 견해는 의식적으로든 무의식적으로든 세계에 대한 목적론적 해석에 기초해 있다.

III

가치와 존재가 밀접하게 서로 착종되어 있다고 하는, 가치는 실재 안에 내재해 있다는 독단을 주장한 후에 와일드는 실증주의적 가치뿐만 아니라 부정적 가치까지도 어떤 종류의 존재로 간주되어야 하며, 선뿐만 아니라 악까지도 어쨌든 사실처럼 "존재한다"는 것을 인정하지 않을 수 없었다. "의심의 여지가 없는 경험적 사실은 우리에게 악은 어떤 의미에서 실제로 존재하며, 마찬가지로 선인 바의 것도 그러하다는 점을 보여준다"(65 쪽). 이때 선과 악을 존재하는 사실로서 확인하는 일이 어떻게 가능한가 하는 문제가 일어난다. 이런 문제를 해결하기 위하여 와일드는 "완성"의 개념을 도입한다. 존재는 완성 또는 완수를 요구한다. 다른 용어를 사용하면 존재 안에 완성 혹은 완수의 성향이 내재해 있다. 만약 이러한 성향이 실현된다면, 즉 존재가 "자신을 실현"한다면, 즉 존재가 자신이 요구하는 바를 획득한다면, 그것은 선이다. 완수 혹은 완성을 향한 성향이 실현되지 않으면, 즉 존재가 자신을 실현하지 못한다면, 즉 존재가 "자신의 완성을 위해서 요구하는 바를 박탈당한다"면, 그것은 악이고, "악이 발생한다"(65 쪽). 어떤 것이, 만약 그것이 "완성된다"면, 선이고, 완성되지 않는다면, 무언가를 박탈당한다면 그것은 악이라고 하는 진술은 동어반복이다. 왜냐하면 "완성"의 개념 속에는 선의 가치가, "결여"의 개념 속에는 악의 무가치가 이미 함축되어 있다. 결정적인 물음은 다음과 같다. 사실에 대해 편견을 가지지 않은 관찰이, 그 사실이 그 무엇의 "완성인지" 혹은 "박탈인지"를 어떻게 아는가 하는 문제가 발생한다. 사실에 대한 단순한 기술이나 설명의 관점에서 보면 **모든** 실재는 그들이 현재 있는 그대로만큼 완전하고, 자신의 변화를 겪고 있는 실재가 그 안에서 존재하는 구체적인 상태는 불완전이나 박탈의 상태로 해석된다면, **모든** 실재는 항상 불완전하거나 무언가 "박탈"되어 있다. 어린아이는 아직 어른이 아니기 때문에 불완전하고, 어른은 아직 늙지 않았기 때문 불완전하며, 늙은이는 아직 죽지 않았기 때문에 불완전하다. 어린아이가 어른으로 변화하는 것이 "성향"의 실현으로 해석된다면, 젊은이가 늙은이로 변화하고 늙은이가 죽은 사람으로 변화하는 것 또한 성향의 실현으로 해석되지 않으면 안 된다. 그렇다면 삶을 향한 성향뿐 아니라 죽음을 향한 성향도 존재한다. 역동적 자연법론이 가정하는 것처럼 성향의 실현이 선이라면 죽음에의 성향의 실현도 삶에의 성향의 실현만큼 선이다. 그렇다면 존재에 내재하는 성향에서 기본적인 규범, 우리가 뒤에 보게 되듯이 역동적인 자연법론이 전제하고 있는, 즉 삶이 유지되어야 하고 증진되어야 한다고 하는 기본적인 규범을 발견하는 일은 불가능하게 된다. 가치(혹은 무가치)가 존재 안에 내재해 있다면, 모든 존재하는 실재는 선하거나 모든 존재하는 실재는 악하거나 둘 중 하나이다. 그렇다면 존재 **안에서** 선과 악을 구별 짓는 것은 불가능하다. 왜냐하면 둘은 모두 존재와 일치하기 때문이다. 그러한 구별은 마땅히 존재해야 하는 것을 명령하는 규범이 전제되는 한에서만 가능하다. 그럴 때에만 실재가 완전하다고 판단하는 일이 가능하게 되고, 이것은 그 실재가 마땅히 존재해야 하는 바대로 존재한다는 것을 의미한다. 그 실재가 어떤 것을 박탈당했으면 그것은 완전하지 않다. 이것은 그 실재가 그것이 마땅히 존재해야 하는 바대로 존재하지 않는다는 것을 의미한다.

역동적 자연법론은 이러한 어려움을 극복할 수 없다. 그것의 기본적인 명제, 자연적 실재는 불완전한 상태에 있으며, 따라서 "계속 완성을 향해 나아간다"는 명제에 관해 언급하면서 와일드는 다음처럼 묻는다. "무엇이 이들 존재적 성향의 본성을 규정하는가?" 이 물음에 대한 대답으로부터 우리는 사실들을 관찰함으로써 어떻게 해서 성향이 완성을 향해 가는지를 알게 되고, 왜 어떤 성향은 실현되고 어떤 성향은 실현되지 않는 이유를 알게 된다. 그러나 그의 대답에서 우리는 아무 것도 알게 되는 바가 없다. 자연법칙을 정의하면서 그가 하고 있는 일이란 단지 "자연"이란 용어에 대한 언급이다. "이 용어는 어떤 일정한 구조 혹은 형식을 의미한다. 그리고 이 구조 혹은 형식은 어떤 종류의 혹은 어떤 종의 모든 개별자가 공동으로 소유하고 있는 것이다. 그리하여 모든 개별 인간은 공동으로 인간본성을 공유한다. 다른 유한한 실재들의 경우에서처럼 이런 일정한 구조 혹은 본성은 존재가 주어질 때 완수를 향한 어떤 일정한 성향을 낳는다"(65, 66 쪽). 무엇이 존재적 성향 즉 완성을 향한 성향의 본성을 규정하는가 하는 물음에 대한 그의 대답은 자연이 완수를 향한 본성을 낳는다는 것이다. "모든 개별 인간이 공동으로 인간의 본성을 공유한다"는 것은 공허한 동어반복이다. 왜냐하면 "개별 인간의"의 개념은 공동된 인간본성의 개념을 함의하고 있기 때문이다. 개별자가 인간이라는 진술은 그것이 인간본성을 공유한다는 진술과 동일하다. 그러나 무엇이 "인간본성"인가? 무엇이 인간의 본질적 특징인가? 와일드는 "인간본성은 모든 개별 인간이 공동으로 소유하는 그리고 그의 존재에 있어 본질적인 일련의 가지런한 특징들"이며, 인간의 이성은 "이런 공통된 구조와 인간 종의 특징을 이루고 있는 완전한 성향을 포착할" 수 있다고 진술하고 있지만(66 쪽), 이런 진술은 이 물음에 대한 대답이 아니다. 지금까지 역동적 자연법론은 인간본성에는 다른 모든 유한한 실재에서처럼 완성 · 완수 · 완전을 향한 성향이 있다는 주장 외에, 즉 그 이론이 전제하고 있는 규범들을 실재 안에다 투입(投入)하는 그 역동적 세계관이라는 기본적인 테제 이외에 아무 것도 제시하지 않고 있다. 이러한 투입은 와일드가 인간본성 안에는 "완성하는 성향들"이 있다는 근거 없는 주장에만 기초해서 다음의 결론에 도달하고 있다는 사실에 의해서 확증된다. "보편적인 명제들로 그렇게 이해되고 표현될 때, 이들 성향은 규범 또는 도덕적 법칙"이 된다(66 쪽).

그런 뒤 와일드는 "존재하는 실재들은 건전한(sound[정상적인]) 조건 혹은 불건전한[정상적이지 않은] 조건 속에 있는 것으로 확실하게 판단되며, 때로는 진정으로 판단된다"(66 쪽)는 사실을 언급함으로써 가치 또는 규범은 실재 안에 내재해 있다는 견해를 정당화하고자 시도한다. 그는 다음처럼 진술한다. "그 어떤 실재에 대해서도 그것의 본질적 성향과 활동하기 위한 능력을 실현하는 것은 건전한 혹은 건강한 상태 속에 있는 것이다"(73 쪽). 이 진술은 아마도 다음을 의미할 것이다. 하나의 실재의 본질적 성향이 실현된다는 사실은 그것이 건전한 상태 속에 있다는 점을 보여준다. 혹은 우리가 존재적 실재의 상태를 건전한 것으로 판단한다는 사실은 존재적 성향이 실현된다는 점을 보여준다. 인간본성의 건전한 상태와 불건전한 상태 간의 구별을 적용하면서 와일드는 다음처럼 말한다. "많은 것들은 어떤 사람에게 존재적 영향으로부터 생겨나거나 아니면 그 사람 자신의 자유로운 선택으로부터 생겨난다. 이런 것들은 그의 본성과 그의 본성적 성향과 일치하지 않는다. 이것이 참이 아니라면, 우리는 건강한 혹은 건전한 상태와 건강하지 않고 불건전한 상태를 구별할 수 없다"(77 쪽). "본질적" 성향은 "자연적" 성향이라고 가정될 수 있다. 만약 하나의 실재가, 특히 어떤 사람이 건전하거나 건강한 상태에 있다고 판단된다면, 본질적 혹은 자연적 성향은 실현된다. "이들 [본질적] 성향의 실현은 항상 선하다. 이것들의 좌절은 악하다. 따라서 사실과 가치의 틈은 메워진다. … 세계는 역동적이며 완성을 향해 움직인다. 모든 물질적 존재의 구조 안에 깃들어 있는 자연적 규범들이 존재한다"(67-68 쪽).

역동적 자연법론에 따르면 실재가 건전한 혹은 불건전한 상태에 있다는 판단은 경험된, 관찰 가능한 사실에 관한 진술이면서 동시에 가치판단이다. "인간 이하의 생물체의 경우에는 우리는 필요나 욕구와 같은 가치 용어를 사용함으로써 초기 단계의 성향에 대해 그리고 정상적인 · 건전한 · 건강한 등과 같은 다른 용어를 사용함으로써 그들의 완수에 대해 언급한다. 우리가 이런 식으로 구조를 분석할 때, 우리는 선의 존재적 범주, 즉 불완전한 성향이 실현된 것의 존재적 범주를 알게 된다. 더 나아가서 때로는 우리는 실현으로부터 그것이 초기 단계의 성향에 대해 요구하는 것에로 거꾸로 논의를 전개시켜서, 어떤 식물이 어떻게 성장했어야만 했는가의 측면에서 그 식물의 죽음이나 구부러진 성장에 대해서 이야기하거나, 어떤 동물이 사고를 피하기 위해서 어떻게 행동했어야만 했는가의 측면에서 병신이 된 동물에 대해서 이야기한다. 여기에는 의도적인 목적론의 징후는 없다. 단지 우리는 자연[본성]에 따라 자신을 적절하게 실현시키기 위해서 그 이상의 행동을 요구하는 존재적 성향만을 인식하고 있을 뿐이다"(218 쪽).

살아 있는 존재가 건전한 혹은 건강한 상태에 있다는 판단은 실로 단순한 사실, 즉 이 존재의 생명적 기능이 방해받지 않았다는 사실만을 언급하고 있다. 만약 이러한 판단이 건강한 혹은 건전한 상태가 선하다는 관점을 함의하고 있다면, 그것은 가치판단의 성격을 가정하고 있고, 그러한 가치판단은 판단하는 주체가 이 건전한 상태는 그래야만 마땅하다는 점을 요구하는 어떤 규범을 전제로 하는 한에서만 가능하다. 독사의 건전한 상태는 우리가 그 독사는 살고 싶어 한다고 가정할 경우 그 독사에게 선한 것이다. 그러나 자신의 목숨을 지키기 위해 독사의 생명을 없애는 사람들에게는 그것은 악하다. 사람들은 하나의 규칙으로서 독사의 생명은 보존되어야 마땅하다는 것이 아니라, 인간의 생명은 보존되어야 마땅하다는 것을 전제하고 있다. 하나의 상태의 선 혹은 악은 그것의 건강함 또는 병듦으로서 경험되고 관찰될 수 있는 사실이 아니다. 그것은 관찰자가 전제하고 있는 규범과의 일치 또는 불일치이다. 와일드는 하나의 식물이 구부러져 있다는, 그리고 그것은 불건전한 상태에 있다는 취지의 판단은, 그것은 다른 방식으로 성장**했어야** 혹은 성장하는 것이 **마땅**하다는 관념을 함의하고 있다는 점을 인정한다. 그러나 이러한 관념은 관찰될 수 있는 사실을 언급하고 있지 않다. 그것이 언급하고 있는 것은 관찰자가 전제하는 규범이다. 우리는 어떤 식물이 구부러져 있다는 사실을 볼 수는 있지만, 그것이 구부러져서는 안 된다는 사실을 볼 수 없으며, 단지 그런 사실을 요구할 수 있을 뿐이다. 건전성과 선의 동일시는, 선이 도덕적 가치를 의미하는 경우에는 특히 불가능하며, 자연법론이 목표로 하는 것이 도덕적 가치라면, 특히 불가능하다. 도덕적 가치는 인간의 행동에만 적용된다. "건전한"과 "불건전한"의 용어는 통상적인 용법으로는 인간행위보다는 생물학적 상태를 지시한다. 그 용어를 인간행위에 적용한다면, 아마도 우리는 한 인간이 자신의 행동에 의해서 자신의 생명을 유지하고 증진시키는 경우 그의 행동은 건전하다고 말할 수도 있겠다. 그의 행위의 건전성은 관찰 가능한 사실이다. 그것은 그의 행위의 결과이다. 그러나 그러한 건전한 행동이 도덕적으로 선한가 혹은 악한가의 문제에 대한 대답은 우리가 전제하는 규범에 달려 있다. 그것은 그 행동을 관찰하고 분석하는 것에 의해서는 발견될 수는 없다. 그러한 행동은 도덕과는 무관하게 판단될 수도 있다. 그러나 그것은 어떤 상황 아래서는 악한 것으로 판단될 수도 있다. 만약 어떤 사람이 전쟁에서 적에 승리하기 위해 필요한 경우 자신의 생명을 희생해야 마땅하다는 규범이 전제된다면, 그렇게 판단될 수도 있다. 자신의 생명을 유지하는 것과 완전히 반대인 자살은 어떤 도덕적 체계에 따르면 금지된다. 그것은 인간본성에 어긋나는 것이며, 그 자체가 악한 것이다. 다른 도덕체계에 따르면 그것은 어떤 상황 아래서는 인간본성에 따라서 정당화되며, 그 자체가 선한 것이다. 건전성이라는 사실과 선이라는 도덕적 가치를 동일시하는 것은, 와일드는 그렇지 않다고 주장하지만, 주관적인 가치를 객관적인 실재에 투입하는 것이다.

IV

건전한 상태와 불건전한 상태간의 구별이 선의 가치와 악의 가치가 실재 안에 내재한다는 사실을 증명하는 견해라는 점을 주장하기 위해서는, 본질적인 성향과 비본질적 혹은 우연적인 성향간의 구별이 도입된다. 여기에는 일관성이 없다. 왜냐하면 역동적 자연법론의 해석들 중 하나에서 그 이론은 하나의 전형적인 성향, 즉 완성을 향한 성향만을 인식하기 때문이다. 이 이론은 다음과 같은 것들을 주장한다. "존재는 활동적 혹은 성향적 특성을 갖는다. 그러한 활동이나 성향은 처음에는 불완전하거나 혹은 완성되지 않았다. 그것들은 좌절되어 악이 결과하거나 완성되어 선이 결과한다"(65 쪽). "존재하는 것은 항상 옳음을 향한 초기의 성향을 포함하고 있지만, 이것들은 우연히 즉 난폭한 조작과 잘못된 숙고에 의해서 비틀어지거나 왜곡될 수도 있다"(70 쪽). 따라서 "많은 성향들은 결핍의 혹은 완수되지 않은 상태에 있게 된다"(217 쪽). "하나의 성향을 완성하거나 활동하게 하는 것은 선하다"(220 쪽). 이들 진술로부터 실재 안에 내재한 **모든** 성향들은 옳음을 향해 있으며, 그것들의 완성 혹은 실현은 선하다는 결론이 도출된다. 존재하는 악은 어떤 성향의 실현 혹은 완성으로 해석되지 않는다. 여기서 악이 "존재한다"는 사실이 분명하게 인정되고 있다(65 쪽). "완성"은 선의 실현을 의미하는 것이다. 나쁨을 향한 어떤 "성향"도 존재하지 않는다. 그 악은 성향이 "비틀어지"거나 "왜곡된" 사실의 결과이며, 따라서 결핍되거나 완수되지 않은 상태에 머물고 있다는 사실의 결과이다. 결과적으로 존재의 일부만이 성향을 실현시키고 있을 뿐이다. 존재의 다른 일부는 이 역동적 자연[본성]의 실현이 아니다. 물론 이것은 역동관(dynamic view)과는 거의 양립할 수 없다. 역동관의 본질은 실재 안에 내재적인 성향이 존재한다는 가정에서 성립한다. 지적된 바와 같이 악이 존재한다면, 그것은 성향의 실현으로서 해석되지 않으면 안 된다. 그러나 역동적 자연법론이 왜 나쁨에 대한 성향의 존재를 인정하지 않는지 하는 것은 쉽게 이해될 수 있다. 그렇게 인정해 버리면 옳음의 규범을 존재적 성향 위에 기초하려는 시도는, 그리고 존재적, 완전한 성향은 "규범 혹은 도덕법칙(60 쪽)이라는 기본적인 명제는 무효화될 것이다. 성향은 비틀어지거나 왜곡될 수 있다는 사실을 언급하면서 와일드는 다음처럼 주장한다. "따라서 우리는 존재하는 것이 옳다는 점을 추론할 수는 없다"(70 쪽). 와일드의 이 주장은 다음을 의미한다. 우리는 비틀어지지 않고, 왜곡되지 않은 성향의 실현인 바의 것이 옳다는 점만을 추론할 수 있을 뿐이다. 그러나 **존재하는** 것이 비틀어지거나 왜곡되지 않은 성향의 실현이라는 사실을, 만약 악한 것이 또한 "존재"한다면 즉 악한 것이 선한 것만큼 존재한다면 앞에서 말한 존재가 그 자체로서 선한 것이라는 사실을, 우리가 어떻게 알 수 있단 말인가? 와일드의 대답은 다음과 같다. "타락한 사회의 다수의 견해에 의해 호소력을 갖게 되는 가변적인 욕망의 모래보다 더 확고한 무언가에 의존하는 안정적인 보편적 표준이 있다. 이 표준이 자연법이다"(70 쪽). 그러나 이 자연법론은 사실들에 대한 편향되지 않은 관찰을 통해서 왜곡된 성향(그 자체로서 악하다)과 왜곡되지 않은 성향(그 자체로서 선하다)을 어떻게 구별할 것인가의 물음에 대답을 하고 있지 않으며, 그런 한에서 이 이론은 이 "안정되고 보편적인 표준"을 제공하고 있지 못하다.

이러한 표준은 역동적 자연법론에서 결정적인 역할을 했던 바 위에서 언급된 구별, 즉 "인간의 본성에 일치하는" "본질적" 혹은 "자연적" 성향과 본질적인지 않은 혹은 자연적인지 않은 그리고 우연적인 성향간의 구별을 통해서는 증명되지 않는다. 역동적 자연법론에 따르면 전자만이 "통상 도덕법칙으로서 언급되는 것"(67 쪽), 따라서 "옳음"(218 쪽)이라 불리는 것을 형성하고 있다. 이러한 구별은 다음과 같은 견해, 즉 "존재하는 것은 항상 옳음을 향한 초기의 성향을 가진다는 견해", 비록 이들 성향이 비틀어지거나 왜곡됨으로써 그들의 목표에 도달할 수 없음에도 불구하고, 초기에는 그런 성향을 가진다는 견해와 거의 양립할 수 없다(70 쪽). 왜냐하면 이 견해에 따르면, 존재 안에 내재해 있는 모든 성향은 옳음을 향해 있지 않으면 안 되고, 이러한 방향이 이들의 본질을 유지하기 위해 결정적인 것이라면, 모든 성향은 본질적인 것으로 간주되지 않으면 안 되기 때문이다. 본질적인 혹은 자연적인 성향과 그렇지 않은 성향 간의 차이점은 무엇인가? 와일드의 진술에 의하면, "어떤 성향은 개별적인 존재에 특유한 것이다. 그러나 다른 본질적인 성향들은 유사한 본성을 소유한 것들이 공통적으로 공유하는 것들이다. 그러한 성향들은 그것들이 합리적으로 이해될 때 통상 도덕법칙으로 언급되는 것을 이루게 된다. 이들 성향의 실현은 항상 선하며, 그것들의 좌절은 항상 악하다"(67-68 쪽). **본질적** 성향의 실현만이 선하고, **이들** 성향의 좌절만이 악하다. 인용한 진술은 본질적 성향이 모든 존재하는 실재물들에 내재해 있다는 사실을 함축하고 있는 것처럼 보인다. 그러나 이들 성향이 도덕법칙을 형성하고 있다면, 도덕법칙은 인간에게만 적용되지 않고 동물 · 식물 · 무생물에게도 적용될 것이다. 물론 이것은 불합리한 것이다. 사실상 와일드는 뒤에 "본질적" 즉 "자연적" 성향을 다른 식으로 설명하고 있으며, 그렇게 될 때 그런 성향들은 인간에게만 내재하는 것으로 간주될 수 있을 것이다. 그는 자연적 또는 본질적 성향의 성격을 갖는, 구별되는 두 특징들이 존재한다고 말한다. "첫째, 종의 모든 구성원들이 공유하고 있는 것이다. 둘째. 그것의 실현은 적어도 어느 정도까지는 인간생명을 위해 요구된다. 그리하여 음식에 대한 욕구는 자연적 성향이지만, 다른 사람을 고문하고자 하는 욕망은 그렇지 않다.

첫째 것은 그 종에 공통적인 것이며, 어느 정도의 실현은 인간생명을 위해 요구된다. 따라서 본질적이다. 둘째 것은 이러한 성격을 가지고 있지 않다. … 그것은 비본질적 혹은 우연적이며, 또한 방해를 하는 것 또는 악한 것이다. 인간의 생명을 위해 보편적으로 요구되는 행위 유형은 본질적인 것이다. 이것이 자연법의 표준이다"(77쪽). 다른 문맥에서 와일드는 다음처럼 주장한다. "인간의 존재는 다양한 성향에 의해 구성되며, 어떤 것들은 인간 모두가 공유하고 있고 인간생명에 불가결한 것이며, 다른 것들은 어떤 개인이나 일부의 사람들에게 특유한 것이며, 없어도 괜찮은 것이다." 전자만이 "인간생명이 살아가기 위해서 어느 정도 실현되지 않으면 안 되는 것이다. 예컨대 음식에 대한 필요, 교육에 대한 필요가 그것이다. 합리적 통찰을 가지고 초점을 맞추어 보면, 이것들은 옳음이라 불린다. 그것들은 실현될 권리[옳음]를 가진다. … 왜냐하면 그것들은 인간본성 그 자체가 요구하는 것이요, 인간본성의 질서정연한(cosmic) 원인이기 때문이다"(218 쪽).

두 번째 특징으로부터 인간만이 고려의 대상이 되는 것처럼 보인다. 이것은 인간본성에 내재한 성향 위에 법칙의 규범을 정초하고자 한 자연법론의 관점에서 보면 쉽게 이해될 수 있다. 그렇다면 인간 외의 다른 존재에 있는 성향이라는 문제꺼리의 가정은 불필요한 것처럼 보인다. 인간 안에 존재하는 성향은 무생물에서 혹은 식물에서 심지어는 어떤 원시적인 동물에서조차도 존재하는 것으로 가정될 수 없는 욕구들이다. 사실상 역동적 자연법론에 따르면, 인간본성 안에 존재하는 성향들은 욕망(desire), 즉 "자연적 욕구"에서 드러나며, 이 이론은 이것을 "우연적인 욕망"(incidental appetites)과 구별한다(68 쪽). 음식에 대한 욕구(need)는 본질적인 또는 자연적인 성향이나. 왜냐하면 그것은 자연스런 욕구이기 때문이며, 이것과 대치 관계에 있는 것이 다른 사람에 대한 고문의 욕구이며, 이것은 자연적 성향이 아니다. 왜냐하면 역동적 자연법론에 따르면 인간 종의 모든 구성원들이 공유하고 있는 것이 아니기 때문이다. 사실상 와일드는 다른 문맥에서(218 쪽) "인간 모두가 공유하며, 불가결한" 성향을 "어떤 개인이나 일부의 사람들에 특유한" 성향과 대립시키면서 "욕구"(needs)라고 하였다. 이에 반해서 일부의 사람들에 특유한 성향을 욕망(desires), 이익(interests), 충동(compulsions)이라 부른다. 그러나 이것은 그의 책 제1부에서 제시되는 구별과 모순된다. 거기서 그는 다음처럼 이야기한다. "자연법론은 가공하지 않은(raw) 욕망과 실천이성의 협력과 함께 형성되는 숙고된 욕망 사이의 날카로운 구별이 있다"(69 쪽). 이러한 구별은 자연적 욕구와 우연적인 욕망간의 구별과 분명히 같다. 와일드는 "자연적 욕구의 현실적으로 느껴진 충동(urges)"에 대해 언급한다. 자연적 규범의 원리는 사실적 성향에 근거해 있다고 주장했을 때, 그는 "자연적 욕구의 현실적으로 느껴진 충동"(68 쪽)을 언급하고 있는 것이다. 자연적 성향이 드러나는 자연적 욕구의 "충동"은 확실히 충동(compulsion)이다. 음식에 대한 "욕구"가 없다면 음식을 "필요"로 하지는 않을 것이다. 그렇게 되는 유일한 이유는 그것은 다른 사람을 고문하고자 하는 "욕구"와 비교될 수 있는 욕구이기 때문이다. 음식에 대한 욕구는 자연적 성향이며, 그것의 실현은, 역동적 자연법론에 따르면, 인간본성이 요구하는 것이다. 왜냐하면 음식에 대한 욕구는 모든 인간이 공유하는 것이기 때문이다. 단지 "욕구"는 사실일 뿐이다. 그것은 심리학적 혹은 생리학적 사실일 뿐으로 모든 사람들이 공유하고 있다. 물론 사람들이 그것에 대한 욕구를 느끼지 않고서도 인간의 생명을 보존하기 위해 필요하다는 우리의 인식에 따라 무언가를 "필요"로 할 수도 있겠다. 그러나 이것은 모든 인간이 공통적으로 가지고 있는, 현실적으로 느껴진 충동과는 다른 그 무엇이다.

자연법의 규범들이 자연적 욕구, 즉 모든 인간이 공유한 욕구에 그 근거를 가지게 된다면, 인간의 사회적 삶을 통제하는 자연적 규범의 체계를 확립하는 일은 거의 불가능하다. 왜냐하면 음식에 대한 욕구 이외 모든 사람들이 공유하는 다른 자연적 욕구는 거의 없기 때문이다. 교육에 대한 필요는 확실히 말해서 모든 인간이 실제로 느끼는 욕구에 기초하고 있지 않으며, 인간의 생명을 보존하기 위해서 필요하지도 않다. 그런데, 역동적 자연법론이 단지 이 두 가지만을 언급하고 있다는 사실은 중요하다. 그 중 하나는 본질적 또는 자연적 성향의 조건을 완수하지 않으며, 다른 하나는 비록 모든 사람들이 음식에 대한 욕구를 가진다는 사실로부터 이 욕구는 충족되어야 한다는 규범을 추론하는 일이 가능은 하지만, 그럼에도 자연스런 사회적 질서를 위해서 분명히 충분한 것은 아니다. 이것은 옳음을 향한 성향만이 존재하며, 악은 하나의 성향, 옳음을 향한 성향이 비틀어지거나 왜곡된다는 사실 속에 존립한다는 견해와 분명히 충돌을 일으킨다. 다른 사람을 고문하고자 하는 욕망은 옳음을 향한 비틀어진 혹은 왜곡된 성향으로 이해될 수 없다. 게다가 욕구 중 인간본성을 구성하는 성향들은 분명히 인간 외의 다른 존재의 본성 속에 내재해 있는 성향, 즉 물리학자가 이들 존재의 구조에 대한 인식으로부터 예측할 수 있는 그런 성향과는 다른 무엇이다. 그렇다면 "성향"이라는 용어는 두 개의 완전히 다른 의미로 사용된다. 상황이 그렇지 않다면, 역동적 자연법론이 인간이 아닌 자연의 일부 안에 존재하고 있는 것으로 가정하고 있는 성향도 또한 욕구이거나 아니면 욕구와 유사한 무엇이지 않으면 안 된다. 그렇다면 그 이론의 목적론적 함의는 부인될 수 없다.

V

와일드가 주장하고 있는 것처럼 "자연법의 표준은 존재에 본질적인 것과 우연적인 것 사이를"(77 쪽), "자연스런" 존재와 단순한 존재 사이를(76 쪽), "자연"과 "존재" 사이를 구별할 수 있는 가능성에 근거해 있다. 따라서 인간존재를 이루고 있는 성향은 비본질적이며 따라서 자연스런 것이 아닌 것으로 혹은 인간의 본성과 일치하지 않는 것으로 간주될 수도 있겠다. 그러나 그런 식의 구별은 "자연"이 존재로 이해되는 한에서 가능하지만, 이 경우 그 존재는 실제로 **존재하는** 것으로서 이해되는 것이 아니라, 전제된 규범과 일치하는 **당위**로서 이해되는 것이다.

이것이야말로 인간본성에 내재하는 "본질적" 성향이 가지고 있는 두 번째 특성의 의미이다. 그것은 그것의 실현을 "인간의 삶이 필요로 하는" 그런 성향이다. "인간의 삶 그 자체가 이루어지기 위해서는" 그런 성향은 실현되지 않으면 안 된다. 역동적 자연법론이 전제하는 규범은 인간의 삶을 가능하게 하는 그런 규범이고, 좀 더 정확하게 이야기한다면 인간의 삶을 유지하고 증진시키는 것을 필요로 하는 그런 규범이다. 그것은 인간의 삶, 즉 인간 **모두의 각자**의 삶이 최고 가치라는 점을 함축한다.

와일드는 본질적인 것과 우연적인 것의 구별은 "사물의 존재 혹은 관계에 필연적으로 포함되어 있는 특징들과 단순히 외재적이고 우연적인 특징들을 분리하는"(78 쪽) 데서 존립한다고 주장한다. 그러나 인간의 존재를 구성하는 성향이 본질적이라는 말의 의미가, 인간의 삶이 가능하려면 그것의 실현이 반드시 필요한 것이기 때문이라고 한다면, 즉 인간의 삶을 보존하고 증진함에 틀림없는 어떤 전제된 규범과 그런 성향이 일치하기 때문이라고 한다면, "본질적"

이란 용어는 사물의 존재 안에 필연적으로 포함되어 있는 특징이라는 의미와는 다른 의미를 가진다. "본질적"이 어떤 사물의 존재 안에 필연적으로 포함되어 있음을 의미한다면, 사물들에 대한 편향적이지 않은 기술과 설명의 관점에서 살펴볼 경우, 구체적인 사물의 존재 안에 **필연적으로** 포함되어 있지 않은 특징은 결코 존재하지 않는다. 그것의 모든 특징은 그들 모두가 어떤 원인들의 결과이기 때문에 "필연적으로" 포함되어 있다. 그런 특징들이 "필연적으로 포함되어 있다고" 생각하는 이유는, 그것이 존재의 편향되지 않은 기술과 설명의 기본적인 요청이기 때문이다. 어떤 사물의 존재 안에 포함되어 있는 특징이 본질적인 것이 아니라 단지 우연적이라고 하는 진술은 구체적인 사물의 존재를 지시하는 것이 아니라 관계, 즉 이 사물이 이 구체적인 사물 하에 포섭되어 있는 개념의 정의(定義)와 가지는 관계를 지시하고 있는 것이다. 이것은 이 특징이 구체적인 사물의 존재 안에 필연적으로 포함되어 있지 않다는 사실을 의미하고 있는 것이 아니라, 이 특징이 정의의 요소가 아니라는 것만을 의미하고 있을 따름이다. 즉 그 사물을 그 정의 하에 포섭하는 것에 관한 한, 이 특징이 본질적인 것이 아니라 단지 우연적이라는 것을 의미하고 있을 따름이다. 정의의 의미는, 규범의 의미로서의, 어떤 사물이 어떤 특징을 **마땅히** 가져야한다는 것이 아니라, 단지 그것이 정의 안에 포함된 의미를 가지지 않는다면 그것은 정의된 사물이 아니라는 것이다. 인간의 행위는 본질적 성향과 충돌될 수도 있다. 즉 인간은, 예컨대 어떤 사람이 자살하거나 살인한다면, 인간의 삶이 유지되고 증진되어야 마땅하다는 규범을 어길 수도 있다. 그러나 그는 여전히 인간 존재이다. 그러나 어떤 사람이 "인간"의 정의 안에 포함된 특징들 중 하나를 가지고 있지 않다면, 그는 인간이 아니다. 따라서 인간의 존재를 구성하는 성향은, 그 성향의 실현이 전제된 규범, 즉 인간의 삶은 유지되고 증진되어야 마땅하다는 전제된 규범과 일치한다는 바로 그 이유에서만 본질적 혹은 자연적이지, 그 성향이 인간 존재 안에 필연적으로 포함된다는 그 이유에서 본질적 혹은 자연적인 것은 아니다.

VI

이 규범은 분명히 비록 암시적이긴 하지만 와일드의 도덕적 의무론이 전제하고 있는 것이다. 와일드의 이론은 이 "본질적 범주"가 "참 또는 거짓으로 검증할 수 있는 인식적 판단"에 근거한다고 즉 사실들 특히 성향의 사실에 근거한다고 주장한다(217 쪽). "의무"는 모든 법 또는 도덕이론의 기본적인 개념이다. 어떤 개인이 그 의무하에 있다는 사실은 혹은 어떤 방식으로 행동해야 한다는 사실은 어떤 규범이 그가 이런 방식으로 마땅히 행동해야 함을 명령한다는 것을 의미한다. 의무는 하나의 규범이며 그 규범과 개인의 관계 안에서 그의 행동은 명령을 받고 있는 것이다. 규범 또는 의무가 개인에 대해 "구속력을 갖는다"는 것은, 그 개인은 그 규범이 명령하는 대로 행동해야 마땅하다는 것을 의미한다. 한편으로는 규범적 의미에서의 의무와, 다른 한편으로 개인이 어떤 규범이나 의무에 대한 관념을 가지고 있다는 사실, 즉 이 관념이 그에게 동기를 유발하는 어떤 영향을 가지고 있으며 결과적으로 그 규범에 일치한 행동으로 이끈다는 사실을 가능한 분명하게 구별하는 일은 중요하다. 그 규범에 대해 가지고 있는 관념이, 한 개인이 실제로 규범과 일치하게 행동하지 않을 경우, 그의 행동에 그러한 영향을 미치고 있지 않는다 하더라도, 심지어 그가 그런 규범의 관념을 전혀 가지고 있지 않다 하더라도, 그 개인은 의무 하에 있다고 우리가 가정할 때, 이 이 구별은 분명하게 드러난다. 한 개인이 어떤 규범과 일치하게 행동해야 마땅한 데도 그렇게 행동하지 않는다면, 우리는 그가 자신의 의무를 어겼다고 말한다. 그가 비록 어떤 방식으로 행동하지 않더라도 그런 방식으로 행동할 의무 하에 있다고 가정하는 한에서만, 우리는 그가 그의 의무를 어겼다고 말할 수 있는 것이다.

규범적인 의미에서의 의무와 한 개인이 의무에 대한 관념을 갖는다는 사실 간의 구별은 애매한 언어 용법으로 인해 불분명하게 되는 경우가 자주 있다. 즉 의무의 구속적 특성 및 규범의 관념이 개인의 마음속에 가지고 있는 동기 유발로 인해 일어나는 결과를 "필연성"으로 특징짓는 일은 흔히 일어난다. 규범이나 의무가 개인으로 하여금 어떤 방식으로 "필연적으로" 행동하게끔 한다(necessitate)는 진술은, 한 개인이 어떤 의무 하에 있다면 그는 **마땅히**(ought to) 이런 의무에 일치하도록 행동해야 한다는 것을 의미할 수도 있다. 그러나 또한 그 진술은, 그 개인의 마음에 있는 동기 혹은 원인으로서의 규범관념이 의무와 일치하는 행동을 그것의 결과로서 가진다는 것을 의미할 수도 있다. "필연적이게끔 한다"는 용어는 두 가지 다른 의미로 사용된다. 첫 번째 의미는 규범적인 것을 표현하고, 두 번째 의미는 인과적 관계를 표현한다. 동일한 애매성이 "구속적"이란 용어에서 나타난다. 어떤 의무가 한 개인에 대해서 구속적이라는 것은 그 개인이 그 의무에 일치해서 행동해야 마땅하다는 것을 의미할 뿐만 아니라, 그 의무의 관념이 그에 대해 동기를 유발하는 결과를 미친다는 것을 의미하기도 한다. 의무를 사실에다 근거 짓고자 하는 모든 시도는 규범적인 의미에서의 의무와, 개인이 이 의무에 대해서 가지는 관념 및 이 관념이 동기 유발하여 일으키는 결과를 혼동하는 데서 생겨난다.

와일드의 의무이론은 이런 혼동의 전형적인 예이다. 그는 의무라는 용어가 가지고 있는 특수한 규범적 의미를 알고 있고, 이 개념이 "당위성"을 표현하고 있고, "당위"는 "존재"와 동의어가 아니며, 하나가 다른 하나로부터 추론될 수 없다는 점을 알고 있다. 그럼에도 불구하고 그는 의무를 "인간의 감정"으로서 특징짓고 있으며(66 쪽), "의무"는 우리를 어떤 가치들과 "구속적으로 연계"시키거나 그런 가치들로 인도한다고 주장한다(67 쪽). 그는 다음처럼 말한다. "우리는 의무 혹은 당위의 힘에 의해 육체적으로 움직이거나 강제된다"(68 쪽). 분명히 그는 "당위", "인간본성의 기본 사실"을 "이 본성 안에 내재해 있는 실제적인 힘"이라고 정의한다(97 쪽). 이것은 그가 "당위"를 "존재"에로 환원시키고 있음을 의미한다. 우리는 우리가 의무에 대해서 가지는 관념에 의해서만 "신체적으로 움직이거나 강제된다"는 것은 아주 분명하다. 그런 관념은 "힘"일 수 있으며, 즉 다소간 결과를 일으키는 동기일 수 있으며, 그 자체로서 심리학적인 사실 즉 "감정"일 수 있다. 그리고 이러한 감정은 우리를 어떤 방향으로 특히 우리가 관념으로 가지고 있는 의무를 수행하는 방향으로, 그리하여 어떤 가치를 실현시키는 방향으로 "움직이게" 할 수 있다. 그러나 우리를 물리적으로 움직이게 하거나 강제하는 것이 "당위"라는 사실은 그렇게 명료한 것은 아니다. 왜냐하면 이것은 현존하는 사실의 결과일 수 있을 뿐인데, "마땅히 그래야 한다"고 하는 것은 현존하는 사실에 관한 진술이 아니기 때문이다. 와일드는 또한 다음과 같이 이야기한다. "의무는 일종의 강제하고 강요하는 일종의 필연성인 것처럼 보인다"(214 쪽). 그가 의무를 일종의 "심리학적인 법칙"으로 해석하는 이론을 거부하고, "의무는 이런 의미에서 필연적이게끔 하는 것은 아닌데, 그런 까닭은 사람들이 자기의 의무를 수행하고 있지 않다는 것을 알면서도 그 의무를 수행하지 않는 경우가 자주 있기 때문"(214 쪽)이라고 주장한 점에서는 옳다. 그럼에도 그 자신의 의무이론은 도덕적 의무를 인간의 본성 안에 내재하는 자연적 성향에다 근거 짓고자 하는(117 쪽) 즉 자연적 욕구라는 심리학적 사실에다 근거 짓고자 하는 (성공하지 못한) 시도이다.

이 이론에 따르면 도덕적 의무는 "가공되지 않은(raw) 욕망의 변화"의 결과이다(218 쪽). 이런 변화에는 두 단계가 있다. 첫째는 "자연적 욕구(needs) 즉 인간본성 그 자체가 요구하고 인간본성의 질서 정연한 원인들이 요구하는 욕구에 대한 합리적 인식"이며, 또한 이들 욕망을 일시적인 욕망과 구별 짓는 것이다. "이들 욕구는 개인에 의해서 자신과 다른 사람들 속에 있는 끝없는 성향인 것으로 느껴진다"(218 쪽). "하나의 욕구를 인식하자마자, 또한 우리는 그 욕구를 충족시키게 될 보편적 가치를 인식하게 된다. 그러한 보편적 가치들에 대한 이해, 즉 이런 저런 개인이나 집단의 특수한 이익과 연관되어 있는 이해가 아니라, 인간본성 그 자체와 성향적으로 연관되어 있는 이해가 바로 도덕적 의무의 복합적 경험 내에 있는 둘째 단계이다. 이 단계에 이르게 되면 우리는 존재하는 공통 성향의 힘을 느끼게 되고, 그런 성향들을 완성하기 위해 필요한 비존재적 가치에 대한 합리적 통찰을 가지게 된다"(219 쪽).

가공되지 않은 욕망이 도덕적 의무로 변화하게 되는 이들 두 단계가 의무이론에서 일어나는지 아니면 개인 영혼 속에서 일어나는지는 분명하지 않다. 와일드는 도덕적 의무의 "경험" 안에 있는 두 단계를 이야기하고 있기 때문에, 후자의 해석은 배제되지 않는다. 그러나 "자연적 욕구를 합리적으로 인식하는 것과 이들 자연적 욕구와 일시적인 욕망들을 구별하는 것"이 자연법론의 과업이며, 한 개인이, 이 문제시되는 구별에 대한 어떤 관념을 가지지 않더라도,

그리고 자연적 욕구들을 만족시키는 보편적 가치들을 인식하지 못하더라도, 어떤 도덕적 의무 하에 있을 수 있다는 것은 의심의 여지가 있을 수 없다. 그러나 도덕적 의무 하에 있다고 가정되는 개인의 마음속에 있는 심리학적 현상에 대해서 분명히 언급하고 있는 그런 진술들만을 고려해보기로 하자. 첫째 단계는, 개인은 그 자신과 다른 사람들 안에 있는 끝없는 성향으로서의 욕구를 느낀다는 사실로써 특징지을 수 있겠다. 이것은 거의 가능하지 않다. 한 개인은 자신 안에서 일어나는 것만을 "느낄" 수 있다. 그는 자신의 욕구만을 느낄 수 있으며, 다른 사람들이 느낀 욕구를 느낄 수 없다. 그는 자신이 느낀 욕구를 다른 사람들도 느낀다는 점, 그것은 모든 인간이 공통적으로 가지고 있는 욕구라는 점, 그것의 실현은 인간 생명의 보존과 증진을 위해 필요하다는 점, 즉 역동적 자연법론의 용어로는 그것은 자연적 혹은 본질적 성향이라는 점을 인식할 수는 있다. 추가한다면 그는 이런 욕구나 성향의 느껴진 힘을 가질 수도 있고, 또한 이런 성향을 완성하기 위해 필요한 가치들에 대한 합리적 통찰을 가질 수도 있다. 역동적 이론이 가정하고 있는 것처럼 그 때 오직 그 때에만 그는 도덕적 의무 하에 있게 된다고 가정된다면, 의무는 개인의 심리학적 상태와 동일시된다. 이 심리적 상태는 강제적 욕구의 느낌과 이런 욕구의 본성에 관한 인식으로 구성되어 있다. 이제 의무의 내용은 무엇인가 라는 문제가 발생한다. 그것은 단지 욕구의 만족을 위해 요구되는 가치의 실현일 수 있을 뿐이다. 어떤 사람이 강제된 욕구, 즉 그 욕구를 모든 사람들이 공통적으로 소유하고 있고, 인간의 생명을 보존하고 증진시키기 위해 그 욕구가 필요하다는 사실을 그가 아는 강제적 욕구, 더 나아가서 그 욕구를 만족시킬 가치를 그가 아는 그 강제적 욕구를 느낀다는 사실로부터, 역동적 자연법론에 따를 경우, 그는 이런 가치를 실현시킬 도덕적인 의무가 있다는, 따라서 마땅히 이 가치를 실현시켜야 한다는 사실이 귀결된다. 그것은 존재하는 것으로부터 행해져야 한다는 사실에로 나아가는 결론이다.

이것은 사실에서 당위로 나아가기 때문에 오류이다. 이 오류는 역동적 이론이 다음과 같은 자연법의 기본규범을 주장하게 되면 회피될 수 있다. 즉 그 욕구를 모두가 공유하고 있다는 것을, 그리고 그것의 충족이 인간생명의 보존과 증진을 위해서 필요하다는 사실을 사람들이 알고 있는 그런 강제된 욕구를 그들이 느낀다면, 그리고 더 나아가서 이 행동이 이 욕구를 만족시킨다는 것을 그들이 알고 있다면, 그들은 어떤 방식으로 마땅히 행동해야 한다. 분명한 점은 어떤 도덕적 질서도 그러한 규범 위에 기초할 수가 없다는 사실이다. 어떤 사람이 자신이 느끼는 욕구를 모든 사람이 공유하고 있다는 사실을 무지 때문에 알고 있지 못하거나, 실제로 그런 사실을 고려하고 있지 못한다 하더라도, 그렇다고 해서 그가 관련된 도덕적 의무로부터 자유로울 수 있는 것은 아니다. 또한 보다 중요한 것은 음식에 대한 욕구가 역동적 이론의 요구를 충족시킬 유일한 욕구라는 점이다. 교육에 대한 욕구 등 이 이론이 언급하고 있는 다른 욕구는, 지적된 것처럼, 모든 사람이 공유하고 있는 것도 아니요 인간의 생명의 보존을 위해서 필요한 것도 아니다. 음식에 대한 욕구 혹은 "배고픔의 성향"에 적용해보면, 채워져야 할 이 욕구가 "도덕적 논증의 기초"라고 서술된다(227 쪽). 결국 역동적 이론은 먹고 마시는 것이 도덕적 의무라는 불합리한 결론에 도달하게 된다. 왜냐하면 먹고 마시는 것은 이런 욕구를 충족시킬 보편적 가치이기 때문이다.

먹고 마시는 것은 자연권일 수는 있겠지만 의무는 아니다. 다른 곳에서 사실상 와이드는 음식에 대한 욕구와 같은 자연적 욕구나 성향을 권리와 동일시한다. 그는 이들 욕구나 성향은 "실현되어야 할 권리를 가진다"(70, 218 쪽)는 점을 강조한다. 그러나 권리와 의무 간에는 법이론 혹은 도덕이론이 무시해서는 안 되는 기본적인 차이가 있다. 이들 두 개념을 혼동한 것은 심각한 결함이다. 물론 그들 간에 본질적인 관계가 있기는 하다. 한 개인이 어떤 방식으로 행동할 권리는 타자 혹은 다른 모든 사람들에 대한 의무, 즉 자신의 권리를 행사하지 못하도록 해서는 안 될 혹은 그의 권리 행사를 할 수 있게 할 의무의 제약을 받는다. 어떤 도덕이론은 음식에 대한 욕구를 충족시키는 수단을 사람들로부터 박탈해서는 안 될 의무 혹은, 사회주의 이론이 하고 있는 것처럼, 이런 욕구의 완전한 만족을 모든 사람에게 보증해야 할 의무를 주장하기도 한다. 그러나 이들 의무는 음식의 욕구가 모든 사람들에게 공통된다는 사실로부터 도출되는 것이 아니라, 와일드가 서술하고 있는 것처럼 이 욕구의 충족은 "인간 생명의 생존을 위해서 필요한" 것이라는 가정으로부터만 도출된다. 지적된 바와 같이 이것은 단지 다음을 의미할 뿐이다. 이들 의무는 어떤 규범, 즉 이들 의무를 주장하는 도덕이론, 즉 인간의 생명은 보존되고 증진되어야 마땅하다는 점을 요구하는 도덕이론이 전제하고 있는 규범으로부터 도출된다.

VII

이 규범은 경험된 그리고 관찰 가능한 사실들에 의거해 있을 수 없다. 결코 증명될 수 없는 점은, 일반적으로는 생명 혹은 특수하게는 인간의 생명의 보존과 증진을 향한 성향, 즉 예측 가능한 변화 혹은 욕구라는 의미에서의 성향이 일반적으로는 자연 혹은 특수하게는 인간 자연[본성]에 내재해 있다는 사실이다.

일반적으로는 생명 그리고 특수하게는 인간의 생명은 그 존재가 우리에게 알려진 우주의 무수히 작은 부분에 제한되어 있는 현상이다. 우주의 발달이 진행되면 생명의 완전한 파괴, 특히 인간생명의 완전한 파괴 또한 얼마든지 있을 수 있는 일이다. 그렇다면 생명의 파괴를 향한 우주적 성향의 가정은 배제되지 않는다. 인간본성에 관한 한 인간생명의 보존과 증진을 향한 성향이라고 해석될 수 있는 사실이 존재한다. 그것은 자기 보존의 본능이다. 그러나 그것은 자기 자신의 생명의 보존과 증진을 향한 성향이다. 그리고 이러한 성향의 실현 · 완성 · 수행은 다른 존재의 생명의 보존과 증진을 희생시키는 한에서만 가능하다. 역동적 자연법론이 본질적 또는 자연적 성향으로서 인정하고 있는 바의 음식에 대한 욕구는 식물과 동물들의 생명 파괴를 명령한다. 그러나 실제를 들여다보면 자기 보존의 본능이 충족되기 위해서는, 비록 그런 행동이 자기 자신의 생명의 보존과 증진을 위해서 반드시 필요한 것은 아니지만, 그럼에도 다른 인간의 생명의 보존과 증진을 희생시키는 경우가 아주 자주 있다. 게다가 한 사람의 생명은 다른 사람의 생명을 희생시킴으로써만 보존될 수 있는 상황들이 있다. 다수의 인간이 그런 상황에서 어떻게 행동하게 될 것인지의 문제가 발생한다면, 압도적인 다수의 인간들이 자기 자신들의 생명을 건지기 위해 다른 사람의 생명을 희생시킬 것이라는 점은 거의 의심할 수 없는 사실이다. 그들의 실제 행동으로부터만 그들의 본성[자연] 안에 내재해 있는 "성향"이 추론될 수 있다. 그들의 행위에서 명백하게 드러나는 성향의 실현은 확실히 말할 수 있지만 "인간 생명의 생존"을 위해서 필요한 것이 아니라, 자기 자신의 생명의 생존을 위해서 필요한 것이다. 이것은 매우 상이한 필요이다. 자연법론이 자기 자신의 생명의 보존이나 증진을 위해서 다른 사람의 생명의 보존과 증진을 희생시키는 것은 인간의 본성[자연]에 반(反)하는 것이라고 주장한다면, 그 이론은 실제로 있는 바의 인간본성을 말하고 있는 것이 아니라 전제된 규범에 따라서 마땅히 그래야만 하는 바의 인간본성에 대해 말하고 있는 것이다. 그것은 실재하는 자연으로부터 규범을 추론하는 것이 아니라, 전제된 규범으로부터 이상적인 자연을 추론하는 것이다.

자아보존의 본능 속에서 자신을 드러내는 성향은 예외가 없지 않으며, 따라서 자연법의 규범, 즉 항상 그리고 모든 곳에서 유효한 규범은, 자살의 통계, 때로는 심지어 대량 자살현상이 명백하게 보여주고 있는 것처럼, 그러한 성향 위에 근거해 있을 수가 없는 것이다. 그러나 이것은 사회적 질서의 규범을 자기 보존의 본능, 즉 인간의 본성 안에 내재해 있는 인간의 생명의 보존과 증진을 향한 유일한 관찰 가능한 성향인 자기 보존의 본능은 위에 근거 짓고자 하는 시도에 대한 가장 중요한 반대는 아니다. 결정적인 점은 이러한 성향이 자기 자신의 생명의 보존과 증진을 향해 있다는 사실이고, 그것은 인간 이기주의의 표현이라는 사실이다. 반면에 모든 도덕적, 즉 사회적 질서는, 자연법이라고 주장하고, 따라서 항상 그리고 모든 곳에서 유효하다고 주장하는 도덕적 질서는 특히, 인간의 이기주의, 즉 다른 사람의 이익을 희생시키더라도 자기 자신의 이익을 충족시키려는 성향과는 반대의 방향을 걷고 있다. 그들은 이런 성향을 제한하려고 시도한다. 그것들은 이타심의 원리에 근거해 있다. 음식에 대한 욕구는, 역동적 자연법론이 이 법칙의 규범의 근거로 삼으려고 하는 자연적 성향의 주요한 예로서, 그 자체 도덕적인 것에 무관심하다. 고려되는 것은 한 개인의 이 욕구가 다른 개인들의 동일한 욕구와의 관계에서 어떻게 충족되는가 하는 것뿐이다. 이에 관해 이 “자연적” 성향은 자연적 규범의 기초가 결코 될 수 없다.

역동적 자연법론이 주장하는 것처럼 자연적 규범이 존재 안에 “깃들어있다”면(68 쪽). 이들 규범은 실정도덕이나 실정법, 즉 사회적 질서, 즉 이들 규범이 영향을 미치고 있거나 미친 적이 있었다는 의미에서, 다시 말해 이러한 질서 하에서 살고 있는 사람들이 대체로 따랐고 복종했다는 의미에서 실제로 존재하거나 존재했었던 사회적 질서에서 그 표현을 발견하지 않으면 안 된다. 그러나 역동적 자연법론이 전제하고 있는 기본적인 규범, 즉 인간의 생명이 유지되어야 한다는 것, 같은 말이지만 모든 인간의 생명은 보존되고 증진되어야 한다는 것을 인정한 실정도덕이나 법체계는 어디에도 없었다. 그 규범은 인간의 생명, 모든 인간의 생명은 최고 가치라는 관념을 함축하고 있다. 확실하게 말해서 이것은 그리스도교 도덕의 관념, 즉 생명 즉 지상에서의 인간의 생명을 악으로 간주하는 그리고 다른 세계의 초월적 존재만을 선으로 간주하는 그리스도교 도덕의 관념은 아니다. 많은 사람들 사이에 효과적으로 확립된 도덕적 혹은 법적 체계는 모든 인간의 생명을 똑같이 가치 있는 것으로 간주하지 않으며, 간주한 적이 없었다. 주인이 자신의 노예의 생명을 처분할 권리를 함축하고 있는 그리고 또한 철학자들에 의해 자연적 또는 정의로운 제도로서 정당화된 법적 노예제도는, 어떤 차별도 두지 않고 인간의 생명의 보존과 증진을 요구하는 규범과 양립할 수 없다. 우리 시대의 실정법 질서의 기초가 되는 도덕적 체계는 전쟁을 합법적인 행위로 인정했으며, 따라서 적에게 속한 인간 생명은 보존되고 증진되어야 한다는 점을 전제하고 있지 않다. 이 모든 사회적 질서가 실제로 효과적인 역할을 하거나 효과적인 역할을 해 왔다 하더라도, 인간본성이 그것이 실제로 있는 그대로 그리고 인간의 사회생활 속에서 자신을 드러내는 것으로 간주된다면, 이들 질서가 인간본성에 어긋난다고 생각하는 일이 어떻게 일어날 수 있겠는가? 압도적 다수가 자신들의 상호관계에서 실제로 행동하는 방식에서가 아니라면, 그들이 도덕적으로 자신들의 행위를 평가하는 방식에서가 아니라면, 달리 어디에서 인간본성이 자신을 드러낼 수 있겠는가? 역동적 자연법론이 주장하는 바 "실재론적" 그리고 "경험론적" 철학은 분명하게 말하지만 사회적 실재는 인간본성이 드러난 것이라는 사실, 그리고 사회적 실재는 가상의 자연법이 아니라 실정적 자연법이라는 점을 부인할 위치에 있지 않다.

7. 철학과 정치에서 절대주의와 상대주의

출처. "Absolutism and Relativism in Philosophy and Politics," *American Political Science Review*, Oct., 1948.

철학이 존재한 이래로 철학과 정치를 관련짓고자 한 시도가 계속되어 왔다. 이러한 시도는 어느 정도는 성공하였다. 왜냐하면 오늘날 정치이론과 "윤리학"이라 부르는 철학의 분야가 밀접한 연관을 가진다는 사실이 자명하게 되었기 때문이다. 그러나 정치와 다른 철학의 분야, 즉 인식론(인식에 관한 이론), 가치론과 같은 그런 분야 간에 외적, 아마도 내적인 평행론이 존재하다고 가정하는 것은 이상한 것처럼 보인다. 그러나 이 논문은 이런 가정을 검증하고자 시도한다. 두 이론 안에는 철학적 절대주의와 상대주의의 대립이 자신의 자리를 잡고 있다. 이런 대립은 많은 점에서 독재와 민주 간의 기본적인 대립과 유사한 것처럼 보인다. 독재주의는 정치적 절대주의를 표방하고, 민주주의는 정치적 상대주의를 표방한다.[1)]

1) 나의 다음 저서 참조 *Staatsform und Weltanschauung* (Tübingen: I. C. B. Mohr [Paul Siebeek], 1933).

I

철학적 절대주의는 절대적 실재 즉 인간인식과 무관하게 존재하는 실재가 있다고 보는 형이상학적 견해이다. 따라서 이 존재는 객관적이며, 시간과 공간 안에서 혹은 시간과 공간을 넘어서 무제한적이다. 인간의 인식은 이 공간과 시간 안에 제한되어 있다. 이에 반해 철학적 상대주의는 실재는 오직 인간의 인식 안에서만 존재한다는 경험이론을 제창하며, 인식의 대상으로서의 실재는 인식하는 주관과 상대적이라는 점을 주장한다. 절대적인 것, 즉 사물 그 자체는 인간의 경험 너머에 있다. 그것은 인간인식이 접근할 수 없으며, 따라서 인식될 수 없다.

절대적 존재의 가정에 절대적 진리와 절대적 가치가 상응한다. 철학적 상대주의는 이것을 거부하며, 단지 상대적 진리와 상대적 가치만을 인정한다. 실재에 관한 판단이 궁극적으로 절대적 존재를 지시하는 한에서, 그 판단은 절대적 진리를 목표로 삼는다. 즉 그런 진리란 판단하는 주관과의 관계에서만 참되다는 주장일 뿐 아니라, 모든 사람과의 관계에서 항상 어디서나 참되다는 주장이다. 절대적 실재가 있다면, 그것은 절대적 가치와 일치하지 않으면 안 된다. 절대적인 것은 필연적으로 완전성을 함의한다. 절대적 존재는 절대적 가치의 원천으로서의 절대적 권위와 동일하다. 절대적인 것의 인격화는 즉 절대적인 것을 전능으로서, 우주의 절대적으로 정의로운 창조자로서 표현하는 것은, 그리고 그것의 의지를 사회 및 자연의 법칙으로 보는 것은, 철학적 절대주의의 불가피한 귀결이다. 절대주의의 형이상학은 일신론적 종교에 대한 저항할 수 없는 성향을 보여준다. 그것은 본질적으로 가치는 실재 안에 절대적 선의 창조나 유출로서 내재해 있다는 견해와 결합해 있으며, 따라서 진리(즉 실재와의 일치)를 정의(즉 절대적 가치와의 일치)와 동일시하는 성향과 결합해 있다. 따라서 정의로운 것 혹은 정의롭지 못한 것에 관한 판단은 참된 것 혹은 거짓된 것에 관한 판단과 마찬가지로 객관적일 수 있다. 가치판단은, 그런 판단이 절대적 실재 안에 내재해 있는 가치를 지시하거나 절대적 권위에 의해 확립된다면, 판단하는 주관과의 관계에서뿐 아니라 모든 사람에게 항상, 어디서나 유효하다고 주장할 수 있다. 반면에 철학적 상대주의는 반(反)형이상학적 경험주의로서 절대적인 것을 경험을 넘어서 있는 영역으로 간주하여 이해될 수 없는 것이라는 점을 강조한다. 철학적 상대주의는 실재와 가치를 명백히 분리하고 있으며, 실재에 관한 명제와 순수 가치판단을 구별한다. 순수 가치판단은 계속 분석해가면 결국 실재에 대한 합리적 인식에 기초해 있는 것이 아니라, 인간의식의 정의적(emotional) 힘, 즉 인간의 바람(願)과 두려움에 의존해 있다. 그런 판단들은 단지 상대적 가치만을 언급한다. 상대주의적 철학은 결정적으로 합리주의적이며, 따라서 회의주의로의 노골적인 성향을 보여준다.

인간인식과는 무관하게 절대적 존재가 있다는 철학적 절대주의의 가설은 인식의 기능은 거울처럼 단지 그 자체 존재하는 대상들의 반영일 뿐이라는 가정으로 귀결한다. 이에 반해 상대주의적 인식론은, 칸트에 의해서 가장 일관되게 제시되고 있지만, 인식의 과정을 인식 대상의 창조로서 해석한다. 이런 견해는 인식을 하는 인간주관이 인식론적으로 자신의 세계의 창조자이며, 이 세계는 그의 인식 속에서 그리고 그의 인식에 의해서 구성되어 있다는 점을 함의하고 있다. 그러므로 인식하는 주관의 자유는 상대주의적 인식이론의 기본적인 전제이다. 물론 이것은 인식의 과정이 자의적 성격을 지닌다는 것을 의미하는 것은 아니다. 인식주관은 신이 세계를 창조하듯이 인식과정에 의해서 대상을 창조하는 것은 아니다. 주관과 인식대상 간에는 상관성이 있다. 주관은 인식의 과정에서 절대적으로 자유로운 것은 아니다. 감각적 지각의 무질서가 의미 있는 질서로 변형되는 과정을 지배하는 법칙들이 있다. 이들 법칙에 순응함으로써 실재에 대한 합리적 인식은, 주관적 감정에 의거해 있는 가치평가와 대립되는, 객관적 특성을 갖게 된다. 인식의 법칙은 인간의 마음에 기원하기 때문에, 인식의 주관은 자율적인 입법자로서 간주될 수 있다. 그의 자유는 자율이다.

이에 반해 철학적 절대주의는, 일관성을 유지한다면, 인식주관을 객관적 실재에 내재해 있는 타율적 법칙에 의해 완전히 결정되어 있는 것으로 이해하며, 특히 절대적인 것이 인격적인 것으로 가정되고 초인간적 권위로서 가정된다면, 인식주관을 절대적인 것에 종속해 있는 것으로 이해한다.

상대주의적 인식이론은 두 가지 위험을 내포하고 있다. 하나는 역설적(逆說的) 유아론(唯我論, solipsism)이다. 즉, 인식주관으로서의 자아(*ego*)가 유일하게 존재하는 실재라는 가정, 다른 자아들의 동시적 존재를 인정하는 것이 불가능하다는 것, 타자(*tu*)에 대한 자기본위의 부정이 그것이다.

그러한 가정은 상대주의적 인식론을 자기모순에 이르게 할 것이다. 왜냐하면 만약 자아가 유일하게 존재하는 실재라면, 그것은 절대적 실재이지 않으면 안 된다. 비타협적 유아론은 단지 철학적 절대주의의 다른 유형일 뿐이다. 다른 위험 또한 이에 못지않으며, 그 위험은 다름 아니라 역설적인 다원론이다. 이 견해에 따르면 세계는 단지 주관의 인식에서만 존재하기 때문에, 자아는 말하자면 자기 자신의 세계의 중심이 된다. 그러나 많은 자아의 존재가 인정되어야 한다면, 인식하는 주관만큼이나 많은 세계가 존재한다는 결론이 불가피하게 뒤따르는 것처럼 보인다. 철학적 상대주의는 의도적으로 유아론뿐 아니라 다원론도 회피한다. 참된 상대주의가 하듯이 여러 인식주관 간의 상호관계를 고려하면, 이 이론은 자신의 무능을 보완하여, 인식주관들로서의 개인은 평등하다고 가정함으로써 모든 주관에 대하여 하나이면서 동일한 객관적 세계가 존재한다는 것을 보장해준다. 이러한 가정은 주관들의 마음속에 있는 합리적 인식의 여러 과정이, 그 마음속 정서적인 반응과는 대조적으로, 또한 평등하다는 사실을 함의하고 있으며, 더 나아가서 이들 개별적 과정의 결과로서 인식대상은 서로서로 일치한다는 가정 또한 가능하게 되며, 이러한 가정은 개인들의 외적 행위에 의해서 확증된다.

확실히 절대적 자유와 평등 간의 거부할 수 없는 충돌이 있다. 그러나 지적되었다시피 인식의 주관은 절대적으로 자유로운 것이 아니다. 그는 단지 상대적으로만 자유로울 뿐이다. 즉 합리적 인식의 법칙 아래에서만 자유로울 뿐이다. 이 자유는 모든 인식주관의 평등과 양립할 수 있다. 법칙에 의해서 자유에 제한을 가하는 것은 철학적 상대주의에게는 핵심적인 것이며, 이 법칙 하에서 모든 주관은 평등하게 된다.

다른 한편 철학적 절대주의의 관점에서 보면, 그것은 주관들의 평등이 아니다, 그것과는 반대로 핵심 사항인 절대적 · 지고(至高)적 존재와의 관계에서 그들 주관은 근본적으로 불평등하다.

II

정치에서 "절대주의"란 용어는 국가의 전체 권력이 한 개인, 즉 그의 의지가 곧 법인 통치자에 집중되어있는 정부형태를 지칭한다.

다른 모든 개인들은 그 통치자에 종속되어 있고, 그의 권력에 참여하지도 못하며, 이런 이유 때문에 통치자의 권력은 무제한하고, 이런 의미에서 절대적이다. 정치적 절대주의는 지배받는 개인의 자유의 완전한 결여를 지향한다. 정치적 절대주의는 폭정이나 독재와 동의어이다. 과거의 독특한 예는 전제군주제이며, 그것은 17세기와 18세기에 유럽에서 존재했으며, 특히 자신의 생각을 "짐은 곧 국가"라는 유명한 구절로 정식화했던 루이 14세 치하의 프랑스에서 존재했다. 우리의 시대의 정치적 절대주의는 파시즘 · 민족 사회주의 · 볼셰비즘에 의해 확립된 전체주의 국가에서 실현된다. 이와 대립해 있는 것이 민주주의이며, 그것은 자유와 평등의 원리에 기초해 있다. 이들 원리는 전체주의의 확립, 즉 무제한적이며, 이런 의미에서 절대적인 국가권력을 배제한다. 그것은 민주주의 관점에서 보면 "국민이 곧 국가"라는 정식에 의해 표현된다.

철학적 절대주의와 정치적 절대주의 사이에 평행이 존재한다는 것은 분명하다. 인식대상, 즉 절대적인 것과 인식주관, 즉 개별적 인간존재 간의 관계는 절대정부와 그 정부의 국민들 간의 관계와 매우 유사하다. 이 정부의 무제한한 권력은 국민들 편에 대한 어떤 영향력도 넘어서 있으며, 국민은 법률을 만드는 데 참여하지 못한 채로 오직 법률에 복종하지 않으면 안 된다. 마찬가지로 절대적인 것은 우리의 경험을 넘어서 있으며, 철학적 절대주의 이론에서 인식대상은 인식주관과는 무관하게 타율적인 법칙에 의해 인식주관 속에서 완전히 결정적이다. 철학적 절대주의를 인식론적 전체주의로 특징지으면 아주 좋을 것이다. 이러한 견해에 따르면 우주의 구성은 확실히 민주적이지 않다.

정치적 절대주의와 철학적 절대주의 간에는 외적 평행만 존재하는 것은 아니다. 사실상 정치적 절대주의는 철학적 절대주의를 의심의 여지없이 이데올로기적인 도구로서 사용하려는 성향을 가진다. 그의 무제한한 권력과 다른 모든 사람들의 무조건적인 복종을 정당화하기 위하여 통치자는 직간접으로 자신을 유일하게 참된 절대자, 지고의 초월자에 의해 권위를 부여받은 사람으로, 절대자의 자손 혹은 대리인으로, 혹은 그 절대자에 의해 신비한 방식으로 정신을 고취 받은 사람으로 드러내지 않으면 안 된다. 독재주의적이고 전체주의적인 정부의 정치적 이데올로기가 나치즘 혹은 볼셰비즘에서와 같은 역사적 종교의 절대성에 의지하지 않는 경우에는, 자신의 기본적인 가치, 즉 국가이념 혹은 사회주의의 이념을 절대화함으로써 스스로 교조적 특성을 가정하고자 하는 성향을 숨기지 않고 보여준다.

정치적 절대주의는 그 자신의 실천적 목적을 위해서 즉 자신의 도덕적 정당화를 위해서 형이상학적인 이데올로기를 사용할 뿐만 아니라, 국가를 그 국민들과는 무관하게 절대적으로 존재하는 실체로서 기술하는 임의의 정치이론 역시 가지고 있다. 이 이론에 따르면 국가는 단순히 개인들의 집합이 아니라, 국민들의 총합 이상이다. 그것은 집단적이고, 여기서 국가는 초개인적 몸체, 즉 심지어는 그 구성원들보다 더 실재적인 몸체, 신비적 유기체, 그 자체로 지고의 초인간적 권위를 의미하며, 이 초인간적 권위의 가시적인 대표자 혹은 육화(肉化)가 통치자이다. 이것은 그가 군주로 부르든, 총통으로 부르든, 대원수로 부르든 상관없다. 이것은 국가의 이러한 신격화와 이것이 함의하고 있는 신 같은 존재자로서의 통치자의 숭배에 기여하는 주권 개념이다. 다른 국가와 관계에서 주권의 교조는 국가의 상위에 있는 법질서로서의, 즉 국가에 대해 의무를 부여하고 권리를 부여하여 국가들의 법적 존재의 영역을 규정하는 일련의 규칙으로서의 국제법을 부정하는 것으로 이어진다. 절대적인 지고의 권위라는 의미에서의 주권은 한 국가만의 속성일 수 있다. 국제법을 임의적으로 인정함으로써 주권국가는 이들 법적 규칙들을 자신의 법으로 통합하고, 그리하여 국제법을 포함시킴으로써 자신의 국내법의 유효성을 모든 다른 국가 혹은 같은 말이지만 모든 다른 나라의 국내법적 질서에까지 확장한다. 국제법이 자신의 국내법의 일부라고 하는 견해는 그들 자신의 국가의 주권을 고집하고, 사실에 관한 법적 해석이 자신의 국내법 즉 자신의 국가의 법에 따른 해석과 동일하다는 것을 당연한 것으로 여기는 사람들에 의해 주장된다. 이러한 법학적 제국주의는 통상 해석자 자신의 국가가 이러한 해석에 의해서 유일하고도 절대적인 법적 권위가 되고, 법률의 세계에서 신이 된다는 것을 인정하기에 충분할 만큼의 일관성을 유지하지 못한다.2)

III

이 절대적 국가론에 정반대 쪽에 국가를 개인들 간의 법질서에 의해서 확립된 관계로서, 즉 이 질서, 즉 국가의 법질서에 의해서 구성된 인간 공동체로서 이해하는 이론이 있다. 주권적 교조를 거부하고 있는 이 상대주의적 이론은 국가를 다른 모든 국가와 더불어 국제법질서에 종속해 있다고 생각한다. 이들 국가는 국제법에 종속해 있기 때문에 이들 모든 국가는 평등하고 국제법에 의해 구성된 국제 공동체의 일원이다. 이 견해에 따르면 국가는 확실히 법적 권위이지만, 지고의 권위는 아니다. 왜냐하면 그 권위는 본질적

2) 나의 다음 저서 참조 *General Theory of Law and State* (Cambridge: Harvard University Press, 1945), 419 쪽 이하.

으로 국제법의 권위 아래에 있기 때문이다. 이 국제법은 철저하게 민주적인 방식으로 관습과 협정에 의해서 즉 그 법에 종속해 있는 국가들의 협력에 의해서 만들어진다. 법적 공동체로서 국가는 국제법 아래서 국제 공동체 내에서 다른 국가들과 더불어 존재한다. 이것은 마치 개인의 협력이 국내법 아래서 국가 내에서 존재하는 것과 같다. 그리하여 국가는 국제 공동체와 국내법에 따라서 국가 아래서 설립된 여러 법적 공동체 사이의 중간 단계만을 보여준다. 국가의 상대화는 이 정치이론의 본질적 목적 중 하나이다. 그것은 민주주의 국가 이론이라고 할 수 있겠다. 왜냐하면 그것은 민주주의의 정신을 반영하기 때문이다. 왜냐하면 독재주의가 철학적 절대주의와 나란히 가는 정치적 절대론인 것과 마찬가지로, 민주주의는 철학적 상대주의에서 자신의 짝을 가지는 정치적 상대주의이기 때문이다.

자유와 평등의 기본원리가 민주주의와 상대주의 둘 다의 특징이라고 하는 것은, 즉 개인은 그가 종속해 있는 사회적 질서를 만드는데 자신이 참여하는 한에서 정치적으로 자유롭다는 것은, 그리고 마찬가지로 인식하는 주관이 상대주의적 인식론에 따를 경우 인식의 과정에서 자율적이라는 것은, 개인의 정치적 평등은 상대주의적 인식론이 유아론과 다원론을 회피하기 위하여 가정하지 않으면 안되는 인식주관의 평등에 상응한다는 것은, 민주주의와 상대주의 간의 다소간 피상적인 유추로 간주될 수도 있다. 그러나 민주주의와 상대주의 간의 관계에 대한 보다 심각한 논의는 상대주의 철학의 거의 모든 뛰어난 대표자들은 정치적으로 민주주의를 지지하고 있는 반면에, 철학적 절대주의의 추종자들, 즉 위대한 형이상학자들은 정치적 절대주의를 지지하고 민주주의를 반대하고 있다는 사실과 연관되어 있다.[3)]

IV

고대의 소피스트들은 상대주의자들이었다. 그들 중 가장 탁월한 철학자인 프로타고라스는 인간은 만물의 척도라고 가르쳤다. 그들의 대표적인 시인인 에우리피데스는 민주주의를 찬양하였다. 그러나 모든 시대의 가장 위대한 형이상학자인 플라톤은 프로타고라스에 반대하면서 신이 만물의 척도라고 선언하였으며, 동시에 민주주의를 정부 중 경멸할 만한 형태라고 하여 거부하였다. 그의 이상국가는 완전한 독재주의이다.[4] 아리스토텔레스의 『형이상학』에서 절대적인 것은 "자신은 운동하지 않는 제1의 동인(動因)"으로 나타나며, 우주 위에 군림하는 군주로서 등장한다.[5] 결과적으로 철학자는 그의 『정치학』에서 세습군주제를 민주주의보다 우월한 것으로 제시한다. 자연에 대한 그의 목적론적 해석은, 그의 형이상학의 귀결로서, 원자론자들의 기계론과는 반대 방향을 지향하고 있다. 원자론자들은 동시에 목적이 되는 원인들을 엄격하게 거부했으며, 그리하여 근대과학의 정초자가 되었다. 레우키포스와 함께 반 형이상학적인 원자론을 발전시킨 데모크리토스는 "자유가 노예상태보다 나은 것은 민주주의에서의 가난이 군주주의에서의 가장된 번영보다 나은 것과 같다"고 선언했다.

중세 때 그리스도교의 형이상학은 우주의 신적 통치의 이미지를 가진 군주제가 최선의 정부형태라는 확신과 손을 잡고 함께 나아간다. 토마스 아퀴나스의 『신학대전』(*Summa Theologica*)과 단테 알리기에리의 『제정론』(*De Monarchia*)은 철학적 절대주의와 정치적 절

3) Bertrand Russell, *Philosophy and Politics* (London: Cambridge University Press, 1947), 여러 곳에서 이런 주장이 있다.
4) 이 책 제3장 「플라톤의 정의론」을 참조할 것.
5) 이 책 제4장 「아리스토텔레스의 정의론」을 참조할 것.

대주의의 이와 같은 일치의 고전적인 예이다. 그러나 니콜라스 쿠자누스는 자신의 철학에서 절대적인 것은 불가해한 것이라고 선언했으며, 자신의 정치이론에서는 인간의 자유와 평등에 찬성을 보냈다. 근대에는 스피노자는 자신의 반 형이상학적인 범신론을 도덕과 정치분야에서의 민주주의적 원리에 대한 솔직한 선호와 결합시켰다. 그러나 형이상학자인 라이프니츠는 군주제를 옹호하였다. 반 형이상학적인 경험주의의 정초자들은 정치적 절대주의의 결정적인 반대자들이었다. 로크는 절대군주제가 시민사회와 일관성을 갖지 못하며, 전혀 정부형태일 수 없다고 주장하였다. 확실히 흄은 칸트보다도 훨씬 더 형이상학의 파괴자라 불릴 만하지만, 로크만큼은 나아가지 못했다. 그러나 그는 자신의 뛰어난 에세이인 『원초적 계약에 관하여』(*Of the Original Contract*)에서 국민의 동의가 정부의 최선의 가장 신성한 기초라고 썼다. 그는 역시 『완전한 공화국의 이념』(*Idea of a Perfect Commonwealth*)란 에세이에서 민주주의 공화국의 구성에 대해 소묘하였다. 흄을 따르면서 칸트는 자신의 자연철학에서 형이상학적 사변이 가지고 있는 무익성을 보여주었지만, 이론철학에서부터 아주 체계적으로 배제한 절대적인 것을 그의 윤리학에 다시 도입하였다. 마찬가지로 그의 정치적 태도는 대단히 일관되지 못했다. 그는 프랑스 혁명에 공감대를 가졌고, 루소를 찬양하였다. 그러나 프러시아 경찰국가의 절대 군주제 하에서 살았으며, 자신의 정치적 발언에 대해 조심성을 가진 사람이었다. 그래서 그의 정치이론에서 그는 자신의 참된 의견을 감히 표현하지 못했다. 반면에 헤겔은 절대적이고 객관적인 정신의 철학자로서 또한 절대군주제의 주역이었다.

V

19세기 동안에 독일의 민주주의 운동에 반대하여 투쟁하면서 “다수가 아니라 권위를!”의 슬로건을 건 사람은 헤겔의 학도였다. 실로 사람들이 절대자의 존재를 믿는다면, 따라서 플라톤의 용어를 사용하여 절대적 가치, 절대적 선을 믿는다면, 다수의 표결로 정치적으로 선한 것을 결정하도록 하는 것은 의미 없는 것이 아닌가? 사회적 질서에 종속해 있는 개인들에게 객관적으로 최선인 것에 따라서가 아니라, 이들 개인이 혹은 그들의 다수가 옳든 그르든 자신들에게 최선이라고 믿는 것에 따라서 법률을 제정하는 것, 즉 사회적 질서를 결정하는 것, 자유와 평등의 민주주의적 원리의 이러한 귀결은, 최선이 무엇인가의 물음에 대한 절대적 해답이 없는 경우에만, 즉 절대적 선과 같은 것이 존재하지 않는 한에서만, 정당화될 수 있다. 신적 기원이나 신적 영감에 의해서 절대적 선에 대해 독점적 인식을 가진 유일한 사람에게 결정권을 주는 대신에 무지한 다수에게 결정권을 주는 것은, 만약 그러한 인식이 불가능하고, 따라서 단 한 명의 개인이 다른 사람에게 자신의 의지를 강요할 어떤 권리도 없다는 것을 우리가 믿는다면, 결코 가장 부조리한 방법인 것은 아니다. 가치판단이 오직 상대적 유효성만을 가진다는 것은, 철학적 상대주의의 가장 기본적인 원리 중 하나인데, 그것과 대립하는 가치판단은 논리적으로도 도덕적으로도 불가능하지 않다는 것을 함의한다. 민주주의의 기본 원리 중 하나는 누구나가 다른 모든 사람들의 정치적 의견을 존중해야 한다는 것이다. 왜냐하면 모든 사람은 평등하고 자유롭기 때문이다. 관용 · 소수의 권리 · 언론의 자유 · 사상의 자유는 민주주의의 특징을 이루는 것으로서 절대적 가치에 대한 믿음에 기초한 정치체제 안에서는 설 자리가 전혀 없다. 절대가치에 대한 이러한 믿음은 절대적 선의 비밀을 소유하고 있다고 가정하는 사람이 실수를 하는 다른 사람들에 대해 자신의 의견과 의지를 부과할 권리를 가지기를 요구하는 상황에 불가피하게 이르게 되고, 과거를 되돌아보면 항상 그렇게 되었다. 실수를 한다는 것은 이 견해에 따르면 잘못인 것이고, 따라서 처벌될 수 있는 것이다. 그러나 단지 상대적 가치들만이 인간인식과 인간의지에 접근될 수 있다는 것이 인정된다면, 사회적 질서가 평등한 개인의 가능한 최대 수와 조화를 이루는 한에서, 즉 다수의 의지와 조화를 이루는 한에서, 사회적 질서를 마음 내키지 않는 개인들에게 그 질서를 강요하는 것은 정당화될 수 있다. 다수의 의견이 아니라 소수의 의견이 정당할 수도 있다. 유독 이런 가능성 때문에 철학적 상대주의만 이것이 인정될 수 있는데, 오늘 옳은 것은 내일 그른 것일 수도 있고, 소수는 자신들의 의견을 자유롭게 표현할 기회를 가져야 하며, 소수는 다수가 될 완전한 기회를 가지지 않으면 안 된다. 어떤 것이 옳고 어떤 것이 그른가를 절대적인 방식으로 결정하는 것이 가능하지 않은 한에서, 이 문제에 대한 논의가 권장될 수 있고, 논의 이후에 타협에 복종하는 것이 권장될 수 있다.

이것이 우리가 민주주의라 부르는 정치체제의 참된 의미이며, 민주주의를 정치적 절대주의에 대립시킬 수 있는 것은 오직 민주주의가 정치적 상대주의이기 때문이다.

VI

『요한 복음서』 제18장에서 예수의 재판이 기술되고 있다. 소박한 말투로 기술되어 있는 단순한 이야기는 세계문학 중 가장 숭고한 작품 중 하나이다. 이 이야기는 의도하지는 않았지만 절대주의와 상대주의 간의 대립이 가지는 비극적 상징으로 성장한다.

예수가 신의 아들과 유다인들의 왕을 사칭한 죄로 고발된 때는 파스카축제 시기였다. 예수는 로마의 총독 빌라도에게 끌려왔다. 빌라도는 로마 인의 눈으로 보면 단지 가난하고 어리석은 자에 불과한 그에게 비꼬는 투로 물었다. "그렇다면 당신이 유다 인들의 임금인가?" 그러나 예수는 이 물음을 대단히 진지하게 받아들였다. 예수는 신적 사명의 열정으로 불타면서 대답하였다. "내가 임금이라고 당신이 말하고 있다. 나는 진리를 증언하려고 태어났으며, 진리를 증언하려고 세상에 왔다. 진리에 속한 사람은 누구나 내 목소리를 듣는다." 그런 다음 빌라도는 다시 물었다. "진리란 무엇인가?" 회의적인 상대주의자인 그는 진리가 무엇인지, 이 사람이 믿었던 절대적 진리가 무엇인지 알지 못했기 때문에, 빌라도는 일관되게 민주주적 방식으로 절차를 진행하여 소송의 결정을 대중들의 표결에 부치기로 했다. 그래서 그는 유다인들 앞으로 다시 나가 복음을 관련시켜 전달하고 그들에게 말했다. "나는 그에게서 어떤 죄도 찾지 못했소. 그러나 여러분은 파스카축제 때 여러분에게 한 명을 풀어주어야 할 관습을 가지고 있소. 당신들은 내가 이 유다인들의 왕을 풀어주기를 원하오?" 그 다음에 그들은 모두 큰 소리로 외치면서 "이 사람이 아니라 바라빠요." 복음서는 추가했다. "바라빠는 강도였다"고.

신의 아들임을 믿었고, 절대적 진리의 증언자로서의 유다인의 왕을 믿었던 사람들에게는 이런 식의 투표야말로 민주주의에 반대하는 강력한 논증임에 틀림없다. 우리 정치학자들은 이 민주주의에 반대하는 논증을 받아들이지 않으면 안 된다. 그러나 하나의 조건하에서만 그렇다. 우리가 필요하다면 피와 눈물로써 우리의 정치적 진리가 집행되어야 한다는 확신이, 우리의 진리에 대한 확신이, 신의 아들이라는 그의 진리에 대해서 가졌던 확신만큼은 되어야 한다는 조건이다.

8. 법 과학에서의 가치판단

출처. "Value Judgments in the Science of Law," *Journal of Science, Philosophy, and Jurisprudence*, July, 1942.

I

법 이론에서 우리는 두 유형의 판단을 만나게 된다. 이들 두 유형의 판단은 그 본질적 차이에도 불구하고 가치판단이라고 간주되는 공통점을 함께 가지고 있다. 하나는 법 제약을 받는 시민의 행위에 관계하며, 그 행위를 합법적인(정당한, 옳은) 것으로서 혹은 불법적인(정당하지 않은, 그른) 것으로서 판단한다. "법적 권리", "법적 의무", "불법"과 같은 개념들은 이런 유형의 판단들로부터 그 의미가 도출된다. 두 번째 유형의 판단은 법 자체에 혹은 법을 제정하는 사람의 행동에 관계한다. 그런 판단들은 입법자의 행위 혹은 그들이 만들어낸 생산물 즉 법이 정의롭다거나 정의롭지 못하다고 주장한다. 확실히 말해서 재판관의 행동 또한 정의로운 것으로 혹은 정의롭지 못한 것으로 간주될 수는 있겠지만, 그러나 그가 법을 제정하는 자격을 가진다는 제한된 범위에서만 그렇게 간주될 수 있다.

그가 단지 법을 적용하는 한에서 그의 행동은 합법적이거나 불법적이며, 이 점은 법 제약을 받는 사람들의 행동의 경우와 꼭 같은 것이다.

이들 두 유형의 판단은 어떤 것이 선하다거나 악하다거나 아름답다거나 추하다고 주장하는 판단들에 비교된다. 이들 판단은 어떤 대상이 어떤 긍정적인 혹은 부정적인 가치를 가진다는 점을, 즉 긍정적인 의미에서 "가치적"이거나 부정적인 의미에서 "가치적"이라는 점을 함축하고 있다. 이들 평가의 대상은 인간의 행동이 될 수도, 법질서가 될 수도, 법적 규칙이 될 수도, 법적인 제도가 될 수도 있다. 판단에 포함된 가치들이, 어떤 것은 합법적이고 어떤 것은 불법적이라는 의미를 가진다면, "법의 가치"로 지칭될 것이지만, 어떤 것이 정의롭다거나 어떤 것이 정의롭지 않다는 의미를 가진다면, "정의의 가치"라 불릴 것이다.

이들 판단이 의미하는 것은 무엇인가? 그 판단들은 무엇을 주장하는가? 이 물음에 대한 대답은 법에 관계하는 사람들, 입법자 · 재판관 · 법률가 · 소송 당사자 · 법학자가 그러한 판단을 내릴 때 그들이 의미하는 바가 무엇인가의 분석을 통해서만 주어질 수 있다.

우선 "합법적" 혹은 "불법적"의 특성을 어떤 사람에 행동에 적용하는 판단, 그러므로 법의 가치를 주장하는 판단을 고려하는 일로부터 시작해보자. 이 판단들은 또한 적절한 언어용법으로 표현하면 "법률적 가치판단"(juristic value judgements)이라 불릴 수 있다. 이들 판단은 참이거나 거짓이며, 그 판단의 진 · 위는 검증될 수 있다. 법률가는 "행동 B는 합법적이다" 혹은 "행동 B는 불법적이다"와 같은 판단의 참 혹은 거짓을 증명하는 방식을 분석함으로써 이들 판단의 의미가 확립될 수 있다.

법률은 항상 일정한 실정법 질서, 예컨대 프랑스법 · 스위스법 ·

미국법 · 국제법에서 드러나기 때문에, 법률적 가치판단은 항상 실정법 질서와 관련해서 참 · 거짓이 된다. 그렇다면 주어진 법질서에 관련해서 훔치는 것은 불법적이고 빚을 갚는 것은 합법적이라는 것을 증명하는 방법은 무엇인가? 그것은 훔치는 일을 금지하는 일반적 법이 있고 빚을 갚는 것을 지시하는 다른 일반적 법이 있다는 점을 보여줌으로써 증명된다. 어떤 행동이 합법적이냐 불법적이냐에 관한 우리의 의문은 문제시되는 행동에 대해 긍정적으로 혹은 부정적으로 언급하는 법적 규칙을 적시할 수 있을 때 해결된다.

어떤 행동을 지시하는 혹은 금지하는 규칙을 우리는 "규범"이라 부른다. 규범의 특수한 의미는 "당위"(ought)의 개념에 의해 표현된다. 규범은 개인이 어떤 방식으로 행동해야 마땅하고 어떤 것을 하거나 하지 말아야 마땅하다는 사실을 함축하고 있다. 규범을 표현하는 진술은 "당위" 진술이다. 하나의 행동은 그것이 법규범에 "상응할" 때 합법적이고 그런 규범에 반대될 때 불법적이다. 그리고 그런 진술은 합법적인 행동과 극적인 대립 관계에 있을 때 법규범과 반대된다. 또한 다음과 같이 말할 수도 있겠다. 개인이 법질서에 따라서 마땅히 행동해야 하는 대로 행동했을 때 그는 합법적으로 행동한 것이며, 그렇게 행동해야 마땅한 방식으로 행동하지 않았을 때 그는 불법적으로 행동한 것이다. 하나의 행동이 합법적 또는 불법적이라는 법률적 가치판단은 행동과 규범 간의 긍정적 또는 부정적 관계에 대한 주장이다. 이때 규범의 존재는 법을 제정하는 사람이 전제하고 있는 것이다. 법률적 가치판단은 그리하여 규범의 존재, 즉 "당위"의 존재를 전제한다. 따라서 법률적 가치판단의 의미는 규범이 "존재한다"는 주장의 의미에 좌우된다.

II

광범위하게 승인된 이론[1]에 따르면, 모든 가치는 정서 야기적 태도(motor-affective attitude)라는 의미에서 관심의 기능이다. 욕구나 의지는 특히 일반적 의미에서의 관심의 예이다. 이 이론에 따르면 하나의 대상이 긍정적으로든 부정적으로든 가치 있다는 판단은 누군가가 긍정적으로든 부정적으로든 그 대상에 관심이 있다는 것, 누군가가 호의적이든 호의적이지 않든 그것에 대해 마음이 간다는 것을 의미한다. 가치는 관심 즉 심리적인 사실이 존재할 때 존재하게 된다. 이 심리적 사실이 사라지거나 변하게 될 때 가치는 존재하기를 멈춘다. 대상이 관심에 부응할 때 그것은 긍정적 가치를 가진다. 대상이 관심과 대립할 때 그것의 가치는 부정적이다. 대상 A는 이 관심이 비(非)A에 대한 관심일 때 관심과 대립하는 것이다. 관심은 판단을 내리는 사람의 관심일 수도 있고 다른 누군가의 관심일 수도 있다. 그러나 이런 관점에 따른다면 가치판단의 대상은 항상 누군가의 현실적 관심에 의해 형성된다. 이러한 판단은 "당위"(ought) 진술이 아니라 "존재"(is) 진술이다.

이러한 해석에서는 가치판단은 그 자체 평가행위는 아니다. 평가는 하나의 대상에 대한 누군가의 정서적 반응이고, 욕구하는 행동이거나 의욕하는 행동이다. 가치판단은 누군가가 대상을 평가한다고 주장한다. 평가는 정서 야기적 행동인 데 반해, 가치판단은 인지적 행동이다.

어떤 대상의 가치가 그 대상과 관심의 관계라면, "가치판단"을 특수한 종류의 판단이라고 말하는 것은 오해를 불러일으킨다. 이러

---

1) Ralph B. Perry, *General Theory of Value* (New York: Longmans, Green, 1926).

한 용법은 이들 판단이 주장하는 것은 실재의 영역(현실적 사실)에 속한 것이 아니라는 인상을 낳는다. 그러나 그들이 주장하는 "가치"는 이러한 해석에 따르면 실재적(존재하는) 사실이다. 이 이론에 따르면 가치와 실재(존재)는 서로 대립하는 것이 아니다.

그러나 가치판단이 평가된 대상과 규범, 즉 "당위", 즉 판단을 내리는 사람이 그것의 존재를 가정하고 있는 "당위" 간의 관계를 주장한다면, 가치와 실재는 서로 대립해 있다. 이러한 규범이론에서는 누군가가 합법적으로 혹은 불법적으로 행동한다는 판단의 의미는 그가 그 규범, 즉 판단하는 주관이 그것의 존재를 전제하고 있는 규범에 따라서 행동해야 마땅한 대로 행동하거나 행동하지 않는다는 것이다. 이러한 가치판단은 동시에 평가의 행위이다. 가치는 "당위"이고 그 자체 일체의 사실과는 완전히 다른 그 무엇이다.[2] 우리가 가치를 대상과 규범 간의 관계라고 이해하는 한에서만, 가치판단과 사실판단 간을 날카롭게 구별하는 일이 이해된다.

법규범의 존재를 주장하는 판단과 관심의 존재를 주장하는 판단이 동등하다는 점을 보여줄 수 있겠는가? 그러하다면 방금 제시된 규범적 가치이론은 유지될 수 없을 것이다. 우리가 그것을 통해 규범의 의미를 표현하는 "당위"는 이 경우 자연적 사실로 환원될 것이다. 동일한 점이 또한 법의 가치에도 그대로 적용될 것이다.

규범이 존재한다는 진술의 의미는 규범의 존재를 증명하는 방법에 의해서 규정된다. 어떤 국가의 법질서에 따라서 한 남자가 결혼의 약속을 이행하지 않는 것이 불법적인 것은 아닌지를 알고 싶다

2) 다음 논문을 참조할 것. Wilbur M. Urban, "Value and Existence," *Journal of Philosophy*, XIII (1916), 463. 또한 나의 다음 논문을 참조할 것. "Die Rechtswissenschaft als Norm- oder als Kulturwissenschaft," *Schmollers Jahrbuch fllr Gesetzgebung, Verwaltung und Volkswirschaft im Deutschen Reich*, XI (Leibzig: 1916), 1181 쪽 이하.

고 가정해보자. 어떤 법질서에 따르면 그러한 약속은 구속력을 갖는다. 반면 다른 법질서에 따르면 그렇지 않다. 더 나아가서 우리가 관심을 갖는 법질서가 민주주의적 성격을 갖고 있다고 가정해보자. 결혼 약속을 깨는 것이 불법이라고 하는 것은 이 경우에는 그러한 약속을 구속력 있게 하는 규범을 제시함으로써 증명된다. 그러한 규범의 존재는 지금 고려하고 있는 법질서에 속하는 유효한 법률이 그 사실에 대한 약정(stipulation)을 포함하고 있다는 사실에 의해서 확립된다. 이 법률은 지금 이야기되는 국가의 의회에 의해 통과된 적이 있는 한에서 유효하다.

의회의 결정은 자연적 사건, 즉 이 세상의 어떤 때에 어떤 장소에서 일어난 자연적 실재라는 사실이다. 그런 결정은 통상 의지(will) 행위, "집단의지"(collective will)행위로서 생각된다. 집단의지라는 말로써 우리가 의미하는 바는 여러 개인들이 주어진 대상에 대해서 동일한 의지를 갖고 있다는 것이요, 여러 개인의 의지가 동일한 목적을 지향하고 있다는 것이다. 현재의 경우에 적용해보면, 의회 구성원들의 의지의 공통대상이 곧 결혼약속을 구속하도록 한 법률의 내용이라고 생각된다. 의회 결정의 이러한 심리학적 해석이 옳은지 그렇지 않은지의 문제는 그 순간 결정되지 않은 채로 남아 있을 수도 있다. 의회의 결정은 어쨌든 자연적 사건이다. "의회의 결정"이라 부르는 과정을 기술하는 일은 실재의 일부를 기술하는 일이다. 법규범의 존재가 그러그러한 결정을 국회가 내렸다는 점을 보여줌으로써 증명될 수 있다면, 법규범의 "당위"(ought)는 "존재"(is)인 것처럼 보인다. 그렇다면 누군가가 어떤 식으로 법적으로 행동해야 "마땅"하다는 진술은 어떤 특정한 개인들이 그 사람이 그렇게 행동해야 한다는 법을 포고했다는 사실을 의미한다. 의회의 결정이 집단의지의 행사라고 가정한다면, 문제시되는 진술은 어떤 개인들이 그것을 의지했다(will)는 것을 의미할 것이다. 앞서의 진술이 옳다면, 어떤 행위가 "합법적"(혹은 "불법적")이라는 가치판단은 이 행위가 어떤 개인들의 의지에 상응한다(혹은 상응하지 않는다)는 사실을 주장할 것이다. 그리하여 관심이론은 또한 법률적 가치판단과 법의 가치에도 적용될 수 있다. 그러나 우리는 법의 가치에 대한 그러한 해석은 받아들일 수 없다는 점을 밝힐 것이다.

III

관심이론을 법의 가치에 적용하는 것은 법규범과 그런 규범을 만든 행위를 동일시하는 데서 나온 귀결이다. 이런 식으로 동일시하는 것은 잘못이다. 규범과 규범을 제정하는 행위는 별개의 것이며, 분명히 따로 있는 것임에 틀림없다. 이런 구별을 하지 못했기 때문에 법률 현상을 만족스럽게 기술할 수가 없었다. 이 점은 다음의 예들에서 밝혀질 것이다.

법규범은 의회의 결정에 의해 존재하게 되는 것으로서, 분명히 말해서 그 결정이 이미 내려졌던 순간에 그리고, 그 결정이 의지의 표현이라고 가정해서 어떤 의지도 거기에 더 이상 존재하지 않은 순간에 존재하기 시작한다. 법률은 이미 통과되었으므로, 의회의 구성원들이 지금까지 그런 의지를 마음속에 두었다 하더라도, 그들은 다른 문제에 눈을 돌리고 그 법률의 내용을 마음속에 두지(will) 않을 것이다. 그 법규범은 입법적 절차의 완수로 처음 존재하게 되었기 때문에, 그것의 "존재"는 입법부에 속하는 개인들의 의지 안에 있을 수 없다. 법규범의 "존재"를 확립하고자 하는 법률가는 어떤 심리적 현상의 존재를 증명하려는 시도를 결코 할 수 없다. 법규법의 “존재”는 결코 심리적 현상이 아니다. 법률가는 법률을, 그 법률을 만들었던 개인들이 더 이상 그 법률의 내용을 마음속에 두지(will) 않을 때조차도, 사실상 어느 누구도 더 이상 그것의 내용을 마음속에 두지 않을 때조차도, “존재하는” 것으로 고려한다. 어떤 법률을 만들었던 사람들이 오래 전에 죽었지만, 그럼에도 그 법률이 “존재”하는 일은 충분히 가능하기도 하고 실제로 그런 일은 자주 있다.

법률적 절차가 완전히 끝난 후에 법률은 “존재”하기 시작하기 때문에 법률은 이 절차와는 구별되는 것임에 틀림없다. 그러므로 법률용어는 법규범의 “존재”를 지칭하지만, 그 용어는 규범을 제정하는 행위의 존재에 적용될 수 없다. 법률가는 그 규범이 “타당하다”(valid, 유효하다)고 말함으로써 그 규범이 “존재한다”는 사실을 표현한다. “당위”의 개념이 지칭하는 것은 바로 이 유효성이다. 하나의 규범이 유효성을 갖는다는 것은 개인들이 그 규범이 명기한 바대로 마땅히 행동해야 한다는 것을 의미한다. 규범을 제정하는 행위는 의지(will)의 행위이므로 “유효하다”고 말해질 수 없다. 그것은 존재하거나 존재하지 않거나 둘 중 하나이다. 그것의 존재는 그것의 “있음”(is)이다.

어떤 행위가 규범을 “제정한다”고 말하는 것은 비유하는 말을 사용하는 것이다. 이것이 진정 의미하는 바는 “존재”하는 어떤 행위와 법규범, 즉 이 규범에 따라서 어떤 것이 “마땅히” 행해져야한다고 할 때의 규범 간에 어떤 특수 관계가 유지되고 있다는 것뿐이다. 그것은 행위와 그것의 의미 간의 관계이다. 법규범은 어떤 행위의 특수한 의미인데, 이 행위란 이 의미 때문에 규범을 제정하는 행위라 불린다. 법규범의 존재는 하나의 행위가 의미, 즉 그 의미가 곧 법규범인 그런 의미를 가지는 한에서만 긍정될 수 있다. 법의

"실정성"(positiveness)은 바로 이것 안에 존립한다. "실정"법이라는 표현은 법이 어떤 행위들에 의해서 "정립"되거나 만들어진 규범들의 복합체라는 것을 의미한다.

그것의 실정적 성격을 통해서 법은 소위 자연법과 구별된다. 실정법의 규범은 누군가에 의해 의도적으로 만들어진 적이 있지만, 자연법의 규범은 그렇지 않은 것으로 간주된다. 자연법의 규범은 인간의 소망과 의지와는 무관하게 자연 안에 존재하는 것이라 가정된다. 이 규범들은 아마도 자연에 대한 검토를 통해서 발견될 수 있겠다. 소위 자연법은 정의의 관념들이 나타나는 형식들 중 하나이다. 그러나 여기서 우리는 오직 실정법에만 관심을 갖는다. 법을 제정하는 행위가 의지의 행위라고 가정해보자. 그렇다면 유효한 규범이 그런 행위에 의해 만들어진다는 진술은 다음을 의미하게 된다. 즉 어떤 특정한 개인들이 이 행위를 하도록 명령하는 의지를 표현했다면, 사람들은 어떤 식으로 행동해야 마땅하다는 것을 의미한다. 규범을 제정하는 행위와 그것의 의미 (즉 이 행위에 의해 만들어진 규범) 사이에는 일종의 평행, 즉 두뇌 안에서 이루어지는 생리적인 과정과 심리적인 현상 사이에 있는, 예컨대 사고와 감정 사이에 있는 것과 유사한 평행이 유지된다. 규범은 제정하는 행위 없이는 가능하지 않다. 그러나 이 둘은 성격상 완전히(*toto genere*) 다른 실재이다. 제정하는 행위는 규범의 필요조건(*conditio sine qua non*)이지만, 그러나 규범의 선택적 조건(*conditio per quam*)은 아니다.

법규범 자체가 국가 · 국민 · 입법자의 의지라고 말해진다면, "의지"(will)라는 용어는 규범을 제정하는 행위에 의해 표현된 심리적 현상에 적용되는 의미와는 다르게 사용된다. 그 의지를 국민들이 어떤 방식으로 행동하는 법규범의 "의지"라고 말하는 것은 국민들이 그런 방식으로 행동해야 마땅하다고 하는 생각에 어떤 형태를 가진 표현을 부여하는 것이다. 누군가가 국민들이 어떤 방식으로 행동하기를 의지(will)한다는 취지의 진술과 국민들이 그런 방식으로 마땅히(ought) 행동해야 한다는 진술 간에는 사실상 어떤 유사성이 있다. 말하자면 "마땅하다"는 것은 탈(脫) 심리화된 의지이다.

어떤 행위에 의해서 만들어진 법규범은 다른 행위(*actus contrarius*)에 의해 제정된 규범에 의해 폐지될 수도 있다. 여기서 다시 규범과 제정하는 행위 간의 차이가 분명히 나타난다. 앞선 행위를 폐지한 것은 뒤에 나오는 행위가 아니다. 시간과 공간 안에 위치해 있었던 어떤 행위도 다른 행위에 의해 폐지될 수 없다. 폐지되는 것은 앞선 행위에 의해 만들어진 규범이다. 그것이 폐지되거나 "무효화"되었다는 말의 의미는 그것의 유효성이 없어졌다는 것이다. 규범을 폐지한 것은 뒤에 오는 행위가 아니라, 이런 결과를 가지는, 이 뒤에 오는 행위가 제정한 규범이다. 이것은 다음의 잘 알려진 정식에 의해 표현된다. 뒤에 오는 법은 앞의 법을 폐기한다(*lex posterior derogat priori*). 하나의 규범이 훼손되거나 무효화된다는 것은, 즉 그것의 유효성이 없어진다는 것은, 사람들이 그 규범에 따라서 마땅히 행동해야 한다고 주장하는 일이 더 이상 가능하지 않다는 것을 의미한다. 다시 말해서 법의 현상들을 "당위"의 범주 없이 적절하게 기술하는 것이 불가능하다는 것은 명백하다.

어떤 반대의 행위가 일어나지 않더라도 법규범은 "존재"하기를 멈출 수도, 즉 자신의 유효성을 잃어버릴 수도 있다. 규범 그 자체가 가지고 있는 의미에 따라서 그 규범이 한시적으로만 유효할 때, 그런 경우가 생겨난다. 하나의 법령은 그것을 언급한 그 조항에서 그 유효성이 끝나는 시간을 담을 수도 있다. 그 규범의 "존재"가 지속하지 않는 순간은 입법자가 그 규범의 내용을 마음속에 두지(will) 않는 순간이 아니라, 규범 자체가 규정한 순간이다. 이 순간을 알고 싫어 하는 법률가는 전에 그 규범을 만든 사람들의 마음의 상태를 찾아보지 않고, 그 사람들이 만들었던 규범의 내용을 분석한다.

IV

규범을 제정하는 행위는 규범의 내용을 자신의 목적으로 삼는 의지의 행위라고 가정하면, 가치 관심이론은 적어도 법의 가치에 대한 간접적인 적용을 발견하는 것처럼 보인다. 확실히, 어떤 행동이 합법적(혹은 불법적)이라는 진술은 이런 가정에서조차도 그 행동은(혹은 그것의 반대는) 실제로 어떤 사람이 욕구하는 것이라는 점을 의미하는 것으로 해석될 수 없다. 그러나 아마도 그것은 그 행동이 이 규범의 내용을 자신의 목적으로 삼는 의지의 행위에 의해 제정되었던 규범에 상응한다는 (혹은 규범과 대립한다는) 점을 의미하는 것으로 해석될 수는 있겠다. 그러나 이런 변형된 형식에서조차도 관심이론은 법률적 가치판단에 적용될 수 없다. 법규범을 제정하는 행위가 반드시 규범의 내용을 자신의 목적으로 삼는 의지의 행위인 것은 아니다. 의회 민주주의에서 입법적 절차에 대해 분석해보면 이 점이 분명하게 드러난다.

헌법에 따라서 법령을 제정하는 의회의 결정은 법률의 내용을 자신의 목적으로 삼는 "집단의지"는 결코 아니다. 의회의 결정은 어떤 법률이, 의회의 모든 구성원이 실제로 그 법률 조항을 원했고 자신의 의지를 인지할 수 있을 정도로 표현했을 경우 합헌적으로 제정될 수 있는데, 이런 한에서만 집단의지가 된다. 그러나 사실은 다르다. 법의 제정에서 헌법은 단지 다수의 구성원들이 그 법에 찬성해야 한다는 것만을 요구할 뿐이기 때문이다. 법의 유효성은 그 법을 원하지 않는 반대하는 소수로부터 영향을 받지 않는다. 법의 내용이 A라면 소수가 원하는 것은 비A이다. 그러나 소수의 투표는 입법적 과정의 본질적인 부분이다. 법규범 A를 제정하는 행위는 의지의 행위들로 구성되어 있고, 그 행위들의 일부(다수)만 A를 자신의 목적으로 삼고, 다른 일부(소수)는 비A를 자신의 목적으로 삼는다.

여기서 우리는 다수의 구성원들이 그 법의 내용을 의지한다(will)고 가정했다. 좀 더 면밀히 검토해보면 이러한 가정은 사실들에 의해서 지탱된 것이 아니라는 점을 알 수 있을 것이다. 의회절차를 잘 알고 있는 모든 사람들은 의원들이 그것의 내용이나 본질적 부분에 대해 잘 알지도 못하고서 법안에 투표하는 일이 가끔 있다는 점을 안다. 그것에 대해 아무런 지식도 없는 것을 의지한다는 것은 불가능하다. 자기 자신 그 내용을 알지 못하는 법안에 투표하는 의원이 실제로 무엇을 의지(will)하느냐는 다른 문제이다. 그것이 법안의 내용이 아니라고 진술하는 것만으로도 여기서는 충분하다. 헌법은 하나의 법안에 찬성하는 모든 사람들이 그 내용을 알고 의지해야 한다는 점을 요구하고 있지 않다. 그들이 그것에 단지 찬성했다는 것으로 충분하다. 법이 광범위하고 복잡하다면, 그 법의 내용을 단지 대단히 소수의 의원들만 알고 있는 경우가 허다하다. 법안에 찬성하는 사람들의 대부분은 그들이 그 조항을 알고 그것들을 원하기 때문이 아니라, 그 법안에 찬성해야 한다는 점을 제안한 사람들과 친한 관계를 가지고 있기 때문에, 혹은 자신들의 당수의 지시를 따르지 않으면 안 되기 때문에 그렇게 한 것이다. 결국 누군가는 그 법의 내용들을 원하고 있음에 틀림없다고 반대 의견을 제시할 수도 있다. 사실 그렇다. 그러나 법의 내용을 알고 원하는 사람들이 헌법에 따라서 자신의 의지를 행사한 그런 사람들이 아닌 경우가 종종 있다.

마지막으로, 어떤 법률은 종종 애매한 말들로 표현되며, 법의 적용기관에서 입법자의 의도와는 다른 방식으로 해석될 수도 있다는 점을 기억하지 않으면 안 된다. 규범이 항상 그 규범의 내용을 자신의 목적으로 삼는 의지의 행위에 의해 만들어진다는 주장은 명백한 허구이다. 규범을 제정하는 사실이 반드시 의지의 그런 행위인 것은 아니다. 그러나 어떤 규범의 "존재"를 주장하기 위해서는 그 규범을 "제정하는" 어떤 사실이 항상 존재하지 않으면 안 된다.

V

규범을 제정하는 사실이 반드시 그 규범의 내용을 자신의 목적으로 삼는 의지의 행위인 것은 아니라는 점은, 법규범이 특수한 기관에 의해서가 아니라 관습에 의해서 만들어지는 경우에 분명하게 드러난다. 관습법의 규범은 사람들로 하여금 관습에 따라 행동하라고 지시한다. 사회단체의 구성원들이 어떤 시대의 어떤 양식 또는 행동을 따랐을 때, 사람들은 이 양식에 따라서 마땅히 행동해야 한다는 확신이 이 집단 내에서 일어난다. 이 경우에 법규범을 생기게 한 행동은 이 규범의 내용을 자신의 대상으로 삼지 않는다. 여기서는 입법자는 존재하지 않으며, 따라서 규범은 입법자의 의지에 귀속되지 않는다. 이 경우에 어떤 행동이 합법적(혹은 불법적)이라는 법률적 가치판단은 간접적으로조차도 의지에 관한 진술로서, 즉 이 행동을 (혹은 그 반대를) 자신의 목적으로 삼는 의지에 관한 진술로서 고려될 수 없다.

그러나 법률적 가치판단은 여기서는 사실의 내용에 관한 다른 진술과 동일한 것처럼 보일 수도 있다. 누군가가 이 경우에 합법적인 방식으로 행동한다는 진술은 그의 동료들이 관습에 따라 행동하는 것처럼 그도 그렇게 행동한다는 것만을 의미하는 것처럼 보일 수도 있다. 가치판단을 사실에 관한 판단에로 환원하려는 이러한 시도는 규범과 규범을 제정하는 사실을 동일시하는 오류 때문에 생겨난 것이다. 사람들이 관습적으로 어떤 방식으로 행동한다는 사실은 사람들이 이런 식으로 행동해야 마땅하다는 규범의 주장 근거가 되는 조건이다. 그러나 사실은 여기서 규범과 동일한 것이 아니다. 이것은 마치 의회가 법안을 통과시킨다는 사실이 국회가 탄생시킨 상응 규범과 다른 것과 꼭 같다. 사람들이 실제로 어떤 식으로 행동한다는 "존재"(is) 규칙은 그들이 그런 식으로 행동해야 마땅하다고 지시하는 "당위"(ought) 규범과 같은 것이 아니다.

마찬가지로 규범은 "존재" 규칙으로부터 논리적으로 연역될 수 없다. 어떤 것이 존재한다는 혹은 일어난다는 사실로부터 그것이 (혹은 다른 것이) 존재해야 혹은 일어나야 마땅하다는 사실이 논리적으로 도출되지 않는다. 자연적 사실은 특히 의지의 행위는 다른 (더 상위의) 규범이 그 결과에 대한 지시를 포함하는 한에서만 규범의 "존재"의 원인이 되는 것으로 간주될 수 있다. 누군가 그 공동체의 구성원들이 규칙적으로 하는 바대로 행동해야 마땅하다는 규범을 우리가 전제하는 한에서만, 채무자가 채권자에게 통상 5% 이익을 보탠 돈을 돌려준다는 사실은 5%의 이익을 지시하는 법규범을 만든다. 전제된 규범은 관습을 규범을 제정하는 사실로 전환시킨다. 이것은 마치 헌법이 입법권을 의회에 주는 것과 같다. 이 규범은 성문헌법의 혹은 불문헌법의 일부, 즉 법을 제정하는 일을 통제하는 규범들의 복합체의 일부임에 틀림없다. 바로 이 규범이 모든 특수한 관습법 규범들의 유효성의 이유가 된다. 그것은 관습법의 체계 내에서 모든 법률적 가치판단의 기초가 된다.

VI

어떤 규범의 유효성의 이유는 다음의 물음, 즉 왜 사람들은 규범이 지시하는 대로 행동해야 마땅한가에 대답을 제공한다. 규범의 "유효성"은 규범의 특수한 존재 양식이기 때문에, 규범의 유효성의 이유는 또한 그 규범의 존재근거가 된다. 규범의 유효성의 이유는 항상 다른 규범이며, 사실이 아니다. 법규범의 존재근거가 되는 사실들, 즉 규범을 제정하는 사실의 있음과 규범을 무효화하는 사실의 없음은 그러므로 규범의 존재근거가 아니다. 그것들은 필요조건(*conditio sine qua non*)이지 선택조건(*conditio per quam*)은 아니다. 하나의 사실이 법규범을 수반하는 일은, 규범의 존재를 이 사실에 근거해서 제정하는 보다 상위의 규범이 존재하는 한에서만, 가능하다. 보다 하위의 법규범은 그것이 보다 상위의 규범의 조항에 따라서 만들어졌기 때문에 유효성을 가진다. 어떤 법규범이 왜 유효한가 물으면, 항상 다른 (보다 상위의) 규범에 의해서라는 답변이 나온다. 상위의 규범은 전자(하위)의 규범을 제정하는 데 규정적 역할을 한다. 즉 전자(하위)의 규범의 존재조건이 되는 사건들을 규정한다.

법규범들이 왜 유효한가의 이유들에 대해 우리의 탐구를 계속한다면, 결국 우리는 마지막 규범, 그것을 제정한 것이 어떤 더 이상의 상위규범에 의해서 규정된 적이 없었던 그런 규범에 도달하게 된다. 하나의 규범의 유효성에 대한 일련의 이유들은 결과에 대한 원인의 계열처럼 무한하지 않다. 하나의 궁극적인 이유, 즉 하나의 기초적인 규범이 존재하지 않으면 안 된다. 이 규범은 하나의 법질서에 속하는 모든 규범들의 유효성의 원천이다. 모든 규범의 존재가 어떤 사실을 조건으로 가짐에도 불구하고, 그 체계의 모든 규범들이 왜 존재하는가, 왜 유효한가의 이유가 되는 것은 어떤 규범이며, 사실이 아니다. 이 점을 통해서 명백히 알게 되는 것은 규범의 조건이 되는 사실과 규범이 동일한 것이 아니라는 점이다.

VII

규범이 입법자의 행위 때문이 아니라 관습 때문에 존재하게 되는 법률영역에 법률적 가치판단의 분석을 적용해볼 때, 동일한 결론에 이르게 된다. 조폭들이 어떤 도시의 모든 나이트클럽 주인에게 어떤 "세금"을 내야한다고 결정을 내렸다고 가정해보자. 협박에 의해 그들은 자신들의 결정을 강제할 수 있다 하더라도, 그 결정은 어떤 법규범도 아니고 따라서 법률적 가치판단의 기초도 될 수 없을 것이다. 법률적 가치판단은 어떤 법규범을 표준으로서 전제하고, 그 법규범은 법적 권위라고 생각되는 사람들에 의해서만 만들어질 수 있다. 이것에 의해 입법체의 구성원들과 범죄 폭력집단 구성원들 간의 차이가 생겨난다. 전자는 법적 권위의 성질을 소유하고 있고, 법규범을 제정하는 능력을 소유하고 있다. 왜냐하면 어떤 법규범 즉 헌법은 이 사람들에게 이런 속성을 부여했기 때문이다. 의회를 통과한 성문법은 그것이 헌법이 지시하는 방식대로 만들어졌기 때문에 유효하다. 헌법의 이 규범은 왜 성문법이 유효한 규범인가의 이유이다. 그리고 이런 의미에서 헌법은 그 성문법이 보여주는 규범들보다 더 상위의 수준에 있는 규범 혹은 일련의 규범들이다. 성문법과 관습법은 헌법에 근거해 있다. 이는 마치 법정의 판정, 즉 법정이 확립한 개개의 규범들이 이들 법에 근거해 있는 것과 같다. 하나의 법규범이 다른 법규범에 "근거"해 있다는 것은 후자가 전자의 유효성("존재")의 이유가 된다는 것을 의미한다.

의회의 입법적 기능은 헌법에 근거해 있다. 범죄 폭력집단의 결정은 그렇지 않다. 그러므로 의회가 세법을 통과시킬 때, 그것은 합법적 행위인 반면, 범죄 폭력집단의 유사한 결정은 불법적 행위이다. 입법자가 만든 법규범은 헌법의 규범들을 전제하며, 이런 방식으로 어떤 행위가 법령에 일치하거나 일치하지 않기 때문에 그 행위가 합법적 혹은 불법적이라는 가치판단은 입법자의 기능이 법적 기능이라는 의미의 가치판단을 전제한다.

이 후자의 가치판단은 입법적 기능과 헌법 간의 관계에 관한 진술이다. 헌법은 관습법의 법령이나 규범과 마찬가지로 인간의 작품이다. 그것은 관습에서 비롯되거나 "헌법의 아버지들"인 어떤 개인들의 의도적 행위에서 비롯된다. 헌법의 규범과 그것을 제정하는 사실 간의 관계는 헌법에 근거하여 확립된 규범과 이 규범을 제정하는 사실들 간의 관계와 같다. 헌법을 제정하는 행위는 규범을 제정하는 행위와 마찬가지로 보다 높은 규범에 의해 권한을 부여받음에 틀림없다. 법령은 헌법이 권한을 부여한 사람들에 의해서 만들어졌기 때문에 유효하다. 헌법은 우리가 이미 보았던 것처럼 법령이 왜 유효성 혹은 규범적 존재를 가지게 되는가의 이유이다. 그렇다면 헌법은 왜 유효성을 가지게 되는가? 왜 우리는 "헌법의 아버지들"이 결정했던 규범들이 구속력을 가진다고 생각하는가? 어떤 원천에서 헌법은 자신의 유효성을 혹은 자신의 규범적 존재를 얻게 되었는가? 헌법 그 자체의 존재 또는 유효성은 어떤 규범에 근거해야 한다. 그 규범은 다른 규범 외에 어떤 것으로부터도 자신의 유효성을 획득할 수 없다. "당위"는 항상 다른 "당위"로부터 연역되지 않으면 안 된다. 그것은 결코 단순한 "존재"(is)로부터 나오지 않는다.

헌법에 유효성을 부여하는 규범은 이전의 헌법일 수도 있으며, 이 경우 이 이전의 헌법조항에 따라서 새 헌법이 확립되었다. 그런 일련의 헌법들에서 하나는 역사적으로 첫 번째 헌법이지 않으면 안 된다. 그리고 이 첫 번째 헌법의 "아버지"들에게 그들의 권위를 준 규범, 즉 우리로 하여금 그들이 결정한 대로 마땅히 행동하도록 만든 규범은 그 자체 어떤 입법적 행위에 의해서 만들어지는 실정법 규범일 수는 없다. 그것은 첫 번째 헌법의 확립을 고려한 사람들이 전제하고 있는 규범이며, 이 사람들은 이 규범에 따라서 수행한 행동들을 법을 제정하는 행동이라고 생각한다. 법 과학은 법학사상에 대한 분석을 통해서 이런 존재를 드러낸다. 이 분석의 귀결은 다음의 진술이다. 역사적으로 첫 번째의 헌법이 그리고 이 헌법에 기초해서 나온 규범들이 법적으로 구속력 있는 규범으로 간주되기 위해서는, 우리는 역사적으로 첫 번째인 헌법에 따라서 행동해야 마땅하다는 취지를 가진 하나의 규범이 전제되지 않으면 안 된다. 이 규범은 한 국가의 법질서의 기본규범이다. 우리는 이 규범(그것은 실정법의 규범이 아니다)을 전제하는 한에서만 법적으로 구속력을 가진 질서에 대해서 이야기할 수 있기 때문에, 그것을 가설적 규범(a hypothetical norm)이라 부를 수 있다. 이 기본적인 규범은 주어진 국가의 법질서의 틀 안에서 가능한 모든 법률적 가치판단의 기초가 된다.

VIII

그리하여 한 국가의 법질서는 법규범들의 계층적(hierarchical) 체계이다. 총체적으로 단순화한 형식으로 그려보면, 다음의 그림이 나타난다. 가장 낮은 단계는 법을 적용하는 기관 특히 법정에 의해 만들어진 개별 규범들로 구성된다. 이들 규범은 입법자가 만든 일반규범인 법령에 의거하며, 또한 그 다음의 보다 높은 법질서를 형성하는 관습법의 규칙에 의거한다. 이들 법령과 관습법의 규칙들은 또한 실정규범의 체계로서 고려되는 최고 높은 단계의 법질서를 이루는 헌법에 의존한다. "실정" 규범들은 사람들이 만든 규범들이다. 보다 낮은 단계에 속하는 규범들은 자신의 유효성을 다음 단계의 보다 높은 단계에 속하는 규범들로부터 획득한다. 만약 우리가 국제법을 국내법보다 높은 법질서라고 생각할 마음이 없다면, 한 국가의 헌법은 한 국가의 법질서 내에서 최상의 단계를 나타낸다. 그렇다면 헌법의 규범들은 실정법 규범에서 자신의 유효성을 획득하는 것이 아니라 법학사상, 즉 가설적 기본규범에 의해 전제된 어떤 규범으로부터 자신의 유효성을 획득한다.

법률적 가치판단은 법규범들의 성층(成層)에 상응하는 성층을 보여준다. 모든 법률적 가치판단은 인간의 행위와 법규범 간의 관계를 주장하기 때문에, 이들 판단은 법규범의 체계와 같은 구조를 드러내는 체계를 이룬다. 법률적 가치판단은 법질서에 종속한 사람들의 행동에 관계할 수도 있고, 아니면 규범을 만들고 규범을 적용하는 기관의 행동에 관계할 수도 있다. 법에 종속한 사람들의 행위는 법정(그리고 법을 적용하는 다른 기관)에 의해서 확립된 개별규범들에 따라서 판정을 받을 수도 있고, 혹은 법정(그리고 법을 적용하는 다른 기관)으로 하여금 결정을 내리도록 하는 이른바 근거가 되는 법 안에서 구현된 일반규범에 따라서 직접적으로 판정을 받을 수도 있다. 따라서 법을 따르는 사람들의 행동이 합법적(혹은 불법적)이라는 진술은 이런 행동이 법정의 판결에 일치(혹은 불일치)한다는 것을 의미하거나 아니면 그런 행동이 사법적 판결의 기초가 되는 법령이나 관습법의 규칙에 일치(혹은 불일치)한다는 것을 의미한다.

사법적 판결이 합법적이라거나 불법적이라고 판정내리는 가치판단은 법률적 결정과 법령 간의 혹은 관습법의 규칙 간의 관계에 관련되어 있다. 가치판단은 사법적 판결이 법령이나 관습법의 규칙과 일치(혹은 불일치)한다고 주장한다. 이미 언급되었지만, 법을 따르는 시민들의 행동의 합법성을 주장하는 가치판단도 또한 이런 의미를 가질 수도 있다. 입법적 행동이나 관습이 합법적이라고(적법하다고) 하는 가치판단은 그것이 입법기관이나 관습에 법을 제정하는 힘을 부여한 헌법에 일치한다는 것을 의미한다. 마지막으로, 헌법 혹은 좀 더 정확하게 이야기하면 헌법을 확립한 행위가 적법한가 하는 문제, 따라서 헌법이 법적으로 구속력을 갖는 규범(법적으로 구속력을 갖는 일련의 규범들)이냐 하는 문제가 생겨난다. 명백한 점은 이런 취지의 가치판단은 헌법이 관련 국가의 역사적으로 첫 번째인 헌법이 아닌 한에서 가능하다는 사실이다. 그렇다면 그 가치판단은 헌법의 확립이 그것의 변경에 관해서 이전의 헌법의 조항과 일치하거나 일치하지 않는다는 것을 의미한다. 그러나 그러한 가치판단은 역사적으로 첫 번째인 헌법의 확립에 관해서는 가능한가? 분명한 점은 만약 우리가 첫 번째 헌법의 제정이 적법한 것이라고 가정하지 않는다면, 우리는 의회의 입법적 기능이나 관습에 의한 법의 제정이 적법한 것이라고 주장할 수 없게 된다는 사실이다. 그렇다면 또한 우리는 법정의 합법적 결정이나 불법적 결정을 구별할 수 없게 된다. 마지막으로, 또한 우리는 법에 종속된 시민의 행동이 합법적인가 불법적인가를 판정할 어떤 표준도 가지지 못하게 될 것이다. 첫 번째 헌법의 제정이 적법한 것이라는 가치판단은 다른 모든 법률적 가치판단의 필연적 기초가 되는 셈이다.

IX

첫 번째 헌법의 제정이 적법하다는 가치판단은 그것을 제정했던 개인들에게 어떤 규범이 그렇게 해도 좋다는 어떤 권위를 부여했음을 의미한다. 우리가 국내법의 경계를 넘어서지 않는다면,[3] 우리는 그러한 기능을 수행하는 어떤 실정법 규범도 발견할 수 없을 것이다. 이미 보았던 것처럼 그것은 의지의 행위에 의해 제정된 규범이 아니라 법학 사상 속에 전제된 규범이다. 어떤 실정법 규범의 "존재"를 주장하고 법률적 가치판단을 내릴 수 있기 위해서 우리는 그러한 규범을 요청해야 한다. 이 결론은 예컨대 가끔 행해지는 것처럼 "헌법의 아버지들"의 권위를 신의 의지에까지 올라감으로써 회피될 수 있는 것은 아니다. 그렇게 하는 것은 헌법의 유효성을 추정된 사실, 즉 신은 헌법의 발기인들에게 그들의 권위를 부여했다는 추정된 사실에 토대를 둔다는 것을 의미한다. 이러한 신의 명령은 또한 규범인데, 이는 초월적 규범이다. 왜냐하면 그것은 인간의 경험의 범위 바깥에 있기 때문이다. 그러나 또한 "실정적"이다. 왜냐하면, 종교적 신념에 따르면, 그것은 초인간적인 의지의 행위에 의해서 제정되었기 때문이다. 이러한 "실정적" 규범은 우리가 사람들로 하여금 신의 명령을 준수하게 할 규범을 전제하는 한에서만 유효한 것으로 인정될 수 있다. 그러나 그것은 어떤 행위에 의해서, 그것이 인간의 행위든 혹은 인간을 초월한 행위든 간에, 결코 제정된 것이 아닌 규범이며, 단지 인간 정신이 요청한 규범일 뿐이다. 사람들이 헌법 발기인들의 권위를 형이상학적으로 설명하는 것을 받아들이지 않는다면, 여기서 가설적인 기본규범으로서 제시된

3) 국제법의 규범과 이 법과 국내법의 관계에 관한 법률적 가치판단에 대해서는 여기서 특별히 언급하지 않을 것이다.

적이 있었던 규범에서 멈추지 않으면 안 된다.

X

사실상 이 기본적인 규범은 법 공동체의 어떤 기관에 의해서도 보다 상위의 규범의 조항에 따라서 제정되지 않는다. 그것은 법학사상에서 만들어진 가정이지만, 결코 자의적으로 만들어지지는 않는다. 법학사상을 분석해보면 법학자는 헌법 위에 근거한 법질서가 유효할 때에만 그 헌법을 유효하다고 생각한다는 점을 알 수 있다. 이것은 유효성(effectiveness)의 원리이다. 법질서가 "유효"하다는 것은 이 질서의 기관과 그 질서를 따르는 시민들이 대부분 그 질서의 규범들에 따라서 행동한다는 것을 의미한다. 질서는 이런 저런 규범이 어떤 경우에, 즉 그것 자체의 의미를 따를 경우 마땅히 적용되어야 혹은 지켜져야 하는 경우에, 적용되지 않거나 지켜지지 않는다 하더라도 유효할 수 있다. 이 원리는 법학자들에 의해 가정되는데, 이때 이들은 최초의 헌법을 확립했던 행위를 규범을 제정하는 행위로, 헌법을 적법한 규범으로 해석한다. 이 원리의 귀결로서 헌법은, 이 헌법에 근거해서 제정된 법질서가 전체로서 유효한 한, 합법적 권위를 가지고 탄생한다. 유효성의 원리는 법학사상이 일련의 규범들을 한 특정한 국가의 유효한 헌법으로서 인정할 때마다 가정하게 되는 일반적이고 기본적인 규범의 역할을 한다. 이 규범은 다음처럼 정식화될 수 있다. 즉 사람들은 전체로서의 어떤 법질서가 유효한 한 이 법질서에 따라서 행동해야 마땅하다. 이것을 구체적인 법질서 즉 어떤 특정한 국가의 국내법에 적용해보면, 그 규범은 이 규범적 체계의 기본규범의 역할을 한다. 어떤 헌법이 유효하다는 가치판단은, 즉 헌법의 제정이 적법한 행위라고 하는 가치판단은 그것이 이 일반적 기본규범과 일치한다는 것을 의미한다.

유효성의 원리가 실제로 법학자에 의해서 전제되고 있다는 사실은 혁명에 대한 법학적 해석에서 가장 분명하게 드러날 것이다. 혁명은 하나의 헌법이 그것 자신의 법조항에 의해서가 아니라 강제에 의해서 대체된다는 사실 속에서 성립한다. 법학자들의 견해에 따르면 지난 헌법으로부터 그것의 유효성, 즉 그것의 법적 존재를 박탈하는 것은 정확히 말해서 그것이 자신의 유효성을 상실했다는 사실, 즉 그것이 유효성의 원리를 확립한 일반적이고 기본적인 규범에 상응하는 일을 멈추었다는 사실이다. 그리고 새 헌법은 그것이 유효하게 될 때만, 즉 이 원리에 상응할 때만 유효한 것으로 간주된다. 혁명을 통해서 권력을 가지게 된 그리고 새 헌법을 공포한 정부는 새 질서에 유효성을 부여할 수 있을 때에만 합법적 권위를 가진다.

XI

유효성의 원리는 분절된 법규범에 관계하는 것이 아니라 주로 전체로서의 법질서에 관계한다. 분절된 법규범은 그것이 개개의 경우에 유효성을 입증하지 않더라도 "유효"할 수 있다. 재판관이 도둑을 처벌하는 법규범은 그가 실제로 그 도둑을 처벌할 경우 유효하다. 도둑을 처벌하지 않는 재판관이 불법적으로 행동했다는 가치판단은 법규범이 유효하지 않을 때에만 가능하다. 분절된 법규범의 유효성은 그것이 유효하기 위한 조건일 수 없다. 왜냐하면 그렇지 않다면 부정적 법률적 가치판단, 즉 어떤 행동은 불법적이라는 취지의 판단은 결코 가능하지 않을 것이기 때문이다. 그러나 특정한 법규범이 영속적으로 유효하지 않은 채로 남아 있게 된다면, 그 규범은 관습의 철퇴(*desuetudo*), 즉 말하자면 부정적 관습에 의해서 유효성을 잃게 된다.

다른 한편, 분절된 법규범은 헌법이 유효한 한에서만 유효할 수 있다. 모든 법규범의 유효성이 근거하고 있는 것은 헌법이다. 헌법은 일반적이고 기본적인 규범에 따르면 전체 법질서가 유효한 한에서만 유효하다. 법질서의 전체로서의 유효성은 따라서 그 질서에 속한 각각의 상이한 규범들의 유효성의 조건이 된다.

따라서 실정법 규범의 존재는 다음을 전제한다. (1) 그 규범이 속해 있는 전체적인 법질서의 유효성. (2) 규범을 "제정하는" 사실이 존재함. (3) 그것을 "무효화"하는 어떤 규범도 존재하지 않음.

어떤 법률적 규범과 어떤 행위가 일치한다거나 일치하지 않는다고 주장하는 법률적 가치판단은 이 규범의 존재에 대한 주장을 함축하고 있다. 언급된 것처럼, 어떤 규범의 존재, 그것의 유효성은 사실의 존재와는 다른 것이다. 이러한 차이는 항상 염두에 두어야 한다. 그러나 법규범의 존재가 어떤 사실들에 의해 제약되기 때문에, 그것은, 간접적으로 이들 사실, 즉 그 규범이 속해 있는 전체적인 법질서의 유효성과 규범을 "제정하는" 사실의 있음이라는 사실들을 적시함으로써 객관적인 방식으로 검증될 수 있다. 적법성을 주장하는 가치판단에 관한 한 혹은 같은 말이지만 역사적으로 첫 번째인 헌법이 전제된 기본적 규범, 즉 유효성의 원리와 일치한다고 주장함으로써 그 헌법이 유효하다고 주장하는 가치판단에 관한 한, 그 판단은 이 규범을 제정하는 행위가 있다는 점을 적시하는 방식에 의해서는 검증될 수 없다. 그러나 그 가치판단은 헌법과 일치하도록 확립된 법질서의 유효성을 적시함으로써 검증될 수 있다. 왜냐하면 이 유효성은 객관적으로 검증 가능한 사실이기 때문이다.

법률적 가치판단의 그런 객관적 검증이 가능한 한, 법률의 가치는 객관적 가치가 된다.

XII

규범이론이 이해하고 있는 바의 법률의 가치는 다른 의미에서도 객관적이다. 이 이론에 따르면 가치 있는 대상은 모든 사람에게 가치가 있다. 다른 한편 이 관심이론에 따르면 하나의 대상은 그 대상에 관심을 가지는 사람, 이 대상을 (혹은 그 반대를) 원하거나 의지하는 사람에게만 가치가 있다. 만약 규범이론이 주장하고 있는 것처럼, "합법적" 그리고 "불법적", "적법한 그리고 적법하지 않은"과 같은 법률의 가치들이 어떤 행동과 법규범 간의 관계 속에 놓여 있다면, 하나의 행동은 어떤 개인에게만 유효한 것이 아니다. 예컨대 그 행동은 한 개인 주체에게만 유효한 것이 아니다. 혹은 자신의 의지의 행동에 의해서 법규범을 제정하는 (어떤 규범이 그런 방식으로 제정되는) 개인에게만 유효한 것이 아니다. 어떤 행동은 "모든 사람에게"에게 합법적이거나 불법적이다. 이는 어떤 사물이 "모든 사람에게"에게 공기보다 더 무겁거나 더 가벼운 것과 같은 것이다.4)

---

4) 때로는 어떤 대상이 어떤 목표 혹은 목적을 위한 적절한 수단이라고 주장하는 판단은 가치판단이라고 말해진다. 여기서 "가치"는 수단과 목적 간에 존립한다. 이 관계는 원인과 결과 간의 관계이기 때문에, "가치"는 여기서는 완전히 객관적인 자연에 대한 가치이다. 대상은 그것이 목적으로 간주되는 어떤 결과를 낳는 데 적합하다면 "목적적"이다. 그 대상이 적합한지 어떤지 하는 것은 객관적으로 확립될 수 있다. 그것을 확립하는 것은 순수 사실판단이다. 어떤 것이 어떤 목적으로서, 즉 그 자신 더 이상의 목적을 위한 수단이 될 수 없는 궁극적 목적으로서 인정되어야 마땅한 판단은 어떤 것이 어떤 목적을 위한 적절한 수단이라는 판단과는 완전히 다르다. 이러한 판단은 규범의 주장을 함축하고 있다. 이러한 규범의 존

법률이 지니는 가치의 객관성은 그것의 존재가 법규범의 존재(즉 유효성, "당위")를 함축하는 그 범위에 한정되어 있으며, 이것은 또한 기본적인 규범의 전제에 근거하고 있다. 이러한 전제는 사실상 어떤 객관적으로 검증 가능한 사실이 존재한다는 조건에서만 만들어질 수 있다. 이 기본적인 규범을 당연한 것으로 받아들이게 될 때, 우리는 전제된 기본적 규범에 근거한 법률적 가치판단을 객관적인 검증에 맡길 수 있는 것이다. 그러나 기본적인 규범을 전제할 필연성은 존재하지 않는다. 우리는 법규범에 따라서, 즉 어떤 인간행동에 암시되어 있는 의미에 따라서 사람들의 행동을 해석하지 않을 수도 있다. 우리가 "법질서"라 부르는 규범들의 체계는 해석의 가능적 도식이기는 하겠지만 필연적 도식은 아니다. 아나키스트는 "합법적" 행동과 "불법적" 행동, "법적 의무"와 "법적 권리" 혹은 "불법"에 대해서 이야기할 것이다. 그는 사회적 행동을 단지 과정, 즉 이것에 의해서 우리가 다른 사람들에게 자신의 욕구나 관심에 따라서 행동하도록 강요하는 과정으로만 이해할 것이다. 아나키스트는 규범적 가치이론을 거부하고 단지 관심이론만을 받아들일 것이다. 한 마디로 말해서 그는 기본규범, 즉 우리가 어떤 인간행위 안에 포함된 의미에 따라서 행동해야 한다고 명령하는 규범을 전제하기를 거부할 것이다.

XIII

이것이 바로 어떤 규범, 즉 "당위"의 관념이 단지 이데올로기적이라고 주장하는 것이 어떻게 해서 가능한가의 이유이다. 이데올로

재가 객관적으로 검증될 수 없다면, 그 판단은 주관적인 가치판단이다.

기적 개념은 실재를 기술하고 설명하는 기능과는 다른 기능을 수행한다. 우리가 법률을 복합적 규범들, 따라서 이데올로기로서 이해한다면, 이 이데올로기는, 이 이데올로기가 어떤 실재의 사실에 대응하는 것인 한에서, 다른 이데올로기, 특히 형이상학적인 이데올로기와 다르다. 법규범이 자연적 사실과 결코 동일한 것이 아님에도 불구하고, 법규범의 존재는 어떤 객관적으로 검증 가능한 사실들에 의존한다. 법규범의 체계가 이데올로기라면, 그것은 일정한 사실들과 평행선을 긋는 이데올로기이다.[5] 이 실재는 전체로서의 체계의 유효성에 존립하며, 특수한 규범들의 제정이나 무효화를 이루는 사실들에 존립한다. 이 실재는 "사회적"이라는 지칭어가 이 실재는 규범적 이데올로기의 빛 속에서 해석된다는 것을 전제한다는 점을 우리가 염두에 둔다면 사회적 실재라 부를 수 있겠다. 이 사회적 실재는 가끔은 법과 대립되는데, 이는 "권력"이 규범에 대립되는 것과 같다. 이런 의미에서 법률은 어떤 역사적으로 주어진 권력의 특수한 이데올로기라 생각될 수도 있겠다. 이 권력은 통상 국가와 동일시된다. 국가는 법 "배후에 있는" 권력이라고 말해진다. 법과 국가라는 이 이원론은 가끔은 사회적 현실과 이 현실에 의해 제약되고 규정된 이데올로기라는 이원론의 표현이다.

XIV

정의의 가치는 법의 가치와 동일한 본성을 가지고 있지는 않다.

---

5) 이데올로기와 현실 간의 이 평행론은 심리적 · 물리적 평행론과 유사하지만, 마르크스주의자들이 가정한 "초구조"(superstructure)와 사회적 (경제적) 현실 간의 평행론과 완전히 다르다. 나의 다음 저서를 참조할 것. *The Communist Theory of Law* (New York: Frederick Praeger, 1955), 1 쪽 이하.

우리는 법질서나 특수한 법적 제도를 정의로운 혹은 정의롭지 않은 것으로 평가할 때, 음식 접시를 "좋은" 혹은 "나쁜"이라고 할 때와 다른 것을 말한다. 후자는 우리가 고상하거나 고상하지 않게 여긴다는 것을 의미한다. 법적인 제도가, 예컨대 노예제도나 사유재산제도가 정의롭다거나 정의롭지 않다고 하는 진술은 누군가가 이런 제도에 관심을 가진다거나 그 반대의 제도에 관심을 가진다는 것을 의미하는 것은 아니다. 관심이론은 이런 종류의 진술이 표현하고자 의도하는 것에 대한 올바른 분석을 제공하지 못한다. 관심이론의 진술은 그 진술을 하고 있는 사람이 그 유효성을 전제하고 있는 규범에 문제시되는 제도가 상응하거나 그렇지 않다는 것을 의미한다. 어떤 것이 정의롭다거나 정의롭지 않다고 진술하는 판단은 객관적 가치를 긍정하는 주장을 하고 있는 것이다.

실제로 정의의 표준으로 사용되는 규범은 개인에 따라서 달라지고 가끔은 서로 대립하기도 한다.[6] 예를 들면 자유주의자는 자유를 정의의 이상으로 간주하는 (즉 모든 사람이 자유를 만끽해야 한다는 규범을 믿는) 반면에, 사회주의자는 평등에서 이상을 본다(즉 모든 사람은 동일한 경제적 안녕을 즐겨야 한다는 규범을 믿는다). 이 두 가지 이상의 동시적인 실현이 가능하지 않다는 점이 발견될 때, 자유주의자는 평등을 희생시키더라도 자유를 선호하고, 사회주의자는 자유를 희생시키더라도 평등을 선호한다. 자유주의적 관점에서 바라볼 때의 정의로운 사회적 질서는 사회주의적 관점에서 바라본다면 정의롭지 않다. 정의의 적절한 규범이 존재하는 개인에게만 무언가가 정의롭거나 정의롭지 않다. 그런데 이러한 규범은 이런 저런 이유로 인해 그 규범이 명령하는 것을 원하는 사람에게만 존재한다.

---

6) 이 책 제1장「정의란 무엇인가?」11 쪽 이하를 참조할 것.

자유주의와 사회주의는 결코 유일한 정의의 이상이 아니다. 정의의 규범은 파시스트와 제국주의에게는 다른 의미를 가지고, 국가주의자와 국제주의자에게는 다른 의미를 가지며, 종교적 믿음을 가진 사람과 무신론자에게는 다른 의미를 가진다. 원시인은 문명인과 다른 정의의 개념을 갖는다. 정의의 규범을 유일한 방식으로 규정하는 것은 불가능하다. 사회제도가 정의롭다거나 정의롭지 않다고 말하는 것은 궁극적으로는 개인의 관심의 표현이다. 그러나 그것은 그가 의식하고 있지 못하는 것이다. 그는 정의의 존재가 인간의 의지와는 무관하다고 주장한다. 이런 식으로 객관성을 주장하는 것은 정의의 관념이 "자연법"의 형식 하에 있을 때 특히 분명하게 나타난다.[7] 자연법론에 따르면, 정의의 규범은 자연, 인간이나 사물의 자연[본성] 안에 내재해 있다. 그리고 인간은 이러한 규범을 단지 이해할 수 있을 뿐이며, 그것을 제정하거나 그것에 영향을 미칠 수 없다. 이 이론은 주관적인 관심의 객관화로 인해 생긴 전형적인 환상에 불과하다.

이런 의미에서 관심이론은 실로 정의의 가치에 적용될 수 있다. 이러한 가치들은 사실상 관심과의 관계 속에 존립하고 있지 규범과의 관계 속에 존립하고 있지 않다. 그러나 판정하는 사람이 마음속에 생각하는 의견과는 반대되는 이 규범은 객관적인 것은 아니고 이 사람의 주관적인 관심에 달려있는 것이다. 따라서 정의의 하나밖에 없는 표준은 존재하지 않는다. 실제로 우리가 발견하게 되는 것은 서로 다르며, 가끔은 충돌하는 이상들이다.

그러나 단지 하나의 실정법이 존재한다. 혹은 우리가 여러 국가의 법질서의 존재를 고려한다면[8] 각각의 영역에는 단지 하나의 실

---

7) 이 책 제5장의 「과학의 법정에 선 자연법론」 215 쪽 이하를 참조할 것.
8) 규범적인 법학이론에 관점에서 보면 단지 하나의 법질서가 존재한다. 즉

정법이 존재한다. 그것의 내용은 분명히 어떤 객관적인 방법에 의해서 확인될 수 있다. 법의 가치들의 존재는 객관적으로 검증 가능한 사실들에 의해 제약된다. 실정법의 규범들에 상응해서 특정한 사회적 실재가 존재하지만, 정의의 규범들의 경우는 그렇지 않다. 이런 의미에서 법의 가치는 객관적인 데 반해서, 정의의 가치는 주관적이다. 이것은 비록 때로는 대다수의 사람들이 동일한 정의의 관념을 가질 때도 참이다. 법률적 가치판단은 사실들에 의해 객관적으로 시험을 거칠 수 있는 판단들이다. 그러므로 법률적 가치판단들은 법 과학 안에서 인정될 수 있다. 그러나 주목해야 할 사실은 구체적인 경우에서 일정한 행동이 적법한지 어떤지의 문제는 법 과학에 의해서가 아니라 합법적인 법적 권위에 의해 결정되어야 한다는 점이다. 정의의 판단은 객관적으로 검증될 수 없다. 그러므로 법 과학은 그런 판단들에 개입할 여지가 없다. 정의의 판단들은 도덕적 혹은 정치적 가치판단들이며, 법률적 가치판단과는 대립되어 있다. 그 판단들은 객관적 가치를 표현하고자 한다. 그것들의 의미에 따르면 이들 판단이 관계하는 대상은 모든 사람에게 가치 있는 것이다. 그 판단들은 객관적으로 유효하다고 주장하는 규범을 전제로 한다. 그러나 이 규범의 존재와 내용은 사실들에 의해서 검증될 수 없다. 그것은 판단을 내리는 주관이 원하는 바에 따라서만 규정된다.

법학 내에서 나타나는 가치판단에 대한 이 탐구는 일반 가치이론에 대해 중요한 의미를 갖는 다음의 귀결을 확립하는 것처럼 보인다. (1) 가치는 반드시 관심과 관계를 갖는 것은 아니다. 또한 가치

국제법과 그것에 근거해 있는 여러 국내법의 질서를 포함하는 그런 법질서만 존재한다. 이 책 제11장「순수법학과 분석법학」432 쪽 이하를 참조할 것. 또한 나의 다음 저서를 참조할 것. *General Theory of Law and State* (Cambridge: Harvard University Press, 1945), 328 쪽 이하.

는 규범과의 관계 속에서 존립한다. (2) 규범("당위")의 개념은 어떤 현상의 기술을 위해서는 불가결한 것이다. 그것은 어떤 형이상학적 함의도 가지지 않는다. 그것은 법학적 그리고 무언가 그것과 관계를 맺는 "규범적" 사고의 범주이다. (3) 어떤 대상이 가치를 가진다는 주장이 대상과 관심의 관계를 주장한다면, 그것은 실재에 관한 진술이다. "가치판단"에 관한 술어상의 진술과 다른 진술을 구별할 하등의 이유가 없다. 실재에 관한 진술과는 본질적으로 다른 진술이라는 의미에서 "가치판단"은 대상과 규범, 즉 이 진술을 하는 사람이 그것의 존재를 전제하는 이 규범 간의 관계를 주장한다. 규범의 의미는 "존재"(is) 와 대비되는 "당위"(ought) 로서 이해된다. 이때 가치판단은 동시에 평가행위이다. (4) 가치는 그것의 대상이 이 대상에 대해 관심을 갖는 사람들에게만 가치 있다는 의미라면 주관적이다. 그것은 가치의 표준인 규범이 그것의 존재와 내용에서 이 규범을 전제하는 사람의 관심에 의해서만 규정되는 경우이다. 가치는 그것의 대상이 모든 사람에게 가치 있는 것이라면 객관적이다. 이것은 가치의 표준인 규범이 그것의 존재와 내용에서 객관적으로 검증 가능한 사실들인 경우이다.

9. 특수한 사회기술(技術)로서의 법

■ ■ ■

출처. "The Law as a Specific Social Technique," *The University of Chicago Law Review*, Dec., 1941.

I. 법적 기술의 본질 — 직접적 동기화와 간접적 동기화의 사회기술

인간이 함께 살아간다는 것은 그들의 상호행동이 통제된다는 사실에 의해 설명된다. 개인들이 함께 살아가는 것은, 그 자체로는 생명학적 현상이지만, 통제된다는 그 사실에 의해서 사회적 현상이 된다. 사회는 질서를 이루면서 함께 살아가는 것이고, 좀 더 정확하게 이야기하면 사회는 더불어 살아가는 개인들에게 질서를 부여하는 것이다.

모든 사회질서의 기능은 개인들의 상호행동을 낳는 것이고, 그들로 하여금 어떤 적극적 혹은 소극적 행동, 즉 어떤 행동의 자제를 낳게 유도하는 것이다. 개인에게 이 질서는 이 개인이 다른 개인과 관계를 맺으면서 어떻게 행동해야 하는지를 규정하는 복합적 규칙으로서 나타난다. 그런 규칙들을 규범이라 한다.

사회적으로 바람직한 행동을 낳는 방법에 따라서 사회질서는 여러 가지 유형으로 나누어질 수 있다. 이러한 유형들은, 여기서 제시되는 것은 이념적 유형들인데, 개인으로 하여금 바람직하게 행동하도록 하는 질서에 의해 마련된 특수한 동기화라는 특징을 가진다. 동기화는 직접적일 수도 간접적일 수도 있다. 질서는 준수했을 때는 일정한 이익을 주고, 준수하지 않았을 때는 일정한 불이익을 줄 수 있다. 이익의 약속에 대한 욕구를 행동의 동기로 만들 수도 있고, 불이익의 위협 대한 두려움을 행동의 동기로 만들 수도 있다. 질서에 일치하는 행동은 질서 그 자체에 의해 제공되는 제재에 의해서 성취된다. 사회적 삶에 기본적인 상벌의 원리는, 즉 응보원리는 질서를 지키는 행위에 대해서는 약속으로서의 이익을, 질서를 어기는 행위에 대해서는 위협으로서의 불이익을 각각 제재로서 결합시킨다.

그러나 복종에 대해 보상의 약속을 하지 않더라도, 불복종에 대해 불이익의 위협을 가하지 않더라도, 즉 제재를 명령하지 않더라도, 질서의 요구가 개인에게 그렇게 행동하는 것이 이익이 된다고 느끼게 할 수도 있다. 그래서 이 행동을 하라고 명령하는 규범이라는 단순한 표상도 규범에 따른 행위의 동기가 되기에 충분하다. 현실사회에서 직접적 동기화라는 이 유형이 순수형태로 발견되는 일은 거의 없다.

첫째로, 규범을 표상하는 것만으로 동기화에 충분하다고 생각하여 자신의 행동을 직접적으로 통제할 만큼 호소력을 지닌 규범이란 거의 없다. 둘째로, 개인의 사회적 행동은 항상 가치판단, 즉 질서에 따른 행동은 "선"하며, 질서에 반대되는 행위는 "나쁘다"는 관념을 수반한다. 그러므로 질서에 순종하는 것은 통상 동료들의 칭찬과 연결되며, 질서에 순종하지 않는 것은 동료들의 비난과 연결되어 있나. 실서에 따르거나 질서에 반하는 개인의 행동에 대한 집단의 이러한 반작용의 결과는 질서의 제재로 나타난다. 실재론적 관점에서 보면 그 실효성이 제재에 의존해 있는 사회질서와 그렇지 않은 사회질서 간에 결정적인 차이는 없다. 모든 사회질서는 질서를 준수하거나 준수하지 않는 그 구성원들의 행동에 대한 공동체의 특수한 반작용에 의해 어쨌든 "제재된다". 이것은 제재 없는 규범에 의해서 직접적으로 동기화되는 유형에 가장 가까이 있는 매우 발달된 도덕체계에 대해서도 참이다. 유일한 차이는 어떤 사회질서는 그 자체 일정한 제재를 제공하는 반면, 다른 사회질서에서는 그 질서가 제재를 명확히 표현하지는 않지만 공동체의 자율적 반작용 안에서 그 제재가 성립한다는 것이다.

사회질서에 의해 제공되는 제재는 그 자체 초월적인, 즉 종교적인 특성을 가지고 있을 수도 있고 아니면 사회 내재적인 특성을 가지고 있을 수도 있다.

첫 번째 경우에는, 질서가 제공하는 제재는 이익이나 불이익에서 성립하고, 이 이익이나 불이익은 초인간적 권위, 즉 크든 작든 신과 같은 특징을 가진 존재에 의해서 개인에 적용된다. 개인들이 종교적 발전의 시초에 초인간적인 존재들에 대해 가지고 있는 생각에 따르면, 이들 존재는 현세와 다른 내세에서 존재하는 것이 아니라, 인간을 둘러싼 자연 속에서 인간과 밀접하게 결부되어 있다. 현세와 내세라는 이원론은 원시시대의 인간에게는 여전히 알려져 있지 않다. 그의 최초의 신들은 아마도 죽은 자의 영혼, 특히 나무 · 강 · 바위, 특히 동물에서 살고 있는 죽은 조상들의 영혼일 것이다. 사회질서 위반에 대해서는 죽음 · 병 · 사냥에서의 불운의 벌을 주고, 마찬가지로 그 질서의 준수에 대해서는 장수 · 건강 · 사냥에서의 행운의 보상을 줌으로써, 이 원시사회의 질서를 유지하는 일을 보장하는 것은 바로 이들 영혼이다. 실로 응보는 신으로부터 나오지만, 그것은 현세에서 실현된다. 왜냐하면 원시인들은 자연이 응보 원리에 따른다고 설명하고 있기 때문이다. 추측컨대 가장 초기의 사회질서는 종교적 성격을 가진다. 원래 초기의 사회질서는 종교적 제재만을 알고 있었다. 즉 초인간적 권위로부터 나오는 제재만을 알고 있었다. 뒤로 가면서 적어도 보다 좁은 집단 그 자체 안에서 초월적 제재와 함께 사회 내재적인, 즉 사회적으로 조직된 제재가 나타나게 되었고, 개인은 사회질서의 명령에 따라서 행동해야 했다. 집단 사이에는 정의롭지 못한 것으로 생각되는 그리고 다른 집단의 일원에 기인하는 위해에 대해서 혈족에 의한 복수(blood revenge)가 매우 초기부터 나타났다.

이런 반작용을 일으키는 집단은 혈연에 기초를 두는 공동체이다. 반작용은 살해된 사람의 영혼에 대한 두려움에 의해 유발된다. 죽은 자의 영혼은 살해자가 다른 집단에 속하는 경우 자신의 힘으로 살해자에 대해 복수할 수 없다. 그렇게 사회적으로 조직된 제재는 그 자체 초월적 제재에 의해서 보장된다. 친족을 죽음에 이르게 한 살해자나 그의 집단에 대해 복수하지 못하는 사람은 죽은 자에 의해 병과 죽음으로 위협받게 된다. 혈족에 의한 복수는 가장 초기의 사회적으로 조직된 제재인 것처럼 보인다. 원래 그 복수는 부족 간에 이루어진다는 특성을 가졌었다는 점은 주목할 만한 가치가 있다. 사회 공동체가 혈연관계에 기초한 여러 집단을 포함하고 있을 때만, 혈족에 의한 복수는 부족 내부의 제도가 되었다.

종교 발전이 계속 되면서, 신은 현세와 매우 다른, 현세와 아주 멀리 떨어진 영역에 관계하고 있는 것으로 이해되었으며, 신의 응보를 실현하는 일은 내세로 연기되었다. 대단히 자주 이 내세는 응보의 이중적 성격에 상응해서 천국과 지옥으로 나뉜다. 이 단계에서 사회질서는 그것의 순수한 종교적 성격을 잃어버렸다. 종교적 질서는 단지 사회질서를 보완하고 지지하는 기능만을 수행한다. 사회질서의 제재는 사회질서 그 자체에 의해서 통제된 개인의 행동 이외 다름 아니다.

여기서 전형적으로 나타나는 두 제재, 즉 불복종의 경우의 불이익의 위협(용어의 넓은 의미에서 벌)과 복종의 경우의 이익의 약속(상) 중 사회적 현실에서는 첫 번째가 두 번째보다 훨씬 중요한 역할을 한다. 벌의 기술이 상의 기술보다 선호되는 일은, 사회질서가 여전히 분명한 종교적 성격을 가지는 곳에서, 즉 초월적 제재에 의해 보장되는 곳에서, 특히 보다 명확하게 나타난다. 사회질서에 일치하는 원시인들의 행동은, 특히 "금기"(taboo)라 부르는 다수의 금지사항 준수는 그 원시인들의 삶을 지배하는 두려움에 의해 주로 결정된다. 초인간적 권위가 전통관습에 대한 모든 위반에 대해 가하는 가혹한 해악에 대한 두려움이 그것이다. 민족학자들의 보고에 따르면 사회규범의 위반은 문명사회보다 원시사회에서 훨씬 덜 발생한다. 그렇다면 그것은 주로 영혼의 복수에 대한 두려움 때문이다. 즉 신에게서 기원은 하지만, 그러나 현세 즉 사회질서 보전의 결과에 책임을 지는 이 현세에서 일어나는 두려움 때문이다. 상을 기대하는 것은 단순히 이차적인 중요성만을 가질 뿐이다. 신의 응보는 더 이상 현세에서 실현되지 않거나 아니면 현세에서도 내세에서도 실현되지 않는다고 보는 보다 고도로 발전된 종교에서조차, 죽은 후에 예상되는 벌의 관념이 첫 번째 자리를 차지한다. 인간의 현실적인 신앙에서 지옥에 대한 두려움이 천국에서의 상의 희망보다 훨씬 선명하고, 벌의 장소에 대한 묘사가 훨씬 구체적이다. 이에 비해 천국에서의 상에 대한 희망은 통상 단지 대단히 모호하며, 미래의 낙원에 대한 관념은 극히 흐릿하다. 바람(願)을 성취하고 싶은 개인의 환상이 어떤 제한에 의해 한정되어 있지 않을 때조차도, 그것은 경험사회의 기술(技術)과 완전히 다르지 않은 기술을 가지고 있는 초월적 질서를 상상한다.

이것은 종교적 이데올로기가 항상 정확도에서는 차이가 날는지 모르지만 어쨌든 늘 사회현실을 반영한다는 사실과 관련되어 있을 수도 있다. 사회현실에서 집단의 조직화에 관한 한 사회적으로 바람직한 행동을 산출하는 본질적으로 유일한 방법은 다음과 같다. 그것은 바람직한 행동에 반하는 행동에 대해 해악으로써 위협하고 그리고 그 해학을 가하는 일, 즉 처벌의 기술 이외에 다름 아니다.

제재가 사회적으로 조직화될 때 질서 위반자에 적용되는 해악은 소유하고 있는 것, 즉 생명 · 건강 · 자유 · 재산을 박탈하는 데서 성립한다. 그의 의지에 반해서 소유가 박탈된 것이기 때문에, 이 제재는 강제수단의 성격을 지닌다. 이것은 강제의 수행이 물리적 힘을 동반해야 한다는 것을 의미하는 것은 아니다. 이것은 저항이 발생했을 때만 필요하다. 그러나 저항은 제재를 가하는 권위가 적절한 권력을 소유하는 곳에서는 드물게 일어난다. 그러한 강제수단의 정립에 의해서 개인의 바람직한 행동을 일으키고자 하는 사회질서는 "강제질서"라 한다. 그 자체로서 그것은 모든 다른 가능한 사회질서, 즉 제재로서의 벌보다는 보상을 제공하는 질서, 특히 직접적 동기화의 기술에 의존함으로써 어떤 제재도 가하지 않는 질서와 대조를 이룬다. 제제로서의 강제수단을 사용하는 질서와 대조적으로 다른 질서들의 효능성은 강제가 아니라 자발적 복종에 의거한다.

그러나 이런 대비는 얼핏 보기에 그렇게 분명하지 않다. 간접적 동기화의 기술로서의 보상은 강제적 기술로서의 처벌을 통한 간접적 동기화와 자발적 복종의 기술인 직접적 동기화 사이에 자신의 자리를 차지하고 있다는 사실로부터 이것은 분명해진다. 자발적 복종은 그 자신 동기화의 형식, 즉 강제의 형식이며, 따라서 자유가 아니라 심리학적인 의미에서의 강제이다. 심리적 강제의 요소는 상이한 유형의 사회질서를 구별하는 기준의 역할을 한다. 왜냐하면 모든 사회질서의 효능성은 동기화에 의존하고 있다는 의미에서 또한 심리적 강제에 의존하고 있기 때문이다. 강제질서가 어떤 강제적 성격도 가지고 있지 않고 자발적 복종에만 의존하는 질서와 대비된다면, 이러한 일은 어떤 사람들은 제재로서의 강제수단을 동원하는 반면에 다른 사람들은 그렇게 하지 않는다는 의미에서만 가능할 뿐이다. 이들 제재는 어떤 소유들이 문제가 되는 개인의 의지에 반해서 그 개인으로부터 박탈된다는 의미에서의 강제수단에 지나지 않는다.

이런 의미에서 법은 강제질서이다.

II. 힘의 사용을 독점하는 강제질서로서의 법

시대와 민족에 따라 방향과 힘에서 대단히 상이한 사회질서를 모두 "법질서"라 부른다면, 그것은 거의 의미가 없다고 생각될 수 있겠다. 고대 바빌로니아 사람들이 말하는 법과 오늘날 미국에서 통용되는 법을 꼭 같이 법이라 부르는데, 과연 이 둘은 공통점을 가지고 있는가? 전제적인 추장의 지도 아래에 있는 흑인부족의 사회질서는 스위스 공화국의 헌법과 공통점을 갖는가? 그러나 이 용어를 정당화하는 공통적인 요소는 있다. 그렇기 때문에 "법"이란 용어는 사회적으로 매우 중요한 의미를 가진 개념의 표현으로서 나타난다. 왜냐하면 이 용어는, 고대 바빌로니아의 법과 오늘날 미국의 법 간에, 서아프리카의 아산티족(Ashantis)족의 법과 유럽 스위스의 법 간에 커다란 차이가 있음에도 불구하고, 또한 이들 민족의 시간적 · 공간적 · 문화적 차이가 대단이 크긴 하지만, 본질적으로 동일한 강제질서라는 특수한 사회기술에 관련되어 있기 때문이다. 이 사회기술은 바람직한 사회적 행동의 위반에 대해 강제의 위협을 통해서 사람들로 하여금 바람직한 사회적 행동을 낳게 하는 데서 성립한다.

법을 강제질서의 특수한 사회기술로서 인식한다면, 그 질서를 우리는 부분적으로는 법과 동일한 목적을 추구하지만 다른 수단을 통해 그렇게 하는 다른 사회질서와 대비시킬 수 있다. 법은 특수한 사회적 수단이지 목적은 아니다. 법 · 도덕 · 종교, 이 셋 모두 살인을 금한다. 그러나 법은 이것을 만약 사람이 살인을 저지른다면 법질서에 의해 지명된 다른 사람이 살인자에 대해 법질서가 지시하는 어떤 강제수단을 적용할 것이라는 사실을 통해서 이런 일을 행한다. 도덕은 살인해서는 안 된다는 요구에 자신을 제한한다. 만약 살인자가 그의 동료들에 의해 도덕적으로 추방된다면, 많은 사람들이 법에 의한 벌을 회피하려기보다 오히려 동료들의 도덕적 비난을 회피하려고 한다면, 법의 반작용은 질서에 의해 규정된 강제수단에서 성립하는 데 반하여, 부도덕한 행동에 대한 도덕적 반작용은 도덕적 질서에 의해 제공되지도 않고, 제공된다 하더라도 사회적으로 조직되지 않는다는, 큰 차이가 있게 된다. 이런 점에서 종교적 규범은 도덕규범보다는 법규범에 더 가깝다. 왜냐하면 종교적 규범은 초인간적 권위에 의한 처벌로 살인자를 위협하기 때문이다. 그러나 종교적 규범이 규정하는 제재는 초월적 성격을 지닌다. 그것들은 비록 종교적 질서에 의해 제공된다 하더라도 사회적으로 조직된 제재가 아니다. 그것들은 아마도 법적 제재보다 효과적이다. 그러나 이러한 효능성은 초인간적 권위의 존재와 힘에 대한 신앙을 전제한다. 여기서 문제되는 것은 제재의 효과성이 아니라, 제재가 사회적 질서에 의해 제공되는지 어떤지, 제공된다면 어떻게 제공되는지 하는 것이다. 사회적으로 조직된 제재는 어떤 사람이 질서의 방향에 의해서, 질서에 의해서 규정된 방식으로, 질서에 반하는 행동에 대해 책임을 져야 하는 사람에 대해 규정했던 강제행위이다. 제재는 악한 행위자에 대해 내리는 질서의 반작용이거나 질서에 의해서 구성된 공동체의 반작용이다. 제재를 수행하는 개인은 사회공동체의 대리인으로서 행위 한다. 그리하여 법적 제재는 법적 공동체의 행위로서 해석된다. 초월적 제재, 즉 죄인의 병이나 죽음은 죽은 조상이나 신의 초인간적 권위의 행위이다.

사회적 기술의 역설(逆說)중에서 여기서 묘사된 것은 특수한 도구, 즉 강제적 행위는 그것이 개인의 관계에서 막고자 한 행위와 정확하게 동일한 종류의 것이라는 사실, 즉 사회적으로 유해한 행동에 대한 제재는 그 자체 그런 유해한 행동이라는 사실이다. 왜냐하면 생명 · 건강 · 자유 · 재산의 강제적 박탈에의 위협에 의해서 성취되는 것은 사람들이 상호간의 행위에서 생명 · 건강 · 자유 · 재산의 강제적인 상호박탈을 해서는 안 된다고 하는 바로 그것과 정확하게 동일하다. 힘의 사용의 방지를 위해서 힘이 사용된다.

그러나 이러한 모순은 단지 외견적일 뿐이다. 확실히 법은 평화의 증진을 위한 질서 지움이다. 왜냐하면 법은 공동체 성원들 간의 관계에서 힘의 사용을 금지하고 있기 때문이다. 그러나 그것은 힘의 사용을 완전히 배제하고 있는 것은 아니다. 법과 힘은 서로 완전히 일치하지 않는 것으로 이해되어서는 안 된다. 왜냐하면 법은 어떤 개인에 의해서만 그리고 어떤 상황 하에서만 힘의 사용에 대해 권위[권한]를 부여함으로써 사람들 간의 관계에서 힘의 사용에 어떤 요건을 부여하기 때문이다. 법은 모든 다른 상황에서 금지되어야 한다고 생각되는 행동을 허용한다. 금지된다는 것은 제재와 같은 강제행위의 바로 그 요건이 된다는 것을 의미한다. 법질서에 의해 권위를 부여받은 개인은 강제수단(제재)을 적용하고, 이 질서의 기관 혹은 이 질서에 의해서 구성된 공동체의 기관으로서 행동한다. 따라서 법은 힘의 사용을 공동체의 독점으로 만든다고 이야기할 수 있다. 정확히 그렇게 함으로써 법은 공동체에 평화를 가져온다.

평화는 힘이 사용되지 않는 상태이다. 이런 의미에서 법은 절대적 평화가 아니라 상대적인 평화만을 준다. 법은 개인에 대해 힘을 사용할 권리를 박탈하지만, 공동체에 대해서는 그 권리를 유보한다. 법의 평화는 힘의 절대적 부재 즉 무정부의 상태가 아니라, 공동체가 힘을 독점하는 상태이다.

결국 공동체는 각 개인이 다른 사람의 어떤 이익, 생명 · 건강 · 자유 · 재산을 존중해주는 한에서만, 즉 각자가 이들 다른 사람의 이익의 영역에 강제적으로 간섭하지 않는 한에서만 가능하다. 우리가 "법"이라 부르는 사회기술은 특수한 수단에 의해서 개인들로 하여금 다른 사람의 이익영역에 강제적인 간섭을 하지 않도록 유도하는 데서 성립한다. 그러한 간섭의 경우에 법적 공동체 그 자체는 그 이전의 간섭에 책임을 져야 하는 개인의 이익영역에 동일한 간섭으로써 반작용한다. 다른 사람의 이익 영역에의 강제적 간섭은, 즉 강제수단은 불법행위로서 기능하기도 하고 제재로서 기능하기도 한다. 법은 불법행위 즉 요건으로서는 힘의 사용을 금지하지만, 제재 즉 결과로서는 힘의 사용을 허용하는 질서이다.

개인의 이익영역에 강제로 간섭하는 것이 그 개인의 금지된 행동에 대한 공동체의 반작용으로서만 허용되는 한에 있어서, 즉 개인의 이익영역에 강제로 간섭하는 것이 공동체의 독점으로 되는 한에 있어서, 개인의 이익의 일정 영역은 보호를 받게 된다. 이에 반해서 개인의 이익영역에 대한 강제적 간섭에서 공동체의 독점권이 존재하지 않는 한에서, 즉 개인의 이익영역에 대한 강제적 간섭이 일정한 요건 아래서만, 즉 개인의 이익영역에 대한 사회적으로 해로운 간섭에 대한, 질서 규정자의 반작용으로서만 사용될 수 있다는 것을 사회적 질서가 명시하지 않는 한, 따라서 명시된 개인에 의해서 강제적 간섭이 이루어지지 않는 한, 개인의 어떤 이익영역도 사회적 질서에 의해 보호받지 못하게 된다. 다른 말로 하면, 여기서 전개된 의미에서 본질적으로 평화의 상태인 법의 상태가 존재하지 않게 된다.

III. 힘에 의지하지 않는 공동체의 관념

그리하여 우리의 탐구는 더 나아가서 다음과 같이 정식화된다. 우리가 "법"이라 부르는 특수한 사회기술은 강제질서의 확립에서 성립하며, 이 질서를 수단으로 해서 공동체는 이 질서에 의해 지시된 강제수단의 적용을 위하여 독점적으로 구성된다. 그런데 이 사회기술이 즉 사회질서로서의 법이 불가피한지 어떤지의 문제가 발생한다. 사회질서를 강제적으로 확립하는 것을 필요하게끔 하는 것은 사회질서의 특이한 내용일지 모른다. 아마도 사회질서의 특이한 내용만으로 이 사회질서에 필요한 강제가 확립될지도 모른다. 아마도 사회질서에 그러한 내용을 부여하는 것이 가능할지도, 반대되는 행동에 대한 제재로서의 강제수단을 지시하는 것이 더 이상 필요하지 않을 그런 행동을 개인에게 지시하는 것이 가능할지도 모른다. 왜냐하면 어느 누구도 그런 반대되는 행동을 하라는 유혹을 받지 않을는지도 모르기 때문이다. 법의 특수한 기술 대신에 직적접인 동기화나 자발적 복종을 가능하게 할 그런 사회질서가 있을지도 모른다. 법의 필요성의 문제는 국가의 필요성의 문제와 동일하다.

왜냐하면 국가는 강제적 질서이며, 상대적으로 집중화되고 상대적으로 주권을 가지는 법질서, 즉 그러한 법질서에 의해 구성된 공동체이다. 국가가 정치조직으로 규정된다면, 그것이 의미하는 것은 국가는 강제질서라는 것이다. 특수하게 "정치적인" 요소는 강제의 요소 외에 다른 것에서 성립하지 않는다.

역사는 거대 공동체가 강제질서 외에 다른 식으로 구성된 어떤 사회적 상황도 보여주지 않는다. 가장 원시적인 사람들의 사회공동체조차도 종교적 강제질서에 의존하고 있다. 그리고 이 질서는 서서히 세속화되었다. 이것들은 법적 공동체이다. 우리가 그것들을 국가라 부르지 않는 유일한 이유는 필요한 만큼의 집중화 정도가 여전히 결여되어 있기 때문이다. 역사는 다음을 확증한다. *ubi societas, ibi jus*.[1] 그러나 인류는 이 역사적 사실에 결코 만족하지 않았다. 인류는 힘, 심지어는 제재로서 사용되는 힘을 더 이상 인간이 인간에 대해 행사하지 않는 상태를 항상 희구해왔었다. 그러므로 그러한 조건을 가능한 것으로 여기는 낙관론자들이 항상 있어왔고, "자유로운" 사회에 이르는 발전을 믿고 있는, 더 이상 법도 없고, 국가도 없는 사회에 이르는 발전을 믿고 있는 정치 몽상가들도 항상 있어왔다.

이것이 바로 이론적 무정부주의론이다. 그것은 자연 안에 내재해 있는 사회질서, 즉 일종의 자연법을 전제한다. 이 법은 그것이 더 이상 사회적으로 조직된 제재를 요구하지 않는다는 사실에 의해서, 따라서 역사적 실재에서 발견되는 강제질서를 우리는 "법"이라 하기 때문에 더 이상 법이 아니라는 사실에 의해서 실정법과 다르다. 그런 자연적 사회질서를 믿는 사람들은 그것의 구속적 성격이 질서 내용에서 직접 귀결하는 그런 질서의 존재를 믿고 있다. 왜냐하면

1) 사회가 있는 곳에 법이 있다.

이 질서는 인간의 행위를 인간의 본성 및 인간관계의 본성에 상응하는 방식으로, 즉 행동의 통제를 받게 되는 모든 개인에게 만족스러운 방식으로 인간행동을 통제하기 때문이다. 바로 이런 이유 때문에 어떤 강제수단도 자연 질서와 일치하지 않는 행동에 대한 제재로서 요구되지 않는다. 그럴 가능성은 배제된다. 자연 질서는 정의롭다. 즉 모든 사람을 행복하게 만든다. 억지로 사람들을 행복하게 할 필요가 없다. 따라서 사람들은 어떤 국가도 필요하지 않다. 즉 같은 말이지만 어떤 실정법도 필요하지 않다. 이 자연적 질서의 효능성은 자발적 복종에 근거해 있다. 자연적 사회질서의 관념은 결국 오비드(Ovid)가 자신의 고전 시에서 묘사한 황금시대(the Golden Age)라는 무정부의적 관념이다.

> Aurea prima sata est aetas, quae vindice nullo,
> Sponte sua, sine lege fidem rectumque colebat.
> poena metusque aberantm nec verba timebat
> iudicis ora sui, sed erant sine judice tuti.[2)]

사회적 비관론자에게는 황금시대는 영원히 사라져버린 지난날의 낙원이다. 사회적 낙관론은 그것을 미래에 두고 있다. 이들 모두에서 이것은 환상에 불과하며, 희망 섞인 생각의 산물일 뿐이다.

사람들이 원하는 것만을 사람들에게 요구하는 인간본성 및 인간의 상호관계에 상응하는 질서가 있기 때문에, 모든 국민들이 자발

---

2) Ovid, *Metamorphoses*, i, 89-93. "첫 시대는 황금 시대였다. 어느 누구도 강요하지 않았고 법도 없었다. 자발적으로 신앙을 지켜 옳음을 행했다. 형벌의 두려움도 없었고, 놋쇠 판에서 어떤 위협의 말도 읽지 않았다. 겁에 질려 재판관의 얼굴을 보면서 모이는, 애원하는 군중도 없었다. 재판관이 없어도 안전하게 살았다." (Transl. by Frank Miller, Loeb Classical Library, London: 1916.)

적으로 복종하는 것을 기대할 수 있는 사회적 질서, 즉 모든 사람을 행복하게 만들고 따라서 정의로운 질서를 확립하는 것이 인간의 마음에 가능하다면, 왜 아직 그런 질서가 실현되지 않았는지 이해할 수 없다. 왜냐하면 인류가 사고를 시작한 이래로 가장 탁월한 정신의 소유자들이 이 질서를 고안해 내고 정의 문제에 대해 답을 내리고자 노력해왔기 때문이다. 그러나 이 문제는 옛날과 마찬가지로 오늘날에도 여전히 답해지지 않고 있다. 사회기술의 문제를 해결하려는 수많은 시도 중 어떤 것도 만족스럽다고 거의 말해질 수 없으며, 자연과학의 기술에 대한 무수한 문제 중 어떤 문제의 해결처럼 거의 일반적 만족 수준에 이른 경우도 없었다. 이런 사실은 다음을 증명하고 있다. 즉 지금까지 탐구된 많은 자연 질서 혹은 정의 질서가, 도대체 그것이 발견될 수 있다 하더라도, 모든 사람들이 곧 그것을 정의로운 것으로 인정하고, 따라서 그것에 자진해서 복종하는 것은 있을 수 없는 일이었다. 인간본성에 대한 우리의 지식에 의하면, 어떤 사회질서도 즉 제정자의 견해로는 개인에게 모든 바라는 이익을 보장하고, 위반의 위험이 있을 수 없으며, 강제수단에 의해서 현실적 · 잠재적 위반자에 대한 예방책이 더 이상 필요 없는 그런 사회질서는 있을 것 같지 않다. 그런 질서가 있다면 그 질서는 모든 사람이 각자 원하는 것을 하거나 하지 않는 것을 허용하는 그런 질서일 것이다. 그러나 그러한 질서는 현실에서는 모든 사회질서의 정지이다. 그것은 자연 상태의 재확립이며, 그것은 무정부상태를 의미한다.

이것이야말로 자연적 사회질서라는 자기모순적인 관념의 가장 깊은 의미일 것이다. "자연으로 돌아"가는 것이 가능하다는 환상은 인간이 "본성상" 선하다는 믿음에 기초해 있다. 이 환상은 인간에 내재해 있는 공격 충돌을 무시하고 있다. 이 환상은 어떤 사람의 행복은 가끔 다른 사람의 행복과 양립될 수 없다는 사실을 무시하며, 따라서 모든 사람에게 행복을 보장하는 자연적 정의 질서, 그래서 질서 위반자에 대해 강제의 수단을 가지고서 반작용할 필요가 없는 질서는 우리의 지식에 따를 경우 인간의 "본성"과 양립할 수 없다는 사실을 무시하고 있다. 자연적 사회질서의 "자연"은 우리의 과학이 경험하는 자연과 같지 않다. 그것은 도덕 요청이다. 우리에게 인식되는 것과는 다른 인간본성을 확신하는 것은 유토피아이다. 이것은 인간본성이 변화할 수 없다는 것을 말하는 것이 아니라, 그 본성이 변화 상황에서 어떻게 변화할 것인지를 예측할 수 없다는 것만을 말하는 것이다.

어떤 강제질서에 의해서도 통제되지 않는 사회적 상황, 법이나 국가 없는 미래의 사회라는 관념의 유토피아적 성격은 지금까지는 가장 성공적으로 이 관념을 정치적으로 재현했던 학설, 즉 마르크스의 사회주의 학설에서 분명하게 나타난다.[3] 이 학설은 국가의 필요성과 그것이 "부르주와" 법이라고 부르는 것의 필요성을 사회는 계급, 하나는 소유자이고 다른 하나는 전자에 의해 착취되는, 소유하지 못한 자로 나뉜다는 사실에 의해 설명한다. 이 학설에 따르면 국가와 법에 의해서 제시된 강제장치의 유일한 기능은 이런 상황을 유지하는 것이다. 계급간의 충돌이 사유재산의 폐지와 생산수단의 사회화에 의해서 멈추자마자, 계급 없는 사회에 도달하자마자, 강제장치는 불필요하게 된다. 그런 사회적 상황에서는 국가는 "소멸"하고, 이와 함께 법은 사라진다. "인간의 지배라는 자리를 물건의 관리와 생산과정의 지휘가 차지한다."[4] 이러한 상황의 수립

3) 나의 다음 저서들 참조. *The Political Theory of Bolshevism* (Berkeley: University of California Press, 1948). *The Communist Theory of Law* (New York: Frederick Praeger, 1955).

4) Frederick Angels, *The Development of Socialism from Utopia to Science*,

의 의해 "필연성의 지배에서 자유의 지배에로 나아가는 인류의 도약"5)이 이루어진다. 이 무정부주의에 이르는 도중에 프롤레타리아 독재, 즉 프롤레타리아 계급 국가가 일시적으로 나타날 뿐이다. 마르크스 사회주의 정치론은 순수한 무정부주의이다. 그것은 예컨대 바쿠닌(Bakunin)의 무정부주의처럼 직접적으로 "무정부주의"라 불리는 학설과 목표에서는 구별될 수 없다. 이 두 학설의 목표는 개인들의 자발적 복종에 의존함으로써 강제 없이 구성된 공동체, 계급 없고 따라서 국가 없는 공동체이다. 소위 "무정부주의자들"은 바로 국가를 없앨 수 있다고 믿는 데 반해서, 마르크스주의자들은 자본주의 국가의 자리를 사회주의 국가, 즉 소위 프롤레타리아의 독재가 차지한 다음에, 국가는 점차적으로 소멸해간다고 가르친다.

그러한 국가 없는 사회가 가능하다고 생각하는 사람은 사회주의가 목표로 하는 그런 경제조직은 필연적으로 권위적인 성격을 가지지 않을 수 없다는 사실에 대해 눈을 감아버린다. 그러한 광대한 범위의 계획경제는, 가능하다면 전체 세계를 포함하려는 이 계획경제는 거대한 계층 조직을 갖춘 행정기구에 의해서만 운영될 수 있으며, 그 기구 내에서 공동체의 기관으로서의 개개인은 특히 규범적 질서에 의해 통제되는 어떤 일정한 기능을 수행해야 한다. 전 체계의 양심적인 준수에 전 체계의 생산이 달려 있고, 이 이론의 지지자에 따르면 고도의 생산성이 계획경제로 인해 달성되는데, 이것은 자본주의 생산성보다 높은 이익을 준다. 만약 후자를 생산의 "무정부상태"라 부른다면, 그 이유는 자본주의가 무정부상태의 정반대인 사회주의 경제와 대조되기 때문이다. 경제적 삶을 사회주의적으로 질서 짓는 규범은 개인에 의해서 개인에게 지시된 명령, 즉

"The People" Educational Library, I (New York: 1892), 24 쪽.
5) 같은 책, 26 쪽.

"개인에 대한 지배"의 형식에서만 나타날 수 있다. 마르크스의 이론이 정식화하고 있듯이, "생산과정의 지도"가 "개인에 대한 지배"의 자리를 대신하는 것은 있을 수 없다. 왜냐하면 생산과정은 명령과 복종이라는 도식에 따라서 진행되는 인간 일처리 방식의 집합체이기 때문이다. 경제생산 체계와 생산물의 분배를 완전히 통제하고 공동체의 기관에 의해서 수행되는 사회질서는 필연적으로 자신의 권한을 경제 외에 다른 영역에까지 확장한다. 그러한 사회질서는 어떤 다른 사회질서보다도 모든 문화적 영역과 심지어는 개인의 성적(性的) 관계까지도 통제함으로써 전체주의로 되어버리는 성향을 가지게 된다. 그러한 질서는 다른 어떤 질서보다도 이데올로기적 정당화를 필요로 할 것이고, 따라서 형이상학적 · 종교적 영역에까지 손을 댈 것이다. 그 질서는 어떤 다른 국가가 했던 것보다도 필연적으로 개인의 자유를 더욱 더 엄격하게 제한하지 않으면 안 된다. 이런 이유만으로 그러한 국가는 부르주와 사회의 법질서 이상으로 시민편의 동요를 예상하지 않으면 안 된다.

나태와 어리석음이 사회주의 공동체에서도 사라지지 않을 것이며, 여기서 자본주의 국가에서보다도 질서위반의 위험성은 더욱 커질 것이라는 사실은 일단 여기서 논의하지 말자. 자본주의 국가의 법질서 위반은 대부분 경제적 이유에서 생기지만, 모든 사회주의 국가에서는 그런 이유는 거의 없다고 가정해보자. 여전히 우리는 질서를 위반하는 행위의 다른 원인들이 대단히 큰 역할을 한다고 가정하지 않으면 안 된다. 질서에 대한 방해로 이어지는 것이 개인의 불완전하게 충족된 경제적 욕구가 아니라면, 그것은 다른 욕구, 즉 명예욕 · 성욕, 그보다 못지않게 그의 종교적 감정에서 생겨나는 욕구임에 틀림없다. 그러한 욕구 및 이들 욕구 만족의 허용 범위의 정당화에 대해 다른 의견이 있을 수 있다. 그러나 이들 존재를 부인할 수는 없다. 게다가 사람들은 경제적 욕구가 충족되면 될수록 이들 욕구가 더 강하게 느껴진다는 사실을 부인할 수 없다. 또한 이와 관련하여 일어나는 문제는 경제적 사회주의의 관념으로는 전혀 해결될 수 없다는 사실을 부인할 수 없다. 명예욕·성욕·종교적 감정의 욕구는 배고픔이나 갈증의 욕구에 못지않은 혁명 요인이다. 사회를 경제와 동일시하는 견해만 가지고서는 사회적 질서를 이 방향에서 위협하는 큰 위험을 파악할 수 없다.

사회주의 질서가 그 국민들의 자발적 복종으로만 사통팔달 설명할 수 없다는 점을 인정해야 한다면, 부르주와 사회와 마찬가지로 사회주의 질서도 이 질서에 일치하지 않는 사람들의 행동을 예상해야 한다면, 또한 이 질서조차도 강제수단으로써 즉 필요할 경우 사회적으로 해로운 방식으로 행위 하는 사람의 의지에 반해서 적용되어야 하는 수단으로써 이런 질서 위반자에 대해 대처할 수밖에 없다는 사실을 인정해야 한다.

사회주의 공동체에서 범죄를 예방하는 수단은 자본주의 국가의 법적 공동체에서 가능한 것보다 훨씬 광범위하게 사용될 수도 있다. 그러나 그러한 방법에 대한 과거의 우리의 지식을 기반으로 본다면, 우리는 예방수단이 억압수단을 완전히 무용하게 만들만큼 그렇게 효과적일 수 있는가를 기대할 수는 없다. 우리가 경험의 영역에 있는 한에서, 사회주의적 질서조차 강제적 질서이어야 하고, 국가는 소멸되지 않을 것이며, 그 질서는 다른 내용을 획득할 것이라는 사실을 가정하지 않으면 안 된다. 사회주의도 "법"이라 부르는 사회기술이 없으면 유지될 수 없다. 사회가 있는 곳에는 법이 있다는 명제는 사회주의 사회에서도 참이다.

IV. 법적 기술의 전개 – 법제정과 법적용 간의 동태적(動態的, dynamic) 관계의 분화

여기서 제시된 의미에서 강제가 법의 본질적 요소라면, 모든 법질서는 기술적 관점에서 본다면 강제수단을 제재로서 명하고 있는 규범 복합체로서 제시되지 않으면 안 된다. 법질서가 그것에 적용되는 모든 다른 사실들은 제재의 조건으로서만 고려되어야 한다. 법의 특수한 기술, 즉 간접적 동기화의 기술은 결과로서의 어떤 강제수단을 어떤 요건에다 결합시키고 있다는 사실 속에서 성립한다. 도덕, 즉 직접 동기화의 기술인 도덕은 훔쳐서는 안 된다고 당신에게 이야기한다. 법은 훔친다면 벌을 받게 될 것이라고 말한다. 도덕규범은 한 개인의 행동을 통제하지만, 법은 항상 적어도 두 개인의 행동을 통제하며, 한 개인은 그의 행동이 제재의 요건을 제공하는 자(복종자)이며, 한 개인은 그의 기능이 제재를 적용하는 자(기관)이다. 제재의 결정적인 (유일한 것은 아니지만) 요건은, 법질서의 의도에서 본다면, 회피되어야 할 복종자의 행위 즉 불법행위이다. 법질서는 제재를 이 행위에 결합시킴으로써 그리하여 그것을 불법행위로 규정함으로써 반대 행위, 즉 제재를 불러일으키지 않는 행위의 유도를 모색한다. 사람이 어떤 방식으로 행동해야 할 법적 의무를 가진다고 말하는 것은 그가 그 반대 행위 즉 불법행위에 대해서는 제재의 위협을 받고 있다는 것을 의미한다. 법규범에 의해서 확립된, 불법행위와 제재간의 관계는, 그것을 정태(state of rest)에서 본다면, 법의 기본적 관계이다. 그것은 법의 정태(靜態, static)의 기본적 관계인 것이다.

우리가 이제 법을 그것의 특수한 동태(動態)에서 고려하면, 즉 우리가 법의 제정과정을 고려한다면, 법의 기술에서 특별히 의미 있는 사실 즉 법은 자기 자신의 제정을 통제하고 있다는 사실을 관찰하게 된다. 어떤 규범은 그것이 어떤 방식으로 즉 그 질서 자체의 규범에 의해 명기되는 방식으로 존재하게 되는 한에서만 어떤 법질서에 속하게 된다. 이것이 실정법의 본질이다.

법제정의 두 가지 방법이 있다. 복종자의 반복되는 유사한 행동인 관습과 법제정의 목적을 위해 설정된 특수기관의 의식적 행위인 법률제정(말의 가장 넓은 의미에서)이다. 모든 법은 법질서의 규정에 따라서 관습이나 법률제정에 의해 제정된다. 이런 점에서 그것은 자연법과 구별된다. 자연법은 인간의 행위에 의해 제정되는 것이 아니다. 왜냐하면 그것은 인간의 본성이나 인간관계의 본성으로부터 곧바로 나오는 것이요, 단지 인간에 의해 그러한 것으로 인지만 되면 된다.

실정법은 제정되어야 할 뿐 아니라 적용되어야 한다. 법제정에서부터 법적용의 과정에서 법의 전형적인 동태가 있다. 이들 동태가 적어도 두 단계로 전개된다는 것이 또한 법적 기술의 특성이다. 법은 처음에는 일반적인 규범으로서 제정된다. 그 다음으로 일반적 규범이 구체적 사례에 적용되는데, 그것은 추상적 방식으로 규범에 의해 확립된 요건이 존재하는지 어떤지 하는 데서 성립한다. 그렇게 되어야 추상적인 방식으로만 규범에 의해 규정된 구체적인 제제가 명령 혹은 적용될 수 있다. 구체적 제재의 적용에 앞서 이 제재의 명령이 선행한다면, 동태적 법적 과정의 단계는 세 가지가 된다. 첫째, 일반적인 규범의 제정, 둘째, 제재를 명하는 개별규범의 제정, 셋째, 개별규범의 집행이 그것이다. 그러나 일반적 규범의 제정과정은 그 자체 여러 단계들로 갈라질 수 있다. 헌법과 헌법을 기초로 해서 법제정 기관에 의해 규정된 법령 간의 관계가 그 한 예이다. 집행기관은 이들 법령에 기초해서 조례나 규정을 제정한다. 조례나 규정은 그 다음에 사법기관이나 행정기관에 의해 구체적인 사례에 적용된다. 모든 법질서는 일반규범과 개별규범의 계층을 형성하고 있으며, 그것의 가장 낮은 단계는 구체적 수단의 집행이다.

법적 동태의 단계는 증가하는 경향이 있다. 원시시대의 법질서의 동태는 단지 두 단계만을 가진다. 관습을 통한 일반규범의 발전과 그것의 적용이다. 이것을 적용하는 사람은 이 규범이 보호하는, 이익이 침해당한 사람이다. 이 사람은 법질서의 권한을 받아, 법의 위반자에 대해 그 법에 의해 제공된 제재를 가지고서 반작용한다. 원시의 법은 자력 구제 기술의 특징을 지닌다. 혈족에 의한 복수가 전형적인 예이다. 어떤 기관이 아니라 이익을 침해당한 그 당사자 자신이 불법행위가 범해졌는지 여부를 결정해야 한다. 당사자 자신이 제재를 수행하지 않으면 안 된다. 그것은 개별규범에 의해서 명해지는 것도 아니고, 피해자와 구별되는 기관에 의해서 명해지는 것도 집행되는 것도 아니다. 자력 구제라는 원시의 법은 일반규범이 개별규범 없이 구체적인 사례에 바로 적용된다는 사실을 특징으로 갖는다. 법원이 성립된 이후에야 비로소 개별규범은 일반규범과 그것의 구체적인 경우의 적용, 즉 제재의 집행 사이에 끼어들어 간다. 개별규범은 법원결정에 의한 제재의 명령이다. 반면에 일반규범의 제정과정도 발전의 과정에서 변화를 겪게 되며, 따라서 법의 동태적 과정은 궁극에 가서는 상당수의 단계의 복잡한 계열을 거치게 된다.

V. 불법행위와 제재 간의 정태적 관계의 분화

제재의 분화: 형법과 민법. 법제정과 법적용 간의 동태적 관계뿐

만 아니라 불법행위와 제제 간의 정태적 관계도 전형적인 변화를 해왔다. 원래는 강제수단의 종류는 단 한 가지였다. 생명 · 건강 · 자유 · 재산을 포함한, 말의 보다 좁은 의미에서의 처벌이다. 가장 오래된 법은 단지 형법이었을 뿐이었다. 뒤에 제재에서의 차별화가 나타나게 되었다. 처벌에 추가해서 민사상의 집행이 나타났다. 즉 불법에 의해서 생겨난 손해를 보상하기 위하여 재산을 강제적으로 박탈하는 일이 생겨났다. 즉 민법은 형법과 병행해서 발전했다. 그러나 개인들의 경제적 관계를 통제하는 민법은 이 분야에서 바람직한 행동을 보장한다. 보장 방법은 형법이 그 분야에서 하는 것과 본질적으로 다르지 않다. 즉 민법은 궁극에 가서는 때로는 간접적으로이긴 하지만 그것에 반대되는 행위에 대해 강제수단, 자신의 특수한 강제수단, 즉 민사상의 집행을 확립하고 있다. 형법과 민법은 제재가 다른 성격을 가지고 있다는 사실에 의해서 주로 구별될 수 있다. 차이는 제재의 외적 상황에 놓여 있는 것은 아니다. 제재는 두 가지 모두에서 강제수단이며, 그 수단에 의해서 개인은 소유를 박탈당한다. 민사상의 집행은 단지 재산만을 포함한다. 그러나 이것은 벌금에 대해서도 유효하다. 형사상의 제재와 민사상의 제재 사이의 차이는 오히려 그것의 목적에 있다. 민사상의 제재는 사회적으로 해로운 행위에 의해서 일어난 손해에 대해 배상을 하는 것이다. 형사상의 제재는 응보이거나 현대의 관점에 따르면 예방이다. 그러나 이 차이는 단지 상대적일 뿐이다. 왜냐하면 민사상의 제재가 또한 비록 이차적이기는 하지만 예방기능을 가진다는 것은 부인할 수 없는 사실이기 때문이다.

형사상의 제재와 민사상의 제재 간의 상대적 차이는 법질서의 내용에서 표현된다. 이 법질서는 강제로 박탈된 재산의 사용에 대한 특수한 규정을 담고 있다. 민사상 제재의 경우에는 이 재산은 불법적으로 나쁜 짓을 당한 당사자에게 돌려져야 하지만, 민사상 제재의 경우에는 그것은 법적 공동체에 떨어진다.

그 이상의 차이는 상이한 법질서에서 발전되었던 만큼 두 개의 제재로 이어지는 절차에 있다. 민사상의 집행을 목표로 하는 사법과정은 이 집행에서 이익을 얻게 되는 특정인의 요구에서 비롯되지만, 처벌의 적용을 목표로 하는 사법과정은 직권을 가지고(*ex officio*), 즉 공동체의 기관의 요구에서 비롯된다. 민사상의 과정은 두 당사자, 즉 원고와 피고 간의 논쟁의 형태를 이룬다. 민사상의 불법행위는 권리의 침해이다. 소송에 의해서 민사상의 제제로 나아가는 절차를 시작하는 사람이 권리의 주체가 된다.

그러한 권리를 주체에 주어서 쟁의 절차에서 이들 권리를 찾는 가능성은 사적 재산의 원리에 따라서 경제적 삶을 통제하는 법질서의 기술이라는 특징을 갖는다. 이용 가능한 경제적 재화는 오직 사적(私的) 개인에 맡겨질 뿐이고, 사적 재산의 이러한 향유는 본질적으로 개인들 간의 자유계약에 의해 달성된다. 주체가 물(物)에 대해 가지는 "권리"는 그것에 대한 그의 향유에 간섭하는 일을 다른 주체들에게 하지 못하도록 하기 위해서 법질서가 그 주체에게 준 힘 속에 존립한다. 그러한 간섭을 막는 특수한 방법은 그 향유의 대상을 방해하고 간섭하는 누구든 간에 그에 대해 강제적 절차를 시작하는 가능성이 법질서에 의해 주어진다는 것이다.

주체의 이 힘은 정치적 힘이며, 뛰어난(*par excellence*) 공적 기능이다. 그러나 이 체계에서 그것은 이데올로기적으로는 "사적" 이익의 특수한 영역이라 부른다. 이 힘을 인정하는 규범은 "사"법(私法)이라 하고, 이 힘 자체는 "사"권(私權)이라 한다. "사"권의 이러한 기술의 귀결은 일반적 법규범을 구체적인 사례에 적용하는 과정, 즉 불법을 행한 자에 대하여 지시되고 적용되는 민사상의 제재가 쟁송의 절차라는 특징을 가진다는 것이다. 형법상의 제제가 명기되고 적용되는 형사상의 절차가, 당사자의 권리들은 더 이상 존재하지 않는 데도 불구하고, 논쟁의 외적 특성을 여전히 가지고 있다고 하는 것은 단지 민사상의 절차를 모방하는 데서 그럴 뿐이다. 형사상의 불법행위에 의해서 이익의 침해를 받은 당사자를 대신해서 공동체의 기관이 원고가 될 때, 비유적인 의미에서만 불법행위를 근절하고자 하는 공동체의 "권리"가 이야기될 수 있겠다. 그러나 민법과 형법 둘 다에서 법규범의 적용이 쟁송절차라는 형식에서 생겨난다는 사실을 제외한다면, 사회적 기술은 두 경우 본질적으로 동일하다. 즉 그것은 다름 아니라 제재로서의 강제행위의 형식으로 불법행위에 대해 반작용한다는 것이다.

제재의 분화: 집단책임과 개인책임. 불법행위는 제재의 요건이다. 그 반대의 행위가 제재로써 위협을 받을 때, 사람들은 원래의 행동을 법적으로 할 의무가 있다는 것은 지금까지 증명되었다. 법의 특수한 제재는 강제행동으로서, 생명 · 건강 · 자유 · 재산을 강제적으로 박탈한다. 누구에 대해서 이런 제재가 이루어지는가? 생명 · 건강 · 자유 · 재산이 강제적으로 박탈당하는 사람은 누구인가? 이 문제에 대한 대답에 따라서 기술적으로 원시적인 법질서가 기술적으로 발달된 법질서와 구별된다. 그것은 정의의 보다 세련된 의미와 일치한다. 그것은 법적 의무를 이루는 사람의 행동에 대해서만 가해지는 제재일 것이며, 따라서 의무를 위반하는 행동에 의해서 제재의 요건으로서의 불법행위를 이루는 자에 대해서만 가해지는 제재일 것이다. 법질서가 살인을 금한다면, 즉 살인을 범한 데 대해 처벌을 제공한다면, 처벌은 살인자에 대해서 가해지는 것이며, 단지 살인자에 대해서만 가해지는 것이다. 다른 말로 하면 살인을 익세해야 할 의무가 있음에도, 그 의무를 위반하고 살인을 저질

렀던 개인에게 가해진다. 만약 우리가 제재를 가하는 개인을 불법행위에 책임을 져야 하는 개인이라 부른다면, 보다 세련된 법적 기술의 요구는 다음처럼 정식화된다. 불법행위를 저지른 자만이, 즉 불법행위자만이 불법행위에 대해 책임을 져야한다. 이것은 개인책임의 원리이다.

그러나 원시적인 법질서는 이런 요구를 만족시키지 못한다. 살인자 자신에 대해 제재를 가할 뿐만 아니라 그의 친족, 즉 그의 가족이나 부족에 속한 모든 사람들, 다른 말로 하면 그가 속해 있는, 그를 둘러싼 집단의 성원들에 대해 제재를 가하는 것은 정의의 원시적 의미에 어긋나는 것이 아니다. 불법행위를 실제로 행한 자가 책임을 져야할 뿐 아니라, 다른 사람들도 그러해야 한다. 성경에서조차도 아버지의 죄에 대해서 후손과 후손의 후손까지 처벌받게 되는 것은 당연한 것이다.[6] 이들의 책임범위는 그들이 일정한 사회집단, 동일한 법적 공동체에 속해 있다는 사실에 의해서 규정된다.

이 원리는 원시적인 개념에 따를 경우 개인과 그의 집단의 다른 일원들 간에는 대단히 밀접한 결속이 존재한다는 사실을 상기시킬 수 있다. 원시인들은 개인과 그의 집단, 즉 그 집단의 다른 일원들을 동일시한다. 원시인은 자신을 자신이 속한 집단과 다른 그리고 그 집단에 독립해 있는 자기 충족적인 개인으로 생각하지 않고, 그 집단의 불가결한 요소라고 생각한다. 그에게 있어 집단의 각 구성원들이 모든 다른 구성원들에 대해 책임을 져야한다는 것은 당연한 일이다. 집단의 한 일원의 영웅적 행위가 다른 모든 사람들의 만족과 긍지를 불러일으키는 것과 꼭 같이, 집단의 한 구성원의 불법행위로 인해 성원들 모두가 복수를 당해야 하는 것은 정의로운 것처럼 보인다. 집단책임은 자력 구제의 원리가 여전히 존속하는 정의

---

6) 탈출기 20:5.

상태의 전형적이 요소이다. 자력 구제의 전형적인 형식인 혈족에 의한 복수는 복수를 당하게 되는 행위를 범했던 사람에게만 가해지는 것이 아니라 전체 가족에게 가해진다. 그것은 한 집단의 다른 집단에 대한 반작용이다.

법의 기술적 발전은 집단책임으로부터 개인책임으로의 이행이라는 특징을 갖는다.

불법행위의 분화: 결과책임(結果責任, absolute liability)과 유책책임(有責責任, culpability). 개인책임과 집단책임 간의 차이와 밀접하게 관련되어 있는 다른 구별이 있다. 그것도 또한 책임의 문제의 해결에 관한 것이다. 사회적으로 유해한 결과나 사회적으로 유익한 결과에 책임을 지는 것은 현대의 윤리적 견해에 따르면 그 자신의 행위에 의해 그런 결과가 초래되었다는 것만으로 충분하지 않다. 일정한 방식으로 그 결과가 일어난 것에 대해 책임을 지게 된다.

어떤 사람이 사회에 해로운 행위, 즉 불법행위를 저질렀다면, 행위와 결과 사이에 "고의"나 "과실"라 부르는 특수한 심적 결합이 존재해야 한다. 즉 "유책"이라 부르는 일정한 심리적 요소가 있어야 한다. 예컨대 나무를 자르다가 누군가가 다른 사람을 죽였다고 하자. 나무를 자르는 사람이 고의로 행동했느냐 과실로 행동했느냐에 관계없이 그 사람의 죽음에 대해 책임을 져야한다면, 그것은 결과책임의 경우이다. 그러나 나무를 자르는 사람이 고의로 그 사람의 죽음에 이르는 행동을 했거나, 위험의 존재에 대한 경고를 과실로 인해 하지 않은 한에서만 그가 처벌된다면, 그것은 유책책임의 경우이다. 유책책임의 원리는 원시적 법질서에서는 알려지지 않았다. 거기에서는 결과책임이 지배적이었다. 누가 일으켰든지, 어떻게 일어났든지 관계없이 법질서가 사회적으로 유해하다고 지목한 결과는 처벌받게 된다. 집단책임의 원리가 존재하는 곳에서는 결과

책임은 거의 피할 수 없다. 왜냐하면 그 결과를 일으키진 않았지만 범행자와 같은 사회 공동체에 속할 뿐인 사람들을 포함하여 제재를 가하기 때문이다. 집단책임의 원리 대신에 개인책임의 원리가 들어오게 되면, 결과책임의 원리 대신에 유책책임의 원리가 들어오는 길이 자유롭게 열리게 된다.

법 기술의 발전은 집단책임에서 개인책임으로의 진전뿐 아니라 결과책임으로부터 유책책임으로의 진전이라는 특성을 갖는다. 그러나 이것은 단지 일반규칙의 정식화에 불과할 뿐이기 때문에, 중요한 예외가 있다는 사실을 주목해야 한다. 현대의 법질서에서조차도 집단책임의 원리와 결과책임의 원리가 결코 포기되지 않았다. 그리하여 집단책임의 원리는 법인의 법에서 나타나며, 결과책임의 원리는 민법의 많은 영역에서 나타난다. "과실"이라 부르는 유책책임의 형식은 결과책임과 동떨어져 있는 것이 아니다. 특히 국제법에서는 두 원리가 여전히 지배적인 것으로 간주된다.

VI. 집권화

법 기술의 발전에서 나타난 집권화 과정은 중요하다. 원시사회의 법은 분권화되어 있다. 그것은 아직 분업의 원리를 따라서 기능하는 어떤 기관도 알지 못한다. 법규범의 제정 및 적용의 모든 기능은 모든 구성원들에 의해 수행된다. 상이한 기능을 담당하는 특수한 기관들은 단지 서서히 발달했을 뿐이다. 경제적 생산에서와 동일한 과정이 법의 분야에서 생겨난다. 그러나 경제적 생산에의 집권화가 더 크게 발전하였다.

법의 분야에서 이 과정은 법적용 기능의 집권화가 법제정의 집권화보다 더 선행한다는 놀라운 사실을 그 특징으로 갖는다. 특정한 입법기관이 존재하기 훨씬 전에 법을 특정한 사례에 적용하는 법원이 설립된다. 그렇게 적용된 법은 관습법, 즉 특수한 방법에 의해 제정된 법이다. 이 방법의 독특함은 일반적 법규범이 법질서에 종속하는 모든 개인들의 협력에 의해 제정된다는 것이다. 그것은 법제정의 분권화 수단이다. 그것은 수천 년 동안 일반적 법규범을 제정하는 유일한 방식이었다. 그러나 법적용은 오래 전에 특수기관의 배타적 기능이 되었다. 또한 그것은 집권화되었다. 자신의 권리가 침해되는지 어떤지, 법위반에 책임이 있는 다른 개인에 대한 제재에 의해서 그가 반작용할 것인가 어떤가를 결정할 권한은 각 개인에게 더 이상 주어지지 않는다. 오래전부터 그러한 결정은 다툼을 하고 있는 당사자들과는 다른 그리고 그 당사자들에 독립해 있는 특수한 기관인 재판관에게 위임되었다. 그러나 재판관이 그러한 다툼을 판정할 때 따르는 일반규범들은 중추기관에 의해서 항상 제정된 것은 아니다. 그런 규범들은 여전히 관습법의 성격을 갖는다. 관습법은 기술적인 면에서 고도로 발달된 법적 공동체에서도 법질서의 중요한 부분을 이룬다.

일반적 법규범을 구체적인 사례에 적용하는 절차는, 이미 우리가 보았다시피, 세 단계를 포함한다. 첫째, 요건사실(conditioning fact), 특히 불법행위가 확증된다. 둘째, 일반적 법규범에 의해 제공된 제재가 구체적인 사례에 적용되는 질서이어야 한다. 셋째, 이 제재는 불법행위에 대해 책임져야 하는 사람에 대해 집행되어야 한다. 이 절차의 세 단계는 반드시 동시에 집권화되지는 않는다. 역사적으로 볼 때, 첫 번째 두 단계의 집권화는 아마도 세 번째의 집권화보다 선행하였을 것이다. 아마도 구체적인 법위반의 사실을 확증하는 일민이 최초로 객관적 권위 즉 법원에 위임되었을 것이다.

이 단계가 중요하다. 불법행위에 제재를 가하는 일반규범을 이 구체적인 사례에 적용할 것이냐 어떠냐의 가능성은 어떤 구체적인 사례에서 불법행위가 있었는지 어떤지를 결정하는 데 달려있기 때문이다. 법질서가 요건으로서의 어떤 사실에 어떤 결과를 부여한다면, 이 질서는 요건사실의 존재가 어떤 방식으로 확증되어야 하고, 특히 누구에 의해 확증되어야 하는가를 결정해야 한다. 가끔 간과되고 있기는 하지만, 법적 기술의 기본적인 원리는 법의 영역에는 어떤 절대적인, 바로 증거가 되는 사실은 존재하지 않고 또한 "사실 그 자체"도 존재하지 않으며, 단지 법질서에 의해서 지정된 절차에서 적절한 권위에 의해서 확증된 사실만 존재한다는 것이다. 법질서는 사실 그 자체로서의 절도에 어떤 처벌을 가하는 것이 아니다. 문외한만이 그런 식으로 법의 규칙을 정식화한다. 법학자는 지명된 절차를 따르는 적절한 권위에 의해서 확증된 절도에만 법질서가 어떤 처벌을 내린다는 것을 안다. A가 절도를 범했다고 말하는 것은 주관적 의견의 표명에 불과하다. 법의 영역에서는 근거 있는 견해, 즉 사실을 확증하기 위하여 법질서에 의해 지정된 권위의 의견만이 결정적이다. 법질서에 의해서 정해진 것으로서의 사실의 존재 말고 다른 어떤 견해도 법학적 관점에서 보면 아무런 관련이 없는 것이다.

법질서가 요건사실, 특히 불법행위를 결정하기 위한 어떤 특별한 기관을 설립하지 않는다면, 법질서가 구체적인 경우에 이들 사실의 존재를 확증하기 위해 위임하고 있는 것은 이해 당사자이다. 그것은 원시시대의 분권화된 법질서의 상황이다. 그런 상황 아래서 한 당사자가 다른 당사자의 행동에 의해서 손해를 보았다고 주장하고, 후자가 그것을 부인한다면, 본질적인 문제는 결정되지 않은 채로 남아있게 된다. 원시시대의 분권적 법질서에서는 문제는 단지 논쟁의 당사자들 간의 합의에 의해서만 결정될 수 있다. 그러한 합의에는 거의 도달할 수 없다는 것은 분명한 사실이다. 한 당사자가 합의 없이 다른 당사자에 대해 강제행위를 하고자 한다면, 그의 행위가 법질서의 의미에서 제재를 이루는지 아니면 불법행위를 이루는지, 즉 이 경우에 법질서가 적용되는지 아니면 훼손되는지는 불확실하다. 따라서 법의 기술적인 발달과정에서 법원의 설립만큼 중요한 단계는 없다. 법의 적용이라는 이 단계의 집권화에 의해서만 모든 경우에 법적용이 가능해졌다.

법적용의 다른 두 단계(제재의 명령과 집행)의 집권화는 덜 중요하다. 그것은 최종 단계인 것처럼 보인다. 그것과 함께 자력 구제가 가지는 법의 지위는 사라진다. 그 자리를 공동체의 특수기관에 의한 제재의 집행이 차지하게 된다.

그러나 자력 구제의 상태는 단지 점진적으로만 소멸되어갔던 것처럼 보인다. 초기에는 법원은 중재의 법정 이상이 거의 될 수 없었다. 충돌이 그들 사이의 평화로운 합의에 의해 해결될 수 없다면, 법정은 한 당사자의 주장대로 실제로 불법행위가 저질러졌는지 어떤지, 그 당사자가 다른 당사자에 대해 제재를 집행할 권한[권위]을 갖고 있는지 어떤지를 결정해야만 했다. 복수를 속죄금으로 대체할 수 있게 하는 그런 평화적 합의에 도달하게 하는 것이 아마도 이 법정의 최초의 임무였을 것이다. 뒤에 가서 비로소 자력 구제의 절차를 완전히 폐지하는 것이 가능하게 되었다. 범죄를 저지른 개인을 벌주는 권한을 부여받은 법적 공동체의 어떤 중추기관에 의해서 제재를 집행하는 것은 권력수단의 집중화와 이들 권력수단을 뜻대로 하는 중추기관의 존재를 전제로 한다. 법질서에 의해 제공된 제재의 집행을 집권화하기 위해서 법적 공동체는 법원뿐만 아니라 강력한 행정부를 필요로 한다.

행정부와 법원을 가지고 있는 법적 공동체가 바로 국가이다. 우리가 이미 지적했듯이 국가는 집권화된 법질서이며, 집권화된 법질서에 의해 구성된 공동체이다. 기술적 관점에서 보면, 입법기관은 국가의 본질적인 필수물이 아니라는 점이 특이하다. 그것은 원시시대의 공동체를 국가로 만드는 것은 법제정의 기능이 아니라 사법적·행정기능의 집권화이다. 국가에서는 입법보다는 사법이 더 오래된 것이다.

사법기관이 입법기관보다 오래되었지만, 그것이 첫 번째 중추기관인 것은 아니다. 첫 번째 중추기관은 아마도 다른 집단과의 전쟁에서 자신의 집단의 군 사령관의 위치에 있는 족장이었을 것이다. 첫 번째 사회적으로 조직된 제재, 즉 혈족에 의한 복수가 집단 상호간의 관계에서 나타난 것처럼, 집권화도 부족 상호간의 관계에 처음 적용되었다. 그러나 시작 단계에서는 족장의 지위는 부족법의 형성에 그렇게 중요한 것은 아니었다. 족장의 지위가 종신제도가 되고 부족의 법 문제에 관련되자마자, 입법자로서가 아니라 재판관으로서 족장이 등장하게 된다.

국제법의 통제를 받는 전쟁 및 외국과의 다른 관계를 제외하면, 발달 초기에는 사법기능과 입법기능이 전면에 있고, 행정기능이 뒤에 있었다. 최근에는 이 관계가 변화하여 행정기능이 우위에 있게 되었고, 사법국가는 행정국가가 되었다. 이렇게 된 이유는 주로 다음과 같다. 법적용이 더 이상 법정에만 위임된 것이 아니라 행정부의 권위에도 그것이 위임되었으며, 후자의 위임이 점증하고 있다. 민법 및 형법과 더불어 행정법이 나타나고, 그것은 점점 증가하고 있다. 행정법은 행정부가 바람직하다고 생각하는 시민의 행위를 제재의 위협에 의해서 발생시킴으로써 행정부의 목표를 달성할 수 있다. 예를 들어 시민들은 법에 의해 공도(公道)를 부설할 의무를 갖거나, 학교를 설립하여 교사를 임용하고 자신의 자녀를 가르칠 의무를 갖는다. 이 의무를 지키지 않으면, 그들은 특별한 행정당국에 의해 처벌받는다. 그 경우에 국가행정의 기술은 국가사법의 기술과 동일하다. 이것이 간접행정의 유형이다. 국가의 직접행정의 유형은 공도의 부설, 학교의 설립, 교육이 사적 인간에 의해서가 아니라 공적 기관에 의해서 제공되는 경우에 의해서 제시된다. 직접행정이라 부르는 이 활동은 사법적인 것과는 완전히 다르다. 그것은 사적 주체들의 의무 사이에 나타나는 것이 아니라, 공적 기관의 의무 사이에 나타난다. 공적 기관이란 법질서에 의해서 규정된 특수한 방식으로 특성화된 개인이다. 행정의 목적은 직접행정에서도 이 활동을 법적인 의무로 가지는 개인에 의해서 달성된다. 이에 반대되는 행동의 반작용은 강제수단이며, 그래서 직접행정조차도 법이라는 특수한 기술, 즉 간접적 동기화의 틀 안에 남아있게 된다.

국가의 발전은 분명히 직접행정의 가속적 증대 안에서 진행된다. 직접행정의 법적 기술은 사회주의 국가의 기술인 데 반해서, 자유주의적 자본주의 국가는 행정활등을 증대시키고는 있지만 간접행정 기술을 선호한다. 국가의 간접행정으로부터 직접행정으로 나아가는 길은 또한 집권화를 증대시키는 길이다.

집권화와 분권화 간의 구별은 최종적으로는 국가 간의 관계에서도 결정적이다. 국제법은 근본적으로 분권화된 법질서이다. 국제법의 기술은 원시시대 법의 전형적인 모든 특징들을 드러낸다. 그 특징들은 다음과 같다. 법적 공동체의 전 영역에 유효한 규범의 관습에 의한 제정, 일반적인 법 규범을 구체적인 사례에 적용할 수 있는 특수 기관의 부재 (不在), 그 기관을 대신하여 권리 침해를 당한 당사자 측에서의 자력 구제, 집단책임, 결과책임이 그것이다. 국제법적 기술에만 있는 특이점은 그 복종자가 법인, 즉 국가라는 점이다,

법인은 전체적으로건 부분적으로건 법질서의 인격화이다. 법질서가 법인에게 의무를 부과하면서 권한을 부여한다고 말하는 것은 그것이 개인에게 의무를 부과하지 않고 권한을 부여하지 않는다는 것을 말하는 것이 아니다. 그것은 단지 다음을 의미할 뿐이다. 즉 법질서는 개인들에게 다른 법질서의 매개를 통하여 직접적으로가 아니라 간접적으로 의무를 부과하며, 이 다른 법질서의 의인화는 의무를 가지면서도 권한을 가지고 있는 법질서의 주체로서 간주된다. 국제법이 국가에게 의무를 부과하고 권한을 준다고 말하는 것은 국제법이 국가 기관의 자격을 갖고 있는 개인에 대해 의무를 부과하고 권한을 부여한다는 것을 의미하며, 그 개인은 국가의 법질서에 의해서 이 질서의 기관 혹은 이 질서에 의해서 구성된 공동체의 기관으로 지명되었다. 그것은 또한 국제법적 질서의 규범은 완성된 규범이 아니라는 것을 의미한다. 국제법적 질서는 그것이 어쨌든 적용되기 위해서는 국내법적 질서의 규범에 의해서 보완되지 않으면 안 된다. 이 보완은 국가기관의 자격을 가지고 있으면서 국제적인 의무를 수행하고 국가의 국제적 권리를 행사해야 하는 개인의 지명 속에서 성립한다. 이것은 규칙이다. 예외로서 국제법적 규범이 개인을 직접 규정하여, 그 개인의 행동이 국가의 국제적인 의무와 권리의 실질을 형성하는 경우도 있다.

국제법적 기술의 발달이 국가의 법질서의 발달에 의해서 이미 걸어왔던 길과 동일한 길을 걸어간다고 가정할 수도 있다. 국제법에서 집권화가 법원의 설립과 함께 시작되었다는 사실은 매우 시사적이다. 이 법원은 국제법이 상대적으로 집권화된 첫 번째 기관이다. 국제법이 직접 개인에게 의무를 부과하고 권한을 부여하는 것이 증대되는 범위만큼, 국내법과 국제법의 경계선은 사라지는 경향을 갖게 되고, 인류의 법적 조직은 세계국가의 이념에 접근하게 된다.

10. 왜 법에 복종해야 하는가?

■ ■ ■

"The Should the Law be Obeyed?"

I

법의 타당성[유효성]의 근거는 무엇인가? 이 물음에 대한 여러 가지 답변을 평가하기 위해서는 여기서 사용하고 있는 몇 가지 개념들을 명료화해야 한다. "법"은 국내법이든 국제법이든 실정법으로 이해될 필요가 있고, "유효성"은 법의 구속력을 의미한다. 즉 법이 통제 대상으로 삼고 있는 사람들이 그 법에 마땅히(ought)복종해야 한다는 관념이 이해될 필요가 있다. 왜 사람들이 법에 복종해야 하는가가 문제이다.

우리는 실정법이 유효한지 어떤지를 묻지 않는다. 즉 유효성은 실정법론의 전제이며, 실정법의 본질적인 성격이다. 실정법의 규범들(즉 지시, 명령들)을 제정한 행위의 주관적 의미는 당연히 이런 지시들에 복종해야 한다는 것이다. 그러나 또한, 이 **주관적인** 의미가 왜 마찬가지로 **객관적인** 의미인가? 규범에 대해 주관적 의미를 가지는 행위 모두가 또한 객관적인 의미를 갖는 것은 아니다. 예를 들어 돈지갑을 넘기라는 강도의 명령은 구속력을 가지는 것으로 혹은 유효한 규범으로 해석되지 않는다. 이를 다시 진술한다면 우리의 물음은 다음처럼 된다. 실정법을 제정한 행위는 왜 주관적으로뿐 아니라 객관적으로 구속력을 갖는 규범이라는 의미를 갖는가?

II

자주 승인된 대답은, 사람들은 실정법이 도덕의 원리와 일치하기 때문에 그리고 일치하는 한에서, 그 법에 복종해야 마땅하다는 것이다. 그런데 사람들이 입법 활동과 법적용 활동에 관계하는 도덕원리들은 정의의 이념이다. 이 견해에 따른다면 법의 유효성의 근거는 정의이다. 이들 도덕원리가 어떻게 인식되는가 라는 물음에 대해서 전형적인 대답은 그것들은 말하자면 자연 안에 내재해 있다는 것이다. 자연을 연구하게 되면 우리는 이런 원리들을 발견할 수 있으며, 바로 이 원리가 자연법인 것이다. 이 법은 만들어진 법 즉 실정법보다 우위에 있다.

이러한 견해가 자연법론이며, 그것은 자연을 일종의 법제정의 권위라고 해석한다. 이 이론에 따르면 실정법은 자연법으로부터 그 유효성을 얻게 된다. 사람들은 자연법이 실정법에 명령을 내리기 때문에 그리고 명령을 내리는 한에서 실정법에 복종해야 마땅하다. 자연은 실정법이 자연법을 따르는 한에서 실정법에 대해 복종을 명한다.

인간의 행동을 통제하는 규범들이 자연으로부터 연역될 수 있다는 것이 인정된다 하더라도, 사람들이 이들 규범에 복종해야 할 근거는 어디 있는가의 물음이 제기된다. 이 진전된 물음에 대해 자연법론은 대답을 못하고 있다. 자연법론은 단지 사람들이 자연의 명령을 따르는 것이 마땅하다는 사실을 아마도 자명한 것으로서 전제하고 있을 뿐이다. 이것이 바로 그 이론의 근본적인 가설이고, 기본규범이며, 법의 유효성에 대한 근거이다.

그러나 이 근본적인 가설은 실정법론에 의해서 용인될 수 없다. 왜냐하면 인간행위를 규제하는 규범을 자연으로부터 연역하는 것은 불가능하기 때문이다. 규범은 의지의 표현이며, 자연은 의지를 갖지 않는다. 자연은 인과원리에 의해서 결합된 사실들의 체계이다. 자연을 규범적 권위로서, 즉 규범을 제정하는 의지가 부여된 초인간적 존재로서 이해하는 것은 애니미즘적 미신이거나 자연을 신의 의지의 현현이라고 보는 신학적인 해석의 귀결이다.

다른 근거가 있다. 정의를 따르기 때문에 실정법이 유효하다고 주장하는 자연법론은 다음의 두 귀결 중 하나로 귀착하지만, 둘 다 실정법론에게 용인될 수 없다.

(a) 모든 실정법이 유효하다고 생각된다면, 모든 실정법은, 자연법론에 따를 경우 정의로운 것으로서, 즉 자연법에 일치하는 것으로서 생각되지 않으면 안 된다. 그래서 인간이 제정한 모든 법은 그 법에 초인간적인 권위를 부여함으로써 정당화될 수 있다. 이런 정당화는 많은 자연법론자들이 의식적으로 혹은 무의식적으로 찾고 있는 것이다. 그러나 모든 실정법이 정의롭다면, 법과 정의는 같은 것이 되어버리고, 그렇다면 정의롭기 때문에 법이 유효하다고 말하는 것은 법의 유효성의 근거는 법이고, 법은 복종되어야 하기 때문에 복종되어야 마땅하다고 말하는 것과 같다.

(b) 이처럼 법과 정의가 동일시된다면, 즉 실정법과 자연법이 동일시된다면, 정의 혹은 자연법 개념은 의미 없게 된다. 이들이 의미

를 가지려면 한편으로는 정의 혹은 자연법과, 다른 한편으로는 실정법 사이에 가능한 대립관계가 존재해야 한다. 정의나 자연법의 원리의 내용이 확인된다면, 그러한 대립은 불가피하다. 사실상 자연법론의 탁월한 대표자들은 서로 모순될 뿐만 아니라 많은 실정법과도 바로 대립되는 그런 원리들을 정의나 자연법의 이름으로 선포했다. 이들 원리 중 이런 저런 것과 충돌하지 않는 실정법이란 존재하지 않는다. 그들 중 어떤 것이 어떤 다른 것보다 더 나은 주장으로 인정되는지 확인할 방법이 없다. 이 모든 원리들은 그것들을 만든 여러 사람들이 무엇을 정의롭거나 자연적인 것으로 간주하는지에 관해 그들의 고도로 주관적인 가치판단을 드러내고 있다. 실정법과 정의나 자연법이 일치하는 한에서만 유효하고 일치하지 않는 한에서는 유효하지 않다고 한다면, 모든 실정법은 이들 원리 중 하나와 비교될 때 유요하지 않은 것으로 간주될 수 있다. 예를 들면 그런 원리를 만든 일부 사람이 주장하는 것처럼 개인의 소유권이 자연권이라면, 공산주의 국가의 법질서는 유효하지 않고, 그것은 단지 범죄 폭력집단의 조직에 불과하다. 그러나 다른 사람이 주장하는 것처럼, 개인의 소유권이 자연에 반하는 것이라면, 자본주의 국가의 법질서는 그 국가의 시민들이 복종해야 할 유효한 법으로서 인정받게 될 기회를 가지지 못하게 된다. 로크가 가르쳤던 것처럼 민주주의가 정부의 유일한 자연적이고 정의로운 정부형태라면, 독재정부가 제정한 법에 복종하는 것은 정의로울 수 없다. 그리고 필머의 자연법론이 받아들여진다면, 민주주의는 세계를 민주적인 방식으로 지배하지 않았던 신의 의지와 충돌하기 때문에 가장 정의롭지 못한 정부형태가 된다. 그리되면 민주주의 법의 유효성의 근거는 존재하지 않으며, 법의 제정은 절대군주의 유일한 권리인 셈이다. 의심의 여지가 없는 자명한 사실은 자연법론의 이 두 번째 귀결이 첫 번째 귀결과 마찬가지로 실정법의 과학의 측면에서, 특히 비교법학의 측면에서 용인될 수 없다는 것이다.

그러므로 실정법이 정의롭기 때문에 유효하다고 말하는 것은 우리의 물음에 대한 대답이 아니다. 실정법이 그 유효성을 자연법으로부터 획득한다면, 실정법은 그 자체 유효성을 갖지 못한다. 사람들이 복종해야 마땅한 것은 오직 자연법의 규범일 뿐이다. 자연법론은 왜 실정법이 유효한지에 대해서 대답을 하고 있지 못하며, 자연법이 왜 유효한지라는 완전히 다른 문제에 대답하고 있는 것이다. 그리고 이 문제에 대한 대답은 하나의 가설이다. 그것은 사람들이 자연의 명령에 복종해야 마땅하다는 전제된 규범이다. 전제된 규범이 그것의 기본규범이 되는 셈이다.

III

그리스도교 신학은 우리의 문제에 대해 다른 대답을 제시하고 있다. 성 바오로는 다음처럼 말한다. "사람은 누구나 위에서 다스리는 권위에 복종해야 합니다. 하느님에게서 나오지 않는 권위란 있을 수 없고, 현재의 권위들도 하느님께서 세우신 것입니다. 그러므로 권위에 맞서는 자는 하느님의 질서를 거스르는 것이고, 그렇게 거스르는 자들은 스스로 심판을 불러오게 됩니다. 사실 지배자들이란 악행을 할 때에나 두렵지 선행을 할 때에는 두렵지 않습니다. 그대는 권위를 두려워하지 않기를 바랍니까? 선을 행하십시오. 그러면 권위로부터 인정을 받을 것입니다. 지배자는 그대의 이익을 위하여 일하는 하느님의 일꾼입니다."(로마 신자들에게 보낸 서간, 13:1-4) 이것은 이미 확립된 권위에 의해서 나온 실정법 질서의 정당화이다. 사람들은 그들의 복종이 신의 명령에 의한 것이고, 신의 대리인이 법제정의 권위이기 때문에 어떤 실정법에도 복종해야 마땅하다. 신은 그들에게 법을 제정할 권위를 주었다. 따라서 이 법은 단지 인간이 만든 법으로서 생각되어서는 안 되고, 신의 의지에서 비롯된 법으로서 생각되지 않으면 안 된다. 결국 인간의 복종은 신에 기인하는 것이지, 실정법 그 자체에 기인하는 것은 아니다.

그러나 신이 명령하기 때문에 실정법에 복종해야 마땅하다는 진술은 실정법이 왜 유효한가의 질문에 대한 궁극적인 대답이 아니다. 왜냐하면 신이 이런 명령을 내렸다는 사실이 당연한 것으로 여겨진다 하더라도, 인간은 왜 신의 명령에 복종해야 하는가에 대한 문제가 생겨나기 때문이다. 규범의 유효성은 보다 높은 다른 규범으로부터만 도출될 수 있기 때문에, 우리의 물음에 대한 바오로의 대답이 가지는 참된 의미는, 인간은 신의 명령에 복종해야 마땅하기 때문에 실정법에 복종하는 것이 마땅하다는 것이다. 사람들이 신의 명령에 복종해야 마땅하다는 것은 하나의 규범이지만, 이 규범이 신의 명령이라는 점은 확인될 수 없다. 왜냐하면 어떤 권위가 한 개인은 다른 개인의 명령에 복종해야 마땅하다는 하나의 규범을 발한다면, 이런 규범은 그 명령을 내리는 다른 개인의 권위 인정을 함축하고 있고, 이 규범에 의해 권위를 갖게 된 개인은 다른 개인이 법에 복종해야 하는 것과 꼭 마찬가지로 그 규범에 종속되어 있기 때문이다. 따라서 그런 규범을 내리는 권위는 이 두 개인보다 더 우위에 있는 것으로 간주되어야 마땅하다. 신은 그 자신 최상의 권위이기 때문에, 자신에게 명령을 내리는 그런 권위 있는 규범을 내릴 수 없다. 따라서 사람들이 신의 명령을 따라야 마땅하다는 규범은 어떤 권위에 의해서 내려진 규범일 수가 없다. 그것은 신학이 전제하고 있는 규범이며, 그것의 형이상학적인 가설이 그것의 기본규범일 수 있을 뿐이다. 이런 신학적 교의에 따르면 이 가설이 바로 법의 유효성의 근거인 것이다.

그러한 형이상학적 가설은 종교의 관점에서만 승인될 수 있다. 사람들이 실정법에 복종해야 한다는 것을 신이 명령했다는 사실은 성 바오로가 확립했던 바의 그리스도교의 관점에서만 당연한 것으로 간주될 수 있다. 이런 관점에서라 하더라도 논쟁의 여지는 있다. 왜냐하면 그것은 그리스도교 원래의 가르침과 거의 양립할 수 없기 때문이다. 사실과 마찬가지로 가설은 확실히 말해서 일반적인 의미에서의 과학에서는 승인될 수 없는 것이고, 특수하게는 법학에서는 승인될 수 없는 것이다. 과학은 형이상학적 가정에 근거해서는, 즉 가능한 인간 경험을 넘어서는 그리고 특히 인간의 이성을 넘어서는 실재나 사실의 가정에 근거해서는 작동할 수 없다.

그리스도교 신학이 우리의 문제에 대해 제시하는 답은 자연법론의 대답과 꼭 마찬가지로 보다 높은 질서에 있는 법, 실정법 위에 놓여 있는 법의 유효성에서 그 근거를 발견한다. 양 이론에 따르면 실정법은 그 자체 유효성을 가지지 못한다. 그것은 두 이론의 관심인 신적 질서 또는 자연적 질서의 유효성이다. 이런 유효성의 근거는 신적 혹은 자연적 질서의 권위가 부여하는 것이 아니라 각 이론에 의해서 하나의 가설로서 전제되어 있는 기본규범인 것이다.

IV

두 이론에 대한 이러한 분석은 우선 그들의 가설이 실정법의 과학에 의해서는 승인될 수 없다는 사실을 보여준다. 둘째, 이러한 법의 유효성, 그 자신의 내재적 유효성이 문제라면, 그 유효성의 근거는 다른 보다 높은 질서 안에서 추구되어서는 안 된다. 실정법이 상위의, 주권적 질서라고 가정되지 않으면 안 된다.

이러한 질서는 계층적 구조(hierarchical structure)의 특성을 갖는다. 그것의 기초는 성문 혹은 불문헌법이다. 입법자들에 의해 법제화된 법령은 그 헌법에 근거해 있다. 그 다음 법정이나 행정기관은 개별 규범들을 제정함으로써 이 법령을 적용한다. 궁극적으로 우리는 재판관이나 행정관의 결정에 복종해야 한다. 왜냐하면 우리는 헌법에 복종해야하기 때문이다. 만약 왜 우리가 기존 헌법의 규범들에 복종해야 하는가를 묻는다면, 구 헌법을 언급할 수 있다. 이때 구 헌법은 합헌적인 방식으로 새 헌법으로 대체되었다. 이런 식으로 하여 우리는 마지막으로는 역사적으로 첫 번째인 헌법에 도달하게 된다. 왜 우리가 최초의 헌법의 조항에 복종해야 하는지의 물음에 대해서는 다음의 대답만이 가능하다. 역사적으로 첫 번째인 헌법조항들에 복종하게끔 하는 규범은 다음처럼 하나의 가설로서 전제되지 않으면 안 된다. 즉 이 규범에 기초하고 있는 강제질서, 그것의 규율 대상이 되는 사람들이 실제로 복종하고 적용을 받는 그런 질서가 이들 개인에 대해 구속력을 갖는 유효한 질서로서 간주된다면, 즉 이들 개인 간의 관계가 한갓 권력관계가 아니라 법적 의무·법적 권리·법적 책임으로서 해석된다면, 법적으로 옳은 것과 법적으로 옳지 않은 것 사이를 구별하고, 특히 힘의 합법적 사용과 불법적 사용을 구별하는 것이 가능하다면, 하나의 가설로서 전제되지 않으면 안 된다. 실정법의 과학의 관점에서 보면 이것은 실정법 질서의 기초적 규범이고, 그 유효성의 궁극적인 근거이다. 그것은 실정법의 유효성의 궁극적 근거이다. 왜냐하면 실정법의 과학의 관점에서 볼 때 자연이나 신이 역사적으로 첫 번째인 헌법의 조항들에 복종하기를 명령했다는 사실은, 즉 헌법의 아버지들이 자연이나 신들에 의해 그것을 확립하도록 권위를 부여받았다는 사실은 불가능하기 때문이다. 역사적으로 첫 번째인 헌법의 조항들에 복종하도록 하는 기본규범들은 법적 권위에 의해 제정된 것이 아니다. 즉 그것은 헌법과 일치해서 제정된 실정법이 아니다. 그것은, 실정법의 과학이 우리에게 말하고 있듯이, 하나의 가설로서, 즉 우리가 한 국가의 영역 내에서 인간의 행동을 유효하게 통제하는 강제적 질서를 그 주민에 대해 구속력을 갖는 규범적 질서로 간주한다면, 하나의 가설로서 우리가 전제하는 규범이 된다. 이 전제는 자유로운 상상력의 산물이 아니다. 왜냐하면 그것은 객관적으로 확인 가능한 사실들에 대해 언급하고 있기 때문이다. 헌법의 확립도 하나의 사실이며 이 헌법을 기초로 해서 강제적 질서의 일반적이고 개별적인 규범들을 제정하고 적용한 행위들도 하나의 사실들이다. 기본규범은 이들 행위의 주관적 의미에 대해 객관적인 의미를 가지는 것, 즉 합법성을 부여한다. 그것은 일반적인 유효성의 원리(principle of effectiveness)를 적용하는 것이며, 이 원리는 규범원리로서 법의 영역에서 중요한 역할을 담당한다.

그리하여 법실증주의(positivism)는 왜 법이 유효한가의 물음에 대해 하나의 가설을 가지고서 대답한다. 이 가설은 받아들일 수도 받아들이지 않을 수도 있다. 다른 말로 하면 법에 대한 복종의 정당성을 조건부로만 인정하는 것이다. 그러므로 이 대답이 문제에 대한 만족스러운 해결이 아니며, 따라서 자연법론이나 신학의 법론이 바람직하다는 점이 자주 표명되었다. 그러나 이와 관련해서 한편으로는 법실증주의와 다른 한편으로는 자연법론 또는 신학의 법론 간에 차이점은 없다. 하나의 가설적인 기본규범이 법의 유효성의 근거가 되는 점은 이 세 이론 모두에서 같다. 법실증주의의 기본규범이 법적 권위에 의해서가 아니라 법학 사상에서 전제되는 것과 꼭 마찬가지로, 자연법론의 기본규범과 그리스도교 신학의 기본규범들도 자연이나 신에 의해서 제시되는 것이 아니라, 이들 이론에 의한 가설로서 전제된다. 따라서 이들 이론들은 법에 대한 복종을 단지 조건부로만 정당화할 수 있을 뿐이다. 유일한 차이는 법실증주의의 기본규범이 그 근거를 제공하는 유효성은 실정법의 내재적 유효성인 반면, 자연법론이나 그리스도교 신학의 규범이 그 근거를 제공하는 유효성은 자연적 혹은 신적 질서의 유효성이다.

V

앞선 고려에 의하면 법의 유효성의 근거에 대한 물음은 국내법에 한정되어 있다. 국제법에 관련하여 국내법상의 법적 권위가 제정한 헌법을 근거로 하여 승인한 한에서만, 혹은 통상적인 용어를 사용할 경우 주권국가의 정부가 승인한 한에서만, 우리가 국제법을 유효하다고 생각한다면, 국제법에 관련된 우리의 대답은 동일하다. 그것은 전제된 기본규범이라는 것이다. 왜냐하면 이때에는 국내법의 유효성의 근거가 국제법의 유효성의 근거를 함축하고 있으며, 국제법은 단지 국내법의 일부에 지나지 않기 때문이다. 그러나 만약 우리가 국제법을 국내법 질서보다 우위에 있는 법질서로서 본다면, 상황은 바뀌게 된다. 왜냐하면 국내법의 기본규범에 적용된 유효성의 원리는 실정 국제법의 하나의 규범이기 때문이다. 이 법에 따르면 일정한 영역 안의 주민들을 실효적으로 지배하는 경우, 독립된 정부는, 이 정부가 비록 헌법과 일치해서 확립된 것이 아니라 혁명에 의해 확립된 것이라 하더라도, 합법적인 정부이다. 그런 정부 하에 있는 공동체는 국제법의 의미에서의 "국가"이다. 이 실효적 지배에 적용되는 강제적 질서는 이 국가의 유효한 법이다. 이 질서의 규범을 제정하고 적용한 행동들은 합법적이다. 성 바오로는 설립된 모든 정부는 신에 의해서 그렇게 된 것이라고 가르쳤다. 마찬가지로 법실증주의는 모든 설립된 정부는 국제법에 의해 그렇게 된 것이라고 가르친다. 국제법의 한 규범인 유효성의 원리에 따르면, 한 국가의 헌법은, 그것으로부터 도출된 강제적 질서가 대체로 유효하다면, 유효한 것이다. 국내법보다 우위에 있는 것으로 이해된 국제법의 이 실정적 규범은 국내법적 질서의 가설적인 즉 전제된 규범과 동일한 기능을 가진다. 국내법적 질서는 주권적 질서로 이해되거나 아니면 통상 그렇게 정식화되듯이 주권국가의 법으로서 이해된다. 그것이 국내법의 유효성의 근거이다. 정확하게 말해서 국내법의 유효성의 근거가 국제법의 규범이기 때문에, 후자는 전자보다 우위에 있는 것으로서 간주될 수도 있다. 그러나 국제법의 이러한 규범은 국내법의 유효성의 궁극적인 근거는 아니다. 왜냐하면 이제는 국제법의 이 규범이 왜 유효한가의 물음, 다시 말해 궁극적으로 전체로서의 국제법이 왜 유효한가의 물음이 생겨나기 때문이다. 우리는 이 마지막 물음에 대한 대답을 국내법에 대한 물음의 대답과 같은 방식으로 발견할 수 있다. 만약 국내법이 ("국가"가) 여전히 주권자로서의 성격을 갖는다면, "주권자"는 다음을 의미할 수 있을 뿐이다. 즉 국가는, 혹은 같은 말이지만 국가를 구성하는 국내법적 질서는 다른 국가의 국내법적 질서에 종속해 있는 것이 아니라, 단지 국제법 질서에 종속되어 있다는 것, 그 국가는 "독립성을 갖는다"는 것만을 의미할 수 있을 뿐이다. 만약 이제 우리가 국제법이 왜 유효한 규범적 질서인가를 묻는다면, 우리는 국가 A가 국가 B와의 관계에서 수행한 어떤 행위가 왜 합법적인가 혹은 불법적인가의 물음에서 출발할 수 있다. 이에 대한 대답은 다음과 같다. 그 행위가 A, B 양국 간에 체결된 조약과 일치하거나 일치하지 않기 때문이며, 국제법의 규범에 따르면 조약을 체결한 국가들은 그들이 체결했던 조약을 준수해야 할 의무가 있기 때문이다. 이것은 "합의는 구속한다"(*pacta sunt servanda*)라는 규범이다. 그것은 관습적 국제법의 규범이다. 국내법의 유효성의 근거의 전형이 되는 국제법의 규범은 마찬가지로 관습법의 규범이다. 국제법은 관습법과 조약법의 규범들로 구성되어 있다. 후자는 관습법을 기초로 해서 협약에 의해서 제정된 법이다. 그러므로 국제법의 유효성의 근거는, 즉 그것의 기본규범은 관습을 법제정의 사실로서 만든 규범, 즉 국가들은 그들의 상호관계 속에서 관습적으로 행동하는 바대로 행동해야 마땅하다는 규범이다.

그러나 이러한 규범은 그 자체 관습에 의해서 제정될 수는 없다. 그 반대의 진술도 자연이 자연에게 명령의 권위를 주었다거나 신이 신에게 명령의 권위를 주었다는 진술과 마찬가지의 논리적 오류일 것이다. 국가에 대해 구속력을 갖는 법제정의 권위를 국가의 관습에 부여하는 규범은 국가 간의 상호관계를 단순한 권력관계가 아니라 법적 관계로 해석하는, 즉 의무 · 권리 · 책임으로 해석하는 사람들이 전제한, 또한 국가의 행위를 적법하거나 불법적인 것으로 즉 유효한 법질서에 의해 통제된 관계로서 간주하는 사람들이 전제한 규범일 수 있을 뿐이다. 그것은 가설, 즉 조건이며, 그 아래서 그러한 해석이 가능하다. 이 가설은, 즉 국제법의 기본규범은 궁극에 가서는 국내법 질서의 유효성의 근거이기도 하다.

11. 순수법학과 분석법학

■ ■ ■

출처. "The Pure Theory of Law and Analytical Jurisprudence," *Harvard Law Review*, Nov., 1941.

I. 법학과 정의의 철학

순수법학[1])은 실정법 이론, 즉 일반법론이지, 특수한 법질서에 대한 진술이나 해석이 아니다. 법이라는 이름하에 있는 모든 현상들을 비교해볼 때, 순수법학은 법이 다른 시기에 다른 사람들 가운데서 드러내는 변화 내용과는 무관하게, 법 자체의 본성을 발견하고자 하고, 법의 구조와 전형적인 형식을 규명하고자 한다. 이런 방식으로 이 이론은 모든 법질서를 포용할 수 있는 근본적 원리를 도출한다. 하나의 이론으로서 그것의 유일한 목적은 그것의 주제를 인식하는 것이다. 이 이론은 법이란 무엇인가의 물음에 대답하고 있으며, 법이란 무엇이어야 하는가의 물음에는 대답을 하지 않는다.

---

1) 나의 다음 저서들을 참조할 것. *General Theory of Law and State* (Cambridge: Havard University Press, 1945), *Principles of International Law* (New York: Rinehart, 1952).

후자는 정치의 물음이며, 반면 순수법학은 과학이다.

그것이 "순수"하다고 불리는 까닭은 실정법의 인식으로부터 그것과 무관한 모든 요소를 배제하고자 하기 때문이다. 이 주제와 그것의 인식을 제한하는 일은 분명히 두 방향으로 고정되어 있음에 틀림없다. 통상 법학이라 불리는 학문인 특수한 법의 과학으로서 한편으로는 정의의 철학과는 구별되지 않으면 안 되며, 다른 한편으로는 사회학 혹은 사회적 실재에 대한 인식으로부터 구별되지 않으면 안 된다.

법의 개념을 정의의 관념으로부터 자유롭게 하는 일은 어렵다. 왜냐하면 그 두 관념은 끊임없이 정치사상에서 혼동되고 일반 연설에서도 혼동되기 때문이며, 이런 혼동은 실정법으로 하여금 정의로운 것으로 나타나게 하는 성향과 일치하기 때문이다. 이런 성향을 볼 때, 법과 정의를 두 다른 문제로서 다루려는 노력은 실정법은 정의로워야 한다는 요구를 각하한다는 의혹마저 들게 한다. 그러나 순수법학은 단지 자신만을 해명할 뿐이며, 주어진 법이 정의로운지 그렇지 않은지의 물음 혹은 더 근본적으로는 정의를 이루는 것이 무엇인가의 물음에는 대답할 자격이 없다. 순수법학은 하나의 과학으로서 이런 물음들에 대답할 수 없다. 왜냐하면 이들 물음은 과학적으로는 결코 대답될 수 없기 때문이다.[2)]

---

2) 정의와 자연법의 문제는 이 책 제1장 「정의란 무엇인가?」 11 쪽 이하에서 그리고 제5장 「과학의 법정에 선 자연법론」 215 쪽 이하에서 보다 광범위하게 다루어진다.

II. 규범적 법학과 사회학적 법학

순수법학의 대상인 실정법은 인간의 행동을 특수한 방식으로 규제하는 질서이다. 규제는 사람들이 어떻게 행동해야 하는지를 진술하는 조항들에 의해 수행된다. 그러한 조항들은 규범이라 불리고, 관습법의 규범들처럼 관습을 통해서 생겨나거나 법을 제정하는 자격을 가진 입법적 행위처럼 법을 제정하는 목적을 가진 어떤 기관의 의식적 행위에 의해서 법령화된다.

법규범들은 특성상 일반적일 수도 있고 혹은 개별적일 수도 있다. 즉 이들 규범은 누구라도 도둑질을 하면 법정에 의해 처벌받는다는 규범이 그렇게 하는 것처럼 다수의 결정되지 않은 사례를 추상적인 방식으로 미리 규제할 수도 있고, 혹은 A는 B의 말을 훔쳤기 때문에 6개월간 교도소에 가는 고통을 받아야 한다고 선고하는 재판 결정이 그렇게 하는 것처럼 하나의 사례에 관계할 수도 있다. 법학은 법률을 일반적 규범과 개별적 규범의 체계로서 간주한다. 이 법학에서는 사실들은 이들이 법규범의 내용을 이루는 범위만큼만 고려된다. 예를 들면 법학은 법규범을 제정하는 절차를 인지한다. 왜냐하면 이 절차는 헌법의 규범에 의해 지시되기 때문이다. 왜냐하면 규범은 불법행위에 대해서는 제재의 요건으로서 규정하고, 법규범은 또한 제재에 대해서는 불법행위의 결과로서 지시하기 때문이다. 규범들만이, 즉 개인들이 어떻게 행동해야 하는가에 대한 조항들만이 법학의 대상이며, 개인의 실제 행위는 결코 이 제도의 대상이 아니다.

만약 규범이 "존재한다"고 말하면, 이때 우리가 의미하는 바는 규범이 유효하다는 사실이다. 규범은 이들 규범에 의해 통제되는 사람들에게 유효하다. 규범이 어떤 개인에게 유효하다고 말하는 것은, 개인은 그 규범이 명령하는 대로 행동해야 마땅하다는 것을 의미하지, 개인은 그 규범에 실제로 일치하도록 필연적으로 행동하고 있다는 것을 의미하는 것은 아니다. 후자의 관계는 그 규범이 효능이 있다(efficacious)는 말로 표현된다. 유효성(validity, 타당성)과 효능성은 두 가지 다른 성질이다. 그러나 둘 사이에는 어떤 연결점은 있다. 법학은 법규범을 그것이 대체로 효능이 있는 법질서에 속하는 한에서 유효한 것으로 간주한다. 즉 자신의 행위가 법질서에 의해 통제되는 개인이 대체로 실제로 법질서에 따라서 행동해야 하는 것처럼 행동하는 한에서 유효한 것으로 간주한다. 법질서가 어떤 이유 때문에 효능을 상실한다면, 법학은 그 질서의 규범들을 더 이상 유효하지 않은 것으로 간주한다. 더 나아가서 유효성과 효능성의 구별은 필연적이다. 왜냐하면 전체적으로는 유효하고, 따라서 유효한 것으로 간주되는 법질서에서 하나의 법규범이 어떤 구체적인 예에서 유효하기는 하지만 효능이 없는 것도 가능하기 때문이다. 이유는 그 법규범은 비록 준수되거나 적용되어야 마땅함에도 불구하고 실제로 그렇게 되지 않았기 때문이다. 법학은 법률을 유효한 규범들의 체계로서 간주한다. 그런 체계는 유효성의 개념이 없이는 성립할 수 없다. 반면 효능성은 유효성의 개념과는 다른데, 왜냐하면 효능성은 "당위"의 특수한 의미를 제시하고 싶어 하고, 이 의미에서 법의 규범들은 개인들에 적용되며, 개인의 행위는 이들 규범에 의해 통제되기 때문이다. 효능성과 구별되는 바 유효성의 개념에서 표현되는 것은 이 "당위"이다.

법학이 법률을 유효한 규범의 체계로서 제시하려면, 법학이 자신의 대상을 기술할 때 사용하는 명제들은 "당위" 명제, 즉 "존재"가 아니라 "당위"를 표현하는 진술들이지 않으면 안 된다. 그러나 법학의 명제들은 그 자체 규범은 아니다. 그 명제들은 의무를 확립하는 것도 권리를 확립하는 것도 아니다. 개인들을 복종하게 하고 개인들에 대해 일정한 권한을 가지고 있는 규범들은 법제정의 권위로부터만 발생한다. 법률의 이론적 해명자인 법학자는 이들 규범을 순수하게 기술적(記述的) 의미를 갖는 명제들 가운데서, 즉 법규범의 "당위"를 단지 기술할 뿐인 진술들 가운데서 제시한다. 법학의 대상을 담고 있는 법규범들과 그 대상을 기술하는 법학의 진술들을 구별하는 것이 가장 중요한 일이다. 이들 진술은 "법률의 규칙들"이라 불릴 수 있고, 그 대척점에 "법규범들"이 있는데 이는 법적 권위에 의해서 탄생한다.

기술(記述)적 의미를 가지고 있는 용어인 법률규칙은 자연법칙과 마찬가지로 특수한 조건에 특수한 귀결을 부여하는 가설적 판단이다. 그러나 자연법칙과 법률규칙 간에는 단지 유추(analogy)만 존재할 뿐이다. 차이점은 조건과 귀결이 어떤 의미로 연결되어 있는지에 달려 있다. 자연법은 하나의 사건(원인)이 발생할 때, 다른 사건(결과)이 뒤따른다고 주장한다. 법률의 규칙은, 기술적인 의미의 용어를 사용하면서 한 개인이 어떤 방식으로 행동하면 다른 개인은 주어진 방식대로 행동해야 마땅하다고 말한다. 자연과학과 법학간의 차이점은 대상을 기술하는 명제들의 논리적 구조 안에서 성립하는 것이 아니라 오히려 대상 자체 안에서, 따라서 기술의 의미 안에서 성립한다. 자연과학은 자신의 대상, 즉 자연을 **존재**(is) 명제들로 기술한다. 법학은 자신의 대상, 법률을 **당위**(ought) 명제로 기술한다. 법학이 자신의 대상을 기술하는 명제들의 특수한 의미를 고찰할 때, 그것은 규범적 법률 이론이라 할 수 있겠다. 이것은 법률에 대한 **법학** 특유의 견해가 의미하는 것이다.

이런 종류의 법학은 분명히 사회학적[3]이라 불릴 수 있는 다른

---

3) 나는 사회학적 법학의 가장 특징적인 미국 대표자들은 흔히들 미국 법실

종류의 법학과 분명히 구별되지 않으면 안 된다. 사회학적 법학은 법의 현상들을 사람들이 어떤 상황 아래서 어떻게 마땅히 행동해야 하는가를 진술하는 명제 속에서 기술하는 것이 아니라, 사람들이 어떻게 실제로 행동하는가를 진술하는 명제 속에서 기술하고자 시도한다. 이는 마치 물리학이 어떤 자연의 대상들이 어떻게 운동하는가를 기술하는 것과 꼭 같다. 그리하여 그들의 독특한 "당위 진술"의 의미에서의 법규범은 사회학적 법학의 대상이 될 수 없으며, 인간의 적법한 (혹은 불법의) 행위가 그런 법학의 대상이 될 뿐이다. 이러한 일은 규칙들의 체계에 도달하는 현실적 · 사회적 발생과정을 관찰함으로써 가능하다고 가정된다. 그리고 "법률"로서 특징짓게 되는 이 행동은 이런 체계에 의해서 기술될 수 있다. 이들 규칙은 자연법칙과 동일한 종류의 것이라고 가정되며, 따라서 자연법칙과 마찬가지로 법적 공동체 안에서 일어나는 미래의 발생 사건들을 예측하고, 법률로서의 특징을 갖게 되는 미래의 행동을 예측하는 수단을 제공한다고 가정된다.

순수법학은 결코 그러한 사회학적 법학의 타당성을 부인하지 않지만, 그런 법학의 상당수 대표자들이 하는 것처럼 그런 법학을 유일한 법 과학이라고 보기를 거절한다. 사회학적 법학은 규범적 법학과 나란히 서 있다. 둘 중 어떤 것도 다른 것을 대체할 수 없다. 왜냐하면 각자는 다른 문제를 다루고 있기 때문이다. 순수법학이 수많은 실수의 원인이 된 방법의 융합주의를 피하기 위하여 서로서로를 분명히 구별하는 일을 고집하는 것도 바로 이 때문이다. 피하지 않으면 안 될 것은 법적 "당위"를 지향하는 인식과 현실적인 "존재"를 지향하는 인식 간의 혼동, 매우 자주 판단을 그르치게 만드는 혼동이다.

재론자라고 알려진 사람들이라고 생각한다.

규범적 법학은 법률의 유효성[타당성]을 다룬다. 사회학적 법학은 그것의 효능성을 다룬다. 그러나 유효성과 효능성은 분명히 다른 자리에 있어야 할 법률의 두 상이한 측면이다. 그러나 이 양자는 서로 일정한 관계 속에 있으며, 따라서 규범적 법학과 사회학적 법학 간에는 그들의 인식의 방향에서의 차이에도 불구하고 상당한 연결이 존재한다. 법률의 사회학은 자신의 주제, 즉 법률과 다른 사회적 현상 사이에 하나의 선을 그을 수 없다. 그 학문은 만약 규범적 법학에 의해 규정된 법률 개념을 전제하지 않는다면 자신의 특수한 대상을 일반 사회학의 대상, 즉 사회와 구별할 수 없다. 인간의 어떤 행동이 법률로서 사회학의 대상이 될 수 있는지, 법률의 특징을 갖는 인간의 실제 행동이 어떻게 다른 행동과 구별될 수 있는지의 문제는 아마도 다음처럼 대답될 수 있을 뿐이다. 사회학적 의미에서 "법률"은 법규범(규범적 법학의 의미에서의)에서 조건 혹은 귀결로서 명기된 실제적 행동이다. 사회학자는 이러한 행동을, 법학자가 하는 것처럼, 규범의 내용으로서 간주하는 것이 아니라, 자연의 실재 즉 인과적 연관 속에서 존재하는 현상으로서 간주한다. 사회학자는 그것의 원인과 결과를 추구한다. "당위"의 표현으로서의 법규범은 법학자와 달리 그에게는 그의 인식의 대상이 되지 않는다. 왜냐하면 사회학자에게는 그것은 선택의 원리이기 때문이다. 법의 사회학에서 법규범의 기능은 자신의 특수한 대상을 나타내는 것이고, 그것을 전체적 사회적 사건으로부터 끌어올리는 것이다. 이 범위 정도까지만 사회학적 법학은 규범적 법학을 전제한다. 그것은 규범적 법학의 보완이다.

법률의 사회학이 법제정의 활동과 법적용 기관 특히 법정의 활동을 기술하고, 가능하다면 예측하려고 시도하는 한 (이것은 미국에서의 이 사회학의 대표적인 인물들이 가장 우선순위의 과업인데),

그것의 결과는 규범적 법학의 그것들과 크게 다를 수 없다. 확실히, 사회학적 법학의 명제들이 가지고 있는 의미는 우리가 이미 보았던 것처럼 규범적 법학의 명제들의 의미와 완전히 다르다. 후자는 법정이 강제성을 가지고 있는 법규범에 따라서 어떻게 결정해야만 하는가를 규정한다. 전자는 그들이 어떻게 결정하고 있고, 어떻게 결정할 것인지를 예측해서 규정한다. 그러나 규범적 법학은 법규범을, 그것들이 일반적으로 효능이 있는 즉 실제로 복종되고 적용되는 법질서에 속하는 한에서, 유효한 것으로 간주하기 때문에, 법적용 기관의 현실적 행위와 합법적 행위 간에 별로 큰 차이는 없다. 법질서가 전반적으로 효능이 있는 한에서, 규범적 법학의 관점에서 보면, 법정이 마땅히 결정 내려야 하는 방식대로 실제로 결정 내릴 개연성은 아주 크다. 그러나 법제정 기관의 활동은, 특히 입법기관의 활동은, 만약 힘으로 법규범에 의해 강제되지 않는다면 혹은 대단히 조금만 강제된다면, 어느 정도의 개연성이 될지 예측할 수 없다. 사회학적 법학이 법적인 작동에 대해 추정하는 예측 가능성은 규범적 법학이 기술했던 법적 작동의 범위에 직접적으로 비례한다.

미래 사건의 예측이 자연과학의 본질적인 작업인지 어떤지, 따라서 유추에 의해서 사회학의 예측도 그러한지 어떤지는 불확실하다. 어쨌든 법률의 사회학은 다른 보다 개연적인 문제점들을 지니고 있다. 그것은 법률을 제정하고 적용하며 이에 복종하는 개인들의 현실적 행위를 기술해야 하는 것에 그치는 것이 아니라, 가능한 한 그것을 예측해야 한다. 또한 그것은 그런 행동을 인과적으로 설명하지 않으면 안 된다. 이런 과업을 수행하기 위해서 그것은 법제정과 법적용의 활동에서 사람들에 영향을 미치는 이데올로기를 탐구하지 않으면 안 된다. 이들 이데올로기 중에서 정의의 관념은 결정적인 역할을 한다. 이런 관념에 대한 이데올로기적 · 비판적 분석은 법률 사회학의 가장 중요하고도 유망한 과업 중 하나이다.

III. 규범의 개념

순수법학은 실정법의 인식만을 다루고, 법률 사회학이나 정의의 철학을 이러한 인식으로부터 배제해버리기 때문에, 그것의 방향 설정은 소위 분석법학의 그것과 대단히 유사하다. 분석법학은 영미에서 분석법학의 고전적 표현을 존 오스틴(John Austin)의 저서에서 발견하였다. 순수법학과 분석법학은 각각 오직 실정법의 분석에 의해서만 자신의 결론에 도달하고자 했다. 순수법학은 오스틴의 유명한 『일반 법학 강의』(*Lectures on General Jusrisprudence*)[4]와는 무관하게 생겨났지만, 중요한 몇 가지 점에서는 오스틴의 학설과 일치한다. 차이가 있다면 순수법학은 오스틴과 그의 후계자들이 성공적으로 했던 것보다 더 일관되게 분석법학의 방법을 수행했다는 것이다.

이 점은 법학의 핵심개념, 즉 규범에 특히 해당된다. 오스틴은 이 개념을 사용하지 않았으며, 규범개념의 기초가 되는 "존재"와 "당위"의 구별에 대해 주목하지 않았다. 그는 법률(law)을 "규칙"(rule)으로 정의했고, "규칙"을 "명령"(command)으로 정의했다. 그는 다음처럼 진술한다. "모든 **법률** 혹은 **규칙** … 은 **명령**이다. 혹은 오히려 법률 혹은 규칙은, 그렇게 불리는 건 당연하지만, 명령의 하나의 **종**(species)에 해당된다."[5]

---

4) 초판은 *The Province of Jurisprudence Determined* 이란 이름으로 1832년에 출판되었다. 판을 이어가면서 많은 새 자료들이 추가되었다. 본 논문의 모든 인용은 1885년의 제5판의 것이다. 지금부터는 "오스틴"으로 인용된다.

명령은 한 개인이 다른 개인에 행동하도록 지시하는 의지의 표현이다. 누군가가 어떤 방식으로 행동하는 것이 나의 의지라면, 그리고 내가 나의 의지를 이 다른 개인에게 어떤 방식으로 표현한다면, 나의 표현은 명령이다. 그리하여 명령은 두 가지 요소로 구성된다. 다른 누군가의 행동을 향해 지시하고 싶어 함과 이런 저런 방식으로 이런 욕구를 표현하는 것이 그것이다. 의지와 그것의 표현 모두가 나타나는 곳에서만 명령은 존재한다. 누군가가 나에게 명령을 내리고, 그것을 실행하기 전에 내가 그것은 더 이상 그의 의지가 아니라고 가정할 만큼 합당한 이유를 가진다면, 그의 의지의 표현이 남아있다 하더라도, 그의 명령도 의지도 더 이상 명령이 아니다. 그러나 소위 "구속적" 명령은 의지, 즉 심리적 현상이 소멸되었다 하더라도 지속하고 있다고 말해진다. 그러나 좀 더 정확하게 이야기한다면, 지속하는 것은 실제로는 명령이 아니고 오히려 나의 의무이다. 다른 한편 명령은 본질적으로 의지하는(will) 것과 그것의 표현이다.

그러므로 오스틴에 의해서 법률을 이루고 있는 법적 규칙은 실제로는 명령이 아니다. 다시 말하면 법적 규칙은 그것을 제정한 의지가 오랫동안 존재하지 않았다 하더라도 여전히 유효하며 개인에게 구속력을 갖는다. 심지어는 다음과 같이 말할 수도 있다. 어떤 행위들에 대한 법적 의무가 존재하는 어떤 사례들이 누군가의 실제 의지를 나타낸 어떤 행동으로서 존재하는 것인지 어떤지 의심스럽다고 말할 수도 있다. 하나의 예는 이것을 예증한다.

우리가 입법기관에 의해서 합헌적으로 제정된 법령을 명령이라 부른다면, 혹은 같은 의미이지만, 입법자들의 "의지"라고 부른다면, 이 표현은 참된 "명령" 개념과는 거의 관계를 가지지 않는다. 그것

---

5) 오스틴, 88.

을 제정한 입법기관의 구성원들 모두가 사망했다 하더라도 이 법령은 유효성 즉 구속력을 지닌다. 그러므로 법령의 내용은 더 이상 누군가의 "의지"도 아니며 적어도 그것을 의지할 자격을 가진 누구의 의지도 아니다. 그리하여 구속력을 갖는 법률은 의지의 실제 행위가 그 법률을 만드는 데 필연적이라 하더라도, 법률 제정자의 심리학적인 의지일 수는 없다. 법령이 탄생하는 헌법적 과정을 분석해보면, 구속력을 갖는 법률제정 행위조차 그 법령이 요구하는 행동에 대한 어떤 의지도 나타낼 필요가 없다는 점을 알 수 있다. 법령은 다수의 입법자들이 자신들에게 제출된 법안에 찬성투표를 던졌을 때 제정된다. 법령의 내용은 법안에 반대한 입법자들의 "의지"가 아니다. 그러나 그들의 의지 표현은 그 법안에 찬성투표를 했던 구성원들의 의지 표현만큼 법령의 존재에 대해 본질적이다. 법령은 소수를 포함한 전체 입법기관의 제정이지만, 그러나 분명히 말해서 이것은 그 법령의 내용이 입법기관 전체 구성원들의 의지, 심리학적인 의미에서의 의지라는 사실을 의미하지는 않는다. 우리가 법안에 찬성투표를 던졌던 다수만을 고려한다 하더라도, 그 법령이 다수의 의지였다고 하는 주장은 명백한 허구이다. 법안에 대한 찬성투표는 법령의 내용에 대한 실제적인 "의지 행위"를 결코 함축하지 않는다. 심리학적으로 보면 사람들은 자신의 생각의 대상에 대해서만 "의지를 가질" 수 있다. 사람들은 자신이 알지 못하는 대상에 대해서는 "의지를 가질" 수 없다. 모든 경우는 아니라 할지라도 대단히 많은 경우에 법안에 찬성투표를 던진 입법기관의 구성원들의 다수 비율은 그 내용을 알지 못하거나 대단히 피상적으로밖에 알지 못한다는 사실은 의심의 여지가 없다. 투표가 진행되는 동안에 어떤 입법자가 손을 든다든가 혹은 "찬성"이라고 말한다는 사실이 그가 다음의 방식으로 즉 다른 사람에게 어떤 식으로 행동하라고 “명령하는” 사람이 이런 행동을 “의지하고 있”는 방식으로 자신의 의지의 내용을 법안의 내용으로 만들었다는 것을 의미하지는 않는다.

그러므로 분명한 사실이지만 특정한 법률이 명령이라 불리면, 동일한 말이지만 법률 제정자의 “의지”라 불리면 혹은 법안 일반이 “국가”의 “명령”이나 “의지”라고 불리면, 이것은 단지 비유적인 표현으로서 간주될 수 있을 뿐이다. 통상 유추가 그 뿌리에 놓여 있다. 일정한 인간행동이 법률의 규칙으로 “제정되”거나 “규정되”거나 “명령될” 때, 그 제정은 명령의 그것과 아주 유사하다. 그러나 중요한 차이가 있다. 명령이 존재한다는 진술은 심적인 현상, 즉 의지가 어떤 인간의 행동을 향해 지시된다는 것을 의미한다. 인간의 행동은 어떤 심적인 의지 행위가 없더라도 법률의 규칙에 의해서 제정되고, 규정되며, 명령된다. 법률은 “탈심리적인” 명령이라 불릴 수도 있겠다. 이 점은 인간은 법률에 따라서 스스로 행동해야 “마땅하다”는 진술 속에 나타난다. 이 사실 안에 “당위” 개념의 중요성이 있으며, 여기서 규범개념의 필연성이 드러난다. 규범은 개인이 어떤 방식으로 행동해야 마땅하다는 것을 진술하는 규칙이지, 그러한 행동이 누군가의 실제적 의지라는 점을 주장하는 규칙이 아니다.

규범의 “당위”와 명령을 비교하는 것은 대단히 조금만 적절하다. 입법자에 의해 제정된 법률이 “명령”이 되는 것은 이 명령이 구속하는 힘을 가진다고 주장되는 한에서만 가능하다. 구속하는 힘을 가지고 있는 명령은 사실상 규범이다. 그러나 규범의 개념이 없더라도 법률은 허구의 도움만으로 기술될 수 있으며, 법적 규칙이 “명령”이라는 오스틴의 주장은 입법자나 국가의 “의지”라는 불필요한, 그리고 위험스러운 허구에 불과하다.

IV. 강제의 요소

분석법학의 주장에 따르면 순수법학은 강제의 요소를 법률의 본질적 특성으로 간주한다. 오스틴[6]과 그의 추종자들은 법을 "강제될 수 있는 것"으로 혹은 주어진 권위에 의해 "강제되는" 규칙이라 특징지었다. 이로써 그들이 의미하는 바는 법질서는 개인으로 하여금 어떤 방식으로 행동하도록 "명령한다"는 것이며, 사람들로 하여금 법질서의 명령에 특수한 방식으로 복종하도록 "강제한다"는 것이다. 법률로 하여금 개인이 복종하도록 "강제하"게 하는 특수한 수단은 복종의 경우에 나타나는 제재라 불리는 악을 "부과하"는 데서 성립한다. 이러한 견해에 따라서 법의 특징을 이루고 있는 "강제"는 심리적인 것이며, 법률이 명령하는 것에 복종하는 것은 제재의 두려움을 통해서 성취된다.

엄격하게 분석적인 방법의 관점에서 보면 이런 식의 정식은 옳지 않다. 강제는 시민의 행동이나 법률 적용을 받는 기관에 관계하지만, 개인의 준법 행위가 위협이 되는 제제에 대한 두려움에 의해서 발생하는지 여부는 의심될 만하다. 개인의 행동의 동기에 관해 우리가 어떤 것을 알고 있는 한에서, 예컨대 도덕적 또는 종교적 동기가 중요하며, 심지어는 이런 동기들이 아마 법의 제재에 대한 두려움보다 더 효과적일 것이라고 추측할 수 있다. 심리적 강제는 법의 특수한 요소는 아니다. 도덕적 · 종교적 규범도 이 심리학적 의미에서 강제적이기에 충분하다. 그 외에 준법 행위의 동기에 대한 문제는 법질서의 내용만을 지향하는 인식의 목적을 벗어나 있다.

여기서 우리는 분석적 또는 규범적 법학이 아니라 사회학적 법학의 문제 앞에 서게 된다. 전자는 법이 한정된 조건 하에서 한정된

---

6) 오스틴, 89 이하.

개인에 대해 가하는 제재로서 어느 정도의 강제를 가한다는 것만을 주장한다. 이런 관점에서 보면, 사람들이 법에 대해 가지는 관념으로부터 나아가는 것은 심리적 강제가 아니라, 외적 제재이며, 이런 관념은 외적 강제가 법의 본질이라는 점을 규정한다.

법이 결과로서 제재를 가하는 조건들 중에 불법행위가 결정적으로 중요하다. 불법행위는 뒤에 언급되는 제한과 함께 이 제재가 가해지는 개인의 행위이다. 이런 행위는 법이 지시하는 행위와 대립해 있다. 따라서 제재는 법이 구체적인 사례에서 자신의 목적을 달성하지 못하는 바로 그 경우에, 즉 법에 대한 복종이 오스틴이 법에 본질적이라고 주장한 강요를 받아들이지 않는 경우에 제공된다. 따라서 법은 오스틴의 정식화와는 다르게 특수한 권위에 의해 "강요된" 규칙이 아니라, 오히려 강제의 수단을 제재로서 제공하는 규범이다. 오스틴이 하고 있는 것처럼 법을 자신에게 행위 하라는 명령으로 특징짓는다면, 법의 본성은 파악되지 않을 것이다. 법은 "불법적"이라 부르는 행위에 대한 강제수단의 정도, 즉 제재이다. 왜냐하면 법은 제재의 조건이기 때문이며, 그 외에 다름 아니기 때문이다.

법규범은 두 실체의 행위에 관계한다. 하나는 시민이고 하나는 기관이다. 즉 하나는 불법행위를 저질러 제재의 강제수단이 가해지는 시민이며, 다른 하나는 불법행위에 대해 강제수단을 가하는 기관이다. 법규범의 기능은 불법행위 즉 어떤 조건들에 대해 결과 즉 제재를 가하는 데서 성립된다. 사회학적 관점에서 보면, 법을 모든 다른 사회적 메카니즘과 구별하게 하는 법의 본질적 특성은 사회적으로 바람직하지 않은 행위, 즉 불법행위에 반대되는 행위를 함으로써 제재를 통해서 사회적으로 바람직한 행위를 산출하고자 한다는 사실이다. 관련된 개인은 이 제재를 악으로 생각할 것이다. 분석법학은 법질서의 내용만을 고려하며, 따라서 불법과 제재간의 결합만을 고려한다.

오스틴이 법 개념에서 제재가 가지고 있는 본질적 의미를 인정하고 있음에도 불구하고, 그는 이 이해와 일치하는 방식으로 법규범을 기술하는 데 실패한다. 순수법학은, 그 이론이 법의 규칙을 (기술적(記述的) 의미에서의 용어를 사용하여) 정식화 할 때, 분명한 결론을 가언[조건]판단으로만 도출할 뿐이다. 이 가언판단에서 불법행위는 본질적 조건[전건]으로 나타나며, 제재는 귀결[후건]로서 나타난다. 조건과 귀결이 법규범에서 결합될 때의 의미는 "당위"이다. 누군가가 도둑질 한다면, 그는 벌을 받아야 한다. 사람이 불법행위로 인한 피해를 보상하지 않는다면, 그에 대해 민사적 집행이 이루어져야한다. 이런 방식으로 법학은 법적 권위에 의해 공포된 법규범이 불법행위와 제재 사이에 확립한 관계를 서술한다. 법규범이 법에 종속된 개인에게 의무를 부과하고 권리를 부여하는 것은 정확하게 말해서 이런 관계를 확립함으로써 이루어진다.

V. 법적 의무

순수법학은, 오스틴이 "의무는 권리의 기초이다"[7]라고 말했듯이, 의무개념의 일차적 특성을 권리개념과의 관계에서 강조한다. 개인이 법적으로 어떤 행위를 준수해야 한다고 말하는 것은 법규범이 반대의 행위, 즉 불법행위에 대해 제제를 가한다는 것을 의미한다. 보통의 경우에는 제재는 불법행위를 저지른 개인에게 가해진다. 그러나 원시적인 법적 질서 혹은 규칙에서 제재가 과실행위를 한 사람에 대해서뿐만 아니라, 과실행위를 한 사람과 특수한 관계

7) 오스틴, 395.

에 있는 다른 사람들에게 가해지는 일이 종종 있을 수 있다. 다른 사람들이란 과실행위를 한 사람과 동일한 법적 집단에, 즉 동일한 가족 · 동일한 종족 · 동일한 국가에 속해 있는 사람들이다. 제재가 단지 과실행위를 한 사람에게만 가해진다면, 그것은 개인책임의 경우이다. 제재가 그 집단의 구성원들에 가해진다면, 그것은 집단책임의 경우이다. 그것은 원시시대 법의 혈족에 의한 복수이거나 뿌리 깊은 반목이다. 그것은 오늘날에서조차 국제법의 시행에서 나타나는데, 국제법의 제재(앙갚음과 전쟁)는 실체로서의 국가에 가해진다. 그러므로 결과적으로 그 기관이 법을 훼손했던 국가의 시민들에게 가해진다. 과실행위를 하지 않은 다른 개인들에게 제재가 가해질 수 있다는 사실은 의무의 관념과 책임의 관념 사이를 구별하는 일을 필요하게 만든다. 책임은 제재가 가해지는 개인에 의존한다. 의무는 그의 행위로 인해 불법을 저지를 수도 있는 잠재적 과실행위자에 의존한다. 통상적으로 근대 법에서 의무와 책임의 주체는 동일하다. 그러나 예외로서 집단책임이 여전히 가능하다. 실로 오늘날 국제법의 규칙이 그러하다.

오스틴의 이론에서는 의무의 개념과 책임의 개념 간의 이 분명한 분리가 이루어지고 있지 않다. 오스틴은 제재가 항상 불법행위를 저지른 개인에게 가해진다는 전제로부터 나아가며, 제재가 과실행위자에게 가해지지 않고 과실행위자와 특수한 관계에 있는 어떤 사람에게 가해지는 경우에 대한 설명을 하고 있지 않다. 따라서 그는 "어떤 행위를 유지해야 할 의무가 있는 것"과 "어떤 행위에 대해 책임을 지는 것" 사이에 존재하는 차이를 보지 못하고 있다. 그는 법적 의무를 다음처럼 정의한다. " '해야 할 것 혹은 삼가야 할 것' 또는 '할 **의무** 아래 있는 것 혹은 삼가 할 **의무** 아래 있는 것'은 명령 불복종의 사건에서 쉽게 제재를 받게 된다."[8] 그러나 과실행위를 한 개인이 아니라 제재에 노출된 다른 사람에게 제재가 가해진다면 어떻게 될까? 오스틴에 따르면 법규범은 의무를 전혀 제시하지 않을 것이다. 그러나 또한 오스틴에 따르면 법적 의무를 제시하는 것이 법규범의 본성이다. 오스틴이 이야기하고 있듯이 그것은 개인에 대해 강요하는 "명령"이다.

바로 이 명령 개념 때문에 오스틴은 의무와 책임을 구별하지 못하는 것이다. 오스틴에 따르면 법규범은 법적 행위자에 대한 명령이다. 제재의 법령은 개인에 대해 의무를 강요하는 규범에서는 나타나지 않는다. 순수법학이 하고 있듯이, 법규범을 불법적 행위에 대해 제재를 가하게 하는 규범으로 간주하는 한에서, "명령"을 어기는 행위를 한 개인에 대해 제재를 가하는 경우와 다른 사람이 저지른 불법행위에 대해 책임을 지게 되는 누군가에게 제재가 가해지는 경우를 구별할 수 있다.

VI. 법적 권리

"권리"란 말은 여러 의미를 지닌다. 어떤 방식으로 스스로 행동할 권리라는 의미로 사용되기도 하도, 다른 누군가가 어떤 방식으로 스스로 행동해야 할 권리라는 의미로 사용되기도 한다. 누군가가 그렇게 할 권리를 가진다고 말하는 것은 그가 달리 행동할 의무를 가지지 않는다는 것만을 의미할 수도 있다. 그는 자유롭다. 예컨대 나는 공원에서 심호흡하고, 생각하며, 산보할 권리가 있다. 이 자유는 의무의 부정일뿐이다. 그러나 또한 이 구절은 다른 누군가가 그것에 상응해서 행동해야 할 의무가 있다는 적극적인 의미를

8) 오스틴, 444.

가질 수도 있다. 예를 들면, 나는 내 소유 하에 있는 어떤 대상을 사용할 권리를 가진다는 것은 모든 다른 사람이 나를 헷갈리게 만들어 그것을 사용해서는 안 될 의무가 있다는 것을 함의한다. 혹은 나는 나의 의견을 제시할 권리를 가진다는 것은, 나의 표현을 방해하지 않는 것은 국가의 의무, 좀 정확하게 말해서 국가를 대표하는 기관들의 의무라는 것을 의미한다. 한 사람의 권리가 다른 사람의 의무를 전제한다는 것은 다른 누군가에 의한 어떤 행위가 의무로 될 때 특히 분명해진다. 어떤 사람이 나에게 일정량의 금액을 갚도록 할 권리가 나에게 있다는 것은 갚는 것이 그의 의무라는 사실을 필연적으로 함의한다. 모든 참된 권리, 즉 한갓 의무로부터의 소극적 자유가 아닌 모든 참된 권리는, 다른 사람에 대한 의무 혹은 많은 다른 사람들에 대한 의무로 구성되어 있다. 이런 의미에서 "권리"란 "상대적" 의무이다. 오스틴의 진술은 적절하다. " … '권리'란 용어와 **'상대적** 의무'란 용어는 다른 관점에서 본 동일한 개념을 의미한다."[9)]

그러나 오스틴의 이론은 의무의 개념과 상이한 어떤 권리 개념도 담고 있지 않다. 의무와 상이한 그러한 권리는 법질서가 소송을 걸어 법위반에 대해 가해지는 제재를 가동시킴으로써 다른 사람에 대한 의무를 유효하게 만드는 기회를 어떤 사람에게 부여할 때 존재하게 된다. 이 경우에만 B측에 대한 A의 행위권리는 A에 대한 B의 의무와 일치하지 않는다. 이 경우에만 B가 A에 대해 어떤 방식으로 행동할 의무 하에 있다고 진술함으로써 법적 상황이 불완전하게 기술된다. 그러므로 순수법학은 권리 개념을 이 상황에 제한한다. 여기서만 말의 좁은 의미에서의 독립해서 존재하는 권리가 있게 된다.

9) 오스틴, 395.

VII. 정태적 법론과 동태적 법론: 규범들의 계층

오스틴이 제시한 분석법학은 법을 완전한 규칙의 체계로서, 그리고 규칙의 제정과정에 관계없이 이미 적용할 준비가 되어 있는 규칙의 체계로서 간주한다. 그것은 정태적(靜態的) 법론이다. 순수법학은 정태법 연구가 법의 제정과정인 동태법 연구에 의해 보완되어야 한다는 것을 인정한다. 이것이 존재할 필요가 있는 까닭은 법은 어떤 다른 규범체계와 달리 자기 자신의 제정을 통제하기 때문이다. 실정법의 분석은 법규범을 제정하는 과정이 다른 법규범에 의해 통제된다는 점을 보여준다. 실로 통상 다른 규범은 제정의 과정을 규정할 뿐 아니라, 어느 정도의 범위까지 제정될 규범의 내용도 규정한다. 그리하여 헌법은 법령 제정절차를 통제하기도 하고, 법령의 내용에 관해 거의 소극적인 준비를 하기도 한다. 예를 들면, 언론의 자유 · 출판의 자유 · 종교의 자유는 법령에 의해 제한을 받아서는 안 되거나 아니면 단지 특정한 방법으로 제한을 받아서는 안 된다. 마찬가지로 민사소송과 형사소송에 관한 법은 사법적 판결의 개별적 규범을 만드는 방식을 통제하는 반면에, 민법전 혹은 형법전은 자신의 일반적 규범에 의해서 이들 개별적 규범의 내용을 규정한다. 동일한 방법으로 공통법과 같은 관습법의 체계에서 사법적 판결의 내용은 법령의 내용이 헌법에 의해 규정되는 것보다도 훨씬 더 많이 기존의 일반규범들에 의해 규정된다. 다른 법규범의 제정양식을 규정하는 법규범과 그들의 내용을 규정하는 법규범의 차이는 영국 · 미국식의 용어로 말하면 "절차"법과 "실체"법 사이의 차이라고 표현된다.

다른 규범의 제정이나 내용을 지배하는 규범과 제정되는 규범 간의 기존 관계는 공간적 형태로 표현될 수 있다. 첫 번째 것은 "상위의" 규범이고, 두 번째 것은 "하위의" 규범이다. 이 동태적 관점에서 법질서를 보면 그 법질서는 서로 나란히 서 있는 평등의 규범체계로서의 정태적 관점에서 법질서가 나타나는 것처럼 나타나는 것이 아니라, 오히려 계층의 형식으로 나타나는데, 그 계층에서 헌법이 최상위 층을 형성한다. 이와 같은 기능적 의미에서 "헌법"은 일반적인 법규범의 제정을 규정하고, 때로는 어느 정도까지 그런 법규범의 내용도 규정한다. 그리고 또한 이 법규범은 사법적 판결과 같은 개별적 규범을 지배한다. 일차적으로 기관과 법률제정의 절차를 통제하고 또한 관습을 법의 제정자로 인정하는 규범도 포함하는 것은 규범들의 복합체이다. 이 복합체 안에 포함되기 위해서 규범은 성문헌법에서 발견될 필요는 없으며, 그것은 관습에 의해서 제정된 불문헌법의 일부일 수도 있다.

보다 높은 수준의 규범과 보다 낮은 수준의 규범 간의 관계는, 예를 들어 헌법과 헌법에 따라서 규정된 법령 간의 관계는 보다 높은 수준의 규범에서 보다 낮은 수준의 규범의 유효성의 이유가 발견된다는 것을 의미하기도 한다. 법규범이 유효한 것은 그것이 다른 규범에 의해 지시되는 방식으로 존재하게 되기 때문이다. 이것은 실정법 고유의 유효성 원리이다. 그것은 철저하게 동태적인 원리이다. 법질서의 통일은 이런 연결에 의해 성취된다. 누군가가 사법적 판결의 유효성의 이유에 대해 묻는다면, 대답은 다음과 같다. 개별적 규범을 포함하는 결정, 예컨대 A는 B에게 100만원을 갚을 의무가 있다는 결정은 어떤 방식으로 구체적으로 판결을 내리도록 결정할 권한을 부여한 법령이나 관습법의 일반적 규범을 적용함으로써 그 결정이 내려지기 때문에 유효하게 된다. 그렇게 적용된 일반적 규범은 이들 규범이 헌법에 따라서 제정되었기 때문에 유효하게 된다. 그러면 헌법의 유효성의 이유는 무엇인가? 헌법을 유효하게 하는 규범은 법질서라는 기본규범이다. 그것이 국내법질서의 통일을 위해 책임질 수 있는 기본규범인가의 물음은 국내법이 국제법과 맺고 있는 관계와 연관해서만 대답될 수 있다.

VIII. 법과 국가

오스틴의 이론이 가지는 한 가지 특성은 국가에 대한 법적 개념이 결여되어 있다는 것이다. "독립적인 정치사회"라는 개념은 그의 가르침에서 어떤 역할을 하지만, 그러나 그것은 법적 개념이 아니며, 오스틴 자신도 "이 독립적인 정치사회"를 국가라 부르지 않는다. 그것이 의미하는 바는 주권자와 국민들로 구성된 사회이다.[10] 주권자는 개인일 수도 있고 집단일 수도 있다. 그러나 정치사회를 포함하는 모든 사람일 수는 없다. 오스틴은 "사법적으로 제정된 모든 법은 주권자 혹은 국가가 만든 것이다"[11]라고 말하고 있다. 그러나 여기서 "국가"는 정치사회를 의미하지 않으며, 오히려 사회 내에서 주권을 가지고 있는 자를 의미한다. 그 밖의 것에 대해서 오스틴은 "국가"라는 단어를 거의 사용하지 않으며, 그 개념의 구분을 거의 하지 않는다. 그가 법은 "국가"에 의해 제정된다고 말할 때, 그는 다음을 의미한다. "모든 실정법은 … 주권을 가진 사람 혹은 주권을 가진 사람들의 집합체에 의해 정해진다."[12] 그것은 다음을 의미한다. 주권이 거기에 주재하는 정치사회의 일부를 의미한다.

모든 법이 주권자로부터 나오는 것처럼, 주권자 자신은 법에 종

10) 오스틴, 220.
11) 예컨대, 오스틴, 101.
12) 오스틴, 220.

속되지 않는다. 오스틴 이론의 주요 원리들 중 하나는 주권적 권력이 법적 **제한**을 가질 수 없다는 것이다.[13] 주권의 본질은 오스틴에 따르면 주권적 의지로서 지정된 개인 혹은 집단은 "더 우위에 있는 특정인에게 습관적으로 복종하지 않는다"[14]는 사실 속에 성립한다. 이런 주권자 개념은 사회학적이거나 정치학적이지만, 법학적인 것은 아니지만, 그러나 그것이 바로 오스틴 법학의 본질적 요소이다. 오스틴의 법학은 법이 주권자의 명령으로서만 이해되어야 한다고 가르친다. 이것은 자신의 개념들을 실정법의 분석으로부터만 도출하는 분석법학의 이론적 방법과 조화를 이루기 어렵다. 실정법의 규범에서 개인이든 집단이든 "법적 한계를 가질 수 없는 주권"과 같은 그런 것은 발견될 수 없다, 핵심적인 난점은 오스틴의 법학이 국가가 아니라 국가의 기관일 뿐인 주권자 개념을 다루는 반면에, 국가 그 자체의 문제에 관해 전혀 관심을 가지지 않는다는 것이다.

이 점에서 오스틴의 분석법학과 순수법학 사이에 큰 차이가 있다. 후자는 국가가 정치사회라는 전통 견해를 부인하지 않는다. 이 이론은 다수의 개인들이 사회 단위, 즉 유일하게 질서를 기초로 한 "사회" 혹은 보다 낫게는 "공동체"를 이룰 수 있다는 점을, 또는 다른 말로 하면 정치적 공동체를 이루는 요소가 질서라는 점을 보여준다. 국가는 그것의 개인들이 아니다. 국가는 개인들의 특별한 연합체이며, 이러한 연합체는 그들 상호간의 행동을 통제하는 질서의 기능이다. 사회 공동체가 도대체 존재한다면 그것은 이 질서 안에서 뿐이다. 사회적 공동체는 정치적 공동체이다. 왜냐하면 이 규정적 질서를 그것의 목표에 도달하게끔 하는 특수한 수단은 강제수단을 명령하는 것이기 때문이며, 그 정도까지만 정치적 공동체이

13) 오스틴, 263.
14) 오스틴, 224.

다. 법질서는 우리가 보았던 것처럼 그러한 강제적 질서이다. 순수법학의 독특한 귀결 중 하나는 우리가 "국가"라 부르는 정치적 공동체를 이루고 있는 강제적 질서가 법질서라는 점을 그것이 인정하고 있다는 것이다. 통상 "국가의 법질서" 혹은 "국가에 의해서 설정된 법질서"는 국가 그 자체이다.

법과 국가는 통상 두 다른 실체라고 주장된다. 그러나 국가가 바로 그 본성에 의해서 인간 행위의 질서부여라는 것, 이 질서, 즉 강제의 본질적 특성은 동시에 법의 본질적 요소라는 것이 인정된다면, 이러한 전통적인 이원론은 더 이상 유지될 수 없다. 국가개념을 단지 법질서일 수 있을 뿐인 강제적 질서의 개념 하에 포섭시킴으로써, 즉 법 개념과 원리상 구별되는 국가개념을 포기함으로써, 순수법학은 오스틴의 학설 속에 내재해 있는 성향을 현실화한다. 올바르게도 오스틴은 국가의 **정치적** 개념은 법학이론에서 더 이상 설 자리가 없다는 것을 느꼈다. 따라서 그는 그것을 없애는 일을 추구한 것이다. 그러나 국가의 **법적** 개념을 확립하는 대신에 그는 다른 정치적 개념을, 즉 "주권자" 개념을 제시했다.

법질서를 "소유"하고 있는 국가는 인격이라고 생각된다. 이 "인격"은 법질서의 통일의 인격화일 뿐이다. 국가와 법의 이원론은, 이 비유적 표현이 실재하는 존재라고 주장함으로써 그리하여 그것을 법과 대립시킴으로써, 이 인격화를 실체화하는 일로부터 생겨난다. 그러나 법학적 사유가 이 허구로부터 자유롭다면, 국가와 법의 관계에 관한 모든 문제는 환상적인 것으로 드러난다. 그리하여 국가가 법을 제정하는지 어떤지의 상당히 논의의 여지가 있는 문제는, 사람들이 법 자신의 일정한 규범들을 기초로 해서 법을 제정한다고 말함으로써, 대답된다. 법을 제정하는 개인들은 법질서의 기관들이다. 같은 말이지만 국가의 기관들이다. 그들이 기관인 까닭은 이들이 법적 공동체를 구성하는 법질서의 규정에 따라서 자신의 기능을 수행하기 때문이며, 그 이상도 그 이하도 아니다. 개인이 국가기관이 된다는 것은 개인에 의해 수행된 어떤 행위들이 국가에 귀속한다는 것, 즉 법질서의 통일과 관련되어 있다는 것을 의미한다. 개인의 어떤 행위가 국가에 귀속하는 이유가 무엇인지 묻는다면, 이 행위가 법질서에 의해서 결정된다는 것 이외 달리 대답할 수 없다. 인간행위를 국가에 귀속하게 하는 기준은 성격상 순수하게 법학적이다. 법질서의 규범이 이 법질서의 다른 규범의 약정(約定)에 따라서 제정된다면, 법을 제정하는 개인은 법질서의 기관이며, 국가의 기관이다. 이런 의미에서 국가는 법을 제정하지만, 이것이 유일하게 의미하는 바는 법이 자신의 기준을 통제한다는 것이다.

사람들이 법과 국가의 이원론을 해결한다면, 즉 사람들이 법질서로서의 국가를 인정한다면, 소위 국가의 요소, 즉 영토와 인구는 국내법 질서가 가지는 유효성의 영토적이고도 인격적인 영역으로 나타난다. 오스틴이 "주권자"라 부르는 것은 최상의 기관의 질서로서 나타나며, 그렇다면 주권자는 개인이라는 특성을 가지지도 않고, 이 기관을 포함하는 개인들의 집단의 특성도 가지지 않으며, 국가 그 자체라는 특성을 가진다. 그러나 주권자가 **국내**법 질서의 특성을 가진다는 것은 이 질서 위에 더 높은 질서가 가정되지 않는다는 것을 의미할 수 있을 뿐이다.

IX. 국제법과 국내법

국내법 질서보다 상위의 법질서가 있다면, 그것은 국제법이어야 한다. 그것이 실제로 국내법과 같은 의미의 법인가의 여부, 법질서로서 그것이 국내법 질서보다 상위에 있는가의 여부는 두 가지 결정적인 문제이다. 오스틴은 국제법의 유효성이 단지 "국제적인 실정도덕"(Positive international morality)[15]으로 인정하고 있을 뿐이기 때문에, 둘 다에 부정적인 대답을 내놓는다. 그러므로 국제법 이론은 국가 이론처럼 오스틴의 법학 영역에서 제거된다. 반면에 순수법학은 국제법을 실재하는 법으로 고려하는 것이 가능하다는 것을 보여준다. 왜냐하면 국제법은 법질서의 모든 본질적 요소를 포함하고 있기 때문이다. 그것은 국내법과 같은 의미에서의 강제질서이다. 그것은 국가들에게 서로에 대해 일정하게 행동하라는 의무를 지운다. 왜냐하면 그것은 반대의 행동에 대해 제재를 가하기 때문이다. 국제법이 제공하는 제재는 보복과 전쟁이다. 순수법학은 국제법에 따라서 단지 보복이 아니라 전쟁도 허용될 수 있다는 점을 증명하고자 시도한다. 단 조건이 있다. 고통을 야기한 나쁜 것에 대한 반작용으로서만 이것이 허용된다. 순수법학은 정당한 전쟁(*bellum justum*)의 원리가 실정적 국제법의 원리라는 점을 보여준다. 국제법은 실제의 법이지만, 원시법이다. 특히 다음의 이유에서 그렇다. 불법에 대한 반작용, 즉 제재의 수행은 국내법 질서에서처럼 어떤 중추기관에 위임되는 대신에, 국가 자체에 즉 그 권리들이 침해당한 바로 그 주체에 맡겨지기 때문이다. 그리하여 국제법 질서는 철저하게 분권화되어 있으며, 이런 이유 때문에 국제법에 의해 구성된 국제적 공동체는 국가가 아니라, 단지 국가들의 연합체일 뿐이다. 국가에는 어느 정도의 집권화가 본질적이다. 마찬가지로 원시부족의 경우 이것을 구성하는 질서가 법질서임에도 불구하고, 이 원시부족의 완전히 분권화된 공동체는 국가가 아니다.

오늘날 국내법과 국제법의 관계에 관한 두 가지 대립되는 견해가

15) 오스틴, 172 이하.

있다. 하나는 이원론적인 견해이고 다른 하나는 일원론적인 견해이다. 전자는 국내법과 국제법이 두 개의 완전히 구별되는 상호 독립적인 규범체계라고 주장한다. 마치 예컨대 실정법과 도덕이 그런 것처럼. 순수법학은 국내법과 국제법의 관계에 대한 이원론적 개념이 논리적으로 불가능하며, 이원론적 이론의 추종자 중 어느 누구도 그 자신의 견해를 일관되게 주장할 수 없다는 점을 보여준다. 두 규범 체계가 동일한 관점에서 동시에 유효한 것으로 간주된다고 누군가가 가정하면, 그는 마찬가지로 그들 사이의 규범적 관계도 가정해야 한다. 즉 그는 그들 상호관계를 통제하는 규범 혹은 질서의 존재를 가정하지 않으면 안 된다. 그렇지 않으면 각 체계의 규범들 간의 해결할 수 없는 모순이 불가피하게 생겨나며, 모순을 배제하는 논리적 원리는 자연 실재의 인식에 대해서 뿐만 아니라 규범의 인식에 대해서도 적용된다. 실정법과 도덕이 두 가지 상이하며 서로 독립적인 규범들의 체계라는 것이 주장될 때, 이것은 다음만을 의미한다. 즉 법적인 것을 규정하는 법학자는 도덕을 고려하지 않고, 도덕적인 것을 규정하는 도덕학자는 실정법의 명령에 눈길을 주지 않는다. 실정법과 도덕은 두 가지 상이한 상호 독립적인 규범들의 체계로 간주될 수 있다. 왜냐하면 이들 규범은 동일한 관점에서 동시에 유효하다고 생각될 수 없기 때문이다. 그 이상도 그 이하도 아니다. 그러나 국내법과 국제법이 둘 다 실정법이라는 점이 인정된다면, 둘 다 동일한 관점에서 동시에 유효한 것으로 간주되지 않으면 안 된다는 것이 분명하게 된다. 이런 이유 때문에 이 둘은 동일한 규범 체계에 속하며, 어떤 점에서는 서로를 보충해 줌에 틀림없다.

일원론은 이런 논리적 요구를 충족시킨다. 그것은 국내법과 국제법을 하나의 규범체계로서 즉 단일체로서 간주한다. 그러나 이 전체가 어떻게 구성되는가에 관한 의견들은 상이하다. 어떤 사람들은 국제법이 국내법의 일부라고 주장한다. 즉 다른 국가와 국가들과의 관계를 통제하는 그런 국내법 규범이라고 주장한다. 국제법이라고 인정되는 규칙들은 개별국가가 그 규칙들을 인정하고 그렇게 함으로써 그들을 자신의 법질서로 받아들일 때, 그 개별국가에 대해 구속력을 지닐 수 있다. 이것이 국내법 우위의 이론이다. 분명히 이 이론은 국가가 주권자라는 관념, 즉 국내법 질서가 최상위에 있는 질서이며, 이를 넘어선 어떤 다른 질서도 유효한 것으로 간주될 수 없다는 관념에서 시작한다. 이것은 많은 국내법 질서의 하나하나에 대해 참이기 때문에, 이 이론에 따르면 하나로 된 국제법은 존재하지 않으며, 국내법 질서만큼의 법질서의 수가 존재할 뿐이다. 진실로 그와 같은 국제법은 전혀 존재하지 않으며, 단지 국내법만 존재할 뿐이다. 상이한 국내법 질서들의 관계는 하나의 주어진 질서의 관점에서만 확립될 수 있으며, 그것의 규범들 단독으로 그 질서와 다른 질서들을 규정한다. 그런 관점에서 보면 즉 하나의 특정한 국내법 질서의 관점에서 보면, 모든 다른 질서들은 주권자로 나타나는 것이 아니라, 위임된 질서로서 나타난다. 이들 질서는 유효한 규범 체계이다. 그러나 자신의 법질서를 출발점으로 삼고 있는 국가에 의해서 그들 질서가 그것으로서 인정되는 범위의 한도 내에서만 유효한 규범체계인 것이다.

순수법학은 이러한 일원론이 실로 논리적으로 가능하지만, 이 이론은 모든 국가 혹은 모든 국내법 질서가 동일한 지위를 가진다는 견해와 일치하지 않는다는 점을 보여준다. 국내법의 우위는 국제법에 관해서 뿐만 아니라 모든 다른 국내법 질서에 관해서도 하나의 국내법 질서가 우위에 있음을 의미한다. 아주 일반적으로 주장된 관념 즉 모든 국가들은 공동체를 구성하고, 그 공동체 안에서 서로 평등의 관계를 유지한다는 관념은 국가들 위에 혹은 국내법 질서들 위에 그들 간의 상호적인 유효성의 영역을 규정함으로써 그들을 평등하게 만드는 법질서가 있다는 가정 위에서만 가능하다. 국제법만 이런 질서를 가질 수 있다. 순수법학은 실정적 국제법의 분석을 통해서 국제법은 방금 언급된 기능을 실제로 수행하고 있으며, 따라서 개별국가의 주권이라는 가정에 앞선다면, 이들 국가에 평등한 위치를 부여하고, 이들을 보편적 법질서에 함께 묶음으로써, 국내법 질서 위에 있는 규범들의 체계로서 간주될 수 있다는 점을 보여준다. 이것이 바로 국제법 우위의 이론이다. 그것의 이론적 기초는 순수법학에 의해 처음으로 드러났다.

국가의 주권 관념을 제외하고는 법적 요소에 대한 이러한 해석을 막는 것은 아무 것도 없다. 순수법학의 가장 중요한 귀결 중 하나는 이 주권 관념이 어떤 이론에서 가지는 특수한 의미에서의 주권은 실재 사물의 실재 특성이 아니라는 것이다. 주권은 가치판단이며, 가치판단으로서 그것은 하나의 가정이다. 18세기, 19세기의 개인주의 철학은 인간 개인이 주권자라는 관념 즉 최상의 가치라는 관념으로부터 출발한다. 이로부터 사회적 질서는 개인에 의해서 구속력을 가지는 것으로서 인정될 때만 개인을 구속할 수 있다는 결론이 뒤따랐다. 이로부터 사회계약설이 나왔다. 이 계약설은 여전히 대표자들을 가지고 있다. 그러나 오늘날 보편주의 가치 철학의 경향이 있다. 이 철학에 따르면 공동체는 개인보다 우위에 있다.

국제관계의 영역에서 국가는 본질적으로 주권자라는 관점은 개인주의 철학이다. 이것은 국가의 개체성에 근거해 있다. 주권의 독단은 국가의 현상에 대한 과학적 분석의 결과가 아니라, 가치철학의 가정이다. 그렇기 때문에 그것은 학적으로 모순이 되는 일은 없다. 보여줄 수 있는 유일한 것은 다른 가정, 즉 국제법적 공동체가 주권이라는 가정으로부터 출발하는 해석은 진정 가능하며, 실정적인 국제법의 유효성이 인정된다면, 이런 법 자체가 이 해석을 요구한다는 사실이다.

순수법학이 하고 있는 실정적 국제법 분석은 그 법의 규범들이 완전하지 않으며, 국내법 질서의 규범에 의해서 보완될 필요가 있다는 점을 보여준다. 국제법은 단지 국가들에게만 의무를 지운다는, 일반적으로 받아들여진 명제는 국제법이 개인에게 의무를 지우지 않는다는 것을 의미하는 것이 아니라, 오히려 모든 법처럼 개인에게도 의무를 지우지만 국내법 질서라는 매개를 통해서 간접적으로 그렇게 한다는 것을 의미한다. 국제법이 어떤 국가에 대해 어떤 행동을 하라는 의무를 지운다고 말하는 것은, 국제법이 개인에게 이 국가의 기관으로서 그러한 행동을 하라는 의무를 부여한다는 것을 의미하지만, 그러나 국제법이 국내법 질서로 하여금 개인을, 즉 그의 행동이 국제적 의무의 내용을 이루는 개인을 규제하도록 남겨둠으로써, 단지 직접적으로만 그런 행동을 규제한다는 것을 의미한다. 그리하여 국제법은 국제법도 포용하는 하나이면서 동일한 법규범의 체계 내에서 국내법 질서도 동시에 유효하다는 것을 전제하고 있다.

통상적으로 정식화된, 국제법의 일반적으로 인정된 원리는 다음과 같다. 어디서든, 어떤 방법으로든 권력, 즉 그 권력의 강제적 질서에 개인들이 지속적으로 복종하는 것을 보장할 수 있고, 또한 이 질서가 개인들의 행동을 규제하는 그런 권력이 확립된다면, 이 강제적 질서에 의해 구성된 공동체는 국제법의 의미에서의 국가이다. 이 강제적인 질서가 지속적으로 유효한 영역이 그 국가의 영토이다. 그 영토 안에 살고 있는 개인들은 실정적인 국제법적 의미에서의 국가의 국민들이다. 이것은 유효성의 원리이며, 국제법 전반에 걸쳐 너무나 중요하다. 이 법적 원리에 의해서 국제법은 국내법 질서가 유효한 영토적·국민적 영역, 즉 각 국가가 존중해야 하는 영역을 규정한다. 또한 그것에 의해서 국내적 질서의 유효성이 규정된다. 국제법적 의미에서 이들 영역이 유효한 것은, 이것들이 유효성의 요구를 충족하기 때문이다. 그 이상도 그 이하도 아니다. 우리가 보았지만, 법규범이 대체로 유효한 법질서에 속할 때만 법학이 이 규범을 유효하다고 간주한다면, 법학은 실정법 그 자체의 원리를, 즉 국제법의 원리를 사용하고 있는 것이다.

국내법 질서는 자신의 유효성의 이유를 국제법 질서 안에서 발견하고 있고, 동시에 이 국제법 질서는 국내법 질서의 유효성을 규정하고 있기 때문에, 국제법 질서가 각각의 국가 질서보다 상위에 있는 것이다. 그리하여 국제법은 국내법들과 함께 하나의 표준적인 보편적 법체계를 이루고 있다.

자신의 대상, 즉 자연법칙들로 이루어진 하나의 체계 안에 있는 실재를 기술하는 것이 자연과학의 임무이듯이, 법의 규칙들로 이루어진 하나의 체계 안에서 모든 인간의 법을 이해하는 것이 법학의 임무이다. 이러한 임무를 오스틴의 법학은 보지 못하고 있다. 상세한 부분에서는 불완전하고 부정확하지만, 순수법학은 이것의 완수를 향한 근거리에 접근하였다.

12. 순수법학에서 법, 국가, 정의

■ ■ ■

출처. "Law, State, and Justice in Pure Theory of Law," *The Yale Law Journal*, Jan., 1948. 이 논문은 G. Merle Bergman의 다음 논문에 대한 답변이다. "The Communal Concepts of Law," *The Yale Law Journal*, LVII (Nor., 1947), 55 ff.

I

현상 안에서 혹은 현상 배후에 영혼 · 정령(精靈) · 신을 상상하는 것은 자연에 대한 원시적 해석의 독특한 요소이며, 이것을 우리는 애니미즘(animism)이라 부른다. 이렇게 상상하는 것은 이들 영혼 · 정령 · 신의 존재 혹은 기능을 설명하는 데 그 목적이 있으며, 그렇게 함으로써 객관적인 설명 대신에 세계의 이중적 성격이 자리를 잡게 되었다. 나무가 성장하고 강물이 흐르는 이유는 무엇인가? 가시적인 나무 안에는 가시적이지 않은 요정이 있고, 강물에는 여정(女精)이 있기 때문이라고 원시 그리스인들은 대답하였다. 이들은 태양 배후에 헬리오스(Helios) 신을 창조하였고, 달 배후에 셀레네(Selene) 여신을 창조하였으며, 그렇게 하여 이들 사물을 인간화하였다. 인격화의 성향은 그 기원을 애니미즘에서 가진다. 자연과학의 발달은 상당 부분 애니미즘으로부터의 해방에서 이루어진다. 사회과학의 발달이 자연과학의 발달에 훨씬 못 미친다면, 다른 이유들도 있겠지만, 이 분야에서 애니미즘적 사고, 그리하여 인격화하는 사고가 완전히 제거되지는 못했다는 사실에 기인한다. 순수법학은 법학을 애니미즘의 잔재로부터 자유롭게 만드는 것을 자신의 주요 임무 중 하나라고 생각한다. 이 애니미즘은 법학자가 법률적 인간개념에 대해 논할 때마다 특히 위험한 역할을 한다. 우리가 "인간"이란 용어를 가지고서 이야기한다면, 즉 법률적 인간행위나 법률적 인간은 법적 권리나 법적 의무를 가진다고 우리가 이야기한다면, 무엇이 인격화되고 있는지를 항상 물어야 하고, 관련된 법적 현상들을 개인들 간의 법적 관계에 의해서, 즉 법에 의해서 규정된 인간관계에 의해서 기술하도록 노력해야 한다.

인식대상을 애니미즘적 이중성으로 파악하는 전형적인 예는 전통법학과 정치론에 의해서 여전히 주장되고 있는 법과 국가라는 이원론이다. 법이 사회적 질서라는 것, 즉 사람들 간의 상호행위를 규제하는 질서라는 것은 거의 부인할 수 없다. 질서는 어떤 인간행위를 규정하는 규칙들의 묶음이며, 그것은 규범들의 체계를 의미한다. 법의 목적은 질서를 확립하는 일이라고 말하는 것은 두 개의 것, 한편으로는 법과 다른 한편으로는 질서가 있다는 환상을 낳는다. 그러나 법은 그 자체가 질서이며, 이 질서는 "법과 질서"에 대해 이야기하는 사람들이 마음속에 품고 있는 것이다.

모든 과학과 마찬가지로 법학도 특수한 과학의 대상으로서의 법은 무엇인가의 물음에 대답하면서, 법의 대상을 다른 유사한 대상과 구별함으로써, 모든 것에 앞서서 그 대상을 규정하지 않으면 안 된다. 다른 모든 과학과 마찬가지로 법학은 자신의 대상을 규정할 때 어떤 언어용법으로부터, 즉 그 대상을 지시하는 단어의 통상적 의미로부터 출발해야 한다. "법"이라 부르는 사회적 현상은 다른 사회적 현상과 통상적으로 구별되는 특성을 보여준다. 이 특성은 사회적 삶에 대한 합리적 이해를 위한 일반개념을 구성하기에 충분한 의미를 가진다. 순수법학은 강제가 법의 본질적 요소라고 가정한다. 그렇게 가정하는 까닭은 인류의 역사에서 "법"이라 부르는 사회적 질서를 조심스럽게 검토해보면, 이들 사회적 질서는 그들 간의 큰 차이점에도 불구하고 하나의 공통된 요소, 즉 사회적 삶에서 아주 중요한 요소를 나타낸다는 사실을 알 수 있기 때문이다. 그것들은 모두 제재로서의 강제적 행위를 지시한다. 법 개념을 강제적 질서, 즉 제재로서의 강제적 행위를 지시하는 질서로서 규정함으로써 순수법학은 "법"이라는 용어가 인류의 역사에서 가정했던 의미를 단순하게 받아들인다.[1] 법을 강제적 질서라고 규정하면서 순수법학은 법을 특수한 사회적 기술(技術)로서 이해한다. "법"이라 부르는 사회적 질서가 어떤 인간행위, 즉 입법자가 바람직하다고 생각하는 행위를, 그 반대의 행위를 할 때 제재로서의 강제적

1) 버그만(Bergman) 씨는 법 개념을 강제적 질서로 규정하는 순수법학에 대해 다음과 같은 이의를 제기한다. " … 강제적 질서는 선결문제요구의 오류를 범하고 있다. '실정법'이라 부르는 것이 도대체 '법'이라는 것을 어떻게 처음부터 알고 있는가? 그러한 규칙들을 '실정적 규범'이라 부르는 것이 보다 적절할 것이다." 그러나 이들 규범이 "법"의 형식을 가진다면 어찌되는가? 버그만 씨는 그것들을 법이라 부르기를 거절한다. 왜냐하면 그는 정의로운 법만을 법으로 이해하기 때문이다. 순수법학은 정의로운 법만을 법으로 규정하지 않고, 통상 법이라고 하는 것, 항상 법이라고 했던 것만을 법으로 규정하기 때문에, 즉 순수법학은 법으로 규정된 법이 버그만 씨가 이 용어에 대해 사용한 특수한 의미의 법인지 어떤지를 아는 것에 대해 관심을 가지고 있지 않기 때문에, 분명하게 말해서 선결문제요구의 오류는 없다. 나의 다음 책들을 참조할 것. *General Theory of Law and State* (Cambridge: Harvard University Press, 1945), 15쪽 이하. *Law and Peace in International Relations* (Cambridge: Harvard University Press, 1942), 3-11 쪽.

행위를 제공함으로써, 야기하고자 한다는 사실에 의해서 이 기술의 특징이 드러난다.[2)]

법 개념을 강제적 질서로서 규정[정의]하는 것은 법규범의 내용을 언급하는 것이다. 그것은 이런 규칙들이 제재로서의 강제적 행위를 준비한다는 것을 의미한다. 그것은 사람들이 법에 대해 가지는 관념이 그들에 대해 심적(心的) 강제, 즉 법과 그들의 행위를 일치시키기 위하여 그들에게 강제를 행사한다는 것을 의미하는 것은 아니다. 그러나 법질서가 지시하는 인간의 행동이 대체로 이 질서와 일치할 때만, 이 질서가 유효한 것으로 간주된다는 것은 부인할 수 없다. 만약 이런 일치가, 그 어떤 식으로 그 일치가 생겨나든, "효력"(effectiveness)을 가진다면, 그 효력은 법의 유효성[validity, 타당성]의 조건이 된다. 그러나 그것은 법 개념의 특수한 요소는 아니다. 어떤 사회적 질서도, 우리가 "도덕"이나 "정의"라 부르는 것조차도, 어느 정도 효력을 가지지 않으면, 유효한 것으로 간주되지 않는다. 통상적인 언어로 질서 뒤에 있는 권력 혹은 힘이라 부르는 것은 사회적 질서의 효력성이다. 왜 주어진 법질서가 실제로 효력을 가지는지, 왜 인간들은 법의 테두리 내에서 행동해야 하는지 이야기하기는 어렵다. 왜냐하면 우리는 합법적 행동의 동기를 확인하는 적절한 방법을 가지고 있지 못하기 때문이다. 법에 의해 제공된 제재에 대한 두려움은, 특히 제재의 행사가 집중된다면, 결정적인 역할을 할 수도 있다. 그러나 법질서 혹은 그것의 일부가 다른 이유로 인해 효력을 가지는 경우도 있을 수 있다. 따라서 법을 유효하게 하는 조건으로서의 효력성은 법 개념의 본질적 요소로서의 강제와 혼동되어서는 안 된다.[3)]

---

2) 이 책 제9장 「사회기술(技術)로서의 법」 363 쪽 이하를 참조할 것.
3) 버그만 씨는 "힘이 법을 만들 수는 없다"고 하는 자신의 믿음을 표현한

II

법과 국가의 관계에 관해서 국가는 "법"이라 부르는 사회적 질서를 낳거나 강요하는 정치적 공동체라고들 흔히 말한다. 이 진술은 국가와 법이 다른 두 개의 것이며, 하나는 공동체를, 즉 개인들의 집합체를, 다른 하나는 질서, 즉 규범들의 체계라고 하는 것을 전제한다. 그러나 공동체란 무엇인가? 여러 사람들이 공동체를 이루는 것은 언제이며, 그들이 집합체로 제시되는 공동체의 일원이 되는 것은 언제인가? 나의 생각으로는 법학은 이들 비유를 글자그대로 받아들일 필요가 없다. 그렇다면 그들의 진정한 의미는 무엇인가? "공동체"라는 용어는 공동체를 구성하는 개인들이 공통적으로 무언가를 가지고 있다는 것을 지시하는 것처럼 보인다. 공통적으로 검은 머리칼을 가지고 있는 모든 사람들이 다 공동체를 형성하는 것은 아니고, 적어도 국가가 공동체라는 의미에서는 아니다. 때로는 사람들은 공동체가 이익 공동체, 즉 공통의 이익을 가지고 있는 개인들이 공동체를 형성한다고 가정한다.[4] 이것은 전혀 사실이 아니다. 공통의 이익은 공동체를 설립할 이유일 수는 있다. 그러나 공통의 이익을 가지고 있는 모든 개인들이 공동체를 형성하는 것은 아니다. 이들 개인의 공통의 이익에 근거하지 않은 개인들의 공동체가 있으며, 서로 대립되는 이익을 가진 개인들을 포괄하는 공동체가 있다. 그러나 그것들을 이익의 공동체로 제시하는 것은 자신

진술에 의해서 제재가 법규범에 본질적이라는 견해를 거부한다. 이것은 방금 위에서 언급된 혼동이다. 그가 자신이 "힘"이라 부르는 현상을 분석했더라면, 그는 법과 힘 간의 관계에 관한 그의 진술에서 좀 더 신중을 기했으리라 본다. 나의 다음 저서의 다음 장들을 참조할 것. "Psyche Compulsion"과 "Motives of Lawful Behavior" in *General Theory of Law and State*, 28 쪽 이하.

4) 그리하여 버그만 씨는 다음처럼 말한다. "둘 또는 그 이상의 사람들이 공통의 이익을 가질 때마다 공동체가 생겨난다."

들의 압도적인 이익에서 공동체를 설립하는 사람들의 이데올로기적 이득이 된다. 공동체를 구성하는 사람들은 다수의 개인일 수도 소수의 개인일 수도 있다. 공동체 개념을 이익의 공동체의 개념과 동일시하는 것은 지지자에게는 이 이데올로기적 이익을 의미한다. 전형적인 예는 국가를 국민들의 공통의 이익에 기초해 있는 공동체로서, 즉 국민들의 공통의 이익을 실현시킬 목적으로 설립된 공동체로서 규정하는 것이다. 이런 식의 규정은 분명히 한 국가의 국민들은 개인들의 실제 이익에 관해서 반드시 동종의 집합체일 필요는 없다는 사실, 즉 사람들은 거의 항상 적대적 이익 집단으로 나뉜다는 사실, 즉 그들의 이익이, 그들이 그것을 올바로 이해하든 올바르지 않게 이해하든 간에 관계없이, 이 공동체를 설립한 혹은 이 공동체를 현실화한 개인들과 직접 대립하는, 다수의 개인들 혹은 소수의 개인들이 없는 국가는 있지도 않고 있은 적도 없다는 사실을 무시한다. "국가"라 부르는 공동체가 국민들의 공통의 이익에 기초해있다는 주장은 이 공동체가 모든 구성원들의 동의에 기초해있다는 학설과 동일하다. 그것은 사회계약이라는 낡아빠진 허구이다. 그것은 공동체 안에 남아있는 사람이 공동체의 질서에 동의하고, 그리하여 그것은 자신의 이익이 된다는 것을 보여준다는 다른 허구의 도움을 받아서만 유지될 수 있다. 침묵하는 자는 동의하는 것으로 간주한다(*qui tacet consentire videtur*). 이것은 로마의 법학자들이 고안한 가장 좋지 못한 법적 허구 중 하나이다. 국가가 모든 국민들의 공통의 이익에 기초해 있으며 그것을 위해 일하는 공동체라는 진술은 플라톤이 대화편 『법률』에서 다음과 같이 주장한 진술과 같은 성격을 가지고 있다. 정의로운 사람만이 행복하고, 정의롭지 못한 사람은 불행하다. 이 진술에 대해 그는 이것이 거짓말이라면 그것은 유용한 거짓말이라고 이야기한다. 왜냐하면 이것은 시민들을 법에 복종하도록 유도하고 있으며, 이것이 의미하는 바는, 플라톤에 따르면, 그것이 정의라는 것이다. 따라서 정부가 시민들로 하여금 그것을 믿도록 만드는 것이 정당화된다.5)

여러 개인이 공통의 이익을 갖는다는 사실은 그들이 검은 머리칼을 공통적으로 가지고 있다는 사실이 공동체를 구성하지 못하는 것과 꼭 마찬가지로 공동체를 구성하지 못한다. 개인들은 그들 사이의 특수 관계가 존재하는 한에서만 공동체를 형성한다. 그리고 이들 공통체가 법에 의해 규정된다면 법적 공동체가 존재하게 된다. 이 문제에 대한 광범위한 연구에서 우리가 "국가"라 부르는 공동체를 구성하는 개인들 간의 관계는 법적 관계이며, 우리가 "국가"라 부르는 다수의 개인들의 단일체를 우리가 "국가의 법"이라 부르는 사회적 질서와 무관한 기준에 의해서 규정하는 것은 불가능하며, 국가를 메타(meta) 법률적 실체로서 규정하는 것은 불가능하다는 것을 이미 보여주었다.6) 내가 아는 한 그 연구에서 진행된 논의는 결코 논박된 적이 없었다. "국가"라 부르는 공동체의 법적 특성은, 국가가 정치적 집합체로서의 이 공동체와 법 사이에 존재하는 것으로 통상 가정된 관계들에서 고려될 때, 특히 분명하게 드러난다. 국가가 법을 제정하거나 강요한다고 이야기하면, 국가는 행동하는 인격으로서 제시된다. 그러나 국가는 개인을 통해서만 행동할 수 있을 뿐이다. 개인에 의해서 수행된 행동이 국가의 행동으로 해석되는 것은 언제인가? 가시적 개인의 행동을 비가시적 국가라는 인격에 귀속시키는 기준은 무엇인가? 국가의 문제는 본질적으로 이런 귀속의 문제이다. 유일하게 가능한 대답은 인간에 의해 수

---

5) Platon, *Laws*, II, 661 이하.
6) 나의 다음 저서들을 참조할 것. *Der soziologische und juristische Staatsbegriff*, 2d, ed. (Tübingen: J. C. B. Mohr [Paul Siebeck], 1928. 그리고 *General Theory of Law and State*, 181 쪽 이하.

행된 행동은, 이 행동이 특수한 방식으로 법질서에 의해 규정될 때, 국가에 귀속될 수 있다. 이 귀속의 기준에 대한 문제의 만족스러운 대답이 결코 활용될 수 없는 한, 행동하는 인격으로서의 국가, 의무와 권리의 주체로서의 국가는 법적 구성 이외에 다름 아니라는 나의 명제는 흔들리지 않고 굳건히 서 있다. 국가가 법을 제정한다는 것은 능력 있는 사람들이 국가의 기관으로서 법을 제정한다는 것을 의미하며, 그들이 법의 제정을 규제하는 법규범에 따라서 법을 제정한다는 것을 의미한다.7) 국가가 법을 강요한다는 것은 국가기관으로서의 개인의 행동이 법에 의해서 제공된 제재를 행사한다는 것을 의미한다. 국가의 개인 수행 행위는 "국가기관"으로서의 행위이다. 그것은 비유적 의미를 가지고 있지만, 그들의 행위는 국가에 귀속될 수 있으며, 이것이 반드시 의미하는 바는 이들 행위는 법적 행위라는 것이다.

그들의 총체에서 "공동체"라 부르는 인간관계는 항상 관련된 개인들의 상호행위를 통제하는 질서에 의해 규제된다. 이 사회적 질서가 공동체를 구성한다. 공동체에 속하는 개인이 공통적으로 가지고 있는 것이 이 질서이다. 사회적 질서 및 그 질서에 의해 구성된 공동체는 다른 두 개의 것이 아니다. 개인은 다른 개인들과 함께 그의 행동이 다른 개인들과의 관계에서 이 질서에 의해 통제되는 한에서만 공동체에 속하게 된다. 공동체의 일원이 된다는 것은 이 질서에 종속해 있다는 것 외에 다름 아니다. 사회적 질서와 공동체의 이원론이라는 오해를 불러일으키는 현상을 피하기 위하여 사회

7) 버그만 씨는 법이 법의 제정을 규제한다는 진술에 동의하지 않는다. 왜냐하면 그는 법을 정의로 이해하고 있기 때문이다. 순수법학은 정의가 정의의 제정을 규제한다거나 실정법이 정의의 제정을 규제한다고 주장한 적이 없다. 그러나 실정법을 제정하는 과정이, 즉 법률제정이 실정법의 규제를 받는다는 것은 거의 부인할 수 없다.

적 질서가 공동체를 구성한다고 말하기보다, 사회적 질서가 곧 공동체라고 말하는 것이 좀 더 옳을 것이다.

국가가 공동체라면, 그것은 법적 공동체이다. 공동체로서의 국가는 법질서인데, 이 질서가 공동체를 구성한다고 이야기하는 것은 완벽하게 옳은 방식은 아니다. 국가가 사회적 질서라는 것은 누가 부인할 수 있겠는가? 이 진술이 받아들여지면, 통상의 언어를 사용하여, 법질서를 확립하거나 강요해야 하는 것이 국가의 본질이라면, 법질서 외에 어떤 다른 질서가 국가일 수 있겠는가?

그러나 사회적 질서로서의 국가가 법과 동일하다고 말하는 것은 옳지 않다.[8)] 모든 법질서가 다 국가인 것은 아니다. 상대적으로 집권화된 법질서를 국가라 부른다. 이 법질서의 인격화는 행동하는 인격으로서의 국가이다. 이 비유를 글자 그대로 받아들이는 것은, 즉 인격화를 실체화하는 것은, 그런 다음 국가를 "그것의" 법질서와 다른 것이라고 말하는 것은, 마치 헬리오스가 태양 배후에, 셀레네가 달 배후에서 상상되는 것처럼 국가를 법 배후에 있는 권위·공동체·권력이라고 상상하는 것은, 국가를 법의 신으로 만드는 것은, 이것은 가짜 문제와 공허한 동어반복으로 이어지기 때문에 순수법학이 제거하고자 하는, 법학과 정치이론에서의 애니미즘의 잔재이다.[9)] 그것은 무익한 노력인 것처럼 보인다. 왜냐하면 사람들로

8) 버그만 씨는 잘못되게도 순수법학이 국가를 법과 동일시한다고 주장한다. 나는 원시부족의 상당할 정도의 탈 집중적 사회질서와 국제법이 국가를 구성한다고 결코 주장하지 않았다.

9) 버그만 씨는 법이 법 자신의 제정을 규제한다고 보지 않기 때문에, 그는 법은 정치적 공동체가 제정한 것이라는 통상적인 어법을 고수한다. 따라서 그는 법을 "정치적 공동체가 영역의 평화와 질서를 유지하는 데 가장 큰 이익이 되는 것을 실현하려고 노력하는 데 필요한 수단"으로서 규정한다. 법이 평화를 유지하는 목적을 가지고 있다는 것은 참이지만, 그것이 법 개념의 규정 요소를 이루는 것은 아니다. 평화가 어떤 수단에 의해서 유지되는가의 문제는 평화가 법에 의해서 유지되는 것이 언제인가의

하여금 법의 신을 믿게 만드는 데서 오는 정치적 관심이 과학의 분석에서의 관심이나 관련된 현상에 대한 올바른 기술(記述)에서 오는 관심보다 더 강력하기 때문이다.

III

순수법학은 실제로 존재하고 법이라는 이름 하에서 역사 속에 존재했던 사회적 질서에 대한 비교 연구에 기초함으로써, 자신의 연구대상을 실정법의 구조분석에 제한한다. 따라서 법 일반이든 특수한 법질서든 법의 기원에 관한 문제, 즉 법 일반이 존재하게 된 원인이나 특수한 내용을 가진 특수한 법질서가 존재하게 된 원인에 대한 문제는 이 이론의 범위를 넘어서 있다. 이것들은 사회학과 역사학의 문제이며, 주어진 법질서의 구조분석의 방법과는 완전히 다른 방법을 그 자체 요구한다. 한편으로는 법의 구조분석, 다른 한편으로는 법 사회학과 법 역사학 간의 방법론적 차이는 신학과 종교 사회학이나 종교 역사학 간의 차이와 유사하다. 신학의 대상은 이미 존재하는 것으로 가정된 신이다. 종교 사회학과 종교 역사학의 대상은 신에 대한 인간의 신앙이다. 신앙의 대상이 존재하든 존재하지 않든 상관없다. 순수법학은 인간의 행위에 의해 제정된 유효한 규범의 체계로서의 법을 다룬다. 그것은 법의 문제에 대한 법학적 접근이다. 법 사회학이나 법 역사학은 시간과 장소에 따라서 달라지는 법 관념을 사람들이 가진다는 사실을 기술하고 설명하려고

문제이다. 우리가 평화의 유지를 이 규정으로부터 본질적이 아닌 것으로 제거해버린다면, 즉 우리가 "공동체" 대신에 공동체를 구성하는 질서를 대입한다면, 비그만의 규성[정의]은 법은 법이 법을 실현하려고 노력하는 수단이라고 하는 의미 없는 진술에 이르게 된다.

노력하며, 사람들이 자신들의 행동과 이들 관념을 일치시키거나 일치시키지 않는다는 사실을 기술하고 설명하려고 노력한다. 법학적 사고가 사회학적 · 역사학적 사고와 상이하다는 것은 분명하다. 실정법 질서의 구조분석을 지향하는 법학의 "순수성"은 자기 자신의 특수한 문제에 적합한 것과는 다른 방법을 요구하는 문제를 자신의 영역에서 제거하는 것 말고 다른 것에서 성립하지 않는다. 순수성의 요청은 방법들의 혼합주의를 회피하기 위해 불가피하게 요구되는 것이며, 전통법학이 관심을 갖지 않거나 충분히 관심을 갖지 않은 요청이다. 순수법학의 영역으로부터 문제를 제거하는 것이 물론 이 문제의 적법성의 거부를 함의하는 것은 아니며, 또한 이 문제를 다루는 학문을 거부하는 것은 아니다. 법 사회학과 법 역사학은 순수법학과는 다른 것들이다. 이들은 법의 구조적 분석과 함께 법의 복합현상을 완전히 이해하기 위해 필요하다. 자기 자신을 특수한 영역에 제한하는 법 구조분석은 법의 완전한 이해에 충분하지 않기 때문에 순수법학이 존재할 수 없다고 말하는 것은, 사고라는 심리적 현상의 완전한 이해는 심리학 없이 가능하지 않기 때문에 논리학은 있을 수 없다는 말하는 것과 같은 것이다.[10)]

법의 기원 문제와 마찬가지로 주어진 법질서가 정의로운지 어떤지의 문제는 실정법의 구조분석을 지향하는 학문의 특수한 방법 안에서는 그리고 그런 방법에 의해서는 대답될 수 없다. 그렇다고 해서 이것 정의가 무엇인가의 문제가 과학적 방법으로는 즉 객관적인 방법으로는 대답될 수 없다는 사실을 반드시 함의하고 있는 것은 아니다. 그러나 무엇이 산(酸)이고, 무엇이 염기인가를 객관적으로 결정하는 것은 가능하겠지만, 정의와 법은 두 가지 다른 개념으

10) 이것이 버그만 씨의 단정적인 진술 즉 " … 순수법학은 있을 수 없다"는 진술에 대한 대답이다.

로 고려되지 않으면 안 된다. 정의의 관념이 도대체 어떤 기능을 가지고 있다면, 그것은 좋은 법을 만들기 위한 모형이 될 것이고, 좋은 법과 나쁜 법을 구별하기 위한 기준이 될 것이다.

그러나 전통법학에서는 법을 정의와 동일시하려는, 법이라는 용어를 정의로운 법의 의미로 사용하려는, 전반적으로 효력이 있고, 따라서 유효한 실정법인 강제적 질서 혹은 그러한 사회적 질서의 유일한 규범이 정의롭지 않다면, 그것은 결코 "진정한" 법도 아니요 "참된" 법도 아니라고 주장하는, 용어상의 성향이 있다. "법"이라는 용어의 이러한 사용은 어떤 실정법도 혹은 실정법의 어떠한 단일한 규범도, 그것이 법으로서 나타나기 때문에 그리고 일반적으로 "법"이라 부르기 때문에, 얼핏 보기에 정의로운 것으로 간주되는 효력을 가지게 된다. 그것이 법이라고 불릴 만한 가치가 있는지는 의심스러울 수도 있지만, 그것은 의심이 가져다주는 이익을 갖게 된다. 그러한 "법"의 정의(正義)를 부인하고, 그리하여 소위 그 법이 결코 "참된" 법이 아니라고 주장하는 사람은 그것을 증명해야 한다. 이 증명은 실천적으로는 불가능하다. 왜냐하면 정의의 객관적인 기준이 없기 때문이다. 따라서 법과 정의를 용어상으로 동일화하는 데서 생겨나는 실질적인 효력은 어떤 실정법에 대해서건 불법적인 정당화에 불과하다.

정의의 객관적인 기준은 있지도 않고 있을 수도 없다. 왜냐하면 어떤 것이 정의롭다거나 정의롭지 않다는 진술은 궁극적인 목적에 관한 가치판단이며, 이들 가치판단은 우리 마음의 정서적 요소들, 즉 우리의 감정과 바람(願)에 근거해 있으므로 본성상 주관적 성격을 갖기 때문이다. 실재에 대한 진술은 검증될 수 있겠지만, 이들 판단은 사실에 의해서 검증될 수 없다. 궁극적인 가치판단은 대개는 선호의 행위이다. 그런 판단들은 선이 무엇인가를 지시하기보다는 더 나은 것이 무엇인가를 지시한다. 그 판단들은 두 충돌하는 가치 중 하나를 선택한다는 사실을 함의하고 있다. 예컨대 자유와 안정 중 하나를 선택하는 것과 같다. 개인의 자유는 보장하지만 어떤 경제적 안정도 보장하지 않는 사회체제가, 경제적 안정은 보장하지만 어떤 개인적 자유도 보장하지 않는 사회체제보다 선호될 수 있는지의 여부는, 자유가 더 높은 가치인지 아니면 안정이 더 높은 가치인지의 결정에 달려 있다. 자유가 안정보다 더 높은 가치라는 진술이나 그 역의 진술과 물이 나무보다 무겁다는 진술 간에 일정한 차이가 있다는 것을 부인하는 것은 거의 가능하지 않다. 자신들이 자유로운 한에서만 행복을 느끼기 때문에 안정보다 자유를 선호하고, 그 사회가 개인의 자유를 보장하는 한에서만 그 사회를 선호하고 그 사회를 정의롭다고 생각하는 사람들이 있다. 그러나 다른 사람들은 자신들이 경제적으로 안정적인 한에서만 행복을 느끼기 때문에 안정을 더 선호하고, 따라서 사회체제가 경제적 안정을 보장하는 한에서만 그 사회체제를 정의롭다고 생각한다. 자유와 안정에 대한 그들의 판단은, 따라서 정의에 대한 그들의 관념은 궁극적으로 그들의 감정 외에 다른 어떤 것에도 의존하지 않는다. 그들의 각각의 가치판단에 대한 객관적 검증은 가능하지 않다. 사람들은 그들의 감정에서 대단히 다르기 때문에, 그들의 정의 관념은 대단히 다르다. 이것이 정의의 문제를 해결하기 위하여 사람들 중 가장 저명한 사상가들에 의해서 이루어진 시도에도 불구하고, 대답에서의 일치도 없고, 가장 열정적인 적대도 없는 이유이다. 실재에 관한 진술의 경우에는 상황이 매우 다르다. 물이 나무보다 더 무겁다는 진술은 이 진술이 사실과 일치한다는 것을 보여줌으로써 실험에 의해 검증된다. 사실상 사실에 관한 진술들은 우리 이성에 의해 통제되는 우리 감관의 지각에 의존해 있으며, 따라서 어떤 의미에서는 또한 주관적이기도 하다. 그러나 우리의 감관의 지각은 우리의 감정보다는 상당히 높은 정도로 우리 이성의 통제 하에 있으며, 사실상 어떤 사람도 물이 나무보다 무겁다는 것을 의심하지 않는다. 우리가 급진적 주관주의 철학을 받아들이고, 우주는 단지 인간의 마음속에서만 존재한다는 것을 인정한다 하더라도, 그럼에도 불구하고 우리는 가치판단과 실재에 관한 진술 사이에 존재하는 차이를 유지하지 않으면 안 된다. 차이는 주관성("객관적인 것"은 주관성의 가능한 가장 낮은 정도를 의미한다)의 정도에 따른 차이로서 당지 상대적일 수도 있다. 그러나 이 상대적 차이는 대단히 크다. 왜냐하면 이것으로도 정의로운 것이 무엇인가에 관한 진술과 법, 즉 실정법이 무엇인가에 관한 진술의 차별성을 충분히 정당화할 수 있기 때문이다. "실정"법은 법이 시간과 공간에서 일어나는 사람들의 활동에 의해 제정된다는 것을 의미한다. 이것은 자연법에 대립된다. 자연법은 법이 다른 방식으로 기원한다는 것을 가정한다. 결과적으로 실정법의 문제, 즉 어떤 나라의 법이나 구체적인 경우의 법이 무엇인가의 문제는, 어떤 시간에서 그리고 어떤 공간 안에서 발생하는 법제정 활동의 문제이다. 이에 대한 대답은 대답하는 주관의 감정에 의존하지 않는다. 그것은 객관적으로 확인할 수 있는 사실에 의해 검증될 수 있는 반면에, 어떤 나라의 법이나 어떤 나라의 결정이 정의로운지 어떤지의 문제는 대답하는 주관에 의해 전제되는 정의 관념에 의존해 있으며, 이런 관념은 그의 마음의 정서적 기능에 의존해 있다.[11)]

---

11) 실재에 관한 진술이 우리 감관의 지각에 의존해 있다는 것은 물론 그러한 진술을 사람들이 믿기 때문에 그러한 진술이 참이라는 것을 의미하지는 않는다. 그러나 버그만 씨는 이것을 의미한다고 주장한다. 그는 가치판단과 실재에 관한 진술은 둘 다 "주관적"이기 때문에 이 둘 사이에 차이가 존재하지 않는다는 것을 증명하기 위하여 이런 주장을 편다.

법과 정의을 동일시하는 용어 사용은 자연법 이론의 독특한 요소 중 하나이다. 그것은 정의를 "자연"법의 이름 하에서 제시한다. 실정법도 또한 "법"이다. 그 법이 자연법과 일치하지 않는다는 것이 증명되지 않은 한, 그 법은 참된 법이라 간주될 수 있다. 거의 모든 자연법론 추종자들은 명시적이든 암시적이든 실정법과 자연법의 일치를 지지하는 의견이 있다는 것을 가정한다. 자연법론의 역사적 기능은 실정법의 권위를 유지하는 것이었다. 이 이론은 보수적인

태양이 지구 주위를 돈다는 진술은 사람들이 그것을 믿은 적이 있었지만 참이 아니었다. 사람들은 잘못되게도 그것을 참이라고 생각했기 때문에 그것을 믿었다. 하나의 진술이 사람들이 그것을 참이라고 믿었기 때문에 참이라고 한다면, 하나를 믿는 사람들도 있고, 다른 하나를 믿는 사람들이 있는 경우에는, 두 모순된 진술이 동시에 참이 되는 상황이 발생한다. 이것은 논리학의 포기를 의미한다. 버그만 씨는 "진리는 사람들이 믿는 것이다"를, "믿음이 물리적 사실에 관한 것이든 도덕적 평가에 관한 것이든 간에 관계없이 … 공동체에서의 우세성"이 그의 믿음의 객관성이라는 사실을 진지하게 주장한다. 결과적으로 그는 믿음과 인식의 차이를 거부하고 있는 셈이며, 이것은 종교와 과학의 차이를 거부하는 것과 동일한 의미를 가진다. 이런 점에서 내가 두려움을 느끼는 것은 버그만 씨가 너무 많은 것을 증명했다는 점이다. 그러나 다른 점에서 본다면, 너무 적은 것을 증명하였다. 그의 학설에 따르면 주관적 가치판단은 판단하는 주관이 공동체인 경우라면 객관적이라는 것이다. 그는 "공동체 믿음", 공동체 개념, 정의의 의미에 대해서 마치 공동체가 판단하는 주관인 것처럼 이야기한다. 이것이 의미하는 바는 다음과 같다. 공동체에 속하는 개인들이 혹은 이들 개인의 다수가 동일한 주관적 가치판단을 가지고 있다는 것이다. 그러나 많은 개인들이 동일한 가치판단을 내리고 있다는 사실이 판단의 성격을 변화시킬 수는 없다. 버그만 씨는 판단의 객관성과 판단행위의 빈번함을 혼동하고 있다. 게다가 개인의 자리에 판단하는 주관으로서의 인격화된 공동체를 대입함으로써 얻어지는 바가 아무 것도 없다. 많은 상이한 공동체가 있는 것처럼 많은 상이한 "공동체 믿음", 공동체 가치판단, 특히 정의로운 것에 관한 많은 상이한 공동체 판단이 존재하게 된다. 하나의 공동체에서는 정의의 사회주의적 이상이, 다른 공동체에서는 정의의 개인주의적 이상이 지배적이다. 그렇다면 이들 다른 이상 중 어떤 것이 옳은 이상인가의 물음이 생겨난다. 이런 물음에 대해 버그만 씨의 철학은 아무런 대답도 하지 않는다.

성격을 가졌었고, 대체로 여전히 보수적인 성격을 가지고 있다. 혁명적 운동도 또한 자신들의 요구를 정당화하기 위하여 이 이론을 사용했던 것도 사실이다. 그러나 자연법론의 고전적 대변자들은 결코 혁명가들은 아니었다.[12)]

실정법을 지지하는 관점은 자연법과 실정법이라는 이원론의 중요한 귀결에 의해서 유지된다. 법실증주의 관점에서 볼 때, 관습·법률제정·법적 판단과 같은 법을 제정하는 인간행위는 결과적으로 구성적 성격을 가진다. 그러나 그것들은 자연법론에 의해서는 단순히 선언적인 것으로서 해석된다. 자연법론의 관점에서 보면, 공동체의 기관은 법을 제정하는 것이 아니라, 단지 신·자연·인간이성에 의해, 혹은 어떤 다른 신비적인 방식으로 제정된 미리 존재하는 법을 단지 재생할 뿐이다. 공동체의 기관은 사실상 법을 발견하는 임무도 수행하도 못하고, 그것을 적절한 방식으로 정식화하는 임무도 수행하지 못하지만, 그럼에도 전체적으로 볼 때 그들이 성공했다고 보지 않으면 안 된다. 만약 성공하지 못했다면, 이 세상에 현실화된 법은 존재하지 않을 것이기 때문이다. 게다가, 자연법이 지시하는 것이 무엇이고, 실정법이 자연법에 일치하는지 어떤지를 결정할 권한 있는 자가 이 법을 발견하는 것을 자신의 임무로 삼고 있는 공동체의 기관 말고 달리 있겠는가? 이 임무를 공동체의 기관에 부여하지 않고, 법에 복종해야 하는 주관에만 맡기는 것은 무정부상태를 야기하는 것과 같은 것이다. 역설적인 것처럼 보이는데, 그럼에도 불구하고 다음은 사실이다. 실정법을 만드는 사람들이 실제로 법을 제정하고 있는 것이라는 사실을 부인하는 이론은 그들의 권위를 강화할 목적을 가지고 있진 않지만 그것을 강화하는 결과를 낳는다.

---

12) 이 책 제5장「과학의 법정에 선 자연법론」227 쪽 이하를 참조할 것.

따라서 참된 법(신비적 권위에 의해 제정된)과 실정법(참된 법의 단순한 재생)이라는 이중 법론은 여러 가지 변장을 하고서 나타난다. 예를 들어 그것은 "일반의지"(*volonté générale*)와 전체의지(*volonté de tous*)를 구별하는 기초가 된다. "일반의지"는 항상 옳다. 또한 그것은 정의를 의미한다. 왜냐하면 그것은 항상 공동체 일원들의 공통의 이익을 지향하기 때문이다. 공동체의 기관은 법을 만들면서 일반의지만을 표현해야 한다. 이들 기관은 성공할 수도 있고 그렇지 않을 수도 있다. 합의해서 혹은 다수에 의해서 채택된 결정조차 일반의지를 표현할 수 없고, 따라서 국민들에 대해 구속력을 가지지 못한다.[13] 그러나 국민들의 합의의 혹은 다수의 투표에 의해서가 아니라면, 일반의지가 어떻게 존재하게 되겠는가? 구체적인 경우에 "전체의지", 특히 다수의 의지가 "일반의지"에 일치하는지 일치하지 않는지 결정할 권한 있는 자는 누구인가? 루소의 학설을 적용하는 것은 방금 말한 이 물음에 어떻게 답변할 것인가에 달려있지만, 루소의 고전 저서에서는 이 물음에 대한 답변이 없다.

그러나 루소가 투표절차를 논의할 때, 그는 다음처럼 진술한다. "다수의 투표는 항상 모든 다른 사람에 대해 구속력을 갖고 있고", "일반의지는 투표집계에 의해서 발견되며", 하나의 법안에 대해 찬성 혹은 반대의 투표를 하는 것은 제안된 법안이 일반의지와 일치하느냐 여부를 결정한다는 것을 의미할 뿐이고, 각자는 투표를 하면서 그 점에 대한 자신의 견해를 표명한다. 소수 쪽에 속한다는 것은 일반의지가 무엇인지에 관해 실수하고 있는 사람이라는 것을 "증명한다".[14] 그리하여 다수는 항상 옳다. "일반의지"라는 신비적

13) Rousseau, *Social Contract*, Bk. II. chaps. 1-3.

14) 같은 책, Bk. IV, chap. 2. 이것은 모순을 범하고 있다. 이러한 인상을 덜 주기 위해서 루소는 다음처럼 덧붙인다. " … 실로 이것은 일반의지의 모든 성질이 여전히 다수 속에 있다는 것을 전제한다. 이들 성질이

실재 및 "일반의지"와 "전체의지"이라는 이원론을 도입하게 되면, 일정한 형태의 정부에 대한 매우 미심쩍은 정당화에 이르게 되며, 결국 정의와 민주주의의 동일시에 이르게 된다.

이중 법론의 다른 형식은 자연법론과 대립된다고 추정되는 독일의 역사학파에 의해 제시되었다. 이 학파의 추종자들은 언어와 종교처럼 법은 본질적으로 국민들의 특수한 성격과 연결되어 있다는 가정에서 출발한다. 이 가정은 독일 국민들로 하여금 자기 자신의 법과 종교를 포기하고 로마법과 그리스도교를 채택하도록 강요한다. 이 둘 다 완전히 다른 국민들과 함께 시작되었으며, 외국어로

그렇게 되지 않을 때, 어떤 사람이 어느 쪽에 가담하든, 자유[그것은 정의를 의미한다]는 더 이상 가능하지 않다." 만약 다수의 의지가 일반의지와 필연적으로 일치하는 것이 아니라면, 대중의회와 마찬가지로 군주도 참된 법령을 공포할 수 있다면, 혹은 일반의지의 표명에서 실패할 수 있다면, 다수의 투표가 "항상" 나머지 사람들에 대해 구속력을 가지고, 일반의지는 "투표 집계에 의해서 발견되며", 소수 쪽에 속한다는 것은 일반의지가 무엇인지에 관해 실수하고 있는 사람이라는 것을 "증명한다"는 말을 루소가 어떻게 할 수 있겠는가? 사실상 루소의 『사회계약론』의 엄청난 성공은 그것이 다수의 의지의 원리에 기초한 민주주의 정당화로 이해되었다 사실에 기인하고 있다.

참된 법에 대한 "일반의지"와 "전체의지"의 이원론은 개인의 참된 의지와 그의 실제적인 의지라는 이원론과 평행선을 긋고 있다. 다수에 의해서 채택된 법안에 반대투표를 한 개인은, 분명히 자기 자신의 것이 아닌 의지에 의해 구속을 받고 있음에도 불구하고, 여전히 자유롭다는 허구를 주장하기 위해서, 루소는 소수 쪽에 속해 있다는 것은 일반의지가 무엇인지에 대한 잘못된 견해를 가지고 있을 뿐만 아니라 자기 자신의 의지, 즉 그의 참된 의지가 아닌 의지를 표명하고 있다는 진술까지 전개한다. 만약 내가 다수에 반대해서 투표한다면, 그리고 "나의 특수한 의견을 계속 유지한다면, 나는 나의 의지와 반대되는 것에 도달하게 될 것이다". 개인의 참된 의지는, 그러나 그의 실제의 의지가 아닌 의지는 항상 일반의지와 일치한다. 단지 개인은 일반의지가 무엇인지, 따라서 자기 자신의 의지가 무엇인지 알 수 없을 뿐이다. 개인은 참으로 자신이 알지 못하는 것을 "의지한다". 그것은 실정법이, 이 경우에 민주주의 실정법이 정의와 동일하다는 환상적 허구에 의해 희생된다.

기록된 문서에서 비롯되었다. 이들 역사적 사실에도 불구하고 독일학파는 국민정신(*Volksgeist*) 속에서 법이 시작되었으며, 그것이 법의 진정한 창안자라고 주장한다. 따라서 관습법조차 관습에 의해 제정되지 않았다. 관습은 법을 제정하는 사실이 아니다. 그것은 신비한 정신에 의해 제정된 미리 존재하는 법의 단순한 증언[15]일 뿐이다. 그러나 관습은 독일학파에 의해서 절대적으로 신뢰할 수 있는 증언으로서 간주되고, 그리 함으로써 관습법은 참된 법이게 되며, 그 자체로서 성문법에 우선하게 된다. 성문법에 관련해서 이 학파의 가장 탁월한 대표자인 사비그니는 법률제정은 국가의 오히려 미심쩍은 기능이며, 빠뜨리는 것이 더 낫다고 주장하였다. 그는 자신의 시대에는 "좋은 법전을 만드는 것은 가능하지 않다"[16]는 것을 진지하게 증명하고자 하였다. 이것은 프랑스 혁명의 빛나는 산물인 나폴레옹 법전(Code Napoléon)이 탄생하였던 때였다. 그러나 사비그니가 목표로 삼았던 것은 공평한 이 법전에 반대하는 것이었으며, 프랑스 혁명 및 그 혁명이 낡은 법을 새로운 법으로 대치하려는 성공적인 시도에 반대하는 것이었다. 그것의 정치적 성향은 명백하다. 그들은 비가시적이고 무형인 법제정자, 즉 "국민정신"이라는 가설을 설명한다. 사비그니에 의하면 국민은 "우리의 눈앞에서 우리와 같은 사람들에 의해서 만들어진 것"보다 "가시적이고 유형적인 기원을 가지지 않은 것"을 훨씬 더 존경한다.[17] 사비그니는 로마법이 관습법이었음을 증명하려 시도하였다. 관습법이 국민정신에 의해 제정되었으며, 그것은 성문법에 우선한다고 주장하면서, 사비그니는 그 당시 독일에서는 실정법이었던 로마법의 권위를 유지

---

15) Savigny, *System der heutigen Römischen Rechts* (Berlin: Veit, 1840), I, 35.
16) Savigny, *Vom Beruf unserer Zeit für Gesetzgebung und Reichtswissenschaft*, 3d ed. (Heidelberg, 1804), 49 쪽.
17) 같은 책, 43 쪽.

하고자 하였다.

유사한 것이 "사회적 연대"(*solidarité sociale*) 학설이다. 이 연대는 참된 법, "객관적인 법"(*droit objectif*)의 제정자이다. 이 학설은 20세기 초 프랑스의 사회학파에 의해 제시되었는데, 이 학파의 가장 탁월한 법학자는 레옹 뒤기(Leon Duguit)였다. 그의 학설에 따르면 국가의 입법 · 사법 기관은 법을 제정하지 않고, 단지 "사회적 연대"에서 기원하는 기존의 법을 인식하고(*constatent*), 강요한다. 실정법은 그것이 "객관적인" 법에 일치하는 한에서만 구속력을 가진다. "사회적 연대"라 부르는 권위는 루소의 "일반의지" 및 독일 역사학파의 "국민정신" 못지않게 신비스럽다. 구속력을 가지기 위해 실정법은 "사회적 연대"에 의해 제정된 "객관적인 법"과 일치하지 않으면 안 된다는 학설은, 구체적인 경우에 실정법이 "객관적인 법", 즉 참되고 정의로운 법에 일치하는지 어떤지를 결정할 권한 있는 자가 누구인가의 물음에 대한 대답을 이 학설이 제공하는 한에서만, 적용될 수 있다. 이것은 분명히 결정적인 물음이다. 그런데 뒤기가 그것을 심지어 논하고 있지도 않다는 것이 매우 특징적이다. 그는 사회적 연대에서 시작되는 객관적인 법에 대해서 "그것은 사회적 존재로서의 인간의 법이고, … 사람들은 그것을 느끼거나 이해하며, 학자는 그것을 정식화하고, 실정적 입법자는 그것을 인식하며(*constate*), 그것에 대한 존경을 확실히 한다."[18] 그러나 이 법에 대한 한 사람의 감정이나 개념이 다른 사람의 그것과 다르다면, 어떤 학자가 다른 학자와 다른 식으로 그 법을 정식화한다면, 실정법의 입법자가 실정법에 복종해야 한다고 가정되는 한 개인의 감정이나 개념에 따를 경우 "객관적인 법"이 아닌 규칙들을 "객관

18) Leon Duguit, *L'Etat, le droit objectif et la loi positive* (Paris: A. fontemoing, 1901), 16 쪽.

적인 법"인 것으로 인식한다면, 그렇다면 어떤 것이 "객관적인 법"인가? "사회적 연대"가 요구하는 것이 무엇인지에 관해, "객관적인 법"이 무엇인지에 관해, 참되거나 정의로운 법이 무엇인지에 관해 개인과 사회학자가 의견이 일치하는 일은 거의 가능할 것 같지 않다. 뒤기는 이 문제를 무시하고 있다. 왜냐하면 그의 다소 개인주의적 관점에서 보면 그가 객관적인 법이라고 간주한 것은 탁월한(*par excellence*) 객관적인 법이라는 것을 간단하게 당연한 것으로 생각했기 때문이다.

실정법이 "객관적인 법"과 일치하는지 어떤지를 결정할 권한 있는 자가 누구인가에 관한 물음에 관해 단지 두 가지 대답만 가능하다. 하나의 가능성은 이 물음에 대한 논쟁이 발생하면 그것을 결정할 실정법 제정자 · 입법자 · 재판관만이 가지는 권능 안에 그 법이 있다는 것이다. 그렇다면, 실정법은 항상 "객관적인 법"과 일치하며, 두 법이 있다는 이원론은 허구적인 "객관적인 법"에 의해서 실정법을 정당화하는 결과를 가진다고 선언될 것이다. 다른 하나의 가능성은 어떤 개인도 결정적인 물음을 결정할 권한 있는 자라는 것이다. 그렇다면 공동체의 법제정 기관인 개인들이 실정법에 종속하는 개인들로서 이 문제를 결정하는 데 있어 동일한 권리를 가지게 된다. 뒤기는 실정법이 "객관적인 법"의 표현인 한에서만 실정법은 명령적이라고 말한다. 그 자체로 실정법은 명령적이 아니다. 왜냐하면 실정법을 공포하는 사람들은 실정법이 지향하는 사람들과 꼭 같이 인간이기 때문이다. 인간은 평등하기 때문에, 어떤 개인도 다른 사람에게 명령을 내릴 권리가 없다.[19] 그러하다면 개인이 입법자 혹은 재판관으로서 행위 할 때의 의견은 법령이나 사법적 판결의 대상이 되는 행위를 한 사람의 의견과 그 타당성에서 오십

---

19) 같은 책, 426 쪽.

보백보이다. 입법자나 재판관이 자신들에 의해서 정해진 법령이나 판결은 "객관적인 법"과 일치한다는 의견을 가지고 있다면, 즉 그들이 법령이나 사법적 판결을 내리지 않을 의견을 가지고 있지 않다면, 이 의견은 이 법령이나 사법적 판결이 "객관적인 법"과 일치하지 않다고 생각하기 때문에 법령이나 사법적 판결에 동의하기를 거부하는 개인의 의견과 같은 정도의 타당성밖에 가질 수 없다. 실정법이 "객관적인 법"과 객관적으로 충돌하고 있을 가능성은, 만약 그것을 정하는 자가 누구인가에 관한 논쟁을 결정할 객관적인 권위가 없다면, 실제로 배제되어 버린다. 실제로 존재하는 것은 "객관적인 법"이 무엇인가에 대해 서로 모순되는 의견들뿐이다. 그러나 지배하는 개인의 의견은 지배 받는 개인의 의견과 다르다. 왜냐하면 전자는 그들의 의견을 강요할 권력을 가지고 있기 때문이다. 그리고 자신이 "객관적인 법"과 일치한다고 생각하는 법을 강요할 그들의 권능은 지배 받는 국민들의 그것과 반대되는 의견에 의해서 파괴될 수 없다. 왜냐하면 지배 받는 개인들의 의견은 지배하는 개인들의 의견보다 최소한 더 큰 권위를 수행하지 못하기 때문이다. 그러므로 정부뿐만 아니라 정부에 종속된 사람들도 실정법이 "객관적인 법"과 일치하느냐의 여부를 판정할 권한 있는 자일 때 존재하게 되는 상황은, 이 판정이 정부에 맡겨질 때 존재하게 되는 상황과 특별히 대단히 다른 것은 아니다. 두 경우 모두에서 실정법과 "객관적인 법"의 이원론이, 실정법과 자연법의 이원론이 그런 것과 꼭 마찬가지로, 하나의 의해서 다른 하나를 정당화하는 결과—목적이 아니라면—를 갖는다.[20]

---

20) 버그만 씨는 또한 법과 정의를 동일시한다. 그는 "법"을 이야기할 때는 그것은 정의로운 법일 뿐이요, 정의롭지 않은 법에 대해서는 "명령"(fiat)이란 용어를 쓴다. 따라서 국가기관, 정부는 법을 제정하지 않지만, "명령"을 제정할 수는 있다. "법"은 "명확히 의사 표시하는 다수"

아마 이들 예만으로도 순수법학이 그것을 자연법이라 부르든, 참된 법이라 부르든, 객관적인 법이라 부르든 관계없이, 법의 개념과 정의 개념을 명료하게 분리하고자 하는 이유이며, 순수법학이 미심쩍은 임무를 종교나 사회적 형이상학에 맡겨두면서 일종의 초법(superlaw)에 의해 실정법을 정당화하는 일체의 행동을 단념하는 이유이다.

(articulate majority)에 의해 제정된다. 그러나 "명확히 의사 표시하는 다수"가 무엇인가? 그것이 헌법에 따라서 대중집회에 참여하는 사람들의 다수라면, 혹은 선출된 의회의 일원들의 다수라면, 정의로운 법은 민주적으로 제정된 법과 동일할 것이다. 버그만 씨의 설은 정의와 민주주의의 다소 소박한 동일시일 것이다. 그러나 버그만 씨는 그 만큼 소박하지는 않다. 그는 자신의 "명확히 의사 표시하는 다수"를 민주주의적으로 조직된 공동체의 헌법상의 다수로 규정하지는 않는다. 그가 참된 법의 제정자에 대해서 적극적으로 이야기하고 있는 것은 다음뿐이다. "어떤 공동체에서도 구성원은 자신의 생각을 [행동이나 말을 통해서] 명확히 하는 사람들과 그렇지 않은 사람들로 나뉜다." "어떤 때에 어떤 정치적 공동체 내에서 명확히 의사 표시하는 다수는 정확한 집단이지만, 인간사회는 정치집단에서 이 움직이는 힘의 위치를 찾아내고 그것을 등록하기에 충분할 정도로 멋지고 발전된 측정법을 가지고 있지 않다." 버그만 씨는 명확히 의사 표시하는 다수가 "기껏 해봐야 불명료한 개념"이라는 것을 인정한 점에서 아주 옳았다. 그러나 명확히 의사 표시하는 다수의 "위치를 찾아내고" 그 다수를 "등록하는" 것이 가능하지 않음에도 불구하고, 이 제어할 수 없는 실체를 버그만 씨는 "공동체의 목소리"라 선언하고 있으며, 정부기관을 단지 "그것의 귀"일 뿐이라고 말한다. 정부는 이 불명료한 권위에 의해서 공포된 법의 규칙들을 "확인"하고, "그것들을 관리"해야 한다. 정부가 공포한 법과 불명료한 법 제정자가 공포한 법이 일치하지 않는다는 것을 증명하는 것은 불가능하기 때문에, 전자를 지지해야 함에 틀림없다. 버그만 씨는 이를 분명히 표현한다. "정부는 공동체[이것은 "명확히 의사 표시하는 다수"를 의미한다]가 확립한 법을 따를 것이고, 그 결과로서 정부의 규범적 표현은 공동체의 규범적 표현과 일치할 것이며," 즉 "명확히 의사 표시하는 다수"로부터 나오는 참된 법과 일치할 것이다. 버그만 씨의 "명확히 의사 표시하는 다수"는 민주주의의 옷을 입고 있지만, 대단히 소박한, 프랑스 사회학파가 주장하는 사회적 연대의 부활일뿐이다.

13. 인과와 응보

출처. "Causality and Retribution,"
Philosophy of Science, Oct., 1941.

우리가 근대 물리학의 결과를 받아들이고, 저명한 물리학자들이 물리학을 모든 자연과학 중 가장 엄밀한 학문이라고 했던 것이 가지고 있는 의미를 받아들인다면, 우리는 지금 중대한 우주관의 변천의 와중에 있는 셈이 된다. 인과법칙이 모든 사건을 절대적으로 결정한다는 개념은 동요되어 왔고, 이 법칙이 과학적 사고에서 완전히 제거될 수는 없다고 하더라도, 적어도 그것에 관한 해석은 본질적으로 수정되지 않으면 안 될 것이다. 이런 논쟁의 과정에서 사건들이 절대적 법칙에 의해서 결정되어 있다고 하는 믿음의 연원에 대해 생겨나는 문제가 발생한다. 즉 각 사건은 불가침의 법칙에 따라서 어떤 원인으로부터 일어나는 필연적인 결과라는, 우리가 당연하다고 간주한 가정의 기원에 대해 생겨나는 문제가 발생한다. 우리는 인간의 사상이 발전하는 과정에서 인과에 대한 믿음이 어떻게 해서 생겨나게 되었는가를 고찰해야 한다.

여기서 말하는 인과는 인간의식이 자연 필연적으로 가지고 있는 사고의 형식, 즉 칸트가 "본유관념"이라고 부른 것이 아니다. 인간의 사유의 역사를 돌이켜보면, 사람들이 인과에 대해 생각하지 않은 시대도 있었다. 또한 과학적 사유의 원리로서의 인과법칙은 비교적 높은 수준의 심적 발달에서 비로소 나타났다. 실로 인과개념은 자연을 인과에 따라서보다는 사회범주에 따라서 해석하는 원시시대의 사람들의 사고에는 매우 낯선 것이다.1) 원시시대의 사람들에게는 인과율에 의해 규정된 요소들의 결합이라는 의미에서의 "자연"과 같은 것, 사회와 구별되는 것으로서의 "자연"과 같은 것은 없다. 문명화된 인간이 자연이란 말로써 이해하고 있는 것은, 그의 애니미즘적 사고방식 또는 좀 더 정확하게는 모든 것을 인격적인 것으로 보는 사고방식을 하고 있는 원시인에게는 사회의 일부일 뿐이요, 따라서 사회와 동일한 법칙에 의해서 지배된다. 소위 자연인은 실제로는 모든 면에서 사회인이며, 그들은 그의 공동체의 법질서가 또한 자연을 지배한다고 믿고 있다. 그러므로 그는 그의 집단의 다른 구성원들과 자신의 관계를 결정하는 동일한 원리에 의해서 자연을 해석한다. 그러나 원시시대의 사회적 질서의 기본적인 규칙은 응보원리이며, 이 원리가 원시인의 철저하게 사회적인 의식을 전적으로 지배한다. 그것은 사람들이 선은 선으로 악은 악으로 되돌려준다는 원리이고, 그러므로 그 또는 그의 집단의 성원들이 범하는 잘못에 대해서는 처벌받기를 기대하고, 그나 그의 동료의 선행에 대해서는 보상이 주어지기를 기대하는 원리이다.2) 그는 사람들에 대한 그의 나쁘거나 좋은 행위 때문뿐만 아니라, 또한 자연

---

1) 나의 다음 저서 참조. *Society and Nature* (Chicago: Chicago University Press, 1943).

2) 이 원리는 대부분의 경우 "상호성"(reciprocity)이라 하지만, 나는 "응보"라는 용어를 더 선호한다. 왜냐하면 이 용어가 그 원리의 사회적 성격, 특히 도덕적 · 법적 성격을 더 잘 표현하기 때문이다.

에 대한 그의 행위 때문에도 처벌받기를 혹은 보상받기를 기대한다. 왜냐하면 원시시대 인간의 생각에는 인간의 행위에 대한 자연의 반응방식이 인간 상호에 대한 반응방식과 동일하기 때문이다. 응보원리에 따른 자연해석은 동물·식물·무생물에 대한 원시인의 실제적 태도에서 표현되며, 특히 그의 종교 및 신화에서 표현된다.

현존하는 원시인의 상태는 문명화된 인간의 이전 상태와 유사하다는 것을 우리는 가정하고 있고, 또한 그의 발달에서 문명화된 인간은 원시적인 단계를 거쳐 가는데, 이런 단계의 흔적은 여전히 어떤 관습·설화·종교적 관념 등등에서 남아있다고 가정한다. 이런 가정이 인정된다면, 과학적 사고, 특히 인과적 사고는 모든 문명과 마찬가지로 원시의 시작부터 성장하였으며, 이는 주어진 민족학적 자료에서 재구성될 수 있다. 다행스럽게도 우리는 현대의 인과개념이 언제, 어디서 인간의 의식 속에 형태를 잡게 되었는지를 확인할 위치에 있다. 고대 그리스의 자연철학에서 이런 것이 나타난다. 그러나 그리스의 자연철학은 우리가 원시인의 심성에 대해 알고 있는 것에 완전히 일치하는 신화적·종교적 개념에 그 기원을 가진다. 이들 개념에서 결정적인 역할을 하는 것이 응보관념이다.

I

그리스 자연철학은 실재에 대한 과학적 이해의 첫 번째 위대한 시도이지만, 여전히 사회영역으로부터 도출된 가치개념에 영향을 받았다. 사회적 범주는 의문의 여지없이 승인되었고, 논의의 여지가 없는 인간인식의 일부가 되었으며, 실재를 파악하고자 하는 첫 번째 시도를 위한 출발점으로 간주되었다. 초기의 고대철학은 원시인의 신화적 사고와 마찬가지로, 자연은 사회와의 유추에 의해서 설명된다. 국가라는 권위 공동체는 우주적 질서를 이해하기 위한 모델의 역할을 하였다. 최초의 자연과학의 원형을 준 것은 국가였다. 왜냐하면 사람들은 국가를 질서 그 자체로서 간주하는 데 익숙했으며, 그리고 이 국가를 훨씬 오래된 신학적 해석에 근거하여 절대적 가치로서 간주하는 데 익숙했기 때문이다.

그러나 자연과 사회의 유추는 관찰이 진보함에 따라서 계속해서 약화되었다, 자연의 우주적 법칙의 관념은 처음에는 단지 국가의 법을 우주에 투사한 것에 불과했으나, 그것의 원형으로부터 분명히 자유롭게 되었으며, 완전히 독립적인 의미가 주어지게 되었다. 한편으로는 국가의 법인 규범과 다른 한편으로는 자연의 법칙인 인과법칙은 두 가지 완전히 다른 원리가 되었다.

그리스 철학을 시작하였던 밀레토스의 탈레스와 아낙시만드로스와 아낙시메네스는 우주를 통일적으로 설명할 수 있는 기본원리인 아르케(*ἀρχή*)를 구했다면, 그들이 생각하고 있는 것은 군주적 지배자였다. 여기서 아르케의 법칙에 의해서 군주제(*μοναρχία*)가 설립되었으며, 아르케는 "시작"을 의미할 뿐만 아니라 또한 "지배" 혹은 "통치"를 의미한다. 동방의 전제주의 영향이 그리스에서 힘을 얻기 시작한 때 자연철학이 번성했다는 것은 확실히 우연은 아니다.[3] 잘 알려진 것처럼 아낙시만드로스는 세계의 기본원리인 아르케로서 무한정적인 것 즉 아페이론(*ἄπειρον*)을 지정하고, 분명히 이 아페이론은 모든 것을 포섭하고 모든 것을 지도한다고 말한다.[4] 아낙시메네스는 기본실체를 공기라고 생각한다. 그러나 그는 이 공

3) Karl Joel, *Geschichte der antiken Philosophie* (Tübingen: I. C. B. Mohr [Paul Siebeck], 1921), I, 239 쪽 이하.

4) Aristotle, *Physica*, Bk. III, iv, 203b.

기가 신처럼 세계를 통치하는 이성과 의지를 가지고 있다고 생각했다. 아낙시메네스의 공기는 세계의 "영혼"이고,[5] 그 자체 제1근거, 즉 사건의 원인이며, 운동의 원인이다. 탈레스에서도 영혼은 움직이는 그 무엇이었던 것 같다. 왜냐하면 자석이 쇠를 움직이기 때문에 즉 쇠를 끌어당기기 때문에 자석은 영혼을 가지고 있음에 틀림없다고 탈레스가 주장했다고 전해지기 때문이다. 운동하게 하는 것, 즉 원인은 애니미즘의 방식으로, 아니 오히려 인격주의적인 방식으로 생각된다. 그것은 의도적으로 무언가를 운동케 한다. 그것은 어떤 것을 지배하며, 자석이 쇠를 끌어당기듯이 어떤 것을 끌어당긴다.[6]

사물들을 이런 식으로 보는 방식은 오늘날 인과에 대한 통속적인 관념에 전혀 낯선 것이 아니다. 만약 영혼이 살아 있는 자 안에 거주하고, 죽은 후에도 그 자의 인격을 계속 유지하며, 죽은 후에야 비로소 존재를 시작한다고 생각하는 한에서, 우리는 영혼이 운동의 원인이며, 그리하여 원인 그 자체라고 하는 사상을 이해할 수 있다. 죽은 자의 이러한 영혼의 본래의 기능, 즉 그것의 첫 번째 "결과"는 복수였었다.

인과라는 이러한 관념은 다른 측면에서 보면 또한 응보라는 원시적 개념 중 하나이다. 나쁜 짓 혹은 좀 더 정확하게는 죄를 지은 사람이 벌을 끌어당기듯이, 원인은 결과를 끌어당긴다. 응보의 관점이 기본원리인 아르케의 개념에서 결정적인 역할을 한다는 사실은, 하나의 사물이 다른 사물에 영향을 주기 때문에, 이것들은 동일한 원천에서 나오지 않으면 안 된다는 이론에서 주로 나타난다. 왜

---

5) Karl Joel, *Der Ursprung der Naturphilosophie aus dem Geiste der Mystik* (Jena: E. Diederichs, 1906), 66-67 쪽.

6) Aristotle, *De anima*, I, 2, 405a, 19.

냐하면 이들이 동일한 원천에서 나올 때만, 이들은 동일한 본성을 가지고 있고, 유사한 사물들만이 서로서로 반응을 하고, 즉 특수한 의미에서 유사한 사물들만이 서로에 대해 도울 수도 위해할 수도 있기 때문이다. 유사한 사물들만이 유사한 사물들에게 영향을 미칠 수 있다는 이 명제는, 즉 원인은 결과와 서로 같아야 한다는 이 명제는 19세기 물리학에서도 여전히 존속해 있는데, 분명히 그 기원은 응보원리이다. 그것은 응보원리에서 그 적절한 의미를 갖는다. 즉 처벌과 죄 사이에, 보상과 선행 사이에 일종의 평등성이 존재한다. 이런 평등성은 일차적으로는 질적 평등성이다. 왜냐하면 죄는 죄를 낳고, 선은 선을 낳기 때문이다. 아이스킬루스는 비극『아가멤논』에서[7] 과도한 행운은 불운을 낳는다는 전통적 믿음이 잘못된 것이라고 표현한다. 불운은 다른 죄를 범하는 데서 나온다. 왜냐하면 부모들이 자신을 닮은 아이들을 낳듯이, 하나의 잘못된 행동은 다른 잘못된 행동을 낳기 때문이다.

죄와 처벌의 유사성, 선행과 보상의 유사성은 단지 질적이기만 한 것은 아니다. 그것은 또한 양적이기도 하다. 죄가 크면 클수록 처벌은 크고, 선행이 크면 클수록 보상도 크기 때문이다. 헤라클레이토스의 다음과 같은 단편이 있다. "위대한 죽음은 위대한 보상을 받아들인다."[8] 사물들이 원인과 결과의 관계를 가지고 있다면, 죄과 처벌, 선행과 보상처럼 본성상 "평등"해야만 한다. 이런 이유 때문에, 이들은 동일한 일차 원소, 즉 물이나 공기로부터 기원하지 않으면 안 된다.

다른 측면에서 보면 아르케 개념에 포함되어 있는 유사성의 관념

---

7) Aeschylus, *Agamemnon,* 750-751 쪽.

8) Hermann Diels, *Die Fragmente der Vorsokratiker*, 5th ed. (Berlin: Weidemann, 1934), Fr. 25.

은 균형의 관념으로서 나타난다. 이 관념은 그것이 정의를 의미하는 한 응보의 특수한 기능이 된다. 응보는 천칭 저울에서처럼 죄와 처벌, 선행과 보상의 무게를 재어 그들의 균형을 맞추는 것이다. 탈레스는 물이 일차 원소라고 가르쳤다. 왜냐하면 물이 아니면 실체가 다른 사물로 변화하는 것을 설명하기가 용이하지 않기 때문이다. 아낙시만드로스는 아페이론 즉 무한하고 영원하며 불멸의 실체와 함께 시작한다, 이 실체로부터 대립자, 즉 습기 찬 것과 건조한 것, 찬 것과 뜨거운 것이 생겨난다. 유한한 사물은 항상 서로서로 충돌한다, 예를 들면 뜨거운 불은 차가운 공기와 충돌하고, 건조한 땅은 습기 찬 바다와 충돌한다. 하나가 다른 하나보다 우세한 것은 정의롭지 못한 것이며, 그들 간의 균형이 정의로운 것이다. 열은 여름에 부정의를 낳고, 추움은 겨울에 부정의를 낳는다. 균형에 도달하기 위하여 그들은 그들의 공통원인, 즉 아르케로 돌아가지 않으면 안 된다.[9] 불이 물을 점차 증발시킨다면, 그것은 부정의이다. 왜냐하면 이것은 결국 세계의 파괴를 가져옴에 틀림없기 때문이다. 그러나 물과 혼합된 불은 특유의 본성을 상실하고 일차 실체로 된다. 그러나 그것의 기능은 보상적 정의의 의미에서 균형으로서 나타난다. 세계에 대한 보편적 설명은 이러한 보편적 정당화의 의미를 가진다. 이것이 아낙시만드로스의 사상이라고 가정한다면, 다음의 단편이 이해될 수 있다. "사물들은 필연성에 따라서 발상(發祥)했던 곳으로 되돌아간다. 왜냐하면 사물은 시간의 순서에 따라 그가 범했던 부정에 대해 서로 보상하고 변상하기 때문이다."[10] 여기

9) 다음을 참조. John Bernet, *Early Greek Philosophy*, 3d ed. (London: A. and C. Black, 1920), 54-55 쪽. 버네트는 다음처럼 이야기한다. "아르케라는 용어가 그[아낙시만드로스]에 의해서 도입되었다는 세간의 진술은 오해에서 비롯된 듯하다."

10) Diels, 앞의 책, Fr. 1. Bernet, 앞의 책, 52 쪽.

에서 인류의 사상 초기에 우주전체를 지배하는 내재적 법칙이 이해된다.[11] 이것이 인과법칙의 초기 진술이다. 그러나 인과법칙이 널리 퍼져 있었지만, 그것은 여전히 본질적으로 응보의 법칙이다,[12] 죄라는 원인은 처벌이라는 결과에 시간적으로 선행하지 않으면 안 된다. 필연성(*τὸ χρεώυ*)은 응보의 법적 규칙의 강제이다. 따라서 앞뒤 시간적 순서는 죄와 벌의 순서이다. 응보실현이라는 이 운동에서 과학사상은 최초로 시간범주를 실현시킨다. 현대과학이 여전히 원인과 결과를 비대칭적인 것으로 설명하고, 여전히 원인은 시간상 결과에 선행한다고 주장하는 이유는, 원인은 원래 죄이고 결과는 벌이라는 것이다.

아낙시만드로스와 마찬가지로 헤라클레이토스도 자연 속에서 대립자의 긴장을 보고 있으며, 또한 그와 마찬가지로 그것을 순수하게 사회적 범주에 의해서 즉 전쟁의 범주에 의해서 해석한다. 헤라클레이토스는 다음처럼 이야기한다. "전쟁은 모든 것의 아버지이고 모든 것의 왕이다."[13] 이 구절은 잘 알려져 있고 자주 인용된다. 그러나 아낙시만드로스가 사물들의 투쟁에서 부정의를 보았던 반면, 헤라클레이토스는 "우리는 전쟁이 모든 것에 공통적이며, 투쟁이 정의(*δίκη*)라는 사실을, 그리고 모든 것들은 투쟁을 통해서 생성하게 되고 소멸하게 된다는 것을 알지 않으면 안 된다."[14] 요소들 상호간에 수행하는 전쟁 안에서 그는 삶의 보편적 법칙을 인식한다. 이 법칙, 즉 "그의 전 철학의 핵심적인 관념"은 "모든 사물을

---

11) Wilhelm Capelle, *Die Vorsokratiker* (Stuttgart: A. Kröner, 1958), 75 쪽.
12) 베르너 예거(Wener Jäger)는 다음처럼 이야기한다. 아낙시만드로스에서 표현되는 법 관념은 그리스 도시 국가인 "폴리스"의 법이다. (*Paideia*, transl. by Gilbert Higher (Oxford: Basil Blackwell, 1939), 159 쪽)
13) Diels, 앞의 책, Fr. 53. Bernet, 앞의 책, 136 쪽.
14) Diels, 앞의 책, Fr. 80. Bernet, 앞의 책, 137 쪽.

지배하는 영원하고 초월적이며 보편적인 이성인 로고스의 관념"[15] 이다. "인간은 그것에 관해서 전혀 듣지 않았던 때에도, 처음으로 그것을 들었을 때도, 그것을 이해할 수 없다. 왜냐하면 모든 것들이 이 말[Word, 법칙]에 따라서 생기(生起)하고 있음에도 불구하고, 사람들은 자신들이 그것을 경험하지 못한 것처럼 생각하기 때문이다."[16] 여기서 로고스가 의미하고 있는 것은 분명 인과법칙이다. 바로 이 로고스에 따라서 모든 사물은 생기한다. 그리하여 자연법칙은 운명과 동일시된다. 디오게네스 라에르티오스에 따르면 헤라클레이토스는 "모든 것은 운명에 따라서 발생한다"[17]고 가르친다. 헤라클레이토스에 있어 사건들의 필연성은, 즉 인과의 이 본질적 기능은 이성의 인격화로서 나타나는 신의 불가침의 의지이다. 이 필연성은 신의 의지가 발현했던 질서의 절대적 타당성의 현현이다. 불가침성은 절대적인 것으로서 모든 경험을 넘어서 존재한다고 가정되는 초월적 권위의 성질로서만 나타날 수 있다. 필연성 혹은 운명은 헤이마르메네(*εἱμαρμένη*)라는 단어로 표현된다. 그리고 그것의 동사형 *μείρομα*는 "몫을 갖는 것"을 의미한다. *μείρομαι*의 어원은 *ρμέριομαι*에서 유래한다. *ρμέριομαι*의 어간 *smer*는 "할당하다"를 의미한다. 이 단어는 라틴어의 *mereo*에 해당하는데, 이것은 "나는 그럴 가치가 있다"[18]를 의미한다. 그러므로 인과적 필연성을 표현하는 말은 본래는 "정당한 몫"을 의미했었다. 사람의 운명은 상이든 벌이든 그에게 할당된 것이다. 추정컨대 응보의 신의 냉혹한 의지를 통해서 선행이나 잘못에 따라서 그에게 할당된

15) Capelle, 앞의 책, 127 쪽.
16) Diels, 앞의 책, Fr. 1. Bernet, 앞의 책, 133 쪽.
17) Diogenes Laertius, IX, 7.
18) Emile Boisacq. *Dictionnaire étymologique de la langue grecque* (Heidelberg: C. Winter, 1916), 621 쪽.

것으로서의 운명의 개념에 이르게 된 것은 응보의 관념일 것이다. 사실상 헤라클레이토스에서 *εἱμαρμένη*는 법적 규칙의 불가침성이다. 그리고 법적 규칙이란 의심의 여지없이 응보의 규칙이다. 헤라클레이토스의 보편적 법칙이 철저하게 규범적인 성격을 가진다는 것, 복종되어야 하지만 그럼에도 어리석음 때문에 종종 복종되지 않는 규범이라는 것은 다음의 단편에서 분명히 드러난다. "그래서 우리는 공통된 것을 따라야 한다. 그러나 나의 말[*λόγος*=법칙]이 공통적이라 하더라도, 많은 사람들은 마치 자신들의 지혜를 가지고 있는 것처럼 살아간다."[19] "지성을 가지고 말하는 사람은, 도시가 법률(*νόμος*)을 고수하는 것처럼, 모두에 공통적인 것을 고수해야 하며, 심지어는 더 강하게 고수해야 한다. 왜냐하면 모든 인간의 법은 신의 법에 의해 양육되기 때문이다[즉 유효하게 되기 때문이다]. 신의 법은 신이 의지하는 만큼 널리 지배력을 갖고 있고, 모든 것을 충족시키며, 다른 모든 것보다 강력하다."[20] 인간의 법이 가지고 있는 유효성은 신의 법이나 보편적 법칙에서 도출된다. 왜냐하면 신의 법 · 보편적 법칙 · 불가침의 인과법칙은 인간의 법, 즉 법적 규칙을 우주에 투사한 것에 다름 아니기 때문이다. 우주에 투사된 이 법적 규칙은 침해될 수 없다. 왜냐하면 그것은 신의 절대적 의지로서 간주되기 때문이다. 이것이 바로 여기서 정식화된 자연적 법적 질서라는 의미에서의 자연법사상이다. 이 법적 규칙이 응보의 법칙이라는 사실은 아낙시만드로스의 단편의 대구(對句)로서 간주될 수 있는 유명한 단편에서 분명하게 표현된다. "태양은 자신의 척도[즉 지정된 길]를 넘어서지 않을 것이다. 그러나 태양이 그렇게 넘어선다면, 디케[정의의 여신]의 하녀인 에리니에스가 그런 그를

19) Diels, 앞의 책, Fr. 2. Bernet, 앞의 책, 139 쪽.
20) Diels, 앞의 책, Fr. 114. Bernet, 앞의 책, 139 쪽. Capelle, 앞의 책, 136 쪽.

발견해낼 것이다."[21] 에리니에스는 그리스 종교의 잘 알려진 복수의 여자 악마이다. 오르페우스교는 그녀를 "냉혹한 자", "신의 법을 지키지 않는 자에 대한 심판관"이라 부른다.[22] 헤라클레이토스의 단편이 과학사상사에서 갖는 의미는 인과법칙의 불가침성, 즉 태양이 자신의 궤도를 도는 이유가 정의의 여신의 강제, 즉 법적 규칙에 의해서 자연에 부과된 의무, 즉 규범적 필연성이라는 사실 안에 성립한다.[23] 보편적 법칙의 불가침성은 항상 관찰되는 사실로 구성되어 있는 것이 아니다. 즉 태양이 자신의 궤도를 넘어서갈 가능성이 배제되어 있다는 사실로 구성되어 있는 것이 아니다. 불가침성은 오히려 법의 침해가 항상 예외 없이 처벌될 수 있다는 사실 속에 성립한다. 왜냐하면 법적 규칙으로서의 보편적 법칙은 제재를 내리는 규범이기 때문이다. 이 규범은 그 취지에 따르면 응보의 법칙이고, 그런 한 신의 부동의 의지이다. 헤라클레이토스의 로고스는 벗어날 수 없는 복수의 여신 디케이다.[24] 인과법칙의 불가침성은, 현대과학에서는 논쟁이 되고 있지만, 신화 및 신화로부터 점차 발전한 자연철학이 응보원리에 귀속시켰던 불가침성에서 연유한다. 응보원리는 신의 본질이며, 따라서 절대적인 구속력을 갖는다. 초기의 자연과학은 자연법칙을 이 응보원리에서 발전시켜나갔다.

우주를 통합하는 필연성은 신의 법적 규범의 절대적 의무이고,

---

21) Diels, 앞의 책, Fr. 94. Bernet, 앞의 책, 135 쪽.

22) Capelle, 앞의 책, 39 쪽.

23) 에우리피데스의 『메디아』(*Medea*) 410-411에서, 중력의 법칙이 법적 규범으로서 나타난다. 자연의 질서와 법적 질서는 동일시된다. 합창은 메디아의 음모에 대해서 다음처럼 노래한다. "성스러운 강은 수원(水源)에 역류(逆流)한다. 정의는 부정의로 뒤바뀌고, 오래된 질서는 혼란에 빠지게 된다." (*Tragedies of Euripides*, Arthur S. Way의 영문판 (London and New York: Macmillan, 1894), I, 78).

24) 응보를 관장하는 정의의 신의 부동의 의지를 보편법칙의 불가침성으로 보는 사상은 바빌로니아의 천지창조의 서사시에서도 발견된다.

이 규범은 자연의 법칙으로서 응보라고 하는 견해는 자신의 위대한 반대자인 헤라클레이토스에서보다 못지않게 파르메니데스에서도 분명히 나타난다. 이 법칙의 인식, 즉 진리에 도달하기 위하여, 그는 자신의 이론시(理論詩)에서 묘사하고 있는 상상의 여행을 떠난다. 이 여행은 그를 *Δίκη πολύποινος*[25], 즉 "응보의 여신"에 데려다 준다. 이 여신은 빛의 길, 즉 참된 인식으로 인도하는 문(門)의 열쇠를 가지고 있다. 정의의 여신인 디케는 또한 진리의 여신이기도 하다. 왜냐하면 이 여전히 철저하게 윤리적이며 법학적인 세계관에서는 진리는 정의와 동일시되며, 이런 냉혹한 정의는 여기서 "균형 잡힌 진리의 부동의 중심"(*ἀτρεμὲς ἦτορ*)으로서 나타난다.

파르메니데스 존재론의 기본적인 가르침은, 즉 생성하고 소멸하는 것은 단지 환상에 불과하고, 단지 영원한 불변적 존재자만이 존재한다는 가르침은, 파르메니데스에 의해 다음처럼 표현된다. "그러므로 디케는 그녀의 속박을 풀지 않고, 어떤 것도 생성하고 소멸하도록 하지 않으며, 결속시킨다." 그것은 *Δίκη πολύποινος*, 즉 응보의 여신이다. 동일한 사상이 뒤에 다시 나온다. "더욱이 그것(존재)은 시작도 없고 끝도 없이 강력한 사슬에 묶여 있어 움직일 수 없다. 생성과 소멸은 아득히 쫓겨났으며, 참된 진리는 그것들을 제거해버렸다. … 왜냐하면 강력한 필연성(*Ἀνάγκη*)이 사방에서 그것을 고수하는 한계의 묶음 안에 유지하기 때문이다." 더 나아가서 다음처럼 이야기한다. "운명(*Μοῖρα*)은 그것을 쇠사슬로 묶어 전체가 되어 움직일 수 없게 만든다."[26] 이 단단한 필연성도 운명도 디케, 즉 응보의 여신과 동일시된다. 자연법칙에 의한 규정, 즉 "존재"

---

25) Diels, 앞의 책, Fr. 1. Bernet, 앞의 책, 172 쪽. 번역하면, "복수하는 정의"가 된다.

26) Diels, 앞의 책, Fr. 8. Bernet, 앞의 책, 175-176 쪽.

의 불가침의 규칙은 절대적 법적 규범의 "당위"이다. 보편적 법칙의 불가침성은 응보의 불가피성이다. 이것은 시인 아이스킬로스가 그의 『프로메테우스』에서 "제우스도 능멸하는 무적의 힘"인 아난케(Ananke), 즉 필연성에 말을 걸 때 표현하고 있는 것과 같은 것이다. 합창단의 선도자가 묻는다. "그렇다면 필연성의 타수(舵手)는 누구인가?" 파르메니데스는 대답한다. "세 가지 모습을 지닌 운명(The Fates)과 기억하여 처벌하는 에리니에스(Erinyes)."[27)]

오르페우스와 피타고라스학파의 영향을 받은 엠페도클레스 철학에서도 응보는 기본개념은 아닐지 모르지만, 그의 사상의 한 요소를 이루고 있다. 그의 철학의 중심부에 영혼의 윤회개념이 있다. 학문적 철학자라기보다는 예언가인 아크라가스의 이 사상가는 자신의 운명을 이 개념에 따라서 해석한다. 윤회설은 그것이 무엇으로 나타나든지 간에 이 경우에는 응보의 특수한 이데올로기에 다름 아니다. "필연성(*Ἀνάγκη*, 아난케, 필연의 여신)의 신탁, 광대한 서약에 의해서 영원히 봉인된 신들의 오랜 법령에 따르면, 살인의 피에 의해 죄에 물든 자, 다툼을 하면서 자신을 속인 자의 악령(daemon)은 축복받은 자의 거주지로부터 떨어져서, 삼천 번의 계절을 가지가지 죽은 자의 모습을 겪으면서, 고난의 삶을 여러 번 거치지 않으면 안 된다. 왜냐하면 강력한 공기가 그를 바다로 밀어 넣기도 하고, 바다가 그를 육지로 토해내기도 하며, 육지는 뜨거운 태양의 빛 속으로 그를 던져버리기도 하고, 태양은 그를 다시 대기의 소용돌이 속으로 내동댕이치기 때문이다. 한 사람은 그를 다른 사람으로부터 받아들이지만, 모든 사람이 그를 배척한다. 나도 이들 중 하나이며, 신들로부터 버림받아 떠돌아다니며 방황한다. 그 때문에 나는 나의 신뢰를 비정한 논쟁 안으로 던져버렸다."[28)] 엠페도

27) Aeschylus, *Prometheus*, 531-532.

클레스의 가르침에 따르면 죄인의 처벌자는 자연 그 자체이며, 자연은 네 가지 원소, 즉 공기 · 물 · 흙 · 불로 구성되어 있다. 자연 그 자체의 기능은 응보인 것으로 인식된다. 응보가 반응하는 죄는 결코 단순히 사회적 악은 아니며, 사람들이 서로서로에 대해 가하는 해악이다. 인간의 영혼이 다른 존재들 즉 동물이나 식물 안에서 구현될 수 있다는 사상은 여기에서는 예컨대 토테미즘 체계에서는 인간뿐만 아니라 모든 다른 존재까지도 포함하는 사회에 이르게 된다. 이 사회는 모든 존재를 동일한 법칙에 종속시키는, 특히 모든 존재에 대해 동일한 삶의 권리를 보장하는 질서에 의해 구성된다. 이 질서의 근본적인 규범이 바로 살인 금지이다. 그리하여 자연은 분명히 사회의 일부가 되고, 응보의 법칙은 당연히 자연법칙이 된다. 이런 법칙으로부터 엠페도클레스는 동물을 죽이고 그들의 고기를 먹는 것을 금지시키는 규칙을 이끌어낸다. 키케로에 따르면,[29] 엠페도클레스는 모든 생명체에 하나이면서 동일한 법질서(*unam omnium animatium condicionem iuris*)가 존재한다고 가르쳤으며, 그들에게 해악을 끼친 사람들에 대해 속죄할 수 없는 처벌로 위협해야 한다는 것을 선포하였다. 엠페도클레스는 인간과 동물을 지배하는 이 법칙, "속죄할 수 없는 이 형벌"에 의해서 제재를 받게 되는 이 법칙을 전 우주를 지배하는 보다 일반적인 법칙의 특수한 경우라고 생각했던 것 같다. 이 보편적인 법칙은 또한 응보의 법칙이라고 간주된다.

현대의 인과개념이 원리적으로 확립된 것은 원자론자들, 즉 레우키포스와 데모크리토스의 저서들에서이다. 이들 순수자연과학의 기초자는 자연해석으로부터 모든 신학적 요소를 일관되게 제거함

---

28) Diels, 앞의 책, Fr. 115. Bernet, 앞의 책, 222 쪽.
29) Cicero, *De re publica*, III, xi, 19.

으로써, 그리고 동시에 목적이기도 한 원인을 엄격하게 거부함으로써 인과법칙을 응보원리로부터 거의 완벽하게 분리하였다. 세계의 질서가 사회적 질서와의 유추에 의해서 다소간의 인격적 · 합리적, 따라서 목적적으로 기능하는 의지로서 이해되는 한에서는, 자연법칙은 사회적 규범, 즉 법칙의 규칙과의 유추에 의해서 제재로써 사물들의 규범적 상태를 보장하는 규범의 성격을 가지지 않으면 안 된다. 보편적 법칙은 응보의 법칙이 되지 않으면 안 된다. 헤라클레이토스는 자연법칙을 이런 식으로 파악하였다. 그러나 원자론자들에게는 그 자연법칙은 규범, 즉 신의 의지의 표현이 되지 못했다. 왜냐하면 데모크리토스는 우주를 어떤 인격적 존재에 의해서 구성된 것으로 생각하지 않았기 때문이다.30)

원자론자들의 철학에서 응보원리로부터 자연을 해석하는 데서 자유롭게 된 것은 소피스트들의 철학에서 사회이론의 유사한 해방과 정확하게 평행선을 긋는다. 사회적으로 해롭다고 생각되는 행위에 대해서 강제적 행위로써 즉 불법 행위자에 대해서 제재로써 반작용하는 국가 법질서의 특유한 기술은 응보라고 하는 종교적 관념에 의해서 정당화될 수 없고, 예방이라고 하는 합리적 의도에 의해서 정당화될 수 있다고 가르친 사람은 레우키포스와 동시대의 인물인 프로타고라스였다. 처벌은 모호한 이유 때문에 발생하는 것이 아니라 분명한 목적을 위해서 발생한다. "어느 누구도, 만약 그가 야수처럼 비합리적인 복수를 하지 않는다면, 나쁜 짓을 한 사람이 그런 짓을 범했다는 이유 때문에 그를 처벌하지는 않는다. 그러나 이성을 가지고 처벌하고자 하는 사람은 과거의 범죄에 대해 복수하는 것이 아니다. 왜냐하면 일단 행해졌던 것을 행하는 것은 불가능

---

30) Plutarchi Stromat., in Hermann Diels, *Doxographi Graeci* (Berlin and Leibzig: W. de Gruyter, 1929), 381 쪽. Capelle, 앞의 책, 415 쪽.

하기 때문이다. 그는 오히려 미래를 바라다보고, 죄인이 벌을 받았다는 것을 아는 자가 다시는 나쁜 짓을 하지 않도록 하는 것을 목적으로 삼는다. 이런 식으로 생각하는 누구라도 … 억제를 위해서 처벌한다."[31] 국가의 법은 자연법칙과 마찬가지로 응보의 신화에서 자유롭다.

그러나 인과법칙은, 원자론자들의 저술에서 그것이 가정하고 있는 바의 순수화된 형식에서조차도, 그것이 응보의 원리에서 기원한다는 것을 완전히 부정할 수는 없다. 여기서 인과법칙은 필연성 즉 *ἀνάγκη*의 개념에 의해서 표현된다. 아에티오스에 따르면 데모크리토스는 "필연성"을 서로 충돌하는 원자들의 충격과 반격으로 이해한 것처럼 보인다.[32] 물리적 인과의 이런 정식을 이해하기 위하여 우리는 데모크리토스에 따라서 모든 변화는 단지 원자들의 결합과 분리라는 사실, 빈 공간에서 "서로 화합하지 못하며"[33], 충돌하는 원자 외에 아무 것도 존재하지 않는다는 사실을 깨닫지 않으면 안 된다. 이런 방식으로 사물은 나타났다가 사라진다. 아에티오스가 생각한 것처럼 데모크리토스가 필연성을 원자들의 충격과 반격으로 이해했다면, 이것은 그가 현상 중의 인과를 작용과 반작용이라는 도식으로 이해했다는 것을 의미한다. 이러한 관념은 응보원리와 유사하다. 응보원리는 작용과 그것의 특수한 반작용을, 즉 죄에 대해서는 처벌을, 선행에 대해서는 보상을 결합하고 있다. 원자들이 "서로 화합하지 못하고" 서로에 대해 충격을 가하는 것은 마치 헤라클레이토스에서 사물들이 항상적으로 "전쟁 중에" 있고, 마치

---

31) Plato, Protagoras, xiii, 324.

32) Aetios, I, xxvi, 2. in Diels, *Doxographi Graeci*, p. 321. 또한 다음을 참조. Capelle, 앞의 책, 418 쪽.

33) Simplicius, *De caelo*, 294 쪽, 33 Heiberg. 또한 다음을 참조. Capelle, 앞의 책, 396-397 쪽.

죄와 벌처럼 “대립물의 충돌에 의해서 조화롭게 되는”[34] 것과 꼭 같다. 응보원리에 의해 결합된 요소들은 그들의 행위[작용]방향에 관해서는 대립해 있지만, 그들의 본성에 관한 한 대립해 있지 않다. 왜냐하면 같은 것에 요구되는 것은 같은 것이기 때문이다. 그리하여 데모크리토스의 인과법칙에 따르면 “조화를 이루지 못하는” 원자들 중에서도 같은 것만이 같은 것에 작용할 수 있다. 히베 파피리[35]에서 다음 구절이 발견된다. “ … 그[데모크리토스]는 다음처럼 이야기한다. 습기 찬 것 중에는 같은 것은 같은 것으로 당겨진다. 그것은 전체 창조에서도 같다. 따라서 바다도 동종적인 원자들의 결합을 통해서 창조되었으며, 그 밖의 다른 것도 마찬가지이다.” 데모크리토스의 단편은 다음처럼 이야기한다. “동물들은 동일한 종류의 동물과 결합한다. 비둘기는 비둘기와, 두루미는 두루미와, 그리고 나머지 동물들도 이와 유사하다. 동일한 것이 무생물에도 유효하다. 예컨대 우리는 이리저리 체질 할 때의 곡물알갱이들의 경우에서나 밀려오는 파도에서의 조약돌의 경우에서 그런 것들을 볼 수 있다. 왜냐하면 전자의 경우에서 체의 회전 운동은 분리에 영향을 주고, 그렇게 됨으로써 편두(扁豆)는 편두로 가고, 보리알은 보리알로 가며, 밀은 밀로 가기 때문이다. 후자에서 파도에 의해서 길쭉한 자갈은 길쭉한 자갈로 밀려가고, 둥근 자갈은 둥근 자갈로 밀려간다. 이것은 마치 사물의 독특성이 유사한 것들 사이에 인력을 만들어내는 것과 같다.”[36] 자석이 쇠를 끌어당긴다면, 그것은 “유사한 것이 유사한 것으로 밀려가”기 때문이다. 알렉산더 아프로

---

34) Diogenes Laertius, IX, 7. 또한 다음을 참조. Diels, *Die Fragmente der Vorsokratiker*, Fr. 10.

35) *The Hibeh Papyri*, ed. by B. F. Grenfell and A. S. Hunt (London: Egypt Exploration Fund, 1906), Part I, xvi, 62-63.

36) Diels, *Die Fragmente der Vorsokratiker*, Fr. 164.

디시엔시스[37]는 "이런 가정과 함께" 다음처럼 이야기한다. "그[데모크리토스]는 자석과 쇠가 동일한 종류의 원자로 구성되어 있다고 가정한다." 예를 들면 죄는 그것과 본질적으로 유사한 벌을 끌어당기고, 살인은 살인(혈족에 의한 복수나 사형)을 끌어당긴다. 선행은 본질적으로 그것과 유사한 보상을 끌어당긴다. 그리하여 자석이 쇠를 끌어당기는 것은 후자가 전자와 "같"기 때문이다. 데모크리토스가 원인은 어떤 것에 대한 결과를 가진다는 사실을, 사물은 결과를 "받는다"[38]는 말로써 서술할 때, 처벌을 "받는다"는 생각이 그 배후에 있다. 그러므로 플리니우스[39]가 데모크리토스는 단지 두 가지 신, 즉 벌과 상(*Poenam et Beneficium*)만 알고 있었다고 주장할 때, 아리스토텔레스[40]가 원자론자들이 말하는 인과법칙의 특성에 관해 "그들은 아무 것도 우연적으로 발생하지 않으며, 우리가 자발적으로 혹은 우연적으로 발생한다고 주장하는 그 모든 것은 사실상 일정한 원인(*τὶ αἴτιον*)을 가진다는 주장을 하고 있다"고 말할 때, 이 점을 완전히 이해할 수 있게 된다. 그리고 데모크리토스에 있어서[41] 그리고 고대의 자연철학의 다른 곳에서, *αἰτία*가 원인을 의미한다면, 이 단어는 본래 "죄"를 의미했다는 것을 잊어버려서는 안 된다.[42] 원인은 결과에 대해 책임을 져야한다. 인과법칙의 두 요소, 즉 원인과 결과 간의 내적 결합은 규범적 성격을 갖는다. 이 규범적 요소는 자연과학의 현대적 사고로부터 아직 완전히 사라진 것은 아니다.

---

37) Capelle, 앞의 책, 410 쪽.
38) 아리스토텔레스에 의하면, *De generatione et corruptione*, I, vii, 3230.
39) Pliny, *Natural History*, II, 14, in Diels, *Die Fragmente der Vorsokratiker*, II, 103.
40) Aristotle, *Physica*, Bk. II, iv, 196a.
41) Diels, *Dic Fragmente der Vorsokratiker*, Fr. 83.
42) Jäger, 앞의 책, 159 쪽.

II

그리스도교의 승리 이후, 전혀 예외가 없는, 절대적으로 타당한 인과원리는, 즉 원자론에서 전개되었고, 후에 에피쿠로스 및 그의 추종자들이 넘겨받았던, 자연의 고유한 원리는 중세를 지배한 신학적 세계관에서 다시 상실될 위험에 처하게 되었다. 베이컨, 갈릴레오, 케플러가 기초한 새로운 자연과학은 처음으로 그것을 부활시켰으며, 현대물리학의 어떤 영역에서 실제로 부인되지는 않았지만 의문이 제기된 최근에 이르기까지, 자연해석의 지배적인 원리로 남게 되었다. 옳든 그르든 최근 이 원리의 위기를 이야기한다면, 이 위기는 인과의 믿음에 대한 흄의 유명한 비판과 함께 시작되었다는 사실을 잊어버려서는 안 된다. 흄의 비판은 그 시대의 지배적인 사상, 다시 말하면 원인과 결과 사이에는 객관적인 결합, 즉 원인이 결과를 어쨌든 야기하도록 사물 자체 안에 내재해 있는 결합, 즉 내적 결합이 존재한다는 사상을 향하고 있다. 원인은 결과를 야기하는 일을 하고 있다. 따라서 원인은 동인, 즉 능동적인 것으로서 이해된다. 흄은 자연 속에는 필연적 결합이라는 의미에서의 인과는 존재하지 않고, 단지 사건들의 규칙적인 계기만 존재한다는 점을 보여주었다. 유사한 원인은 필연적으로 유사한 결과를 낳는다는 일반적 인과법칙의 관념은 사건들의 규칙적인 계기에 대한 관찰이 확고한 신념으로 변한, 사유의 단순한 습관에 불과하다. 그러나 원인과 결과 간의 결합의 필연성이 객관적이고, 따라서 인과적 사건에 내재해 있으며, 원인은 결과를 낳거나 끌어당기고, 원인은 결과의 후에(*post hoc*)생겨날 뿐 아니라, 원인 때문에(*propter hoc*) 생겨난다는 생각의 기원은 무엇인가? 흄의 설명은 충분하지 않다. 흄은 단지 다음처럼 이야기할 뿐이다. "많은 사례에서 어떤 두 종류의 대상,

즉 불과 뜨거움, 눈과 차가움이 항상 함께 결합되었다는 사실을 발견하였기 때문에, 불이나 눈이 감각에 다시 나타난다면, 마음은 습관에 의해서 뜨거움이나 차가움을 기대하게 되고, 그런 성질은 존재하며, 좀 더 가까이 가면 그러한 성질 자체를 발견하게 될 것이라는 믿음에 이르게 된다."[43] 우리의 마음은 어떤 현상들이 발생하면, 항상 과거에 규칙적으로 그것을 뒤따랐던 동일한 현상이 미래에도 뒤따르게 될 것이라는 것을, 습관에 의해 기대하기에 이른다. 그러나 우리의 마음은 그 습관에 의해서는 예외는 절대적으로 배제된다는 믿음에까지 이르지는 않는다. 흄의 이론은 그의 시대 영국을 지배하고 있던 관습법 사상의 영향을 받고 있음에 틀림없다. 이와 연관해서 그는 분명히 다음과 같이 말하고 있다. "습관은 … 인간 삶의 위대한 안내인이다." 그러나 습관은 예외 없는 규칙을 이루지는 않는다. 원인과 결과의 결합이 절대적 필연성의 성격을 가진다는 생각은 사유의 습관의 귀결일 수가 없다. 그것은 아마도 고대 그리스 철학의 발전이 우리에게 보여주었던 것처럼 응보원리로부터 올 것이다. 이 원리는 특수한 객관적 권위의 초월적 의지의 표현이며, 이 의지는 그것에 종속된 인간과는 무관하다. 그리고 이 권위는 악행 " 때문에" 벌을, 선행 "때문에" 상을 주는 방식으로 벌과 죄를, 선행과 상을 결합시킨다. 이성과 의지를 겸비한 초월적 권위의 개념이 존속하는 한, 한편으로는 죄와 벌 또는 선행과 상의 결합, 다른 한편으로는 원인과 결과의 결합 간의 차이는 존재할 수 없다. 왜냐하면 각각의 경우에 이 결합은 권위의 의지로부터 영향을 받음에 틀림없기 때문이다. 그리하여 둘 다 신의 의지라고 간주되는 한, 도덕법칙과 자연법칙 간의 차이는 있을 수 없다. 인간사회와 자연

43) David Hume, *An Enquiry Concerning The Human Understanding*, ed. by L. A. Selby-Bigge (Oxford: Clarendon Press, 1894), 46 쪽.

을 함께 지배하는 초월적 권위의 존재에 대한 믿음이 존재하는 한, 이 권위의 의지는 원인과 결과를 함께 묶는 객관적인 유대이며, 이것은 인간의 마음이 인과법칙과 응보원리를 분리할 수 있다 하더라도 달라지지 않는다. 흄은 인과를 자연에 내재해 있는, 원인과 결과의 객관적인 필연적 결합으로부터 인간사고의 주관적 원리로 전환시켰다. 그가 한 일은 인과법칙에 내재하는, 응보원리의 잔재적 요소를 인과법칙에서 완전히 없애버린 것 이외 다름 아니다.

현대물리학이 문제로 삼고 있는 인과개념의 또 다른 요소는 결과는 원인과 같아야 한다는 명제이다. 에너지 항존의 원리를 발견한 로버트 메이어(Robert Mayer)는 이 명제를 다양하게 사용했지만, 마흐[44]는 이미 이 명제가 완전히 "공허"하다는 것을 알고 있었다. 필립 프랑크[45]는 다음처럼 이야기한다. "원인과 결과는 어쨌든 같아야 하거나 적어도 비례적이어야 한다는 것은 통속적인 인과개념의 주요한 특징이다. 원인이 강하면 강할수록 결과도 또한 강해야 한다. 그러나 원인의 일부가 결과의 일부에 언제 상응하는가를 확인할 수 있어야 하는데, 그것을 하기 위해 필요한, 즉 모든 가능한 원인과 결과를 측정하는 적절한 수단이 없다. 어떤 물체들의 체계의 에너지 증가양은 그것이 주변의 물체들에서 탈취하는 에너지의 양과 같다는 물리학의 법칙에서, 우리가 결국 보았던 것은, 결과는 원인과 같아야 한다는 사실의 구체적인 균등 정식이다. 드리쉬(Driesch)는 분명히 '에너지는 인과관계를 측정하는 척도이다'라고 말한다." 그러나 프랑크는, 에너지개념은 문제의 여지가 있다는 것을 환기시킨 이후에, 물리학의 관점에서 볼 때 "단지 에너지를 일반

---

44) Ernst Mach, *Die Mechanik in ihrer Entwicklung* (Leipzig: F. A. Brockhaus, 1897), 443, 496 쪽.

45) Philipp Frank, *Das Kausalgesetze und seine Grenzen* (Wien: J. Springer, 1932), 136-137 쪽.

적으로 인과관계를 측정하는 척도로서만 고려하는 것"은 불가능하다는 점을 강조한다.

원인은 결과와 같아야 하고, 그 역도 타당하다고 하는 진술이 가지고 있는 문제적 성격은 원인은 단지 하나의 결과만을 가지고, 결과는 단지 하나의 원인에만 소급될 수 있다는 관련 명제에서도 분명히 나타난다. 인과원리는 본질적으로 두 가지의 관계라고 생각된다. 그러나 각 원인은 그 자체 또한 다른 원인의 결과로 간주되고, 각 결과는 다른 결과의 원인으로서 간주되지 않으면 안 되기 때문에, 인과적으로 규정된 각 점은 일종의 **연속체**의 성격을 가지는 무한한 인과연쇄에 놓이게 된다. 원인과 결과로서 나타나는 현상들은, 항상 직접 지각할 수는 없다고 하더라도, 어쨌든 사건들의 직접적인 결합 안에 있다. 소위 원인은 소위 결과와 부지불식간에 결합해 있다. 괴테가 말하고 있는 것처럼 "원인과 결과는 나누어질 수 없는 현상이다." 그럼에도 불구하고 우리가 그들을 나누는 것은, 심지어 그들을 대립시키는 것은, 즉 무한한 요소들의 연속적인 연쇄로부터 그 원인과 이 원인에만 관계하는 그 결과로서 두 가지만을 분리하는 것은, 응보원리에 따라서 자연을 해석하는 오랜 세월의 습관에 기인한다. 이 원리는 죄로 간주되는 특정 사건과 벌이라는 다른 사건만을 결합시킨다. 그리고 이 후자의 사건은 전자의 사건으로부터 정확하게 규정되며, 시간적으로 전자로부터 명료하게 분리된다. 이들 두 요소를 사건들의 연속적 흐름으로부터 분리할 수 있는 것은, 둘 다 응보의 규범에서 표현된 신 또는 인간의지에 의해서 "자의적으로" 규정되고 함께 결합된다는 사실에 기인한다. 각각의 결과는 실은 무한한 수의 원인들을 가지고 있고, 각각의 원인은 실은 무한한 수의 결과들을 가진다는 것을 알게 됨으로써, 자연과학의 영역에서 유용한 실천적 귀결뿐 아니라 이론적 귀결들이 수정된다면, 규범적 사고로부터 도출된 이 현상 분리방법이 이들 유용한 이론적 · 실천적 귀결에 도달하는 것을 막을 수는 없다. 그러한 수정은 그런 만큼 더 필요하다. 왜냐하면 실재에 대한 모든 분석은 각 결과는 인과연쇄의 끝일뿐만 아니라 또한 새로운 연쇄의 시작이며, 동시에 무한한 연쇄의 한 교차점이기 때문이다. 어떤 사건도 단 하나의 원인에만 의존해 있지 않다. 이런 사실로부터 출발하면서, 일부 철학자들은 원인의 개념을 유용하지 않은 것으로 여겨 완전히 폐기해 버리고, 그 개념 대신에 사건의 "조건"(condition)이나 사건의 "요인"(component)이라는 개념을 대체해넣었다.[46] 마찬가지로 결과의 개념은 "귀결"(resultant)의 개념에 의해 대체되었다. "원인론"이 아니라 "조건론"이 된 것이다. 그러나 한 사건의 조건이나 요소들 중 하나를 "결정적"인 것으로 지적하는 것은 필요하다고 생각되며, 그렇게 함으로써 하나의 결과를 가지는 모든 조건들의 집합개념으로서의 원인과 "조건을 이루는 여러 상황 중 하나의 직접적이거나 결정적인 변이"라는 보다 좁은 의미에서의 원인 사이의 구별이 생기게 된다. 따라서 인과개념은 실제로 폐기되는 것이 아니라, 단지 수정될 뿐이다. 포기되는 것은 단지 그 요소들 중 하나일 뿐이다. 즉 인과는 단지 두 요소들 간의 결합이라는, 즉 두 갈래의 것이라는 개념이다. 이런 개념은 응보의 영역에서 기원한 것이다. 한 사람은 동일한 죄 때문에 한 번 이상의 벌을 받아서는 안 된다는 요청, 즉 응보의 법칙은 하나의 사실에 대해 하나의 반작용만으로 충분하다는 요청, 그리하여 글자 그대로의 의미에서 하나의 두 갈래라는 요청은 다음의 준칙에 의해 표현된다. 그것은

46) Max Werworn, *Die Frage nach den Grenzen der Erkenntnis* (1908), 15 쪽 이하, 44 쪽. Fritz Mauthner, *Wörterbuch der Philosophie* (München und Leibzig: G. Müller, 1910), "Bedingung," "Konditionismus," "Ursache."

다름 아니라 일사부재리(ne bis in idem)이다. 조건론이라는 용어에 의해 형성된 인과법칙에 대한 비판은 단지 인과법칙을 응보원리로부터 분리하려는 목적 이외 다름 아니다.

응보원리에 따르면, 두 부분은 하나가 다른 것에 시간적으로 선행해야 한다는 의미로 결합되어 있다. 첫 번째는 범죄이고 그 다음은 처벌이다. 첫 번째는 선행이고 그 다음은 보상이다. 응보원리에 의해서 결합된 두 부분은 치환될 수 없다. 이 두 부분의 동시성은 마찬가지로 이해될 수 없는 것이다. 인과법칙도 이런 방식으로 이해된다. 아니 본래 그렇게 이해되었다. 즉 시간적으로 역전될 수 없는 순서로 두 부분을 결합시키는 응보원리와의 유추에 의해서 인과법칙도 이해된다. 비대칭적 원리의 이런 형식에서 인과법칙은 자연법칙의 기본형식으로 간주되었다. 이런 생각은, 원인 결과의 내재적 결합이라는 가정을 포기하고, 그 대신 순수하게 함수관계(functional dependency)라는 개념이 나타나게 되었을 때, 더 이상 유지될 수 없었다.[47] 그러나 동시적 사건들 간에 함수관계가 존재한다면, 그것들 또한 치환될 수 있다. 사실상 현대의 자연과학은 결합된 요소들 사이에 어떤 시간적 차이도 나타나지 않는 무수한 결합에 대해 알고 있다.[48] 그리하여 인과라는 원래의 도식과 일치하지 않는 자연법칙이 있다. 확실히 이들 결합은 여전히 자주 "인과적으로"으로, 즉 시간적으로 앞선 원인과 시간적으로 늦은 결과의 관계로서 표현된다. 그러나 물리적 인식의 관점에서 보면, 동시적 현상

47) Mach, 앞의 책, 402 쪽. 그는 다음처럼 이야기한다. "인과법칙은 현상들의 상호 의존성을 표현한다. 인과법칙의 정식에는 공간과 시간에 대한 특수한 언급이 필요하지 않다. 왜냐하면 우리의 공간적 · 시간적 관계는 현상들의 상호 의존성과 같은 것이기 때문이다."

48) E. Zilsel, "Ueber die Asymmetrie der Kauslaität und dir Einsinnigkeit der Zeit," *Die Naturwissenschaften* (1927), XV, 280-281 쪽.

들의 함수적 관계가 존재한다. 그리하여 던져진 물체의 궤도가 포물선을 그린다는 사실은 중력이 물체의 포물선 궤도를 결과로서 가지는 원인이라고 설명된다. 그러나 결정적인 결합은 위치와 가속도의 결합이며, 이것들은 동시적으로 존재하는 요소들이다. 보일의 법칙은 기체의 압력과 기체의 부피의 결합을 보여주는데, 압력의 증가나 감소가 부피의 증가나 감소의 원인이라고 말하는 것이 습관적이긴 하지만, 이것들은 두 가지 동시적인 사실들이다. 자연법칙을 함수관계의 하나로서 보는 현대적 개념은 시간적으로 역전될 수 없는 순서로 서로서로에 대해 내재적으로 결합되어 있는 두 사건의 연쇄라는 오래된 인과 개념으로부터 자유롭게 되었다. 그래서 동시적으로 존재하는 사건들의 경우에 인과에 대해 말하는 것은 바람직하지 않기 때문에, 이 확장된 법칙개념과 인과법칙의 개념을 동일시하지 않든가, 혹은 역사적 발전에 따라서 동시적 사건들의 함수관계를 포함하는 현대의 자연법칙 안에서 인과법칙의 수정을 보든가 하는 것은 이제 선택의 문제이다. 만약 후자가 선택된다면, 인과법칙은 다음처럼 정식화될 수 있다. 일반적으로 말해서 특수한 사건, 즉 결과는 다른 특수한 사건, 즉 원인이 이전에 발생했든가 아니면 동시에 발생할 때, 발생한다. 그리하여 수정된 의미에서만 참이라 하더라도, 인과법칙은 모든 자연법칙의 기본형식이 된다. 인과법칙이 가지는 의미의 이러한 수정은 또한 본질적으로 비대칭적인 응보원리로부터 벗어나게 된다는 것을 의미하게 된다.

인과법칙에 중대한 타격을 입힌 것은 최근에 발전한 양자역학, 즉 아원자(亞原字) 입자의 역학이라고 생각된다. 인과법칙에 근거하는 가정은, 즉 그들의 최초의 운동 상태가 결정되어 있다면 역학적 과정은 미리 결정될 수 있다는 가정은 쓸모없는 것이 되었다는 것을 증명한다. 왜냐하면 원자물리학에서는 최초의 운동 상태는 완전히 결정될 수 없기 때문이다. 이것은 하이젠베르크가 발견했고 정식화했던 "불확정성의 원리"(principle of uncertainty)이다. 누군가가 마치 현대의 자연철학에서 행해진 것처럼 인과의 기준으로서 예측 가능성을 가정한다면, 그리고 어떤 사건이 안전하게 예측될 수 있을 때 그것은 인과적으로 규정되었다고 설명한다면, 어떤 물리학자나 철학자에 의해서 제시된 해석에 따르면, 양자역학에서는 어떤 인과도 존재하지 않고, 적어도 그것이 "객관적으로" 주어질 때조차도 인과는 증명될 수 없다. 그러나 거시적 현상에 대한 물리적 법칙에 도달하는 데에 이 아원자적 과정의 인과적 규정성이 필요한 것은 아니라는 이야기도 있다. 그런 법칙은 절대적 필연성을 표현하지 못할 것이며, 단지 확률적인 개연성만을 표현할 뿐이다.

라이헨바흐49)의 해석에 의하면, 현대물리학에서의 위기는 특히 양자역학에서의 위기는 인과가 확률적 법칙에 의해 대체되었다는 문제가 아니라 물리학 개념이 수정되었다는 것이다. 그것은 절대적 확실성에서부터 개연성에로의 이행방향의 수정이다. 이런 수정은 이미 고전물리학에서 전개되었던 것이다. "자연사건의 예측에 적용되는 인과에 대한 주장은 개연성의 주장이라는 형식을 가지고 있다." 여기서 언급되는 개연성 개념은 확률적 개연성이다. 자연은 인과법칙에 의해 결정되어 있다는 가정은 변할 수 없다. 단지 "개연성"이 인과법칙의 이전 정식인 "필연성"을 대체하고 있을 뿐이다. 필연적 결합이 원인과 결과 사이에 존재한다는 가정은 이 결합이 단지 개연적일 뿐이라는 개념에 의해서 대체된다.

자연법칙의 개념에서 절대적 필연성이 확률적 개연성으로 대체된 일이 양자역학의 불확정성의 원리에로 소급될 수 있는가의 문제

49) H. Reichenbach, "Das Kausalproblem in der Physik," *Die Naturwissenschaften*, XiX (1931), 713-714 쪽.

는 아직 결정되지 않은 채로 남아있다. 하이젠베르크의 발견 이전에도 인과법칙이 미래 사건들을 예측하는 데 사용된다면, 단지 개연성의 계산만이 가능하였다. 라플라스는 그의 『확률의 철학』(*Essai philosophique su les probabilités*)에서 다음처럼 이야기한다.

> 그렇다면 우리는 우주의 현 상태를 그 이전 상태의 결과로서, 뒤따라 나오게 될 상태의 원인으로서 간주해야 한다. 예를 들어 자연을 움직이는 모든 힘과 자연을 구성하는 존재의 각각의 위치를 알 수 있으며, 이 데이터를 집어넣어 분석할 수 있는 위대한 이성이 있어, 이 이성이 우주의 최대의 천체 운동으로부터 최소의 원자운동까지를 동일한 정식으로 담아낼 수 있다면, 그 이성에게는 불확실한 것은 아무 것도 없고, 과거뿐 아니라 미래도 그 눈앞에 나타날 것이다. 인간의 정신은, 천문학에서처럼 완벽함을 줄 수 있었다 하더라도, 이 이성에 비하면 보잘 것 없다. 인간의 이성이 우주 중력의 발견에 추가하여 역학과 기하학에서 발견했던 것을 활용하면, 세계의 체계의 과거와 미래 상태를 동일한 분석적 표현으로 파악할 수 있을 것이다. 동일한 방법을 그 인식의 다른 대상들에 적용하게 되면, 일반법칙을 가지고서 관찰된 현상들을 성공적으로 언급할 수 있고, 주어진 여건이 틀림없이 가져다 줄 결과들을 성공적으로 예측할 수 있을 것이다. 진리 탐구의 이 모든 노력에 의해서 우리는 방금 언급했던 위대한 이성에로 계속 다가갈 수 있지만, 그러나 그 과정은 무한하게 진행될 것이다.[50)]

---

50) Pierre Simon Marquis de Laplace, *A Philosophical Essay on Probabilities*, transl. from the sixth French edition by F. W. Truscott and F. L. Emory (New York: I. Wiley, 1917), 4 쪽.

라플라스의 절대이성으로부터 항상 무한히 멀리 떨어져 있는 인간의 정신이 주어진 순간에 모든 힘을 안다는 것은 불가능하기 때문에, 인간의 정신은 단지 개연성을 가지고서 미래를 예측할 수 있을 뿐이다. 그러나 마찬가지로 우리들은 과거에 관해서도 불완전한 지식을 가질 수밖에 없기 때문에, 과거에 의해 현재를 설명하는 것도 개연적일 수밖에 없다.

신과 인간이 무한하게 떨어져 있기 때문에, 신학은 태고 적부터 인간존재의 유한성을 신의 무한성과 대비해서 표현했다. 신만이 미래를 절대적 확실성을 가지고서 예측할 수 있다. 왜냐하면 신만이 완전히 현재를 알기 때문이다. 신만이 완전히 현재를 이해할 수 있다. 왜냐하면 신만이 완전히 과거를 알고 있기 때문이다. 엄격한 인과개념, 원인과 결과의 결합의 절대적 필연성은 신의 무한한 인식에서만 실현되지, 인간의 한정적 인식에서는 실현되지 않는다. 그것은 현재에 의해서 미래를 결정하는 문제든 아니면 과거에 의해서 현재를 결정하는 문제든 별 차이가 없다. 이것을 정서적인 면에서부터 합리적인 면으로 이동시켜 고려하면, 그것은 세계를 지배하는 법칙은 신의 의지이며 따라서 규범이라는 오래된 사실이다. 규범은 미래에 일어나는 것을 규정한다. 거꾸로 자연법칙은 과거 속에서 현재의 사건의 원인을 찾음으로써 실재를 설명한다. 과학이 주어진 실재를 가장 일반적이고 가장 단순한 방법으로 기술할 때 사용하는 인과법칙은 경험의 귀결이며, 경험은 미래로부터 도출되는 것이 아니라 과거로부터 도출된다. 예측 가능성은, 결코 유일한 기준은 아니라 하더라도 인과의 기준이지만, 인과 그 자체는 아니다. 인과적 연관의 존재는 실험에서처럼 예측된 결과가 실제로 일어난다는 사실에 의해서 증명될 뿐 아니라, 주어진 사건의 원인이라고 가성되는 과거 사실의 존재가 증명될 수 있다는 사실에 의해서 증명될 수도 있다. 인과법칙을 미래 사건에 적용하는 것은 실제적 필요성에서 나오는 것이며, 인식이 의욕이나 행위와 무관함에도 불구하고, 이런 의욕이나 행위에서 어떤 역할을 한다는 사실로부터 귀결하는 이차적 기능이다. 예언은 더 이상 순수한 인식은 아니지만, 기술에 적용된 지식이다. 현재를 설명할 수 있는 과거가 미래에도 스스로를 반복한다는 가정에서만 미래가 현재로부터 인식될 수 있다. 우리의 지식에 의해서 미래를 파악하는 일은 근본적으로 과거에 다름 아니다. 비록 라플라스의 이성에 대해서이긴 하지만, 만약 우리들이 인과법칙의 본질을 그것이 미래를 규정한다는 사실 속에서 찾는다면, 그것은 아마도 무의식적으로나마 인과법칙의 규범적 기원을 확증한다는 것을 의미할 것이다.

인과 개념의 역사를 조심스럽게 추적해보면, 적어도 흄에 이르기까지는 인과법칙은, 그것이 신의 의지의 표현이라고 느껴졌기 때문에, 사물에 대해 일정한 행동을 명하는 규범, 자연에 대해 명령하는 규범으로 간주되었다는 놀라운 결론에 도달하게 된다. 말브랑슈의 이론은 이 결론의 특히 독특한 예로서 언급될 수 있겠다. 그는 우리의 경험을 기초로 해서는 우리는 현상들의 필연적 결합도 지각하지 못하고 인과의 힘도 지각하지 못한다. 단지 우리는 규칙적인 계기만을 관찰한다. 움직이는 공이 움직이지 않는 다른 공과 충돌하는 것이 후자의 공을 움직이게 하는 현상의 원인에 관해서 그는 다음처럼 기술하고 있다.

> 구르게 된 공이 충돌했던 공의 운동의 근본원인이나 참된 원인이라고 판단해서는 안 된다. 왜냐하면 첫 번째 공 자신은 운동 능력을 가지고 있지 않기 때문이다. 두 번째 공의 충돌은 물체의 운동의 작동자가 만물의 보편적 원인인 그의

의지를 집행하는 계기에 지나지 않는다고 생각되어야 한다.[51] [원문은 불어]

사물의 움직임이 법칙에 일치하는 것은 신의 명령의 집행으로서 해석된다. 말브랑슈는 그가 유한한 사물 안에서 발견하지 못한 인과관계를 초월적 영역, 즉 신이나 좀 더 정확하게 이야기하면 신의 의지로 이동시키고 있다. 이것은 그가 인과법칙을 규범으로 이해한다는 것을 의미한다. 그는 그것을 직접 명령(*décret*)이라고 부르고 있다. 여기에서 말브랑슈는 갈릴레이, 데카르트와 본질적으로 다르지 않으며, 라이프니츠, 로크, 버클리와도 다르지 않다. 흄의 실질적인 성취는 원인과 결과의 어떤 필연적인 결합도 경험을 기초로 해서는 가정될 수 없다는 점을 지적했다는 사실에서 성립하는 것이 아니다. 그것은 이미 그의 시대 이전에 확인되었던 것이다. 오히려 그것은 그가 인과적 결합의 필연성을 신의 의지 속에서 찾는 일을 포기하였고 그것과 함께 인과에 관한 이전에 있었던 전체 개념을 폐기했다는 사실 속에 성립한다. 인과법칙은 신의 의지의 표현, 즉 자연에 명령을 내리는 규범이 더 이상 아니다. 실재에서의 원인과 결과의 결합의 절대적 필연성의 유일 근거인 요소, 즉 이 객관적 결합을 확립했던 초월적 의지는 이제 배척된다. 그럼에도 불구하고 엄격한 인과원리는 현대과학에서도 유지될 수 있다. 확실히 그것은 규범으로서 이해되는 한에서만 유지될 수 있다. 왜냐하면 규범만이 불가침성을 요구할 수 있기 때문이다. 실재에서 그것이 번번이 침해된다는 사실은 그것의 유효성에 영향을 주지 못한다. 그러나 과학의 관점에서 보면 이 규범은 자연에 명령을 내리는 신의 의지의

---

51) Nicolas Malebranche, *De la recherche de la verité*, ed. by M. F. Bouiller (Paris: Garnier, 1879), I, 319.

표현으로서의 형이상학적 권위로부터 나오는 것으로 이해될 수는 없다. 그것은 실재 안에서 원인과 결과로서 관찰될 수 있는 현상 사이의 결합을 찾도록 요구하는 인간인식을 향한 인식론적 요청으로서 이해될 수 있다.[52] 인간인식이 이런 요청을 단지 근사치로만 수행할 수 있다는 사실은 그것에 대한 예외가 있다는 것을 의미하는 것은 아니다. 이는 어떤 행동에 대해 **명령**을 내리는 법적 규범이 구체적인 경우에 지켜지지 않는다는, 즉 비유적으로 이야기하여, "침해된다"는 사실이 그것의 유효성이 사라진다는 것을, 그것의 예외가 있다는 것을 의미하지 않는 것과 같다. 실제 행동을 **기술**하는 규칙만이 예외를 가질 수 있다. 따라서 자연과학이 인과의 인식론적 요청에 따라서 실재를 기술할 때의 규칙은 흔히 예외를 가질 수 있으며, 따라서 개연성의 단순한 확률적 법칙으로 간주될 수 있다. 인과개념의 이러한 변천은 응보원리로부터 벗어나는 과정에서의 마지막 단계이다.

52) 이 책 제14장「인과와 귀책(歸責)」495 쪽 이하를 참조할 것.

14. 인과와 귀책(歸責)

출처. "Causality and Imputation," *Ethics*, Oct., 1950.

I

자연과학과 사회과학의 차이는 다루는 대상의 차이, 즉 자연과 사회의 차이에서 나온다는 것이 통상적인 견해이다. 그러나 자연과 사회는 본질적으로 다른 대상인가?

많은 정의 중 하나에 따르면, 자연은 원인과 결과로서 서로 결합되어 있는, 즉 "인과율"이라 부르는 특수한 원리에 따라서 결합되어 있는 사물들의 특수한 질서이거나 요소들의 체계이다. 예컨대 금속은 열을 받으면 팽창한다는 진술은 이른바 자연법칙의 적용이다. 자연과학은 그 대상을 기술할 때 이 자연법칙을 이용한다. 이 예에서 열과 팽창의 결합은 원인과 결과의 결합이다.

만약 자연과학과 상이한 사회과학이 존재한다면, 사회과학은 인과원리와는 다른 원리에 따라서 자신의 대상을 기술해야 한다. 사회는 인간행동의 질서이다. 그러나 인간행동을 자연의 요소로 간주하지 않을, 즉 인과법칙에 의해 규정된 것으로 간주하지 않을 충분한 이유는 없다. 인간행동이 인과법칙에 의해 규정되는 것으로 간주되는 한, 인간의 상호행동을 다루는 과학은, 이런 이유 때문에 사회과학으로 분류되는 과학은 본질적으로 물리학이나 생물학과 구별되지 않는다. 그러나 우리가 인간행동에 관한 우리의 명제를 분석하면, 우리는 인간의 행위와 인간의 행위, 그리고 인간의 행위와 다른 사실을 오직 원인과 결과로서만, 즉 인과원리에 따라서만 결합시키는 것은 아니라는 사실을 발견하게 된다. 다시 말하면 인과원리와는 상당히 다른 원리, 즉 과학이 아직은 일반적으로 인정된 용어를 확립하지 못한 어떤 원리에 따라서도 이들을 결합시킨다는 사실을 발견하게 된다. 우리의 사고에서 이런 원리의 존재를 증명하고, 인간행동을 다루는 과학에서 그것이 적용된다는 것을 증명하는 것이 가능한 한에서만, 사회를 자연의 질서와 다른 질서나 체계로서 고찰하고, 사회에 관한 과학을 자연과학과 다른 것으로 고찰할 자격을 갖게 된다.

II

법은 가장 특징적이고 매우 중요한 사회적 현상이다. 법학은 아마도 가장 오래되고 가장 발달된 사회과학이다. 법학적 사고분석에서 나는 법학이 법 일반이든 아니면 특정 국가의 국내법이나 국제법과 같은 구체적인 법질서이든 어쨌든 법을 기술할 때 사용하는 규칙에 적용되는 원리는 인과원리와 다른 원리라는 것을 이미 살펴보았다.[1] 이 원리는 법의 규칙에서 자연과학이 자연을 기술할 때

1) 나의 다음 저서를 참조할 것. *General Theory of Law and State* (Cambridge: Harvard University Press, 1945), 45 쪽 이하. 92 쪽.

사용하는 자연법칙에서 인과원리가 가지는 것과 유사한 기능을 가진다. 예컨대 법의 규칙은 어떤 사람이 범죄를 저질렀다면, 그에게 처벌이 가해져야한다는 진술이다. 혹은 어떤 사람이 계약상의 채무를 변제하지 못한다면, 그의 재산에 대한 강제 집행이 이루어져야 한다는 진술이다. 보다 일반적으로 정식화하면, 불법행위가 저질러지면, 제재가 집행되어야 한다는 진술이다. 자연법칙과 꼭 마찬가지로 법의 규칙은 두 요소 상호간을 결합시킨다. 그러나 법의 규칙이 서술하는 결합은 인과의 규칙과는 완전히 다른 의미를 가진다. 왜냐하면 형사상의 불법행위와 처벌의 결합, 민사상의 불법행위와 민사상의 강제집행의 결합이 원인과 결과의 결합과 같지 않다는 것은 명백하기 때문이다. 원인과 결과의 결합은 인간존재나 초인간적 존재의 행위와는 무관하다. 그러나 불법행위와 법적 제재의 결합은 인간의 행위나 행위들, 법률제정 행위, 즉 그 의미가 규범인 행위에 의해서 확립된다.

원인과 결과의 결합이 법률제정 행위와 유사한 행위에 의해서 확립된다는 종교적 · 형이상학적 견해 안에서는 이런 구별은 성립할 수 없다. 따라서 신의 의지의 현현으로서의 자연법칙은 자연에 일정한 행위를 명하는 규범의 성격을 가지게 된다. 이것이 바로 형이상학적 법론이 자연 안에서 자연법을 발견하는 것이 가능하다고 주장하는 점의 근거이다. 그러나 세계에 대한 과학적 해석의 관점에서 살펴보면, 자연법칙과 법의 규칙간의 구별이 유지되지 않으면 안 된다. 이런 해석에 따르면 실정법론만이 가능하다.

규범이라는 의미를 가지고 있는 인간행위는 상이한 방식으로 수행될 수 있다. 몸짓에 의해서, 말이나 글에 의해서, 상징에 의해서, 복잡한 법적 절차를 구성하는 일련의 행위에 의해서, 관습에 의해서 수행될 수 있다. 비유적으로 말하면, 우리는 그러한 행위(행위들)에 의해서 규범은 "만들어지"거나 "제정된"다고 말한다. 다른 말로 하면 행위(행위들)의 의미는 규범이다. 인간행동에 의해 "제정된" 규범은 "실정적" 규범이다. 그것이 존재한다는 것은 그것이 타당하다는[valid, 유효하다는] 것이다. 우리는 어떤 것이 "명해진다"거나 "허용된다"고 말함으로써, 혹은 두 용어를 포괄하는 용어를 사용하여 어떤 것은 "행해져야한다(또는 부정적으로는 행해져서는 안 된다)"고 말함으로써 규범제정의 의미를 기술한다. 만약 우리가 어떤 인간행동을 명하거나 허용하는 규범을 전제하면, 우리는 전제된 규범과 합치하는 행동을 정당한(옳은, 선한) 것이라 하고, 전제된 규범과 합치하지 않는 행동을 정당하지 않은(옳지 않은, 나쁜) 것이라 한다. 이들 진술이 가치판단이라면, 전제된 규범에 의해 가치가 구성된다. 우리가 어떤 인간행동을 명하거나 허용하는 규범을 전제한다면, 우리는 정당한 행동을 전제된 규범과 합치하는 행동이라고 규정하고, 정당하지 않은 행동을 전제된 규범과 합치하지 않는 행동이라고 규정할 수 있다. 그렇다면 우리는 구체적인 인간행동에 대해 정당한 행위의 규정[definition, 정의(定義)] 아래 속하거나 속하지 않는다고, 따라서 정당하거나 정당하지 않은 행동이라고 말한다. 그러나 그 행동이 전제된 규범과 합치하는 한에서만, 그 행동은 그 규정(definition) 아래 속한다. 그 행동이 전제된 규범과 합치하거나 합치하지 않는다는 의미의 진술은 가치판단이다. 구체적인 행동이 그 규정 아래 속한다거나 속하지 않는다는 진술은 가치판단이 아니다. 따라서 규범은 때때로 말해지는 것처럼[2] 규정이 아니다. 규범은 규정 내용 중 일부이며, 정당한 혹은 정당하지 않은 행위에 대한 규정의 일부이다. 규정은 인식행위라는 의미를

2) Felix Kaufmann, *Methodology of the Social Sciences* (London: Oxford University Press, 1944), 48 쪽 이하.

가진다. 그 의미가 규범인 행위는 인식행위가 아니다. 법적 권위의 기능은 법을 인식하거나 기술하는 것이 아니다. 인간행동을 명하거나 허용하는 것이며, 따라서 법을 만드는 것이다. 법을 인식하고 기술하는 것은 법학의 기능이다. 법적 권위의 기능과 법학의 기능을 구별하는 일은, 즉 법적 규범(norms)과 법의 규칙(rules)을 구별하는 일은 매우 중요하다.

III

불법행위와 제재간의 결합은 명령과 허용, 즉 규범에 의해 확립되기 때문에, 법학은 "해야 한다"(ought)는 계사(繫辭)에 의해서 불법행위와 제재를 결합하는 명제에 의해서 자신의 대상을 기술한다. 나는 이러한 결합을 "귀책"(imputation)이라고 지칭할 것을 제안하였다. 이 용어는 독일어 "Zurechnung"의 영어번역이다. 개인이 책임을 져야한다. 개인은 책임 능력이 있다(zurechnungsfähig, responsible)고 하는 진술은 그가 불법행위를 범한다면 그에게 제재가 가해질 수 있다는 것을 의미한다. 개인은 책임 능력이 없다(unzurechnungsfähig, irresponsible)는 진술은, 그가 불법행위를 범했다 하더라도, 예를 들면 그가 아린아이이거나 정신이상자이기 때문에, 그에게 제재가 가해질 수 없다는 것을 의미한다. 이 개념을 좀 더 정확하게 정식화하면, 첫 번째 경우에서 제재는 불법행위로서 어떤 행동과 결합해 있지만, 두 번째 경우에서 제재는 그런 행동과 결합해 있지 않다고 말할 수 있다. 불법행위와 제재의 특수한 결합으로서의 귀책(Zurechnung)개념은 개인이 자신의 행동에 대해 법적으로 책임질 능력이 있다(zurechnungsfähig)거나 없다고 하는 법적 판단 속에 함의되어 있다. 따라서 우리는 다음처럼 말할 수 있다, 제재는 불법행위에 귀속되지만, 불법행위를 원인으로 해서 생겨나는 것은 아니라고 말할 수 있다. 법학은 현상들의 인과적 설명을 목표로 하지 않으며, 따라서 법학이 대상을 기술하는 명제에는 귀책원리가 적용되지, 인과원리가 적용되지 않는다는 것은 명백하다.

IV

원시사회를 연구하면서 특히 원시사회의 심성의 특이성을 연구하면서 나는 동일한 원리가 원시시대 사람들의 자연해석의 기초가 된다는 사실을 발견했다.[3] 원시시대 사람들은 자연현상을 설명하기 위하여 인과원리를 사용하지 않았고, 자연과학의 기본원리로서의 인과개념은 비교적 발달된 문명의 소산이었을 개연성이 있다. 왜냐하면 그들은 자신들의 감관에 의해 지각된 사실들을 자신의 동료와의 관계를 규정하는 원리와 같은 원리에 따라서, 즉 사회규범에 따라서 해석하고 있기 때문이다.

사람들이 집단속에서 다른 사람들과 함께 살아갈 때, 그들의 마음속에는 어떤 행동은 옳고 어떤 행동은 그르다는 생각이 떠오르기 마련이다. 다른 말로 하면 집단의 일원들은 어떤 상황에서는 어떤 방식으로 행동해야 한다는 생각이 떠오르기 마련이다. 기본적인 사실이지만, 집단생활을 하는 사람들은 그런 규범에 따라서 자신들의 상호행동을 해석한다. 인류 최초의 규범은 아마도 성적 충동이나 공격 욕구의 억제를 확립하는 것이었을 것이다. 집단 내에서의 근친상간과 살인이 아마도 가장 최초의 범죄인 것이고, 혈족에 의한

3) 이 책 제13장 「인과와 응보」를 참조할 것.

복수가 가장 일찍이 사회적으로 조직된 제재였을 것이다. 이 제재의 기초에 가장 원시적인 사회생활 규제원리, 즉 응보의 규범이 존재하게 된다. 그것은 보상과 함께 처벌도 포함한다. 그것은 다음처럼 정식화된다. 네가 올바로 행동하면 너는 보상을 받아야 하고, 즉 이익이 너에게 주어져야 하고, 만약 네가 나쁜 짓을 하면 너는 처벌을 받아야 한다. 즉 해악이 너에게 가해져야한다. 조건과 귀결은 인과원리에 따라서가 아니라 응보원리에 따라서 서로 결합되어 있다. 원시시대 인간의 마음속에 설명에 대한 욕구라는 것이 존재한다면, 해로움을 준다고 생각되는 사건은 나쁜 행동에 대한 처벌로서 해석되고, 이익이 되는 사건은 옳은 행동에 대한 보상으로서 해석된다. 다른 말로 하면, 해로운 사건은 나쁜 행동 탓으로 돌려지고, 이익이 되는 사건은 옳은 행동 탓으로 돌려진다. 그런 사건이 발생하면, 원시시대 사람들은 "그것의 원인은 무엇인가"라고 묻지 않고, "누가 그것에 대해 책임을 져야하는가"라고 묻는다. 그것은 자연에 대한 인과적 해석이 아니라 규범적 해석이다. 인간의 상호관계를 규정하는 응보의 규범은 특수한 사회적 원리이기 때문에, 우리는 이 해석을 자연에 대한 사회 규범적 해석이라 부른다.

원시시대 사람들의 소위 애니미즘은, 즉 인간뿐만 아니라 사물까지도 영혼을 가진다는 ("살아"있다는) 견해, 사물들 안에 혹은 사물들 배후에 보이지는 않지만 강력한 정령이 있고, 그리하여 모든 것은 인격(person)이라는 견해는, 사람들이 상호관계 안에서 행동하는 것처럼, 즉 응보의 규범, 처벌과 보상의 원리에 따라서 행동하는 것처럼 사물들도 사람을 향해 반작용한다는 사실을 함의하고 있다. 원시시대 사람들의 믿음에 따르면, 벌로서 불행하게 만들고 상으로서 행운을 갖게 하는 것은 이들 정령이다. 원시시대 사람들의 믿음 안에, 한편으로는 나쁜 행동과 처벌로서의 불행, 다른 한편으로 옳은 행동과 상으로서의 행운 간의 어떤 결합이 존재한다면, 그 이유는 이들 강력한 초인간적 존재가 이런 식으로 자연을 움직인다고 그들이 믿고 있기 때문이다. 애니미즘의 본질은 인격주의적 자연해석이며, 이것은 사회 규범적 자연해석 외에 다름 아니다. 이것은 인과원리에 따른 해석이 아니라 귀책원리에 따른 해석이다.

따라서 원시시대 인간의 마음속에는 현대과학의 의미에서의 자연과 같은 그런 것, 즉 인과원리에 따라서 서로를 결합하는 사물들의 질서가 있다. 원시시대 사람들에게는 자연과학의 의미 내에 있는 자연은 규범적 질서로서의 그의 사회의 일부이며, 그것의 요소들은 귀책원리에 따라서 서로서로 결합해 있다. 인과적 질서로서의 자연과 규범적 질서로서의 사회라는 이원론은, 즉 두 가지 상이한 방식으로 요소 상호간을 결합하는 이원론은 원시시대 심성에게는 낯선 것이다. 이 이원론이 문명인의 사고 속에 자리 잡게 된 것은 지적 진보의 결과이다. 이 지적 진보가 이루어지는 동안 인간과 다른 존재, 즉 인격과 사물의 차이, 다시 말해 원시시대 사람들에게는 알려지지 않은 이 차이가 확립되었으며, 사물간의 관계에 관한 인과적 해석은 인간간의 관계에 관한 규범적 해석과 분리되었다. 현대 자연과학은 자연에 대한 사회적 해석으로부터, 즉 애니미즘으로부터 해방된 결과이다. 어느 정도 역설적으로 지적되는 정식으로 표현하자면, 인류의 애니미즘 시대인 초기에는 규범적 질서로서의 사회만 존재하였지만, 애니미즘으로부터 해방된 후에는 인과적 질서로서의 자연이 과학에 의해서 만들어졌다. 이 해방에 사용된 도구는 인과원리이다.

V

인과원리가 응보의 규범에서 기원했을 개연성이 있다.[4] 귀책원리가 변형한 결과, 응보의 규범에서 나쁜 행동은 처벌과, 옳은 행동은 보상과 결합된다. 이 변형의 과정은 고대 그리스의 자연철학에서 시작되었다. 매우 독특한 점은 원인을 의미하는 그리스 단어 *αἰτία*가 원래는 죄를 의미했다는 것이다. 원인은 결과에 대해 책임을 져야하며, 결과는 원인의 탓으로 돌려진다. 이는 마치 처벌이 죄의 탓으로 돌려지는 것과 같다. 인과법칙의 최초의 정식 중 하나는 헤라클레이토스의 유명한 단편이다. "태양은 자신의 지정된 길을 넘어서지 않을 것이다. 태양이 그것을 넘어선다면, 정의의 여신의 하녀인 에리니에스가 그런 그를 발견해낼 것이다." 여기서 자연법칙은 거의 다음과 같은 법의 규칙으로서 나타날 것이다. 태양이 자신의 지적된 길을 따르지 않는다면, 태양은 처벌받을 것이다. 규범적 자연해석으로부터 인과적 자연해석에로 이행하는 데 있어, 즉 귀책에서 인과에로 이행하는 데 있어 결정적인 단계는, 사람들 간의 관계와 대립되는 사물들 간의 관계가 인간이나 초인간의 의지와는 무관하다는 사실, 혹은 동일한 의미이지만 규범에 의해서 결정되지 않는다는 사실, 즉 사물들의 행동은 초인간적 의지에 의해서 명령되거나 허용되지 않는다는 사실을 사람들이 알게 되었다는 것이다. 그러나 인과원리가 모든 애니미즘적, 즉 인격주의적 사고요소로부터 벗어나서 완전히 순수화된 것은, 즉 귀책원리와 완전히 상이한 것으로서의 인과원리를 확립한 것은 단지 점진적으로만 성취되었다. 그리하여 예를 들면 인과가 원인과 결과의 관계에서 절대적인 필연성을 의미한다는 사상은, 20세기 초반에서도 여전히 지배적인

---

4) 같은 장.

이 사상은, 원인과 결과를 결합시키는 것은 절대적이고 전능한 권위의 의지라는 견해의 확실한 잔재이다.5)

VI

일단 성립되었던 인과원리는 또한 인간행동에 적용될 수 있다. 심리학 · 민족학 · 역사학 · 사회학은 실제로 일어나고 있는 바의 인간행동을 다루는 학문, 즉 같은 의미이지만 인과적 질서로서의 자연요소로서 인간행동을 다루는 과학이다. 인간행동을 다루는 학문을 소위 사회과학이라 부른다면, 이들 과학은 사회과학이지만, 그런 한에서 물리학 · 생물학 · 생리학과 같은 자연과학과 본질적으로 다르지 않다. 이들 과학은 인간행동을 원인과 결과로서 설명하고자 한다. 이들 과학이 어느 정도까지 자신들의 목표를 달성할 수 있는가는 인간행동에 대한 인과법칙의 확립과는 다른 문제이다. 이들 과학과 인간행동을 다루지 않는 자연과학간의 차이는 정확성의 정도에서 차이일 뿐, 원리에서의 차이는 아니다. 그러한 차이는 인간관계를 인과원리에 따라서가 아니라 귀책원리에 따라서 해석하는 과학, 즉 인간행동을 그것이 실제로 일어나는 바의 인간행동이 아니라 그것이 일어나야 하는 바의, 규범에 의해서 규정되는 인간 행동을 다루는 과학과 자연과학 사이에서만 존재한다. 이들은 윤리학 · 신학 · 법학과 같은 규범적 사회과학이다. 그들은 특정한 인간행동을 명령하거나 허용한다는 의미에서의 "규범"과학이 아니다. 과학인 이상 이들 과학은 명령하거나 허용하지 않으며, 사회적 행동

5) 나의 다음 저서 참조. *Society and Nature* (Chicago: Chicago University Press, 1943). 249 쪽 이하.

의 규범을 발하지 않는다. 이들 과학이 하는 일은 사회적 규범과 이들 규범에 의해서 확립된 사회적 관계를 기술하는 것이다. 사회과학자는 사회적 권위자가 아니다. 그의 기능은 인식이며, 그의 임무는 사회를 통제하는 것이 아니라 사회를 알고 이해하는 것이다. 이들 규범과학의 의미 안에 있는 사회는 규범적 질서이다. 사람들은, 그들의 행동이 도덕적 · 종교적 · 법적 질서의 규범에 의해서 규제를 받는 한에서, 그런 사회에 속해 있는 것이다. 규범적 질서가, 특히 법적 질서가 차츰 유효성을 갖게 되면, 우리가 다음의 진술을 할 수 있게 된다. 사회규범 안에 포함된 조건이 실현된다면, 사회규범에 따라서 발생해야 하는 결과가 아마도 발생할 것이다. 혹은 법질서가 유효성을 발휘하는 경우에는, 불법행위가 범해지면, 제재가 아마도 집행될 것이다. 그러나 그러한 진술이 금속에 열을 가하면 팽창하는 결과가 나온다는 것을 기술하는 것처럼 자연법칙의 참된 성격을 가지는지 여부는 의심스럽다. 그러나 이 문제는 여기서 결정하지 않은 채로 남겨두기로 한다. 왜냐하면 규범적 사회과학, 특히 법학은 그러한 진술을 목표로 하지 않기 때문이다. 이들 진술은 이들 대상의 요소들 간의 인과관계에 대해 관심을 갖고 있지 않으며, 다만 귀책관계에 관심을 갖고 있다.

VII

귀책원리와 함께 인과원리의 문법적 형식은 조건으로서의 어떤 것과 귀결로서의 어떤 것을 결합하는 가언판단(명제)이다. 그러나 두 경우에서 결합의 의미는 다르다. 인과원리는 다음처럼 진술한다. A가 존재한다면, B는 존재한다(또는 존재할 것이다). 귀책원리는 다음과 같이 진술한다. A가 존재한다면, B는 존재해야 한다. 인과원리를 자연법칙에 적용하는 문제에 관련해서는 나는 이미 앞에서 제시했던 예, 즉 금속에 열을 가하면 팽창한다는 사실을 기술하는 법칙을 언급하고자 한다. 금속이 열을 받으면, 그것은 팽창한다(혹은 팽창할 것이다). 사회법칙에 적용된 것으로서의 귀책원리의 예는 다음과 같다. 어떤 사람이 친절을 베푼다면, 당신은 그에게 감사해야 한다. 혹은 어떤 사람이 자신의 조국을 위하여 자신의 생명을 희생한다면, 그는 명예롭게 추도되어야 한다(도덕법칙). 어떤 사람이 죄를 지으면, 그는 참회해야 한다(종교법칙). 어떤 사람이 도둑질을 하면, 그는 구속되어야 한다(법규범). 인과와 귀책의 차이는 자연법칙에서 원인으로서 제시되는 조건과 그 결과로서 여기서 제시되는 귀결 사이의 관계는 인간이나 초인간의 행위와는 무관하다는 것이다. 반면에 도덕법칙 · 종교법칙 · 법률법칙이 주장하는 조건과 결과의 관계는 인간이나 초인간의 행위에 의해서 확립된다. "당위"라는 용어가 표현하는 것은 조건과 귀결의 결합이 가지는 특수한 의미에 불과하다.

VIII

인과와 귀책의 또 하나의 차이는 각각의 구체적인 원인이 다른 원인의 결과로서 간주되며, 각각의 구체적인 결과는 다른 결과의 원인으로 간주된다는 것이다. 그래서 원인과 결과의 연쇄는 정의상 무한하다. 더욱이 각각의 사건은 무한한 수의 인과계열의 교차점이다. 도덕법칙 · 종교법칙 · 법률법칙의 경우에 귀결이 그것에 귀속되는 조건에는, 예컨대 국가를 위한 죽음에는 추도의 명예가 귀속되고, 은혜에는 감사가 귀속되며, 죄에는 참회가 귀속되고, 도둑질에는 구속이 귀속된다. 어떤 다른 조건들에 귀속될 수 있는 귀결들이 반드시 동시에 이들 조건에 귀속되는 것은 아니다. 귀책[귀속]의 계열은 인과의 계열처럼 무한한 수의 연결고리를 가지지 않으며, 단지 두 개로만 연결된다. 만약 우리가 일정한 귀결이 일정한 조건에 귀속된다고 이야기하면, 예를 들어 선행에 보상이 혹은 불법행위에 처벌이 귀속된다면, 조건 즉 선행 또는 불법행위를 이루고 있는 인간행동은 귀책의 끝점에 불과하다. 그러나 인과의 끝점과 같은 것은 존재하지 않는다. 귀책의 끝점과 유사한 제1원인(*prima causa*)은 인과관념과 양립할 수 없으며, 적어도 고전물리학의 법칙에 함의되어 있는 인과관념과 양립할 수 없다. 제1원인의 관념도 인과원리가 아직 귀책관념에서 해방되지 않은 때의 사고 단계의 잔재이다.

IX

귀책에는 끝점이 있지만 인과에는 끝점이 없다는 것도 양자의 차이이지만, 보다 근본적인 차이는 다음에 있다. 자연에서 지배적인 "필연성"이라 부르는 것과 사회에 본질적인, 즉 다른 사람들과 규범적 관계를 맺고 있는 사람에 본질적인 "자유"라 부르는 것이 대립을 이루고 있는 사실, 이것이 근본적인 차이이다. 자연의 일부로서의 인간이 자유롭지 않다는 것은, 그의 행동이 자연적 사실로서 이해될 경우, 그의 행동은 자연법칙에 따라서 다른 사실들에 의해서 결정되지 않으면 안 된다는 것, 즉 그것의 원인에 의한 결과로서 결정되지 않으면 안 된다는 것을 의미한다. 이에 반해 우리가 특정한 인간행동을 도덕법칙 · 종교법칙 · 법률법칙에 따라서 선행 · 죄 · 범죄로서 해석하는 경우에는, 우리는 도덕법칙 · 종교법칙 · 법률법칙에 의해서 규정된 귀결들을, 즉 선행에는 보상을, 죄에는 참회를, 범죄에는 처벌을 귀속[귀책]시키지만, 선행 · 죄 · 범죄를 또 다시 다른 어떤 것에나 다른 어떤 사람에게 귀속시키지는 않는다. 우리는 통상 선행 · 죄 · 범죄를 그런 행위를 한 사람의 행동에 대해서 책임을 져야하는 사람에게 귀속시킨다고 이야기한다. 그러나 선행이 어떤 사람에게 귀속된다는 진술의 참된 의미는 그 사람은 그의 선행에 대해 보상을 받아야 한다는 것에 다름 아니다. 죄가 그 사람에 귀속된다는 진술의 참된 의미는 그 사람이 자신의 죄에 대해 참회하여야 한다는 것이며, 범죄가 그 사람에게 귀속된다는 진술의 참된 의미는 그 사람이 자신의 범죄에 대해 처벌받아야 한다는 것이다. 귀속되는 것은 선행 · 죄 · 범죄를 구성한 인간행동이 아니다. 이 행동은 그것을 한 주체와 분리될 수 없다. 도덕적으로 선한 행동을 수행하거나 종교적 죄나 법률적 범죄를 지을 때, 귀책에 관련해서 묻게 되는 물음은 누가 이런 행동을 수행했거나 지었는가가 아니다. 이 물음은 사실의 물음이다. 귀책에 대한 도덕적 · 종교적 · 법적 물음은 누가 이들 행위에 대해 책임을 져야하는가이다. 그것은 다음을 의미한다. 누가 보상받아야 하고, 누가 참회해야 하며, 누가 처벌을 받아야 하는가? 일정한 조건 즉 그것의 특수한 조건에 대해서 일정한 귀결로서 귀속되어야 하는 것은 보상 · 참회 · 처벌이다. 선행에는 보상의 귀책이, 죄에 대해서는 참회의 귀책이, 범죄에 대해서는 처벌의 귀책이 주어진다는 것은 인간에 대한 귀책, 즉 선행 · 죄 · 범죄를 구성하는 행위를 한 주체에 대한 귀책을 함의하고 있다. 왜냐하면 이런 주체는 인간행동과 같은 행동의 불가분의 일부이기 때문이다. 결정적인 점은, 인과와는 달리 귀책은 도덕법칙 · 종교법칙 · 법률법칙에 따라서 그런 법칙에 의해 규정된 귀결의 조건, 즉 보상 · 참회 · 처벌이라는 조건이 되는 인간행동의 끝점에서 나온다는 것이다.

X

바로 이것이 도덕적 · 종교적 · 법적 질서에 인간이 종속해있다는 진술의 참된 의미이며, 또한 이것이 의미하는 바는 도덕적 · 종교적 · 법적 인격으로서 사회의 일원으로서의 인간은 자유롭다는 것이다. 자유는 통상 인과원리로부터 벗어나 있는 것으로 이해된다. 인과는 절대적 필연성을 의미하는 것으로 해석된다(본래 그렇게 해석되었다). 통상 언급되는 바에 따르면, 인간은 자유롭기 때문에 (혹은 자유의지를 가지고 있기 때문에), 통상의 견해에 따라서 인간은 그의 행동을 규정하는 인과법칙에 종속되어 있지 않기 때문에, 그는 도덕적 · 종교적 · 법적 책임을 질 수 있는 것이다. 자유로운 한에서, 인간은 어떤 행동들에 대해 책임을 물을 수 있으며, 그는 선행에 대해서는 보상을 받을 수 있고, 죄에 대해서는 참회를 하는 것이 기대될 수 있으며, 범죄에 대해서는 처벌을 받을 수 있는 것이다. 통상 가정되는 것은 오직 자유만이 귀책을 가능하게 한다. 여기서 자유라는 것은 인과원리로부터 벗어나 있다는 것을 의미한다. 인간은 자유롭다. 왜냐하면 우리는 조건으로서의 인간행동에 대해 결과로서의 보상 · 참회 · 처벌을 귀속시키기 때문이다. 인간행동이 인과적 법칙에 의해 결정되지 않기 때문에 자유로운 것은 아니고, 인간의 행동이 인과법칙에 의해 결정되어있다는 것이 의심의 여지가 없이 사실임에도 불구하고 자유로운 것이다. 인간은 자유롭다. 왜냐하면 그의 행동은 귀책의 끝점이기 때문이다. 그의 행동은, 인과법칙에 의해 결정이 되더라도, 귀책의 끝점일 수 있는 것이다.

XI

인간의 의지는 인과법칙에 의해 결정되지 않는다는 주장에 의해 "의지의 자유"를 구하려는 많은 시도는, 보편적인 인과법칙이 타당하다고 가정되고, 의지의 자유란 인간의지가 인과적으로 결정되지 않는 것을 의미하는 한에서는, 공허하고 공허한 채로 남아있지 않으면 안 된다. 보편적 인과법칙과 의지의 자유를 조화시키려는 가장 중요한 시도는 탁월한 물리학자 막스 플랑크에 의해 수행되었다.[6] 그는 보편적 인과법칙의 타당성을 전제한다. 이 법칙에 따르면 일정한 인과적 결합이 자연계 · 정신계의 모든 사건들에 존재한다.[7] 그는 어떤 사건에 앞선 상황에 관해 필요한 지식을 소유한 관찰자가 그 사건에 개입하지 않더라도 그 사건을 확실하게 예측할 수 있다는 점을, 그 사건이 인과적으로 결정되어 있다는 사실의 결정적 기준으로 생각한다.[8] 그는 "보편적 인과에 대해 마치 예외가 있는 것처럼 말하는 것은, 다른 말로 하면 영혼의 의식적이거나 의

6) 이 문제를 논의하는 그의 논문들은 막스 플랑크의 다음 저서에 포함되어 있다. *Vorträge und Erinnerungen* (Stuttgart: S. Hirzel, 1949). 논문의 제목들은 다음과 같다. "Kausalgesetz und Willensfreiheit" (139-168), "Die Kausalität in der Natur"(pp. 250-269), "Vom Wesen der Willensfreiheit"(301-317), "Determinismus oder Indeterminismus"(334-349). 둘째 논문의 영어 번역은 다음 저서에 나온다. Planck, *The Philosophy of Physics* (New York: W. W. Norton, 1936). 셋째 논문은 다음 저서에 나온다. Planck, *The Universe in the Light of Modern Physics* (London: Allen and Unwin, 1937).

7) 같은 책, 302 쪽.

8) 같은 곳.

식 아래에 있는 삶의 사건들, 즉 감정 · 감각 · 사고 · 의지가 인과법칙에 종속하지 않는 것처럼 말하는 것은 난센스일 것이라는 점"[9]을 인정한다. 그럼에도 불구하고 그는 의지의 자유를 주장한다. 왜냐하면 그는 의지의 자유가 인간의 도덕적 책임의 본질적 조건이라고 생각하기 때문이다.[10] 이런 이유에서 그는 보편적 인과법칙의 가정과 자유의지의 관념 간에 어떤 모순도 존재하지 않는다고 주장한다. 그리고 "엄격하고 보편적인 인과법칙을 포기하지 않더라도" 자유의지를 주장하는 것이 가능하다는 의견을 편다.[11] 그렇다면 그는 어떻게 해서 보편적 인과법칙과 의지의 자유를 화해시키고 있는가? 그는 다음처럼 주장한다. "한편으로는 인과법칙과, 다른 한편으로는 의지의 자유는 완전히 다른 문제와 관련되어 있다."[12] 인과법칙은 실재의 구조에 관한 물음을 과학이 답변한 것이다. "의지가 자유로운지 자유롭지 않은지에 관한" 그 "물음은 단지 개인의 의식에 관한 문제이다. 그것은 자아에 의해서만 답변될 수 있는 것이다. 인간의지의 자유라는 개념은 개인이 스스로 자유라고 느낀다는 것만을 의미한다. 그가 그렇게 느끼는지 어떤지는 그 자신에게만 알려질 수 있다."[13] 인과법칙과 자유의지의 개념을 조화시키기 위해 플랑크가 이 개념의 의미를 변화시키지 않고, 그 자유의지라는 물음이 지향하는 권위를 변경시키고 있다는 점을 눈여겨보는 것이 중요하다. 그는 이 물음이 개인의 의식을 지향하고 있다고 주장한다. 물론 오직 개인의 의식만을 지향하고 있지는 않더라도 말이다. 개인이 스스로 "자유롭다"고 느낀다는 사실은 자신의 의지가 인과

9) 같은 책, 303 쪽.
10) 같은 책, 301, 309 쪽.
11) 같은 책, 267, 302 쪽.
12) 같은 책, 267 쪽.
13) 같은 곳.

법칙에 의해 결정되지 않는다는 것을 그가 느끼고 있다는 사실을 의미한다. 따라서 이 법칙에는 예외가 없다는 것을 의미한다. 그러나 이것은 "느낌"의 내용일 수는 없다. 인간의 의지가 인과적으로 결정되어 있지 않다는 것은 프랑크가 올바로 진술하고 있듯이 "개념"이며, 개념은 감정의 내용일 수는 없다. 그것은 사고과정의 귀결일 수 있을 뿐이다. 심리학적 관점에서 보면, 개인의 의지활동은 자신의 의지가 인과법칙에 의해 결정되지 않는다고 생각하도록 하는 근거에 대한 느낌을 동반한다고 말함으로써 관련 현상을 기술하는 것이 더 정확할 것이다. 이런 사고는 참이거나 거짓이다. 보편적 인과법칙이 타당한 것으로 가정된다면, 그 사고는 거짓인 것으로 간주되어야 한다. 느낌은 인간의 사유를 오도한다. 물론 인과법칙, 즉 모든 현상은 인과적으로 결정된다는 진술과, 자신의 의지는 인과적으로 결정되어 있지 않다고 생각하도록 하게 하는 느낌을 가지고 있다는 어떤 사람의 진술, 즉 사실에 관한 진술은 물론 모순되지 않는다. 그러나 인간이 자신의 의지는 자유롭다고 생각하도록 하는 느낌을 그 사람이 가지고 있다는 사실로부터 이 생각이 참이라는 결론이 뒤따르지 않는다. 왜냐하면 인과법칙과 어떤 사람의 생각의 내용 간에는 확실히 모순이 있고, 의지의 자유에 관한 물음에 관련되어 있는 것은 정확하게 말해서 그 사람의 생각의 내용이기 때문이다. 어떤 사람이 어떤 느낌을 가지고 있는지 여부에 관한 물음은 실로 단지 그 사람의 자아를 향해 있을 뿐이고, 그 자아에 의해서만 답변될 수 있을 뿐이다. 그러나 이것은 의지의 자유에 대한 문제가 아니다. 그것은 심지어는 플랑크에 따르면 인간의지가 인과법칙에 의해 결정되어있는지 여부의 문제이다. 그것은 어떤 사람의 의지활동에 수반되는 느낌에 관한 문제가 아니라, 그의 의지 및 이 의시와 인과법칙간의 관계에 관한 문제이다. 이 문제는 단지 객관적인

과학만을 향해 있으며, 과학에 의해서만 답변될 수 있을 뿐이다.

플랑크가 인과법칙과 인간의 자유롭다는 "느낌" 간에는 아무런 모순도 없다는 자명한 사실 이외에 아무 것도 보여준 게 없다면, 그는 결정론과 비결정론간의 큰 대립 중심에 놓여있는 바로 그 문제에 대해 아무 것도 기여하지 못했을 것이다. 그 문제는 인간의 의지가 인과적으로 결정되지 않다는 것이 이해될 수 있는가의 문제이지, 인간의 의지가 느껴질 수 있는가의 문제가 아니다. 사실상 플랑크가 동의하면서 답변하고자 한 것은 바로 이 문제이다. 그 자신의 정식에 따르면 이 문제는 "자연과학적 관점에서 보았을 때 자유의지라는 사실과 도덕적 책임감에 대해 **이해**"[14]하는 것이 가능한지 어떤지의 문제이다. 그는 의지의 자유가, 즉 의지가 인과적으로 결정되어 있지 않다는 것이 (어떤 사람이 자유롭다는 것을 느끼는 것이 아니라) 자연과학에 의해 가정된 보편적 인과법칙과 양립할 수 있다는 사실을 증명하고자 시도한다. 그에 의하면, "의지가 인과적으로 결정되어있는지 여부의 문제는 실은 문제에 접근하는 관점의 문제이며, 다시 말하면 의지 행위를 판단하는 전제의 문제이다." 그도 "인간의 의지는 객관적인 과학적 관점에서 보면 인과적으로 결정되어 있다는 것을" 인정한다. 그러나 "개인의 자기의식이라는 주관적 관점에서 보면 인간의 의지는 자유롭다"[15]고 주장한다. 이것이 의미하는 바는 하나이면서 동일한 문제라도 다른 관점에서 묻게 되면, 다른 방식으로 답변될 수 있다는 것이다. 그러나 자유의지의 문제가, 플랑크가 가정하고 있는 것처럼, 인간의지가 인과법칙에 종속되는지 여부의 문제라면, 동일한 의미를 가지지만, 인과법칙의 타당성의 문제라면, 그 문제는 본성상 객관적 과학의

14) 같은 책, 302 쪽. 강조는 켈젠에 의함.
15) 같은 책, 338 쪽.

문제이지 주관적 자기의식의 문제는 아니다. 그러나 개인의 자기의식이라는 관점에서 생겨나는 문제가 의지활동을 할 때 사람이 무엇을 느끼는가의 문제이거나 그가 이 활동의 원인을 의식하고 있는지 어떤지의 문제라면, 그것은 자유의지의 문제와는 다른 문제이며, 앞의 물음에 대한 답변이 뒤의 물음에 대한 답변일 수 없는 것이다. 그렇다면 그 문제는 동일한 문제가 아니다. 왜냐하면 의지가 인과적으로 결정되어있는지 여부의 문제는 다른 관점에서 다른 식으로 답변될 수 있는 문제이기 때문이다.

플랑크에 의하면, 인간은 자신의 미래의 행동을 예측할 수 없기 때문에, 의지가 인과적으로 결정되어있는지 여부의 문제는, 개인의 자기의식이라는 주관적 관점에서 소극적인 방식으로 답변되어야 한다. 플랑크는 다음처럼 말한다. "아마도 개인의 의지가 인과법칙에 독립해있다는 것의 가장 인상적인 증명은", 이 진술에서 인간의 감정에 대한 언급이 없다는 사실을 주목해야 하지만, "어떤 사람이 강한 자기의식에 의해 인과법칙을 기초로 해서 자기 자신의 동기와 행동을 미리 예측하려는 시도가 이루어지면, 발견될 것이다. 그러한 시도는 실패하기 마련이다. 왜냐하면 인과법칙을 자기 자신의 의지에 적용하는 것은 모두, 그리고 이런 식으로 얻어진 정보는 모두 그 자체 의지에 따른 동기이며, 그래서 찾고자 하는 결과는 지속적으로 변화한다."16) 자기 자신을 관찰하면서 미래를 예측하는 것은 불가능하다. 왜냐하면 관찰행위는 관찰대상에 영향을 주기 때문이다. 그러나 이러한 사실로부터 관찰대상이 인과적으로 결정되어 있지 않다는 결론이 나오는 것은 아니다. 상황은 양자역학의 소위 불확정성의 원리에 의해 기술되는 것과 유사하다. 우기가 뒤에 보게 되겠지만, 플랑크는 불확정성의 원리로부터 인과법칙에는 예외

16) 같은 책, 267 쪽.

가 있다거나 이 법칙은 완전히 폐기되어야 한다는 결론으로 나아가기를 거부하고 있다.

게다가 플랑크는 "극히 희미한 동기를 포함하여 우리의 과거의 의지활동의 인과적 과정을 완전히 이해하는 것은 이론상으로는 완전히 가능하다"[17]는 것을 인정한다. 자기 자신의 미래의 행동에 대한 인과적 이해만 불가능할 뿐이다. 그러나 미래의 모든 의지활동은 때가 되면 과거의 의지활동이 되며, 그렇다면 자기 자신의 의지활동의 원인을 인식하게 된다. 확실히 그는 그 활동을 예측할 수는 없다. 그러나 이 사실로부터 그의 의지가 인과적으로 결정되어있지 않다는 결론이 나올 수는 없다. 그 결과 인간의 의지는, 플랑크가 주장하듯이, 과학의 객관적인 관점에서뿐만 아니라, 개인의 자기의식이라는 주관적 관점에서도 인과적으로 결정되어 있는 것으로 간주되어야 한다. 두 상이한 관점에 대한 받아들일 수 없는 혼동 때문에, 보편적 인과법칙과 의지의 자유가 양립할 수 없다는 견해가 생겨났다는 플랑크의 주장은 잘못이다.

플랑크는 과학의 객관적 관점과 개인의 자기의식이라는 주관적 관점의 대립을 물리학의 두 상이한 관계체계(system of reference)와 비교하고 있다. "우리는 공간·시간적 사건에 관한 정량적 예측은, 관계체계가 타당성이 있는 것으로 충분히 드러나는 한에서, 일정한 의미를 가진다는 것을 인식한다. 이 체계는 임의로 선택될 수 있다. 다른 체계를 선택하면 예측도 달라질 것이다. 그리하여 지구를 원점으로 하는 관계체계가 선택되면, 태양은 하늘을 운동한다고 말해야 하지만, 관계체계가 항성을 원점으로 한다면, 태양은 정지해있다. 두 정식 사이에 대립은 존재하지만, 모순과 불명료한 점은 존재하지 않는다. 우리는 문제를 바라보는 두 상이한 방식만을 다루고

17) 같은 책, 307 쪽.

있을 뿐이다. 오늘날 과학이 획득한 확실한 성과로 간주될 수 있는 물리학에서의 상대성이론에 따르면, 두 관계체계와 두 상응하는 관점은 꼭 같이 옳고 꼭 같이 정당하다. 자의적인 방식이 아니라면 계측하거나 계산하여 그들 중 하나를 선택하는 것은 원리상 불가능하다."[18] 과학의 객관적 관점과 개인의 자기의식이라는 주관적 관점을 물리학에서의 두 상이한 관계체계를 비교하는 것은 타당하지 않다. 물리학에서는 문제가 동일하다. 즉 태양이 운동하고 있고 지구가 정지해 있는가 아니면 지구가 정지해 있고 태양이 운동하는가의 문제는 관계체계의 선택에 따라서 달리 답변된다. 그러나 과학의 객관적 관점에서의 답변은 개인의 자기의식이라는 주관적 관점에서의 답변과 다르기 때문에 그것은 동일한 문제가 아니다. 두 개의 문제가 존재한다. 첫 번째 문제는 인간의 의지가 인과적으로 결정되어있는지 여부의 문제이다. 답변은 그것은 인과적으로 결정되어있다는 것이다. 두 번째 문제는 개인은 자신의 미래의 의지활동이 인과적으로 결정된다는 것을 이해할 수 있는지 여부의 문제이다. 답변은 할 수 없다는 것이다. 그러나 이것은 그의 의지활동이 인과적으로 결정되어있지 않다는 것을 의미하는 것은 아니다. 하나이면서 동일한 문제, 즉 인간의 의지가 인과적으로 결정되어있는지 여부의 문제가 제기된다면, 과학의 객관적 관점에서 주어진 답변은 개인의 자기의식이라는 주관적 관점에서 주어진 답변과 정확하게 같다. 이 문제가 이 의식과 도대체 연관성을 가진다는 한에서 말이다.

또한 플랑크는 인과법칙과 자유의지가 양립가능하다는 것을 증명하는 논증도 제시하고 있다. 그는 이 의지가 자기 자신의 자아의 한 부분인 한, 그리고 인식의 주체로서의 자아에 관해서는 어떤 인식도, 따라서 어떤 인과적 인식도 가능할 수 없는 한, 인과법칙을

18) 같은 책, 311 쪽.

인간의지에 적용하는 것은 논리적으로 불가능하다고 진술하고 있다. 이 논증 또한 앞의 논증 못지않게 오류를 범하고 있다. "측량할 수 없는 거대한 자연계와 정신계에는 어떤 과학도, 따라서 또한 어떤 인과적 고찰도 실제로뿐만 아니라 논리적으로도 결코 접근할 수 없는 그리고 영구적으로 접근할 수 없을 한 가지 점, 독특한 점이 있다. 이것은 인간 자신의 자아이다."[19] "인간 자신의 의지를 인과법칙에 종속해 있는 것으로 간주하는 일이 불가능하다는 것은 … 논리학에서 그 이유를 가진다. … 우리가 인식주체로 행동하는 한, 우리는 자기의 현재의 자아를 순수하게 인과적으로 이해하는 것을 단념하지 않으면 안 된다. 여기가 바로 의지의 자유가 자신의 위치를 유지하고, 의지의 자유가 이로부터 추방될 수 없는 점이다."[20] 그러나 인간의 의지는 심리적 현상이고, 모든 다른 심리적 현상과 마찬가지로 자신의 심리적 경험에 대한 관찰이나 다른 사람의 심리적 경험에 관찰에 의거함으로써, 심리학적 탐구의 대상이 될 수 있다. 그러한 관찰은 인과원리 말고 다른 원리에 의해서는 수행될 수 없다. 인간의 의지가 자유롭다는 진술은, 그것이 객관적인 심리적 현상으로서의 의지에 관계하는 한에서만, 즉 인식대상으로서의 자아에 관계하는 한에서만 의미가 있을 따름이며, 인식주체로서의 자아에 관계하는 한 의미가 없다. 인식주체로서의 자아가 인과적 인식의 대상이 될 수 없다는 것은 참이다. 그러나 그것은 인식주체는 인식대상이 아니라는 동의반복에 불과하다.

---

19) 같은 책, 163 쪽.
20) 같은 책, 164 쪽.

XII

현대물리학의 발전, 특히 보편적 인과법칙의 가정에 대해 심각하게 비판을 가하고 있는 양자역학은 의지자유론을 지지하는 것처럼 보인다. 이 새로운 물리학 영역의 발견 이전에도, 실제로 엄격한 인과는 존재하지 않는다는 주장이 가능하기 때문이다. 왜냐하면 하나의 사건은 이전의 사건들에 대한 정밀한 관찰을 기초로 해서 예측될 수 있는 한에서 인과적으로 결정된 것으로 간주되기 때문이다. 그러나 우리의 감관은 불충분하고, 그로부터 귀결하는 우리의 관찰이 엄밀성을 가지지 못하는 것은 불가피하기 때문에, 절대적 확실성을 가지고 예측될 수 있는 사건이란 실제로 존재하지 않는다. 그러나 이런 견해와 대립해서 엄밀한 인과원리가 유지될 수 있다. 우리의 감관에 직접 주어진 것으로서의 실재를 그 원리와 연관시킴으로써가 아니라, 물리학에 의해서 구성된 이상적(ideal) 세계상(世界像, picture of the world)을 그 원리와 연관시킴으로써 그것이 가능하게 된다. 플랑크에 의하면 물리학은 "우리의 감관에 의해 우리에게 주어진 것의 장소를 대신해서, 혹은 감관을 돕기 위해서 사용된 측정도구에 의해서 우리에게 주어진 장소를 대신해서 새로운 세계를 구성한다. 이 질서의 세계는 소위 물리적 세계상이다. 그것은 단지 지적 구성물에 불과하다. 어느 정도는 자의적이다. 그런 세계는 어떤 계측에서도 있을 수 있는 부정확함을 피하고, 정확한 정의를 촉진하기 위해 설계된 일종의 모델, 일종의 이상화이다."21) "감관 세계에서는 어떤 사건의 예측이라도 항상 부정확하기 마련이지만, 이에 반해 물리적 세계상의 모든 사건들은 인과적으로 결정될 수 있도록 정식화될 수 있는 일정한 법칙에 따라서 발생한다."22) 그러나

---

21) 같은 책, 255 쪽.

양자역학에는 이런 해석을 회피하는 것처럼 보이는 현상들이 있다. 그것은 하이젠베르크에 의해서 최초로 정식화된 소위 불확정성 관계이다. 이런 관계는 무엇보다도 "전자(電子)의 공간적 위치 측정의 정확성에 비례해서 전자의 속도 측정은 부정확하며, 그 역도 마찬가지이다."[23] 그 이유는 다음과 같다. "우리가 운동하는 전자의 위치를 결정하기 위해서는 그것을 볼 수 있어야 하지만, 그것을 볼 수 있기 위해서는 조명을 비추어야, 즉 그것에 광선을 떨어트려야 한다. 그것에 떨어지는 광선은 전자와 충돌하며, 그리하여 계산 불가능한 식으로 그것의 위치를 변경시킨다. 우리가 전자의 위치를 보다 정확하게 결정하고자 하면 할수록, 전자를 비추기 위해 사용된 광파(光波)가 보다 짧아지며, 충격은 더 강해지고, 속도를 결정하는 부정확성은 더 커진다."[24] 그것은 다음을 의미한다. 관찰대상은, 이 관찰이 아무리 정확하다 하더라도, 관찰활동 바로 그것에 의해서 변화한다. 그것은 관찰과정에서 인과적 간섭을 형성하게 되며, 그리하여 관찰된 현상의 인과적 결합에 대한 통찰을 불가능하게 만든다. 하이젠베르크와 보어를 포함한 다수의 물리학자들은 이런 불가능성을 근거로 하여, 개별 전자의 운동은 어느 정도의 통계적 확률을 가지고서만 예측될 수 있고, 따라서 전자의 운동은 인과법칙에 종속되어 있다고 해석될 수 없으며, 인과법칙은 이 경우에 적용되지 않고, 자연의 실재 안에 엄격한 인과는 존재하지 않으며, 소위 자연법칙은 예외를 허용하는 확률적 법칙에 불과하다는 결론을 도출한다. 어떤 물리학자와 철학자들은 심지어 다음을 주장하기도 한다. 불확정의 원리를 귀결로서 받아들이면, 고전물리학이 가정하는 것과 같은 자연은 법칙, 따라서 질서의 세계의 지배를 받지

22) 같은 책, 256 쪽.
23) 플랑크의 기술에 따르면 그렇다. 같은 책, 259 쪽.
24) 같은 곳.

않으며, 그런 자연은 그 자체로서는 이해될 수 있지만, 본래적으로는 또는 그 요소에 있어서는 법칙에 종속되지도 않고 이해될 수도 없다.[25] 그러나 다른 물리학자와 철학자들은 이 결론을 거부한다. 예컨대 플랑크는 다음처럼 말한다. 인과법칙의 폐기는 "감관의 세계와 물리적 세계상의 혼동에 기인한다." 그리고 그는 다음과 같은 결론에 도달한다. "고전물리학의 세계상에서도 양자물리학의 세계상에서도 꼭 같이 엄격한 결정론이 존재한다."[26]

---

25) P. W. Bridgman, "The New Vision of Science," *Harper's Monthly Magazine*, CLVIII (March, 1929), 443 쪽 이하.

26) Planck, 앞의 책, 260 쪽. 또한 다른 물리학자들, 무엇보다도 아인슈타인은 엄격한 인과원리를 결코 폐기하지 않았다. 이전에 하이젠베르크, 보어와 협력했던 루이 드 브로이(Louis de Broglie)는 역시 양자역학에서 단순한 확률성의 원리가 엄격한 인과원리를 대신했다는 설에 대해 최근 심각한 의심을 제기했다. 그는 다음처럼 진술했다. "결국 이 문제는 아인슈타인이 여러 번 강조했던 문제, 즉 현재의 해석이 실재의 '완전한' 기술(記述)인가 (만약 그러하다면, 비결정론을 승인하고, 원자 수준에서의 실재를 시간 · 공간의 틀 안에서 정확하게 표현하는 것이 불가능하다는 것을 승인해야 한다.), 역으로 만약 이 해석이 '불완전'하며, 그 배후에는 고전물리학의 오래된 순수이론과 같은 완전히 결정되어 있는 현실, 우리들이 알고 있지 못하는 즉 우리의 실험적 방법으로는 파악할 수 없는 변수에 의해서 시간 · 공간의 틀 안에서 기술될 수 있는 그러한 실재가 숨어있는가 하는 것이다."
그는 결론적으로 다음처럼 말하고 있다. "파동역학의 순수하게 확률적인 해석 덕분에 물리학자들은 곤란하고도 해결이 어려운 문제들에 몰두하지 않고, 성과가 풍부한 다수의 적용 문제에 염려가 없이 진행하는 것이 가능하게 되었다는 점에서, 이 해석이 과거 사반세기에 걸쳐서 물리학자들에 기여해왔다는 것은 부인할 수 없다. 그러나 파동역학이 종래 행해왔던 현상의 해석은, 그 가능성의 대부분이 이미 소멸했던 것은 아닐까? 이것은 모든 사람들이 인정하는 바로 확률론자들 자신도 한층 추상적으로 고전 관념으로부터 한층 멀리 떨어졌던 새로운 사고방식을 시도하는 것이지만, 내가 보는 바로는 그다지 성공하고 있지 못하다. 이 시도가 시도로서 흥미롭다는 것은 부정할 수 없지만, 오히려 노력의 방향으로서는 공간 · 시간적 관념의 명석성에 회귀하는 쪽이 정당하지 않을까? 어쨌든 현재 정통으로 되어가고 있는 파동역학의 해석이 유일 가능한 것인가 아닌가를 알기 위하여, 이 분야에서의 극히 곤란한 문제를 다시 검토

엄격한 인과원리는 또한 그것을 인식론적 요청으로서 해석함으로써 유지될 수 있다. 즉 감관의 세계에서 관찰 가능한 현상들 간의 결합을 추구하기를 요구하고, 이들 사실을 원인과 결과로서 이해할 것을 요구하며, 그리하여 실재를 설명할 것을 요구하는 규범, 즉 인간인식을 향하는 규범으로서 해석함으로써 이 원리는 유지될 수 있다. 물론 그러한 요청은, 실재는 그러한 인과적 해석에 적합하다는 사실을, 작업가설로서 전제하고 있다. 인과원리는 규범으로서 참도 아니고 거짓도 아니며, 문제가 되는 것은 단지 그것이 유용한가이다. 의심의 여지없이 유용하다는 것이 증명되어 왔으며, 인과원리를 적용할 경우 인간의 인식은 감각적 지각의 혼돈(chaos)을 의미 있는 질서(cosmos)로 변화시키는 데 성공하였다. 이런 요청은 완전히 수행될 수는 없다. 왜냐하면 인간의 감관은 불충분하며, 이 불충분성은 최선의 도구에 의해서도 극복될 수 없기 때문이다. 따라서 감관의 세계에 관한 인간인식은 항상 어떤 한계 안에 머물러 있을 수밖에 없다. 왜냐하면 자연과학의 발전은 무한하지만 결코 도달하지 못하는 과정이라는 성격을 가지고 있기 때문이다.[27] 그러나 이러한 사실은 인과의 인식론적 요청의 타당성에 영향을 줄 수

해보는 것이 현재 유익하다는 것은 틀리지 않는다."(*La phyique quantique restera-t-elle indeterministe?* (Paris: Gauthier-Villars, 1953), 21-22 쪽)

27) 플랑크는 또한 인과원리의 해석을 받아들이고 있는 것처럼 보인다. 그는 다음처럼 이야기한다 (앞의 책, 268-269 쪽) "인과법칙이 논증도 될 수 없고 논리적으로 반박도 될 수 없다는 것은 참이다. 그것은 참도 아니고 거짓도 아니다. 인과법칙은 발견적 원리이다. 그것은 갈 방향을 지시할 뿐이다. 나의 생각으로는 그것은 가장 가치 있는 지침이며, 우리는 그것을 소유하고 있기 때문에, 사건들의 혼돈 와중에서 길을 발견하게 되고, 과학 탐구가 어떤 방향으로 진행되어야 하는가를 알게 되며, 그리하여 그것은 유용한 결과에 이르게 될 것이다. … 과학은 확실한 인식에 안주하는 게으름뱅이가 아니며, 부단하게 노력하고, 시적(詩的) 직관이 이해할 수는 있지만, 지성이 완전히 파악할 수는 없는 목표를 향한, 쉼 없는 노력이며 끊임없이 진행하는 발전이다."

는 없다. 불확정성의 관계나 현재의 의지행동에 대한 자기관찰에서처럼 구체적인 경우에 이 요청은 충족될 수 없겠지만, 그렇다고 해서 그런 불충분성이 그것의 타당성의 예외를 이루는 것은 아니다. 이것은 마치 특정한 사람의 행동을 명하는 도덕규범이나 법적 규범에 불복종하는 것이 그것의 유효성[타당성]의 예외를 이루는 것이 아닌 것과 꼭 같다. 규범은 그것에 대한 불복종에도 불구하고 유효성을 계속 유지한다. 어떤 행동을 **지시**하는 규범은 예외를 허용하지 않는다. 다만 어떤 것을 **기술**하는 규칙은 예외를 허용한다. 다른 말로 하면, 실재의 현상들이 원인과 결과로서 해석될 수 있다는 작업가설이 차츰 과학적 경험에서 타당한 것으로 증명된다면, 어떤 경우 그것이 적용되지 않는 사실이 이 가설을 버려야 할 충분한 이유가 되는 아니다. 인과원리가 인식론적 규범으로 이해된다면, 또는 그것이 그것의 대상을 기술하는 법칙으로 이해되지만, 그러나 감관의 세계에 대한 기술이 아니라 물리학의 이상적 세계상에 대한 기술이라면, 그것이 엄격한 타당성을 가지고 있다는 것은 의심의 여지가 없다. 다른 한편으로 자연과학이 자신의 현재의 자신의 현상황에 따라 우리의 감관의 세계를 기술할 때에 사용하는 법칙 속에 함의되어 있는 것으로 이해된다면, 이들 자연법칙은 예외를 허용하는 단순히 통계적인 확률법칙으로 간주될 수 있다.

인과원리의 엄격한 유효성을 유지하기 위하여, 예컨대 라플라스가 했던 것처럼[28] 이상에 대한 형이상학적 가정을 받아들일 필요는 없다. 과거의 모든 사건과 현재의 모든 사건을 알고, 관찰에서 관찰대상에 대한 간섭 없이, 모든 미래의 사건을 절대적으로 확실하고, 정확하게 예견할 수 있는 전지(全知)한 정신이나 지성이라는 형이상학적 가정을 할 필요는 없다. 그런데 플랑크 역시 그 가정에

28) 이 책 제13장「인과와 응보」489 쪽을 참조할 것.

의지하고 있다. 그는 물리학이 구성하고 있는 이상적 세계상을 인과원리와 연계시킴으로써 엄격한 인과원리를 유지하려는 자신의 이전 시도를 폐기해 버렸다. 왜냐하면 이 세계상은 "우리의 상상력에 기인하므로 일시적이며 가변적인 성격을 가지고 있고, 기본적인 물리학적 개념으로는 거의 가치가 없는 임시변통 개념"[29]이며, "의인적" 관념이기 때문이다.[30] 이런 이유 때문에 "문제가 되는 것은 이러한 인위적인 산물을 도입하지 않고서 인과개념에 보다 심원하고 직접적인 의미를 부여하는 것이 가능한가의 여부이다."[31] 그의 생각에 의하면, 이것은 "현재의 모든 장소에서 생기하는 물리적 사건들에 대한 완전한 지식을 가지고 있는 이상적인 지성"을 가정함으로써, 따라서 미래의 모든 물리적 사건들을 예견할 수 있는 이상적 지성,[32] "인간의 지적 삶 속의 사건들뿐만 아니라 자연적 힘의 움직임에 대한 완전한 지식을 가지고 있으며, 세부적인 부분까지 확대된 지식, 현재 · 과거 · 미래를 아우르는 지식을 가지고 있는 이상적 정신"[33]을 가정함으로써 행해질 수 있다. "양자물리학에서뿐 아니라 고전물리학에서 단 하나의 사건조차 정확하게 예측하는 것이 불가능하다는 현실은 감각기관과 측정도구를 가진 인간이 그 자신 자연의 일부이고, 자연의 법칙에 종속해 있으며, 자연의 한계 안에 제한되어 있는 환경의 자연스러운 귀결인 듯이 보인다. 반면에 이상적인 지성은 그러한 한계로부터 자유롭다."[34] 이것이 의미

---

29) Planck, 앞의 책, 264 쪽.
30) Max Planck, *Der Kausalbegriff in der Physik*. 영어판. Max Planck, *Scientific Autobiografic and Other Papers* (New York: Philosophical Library, 1949), 144 쪽.
31) Planck, *Forträge und Erinnerungen*, 264 쪽.
32) 같은 책, 265 쪽.
33) 같은 책, 267 쪽.
34) 같은 책, 265-266 쪽.

하는 바는 이 이상적 지성이 자연을 넘어선 존재, 초월적 영역 안의 존재로서 상상되고 있을 뿐이라는 것이다. 이 존재는 자연법칙에 종속되지 않기 때문에, 이 존재는 인과원리의 적용을 받지 않는다. 그리하여 이상적 정신에 대한 형이상학적 가정을 하게 되면, 우리는 보편적 인과법칙을 유지하기 위해서 이 법칙의 지배를 받지 않는 자가 가정되지 않으면 안 된다는 역설적 귀결에 이르게 된다. 게다가 이상적 정신은 물리학의 이상적 세계상 못지않게 인간의 상상력의 산물이요, 확실히 후자보다 훨씬 더 의인관적 성격을 가지고 있다. 과학적 관점에서 보면, 이 이상적 정신은, 관찰대상에 대한 간섭 없이, 정밀한 관찰을 기초로 해서, 자연현상을 원인과 결과로서 해석해야 한다는 규범적 요청을 실체화하고 인격화한 것 이외 다름 아니다. 실체화인 한에서 그것은 전지전능한 초월적 신 관념과 결코 다르지 않다. 이상적이며 초월적인 지성에 대한 플랑크의 가정은, 본질상 종교적 감정의 영향을 받고 있다는 사실은 다음의 진술에서 도출된다. "우리는 이상적 정신을 우리 자신과 동렬에 있는 것으로 가정해서는 안 된다. 그것이 어떻게 해서 미래의 사건을 정확하게 예측할 수 있는 인식능력을 획득하게 되었는가의 물음을 물을 권리가 우리에게는 없다. 왜냐하면 그렇게 꼬치꼬치 묻는 것에 대해서는 다음처럼 답변될 수 있기 때문이다. '너는 네가 파악할 수 있는 정신과 닮아 있지, 나와 닮아 있지 않다.' "[35] 이것은 괴테의 『파우스트』(*Faust*)에서 나오고, 플랑크가 인간의 지성과 초월적 지성간의 기본적인 차이를 강조하기 위하여 인용한 구절이다. 플랑크는 다음처럼 이야기한다. "천재의 창조적 작품이 어떻게 해서 이루어졌는가를 이해하기 위해서는 믿을 수 없을 정도로 높은 이성, 거의 신적인 이성이 필요하다. 그러나 그러한 이성이 존재한

---

35) 같은 책, 266 쪽.

다는 가정에 대해서 원리상 나는 어떤 반대도 볼 수 없다. 신의 눈 앞에서는 가장 높은 인간 지성도 초보단계의 구조물과 같다."[36] 플랑크가 신과 동일시된다는 것을 인정한 이상적 정신에 대한 자신의 가정을 정당화하기 위하여, 그는 결국 다음을 주장하게 된다. 이러한 가정은 "과학에 기여하는" 자의 "신앙의 문제"[37], 즉 종교적 문제이다. 과학과 종교의 관계에 대해서 그는 다음처럼 이야기 한다. "종교와 자연과학은 회의론과 독단론에 대한, 불신앙과 미신에 대한, 끊어지지도 않고 지치지도 않는 십자군 안에서 연합해서 벌이는 전투이다. 이 십자군의 집합구호는 항상 있어왔고 항상 있을 것이다. '신을 향해서' "[38] 플랑크가 이상적이고 초월적 지성을 가정하고, 또한 의지의 자유를 가정하는 배후에 신에 대한 이러한 신앙이 숨겨져 있다는 것은 명백하다. 신도 인간의 의지도 다른 원인에 의해 규정되지 않는 제1원인(*prima causa*)으로 이해되는 한, 이 두 가지 가정은 서로 밀접하게 연결되어 있다. 인간은 그 의지의 행위에서 제1원인의 능력을 가지고 있기 때문에, 신학적 사변에서 인간이 신의 모상(模像)으로 서술될 수 있다.

의지의 자유가 자연적 실재를 지배하는 인과로부터 벗어나 있다는 것을 의미한다면, 의지의 자유와 보편적 인과법칙을 화해시키는 일은 불가능하다. 그러나 올바로 이해된다면 의지가 자유롭다는 주장은 자연적 실재의 영역과 연관되는 것이 아니라, 도덕적 혹은 법적 규범의 유효성[타당성]의 영역에 연관된다. 왜냐하면 의지의 자유는 본질적으로 도덕적 · 법적 책임과 연결되어 있으며, 귀책과 연결되어 있기 때문이다. 자연적 실재 안에 책임과 같은 것은 존재하

---

36) 같은 책, 311 쪽.
37) 같은 책, 266 쪽.
38) 같은 책, 333 쪽.

지 않는다. 도덕이나 법과 같은 규범적 질서가 책임을 구성한다. 전자는 결정체(結晶體)에 충돌하고 반사하거나 반사하지 않는 것에 대해 책임을 지지 않는다. 왜냐하면 그것은 도덕질서나 법질서 하에 있는 것으로 생각되지 않기 때문이다. 따라서 양자역학의 상황으로부터 의지자유의 문제에 대한 어떤 결론도 도출될 수 없다.[39] 이 개념은 인간의지는 인과적으로 결정되지 않는다는 소극적 의미를 갖는 것이 아니라, 인간의지는, 따라서 이 의지에 의해 야기되는 인간행동은 규범적 귀책의 끝점이라는 적극적 의미를 갖는다.[40]

---

39) 앞에서 지적했듯이, 브리지먼은 원인과 결과의 법칙은 포기되어야 하며, "우주는 무의미하게 됨으로써" 우리 앞에서 사라져야 한다는 사실을 불확정성의 원리의 결과로서 간주하고 있다. 이 진술이 "의미의 경계를 넘어선 그 무언가가 실제로 존재한다는 것을"(앞의 책, 451 쪽) 함의하고 있지 않다는 사실을 그는 분명히 하고 있다. 이 과학혁명이 가지는 결과에 대해서 그는 다음처럼 말하고 있다. "직접적인 결과는 지성의 영역에서 타락하고 방탕한 생각을 낳을 것이다. … 그러므로 거리의 사람들은, 과학자들이 의미가 이르는 데까지 이르게 되었다는 진술을 곡해해서, 자신들이 자신의 명령으로 사용할 수 있는 만큼의 도구를 사용해서 이를 수 있는 데까지 이르게 되었으며, 이들의 시야 너머에 무언가가 있다고 말한다. 과학자들이 도달할 수 없는 것을 증명했던 이 상상의 피안은 모든 신비가나 몽상가가 상상의 나래를 펴는 근거의 역할을 하게 될 것이다. 그런 영역의 존재가 여러 가지 추론이 난무하는 근거가 되며, 이것이 영혼의 실체가 되기도 하고, 죽은 자의 정령이 그것을 거주하게 하기도 하며, 신이 그것의 그림자 안에 잠복해 있기도 하고, 생명 과정의 원리가 여기서 자리를 잡기도 할 것이며, 텔레파시의 영매(靈媒)가 되기도 한다. 어떤 사람들은 물리학에서 인과법칙이 좌절됨으로써 자유의지라는 오래된 물음의 해결을 발견할 것이다." 물리학의 영역에서 브리지먼과 같은 과격한 비결정론자도 불확정성의 원리가 의지의 자유라는 도그마의 근거가 되는 것을 부정하고 있다는 점을 주목해보는 것이 중요하다.

40) 플랑크는 의지의 자유는 자연과학의 문제가 아니라 윤리학의 문제라고 하는 점을 인정하고 있는 듯이 보인다. 그는 다음처럼 말한다(*Vorträge und Erinnerungen*, 312 쪽). "그리하여 삶의 행동에서 가장 중요한 문제에 직면했을 때, 인과적 인식은 제 역할을 하지 못한다는 사실을 우리는 발견하게 되었다. 자연과학도 자기인식도 주어진 미래상황에서 우리가

어떻게 행동을 할 것인지에 대해 완벽한 정보를 줄 수 없다. 이 목적을 위해서는 다른 안내자가 필요하다." 이 안내자는 윤리학이다. 그 대상이 도덕, 즉 규범들의 체계인 과학으로서의 윤리학은, 미래에 우리가 어떻게 행동할 것인지에 대한 정보를 우리에게 주지도 못하고 줄 수도 없다. 플랑크는 그의 방금 인용한 진술과 모순되게 이런 귀결을 윤리학으로부터 기대하지 않는다. 그는 계속해서 이야기한다. "안내자는 우리에게 주어진 상황에서 [필요한] 행동규칙을 제공함으로써 지성에 따라서 행동하지 않고 곧바로 의지에 따라서 행동한다. 이로부터 과학은 과학이 남겨놓은 틈을 메꾸기 위해 완벽을 요구하게 된다는 귀결이 뒤따른다. 이 완벽은 윤리학이다. 윤리학은 인과적 '필연'(must)에다 도덕적 '당위'(ought)를 추가하며, 순수인식의 옆에다 인과적 고려에게는 낯선 가치판단을 둔다." 윤리학이 과학에서의 틈을 메우는 것이라고 가정된다면, "과학"은 이와 연관해서 단지 자연과학만을 의미하며, 과학은 지성에 따라서 활동해야 하고, 자연과학과는 다르게 인과원리를 적용하더라도 일종의 과학이어야 한다. 안내자인 "윤리학"이, 행동규칙을 제공함으로써 의지에 따라 활동하는 학문을 의미한다면, 윤리과학의 대상은 즉 규범체계로서의 도덕(혹은 관습(mores))은 윤리학으로 대체된다. 많은 다른 학자들과 마찬가지로 플랑크는 양자를 혼동하고 있다. 그는 다음처럼 이야기한다. "윤리학은 과학에 기초해 있지 않다는 것은 참이다. 그러나 다른 한편 윤리학은 과학으로부터 떨어질 수 없다. 확실히 과학과 충돌하지 않는다. 그리하여 윤리학은 상당히 과학과 공통점을 가지고 있지만, 또한 상당히 과학과 공통점을 가지고 있지 않다." 도덕이나 관습의 **기술**(description) 로서의 윤리학은 과학**이며**, 그런 한 윤리학이 인과원리를 적용하지 않고 귀책원리를 적용한다는 사실에 의해서 자연과학과 정확하게 차이가 남에도 불구하고, 자연과학과 공통적인 무언가를 가진다. 도덕이나 관습, 즉 **명령**(prescription)의 규범들의 체계, 즉 윤리학의 대상은 과학과 아무런 공통점을 가지지 않는다. 자연과학의 대상인 감관의 세계가 과학과 공통적인 아무 것도 가지지 않는 것처럼, 과학으로서의 윤리학도, 이 과학의 대상으로서의 도덕이나 관습도 과학과 충돌할 수 없다. 자연과학이 보편적 인과법칙의 타당성을 가정한다면, 윤리학은 그것의 대상 안에서 이 법칙에 대한 예외가 나타난다고 주장할 수 없다. 과학으로서의 윤리학과 그것의 대상, 즉 규범체계로서의 도덕이나 관습 간의 혼동을 피하기 위해 플랑크는 자연과학과 사회과학으로서의 윤리학의 올바른 관계, 따라서 그의 문제의 만족스러운 해결, 즉 인과원리와 의지자유의 관념의 양립가능성을 이해해야 한다고 주장한다.

XIII

인간행동이 귀책의 가능한 대상이 되기 위해서 인과법칙의 지배를 벗어난 것으로 고려되어야 한다면, 인과성과 자유는 실로 양립할 수 없을 것이다. 따라서 결정론 학파와 비결정론 학파간의 명백히 극복 불가능한 충돌이 발생하게 된다. 그러나 우리가 도덕적·종교적·법적인 존재로서의 인간이 자유롭다는 진술의 참된 의미를 이해한다면, 그러한 충돌은 사라지게 된다. 인과의 의미가 절대적 필연성을 의미하는 데에서 단순히 개연성을 의미하는 것으로 축소된다면, 인과원리에 따라서 자연을 지배하는 필연과 귀책원리에 따라서 사회를 지배하는 자유 간에 흔히들 이야기하는 첨예한 대립은 상당부분 사라질 것이다. 그러나 인과가 절대적 필연성을 의미하고, 귀책이 자유를 의미한다 하더라도, 하나가 다른 하나를 결코 배제하지 못할 것이다. 이른바 결정론과 이른바 비결정론 간에는 어떤 모순도 존재하지 않는다. 인간행동이 자연의 법칙에 따라 해석된다면, 같은 의미이지만 자연의 일부로서 해석된다면, 그 행동은 선행하는 원인에 의해서 결정된 결과로서 이해되는 것이다. 이런 해석에 따르면, 인과가 절대적 필연성을 의미하든 단순한 개연성을 의미하든, 인과의 지배를 받지 않는다는 의미에서의 자유와 같은 것은 존재하지 않는다.

그러나 우리는 인간행동을 인과의 지배를 받는다고 가정하지 않고서 사회적 규범에 따라서, 즉 도덕질서·종교질서·법질서에 따라서 해석할 수 있고, 또 실제로 해석하고 있다. 어떤 결정론자도, 범죄를 저지르고 영웅적 행위를 수행하는 것이 인과적으로 결정되어 있기 때문에, 범죄자가 처벌을 받아서도 안 되고 영웅이 보상을 받아서도 안 된다는 것을 심각하게 요구하지는 않는다. 그는 범죄자가 처벌을 받는 것에, 영웅이 보상을 받는 것에 동의한다. 즉 범죄뿐만 아니라 영웅적 행위가 인과법칙에 의해 결정되어 있다 하더라도, 범죄에 대해서는 처벌이라는 귀책이, 영웅적 행위에 대해서는 보상이라는 귀책이 주어져야 한다는 점에 대해 동의한다. 처벌과 보상이 제공될 수 있는 것은 오직 처벌에 대한 두려움이 사람들로 하여금 범죄를 저지르지 않는 결정을 인과적으로 할 수 있게 하고, 보상을 바라는 것이 사람들로 하여금 영웅적 행위를 하는 결정을 인과적으로 할 수 있게 하기 때문이며, 그 이상도 그 이하도 아니다. 처벌과 보상의 귀책은 인간행동의 있을 수 있는 인과적 결정이라는 가정을 전제한다. 사람들이 귀책의 끝점이기 때문에 자유롭다면, 인과는 선행에는 보상을, 범죄에는 처벌을 결합시키는 규범에 의해서, 자유를 함의하는 귀책과 양립 가능할 뿐만 아니라, 즉 인간행동의 규칙과 양립 가능할 뿐만 아니라, 실로 귀책과 그리하여 인간의 자유를 구성하는 그런 규칙이 인과원리를 전제하고 있다.

규범적 질서로서 사회를 지배하는 자유의 이념과 인과적 질서로서 자연을 지배하는 인과법칙을 화해시키기 위해서는, 비결정론이 자신의 근거로 삼고 있는 형이상학적 · 종교적 견해에 의거할 필요가 있다. 만약 우리가 귀책을 인과원리와 다른 원리로서 인정하지만, 그러나 어떤 사람이 자연과학에서 성취한 것을 다른 사람이 사회과학에서 성취하기 때문에 인과원리와 유사한 원리로서 인정한다면, 그러한 화해는 합리적인 과학의 영역 안에서 가능하게 된다. 이것은 해묵은 문제에 대한 만족스러운 해결책인 것처럼 보인다. 이런 해결책이야말로 자연의 필연과 사회의 자유간의 이른바 해소할 수 없는 이율배반이라는 사이비 문제를 해소시켜버린다. 합리적 · 경험적인 세계관과 형이상학적인 세계관이라는 근본적으로 상이하고 화해할 수 없는 두 철학 진영 간의 대립인 것처럼 보이는 것은 사실은 두 상이한 방법에 대한 합리적이면서도 경험적인 두 상이한 인식방식이라는 평행관계에 불과하다. 즉 이러한 인식은 그 두 상이한 방법에 의해 자신의 대상의 두 요소를 서로 결합시키고 있으며, 이렇게 됨으로써 인과와 귀책이 완전히 양립가능하게 되며, 인과와 귀책의 이원론은 해소된다.

XIV

본래의 의미로 사용되고 있는 귀책원리는 인간행동의 두 활동을 서로 결합시킨다. 즉 한 개인의 행동을 다른 개인의 행동과 결합시킨다. 예를 들면 도덕법칙에서 선행에는 보상을, 범죄에는 처벌을 제공하는 경우에 그렇게 한다. 혹은 한 개인의 행동을 그 개인의 다른 행동과 결합시키기도 한다. 예를 들면 종교법칙에서 죄에 대한 참회를 제공하는 경우에 그렇게 한다. 이 모든 경우에 사회적 규범은 어떤 인간행동을 조건으로서 명령한다. 이러한 조건뿐만 아니라 결과도 인간행동의 활동이다. 그러나 사회적 규범은 인간행동에 관계할 뿐만 아니라, 다른 사실에도 관계한다. 사회적 규범은 어떤 결과를 야기하는 어떤 행동을 명령하거나 금지할 수 있다. 사회적 규범에 따라서 본인이나 타자뿐만 아니라 인간행동이 아닌 사실이 어떤 행동을 조건으로서 명하거나 금지할 수 있다. 심지어 어떤 규범들은 그러한 사실들만으로 어떤 인간행동을 조건으로서 명령하기도 한다. 예를 들면, 사회규범이 살인, 즉 의도적인 죽임을 금지한다면, 금지되는 것은 다른 개인의 죽음을 결과로 가지는 개인의 행동이다. 이 경우 살인자와 살인미수자의 행동은 정확하게 같지만, 살인미수는 의도된 결과를 가지지 않는다. 살인과 살인미수의 차이는 범죄자의 행동의 차이가 아니라 그 결과의 차이이다. 하나는 어떤 개인의 죽음을 결과로서 가지지만, 다른 하나는 그렇지 않다. 죽음은 인간행동이 아니라 하나의 생리적 과정이다. 규범은 다음을 명령할 수 있다. 어떤 사람이 자신의 행동에 의해서 다른 사람에게 물적 손해를 입힌다면, 그는 그 손해에 대해 배상을 해야 한다. 혹은 원시시대 종교의 규범은 다음을 명령할 수도 있다. 유행병이 도는 경우에 어떤 사람을 신에게 제물로 바쳐야 한다. 이 손해와 유행병은 일종의 사실들로서 인간행동이라는 특성을 가지지 않는다.

규범이 개인들의 행동에 관계하지 않고 그 개인들에 관계할 수도 있다는 점이 추가되어야 한다. 법적 규범이 제공하는 제재는 개인에게 가해져야 한다. 그러나 제재를 받게 되는 개인의 행동은 제재의 조건 중에 포함될 수는 없다. 예컨대 개인이나 개인들이 다른 사람이 저지른 불법행위에 대해 책임을 져야하는 경우가 있다. 특히 집단책임이 확립된 경우가 그러하다. 즉 개인들은 자신이 불법행위를 저질렀기 때문이 아니라 불법행위가 이루어진 집단에 속해 있기 때문에 처벌을 받는 경우가 그런 경우다. 이런 경우에 제재의 대상이 되는 개인은 제재를 집행하는 다른 개인의 행동의 대상일 뿐이다. 책임을 지게 되는 개인은 법적 의미를 지니는 행동의 주체가 아니다.

XV

일정한 요건 하에서 일정한 행동이 일어나야 한다는 진술에서, 이 조건이 인간행동이 아니거나 인간만의 행동이 아니라면, 그리고 요건 사실과 조건의 결과인 인간행동 사이의 결합이 귀책으로 나타난다면, 이 용어는 원래의 의미보다 넓은 의미로 사용된다. 왜냐하면 효과는 인간행동에 귀속[귀책]되는 것이 아니라 혹은 인간의 행동에만 귀속되는 것이 아니며, 동일한 의미지만 통상적인 용어를 사용하여 표현한다면, 효과는 한 개인에게 귀속되는 것이 아니라 혹은 개인에게만 귀속되는 것이 아니라, 사실이나 상황에 귀속되기 때문이다.

무조건적으로 명령하는 것처럼 보이는, 같은 의미이지만, 모든 상황 하에서 어떤 인간행동을 명령하는 것처럼 보이는 사회규범도 있다. 이들 규범은 예를 들어 거짓말해서는 안 된다, 살인해서는 안 된다, 간음해서는 안 된다 등의 도덕규범과 같은 부작위(不作爲)에 대해 내리는 규범이다. 이들 규범이 실제로 절대적 규범의 성격을 가진다면, 조건과 귀결이라는 두 요소를 결합하는 진술에 의해 이들 규범이 구성하고 있는 사회적 상황을 기술하는 것은 가능하지 않을 것이다. 또한 귀책의 원리가 적용되지 않을 것이다. 그러나 부작위를 명령하는 사회적 규범은 절대적 규범이 아니다. 일정한 행위는 일정한 조건 하에서만 수행될 수 있기 때문에, 적극적인 행위가 무조건적으로 명해질 수 없다는 것은 자명하다. 그러나 부작위도 또한 무조건적으로 명해질 수 없다. 그렇지 않으면 부작위를 명하는 규범은 무조건적으로 준수되거나 무조건적으로 위반되어야 하든가 둘 중 하나이다. 그러나 그것은 사실이 아니다. 개인이 항상 그리고 모든 곳에서 거짓말하고, 도둑질 · 살인 · 간음을 하는 것은 가능하지 않으며, 어떤 일정한 상황 아래서만 그런 것이 가능하다. 부작위를 명령하는 도덕규범이 무조건적, 즉 절대적 의무를 과한다면, 개인은 잠자는 동안 이들 의무를 수행할 것이고, 잠자는 것은 도덕적 관점에서 본다면 이상적인 상태가 될 것이다. 어떤 행동의 부작위를 규범으로 명하는 조건은 어떤 행동을 가능하게 하는 모든 상황의 집합이다. 게다가 경험상 존재하는 사회에서는 예외를 가지지 않는 금지란 없다. 거짓말을 해서는 안 된다, 살인을 해서는 안 된다, 상대방의 동의 없이 그의 재산을 빼앗아서는 안 된다 등과 같은 가장 기본적인 규범조차도 중요한 제한 하에서만 유효하다. 이런 것들을 금지하지 않는 상황들이 존재한다. 이것을 통해 다음을 알 수 있다. 즉 적극적 행동을 명령하는 것뿐만이 아니라 부작위를 명령하는 모든 사회적 규범은 일정한 요건 하에서만 어떤 행동을 하도록 명령한다는 것을, 그리고 어떤 규범도 어떤 요건 하에서 어떤 효과가 발생해야 하다는 취지의 진술에 의해 기술될 수 있는 결합을 두 요소 사이에 확립한다는 것을 알 수 있다. 이것은 인과원리와 대립해있는 귀책원리의 문법적 형식이다.

15. 과학과 정치

▪ ▪ ▪

출처. "Science and Politics," *American Political Science Review*, Sept., 1951.

I. 사실과 가치

과학이 정치로부터 독립해야 한다는 주장은 상식이다. 이런 명제를 통상 사람들은 과학의 본질적인 기능이 진리탐구이고, 진리탐구는 일정한 사회적 질서나 특수한 사회적 제도의 수립과 유지에 관한 정치적 관심의 영향을 받아서는 안 된다는 것으로 이해한다. 정치는 통치의 기술이고, 사람들의 사회적 행동을 통제하려는 실천이며, 의지의 기능이고, 가치에 대한 의식적 · 무의식적 가정을 필연적으로 전제하는 활동 그 자체이다. 그리고 이 활동은 가치의 실현을 목적으로 삼는다. 과학은 인식의 기능이다. 그것의 목표는 통치하는 것이 아니라 설명하는 것이다. 세계를 기술하는 것이 과학의 대상이다. 궁극적으로 과학이 정치로부터 독립한다는 것은 과학자는 어떤 가치도 전제해서는 안 되고, 따라서 자신의 대상을 선 · 악으로 판단하지 않고서, 즉 전제된 가치에 일치하는가 아니면 일치하지 않는가를 판단하지 않고서, 그 대상의 설명과 기술에 자신을 제한해야 한다는 것을 의미한다. 이것은 자신의 탐구대상을 기술하고 설명하는 과학자의 진술이 과학자 자신이 믿고 있는 가치에 의해 영향을 받아서는 안 된다는 것을 함축하고 있다. 과학적 진술은 사실에 관한 판단이다. 정의상, 그 진술들은 객관적이며, 판단하는 주관의 바람이나 두려움에 독립해 있다. 왜냐하면 그 진술들은 경험에 의해 검증될 수 있기 때문이다. 이들 진술은 참이거나 거짓이다. 그러나 가치판단은 성격상 주관적이다. 왜냐하면 이들 판단은 궁극에 가서는 일반적으로는 판단하는 주관의 인격, 특수하게는 그의 의식의 정서적 요소에 근거해 있기 때문이다.[1)]

과학의 분야에서 가치판단을 배제하는 원리는 한 가지 예외를 가지는 것처럼 보인다. 자주 주장되듯이 과학이 전제해야 하는 하나의 가치 즉 진리가 있으며, 결과적으로 과학자가 합법적으로 진술하는 하나의 가치판단, 즉 어떤 것이 참이라거나 거짓이라는 판단이 있다. 그러나 진리는 예컨대 개인의 자유인가 경제적 안정인가와 같은 정치활동의 기초에 있는 가치와 같은 의미를 가진 가치가 아니다. 어떤 것이 참이라거나 거짓이라는 판단은 어떤 것이 선이라거나 악이라는 판단과는 본질적으로 다르다. 이것은 가치판단의 가장 일반적인 정식이다. 진리는 사실과의 일치를 의미하지, 전제된 가치와의 일치를 의미하지는 않는다. 어떤 것이 참이라거나 거짓이라는 판단은 사실의 존재나 비존재의 확인이다. 그러한 판단은 그것이 판단하는 주관의 바람과 두려움에 독립해 있는 한 객관적인 성격을 지니며, 이성의 통제를 받는 감각경험에 의해서 검증 가능하다. "쇠는 물보다 무겁다"는 진술이 참이라는 것, "물이 쇠보다 무겁다"는 진술이 거짓이라는 것은 실험에 의해 증명될 수 있다.

---

1) 이 책 제8장「법 과학에서의 가치판단」331 쪽 이하를 참조할 것.

하나는 참이고, 다른 하나는 거짓이며, 이것은 판단하는 주관이 이런 저런 이유로 해서 그 반대를 원한다 하더라도 변함이 없다. 반면에 경제적 안정이 아니라 개인의 자유를 보장하는 사회조직이 선이라는 진술, 따라서 그것은 개인의 자유를 보장하지 않고 경제적 안정을 보장하는 사회조직보다 더 선하다고 하는 진술은 사실에 관한 진술이 아니다. 그것은 실험에 의해 검증될 수 없으며, 참도 거짓도 아니다. 오히려 그것은 유효(valid)하거나 유효하지 않다. 예를 들면 가치로서의 개인의 자유와 경제적 안정 중 어느 쪽이 더 나은지라는 가치판단은 다수의 사람들이 실제로 경제적 안정보다 개인의 자유를 선호한다는 진술과 혼동되어서는 안 된다. 후자는 실로 사실에 관한 진술이며, 참이거나 거짓일 수 있다. 대부분의 사람들이 경제적 안정보다 개인의 자유를 선호한다는 진술이 거짓이고, 대부분의 사람들이 개인의 자유보다 경제적 안정을 선호한다는 진술이 참이라면, 후자의 진술은 논리적으로 전자의 진술을 배제한다. 그러나 그 진술은, 비록 대부분의 사람이 선호하고 있지는 않지만 개인의 자유가 더 높은 가치이고, 따라서 경제적 안정보다 "더 선하다"는 가치판단을 배제하지는 않는다. 가치에 관한 판단은 사실에 관한 판단에 의해 논박될 수 없다. 실로 그 판단들의 의미가 사실에 관한 판단에 의해 논박될 수도 없고 지지될 수도 없는 그런 판단이라면, 그 판단은 이 용어의 특수한 의미에서 가치판단이다. 이런 의미에서 사실과 가치는 항상 상이한 두 영역이다.

그러나 "가치"와 "가치판단"이라는 용어는 자주 다른 의미로 사용된다. 어떤 것은 어떤 목적의 적절한 수단이라는 진술이 가치판단이라고 간주되는 경우가 그러하다. 그런 진술의 의미는 원인으로서의 어떤 것이 목적이라고 가정되는 어떤 결과를 산출할 수 있다는 것이다. 이 진술은 원인과 결과의 관계에 관한 것이다. 특수한 사실, 즉 자연의 사실을 구성하는 것은 바로 사실들 간의 이런 관계뿐이다. 자연과학은 인과원리를 적용함으로써, 즉 일정한 조건 하에서 특수한 결과가 확실히 혹은 개연적으로 발생할 것이라는 진술에 의해서, 자신의 대상을 사실로서 기술한다.[2] 이들 진술은 소위 자연의 법칙들이다. 어떤 것이 어떤 목적의 적절한 수단이라는 진술은 참이거나 거짓이다. 참이기 위해서 그것은 경험에 의해 검증될 수 있어야 한다. 공산주의 조직은 "선"하다는 진술이 단순히 모든 사람에게 경제적 안정을 산출하는 적절한 수단이 공산주의 조직이라는 것만을 의미한다면, 그리고 자본주의 조직이 "나쁘다"는 진술이 그런 결과를 이 조직은 가져오지 않는다는 것만을 의미한다면, 이 두 진술은 그 용어의 고유한 의미에서 가치판단이 아니라, 사실에 관한 판단이다. 그 진술들이 가치판단으로서 분류된다면, 그러한 가치판단은 사실에 관한 판단과 다르지 않으며, 오히려 특수한 유형의 사실판단이며, 따라서 과학의 영역에서 배제되지 않는다. 그러나 어떤 것이 어떤 목적에 도달하기 위한 적절한 수단이라는 진술이 과학적 성격을 갖게 되는 것은, 그 진술이 **만약** 어떤 것이 목적으로서 전제된다면 다른 어떤 것이 그것을 위한 적절한 수단이 된다는 것을 의미하는 한에서이다. 과학적 진술은 어떤 것이 목적**이다** 라는 것을 함의하고 있지 않다. 그러므로 과학자가, **만약** 모든 사람에게 경제적 안정을 주는 것이 목적으로서 전제된다면, 공산주의는 적절한 수단이라는 것을 진술하는 것은 정당하다. 그러나 그가 모든 사람에게 경제적 안정을 주는 것이 사회적 삶의 목적**이다** 라고 진술한다면 그는 과학의 영역을 이탈하게 된다. 왜냐하면 과학은 수단을 규정할 수 있지만 목적을 규정할 수 없기 때문이다.

어떤 것이 목적이라는 진술은 개인이, 특히 판단하는 주관이나

---

2) 이 책 제14장,「인과와 귀책(歸責)」 495 쪽 이하를 참조할 것.

여러 개인들이 그것을 원한다는 진술과 동일하지 않다. 후자는 사실에 관한 진술, 즉 인간의 마음의 실제 상태에 관한 진술이다. "목적"이라는 말이 어떤 개인이 실제로 욕구하는 것을 의미한다면, 그 용어는 개인의 의도, 즉 그가 실제로 추구하는 목적을 의미하고 있다. 그러나 어떤 것이 목적이라는 진술, 예를 들면 모든 사람에게 경제적 안정을 주는 것이 사회적 삶의 목적이라는 진술은, 그것의 특수한 의미에서 어떤 것이, 예컨대 모든 사람의 경제적 안정이, 그것이 실제로 추구되지 않는다 하더라도, 그것이 목적으로서 추구**되어야** 한다는 관념을 표현하고 있다. 이런 의미에서 "목적"의 개념은 "옳은 목적"의 개념과 동일하다. 어떤 것이 행해져야한다거나, 동일한 의미이지만 사람들은 어떤 식으로 행동해야 한다는 진술은 이 행위를 명하고 있는 **규범**이다. 따라서 어떤 것이 옳은 목적이라는 의미에서의 목적이라는 진술은 어떤 규범에 의해 명해진 진술과 동일한 의미를 지닌다. 규범은 그것의 의미에 따르면 객관적인 유효성[타당성]을 요구한다. (이런 요구의 근거가 있느냐의 논의는 뒤에 할 것이다.) 따라서 어떤 것이 옳은 목적이라는 의미에서의 목적이라는 진술에서 "목적"이라는 용어는 객관적인 의미를 가진다. 그것은 특정한 개인에 의해서 추구된 목적을 단순히 의미하는 것은 아니다. 이런 의미에서 "목적"은 "가치"를 의미하고, 이런 의미에서 규범은 가치를 구성한다. 그것을 다른 식으로 표현하면, 유효하다고 전제된 규범에 따라서 무엇이 행해져야 하는가에 관한 진술처럼, 어떤 것이 목적이라는 진술은 그 용어의 특수한 의미에서 가치판단이며, 실제로 무엇이 행해지는지 혹은 무엇이 행해질지에 관한 진술과 같은, 사실에 관한 판단과 대립해 있다. 판단하는 주관이 어떤 것을 유효하다고 하여 명하는 규범을 전제하는 한에서만, 어떤 것이 이 규범과 일치한다거나 일치하지 않는다는 그의 판단은 순수한 가치판단인 것이다. 그 때에만 그는 자신의 판단의 대상을 승인하거나 승인하지 않게 된다.

이런 관점에서 우리는 그 다음의 목적에 대한 수단으로서 고려되는 목적과 궁극목적을 구별해야 한다. 궁극목적은 기본규범, 즉 최고 가치에 의해서 구성되는 가치이다. 어떤 것이 목적이라는 진술은 그 다음의 목적의 수단으로서의 목적에 관계하는 것이 아니라, 궁극목적 즉 최고의 가치를 의미하는 경우에만, 그 말의 고유한 의미에서 가치판단이 된다. 이 진술에 의해 사실에 관한 판단을 논박하는 것은 불가능하다. "특정한 가치판단, 특정한 규범은 왜 유효한가?" 이 물음에 대해서 대답될 수 있는 것은 다른 가치판단이나 다른 규범이며, 사실에 관한 판단, 즉 사실의 인식은 그것에 대한 대답일 수 없다. 그리하여 이 물음은 최고 가치나 기본규범에 관한 판단에 이르게 된다. "아이는 왜 아버지를 공경해야 하는가?"의 물음에 대한 올바른 대답은 "신이 아이에게 아버지를 공경하라고 명령했기 때문이다"라는 사실판단이 아니라, "아버지를 공경하라고 아이에게 명했던 신의 명령에 우리는 복종해야하기 때문이다"라는 규범판단이다. 그러나 "왜 우리는 신의 명령에 복종해야 하는가?"의 물음에 대해서는 어떤 대답도 가능하지 않다. 신의 명령에 복종하는 것은 궁극목적, 최고의 가치, 기본규범의 내용이다. 과학은 수단을 규정할 수 있고 궁극목적을 규정할 수 없다고 하는 진술은, 과학은 기본규범의 유효성을 전제해서는 안 된다는 진술과 동일한 의미를 갖는다. 적절한 수단에 관한 과학적 진술은 다음과 같은 조건 명제로서만 만들어질 수 있다. **만약** 궁극목적을 구성하는 기본규범이 유효한 것으로 전제된다면, 어떤 것은 그것의 적절한 수단이다. 즉 그 어떤 것은 전제된 기본규범이 결정하는 결과를 산출할 수 있는 원인이다. 유효한 것으로 전제하는 것은 과학 자체가 아니라 이런 결과를 산출할 의도가 있는 행동하는 개인이다.

목적과 수단의 관계에 관한 합리적 과정 안에서 궁극목적을 가정하는 것이 불가피하다는 것을 아는 것은 중요하다. 그런 가정 없이는 원인과 결과의 관계를 수단과 목적의 관계로 해석하는 것은 불가능하다. 이것이 자명하지 않은 이유는 대부분의 사람들이 그러한 가정이 필요하다는 것을 의식하지 못하고 있기 때문이다. 예컨대 만약 어떤 사람이 민주주의는 좋은 혹은 최선의 정부형태라고 주장한다면, 그가 설명하고 있는 것은 민주주의가 가장 큰 정도의 개인의 자유를 산출할 수 있는 유일한 정부형태라는 것이다. 이러한 설명은 그가 개인의 자유를 보장하는 것이 정부의 목적이라고 생각한다는 것을 함의한다. 그가 왜 개인의 자유를 목적이라고 생각하는가의 물음에 대해서, 아마도 모든 인간은 자유롭기를 원하기 때문이라고 그는 대답할 것이다. 이 대답은 사실에 관한 진술로서 확실성이 매우 결여되어 있다. 그 진술이 참이라 하더라도, 저 물음에 대한 대답은 아니다. 왜 민주주의가 좋은 정부 형태인가의 물음은 사람들이 실제로 어떤 목적을 추구하는가의 사실문제가 아니라, 그들이 무엇을 추구해야 하는가, 사람들이 추구하고 있는 옳은 목적이 무엇인가의 당위문제이다. 따라서 민주주의는 왜 좋은 정부형태인가의 물음에 대한 올바른 대답은 "사람들은 자유로워야하기 때문이다"이다. 이 대답은 자유가 최고 가치라는 것을 의미한다. 이 가치판단은 판단하는 주관에게는 너무나 자명해서, 그는 그 판단이 민주주의에 대한 자신의 판단의 기본전제라는 것을 의식하지 못하고 있다.

개인의 자유나 경제적 안정이나 궁극목적이나 최고 가치로 전제된 다른 것에 관한 판단은 그 이상의 가치판단에 의한 정당화를 허용하지 않기 때문에, 그러한 가치판단에 관해 제기할 수 있는 유일한 물음은 한 개인은 자유를, 다른 개인은 안정을, 또 다른 개인은 다른 어떤 것을 전제하고 있다는 사실에 관한 것이다. 그것은 심리학적 물음 즉 사실에 관한 물음이며, 가치에 관한 물음이 아니다. 이 문제에 대한 탐구는 상이한 전제들 가운데 어떤 것을 선택하는 것은 결국 일반적으로는 판단하는 주관의 인격에 의해 결정되며, 특수하게는 그의 의식의 정서적 요소에 의해 결정된다는 사실을 확인하는 것 이상으로 넘어갈 수 없다. 강한 자기 확신을 가진 사람은 개인의 자유를 선호할 수 있지만, 열등감의 콤플렉스 때문에 고통 받는 사람은 경제적 안정을 선호한다. 어떤 사람이 강한 형이상학적 성향을 가지고 있다면, 죽음에 대한 두려움이 그를 그의 영혼의 불멸을 믿도록 만들었다면, 내세에서의 그의 영혼의 운명에 대한 관심은 그를 소위 물질적 가치보다 정신적 가치, "영혼의 평안"을 더 중요한 것으로 고려하게 할 수 있다. 이에 반해 보다 합리주의적 사고습관을 가진 사람은 자신의 현세에서의 삶을 방해받지 않고 즐기려고 하고, 물질적 가치를 고려하는 유일한 가치라고 생각할 것이다. 이런 의미에서 궁극목적이나 최고 가치에 대한 판단은, 본인들은 객관적인 유효성을 가지고 있다고 주장하겠지만, 대단히 주관적이다. 그리하여 이런 판단은 사실에 관한 판단과 다르다. 사실판단은 경험에 의해 검증될 수 있고, 판단하는 주관의 인격에, 특히 그의 욕구와 두려움에 완전히 독립해 있기 때문에, 그 본성상 객관적이다. 과학은 객관성 때문에 정치와 대립하며, 정치와 분리되지 않으면 안 된다. 왜냐하면 정치는 궁극적으로는 주관적 가치판단에 근거해 있는 활동이기 때문이다.

II. 정치의 과학과 "정치적" 과학

객관성의 원리는 자연과학에뿐 아니라 사회과학에도 적용되며, 특히 소위 정치학에도 적용된다. 정치학의 대상은 정치, 즉 사회적 질서, 특히 국가의 수립과 유지를 지향하는 활동이다. 관련된 현상을 기술하면서, 정치학자는 물론 사람들이 그들의 정치활동에서 전제하고 있는 가치들을 고려해야 한다. 그러나 그렇게 하면서 그는 상이한 정치체제의 수립과 유지는 상이한 가치를 궁극목적으로 전제한다는 사실을 확인하며, 상이한 체제의 기초에 있는 이들 상이한 가치를 발견하는 일에 자신을 국한시켜야 한다. 체제를 서술하면서 그 자신은 이런 저런 가치를 전제해서는 안 된다. 그는 가치를 구성하는 규범을 유효한 것으로서, 즉 자신에 대해 구속력을 가지는 것으로 생각해서는 안 된다. 다른 말로 하면, 그는 자신의 분석대상을 긍정하지도 부정하지도 않아야 된다. 그렇지 않으면, 그의 작업은 정치의 과학이 아니라, 정치의 도구라는 의미에서 "정치적" 과학이 된다. 그렇게 되면 그것은 전혀 과학이 아니며, 정치적 이데올로기에 불과하다.

가치판단으로 가득 차있는 영역을 대상으로 하는 과학 내에서 과학과 정치를 분리하고, 가치판단을 자제하는 것은 얼핏 역설적인 것처럼 보이지만, 그렇지 않다. 사람들이 의식적으로든 무의식적으로든 자신의 정치활동에서 일정한 가치판단에 의해서 결정된다는 사실을 인식하는 것과 그런 가치판단을 지지한다는 것은 완전히 다른 것이라는 사실을 인정할 필요가 있다. 확실히 사회과학, 특히 정치학을 정치로부터 분리하는 것이 자연과학에서 이런 요구에 응하는 것보다 훨씬 어렵다는 것은 부인할 수 없다. 그러나 자연과학도 정치화할 위험에서 결코 벗어나 있는 것은 아니다. 교회가 코페

르니쿠스의 이론을, 그것이 거짓을 증명했기 때문이 아니라, 성서의 권위를 위험에 빠트리고 그리하여 교회의 권위를 위험에 빠트렸기 때문에, 억압하고자 했던 것은 잘 알려진 사실이다. 과학과 정치를 분리하고자 하는 요청에 관하여 자연과학과 사회과학을 차별화할 충분한 이유는 없다.

정치학에 관하여 이런 요청의 정당성을 부인하는 사람들은 적어도 부분적으로는 마르크스 철학의 가장 특징적인 원리 중 하나를 받아들인다. 그것은 다음과 같다. 과학은 정치로부터 분리될 수 없다. 왜냐하면 과학은 경제적 사실, 이 철학에 따르면 정치적 사실의 "상부구조"의 일부일 뿐이며, 따라서 과학은 실제로 정치적 도구 외에 다른 것이 아니기 때문이다. 이 교조는 독립적인 과학의 가능성을 거부하고 있다. 그러나 현대 자연과학의 눈부신 발전은 정치권력, 특히 교회의 권력으로부터의 해방에 크게 기인하고 있다. 정치권력이 과학을 자신의 권위에 종속시키려는 것은 정치권력의 독특한 특성이다. 과거에 자연과학이 완전한 독립을 획득할 수 있었던 것은 승리를 쟁취했던 강력한 사회적 관심, 즉 자유로운 과학만이 보장할 수 있는 기술의 발전에 대한 관심에 기인한 것이다. 이것은 사실이다. 사회과학은 물리학이나 화학이 공학적 지식이나 의료치료의 획득에 기여했던 것과 같은 기술의 진보에 의해 제공된 직접적 이익에 이르지 않았거나 아직 이르지 않았다. 사회과학에서는 권력에 안주하고 권력을 갈망하는 사람들이 자신의 욕망을 만족시키는 이론에서 즉 정치적 사이비 과학에서 가지고 있는 압도적인 관심을 좌절시키는 영향을 여전히 갖고 있지 못하다. 이 정치적 사이비 과학은 정치적 이데올로기 외 다름 아니다. 만약 정치학이 정치로부터 자신을 자유롭게 할 수 없다면, 진성한 정치학은 없을 것이다.

과학이 정치로부터 분리되지 않으면 안 됨에도 불구하고, 정치는 과학으로부터 분리될 필요는 없다. 당연히 정치가는 자신의 목적 실현을 위하여 과학의 결과를 수단으로서 사용할 수 있다. 과학일반도 특수하게는 정치학도 이들 수단을 제공할 수 있으며, 과학만이 적절한 수단을 제공할 수 있다. 그러나 지적되었던 것처럼 과학은 정치의 궁극적인 목적을 결정할 수는 없다. 그러나 스스로 수립하고 유지하고자 한 정치체제의 절대적 정당화를 정치적인 이유로 찾는 사람들에게는 이들 목적이 결국에 가서는 주관적 가치판단에 의거하게 된다는 사실을 인정하는 것은 대단히 어려운 것처럼 보인다. 종교에서 그런 정당화를 발견하고 싶지 않은 사람들은 그것을 과학에서 구하고자 한다. 이런 경향은 또한 마르크스 철학에서 특징적으로 나타난다. 그 철학은 "과학적" 사회주의의 수립을 주장하고 있다. 물론 참된 과학은 종교의 대체물이 되는 것을 거부하고, 가치판단은 사실 인식으로부터 나올 수 있다든가, 가치는 과학의 대상이 되는 사실 안에 내재해 있다는 환상을 파괴하지 않을 수 없다. 가치가 사실 속에 내재해 있다는 견해는 자연과 사회에 대한 종교적·형이상학적 해석, 즉 비과학적인 해석의 특징을 가진다. 절대적 선의 인격화인 신이 자연과 사회를 모두 창조하였다는 점이 전제되는 한에서만, 그것은 일관되게 주장될 수 있다. 이런 견해는 불가피하게 변신론(辯神論), 즉 현실[실재]은 신의 창조물로서 선으로서 간주되어야 하지만, 그럼에도 악이 여전히 내재해 있다는 해결될 수 없는 모순에 이르게 된다. 가치가 현실 안에 내재해 있다는 견해는, 반종교적이고 반형이상학적인 과학이론에 의해 주장된다면 (예컨대, 콩트의 실증주의 철학이나 마르크스에 의한 경제적 역사해석과 같이), 그 어떤 근거도 가지지 못한다.

III. 규범과학들

과학과 정치를 분리해야 한다는 요청은, 과학의 대상은 사실이고, 과학적 진술은 사실에 관한 진술이며, 이 진술은 그 특수한 의미에서의 가치판단과 대립해 있다는 점을 전제한다. 그러나 윤리학이나 법학처럼 과학 또는 통상 과학이라고 간주되는 학문이 있으며, 이들 학문의 대상은 사실이 아니라 가치인 것처럼 보인다. 이들 학문은 가치를 구성하는 규범을 기술하며, 이런 의미에서 "규범"과학이라 부른다. 윤리학의 대상인 도덕과 법학의 대상인 법은 실로 규범의 체계이거나 규범적 질서이며, 이것은 일정한 인간행위를 명령에 의해 통제하거나 그런 행위를 허용한다. 그것들을 과학으로서 간주하기 위해서 우리는 두 가지 상이한 종류의 가치판단이 있는 것과 마찬가지로 두 가지 상이한 종류의 규범이 있다는 사실을 고려하지 않으면 안 된다. 즉 개인의 활동에 의해서 제정된 실정적 규범이 있고, 이런 방식으로 제정되지 않고 단지 행동하고 판단하는 개인의 마음속에 오직 전제될 뿐인 규범이 있다. 규범을 제정하는 활동은 여러 방식으로 수행될 수 있다. 즉 말해진 언어나 쓰인 언어에 의해서, 손짓이나 몸짓에 의해서, 협약의 상징에 의해서, 기타 다른 방식으로 수행될 수 있다. 실정도덕(positive moral)의 질서 규범은 종교 창시자의 설교나 저서에 의해서, 혹은 관습에 의해서, 즉 사회공동체 성원들의 습관적 행동에 의해서 확립될 수 있다. 실정법의 규범은 관습에 의해서, 입법행위에 의해서, 사법적 판결에 의해서, 행정행위에 의해서, 법행위에 의해서 확립될 수 있다. 실정규범체계의 규범들을 제정하는 행위는 항상 외부 세계에서 드러나는 즉, 감관에 감지되는 사실들이다. 그리스도의 추종자들은 산상수훈에서 그리스도가 그들에게 적을 사랑하라는 지시를 내렸을 때 자신들의 주(主)가 이야기하는 목소리를 들을 수 있다. 우리는 사실로서 이를 기록한 성경을 읽을 수 있다. 또한 우리는 납세의무를 우리에게 부과한 법령을 읽을 수 있다. 병사는 무엇을 하라거나 무엇을 하지 말라는 상관의 명령을 들을 수 있으며, 운전하는 사람은 사거리를 횡단하는 것을 허용하는 파란신호를 볼 수 있다. 사실에 의해 규범이 제정된다고 말하는 것은 비유적 표현이다. 규범은 사실의 특수한 의미이고, 이 의미는 우리의 감관에 의해 지각될 수 없으며, 해석의 결과에 불과하다. 사실의 의미를 규범으로 해석하는 것은 규범제정 사실의 성질을 이 사실에 부여하는 다른 규범을 전제하는 조건 하에서만 가능하다. 그러나 이 다른 규범은 결국 실정규범일 수 없다. 그리하여 그리스도가 산상수훈에서 우리에게 할 것을 지시했던 것은 그리스도가 최고의 도덕적 권위라는 것을 우리가 전제하는 한에서만 우리에게 구속력을 갖는 규범이다. 이것을 전제한다는 것은 우리가 그리스도의 명령을 따라야 한다는 규범을 전제하는 것이다. 그러나 그리스도의 명령은 실정규범이지만, 그리스도의 명령을 따라야 한다는 이 규범은 실정규범이 아니며, 그리스도의 명령은 사실의 의미, 즉 공간과 시간에서 수행된 규범제정 행위의 의미이지만, 이 규범의 효력은 그런 것이 아니라 오히려 우리가 마음속에서 상정하고 있을 뿐인 그런 것이다.

실정규범과 비실정규범 간의 차이는 법의 영역에서 특히 분명하다. 한 사람이 다른 사람에게 일정한 금액을 지불하라고 명령한다는 사실은, 만약 명령을 내리는 사람이 공동체의 기관, 예컨대 법령에 의해 권한을 부여받은 사람으로 행동하는 세무 공무원이라고 간주된다면, 그 사람에 의해서 내려진 규범의 의미를 가지는 것으로 해석되고, 다른 사람에 대해 구속력을 가지는 것으로 해석되지만, 다른 사람으로부터 돈을 강탈하는 폭력배의 시도로 해석되지 않는다. 법령을 채택하고 공무원에게 권한을 부여하는 행위는 그것이 헌법에 의해 규정되는 방식으로 수행되는 한에서만 구속력 있는 규범의 의미를 가진다. 그러나 역사적으로 최초의 헌법은, 우리들이 그 최초의 헌법을 제정한 사람들의 명령에 따라야 한다는 규범을 전제하는 한에서만, 구속력을 갖는 규범의 성격을 갖게 된다. 만약 헌법의 최초 제정자들이 자신들의 권위를 신으로부터 얻었다고 가정한다면 몰라도, 그렇지 않다면 우리들은 그 최초의 헌법의 제정자들의 명령에 따라야 한다는 이 규범이 기본규범이 되는 것이다. 이 기본규범은 헌법 그 자체가 그런 것과는 달리 인간의 행위에 의해서 확립된 것이 아니다. 그것은 인간관계를 법적 관계 혹은 법규범에 의해 규정된 관계로서 해석하고자 원하는 사람들에 의해서 전제되어 있을 뿐이다. 그러나 이 전제는 자의적인 것이 아니다. 사실상 우리는, 만약 이 헌법에 기초해서 확립된 법질서가 대체로 유효하다면, 이 헌법을 확립한 사람들이 우리에게 내린 명령대로 행동해야 한다는 것을 전제하고 있다. 이것이 기본규범에 함축되어 있는 유효성의 원리이다.[3)]

법학은 법 **과학**으로서 실정규범을 자신의 대상으로 삼는다. 실정법만이 법 과학의 대상이 될 수 있다. 이것이 법실증주의의 원리이다. 이것과 대립해 있는 것이 자연법론이다. 자연법론은 인간행위에 의해서 제정된 규범이 아니라 자연으로부터 연역된 규범을 제시하고자 한다. 규범을 자연으로부터 연역하는 것, 즉 자연을 입법자로 간주하는 것은 자연을 신이 창조였으며, 그리하여 자연은 절대적으로 선한 신의 의지가 현현하는 것이라는 생각을 전제하고 있다. 따라서 자연법론은 법 과학이 아니라 법 형이상학이다.[4)] 실정

3) 이 책 제8장「법 과학에서의 가치판단」356 쪽 이하를 참조할 것.
4) 이 책 제5장「과학의 법정에 선 자연법론」221-222 쪽을 참조할 것.

법에는 국내법과 국제법이 있다. 국내법은 특정 국가의 헌법에 기초해 있고, 이 헌법이 확립한 법적 권위의 법제정 행위에 의해서 제정된 법이다. 국제법은 관습, 즉 여러 국가들의 관습적 실천에 의해서 제정된 법이고, 이 여러 국가들은 이들 국가가 일정하게 행동하는 대로 행동해야 한다는 전제 위에 기초해 있으며, 바로 이 전제가 국제법의 기본규범이 되는 것이다. 그러나 실정법적 질서의 유효 근거가 되는 규범은 사실상 비실정적 규범이고, 법실증주의 원리도 이런 조건의 제약 하에서만 유지될 수 있다. 그러나 이러한 제약은 법실증주의와 자연법론 사이의 대립을 없애지 못한다. 자연법은 자연에 일치하는 특정 인간행위를 (정의로서) 명하고, 자연에 대립하는 특정 인간행위를 (정의롭지 못한 것으로서) 금지시킴으로써 내용적 규범을 가지지만, 이에 반해 실정법적 질서의 기본규범은 단지 형식적인 성격만을 가진다. 그 형식적 성격은 그것이 자연법에 일치하느냐 일치하지 않느냐에 관계없이 모든 실정법적 질서의 기초가 되는 역할을 한다. 또한 그것은 법 과학 내에서 단순히 가설적인 성격을 가진다. 법 과학이 실정규범을 자신의 대상으로 서술할 때 사용하는 진술은 조건명제의 성격을 가진다. 법 과학은 과학으로서 개인이나 국가가 법규범에 의해서 일정한 방식으로 행동해야 한다는 법적 의무나 권리를 갖는다는 것을 절대적으로 진술할 수 없다. 그것은 다만 헌법의 아버지에게 법제정의 권위를 부여하는 기본규범이 유효한 것으로 전제된다는 **조건 하에서**, 그 헌법에 기초한 법규범에 의해서 어떤 방식으로 행동해야 할 의무나 권리가 개인에게 주어진다는 것만을 확인한다. 또한 여러 국가들의 관습을 법제정의 사실로서 정하는 기본규범이 유효한 것으로 전제된다는 **조건 하에서**, 관습에 의해 제정된 법질서에 의해서 어떤 방식으로 행동해야 한다는 의무나 권리가 국가들에 있다는 것만을 확인한다. 법 과학 그 자체는 이들 기본규범이 유효하다는 것을 전제할 수도 없고, 어떤 비실증적 기본규범도 유효하다는 것을 결정할 수도 없다. 실정적 법질서의 비실정적 기본규범의 유효성을 확인하는 일은 이 실증법적 질서를 자신의 대상으로 삼고 있는 과학의 영역을 넘어서는 것이다.

실정법규범은 법 과학의 대상일 수 있다. 왜냐하면 실정규범의 존재, 즉 유효성은 사실의 존재에 의해 조건화되기 때문이다. 이들 사실이란 관습 · 입법행위 · 재판행위 · 행정행위 · 법률행위와 같은 법규범 제정행위 및 이와 더불어 규범이 속하는 전체 법질서의 유효성 이외 다름 아니다. 그것의 대상을 규범으로서 서술하면서 법 과학은 이들 사실을 언급하고 있다. 법의 실정성은 이들 사실과의 관계 속에서만 성립한다. 아마도 국가의 행동을 포함한 특수한 인간행동을 금지하거나 허용하는 규범들이 가치를 형성한다는 것이 전제된다면, 따라서 인간의 행동 혹은 아마도 국가의 행동은 실정법의 규범(그것이 합법적이든 아니든 간에)과 일치하거나 일치하지 않는다는 진술이 가치판단이라는 것이 전제된다면, 이 가치는 사실과 대립하지 않는다는 것을 기억해야 한다. 그러한 가치판단은 어떤 것이 전제된 목적의 적절한 수단이라는 판단과 마찬가지로 사실에 관한 판단과 본질적으로 구별되는 판단이 아니라, 사실에 관한 특수한 종류의 판단이다. 어떤 인간행위가 혹은 어떤 국가의 행위가 합법적이라든가 아니면 위법적이라는 진술은 참 또는 거짓일 수 있다. 그것은 경험에 의해 검증될 수 있다. 그러한 진술은 특정한 국내적 또는 국제적 법질서에 관해서만 가능하다. 예를 들면 어떤 국내법 아래서 결혼약속의 파기가 위법이란 명제는, 그 법질서 내에서 결혼 파기에 제재를 가하는 규범이 존재하지 않는다면 거짓이고, 그런 규범이 있는 한에서만 참이다. 그리고 법의 기초가 되는 헌법에 따라서 그것이 제정되는 한에서만 그런 규범은 존재한다. 그리고 이 헌법은 그것에 기초한 법질서가 대체로 유효한 한에서만 유효하다. 이것들은 법 과학에 의해서 확인될 수 있는 사실들이다. 마치 이것은 사실들이 자연과학에 의해 확인될 수 있는 것과 같다. 따라서 규범이 법 과학의 대상이라는 진술은 이 과학의 대상이 사실이 아니라는 것을 의미하지 않는다. 그 진술은 이 대상이 자연과학이 기술하고 있는 것과 같은 자연적 사실이 아니라는 것만을 의미할 뿐이다. 그러나 법 과학의 대상은 법적 사실로서 서술될 수 있다. 자연적 사실과 법적 사실 간의 차이는 법 과학에 의해서 기술되는 법적 사실이 특정한 의미, 즉 실정적 규범의 의미를 가지는 사실들로 구성되어 있다는 것이다. 그런데 특정한 의미를 가지는 사실들은 기본적이며, 비실정적인 규범들의 타당성이 전제되어 있다는 조건하에 성립한다.

자연과학은 어떤 조건(원인) 하에서 어떤 귀결(결과)가 필연적으로 혹은 개연적으로 발생한다는 진술 속에서 자신의 대상을 사실로서 기술한다. 지적된 것처럼 이들 전제는 소위 자연법칙, 즉 인과법칙이다. 인과는 사실 속에 내재해 있는 힘이 아니다. 그것은 자연과학이 자신의 대상을 기술할 때 사용하는 특별한 도구인 인식원리이다. 규범은 인간의 행동을 규정하기 때문에, 법 과학은 법을 규범으로서 기술하면서, 또한 인간행동을 기술하고 있다. 그러나 법 과학은 그것을 자연적 사실에서 원인과 결과로 일어나는 것처럼 기술하지는 않는다. 법 과학은 그 행동을 규정된 것으로서, 즉 법규범에 의해서 명해지거나 허용된 것으로서 기술한다. 법 과학이 자신의 대상을 기술할 때 사용하는 진술은 인과원리의 적용이 아니다. 그 진술은, 비록 동일한 문법적 형식을 가지고 있긴 하지만, 자연법칙의 의미를 가지지 않는다. 이들 진술은 조건과 그것의 귀결을 결합시키는 명제이지만, 이 결합은 자연법칙에서 표현되었던 것과는 다른 의미를 가진다. 그들의 의미는 어떤 조건 하에서 어떤 결과가 실제로, 즉 필연적으로건 개연적으로건 발생한다는 것이 아니라, 특정 인간행동의 조건 아래에서 다른 인간행동이 결과로서 발생**해야**한다는 것이다. 이들 진술은 법의 규칙들이다. "어떤 사람이 절도를 했으면, 다른 사람이 그를 처벌해야 한다"는 법의 규칙에서 처벌이 결과로서 기술되는 것도 아니요, 절도가 원인으로서 기술되는 것도 아니다. "해야"(ought)라는 용어는 법규범(명령과 허용)에 의해서 확립된 조건과 귀결 간의 결합이라는 특별한 의미를 표현하지만, 이것은 원인과 결과의 결합과는 구별되어야 한다. 이 결합은 귀책(imputation)이라고 한다. 그것은 인간행동을 규정하는 규범을 자신의 대상으로 삼는 사회과학이 자신의 대상을 기술할 때 사용하는 원리이다. 그것은 윤리학이나 법학 같은 사회과학의 영역에서 자연과학의 영역에서의 인과원리에 상응하는 원리이다. 물론 귀책원리가 적용될 때, 그리고 어떤 행동의 조건 하에서 다른 행동이 발생**해야** 한다고 진술할 때, "해야"의 용어는 그것의 통상적인 도덕적 의미를 지니는 것이 아니라 순수하게 논리적 의미를 지닌다는 것을 기억할 필요가 있다. 그것은 인과처럼 칸트의 선험 논리학의 의미에서의 범주를 지칭한다.[5)]

IV. 법 과학과 정치

법 과학이 자신의 대상을 기술할 때 사용하는 명제를 "법의 규칙"이라 부른다면, 그런 규칙은 법 과학에 의해서 기술된 법규범과

5) 이 책 제14장「인과와 귀책(歸責)」505-506 쪽을 참조할 것.

구별되어야 한다. 전자는 법 과학의 도구이고, 후자는 법적 권위의 기능이다. 법을 법의 규칙에 의해 기술할 때, 법 과학은 의지의 기능인 사회적 권위의 기능을 구사하지 않으며, 인식의 기능을 구사한다. 법적 권위에서 나오는 법규범이 비록 특수한 가치 즉 법적 가치를 구성하는 것으로 간주될 수 있다고 하더라도, 법의 규칙은 어떤 의미에서도 가치판단은 아니다. 이것은 마치 자연과학이 자신의 대상을 기술할 때 사용하는 자연법칙이 가치판단이 아닌 것과 꼭 같다. 어떤 것이 법규범에 일치한다거나 일치하지 않는다는 진술이 가치판단으로 분류될 수 있다 하더라도, 사실에 관한 판단과는 본질적으로 구별되는, 이 용어의 특수한 의미에서의 가치판단은 아니고, 어떤 것이 전제된 목적에 대한 적절한 수단이라는 판단과 같은 의미의 판단으로서 일종의 사실판단이다. 그러한 판단은 그 본성상 법 과학과 양립할 수 있으며, 이것은 어떤 것은 적절한 수단이라는 판단이 자연과학에서 배제되지 않는 것과 같다. 그러나 뒤에 이야기하게 될 실정법의 독특성의 귀결로서, 어떤 것이 합법적이라든가 위법적이라든가 하는 판단조차도 법 과학 안에서 존립할 수 없다.

어떤 것이 합법적이라거나 위법적이라는 판단은 어떤 것이 정의롭다거나 정의롭지 않다는 판단과 구별되어야 한다. 이들 두 판단이 서로 다른 것은, 어떤 것이 전제된 궁극목적의 적절한 수단이라는 진술과 어떤 것이 궁극목적이라는 진술이 서로 다른 것과 같다. 어떤 것이 적절한 수단이라는 진술과 어떤 것이 합법적이라는 진술이 가치판단으로 간주된다면, 지적된 것처럼, 이들 진술은 동시에 사실에 관한 판단이다. 이에 반해 어떤 것이 궁극목적이라는 진술과 어떤 것이 정의롭다는 진술은 순수 가치판단으로서 사실에 관한 판단과는 본질적으로 다르다. 그 진술들의 의미는 어떤 것이 실정규범과 일치한다거나 그렇지 않다는 것이 아니라, 그것이 비실정적 규범과 일치한다거나 그렇지 않다는 것이다.

법 과학이 고찰의 대상으로 삼고 있는 규범 중 유일하게 비실정적인 것은 그것의 대상이 되는 법질서의 기본규범이다. 기본규범은 법 과학의 대상이 아니라, 대상을 기술하는 진술들의 조건이다. 법적 가치를 구성하는 실정법적 질서의 기본규범이 가지고 있는 특수한 기능은 법의 궁극적인 연원, 법질서의 헌법의 유효근거의 역할을 하는 것이다. 헌법이란 법질서의 다른 규범들의 제정을 규정하는 실정법 규범(혹은 규범들의 일체)이다. 따라서 실정법적 질서의 기본규범은 지적했던 것처럼 단순히 형식적인 성격을 가진다. 그것은 예를 들면 사람들은 자유로워야 한다, 사람들은 안정된 삶을 살아야 한다고 하는, 말하자면 "정의"라 부르는 가치를 구성하는 비실정법 규범처럼 가치내용을 구성하지 않는다. 사실상 법의 실정성은 그 유효성이 정의와의 일치에 의존하지 않는다는 데서 성립하지만, 그러나 기본규범에 의해서 규정된 특정한 방식에서 그것이 제정되었다는 사실, 즉 그것이 대체로 유효하다는 사실 속에서 성립한다. 실정법은 정의롭거나 정의롭지 않을 수 있다. 정의로울 가능성이나 정의롭지 않을 가능성은 그것이 실정적이라는 것의 당연한 귀결이다. 지적된 것처럼 어떤 것이 합법적이라거나 위법적이라는 판단은 필연적으로 특정한 공간과 특정한 시간에 유효한 일정한 법질서에 관련되어 있다. 하나의 법질서에 따라서 합법적인 것은 다른 질서에 따를 경우 위법적일 수도 있다. 이런 의미에서 실정법 규범에 의해 구성된 가치는 항상 상대적인 가치이다. 그러나 정의의 관념은 그것의 특수한 의미에서 모든 곳에서 항상 유효하다고 주장하는 비실정적 규범, 즉 변할 수 없는 내용을 가지고 있는 실체적 규범에 의해 구성된 절대적 가치를 나타낸다.[6] 어떤 것이 정의롭다거나 정의롭지 않다고 하는 진술이 관습이나 종교 창안자의 명령에 의해서 확립된 실정 도덕과 그 어떤 것이 일치하는지 여부를 의미하는 것이라 하더라도, 그 진술은 법 과학 영역에서 배제된다. 왜냐하면 그러한 실정 규범적 질서의 유효성은 실정법의 기본규범과 다른 기본규범에 의존하고 있기 때문이다. 여기서 실정법의 기본규범은 법 과학이 자신의 대상을 특수한 법적 가치를 구성하는, 유효한 규범의 일체로서 서술하게 할 수 있는 유일한 조건 하에 있는 것이다.

실정법이라는 법적 사실을 평가하는 다른 가치들, 특히 정의의 가치는 법적 가치와 구별하기 위하여 "정치적 가치"라 부르는 것이 적절할 것이다. 법과 정치의 차이는 두 규범 체계의 차이를 의미한다. 정치가 법과 대립해 있을 때, "정치"라는 개념은 자연과학을 정치와 분리하는 경우의 정치 개념보다도 더 좁은 의미에서 사용된다. 후자의 경우에서 정치는 모든 규범체계를 의미한다. 실정법 과학과 정치의 분리 요청은 다음을 의미한다. 즉 법 과학자는 자신의 대상을 기술할 때 실정법의 규범 이외의 규범에 의한 가치판단, 즉 정치적 가치판단을 해서는 안 되며, 특히 자신의 대상인 실정법을 정의롭다거나 정의롭지 않다고 평가해서는 안 된다는 것을 의미한다. 어떤 것을 정의롭다 하여 정의롭지 못한 것보다 선호하는 것은 법 과학자의 몫이 아니라 단지 법적 권위의 몫이다.

그러나 법 과학이 정치와 분리될 수 있고 분리되어야 한다 하더라도, 즉 법 과학자가 정치적 가치판단을 내려서는 안 된다고 하더라도, 법 권위자의 기능인 법제정 과정은 정치와 분리될 수 없다. 왜냐하면 이 기능은 법규범의 규제를 받을 뿐만 아니라, 앞에서 지적했듯이 법과 구별하기 위하여 "정치적"이라 하는 다른 규범체계

6) 이 책 제1장「정의란 무엇인가?」11 쪽 이하를 참조할 것.

의 규범들의 규제도 받아야하기 때문이다. 법의 특이함은 자기 자신의 제정을 규제한다는 것이다.[7] 헌법은 법령의 제정을 규제하고, 또한 관습을 법제정 사실로서 정하는 것과 꼭 마찬가지로, 법령이나 관습법의 규칙들은 법정에서의 사법적 판정에 의해 개인의 규범의 제정을 규제한다. 규범을 제정할 때 법적 권위는 하위규범의 제정과 내용을 규제하는 데 상위규범을 적용한다. 그러나 하나의 규범은 다른 규범의 제정과 내용을 어느 범위 안에서만 규정할 수 있기 때문에, 규범제정의 권위는 항상 그의 규범제정 기능에서 어느 정도의 재량권을 가진다. 그의 규범제정 기능이 그의 재량권에 맡겨지는 한에서, 법적 권위는 법규범 외의 다른 규범에 의해서 규정될 수 있고, 실제로 규정된다. 그것의 기능은 **어느 정도까지는** 정치적 성격을 갖는다. 반면에 그 기능은 법규범에 의해 규정되는 한 법적 기능이다. 보통의 경우 입법기관은 법제정 절차에 관해서만 헌법에 법적으로 구속된다. 입법기관에 의해서 제정된 규범의 내용은 헌법에 의해 단지 예외적으로만 규정된다. 헌법이 이들 내용의 어떤 내용을 금지하거나 명령할 때, 특히 헌법이 종교의 자유의 제한을 금지할 때가 예외적인 경우이다. 입법기능이 헌법에 의해 규정되지 않는 한에서, 입법자는 정치적 원리, 특히 자신의 정의관에 의해 규정될 수 있고, 실제로 규정된다. 그는 동일한 영역에서 하나의 법규를 다른 법규보다 더 선호할 수도 있다. 왜냐하면 그는 하나를 정의로운 것으로, 다른 하나를 정의롭지 않을 것으로 간주하기 때문이다.

법 과학자는 입법자에 의해서 확립된 법을 정의로운 것과 정의롭지 않은 것에 대한 자신의 판단을 기초로 해서 승인하거나 거부하는 선택을 하지 않는다. 과학자는 입법자의 결정을, 그가 그것을

7) 이 책 제11장「순수법학과 분석법학」428 쪽을 참조할 것.

자신이 정의롭다고 생각하는 것과 일치한다고 혹은 일치하지 않는다고 생각하든 안 하든 간에, 존재하는 법으로서 기술해야 한다. 오직 그는 입법기관이 제정한 규범들이 헌법의 실정 규범과 일치하는지 일치하지 않는지를 검토할 수 있을 뿐이다. 그리고 이 검토의 결과는 결국 사실의 객관적 인식이지, 주관적 가치판단은 아닌 것이다. 그러나 어떤 법령이 헌법적이라거나 혹은 헌법적이지 않은 것이라는 법 과학자의 진술은 결코 법적으로 중요한 것이 아니다. 왜냐하면 법령이 헌법적인 것이냐 헌법적이지 않은 것이냐의 문제는 법 과학자에 의해 결정되지 않고, 법이 이 권력을 부여한 법적 권위에 의해서 결정되기 때문이다. 동일한 것이 법정의 기능에 관한 사법적 판결에 적용된다. 그것은 보통의 경우 헌법의 입법기능보다 상위의 법규범, 즉 법령이나 관습법의 규칙에 의해서 훨씬 더 엄밀하게 규정된다. 그러나 상위의 법규범에 의해 법정의 법제정 기능에 대해 맡겨진 재량권의 보다 넓은 영역이나 보다 좁은 영역이 항상 있기 마련이다. 재량권의 이 영역 안에 사법적 판결이 실정법의 규범과는 다른 규범에 의해서 결정될 수도 있고, 실제로 결정된다. 사법적 판결에 의해 개별규범을 제정할 때, 법정은 항상 사법적 기능을 규정하는 일반규범의 틀 안에서 가능한 상이한 결정들 중 어떤 것을 항상 선택을 하게 된다. 법정은 하나의 결정을 다른 결정보다 더 선호할 수도 있다. 왜냐하면 그것은 하나가 정의롭고 다른 것은 정의롭지 않다고 생각하기 때문이다. 그러나 법 과학자는 그런 선택을 하지 않는다. 그는 법정에 의해 내려진 결정을 구체적인 사례에 유효한 것으로 수용해야 한다. 그는 사법적 판결이 법정에 의해 적용된 일반법 규범에 일치하는지 어떤지를 검토할 수 있으며, 그것이 합법적인지 아닌지의 결론에 이를 수도 있다. 그러나 이 판단은, 결국 사실에 관한 판단은 법과는 무관하다. 왜냐하면 법정의 판결이 합법적인인가 위법적인가의 문제에 대한 결정은 법과학의 권한 안에 있는 것이 아니라, 법이 이 권력을 부여하였던 법적 권위의 권한 안에 있는 것이기 때문이다.

법적 권위에 의한 법의 적용도, 법 과학자에 의한 법의 기술도 법의 해석을 함의하고 있다. 법규범을 해석하는 것은 그것의 의미를 발견하는 것이다. 법규범이 가능한 한 명료하게 정식화되고, 그리하여 그것의 의미가 의문의 여지가 없어야 한다는 것은 법적 기술(技術)의 요구 사항이다. 그러나 법규범은 대부분 인간의 언어로 표현되어 있기 때문에, 인간의 언어는 자주 다의적이기 때문에, 이런 요구사항은 근사치로만 달성될 수 있다. 따라서 대단히 자주 하나의 의미보다 더 많은 의미가 법규범에서 발견될 수 있다. 법규범이 실제로 한 가지 의미만을 가지고 있으며, 그것의 이 한 가지 올바른 의미를 항상 발견 가능하게 하는 과학적 방법이 있다는 학설은 전통법학이 법적 안정성이라는 환상을 심어주기 위하여 사용한 하나의 허구이다.

물론 상이한 해석 방법이 있다. 하나는 법제정자의 의도에 따른 혹은 법률문서의 글자에 따른 해석이다. 다른 하나는 역사적 또는 논리적 해석이다. 세 번째는 축소해석 또는 확대해석이다. 법 자체가 이들 방법 중 하나를 명하지 않는다면, 그들의 각각이 적용될 수 있으며, 다른 해석과는 다른 귀결에 이르는 것도 가능하다. 하나의 해석방법이 필수적이라도, 그것은 다른 그리고 모순되는 의미를 제공할 수도 있다. 하나의 규범의 적용에서 법적 권위는 이들 의미 중 하나를 선택하며, 그리하여 법의 힘을 거기에다 귀속시킨다. 이것은 인증(認證)해석(authentic interpretation)이라 한다. 전통언어에서는 이 용어는 하나의 규범의 적용에서 함의되어 있는 해석이 아니라 다른, 이전의 규범을 해석한다는 명시적 목적을 가진 어떤 법규범을 지칭하는 데 사용된다. 법적용의 기능에서 어떤 법적 권위에 의해 어떤 법규범의 다양한 의미 중 하나를 선택하는 것은 법제정 행위이다. 이 선택이 보다 상위의 법규범에 의해 규정되지 않는 한에서, 그 선택은 정치적 기능일 뿐이다. 왜냐하면 어떤 법규범의 상이한 의미 중 하나를 선택하는 것은, 만약 보다 상위의 규범에 의해 그 선택이 규정되지 않는다면, 법적인 것 외의 다른 규범에 의해서 결정되고, 이 규범은 정치적 규범이기 때문이다. 따라서 법적 권위에 의한 법의 인증해석은 정치적 해석의 특성을 지닌다. 다른 말로 하면, 법률문서를 해석하는 법 과학자의 임무는 그것의 가능한 의미들을 보여주는 것이고, 권한이 있는 법적 권위에 그것을 위임하여서 그 권위가 자신이 가장 적절하다고 생각하는 정치적 원리에 따라서 선택하도록 하는 것이다. 법적용이 법권위자에 개방되어 있다는 가능성을 보여줌으로써, 법 과학자는 법적용 기능에 과학적인 기여를 한다. 다의성을 드러내고 그리하여 언어 용법을 개선할 필요성이 있다는 것을 보여줌으로써 법 과학자는 과학적 방식으로 법제정 기능에 기여를 한다. 만약 법 과학자가 어떤 법규범의 다양한 의미 중 하나를 법적 권위에게 추천을 한다면, 그는 법제정 과정에 영향을 미치고, 과학적 기능이 아니라 정치적 기능을 구사하고자 하는 셈이다. 그가 이 해석을 유일하게 올바른 해석으로 제시한다면, 그는 과학자의 가면을 쓰고 정치인의 행동을 하는 셈이다. 그는 베일에 가린 정치적 실체이다, 그러나 과학은 실체의 베일을 벗겨야 한다. 정치적 이데올로기만이 그것에 베일을 씌운다. 따라서 법 과학자에 의한 법해석인 법 과학적 해석은 법적 해석의 성격을 가질 수도 있으며, 이것은 법적 권위에 의해 적용되는 해석과 대립을 이루게 된다. 여러 가능한 해석 중 다른 것들은 배제하고 하나를 선호함으로써, 그의 선택은 정치적 해석이 되어버린다.

V. "법적"과 "정치적"

법적 기능과 정치적 기능의 구별은 법규범에 의해 규정된 기능과 법규범이 아니라 정치적 규범에 의해 규정된 기능의 구별과 마찬가지로 때로 결정적인 중요성을 갖는다. 전형적인 예는 하나의 공동체를 국가로서 승인할 것인가의 문제이거나 개인들의 어떤 집단들을 국가의 정부로 승인할 것인가의 문제이다. 전통이론이 법적인 승인과 정치적인 승인을 구별하지 않았다는 사실이 이 문제를 다루었던 논자들 사이에 큰 혼동을 야기하였다. 어떤 논자들에 따르면, 승인은 단지 선언적 성격의 것일 뿐이므로, 더 이상 법적 유효성을 갖지 않는다. 따라서 국제법이 정한 요건들을 충족한다면, 다른 국가들의 승인여부와는 관계없이, 어떤 공동체는 국가이고, 어떤 개인들의 집단은 정부이다. 다른 논자들에 따르면, 승인은 구성적 성격을 가지며, 이것은 그 승인이 본질적이고 법적인 유효성을 가진다는 것을 의미한다. 이들은, 다른 국가들의 정부에 의해서 국가로서 승인될 때만, 그리고 인정하는 국가들과의 관계에서만, 공동체는 국가이고, 개인의 집단은 국가의 정부라고 주장한다. 그러나 사실상 승인은 구성적이며 선언적인 행위이다. 또는 좀 더 정확하게 말한다면, 승인이라 부르는 행위는 두 기능, 즉 구성적(constitutive) 법적 기능과 선언적(宣言的, declaratory) 정치적 기능을 포괄한다.

어떤 공동체를 국가로 승인하거나 어떤 개인들의 집단을 국가의 정부로 승인하는 것은 첫째로 어떤 공동체는 국가라는 사실 혹은 어떤 개인들의 집단은 국가의 정부라는 사실의 확인을 의미한다. 이런 승인은 일반적인 국제법의 규범에 의해서 규정되며, 국제법은 공동체를 국가로 만들고 개인들의 집단을 국가의 정부로 만드는 조건을 성한다. 따라서 이러한 승인은 법에 의해 규정된 기능으로서 법적 기능이며, 법적 승인이라 부를 수 있다. 법적으로 관련된 사실을 확인하는 것은 항상 구성적 성격을 가진다. 왜냐하면 법의 영역에서 법이 법적 유효성을 부여한다는 사실은 법이 정하는 방식으로 확인되는 경우에만 법적으로 존재하기 때문이다. 국제법은 국제법의 의미에서의 "국가"와 "정부"라는 사실의 존재를 인정하는 권한을 그 국가의 정부에다 부여하였다. 따라서 공동체를 국가로, 개인의 집단을 국가의 정부로 법적 승인을 하는 것은 구성적 성격을 지닌다. 이것은 어떤 개인이 어떤 범죄를 저질렀다는 것을 인정하는 법정의 판결이 본성상 구성적 성격을 가진 것과 꼭 같다. 법정이 범죄의 사실을 인정하는 한에서만 그는 범죄자로서 처벌을 받게 된다. 그러나 승인은 "국가"나 "정부"라는 사실들의 존재를 인정하는 행위를 의미할 뿐만 아니라, 국가의 정부가 이미 승인된 공동체나 정부와 정상적인 관계를 맺을 의사가 있음을 표명하는 행위를 의미하기도 한다. 이 행위는 일반적인 국제법에 의해 규정되지 않는다. 그것은 어떤 이유 때문에 다른 국가나 다른 국가의 정부와 정상적인 관계에 들어갈 수도, 들어가기를 거부할 수도 있는 기존의 국가들의 재량권에 맡겨진다. 이 행동은 정치적 원리에 의해서만 규정될 수도 있고, 실제로 규정된다. 따라서 그것은 정치적 승인이라 부르고, 이는 법적인 승인과 대립해 있다. 그것이 자신 안에 법적인 유효성을 가지지 않는 한에서, 그것은 구성적이 아니며, 그런 한 단지 선언적 성격을 가질 뿐이다. 통상 법적 승인과 정치적 승인이라는 두 기능 모두 "승인"이라 부른다. 그것의 법적 기능에 관련해서는 구성적 승인이고, 그것의 정치적 기능에 관해서는 선언적 승인이다.

"법적"인 것과 "정치적"인 것 사이의 구별이 유용하고 필요하다고 하더라도, 유해하고 불유쾌한 방식으로 오용될 가능성도 있다.

그러한 오용은 불행하게도 전통적인 법론에서 자주 나타난다. 전형적인 오용 중 하나는 국내법을 "정치적" 법과 "법적" 법(이것이 그 용어의 엄격하고도 본래적인 의미에서의 법이다)을 분류하는 것이다. 이것이 공법과 사법이라는 전통적 이분법이 가지고 있는 의미이며, 그 개념에 대한 정의는 가장 논쟁적인 문제 중 하나이다. 소위 공법과 소위 사법의 차이가 무엇이든 간에 그 차이는, 정치적 법과 비정치적 법 사이의 구별이 그런 식의 표방을 하고 있는 것처럼, 공법이 사법보다 법적 성격의 정도에서 약한 "법"이라는 사실 속에 성립하는 것은 아니다. 이런 의미에서 법은 "정치적"일 수 없다. 법이 정의상 정치와 대립된다면, 정치적인 법은 용어상 모순이다. 소위 공법이 국가의 조직과 국가 기관의 권한, 즉 정치적인 문제를 규제한다는 사실로부터, 이 법이 법으로서 국가의 국민들 간의 경제 · 가족관계를 규제하는 사법보다 하위에 있다고 가정할 하등의 이유가 없다. 공법을 사법과 비교해서 국가와 국민 사이의 관계, 즉 우열관계, 따라서 권력관계로 규정함으로써, 그리고 사법을 국가의 국민들 간의 관계의 규제, 즉 평등관계, 따라서 비권력 또는 진정한 "법적" 관계로 규정함으로써, 공법의 법적 성격을 최소화하려는 시도는 논리적 오류를 포함하고 있다는 점이 계속 증명되었다. 법적 인격(legal person)으로서의 국가는 다른 인격과 마찬가지로 법에 종속된 것으로서만 이해될 수 있고, 법에 의해서 확립된 법적 인격들 간의 관계는 하나의 인격이 다른 인격과 가지는 법적 의무 또는 법적 권리로서 이해될 수 있다. 그러므로 그것은 "권력" 관계로 이해될 수 없으며, 다만 법적 관계, 즉 그 내용이 무엇이든 간에, 의무나 권리를 확립한 법에 평등하게 종속해 있는 국민들 간의 관계로서 이해될 수 있다. 공법이 "정치적" 법이고 그것 자체로서는 사법보다 법적 성격이 약하다고 주장하는 학설이, 비평가들에 의해 모순으로 증명되었음에도 불구하고, 다수의 논자들에 의해서 완고하게 주장되어왔다 하더라도, 그것은 여전히 과학적 근거를 갖지 못한다. 그 옹호자들이 논리적 모순에 둔감하다는 것은 이 학설의 목적이 법을 객관적이고 일관된 방식으로 기술하는 것이 아니라, 법을 준수하지 않는 것을 정당화하는 이데올로기를 제공하는 것이라는 점을 보여준다. 공법이, 특히 국가기관의 재판권을 규제하는 규범이 그 용어의 엄격한 의미에서의 법이 아니라면, 개인이 법에 의해서 구속되는 것과는 달리 정부는 규범에 구속되지 않는 셈이 된다. 그렇다면 정부는 정치적으로 필요하다고 생각하는 행동을 항상 할 수도 있다. 그런 행동이 법적 권한을 부여받지 못한 경우에도 그런 행동을 할 수 있다. 공법이 정치적인 성격을 가지며 엄격하게 법적인 성격을 가지지 못한다고 주장하는 교설은 과학이론이 아니다. 그것은 정치 이데올로기일 뿐이다.

이 논의와 밀접하게 연관되어, 한 국가의 헌법은 혹은 조약에 의해 제시된 국제공동체의 헌법은 법적 문서가 아니라 정치문서이며, 결국 이것은 법적으로 해석되어서는 안 되고 정치적으로 해석되어야 한다는 견해가 자주 주장된다. 문서가 법적 의무와 법적 권리를 확립하는 규범을 포함한다면, 그것은 법적이다. 따라서 한 국가의 헌법이나 국제공동체의 헌법 성격의 조약이 법적 문서라는 것은 추호도 의심할 수 없다. 유일한 문제는 그들이 동시에 또한 정치적 문서인가의 여부이다. 대답이 긍정적이라면, 그것은 확실히 본성상 법이고 법 이외에 아무 것도 아닌 문서의 내용에 기초해 있지 않다. 이 법은 한편으로는 헌법적 법이고, 다른 한편으로는 국제법이다. 문제가 되는 문서는 그것이 담고 있는 법의 목적에 관해서만 정치적이라 불릴 수 있다. 그러나 국가의 헌법이나 국제공동체의 조약 헌법이 "정치적"이라는 점이 인정된다 하더라도, 이 목적이 유일하고도 특수한 수단으로서의 법에 의해 성취되어야 한다는 사실이 바뀌는 것은 아니다. 그렇지 않으면 헌법의 제정은 불필요하게 될 것이다. 정치적 목적은 그것의 법적 성격을 결코 박탈하지 못한다. 법 이외의 목적을 가지지 않은 법적 문서는 존재하지 않는다. 왜냐하면 목적론적 관점에서 보면 법은 항상 수단이며 목적이 아니기 때문이다. 대부(貸付)계약이 경제적 목적을 가지고 있고, 따라서 경제문서로 작성될 수 있다는 것은 그것의 법적 성격에 조금도 영향을 미칠 수 없다. 따라서 대부 규범의 정치적 또는 경제적 목적은 법적 해석에 조금도 영향을 미치지 못한다. 법적 해석은 지적되었듯이 법규범의 모든 가능한 해석을 담고 있기 때문에 더욱 그러하다. 그러나 헌법이 법적 문서가 아니라 정치적 문서라는 견해는, 공법이 법적 법이 아니라 정치적 법이라는 학설과 동일한 경향을 가지고 있음에 틀림없다. 그런 견해는 헌법에 대한 어떤 가능한 해석도 보장해주지 못하는 국가기관의 행위나 국제공동체의 행위를 정당화하고자 시도한다.

국가공동체 혹은 국제공동체 기관의 헌법위반 행위가, 이 기관은 법적 기관이 아니라 정치적 기관이라는 진술에 의해서 정당화될 때, 동일한 경향이 나타난다. 법적 공동체의 어떤 기관의 기능도 그것이 법에 의해 규제되는 한 법적이고, 법에 의해 규정되지 않고 그 기관의 재량권에 맡겨지는 한 정치적이라는 사실을 고려한다면, 각 기관은 법적인 기관인 동시에 정치적인 기관이다. 그러나 어떤 기관의 기능은 다른 기관의 기능보다 훨씬 더 밀접하게 법의 규제를 받는다. 결국 자신의 기능을 행사하면서 그들 기관은 다른 기관보다 더 적은 재량권을 가지며, 따라서 보다 낮은 정도의 정치적 성격을 갖는다. 대부분의 법정은 너무 제한적인 데 반해, 대부분의 행정기관은 그렇지 않다. 그러나 이 규칙은 중요한 예외를 갖는다.

광대한 재량권을 갖는 법정도 있고 행정법에 의해서 그 기능이 대단히 축소된 행정기관도 있다. 예컨대 미국의 최고 법원은 법적 기관일 뿐만 아니라 이런 의미에서 상당한 정도로 정치적 기관이라는 것을 누가 부인하겠는가? 법이 그 기능의 행사에서 어느 정도의 재량권을 조금도 위임하지 않은 법적 공동체 기관은 없으며, 동시에 정치적이지 않은 법적 기관은 존재하지 않는다. 그러나 법이 그 기능의 행사에서 어떤 기관에 위임하는 재량권의 영역범위가 아무리 넓다고 하더라도, 이 기능이 법에 의해서 그 기관에 부여된 재량권의 한도 내에서 수행되는 한, 즉 법과 일치해서 수행되는 한, 이 기능은 법적 공동체의 기관에 의해 행사되는 것으로 이해될 수 있다.

법적인 것과 정치적인 것 사이의 구별에 대한 가장 나쁜 남용 사례 중 하나는 국제분쟁에 그 구별을 잘못되게, 그것도 광범위하게 적용하는 것이다. 그렇게 주장되지만 두 가지 유형의 국제분쟁이 있다. 하나는 법적인 문제에 관한 것이요, 다른 하나는 정치적 문제에 관한 것이다. 법적 분쟁인 전자는 재판에 회부될 수 있다. 정치적 분쟁인 후자는 재판에 회부될 수 없다. 즉 정치적 분쟁이 아니라 법적 분쟁만이 국제법의 적용에 의해서, 따라서 국제재판소의 판결에 의해서 해결될 수 있다. 이 학설이 주장하는 바, 그들의 문제 성격 때문에 현행 국제법이 적용될 수 없는 분쟁이 있다는 것이 사실이라면, 법적 분쟁과 정치적 분쟁의 구별은 정당화될 것이다. 그러나 그런 분쟁은 존재하지 않는다. 왜냐하면 어떤 분쟁도 당사자 중 한 쪽이 다른 쪽은 어떤 방식으로 행동해야 할 의무가 있다고 하는 주장하고, 다른 쪽은 이런 주장을 거부하는 데서 성립하기 때문이다. 이와 관련하여 단지 두 가지 가능성이 있을 뿐이다. 하나의 가능성은 현행 국제법이 두 당사자 간의 논쟁대상이 된 의무를 확립하는 것이다. 다른 하나의 가능성은 확립하지 않는 것이다. 두 경우 모두 현행 국제법이 분쟁에 적용될 수 있다. 첫 번째 경우 분쟁은 원고에 유리하게 결정되어야 한다. 두 번째 경우에는 피고에 유리하게 결정되어야 한다. 첫 번째 경우에는 국제 재판소는 현행 국제법을 적용해서 피고는 원고가 요구하는 대로 행동해야 할 의무가 있다고 결정해야 하며, 두 번째 경우에는 마찬가지로 국제법을 적용해서 피고는 원고가 요구하는 대로의 의무를 가지지 않는다고, 즉 이 주장은 국제법에 어떤 기초도 가지지 않으며, 따라서 피고는 이 문제에서 자신이 원하는 대로 행동할 법적 자유가 있다고 판정해야 한다. 이 자유는 법적으로 보장된다. 왜냐하면 법질서에 의해 구성된 법적 공동체에 속하는 사람들에 대해 법적으로 금지되지 않은 것은 그들에 대해 법적으로 허용된다고 하는 것은 모든 법질서의 원칙이기 때문이다. 이 원칙을 사례에 적용할 때 재판소는 현행법을 적용한다. 따라서 현행 국제법이 적용될 수 없는 분쟁은 없으며, 이런 이유 때문에 정치적이어서 정당화가 불가능한 분쟁이란 존재하지 않는다.

그러나 현행 국제법의 적용이 논리적으로 가능하다 하더라도, 서로의 관점에서 보면 정치적으로 불만족스럽게 되는 일은 있을 수 있겠다. 이것은 분쟁이 현행법 규범과 다른 규범에 따라서, 현행법에 근거해서 해결되었던 것과는 다른 방식으로 해결될 수 있다는 점을, 즉 예컨대 피고의 편에서가 아니라 원고의 편에서 결정될 수 있다는 점을 의미한다. 그러나 분쟁에 대해 현행 법적용이 불만족스럽다는 판단은 고도로 주관적인 성격을 가진 가치판단이다. 한쪽 당사자에 불만족스러운 것은 다른 쪽 당사자에 대해서는 대단히 만족스러운 것일 수 있다. 그럼에도 불구하고, 논쟁의 당사자들이 실정적인 국제법의 규범과는 다른 규범, 특히 정의의 규범이나 평등의 규범에 따라서 분쟁을 결정할 권한이 있는 국제기구의 결정에 복종하는 일이 배제되는 것은 아니다. 그렇다면 이 기구는 현 사례에 대해 새로운 법을 제정할 권한을 법적으로 가지게 된다. 그 기구의 결정은 법적인 결정이며, 당사자들에 대해 구속력을 가진다. 지금까지 이 분쟁은 또한 법적 분쟁이다. 그러나 결정의 내용은, 마치 입법기관의 결정 내용과 마찬가지로, 비법적인 규범에 의해 결정된다. 그러한 분쟁은 현행법에 따라서 결정되는 분쟁과는 사실상 다르다. 그러나 차이는, 하나는 현행법에 따라서 결정될 수 있는 반면에, 다른 하나는 그렇게 될 수 없다는 데서 성립한다. 그것이 적용될 수 없는 것은 분쟁문제의 성격 때문이다. 차이는, 현행법이 두 경우 모두 적용될 수 있다고 하더라도, 그들 중 하나는 법적 합의에 기초해서 새로운 법에 따라서 결정되어야 한다는 사실 속에 성립한다. 현행 국제법이 적용될 수 없기 때문에 재판소에 회부될 수 없는 법적인 또는 정치적인 분쟁이 있다고 주장하는 학설은 비(非)법적인 관점에서 바라보면서 부적절한 것으로 분류한 것을 불가능한 것으로 잘못 해석하고 있다. 그것의 목적은 법을 객관적인 방식으로 해석하는 것이 아니라, 현행법의 적용을 배제하려는 시도를 정당화하는 것이다. 그러나 이런 시도는 과학적으로 확인 가능한 의미와 어긋난다. 그리하여 그런 주장은 과학이론이 아니라 정치론에 불과하다.

법적인 것과 정치적인 것의 구별을 오용하는 것은 법 과학과 정치를 뒤섞기 위해 사용된, 비록 유일한 것은 아니지만, 가장 효과적인 수단 중 하나이다. 이들 두 다른 성격의 영역을 혼합하는 일을 피하는 것은 법학의 과학적 특성의 보존을 위해 불가결한 것이다. 과학을 정치로부터 분리해는 일은 모든 독립된 과학의 존재를 위한 핵심적인 조건이다.